云和年鉴

2022

云和县地方志编纂委员会　编

方志出版社
Publishing House of Local Records

图书在版编目（CIP）数据

云和年鉴. 2022 / 云和县地方志编纂委员会编. —
北京 : 方志出版社, 2022.12
ISBN 978-7-5144-5418-5

Ⅰ. ①云… Ⅱ. ①云… Ⅲ. ①云和县－2022－年鉴
Ⅳ. ①Z525.54

中国版本图书馆 CIP 数据核字(2022)第 243106 号

责任编辑：刘方圆
责任校对：刘玉霞
责任印制：梅中英
出 版 者：方志出版社
地　　址：北京市朝阳区潘家园东里 9 号（国家方志馆 4 层）
邮　　编：100021
网　　址：http://www.zgfzcb.cn
发　　行：方志出版社图书营销中心（010-67110500）
印　　刷：丽水市旺盛印刷有限公司
开　　本：889 毫米×1194 毫米　1/16
印　　张：23.75
字　　数：681 千字
版　　次：2022 年 12 月第 1 版
印　　次：2022 年 12 月第 1 次印刷
定　　价：150.00 元

编辑说明

一、《云和年鉴》系中共云和县委、云和县人民政府主办，云和县地方志编纂委员会组织编纂，《云和年鉴》编辑部负责编辑的综合性地方年鉴，是一部具有公报性、史料性、科学性、权威性、实用性的地情资料工具书。自 1997 年起，坚持一年一鉴，已出版 26 卷。

二、《云和年鉴(2022)》以马克思列宁主义、毛泽东思想、邓小平理论、“三个代表”重要思想、科学发展观、习近平新时代中国特色社会主义思想为指导，坚持辩证唯物主义和历史唯物主义的立场、观点和方法，力求全面、客观、真实、系统地反映云和县经济、政治、文化、社会、生态等方面的基本面貌和发展进程，力求涵盖全域、横陈百科、归类得当、层次分明、内容翔实、数据准确，以充分发挥年鉴存史资政、服务社会、宣传云和的作用。

三、《云和年鉴(2022)》记述时限为 2021 年 1 月 1 日至 12 月 31 日，跨年度事项可延长至截止期。

四、《云和年鉴(2022)》实行分类编辑，框架结构由卷首、百科、卷尾三个部分组成，除特载、文件选编采用综合性文体外，其他类目(栏目)均采用条目体。百科部分设类目、分目、条目三个层次。条目是年鉴记述的基本形式，可分为综合性条目和单一性条目。较 2021 年卷的框架结构略有调整，增设“县情概览”“中共云和县纪律检查委员会 云和县监察委员会”“国有资本投资运营”等类目。

五、《云和年鉴(2022)》设特载、大事记、县情概览、中国共产党云和县委员会、云和县人民代表大会、云和县人民政府、政协云和县委员会、中共云和县纪律检查委员会 云和县监察委员会、民主党派、群众团体、人力资源和社会保障、法治、军事、农业 林业 水利 气象、工业经济 招商引资、贸易、交通、邮政 通信、城乡建设 环境保护、经济管理、财政 税务、国有资本投资运营、金融、教育 科技、文化广电旅游、卫生健康 医疗保障、社会生活、乡镇 街道、文件选编、附录。

六、《云和年鉴(2022)》资料由县直部门、单位(含条管单位)和乡镇、街道提供，并经供稿单位负责人审核。主要数据要求以云和县统计局公布的数据为准。鉴于社会使用习惯，农田土地面积仍沿用“亩”(1 公顷≈15 亩)为计量单位。

2021年12月27—30日，中国共产党云和县第十五次代表大会在县文化中心举行（县融媒体/提供）

2021年12月28日，县委书记李忠伟代表中国共产党云和县第十四届委员会在中国共产党云和县第十五次代表大会上作工作报告（县融媒体/提供）

2021年9月30日，县委书记叶伯军（右三）考察云和梯田创建国家AAAAA级景区项目
（县融媒体/提供）

2021年6月30日，县人大常委会主任叶晓勇在“七一”期间走访慰问老党员
（县融媒体/提供）

2021年6月29日，时任县委副书记、县长李忠伟到万家惠超市督查维稳安保工作
（县融媒体/提供）

2021年12月6日，县委副书记、代县长周鸿飞（右四）调研产城融合工作　　（县融媒体/提供）

2021年12月31日，县政协主席王新荣（左一）考察云和东山头东晋墓葬出土的文物，据考证距今已1600多年
（县政协办/提供）

2021年12月6日，县政协党组书记章作飞（左二）调研产城融合工作　　（县政协办/提供）

2021年10月21—23日，全国山区县域新型城镇化发展论坛在云和举办
（县发改局/提供）

2021年9月20日，省自然资源厅、应急管理厅对云和县矿山进行联合检查
（县自然资源和规划局/提供）

2021年12月2日，云和县举办“入驻政采云及浙江教育装备采购馆”培训会
（雷叶佳/摄）

2021年12月23日，《中国共产党云和历史》第三卷（1978—2002）编纂工作动员大会召开
（县档案馆/提供）

2021年7月5日，县文化广电和旅游体育局举办“百年辉煌 群心向党”庆祝中国共产党成立100周年大型文艺晚会

（县委宣传部/提供）

2021年6月28日，中国共产党成立100周年主题红歌活动在梅湾村开展　（元和街道/提供）

2021年3月5—12日，县文联举办“迎建党百年 享美好生活”美术作品展　（县文联/提供）

2021年6月29日晚，中共云和县委、云和县人民政府举办庆祝中国共产党成立100周年“永远跟党走”文艺演出

（县文旅局/提供）

云和环驰钢球厂
（县工业园区提供 2021年1月31日摄）

浙江丹妮木制玩具厂
（县工业园区提供 2021年1月31日摄）

崇头镇夏家垟村光伏发电站
（徐 煜提供 2021年10月18日摄）

县工业园区杨柳河三期航拍图
（县工业园区提供 2021年1月31日摄）

云和农特产品（县农业农村局提供　2021年9月17日摄）

仙宫湖有机鱼养殖
（县农业农村局提供　2021年9月29日摄）

元和街道梨庄村云和雪梨喜获丰收
（县农业农村局提供　2021年9月15日摄）

2021年6月6日，第十五届云和梯田开犁节（崇头镇/提供）

石塘镇规溪村全景（陈碧鑫　2021年3月27日摄）

云和至景宁县际公交开通
（县交通局提供 2021年12月19日摄）

新拓宽的后交线梯田路段
（县交通局提供 2021年5月12日摄）

新建的城东幼儿园
（龚启富 2021年2月25日摄）

原云和百货商场区块改造工程
（龚启富 2021年2月19日摄）

2021年6月1日，云和、景宁两县法院联合举行少年法庭集体揭牌仪式　（县法院/提供）

2021年7月26日，创新“平安六联”党建联盟在阜安门社区开展研讨　（董柳娟/摄）

2021年3月15日，县司法局开展“送法进乡村”普法宣传活动　（县司法局/提供）

2021年9月27—28日，全省公安机关信访突出问题攻坚化解专项工作暨“公安信访大脑”建设推进会在云和召开

（县公安局/提供）

2021年7月22日，“忠诚向党　筑梦平安”政法系统主题党日暨政法队伍教育整顿汇报会在云和中学剧场举办

（县委政法委/提供）

2021年9月10日，云和县召开教师节优秀教师代表座谈会

（县教育局/提供）

2021年8月27日，云和县教育局与浙江新通教育集团签订战略合作框架协议　　（县教育局/提供）

2021年4月1日，县体育馆方舱接种点启动　　（县卫生健康局/提供）

2021年11月9日，云和“90后”医生志愿者涂有宝在浙江省中医院捐献造血干细胞

（县红十字会/提供）

2021年4月11—14日，县文化馆组织演出的大型古装越剧《慈母泪》剧照（县文旅局/提供）

2021年9月8日，距今1300多年的唐代土坑墓中，发掘出的“唐三彩来通杯”（县文旅局/提供）

2021年10月9日，全省首个木玩主题童话书房对外免费开放（县文旅局/提供）

石塘镇长汀沙滩
（刘海波/摄）

2021年7月8—10日，紧水滩镇石浦村第四届船帮文化艺术节期间举办的瓯江龙舟邀请赛
（紧水滩镇/提供）

2021年5月27日，国网云和县供电公司举办"党史学习教育"专题读书班

（国网云和县供电公司/提供）

2021年9月9日，白龙山街道和雾溪畲族乡在大坪社区探讨研究"街乡共治"课题

（陈　聪/摄）

2021年11月3—5日，云和—北仑共同富裕主题培训班在北仑举办　　（团县委/提供）

2021年12月8日，县生态林业发展中心牵头召开云和县松材线虫病防治推进会

（县生态林业发展中心/提供）

2021年9月26日，国网云和县供电公司组织员工开展秋收用电安全宣传并帮助检查相关用电设施　　（王伟娟/摄）

目　录

云和县人民代表大会

云和县人民政府

政协云和县委员会

中共云和县纪律检查委员会
云和县监察委员会

民主党派

群众团体

人力资源和社会保障

法　治

军　事

农业 林业 水利 气象

城乡建设　环境保护

经济管理

财政　税务

国有资本投资运营

金　　融

教育　科技

文化广电旅游

卫生健康　医疗保障

社会生活

乡镇　街道

文件选编

附　录

特　　载

坚持深化“小县大城”发展战略
为打造全国山区县域新型城镇化共富样板而努力奋斗

——2021年12月28日在中国共产党云和县第十五次代表大会上的报告

中共云和县委书记　李忠伟

中国共产党云和县第十五次代表大会，是在中国共产党成立100周年的重要时期，“两个一百年”奋斗目标交汇的历史节点，召开的一次十分重要的会议。大会的主要任务是：以习近平新时代中国特色社会主义思想为指导，认真学习贯彻党的十九大和十九届二中、三中、四中、五中、六中全会精神，回顾总结过去五年工作，审议确定今后五年奋斗目标和主要任务，选举产生中国共产党云和县第十五届委员会和纪律检查委员会，动员全县各级党组织、广大党员和干部群众，开拓创新、真抓实干，为打造全国山区县域新型城镇化共富样板而努力奋斗！

一、过去五年的工作成绩和经验启示

县第十四次党代会以来的五年，是云和发展历程上充满挑战、极不平凡的五年，是抢抓重大机遇、取得重大突破的五年。五年来，云和县委在党中央和浙江省委、丽水市委的坚强领导下，团结带领云和人民，深入践行绿水青山就是金山银山理念，一以贯之实施“小县大城”发展战略，创新实干、砥砺奋进，积极应对复杂多变的外部形势和新冠肺炎疫情等严重冲击，圆满完成县第十四次党代会确定的各项目标任务，与全省同步高水平全面建成小康社会！

过去五年，我们全面加强党的领导，增进了凝心聚力、干事创业的浓厚氛围。坚持学懂弄通做实习近平新时代中国特色社会主义思想，持续加强理论武装，全面落实党委“第一议题”、党员夜学等制度，“两学一做”学习教育、“不忘初心、牢记使命”主题教育取得明显成效，党史学习教育深入推进，“三为”专题实践活动持续深化，广大党员干部的政治判断力、政治领悟力、政治执行力不断提高。健全县领导领办重点工作、联系重点项目制度，成功破解汇源果汁、赤石宋城景区等历史遗留问题，尤其是在城市改造中锤炼了干部队伍勇于

担当的意志品质和攻坚克难的实干作风，党建统领、整体智治、唯实惟先的工作格局加快构建。充分发挥总揽全局、协调各方的领导核心作用，领导支持人大、政府、政协以及纪检监察机关、审判机关、检察机关依法依章程履行职能，加强对审计、财经、机构编制、外事、国安等领域的全面领导，创成省级双拥模范县，意识形态、统一战线、民族宗教、老干部、工青妇等工作取得新成效。

过去五年，我们聚力推动经济发展，迈上了量质齐升、跨越赶超的崭新台阶。综合实力显著增强，地区生产总值、规上工业增加值等主要经济指标增速近三年稳居省市前列，预计2021年地区生产总值接近百亿元大关，一般公共预算收入、社会消费品零售总额、外贸出口总额分别是2016年的3.4倍、1.8倍、1.6倍。生态工业持续壮大，预计工业总产值从111.4亿元增长到250.5亿元，规上工业增加值从12.2亿元增长到29.5亿元，生态产品价值实现示范区（云景生态产业园）项目列入省“十四五”重大建设项目库，创成中国轻工业特色区域和产业集群创新升级示范区，获评国家外贸转型升级基地。生态农业融合发展，创成全国首批民宿产业发展示范区，获评全国县域数字农业农村发展水平评价先进县。全域AAAAA创新实施，木制玩具童话小镇建设扎实推进，云和湖国家级旅游度假区完成总体规划编制，云和梯田通过国家AAAAA级旅游景区景观质量评审，获评中国十大品质休闲县。电子商务蓬勃发展，创成省电子商务示范县。

过去五年，我们统筹推进城乡建设，绘就了欣欣向荣、全域振兴的童话图景。全面完成中央环保督察反馈问题整改，深入推进全国首批生态环境与健康管理试点，在中国内地率先发布环境空气质量健康指数，获评“中国天然氧吧”，两夺“大禹鼎”，创成全国第三批节水型社会建设达标县、首批省级生态文明建设示范县。举全县之力推进城市有机更新，三年时间完成8个棚户区和3个老旧小区改造，建成“采真里”历史文化街区，创成全市首个省“无违建县”，预计城镇化率从66.3%提升到73.4%。长汀、坑根、赤石等美丽乡村精彩蝶变，“六镇六景”魅力彰显，创成省新时代美丽乡村示范县。“四好农村路”、绿道等相互交织，梯田大道、云龙二期等全线贯通，获评万里美丽经济交通走廊省级示范县。

过去五年，我们加快释放发展活力，交出了改革驱动、创新引领的精彩答卷。坚决扛起打造全国山区新型城镇化样板县域历史使命，出台《中共云和县委关于打造新型城镇化样板县域的决定》，精心承办全国山区县域新型城镇化发展论坛，为山区新型城镇化先行示范。高水平推进全国首批乡村治理体系建设试点、全国社会救助综合改革试点、数字化改革、生态产品价值实现机制改革等重大改革，形成了农村产权抵押融资免担保、“联连帮”智慧救助、街乡共治等改革成果，省重点生态功能区小城市培育试点考核连续六年优秀，“生态地”、生态产品政府补偿性采购等改革经验亮相习近平生态文明思想研讨会。完成党政机构改革、国企市场化改革、群团组织改革。主动融入长三角，与上海普陀、宁波北仑、湖州吴兴、嘉兴港区共建“山海协作”升级版。实施云景高速差异化收费政策，云景一体化迈出坚实步伐。加快建设木玩产业创新服务综合体、木玩产业创新孵化基地，中国云和（木制玩具）知识产权快速维权中心获批成立，创成省知识产权示范县。

过去五年，我们致力改善民生福祉，奏响了共建共享、富民惠民的幸福乐章。压茬推进“大搬快治”“大搬快聚”，“四个清零”全面完成，预计城镇和农村居民人均可支配收入达50780元、24220元，年均分别增长8.5%、9.5%，荣获全国脱贫攻坚组织创新奖和全国脱贫攻坚先进集体称号。建成投用城南九年一贯制学校、城东幼儿园等项目，创成省教育基本现代化县。组建县医疗健康集团，保持新冠肺炎疫情“零发生”，创成国家级慢性病综合防控示范区、省级健康促进县。养老、医保等民生事业加快发展，长者益智幸福坊、流动供销致富车等共富经验全面推广。梅源芒种开犁节填补二十四节气国遗名录空白。持续深化扫黑除恶、安全生产、社会治安、食药安全等工作，政法队伍教育整顿取得明显成效，连续三年创成全国信访工作“三无”县，连续十六年被命名为省“平安县”。

过去五年，我们坚持从严管党治党，营造了风清气正、政通人和的政治生态。高质量完成村（社区）规模调整和组织换届，创新“哨响就到”机制，特色支部、“老李帮忙团”等党建品牌影响力持续增强。牢固树立实干实绩鲜明导向，建立健全干部工作“五大体系”，持续深化政企干部“双向挂职”，在基层一线、攻坚火线培养锻造了云和铁军。全面完成省委巡视反馈问题整改，实现本届县委任期内巡察全覆盖，推动“四责协同”不断深化。锲而不舍落实中央八项规定及其实施细则精神，驰而不息纠治“四风”，持续为基层松绑减负。一体推进不敢腐、不能腐、不想腐，统筹抓好纪法教育、警示教育、政德教育，反腐败斗争取得压倒性胜利，风清云和建设向纵深发展。

五年发展亮点纷呈，五年奋斗铸就辉煌。这些成绩的取得，得益于习近平新时代中国特色社会主义思想的科学指引，得益于党中央和省委、市委的坚强领导，得益于全县广大党员干部群众的团结拼搏。

站在“小县大城”二十周年关键节点，从云和经济社会发展尤其是近五年的重大成就中，我们越发感受到：“小县大城”发展战略与省委“八八战略”一脉相承、高度契合，是扎根云和大地、指引云和发展的总纲领、总方略，必须倍加珍惜、长期坚持，在实践中不断丰富和发展。回顾五年来的工作，我们还有五方面深刻体会：思路决定出路，必须坚定不移保持战略定力。五年来，我们坚持以“小县大城”发展战略为根本指引，坚决把新发展理念贯穿童话云和建设各领域全过程，一张蓝图绘到底、一以贯之抓落实，为高水平全面建设社会主义现代化奠定了坚实基础。实践证明，只要我们咬定目标不放松、保持定力不动摇，一任接着一任干、一锤接着一锤敲，就一定能推动云和经济社会发展乘风破浪、行稳致远！进位决定地位，必须坚定不移加快跨越发展。五年来，我们坚持发展第一要务，注重发展质量和效益，以更大力度转方式、调结构、促转型，主动融入全省陆海统筹、山海互济发展新格局，经济社会发展步入快车道，县域影响力、竞争力和美誉度不断提升。实践证明，只要我们始终坚定跨越发展的信心和决心，补齐短板、拉伸长板，就一定能干出高质量发展新优势、干出争先进位新局面！实干决定实效，必须坚定不移锻造云和铁军。五年来，我们坚持志不求易、事不避难，无论是在项目攻坚第一线，还是在维稳安保最前沿，全县广大党员干部啃下了一个又一个硬骨头，打赢了一场又一场攻坚战，锻造了一支攻坚克难、实干担当的云和铁军。实践证明，只要我们大力发扬“越是艰险越向前、越是艰难越担当”的气概，万众一心加油干，就一定能创造出无愧于党、无愧于人民、无愧于时代的新业绩！民生决定民心，必须坚定不移践行为民初心。五年来，我们坚持把人民对美好生活的向往作为奋斗目标，把人民的评价作为衡量工作成效的根本标准，坚持不懈为民办实事、做好事、解难事，人民群众更有获得感、幸福感和安全感。实践证明，只要我们牢牢坚持人民立场、人民至上，一切为了人民，一切依靠人民，就一定能筑牢党的执政根基，赢得人民群众的真心拥护！党风决定政风，必须坚定不移建设风清云和。五年来，我们坚持党要管党、全面从严治党，持之以恒转作风、提效能，齐心协力抓党建、强基础，政治生态不断净化优化，党委政府的公信力、凝聚力明显提升。实践证明，只要我们毫不动摇坚持和完善党的领导，毫不动摇把党建设得更加坚强有力，就一定能保证云和各项事业朝着正确方向不断前进！

在肯定成绩、总结经验的同时，我们也清醒地看到发展中存在的问题和挑战：经济总量不大、产业结构不优、创新动力不强以及要素制约等问题仍然突出，“双招双引”

还不明显，经济发展的质量、效益、后劲亟待提升；城市个性不够鲜明，城乡规划建设管理水平还不够高，人居环境需进一步改善，铁路、通用航空、高等级公路等交通基础设施相对滞后；民生保障仍有短板，教育、医疗、养老等优质公共服务供给还难以满足群众迫切需求，安全生产、消防安全、社会治安存在不少薄弱环节；干部队伍的能力素质尤其是数字化改革能力有待提高。对此，我们必须高度重视，切实加以解决。

二、今后五年的奋斗目标和工作重点

今后五年，是开启高水平全面建设社会主义现代化新征程，向第二个百年奋斗目标进军的第一个五年，也是云和加快跨越式高质量发展、迈向共同富裕的关键五年。我们要把云和发展置于更大的坐标系中去考量，准确判断“时”与“势”，辩证分析“危”与“机”，把握新方位、抢抓新机遇、实现新发展。纵观大局，我们正迎来诸多政策利好，战略机遇何其宝贵！当前，世界百年未有之大变局加速演进，新一轮科技革命和产业变革方兴未艾，长三角区域一体化国家战略深入实施，浙江高质量发展建设共同富裕示范区全面推进，数字化改革浪潮风起云涌，丽水打造共同富裕美好社会山区样板扬帆起航，形成了宝贵的战略机遇期。我们必须主动作为、抢抓机遇，乘势而上、加快发展。环顾周边，我们正面临激烈区域竞争，跨越赶超尤为迫切！当前，区域竞争百舸争流、千帆竞发，发达地区加速领跑、同类地区追赶超越的趋势不会改变，云和已经到了一个爬坡过坎、滚石上山的关键时期，面临着不进则退、慢进也是退的巨大压力。我们必须咬定目标，扬长避短、扬长补短、扬长克短，努力争先进位、实现跨越发展。审视自身，我们正处于动能转换窗口，转型升级势在必行！当前，云和发展正加快从依靠要素拉动向创新驱动、从产业链供应链价值链的中低端向中高端转变，经济总量即将越过百亿元关口，但发展不平衡不充分的问题仍然比较突出，转型升级任务十分繁重。我们必须坚定发展信心，沉着应对挑战，不断拓展发展新空间、塑造发展新优势、开辟发展新境界。

今后五年全县工作的指导思想是：高举中国特色社会主义伟大旗帜，以习近平新时代中国特色社会主义思想为指导，全面贯彻落实党的十九大和十九届历次全会精神，弘扬伟大建党精神，坚持稳中求进工作总基调，完整、准确、全面贯彻新发展理念，加快构建新发展格局，围绕忠实践行“八八战略”、奋力打造“重要窗口”主题主线，全面厉行“丽水之干”，坚持深化“小县大城”发展战略，坚定不移创新实践绿水青山就是金山银山理念，统筹疫情防控和经济社会发展，统筹发展和安全，打好转型升级、文明创建、改革赋能、富民增收、和谐善治战略组合拳，努力打造全国山区县域新型城镇化共富样板，朝着实现童话云和宏伟目标奋勇前进。

童话云和是县第十四次党代会提出的奋斗目标，是贯穿云和过去、现在和未来的县域发展总品牌，其基础是童话般的环境、支撑是童话般的产业、引领是童话般的文化、根本是童话般的生活、关键是童话般的社会。按照既定部署，到2035年要基本建成童话云和，到本世纪中叶要全面建成童话云和。这一“两步走”安排，与实现高水平现代化保持一致，我们必须毫不动摇地坚持、一以贯之地推进。

全国山区县域新型城镇化共富样板，是我们围绕童话云和县域发展总品牌，聚焦浙江高质量发展建设共同富裕示范区，着眼大局所需、立足云和所能、回应群众所盼，科学审慎确定的新目标。其中，“全国山区县域”是总体定位，要求我们今后五年的探索实践，既要彰显云和标识、山区特征，也要契合县域层级，具有普遍意义；“新型城镇化”是必由之路，要求我们坚定不移走以人为核心的新型城镇化道路，加快完成由“物的城镇化”向“人的城镇化”转变；“共富样板”是价值所在，要求我们通过五年努力，为全国同样类型、同样渴盼加快发展的山区县域迈向共同富裕，提供经验借鉴与样板示范。这一新目标，既反映了云和对自身历史方位、现实基础、发展方向的清醒认识，又体现了云和高度的政治自觉、战略自信、使命担当，必将激励和鞭策全县上下在新的赶考之路上砥砺奋进、勇毅前行。

今后五年的主要目标是：解决发展不平衡不充分问题取得明显实质性进展，具有山区特点的共同富裕体制机制基本成型，成为全国山区县域新型城镇化共富样板。到2026年，地区生产总值年均增长8.5%，人均地区生产总值突破10万元，一般公共预算收入年均增长与经济增长同步；城镇和农村居民人均可支配收入年均分别增长7%以上和10%以上，城乡居民收入倍差缩小到1.95以内；城镇化率达77%。同时，打造形成三大战略性、引领性、标志性共富成果。

——打造人与城和谐共处的共富标识。人是城市的建设治理主体，城市是人的主要聚居空间，两者互为依存、互相影响。在新的赶考之路上，一方面我们要遵循山区新型城镇化的客观规律和发展方向，深化人口内聚外迁，推进人口再集聚、素质再提升，充分展现人的全生命周期发展活力。另一方面我们要把人民群众的安居之盼、乐业之需、舒适之愿，作为城市建设的出发点和落脚点，强化城市功能完善、系统治理，构建“10分钟便捷就业圈”“10分钟公共服务圈”“10分钟运动休闲圈”“10分钟文明实践圈”，打造“安居乐业、优质共享、品质高效”的人与城和谐共处共富标识。

——打造产与城深度融合的共富模式。产业是城市发展的支柱和动力，赋予城市鲜活生命力和鲜明辨识度；城市是产业发展的承载和依托，赋予产业核心竞争力和空间集聚度，两者你中有我、我中有你。在新的赶考之路上，一方面我们要立足木玩特色产业，推动产业扩量提质增效，以产业兴旺赋能“国际木玩名城”蓬勃生机。另一方面我们要依托木玩产业特色，将童话元素融入城市规划、建设和治理，推动产与城在空间规划、功能完善上深度融合，打造童话云和城市标签，把云和建设成独具特色、不可复制的“童话名城”，打造“以城聚产、以产名城、产城联动”的产与城深度融合共富模式。

——打造乡与城互促并进的共富格局。乡村让心灵更安宁，城市让生活更美好，两者相辅相成、不可偏废。在新的赶考之路上，一方面我们要坚持城乡差异化，加强城市要素集聚、环境提升，一体推进美丽城市、智慧城市、文明城市建设，把城市建设成宜居宜业宜游的幸福高地；尊重乡村自然肌理和历史脉络，全面实施乡村振兴战略，加强乡村风貌管控，丰富乡村美丽业态，全面提升乡村生态价值、经济价值和美学价值，把乡村建设成承载美丽乡愁的美好家园。另一方面我们要坚持城乡一体化，加快“一城一湖一梯田”空间格局向“一核两廊”迭代升级，整体推进城乡空间优化、功能重构、形象再造、品质提升，打造“城美乡美全域共美、城兴乡兴全域共兴”的乡与城互促并进共富格局。

奋斗创造历史，实干成就未来。今后五年，我们要坚持深化“小县大城”发展战略，举全县之力、集万众之智，归零翻篇再出发，攻坚克难求突破，重点抓好以下五个方面工作：

（一）聚力转型升级，开创产业扩量提质新局面。云和作为加快发展地区，与全省发达地区的差距，不仅体现在经济总量上，更体现在产业结构、产业质效上。我们要坚持问题导向，全面贯彻“生态经济化、经济生态化”发展方针，持续打好转型升级组合拳，既在“量”上提升，更在“质”上过硬，加快构建现代化生态经济体系。推动生态工业倍增。把生态产品价值实现示范区（云景生态产业园）项目建设，作为实现新一轮生态工业倍增的重中之重，坚持高起点规划、高标准建设、高效能管理，全力拓展生态工业发展新空间。积极对接自贸试验区联动创新区政策，加强木玩产品设计研发、品牌推广、生产销售等全产业链强链补链，深化木玩产业与幼教、文创、电商等领域融合发展，加快木玩文化产业化，推动木玩产业向“微笑曲线”两端攀升，打造全球木制玩具创制中心。加强产业数字化、智能化、绿色化改造，引导钢压延、轴承、阀门向高端精密制造转型升级，进一步增强产业链稳定性和市场竞争力。打好新一轮制造业“腾笼换鸟、凤凰涅槃”攻坚战，提升空间形态、产业结构、亩均效益，引导更多资源要素向“链主”企业和“专精特新”中小企业集聚，力争实现上市公司“零”的突破。高效发展生态农业。坚持“藏粮于地、藏粮于技”，深入开展全域土地综合整治，扎实推进高标准农田建设，稳定粮食生产，确保“米袋子”“菜篮子”货足价稳。深入推进农业供给侧结构性改革和农业“双强”行动，推动茶叶、黑木耳、仙宫有机鱼品质化品牌化发展，实施云和雪梨产业创新集成发展三年行动计划，实现量质快速突破，把云和雪梨培育成农业第一主导产业。加快“一区两带三园百微”农业产业布局，深化农文旅融合发展，打造高质量乡村产业发展示范区。提速发展现代服务业。深入实施“旅游跨越发展3610工程”，加快木玩童话小镇、云缦康养度假区、燕庐文化创作基地等项目建设，争创云和湖国家级旅游度假区，成功创建云和梯田国家AAAAA级景区、AAAAA级景区城，打造全域AAAAA童话大花园。培育壮大高山避暑、康养度假、研学旅游等优质业态，打造长三角生态休闲旅游目的地。深入实施消费新政，培育夜间经济、节庆经济、银发经济、体验经济，促进消费扩容提质。加快电商产业发展，大力发展线上经济、直播经济，谋划实施电商产业园项目，建成木玩产业跨境电商集聚区。大力发展生产性服务业，推动科技服务、数字信息等向专业化和价值链高端延伸，促进现代服务业与生态工业、生态农业深度融合。

（二）聚力文明创建，塑造山水童话城市新形象。全国文明城市是反映城市总体发展水平的最高荣誉，是最有价值的城市品牌。云和是全市首个省示范文明县城，具备创建全国文明城市的先发优势。我们要坚定信心、下定决心启动全国文明城市创建，并以此为统领，着力提升生态质量、城乡品质和文明程度。打造绿色低碳标杆。严格实行“三线一单”生态环境分区管控，全面落实生态环境准入清单，系统推进山水林田湖草沙综合治理，持续深化蓝天、碧水、净土、清废行动，建成全域“污水零直排区”，坚决打赢污染防治攻坚战，争创国家生态文明建设示范县。围绕碳达峰、碳中和“3060”目标，推动工业、建筑、交通等领域绿色低碳发展，广泛开展绿色生活创建行动，打造全国碳中和先行区。创建国家园林城市。坚持城市眼界、城市标准，牢固树立经营城市理念，大力开展城市更新行动、城市畅通行动、城市治理行动，健全完善外通内畅路网体系，以小徐未来社区创建为龙头，持续推进棚户区、幸福社区改造，常态化治理市容乱象，全面提升城市生态功能、产业功能、生活功能、人文功能，成功创建国家园林城市。高度重视城镇作为连接县城、带动乡村的串联纽带作用，全域创建文旅特色型“五美”城镇，打造“六镇六景”升级版。创新打造公园乡村。借鉴国家公园创建理念，按照“把乡村建在公园上”的思路，坚持生态优先，加强规划引领，以农村人居环境整治提升五年行动为抓手，以微改造、精提升为手段，探索农村全方位、全角度、全链条改造，着力建设生态为底、风貌为韵、文化为魂、产业为基、共富为本、善治为核的公园乡村，打造中国公园乡村建设先行实践区。强化基础设施支撑。以铁的决心坚定实施交通先行战略，开工建设温武吉铁路，加快丽云宁铁路前期，谋划建设水上通用机场，全面融入全省“1小时交通圈”。实施235国道云和段、长深高速赤石互通、县城环城南路等项目建设，高标准打造“四好农村路”。实施龙泉溪云和段、浮云溪流域综合治理，完成“城市心肺”工程和紧水滩引调水工程建设，打造高品质水生态环境。强化绿色清洁能源供给，重点实施抽水蓄能电站、整县分布式光伏发电工程，争创省清洁能源示范县。加快5G网络布局，推进三网融合和千兆城市建设，构建现代化信息基础设施网。提升社会文明程度。积极践行社会主义核心价值观，深入实施公共文明指数提升工程，常态化开展文明乡镇、文明村社、文明家庭等创建活动。用好道德模范、“云和封面人物”榜样力量，深化“诚信云和”“友爱云和”“整洁云和”“书香云和”品牌建设，大力弘扬公益慈善、垃圾分类、礼让斑马线等文明新风尚，不断提升群众人文素养和社会文明程度。

（三）聚力改革赋能，激发跨越赶超发展新动力。改革、开放、创新是经济社会发展活力的重要源泉。当前，全省上下已踏上数字化改革新赛道，这是浙江立足新发展阶段、贯彻新发展理念、构建新发展格局的重大战略举措。我们要把数字化改革作为全面深化改革总抓手，推动改革发展各项工作实现新突破。深入推进数字变革。以数字化驱动制度重塑，在共同富裕场景下重塑政府、社会、企业和个人关系，形成与数字变革时代相适应的生产、生活、治理方式。加快推进数字化改革“1512”体系建设，建立健全全县统一、规范高效的数字化应用协同机制，推动多跨场景协同应用系统集成。丰富基层整体智治场景应用，全面提升全县域、跨领域、多层级整体智治水平，建设更高水平的“掌上办事之县”“掌上办公之县”“掌上治理之县”。强化重点领域改革。推进农业转移人口市民化集成改革，探索实施以土地为重点的乡村集成改革，建立健全共同富裕体制机制。建立完善生态产品市场化交易机制和标准体系，探索开展生态资源调查、价值评估、股份制改造，推动排污权、用能权、用水权、碳排放权市场化交易。实体化运营“两山银行”，深化拓展“两山贷”“两山存”等绿色金融产品，争创“绿水青山就是金山银山”实践创新基地。深入实施国企改革三年行动，推动国有资本做大做强、实现倍增。大力实施“双招双引”。全面落实人才强县、创新强县首位战略，全方位培养、引进、用好人才，打造更多“人才科创飞地”，建设近悦远来的人才生态。立足现有产业基础，寻找契合云和发展的重大战略项目和细分产业领域，加强与央企、大型国企和行业领军企业合作，下大力气引进具有核心竞争力的行业优秀企业，形成支撑产业发展的新竞争优势。持续优化营商环境，打造政策优、成本低、服务好、办事快的一流营商环境。加强科技创新驱动。启动“科创绿谷”建设，搭建公共创新平台，建成木玩产业创新服务综合体和木玩、钢铁、轴承研究院，突出技术攻关、产品研发和成果转化，加强产学研协同创新，争取省级重点企业研究院、省级科技孵化器均实现“零”的突破，确保国家高新技术企业、省科技型中小企业、研发经费支出占地区生产总值比重均实现倍增。

（四）聚力富民增收，满足人民美好生活新期盼。居民收入是衡量共同富裕实现程度的核心指标。与全省发达地区相比，云和的收入差距问题，既体现为居民总体收入水平不高，还体现为相对贫困问题比较突出。我们要践行以人民为中心的发展思想，把富民增收摆在首位，加强优质公共服务供给，加快补齐民生短板，让人民群众的获得感更加充实、幸福感更可持续、安全感更有保障。稳步提升群众收入。实施就业优先战略和更加积极的就业政策，坚持“扩中”“提低”并重，依托木制玩具、来料加工等产业基础，支持鼓励人民群众多渠道灵活就业，让更多普通劳动者通过自身努力进入中等收入群体。巩固拓展脱贫攻坚成果，深入实施村集体经济和农民收入“双增”行动，实现村强民富互促共进。健全完善社会保障。全面实施参保扩面计划，稳步提高养老、低保和失业保险待遇，推进企业职工养老保险全国统筹，提升大病、慢性病待遇保障和精准医疗救助水平。加快发展养老服务业，构建山区特色的多层次养老服务体系。深入推进社会救助制度改革创新，确保应救尽救、应助尽助。扩大保障性住房覆盖面，提高住房保障能力。持续优化公共服务。积极回应社会民生关切，千方百计建强优秀教师队伍，千方百计提升教育教学质量，千方百计提振师生家长信心，让每个云和学子在家门口享有更多人生出彩机会，努力实现云和教育“逆袭翻盘”。坚定不移推进卫生事业补课赶趟，推动医疗人才内培外引，加快提升卫生健康服务水平，让每位云和百姓在家门口享受更好优质医疗服务，努力破解“看病不难、看好病难”的现实困境。慎终如始抓好新冠肺炎疫情防控，持续深化“源头查控+硬核隔离+精密智控”工作机制，坚决守住来之不易的抗疫成果。健全完善公共文化服务体系，深化“文化基因解码工程”，加快建设“四馆一院”，推进小微文化空间和全民健身场所建设，打造群众喜闻乐见的文体节庆赛事和文艺精品。

（五）聚力和谐善治，打造社会高效治理新标杆。当前，社会观念多元并存，利益分配调整加速推进，矛盾风险相互交织，群众追求高质量生活的内涵更丰富、诉求更强烈，社会公平正义更受关注。我们要更好地统筹发展与安全、富民与安民，突出整体智治、数字赋能、系统治理，创新治理理念、治理手段、治理模式，形成共治共享、和谐和睦的社会环境。加强社会治理创新。坚持和发展新时代“枫桥经验”，推进“县乡一体、条抓块统”县域整体智治改革，迭代升级“一中心四平台一网格”，实现基层治理“一件事”集成联办。深化街乡共治、乡贤参治等治理实践，健全政社、政企、政民互动联动机制，打造新时代社会治理共同体。深化平安云和建设。围绕“全国最平安县”目标，完善风险闭环管控大平安机制，常态化推进扫黑除恶，加强矛盾纠纷排查化解，用法用理、用心用情做好信访工作，建设基础更牢、水平更高、群众更满意的平安云和，夺取“三星平安金鼎”。加强安全生产、食药安全、消防安全、交通运输安全等工作，提高应急救援和防灾减灾救灾能力，切实保障人民群众生命财产安全。全面推进依法治县。巩固政法队伍教育整顿成果，深化司法体制改革，完善监察权、审判权、检察权运行和监督制约机制，探索建设智慧法院、智慧检察、智慧公安、智慧司法，统筹推进严格执法、公正司法、全民守法，全面提升执法司法规范化水平，争创法治浙江（法治政府）建设示范县。扎实开展“八五”普法，实施公民法治素养提升行动，健全完善法治宣传教育体系，推动全社会尊法学法守法用法，加快建设法治云和。

三、推动全面从严治党迈上新台阶

立足新起点、奋进新征程，核心在党、关键在人。我们要认真落实新时代党的建设总要求，以党的政治建设为统领，纵深推进全面从严治党，为云和打造全国山区县域新型城镇化共富样板提供坚强的政治保证和组织保证。

（一）守好红色根脉，永葆绝对忠诚的政治品格。深入学习领会习近平新时代中国特色社会主义思想，深切感悟伟大建党精神，深刻把握党的百年奋斗重大成就和历史经验，坚定不移做“两个确立”忠诚拥护者、“两个维护”示范引领者。持续深化“不忘初心、牢记使命”长效机制，巩固拓展党史学习教育成果，大力践行浙西南革命精神，自觉增强“四个意识”，牢固树立“四个自信”，始终胸怀“国之大者”，全面提高政治判断力、政治领悟力、政治执行力。高度重视意识形态工作，不断增强社会主义意识形态的凝聚力和引领力。

（二）大抓基层基础，构筑坚强有力的战斗堡垒。全面落实“七张问题清单”抓党建带全局工作，加快构建党建统领整体智治的新时代组织工作体系。坚持大抓基层鲜明导向，大力实施“红色根脉强基工程”，开展基层党建“全域5星、全县示范”行动，持续深化“街乡共治党建联盟”，统筹抓好社区、机关、两新、国企、学校、医院等领域基层党建，推动形成支部书记有作为、党员队伍有质量、组织覆盖有实效、基层组织有力量的生动局面，力争创成省基层党建示范县。

**（三）提升变革能力，锻造能征

善战的云和铁军。坚持党管干部原则，以新时代好干部标准和省委“五项标准”为标尺，以“一体系三机制”为牵引，统筹各类干部资源，优化干部培养路径，强化干部专业素养，系统推进干部队伍重塑，培养更多立说立行的干将、攻坚涉险的闯将、开拓创新的猛将，打造一支唯实惟先、敢闯敢试、善作善成的云和铁军。坚持严管厚爱相结合，丰富“鼓励激励”的内容形式、明晰“容错纠错”的界限标准、细化“能上能下”的具体情形，推动“两个担当”良性互动。

（四）深化清廉建设，巩固风清气正的政治生态。用好正负“两张清单”，持续深化“四责协同”，严格落实“一岗双责”，压紧压实全面从严治党“两个责任”。贯通融合“四项监督”，巩固中央和省委巡视反馈问题整改成果，持续深化县委巡察工作，开创干部监督工作新局面。从严落实中央八项规定及其实施细则精神，持续纠治形式主义、官僚主义，坚决查处不收敛、不收手和群众身边腐败问题，拓展反腐败斗争压倒性胜利。统筹推进清廉单元建设，全面打造政治清明、政府清廉、干部清正、社会清朗的风清云和。

（五）加强党的领导，凝聚同心同向的强大合力。坚持党对一切工作的领导，旗帜鲜明讲政治，始终同以习近平同志为核心的党中央保持高度一致。严肃党内政治生活，积极发展全过程人民民主，不断提升科学决策、民主决策、依法决策水平。领导推动人大及其常委会依法履职、政府依法行政、政协充分发挥专门协商机构作用，支持法院、检察院依法独立公正行使职权。完善大统战工作格局，全面凝聚港澳台侨和广大乡贤力量，齐心协力画好同心圆。深化工青妇等群团组织桥梁纽带作用，不断加强党管武装、退役军人事务、老干部等工作，汇聚起万众一心、奋勇前进的磅礴力量。

名词解释

1.党委“第一议题”：突出政治建设这个党的根本性建设，将专题学习习近平新时代中国特色社会主义思想、党的十九大精神和习近平总书记重要讲话精神等内容，作为党委会、党组会、理论学习中心组学习会、支部大会、支委会、党小组会及其他党内重要会议的“第一议题”，推动学习常态化制度化。

2.“三为”专题实践活动：党史学习教育期间，省委在中央“我为群众办实事”实践活动基础上，部署开展的“我为群众办实事、我为企业解难题、我为基层减负担”专题实践活动。

3.干部工作“五大体系”：素质培养、知事识人、选拔任用、从严管理、正向激励五大体系。

4.四责协同：党委（党组）主体责任、纪委监督责任、党委（党组）书记第一责任人责任以及班子成员“一岗双责”。

5.一核两廊：“一核”即新型城镇化动力核，主要为县城及雾溪畲族乡、安溪畲族乡，进一步增强承载产业、人口的主体功能和辐射带动经济社会发展的动能。“两廊”即云和湖创意产业经济走廊和云和梯田农耕文化走廊，其中云和湖创意产业经济走廊，串联赤石乡、紧水滩镇、浮云街道、石塘镇，协同打造红蓝绿人文纽带；云和梯田农耕文化走廊贯穿崇头镇全域，精心打造梯田农耕文化特色精品旅游路线。

6.自贸试验区联动创新区：联动创新区是浙江自贸试验区扩区的基础区和先行区，旨在依托各地已有的各类经济功能区，围绕各地独具特色的产业领域，复制推广自贸试验区改革创新经验，探索开展差异化自主创新，打造对外开放新高地，构建更高水平、更高质量的开放型经济新体制。

7.农业“双强”行动：全面实施科技强农、机械强农，大力提升农业生产效率，促进农业高质量发展。

8.“一区两带三园百微”农业产业布局：“一区”即云和雪梨创新集成发展示范区；“两带”即云和梯田农业农村共生系统产业带、云和湖循环经济产业带；“三园”即培育好安溪、三门、田垟3个田园综合体；“百微”即打造100个“云和师傅”小微产业园。

9.三网融合：电信网、广播电视网、互联网通过技术改造，其技术功能趋于一致、业务范围趋于相同，进而实现互联互通、资源共享。

10. 千兆城市：5G和千兆光网的

网络供给能力、用户发展状况、应用创新水平等方面均符合工信部《千兆城市评价指标》要求的城市。

11.文化基因解码工程：通过全面挖掘文化内涵，解码每一种文化形态，找到文化存在的内在"基因"，促进文旅融合发展，助推经济社会发展。

12 .四馆一院：文化馆、博物馆、图书馆、非遗馆以及剧院。

13."县乡一体、条抓块统"县域整体智治改革：以党建为统领、基层治理现代化为目标、赋能乡镇为核心内容、重塑县乡管理体制和基层治理体系为发力点的重大集成改革，是数字化改革在基层的综合性探索与实践。

14.两个确立：确立习近平同志党中央的核心、全党的核心地位，确立习近平新时代中国特色社会主义思想的指导地位。

15."七张问题清单"：基于巡视、审计、督查、生态环保、安全生产、网络舆情、群众信访等七方面问题，围绕问题发现、生成、整改、评估、预防全周期，实现全流程精密智控、全要素综合分析、全方位党建统领。

16.基层党建"全域5星、全县示范"行动：为贯彻落实省委《关于全面实施"红色根脉强基工程"高水平打造新时代党建高地意见》，通过开展思想铸魂、组织优化、队伍重塑、治理提升、村民共富等五大工程，力争到2024年底，全县农村基层党组织全部达到五星标准，全县达到省级示范标准。

17.省委"五项标准"：一是绝对忠诚，"两个维护"的站位高、能力强；二是争先创优，打造硬核成果的格局大、视野宽；三是创新求变，改革攻坚的魄力足、思路活；四是把牢底线，防范化解风险的意识强、办法多；五是务实清廉，为官从政做人的要求严、形象好。

18.一体系三机制：选人用人高质量发展指标体系以及干部成长培育管用全链条机制、全面立体透视察人识人机制、精密智控干部大监督机制。

云和县人民代表大会常务委员会工作报告

——2022年2月13日在云和县第十七届人民代表大会第一次会议上

云和县人民代表大会常务委员会主任　叶晓勇

过去五年主要工作回顾和经验启示

过去五年，是云和发展历程上充满挑战、极不平凡的五年，也是人民群众获得感不断增强、民主法治建设不断加快、人大工作不断进步的五年。五年来，云和县第十六届人大常委会在县委的坚强领导下，始终以习近平新时代中国特色社会主义思想为指导，贯彻落实习近平总书记关于坚持和完善人民代表大会制度重要思想，坚持党的领导、人民当家作主和依法治国有机统一，坚持依靠全县人民和人大代表，依照宪法和法律赋予的神圣职责，紧紧围绕县委决策部署和全县中心工作，依法履职，积极进取，主动作为，共召开人大常委会会议46次，主任会议56次，听取和审议专项工作报告68项，开展执法检查、工作评议、专项监督、专题调研等126次，各项工作都取得了新成绩，特定问题调查、街道人大建设试点工作获得首届、第二届“浙江省人大工作与时俱进特别奖”荣誉，为全县上下凝聚共识，奋力打造新型城镇化样板县域作出了积极贡献。

一、把准政治方向，坚定初心使命，全力拥护和支持党的全面领导

常委会切实增强“四个意识”，坚定“四个自信”，坚定不移做“两个确立”忠诚拥护者，“两个维护”示范引领者，全面增强党领导一切的思想自觉和行动自觉。

坚持强化理论武装，引领人大工作走深走实。把学习贯彻习近平总书记重要讲话重要指示精神作为党组会议第一议题，学懂弄通做实习近平新时代中国特色社会主义思想，深入学习习近平总书记关于坚持和完善人民代表大会制度重要思想，贯彻落实中央、省市县委人大工作会议精神，健全党组理论学习中心组、党员夜学等制度，高质量开展“两学一做”学习教育、“不忘初心、牢记使命”主题教育和党史学习教育，以理论上的坚定清醒，准确把握人民代表大会制度本质要求和时代内涵，不断推动人大工作开拓进取、再创佳绩。

坚持提高政治站位，促进县委决策部署落实。进一步健全向县委请示报告制度，按照县委决定和要求依法履职抓好落实。首次召开年中人代会，依法作出建设童话云和“大花园”的决议。根据县委筹备召开人大工作会议的部署，代拟《中共云和县委关于高水平推进新时代人大工作和建设的意见》，为新形势下加强新时代县乡人大工作提供制度保障。立足盯住法、管好钱、把牢图工作导向行使重大事项决定权，审查批准“十四五”规划纲要和二〇三五年远景目标，作出批准决算、地方政府债务限额和预算调整等45项决议决定，授予俞旺同志“云和卫士”荣誉称号的决定。始终坚持党管干部原则行使人事任免权，任免国家机关工作人员269人次，为组织机

构高效运转提供坚强保障。

坚持依法有序原则，圆满完成人大换届选举。自觉在县委领导下开展换届工作，深入贯彻落实中央、省委有关会议、文件和指示精神，牢牢把握工作原则，严格换届选举纪律和规矩，认真组织好动员培训、选区划分、代表名额分配、选民登记、提名推荐确定候选人、投票选举等各阶段工作，并首次采用网上选民登记，确保换届选举程序操作到位，步骤依法有序。在全县上下的共同努力下，顺利完成县乡两级人大代表换届选举工作，选出县人大代表170名，乡镇人大代表299名，选民参选率96.73%。当选的县乡人大代表结构比例进一步优化，整体素质进一步提升，为更好发挥代表作用打下了良好基础。

二、紧紧围绕中心，自觉服务大局，全力推进新型城镇化样板县域建设

常委会坚持把关系全县经济社会高质量发展以及关系群众切身利益的重大问题作为监督重点，增强监督工作的针对性和实效性，答好人大监督工作的"时代卷"。

聚焦财政规范运行。提请县委出台国有资产管理情况报告制度，完善国有资本经营预算审查监督体系，实现县属国有企业全覆盖。2020年对政府投资项目验收转固情况开展特定问题调查，统计和整理2010年以来投资额50万元以上的政府投资项目转固情况，每年督促整改落实，促进存量资产有效盘活和运用，更好地发挥资产效益。开展街道预算提交人代会审查、决算提交常委会审议等新做法，跟踪监督预算绩效目标执行情况，完成预算国资数字化监督系统建设，推动财政规范高效运行。出台审计查出问题整改工作监督办法，跟踪审计查出问题整改落实情况，推进整改工作制度化、长效化，有效发挥审计监督作用。

聚焦经济社会发展。密切关注宏观经济运行，开展"十三五"规划纲要执行中期评估和"十四五"规划纲要编制调研，审查批准年度计划执行、重大投资项目计划报告，每年组织县人大代表视察重点项目建设，听取半年经济社会运行和民生实事实施情况的报告，推动"十三五"时期各项目标任务圆满完成。助推县域产业转型升级，审议数字经济"一号工程"、民营经济高质量发展、农业支柱产业培育、农家乐民宿发展等专项工作报告，专题听取工业平台建设、科技创新、文旅融合、梯田创5A等情况报告，开展木玩产业发展、招商引资、特色农业产业体系建设、农产品转化为旅游地商品等专题调研，助力政府放大特色农业发展优势，深度挖掘工业特色区域品牌，提速发展现代服务业，推动全县经济高质量绿色发展。

聚焦法治云和建设。组织开展"国家宪法日"活动，开展"七五"普法中期工作情况检查，作出"八五"普法决议，着力完善法治宣传教育工作机制。听取和审议法治政府建设、行政复议、禁毒工作情况等报告，组织开展"最多跑一次改革"、社会矛盾纠纷调处化解"最多跑一地"改革专项监督，推动县政府及有关部门简政放权、深化改革、创新服务。配合做好省、市人大关于《浙江省街道人大工作条例》《丽水市文明行为促进条例》等法规草案的立法调研工作，为上级人大立法提供建议意见。开展大气污染防治法等法律法规执法检查16次，听取县监委贯彻落实监察法情况和法院执行工作、检察院法律监督情况等报告，着力促进严格执法、公正司法。加强干部任后监督，完成对7名员额法官检察官和发改局等19个部门主要负责人的工作评议，提升任命干部法治观念。对县政府制定出台的261件规范性文件进行备案审查，维护法制统一。认真受理转办来信来访51件127人次，保障人民群众合法权益。

三、坚持人民至上，增进民生福祉，全力推动改革发展成果普惠共享

常委会始终贯彻以人民为中心的发展思想，紧紧围绕社会关注的热点难点问题开展监督，推动民生实事项目落地落实，不断增加人民群众的获得感、幸福感和安全感。

持续深入保护生态环境。审议通过《云和县生态文明建设规划

(2017—2025)》，落实生态环境状况报告制度，每年听取和审议年度环境状况和环境保护目标完成情况报告，实现县乡两级人大全覆盖。听取县政府关于固体废物污染防治、城乡环境综合整治、“污水零直排”等工作情况的报告，跟踪雾溪饮用水源地保护、城乡居民饮用水安全、剿灭劣Ⅴ类水等审议意见落实，监督松材线虫病防治、城市市容环境卫生管理和野生动物保护等法律法规落实情况，组织代表视察城市污水管网建设、农村饮用水达标提标工程等，跟踪监督“十里云河”风景线建设、全域旅游示范区创建等工作，全面促进县域生态质量提高和人居环境改善。

持续深入助推民生工程。积极推行县乡两级民生实事项目代表票决制，出台民生实事票决办法和监督办法，首次安排乡镇民生实事项目专项资金300万元，强化跟踪督查，紧盯时序进度，确保项目全面推进。听取和审议职业教育、基层医疗卫生服务、退役军人事务等报告，调研全县医疗保障、社会救助、养老工作、食品安全监管、城市交通路网建设等工作进展情况，跟踪监督民办教育、医疗工作机构运行情况，扎实开展劳动保障监察条例、学前教育“一法两条例”、公共文化服务“一法一条例”等执法检查，提升民生兜底保障能力，促进我县医疗、就业、教育和养老事业健康发展。围绕53省道交通安全开展代表约见部门负责人活动，组织代表实地视察，督促落实各项整改措施，规范道路交通秩序，为百姓出行安全保驾护航。

持续深入巩固疫情防控。专题听取和审议县政府关于疫情防控和复工复产情况报告，准确把握分区分级精准防控要求，指导督查各乡镇（街道）、村（社区）、企业疫情防控和复工复产工作，收集梳理9个方面63条问题和建议，督促有关部门研究落实，推动疫情防控、民生帮扶政策落地见效。开展重大公共卫生安全防控和救治应急管理体系建设情况督查，助力构建重大疫情防控机制，推动我县公共卫生安全应急管理体系进一步完善和创新。及时发动各级人大代表力量，引导代表做疫情防控和复工复产“两不误”的参与者、宣传者和示范者，全县各级人大代表累计7000余人次投身疫情防控和民生保障各项工作。

四、夯实履职基础，提升服务水平，全力发挥人大代表主体作用

常委会充分尊重代表权利，不断改进代表工作方式方法，积极创新机制，激发履职热情，充分发挥代表参与决策、监督推动、联系群众和模范带头作用。

优化服务保障，全面提升代表履职能力。规范代表管理，制定《县人大代表履职登记管理办法》，积极运用信息化手段，做好县乡人大代表的数据收集与整理，实现代表履职“一人一档”。坚持将代表履职能力提升贯穿于代表工作全过程，多层次开展代表、议事员集中学习培训1000余人次。引导和激励代表履职尽责，评选年度优秀代表、代表优秀建议，并在大会上进行表彰。强化代表履职资金保障，足额安排代表联络站、代表活动等经费。出台代表约见国家机关负责人办法，为代表闭会期间履行监督职责、有效发挥作用拓宽了渠道，提供有力支持。开展“代表述职评议”活动，组织全县人大代表向选民面对面述职，接受选民监督，增强代表履职责任感。

搭建平台载体，全面增强代表活动实效。健全完善“常委会联系代表和代表联系群众”机制，确保联系工作规范化和常态化。拓展代表参与常委会工作的深度和广度，先后邀请代表参加视察调研、执法检查、工作评议、列席会议等活动600余人次，切实保障代表在闭会期间的知情知政权。深化“两站一平台”建设，全面完成联络站规范化建设三年行动目标。创新开展“局长走进联络站”活动，作为典型案例在丽水电视台《人大关注》栏目进行宣传报道。支持崇头镇、紧水滩镇人大新建城区代表联络站，扩大代表联系群众覆盖面。利用人大网站、微信载体实时通报工作动态和收集意见建议，对接相关部门并作出答复，确保代表反映问题及时解决。

创新督办方式，全面提高建议

办理质量。完善代表建议办理考核责任制，出台《代表建议办理工作考核评分细则》，在全市率先将承办单位办理情况纳入年度综合考核指标。强化建议办理过程监督，完善专题会议交办、政府部门承办、常委会督办机制，每年听取县政府关于办理建议工作情况的报告，紧盯办理时限和沟通面商环节，创新开展不满意件二次办理工作，并对重办情况进行检查，首次开展建议办理结果满意度量化测评，对跨年度代表建议答复落实情况进行跟踪监督，确保代表在大会上提出的建议得到有效办理。县十六届人大一次会议以来代表提出的805件建议，办理面商率、满意率得到进一步提高。

五、深化党建引领，坚持与时俱进，全力提高依法履职能力和水平

常委会始终坚持把队伍建设作为重中之重，围绕“四个机关”建设目标要求，全面加强党的建设，持续提升人大系统依法履职能力和工作实效。

着力强化思想政治和作风建设。发挥党组织战斗堡垒作用，成立人大常委会机关党组和党总支，全面落实从严治党、管党治党责任，扎实推进党风廉政建设和意识形态工作，压实各项工作措施，全面提升人大常委会机关党建工作水平。加强干部思想教育，多形式组织开展主题党日活动，提升爱国主义情怀和党性修养，筑牢干部廉政思想防线。持续落实巡视巡察整改工作，围绕巡视巡察反馈意见，逐条逐项抓好问题整改，持之以恒改进工作作风，确保整改工作取得实效。深入开展“我为群众办实事、我为企业解难题、我为基层减负担”专题实践活动，主动深入基层，为企业和群众排忧解难。

着力强化组织机构和能力建设。设立法制和监察司法、财政经济委员会，增设社会建设专门委员会和工作委员会，调整常委会内设工作机构，配齐配强工作人员，优化常委会和专门委员会组成人员结构，实现与上级人大要求规范统一。注重干部能力提升，加强干部的培养、交流和使用，统筹安排干部培训工作，组织开展县乡两级人大干部履职能力提升培训200余人次。推进人大数字化改革工作，出台数字人大建设方案，建设数字化改革特色应用场景，构建机关智治专题门户。加强人大信息宣传工作，通过多渠道、多方位的宣传报道，讲好人大故事，营造良好氛围。

着力强化上下联动和工作指导。树立县乡人大“一盘棋”思想，健全常委会领导联系乡镇（街道）人大制度，落实每年召开两次县乡人大联席会议要求。在全市率先成立街道议事会，规范人大街道工委工作机制、平台和队伍建设，全力推动浮云街道省街道人大工作建设试点任务圆满完成，弥补街道人大监督“缺位”、民主渠道“缺失”的不足。贯彻落实《浙江省街道人大工作条例》，推广街道人大工作和建设试点经验，全面落实乡镇（街道）人大一年召开两次人代会（议事会）的要求，有效发挥乡镇（街道）人大在推进基层治理中的积极作用。

各位代表，县十六届人大常委会在县委的正确领导下，在全体县人大代表、常委会组成人员和机关工作人员的共同努力下，在“一府一委两院”和乡镇、街道人大的全力配合下，在广大人民群众和社会各界的关心支持下，在继承中前进，在前进中创新，在创新中发展，各项工作取得了显著成效。全县上下对人民代表大会制度的认识得到进一步深化，“一府一委两院”自觉接受监督的意识进一步提高，民生事业得到进一步发展，人大工作展现出更大的生机与活力。

在此，我谨代表县十六届人大常委会，向全体人大代表和全县人大工作者，向所有关心、支持人大工作的同志们、朋友们，表示衷心的感谢和崇高的敬意！

各位代表，五年艰辛历程，五年欣喜回望，使我们深刻体会到做好人大工作必须坚持以下几点：

——必须始终坚持正确的政治方向。坚持党的领导是做好人大工作的根本政治原则。五年来，我们坚决找准政治站位，自觉维护党委“总揽全局、协调各方”的领导核心地位，切实把党的领导贯穿于人大履职全过程，坚持重要工作和重大问题向县委请示汇报制度，从制度上、程序上确保党委意图的实现，保证人大工作沿着正确方向前进。

——必须牢记服务大局的使命担当。人大作为国家权力机关，对于锚定改革发展目标任务，推动县委重大决策部署的落实，负有重要职责。五年来，我们坚持与县委中心工作合心、合力、合拍，紧扣我县“小县大城”发展战略履职尽责。正确处理与“一府一委两院”的关系，寓支持于监督之中，做到支持有力、监督有方，努力在履职中体现作为，在尽责中服务全局，使人大工作与云和事业发展要求相适应。

——必须践行人民至上的根本宗旨。改善民生、维护民利是人大工作的出发点和落脚点。五年来，我们自觉把实现人民群众对美好生活的向往作为第一追求，高度关注民生问题，把保障和改善民生始终贯穿人大工作的全过程，把事关群众利益的重大事项作为人大工作的重点，加大监督力度，提高监督实效，推动群众最关心、最直接、最现实的问题解决。

——必须夯实代表履职的工作基础。人大代表是落实全过程人民民主，保障人民当家作主民主权利的主力军。五年来，我们始终把加强和改进代表工作作为坚持和完善人民代表大会制度、发展全过程人民民主的重要内容，着力增强代表履职意识，提高代表履职能力。全县人大代表心系职责，积极工作，圆满完成任期内各项工作任务，在全县各项事业发展中发挥了表率示范作用。

——必须坚持创新发展的事业追求。与时俱进、开拓创新是增强人大工作活力、促进人大工作发展的内在要求。五年来，我们始终坚持一切从实际出发，准确把握人大工作的特点和规律，认真探索增强监督实效的实现形式，积极完善常委会依法行使职权的有效运行机制，使人大工作在研究新情况、解决新问题、完善新举措中不断前行。

各位代表，尽管我们在依法履职、加强监督方面做了大量工作，但是，对照宪法和法律赋予的职责，以及中央人大工作会议对人大提出的新要求新任务、群众对人大的新期盼新愿望相比，还存在许多差距。主要是：监督工作的针对性和实效性有待进一步提高，监督力度还需要加大；发挥代表作用有待进一步提高，对代表履职的服务、保障、管理还需进一步优化；常委会履职能力建设还有待加强等。这些问题都需要在今后工作实践中认真研究，不断完善提升，继续创新作为。

今后五年的工作建议

十四五时期，是开启高水平全面建设社会主义现代化新征程，向第二个百年奋斗目标进军的第一个五年，也是云和加快跨越式高质量发展、迈向共同富裕的关键五年。县第十五次党代会擘画了我县今后五年发展的宏伟蓝图，新的任务、新的目标、新的征程，对人大工作提出了更高要求。今后五年人大常委会工作的指导思想是：高举中国特色社会主义伟大旗帜，以习近平新时代中国特色社会主义思想为指导，深入学习贯彻习近平法治思想和关于坚持和完善人民代表大会制度的重要思想，全面贯彻落实中央及省市县委各项决策部署，按照政治上高站位、履职上高质量、队伍上高素质的要求，聚焦中心工作、聚情民生关切、聚力依法履职、聚合代表力量，积极作为、主动作为、善于作为，为我县打造全国山区县域新型城镇化共富样板，实现童话云和宏伟目标而努力奋斗。

站在新的历史起点上，云和县人大及其常委会将在坚持和完善人民代表大会制度的新篇章中做到五个更加：在坚持党的领导上更加坚定不移。坚决拥护“两个确立”、做到“两个维护”，自觉将人大工作置于县委领导之下，始终做到与县委在思想上同心、目标上同向、行动上同步。在加强监督工作上更加坚强有力。用好宪法赋予人大的监督权，实行正确监督、有效监督、依法监督，推动解决制约经济社会发展的突出矛盾和问题。在助推依法行政上更加有位有为。弘扬法治思想，加强对法律法规实施情况的监督，发挥好执法检查“法律巡视”利剑作用，助力法治云和建设。在组织代表参与上更加深入广泛。丰富人大代表参与监督、联系人民群众的内容和形式，加强代表工作能力建设，支持和保障代表更好依法履职。在自身队伍建设上更加具有活力。加强纪律作风建设，深化调查研究，强化制度执行，不断提高政治判断力、政治领悟力、政治执行力。

新的五年，我们将认真贯彻落实党委决策部署，积极履行法定职责，在助力山区县域新型城镇化高质量发展、实现共同富裕的新征程中展现人大担当。

一、坚定政治理想信念，在提升制度自信上有新认识。围绕中共云和县委打造全国山区县域新型城镇化共富样板目标，紧扣《云和加快跨越式高质量发展打造全国山区共同富裕样板县行动方案(2021—2025年)》要求，统筹安排重大事项决定、人事任免、监督、代表等各项工作，做到态度坚决、行动迅速、落实到位，协助县委召开人大工作会议，保证党委大政方针政策在人大的贯彻和党委意图的实现，充分体现制度自信。

二、坚守依法履职理念，在增强监督实效上彰显新作为。围绕中心大局精准选择监督议题，持续监督落实。加强财经监督，把预算审查监督重点向支出预算和政策拓展，推进预算国资审查监督信息化和网络化；加强国有资产监管，推动特定问题调查成果落地落实；聚力生态工业经济发展，优化营商环境，监督政策落实，助推传统制造业数字化改造和精细化发展，提升发展潜力；围绕"十四五"规划纲要执行情况开展中期评估，为推动发展出实策、鼓实劲。加强法治云和建设，紧抓普法教育，多形式组织开展"国家宪法日"宣传活动，开展县政府工作部门主要负责人和"两官"履职评议，助力法治浙江(法治政府)示范县建设，认真贯彻落实法律法规执法检查和规范性文件备案审查制度，确保法律统一正确实施。

三、坚持以人民为中心，在推进民生改善中取得新成效。围绕群众关心关注的生态环境保护、公共服务、社会治理等民生问题开展监督。深化完善县乡两级民生实事项目代表票决制，实现政府决策与群众需求的精准对接、高度融合；积极回应民声，对全县教育、医疗、交通、住房、食品安全、环境卫生等工作开展专题调研和监督，推进"四馆一院"建设，助力公共服务提质增效；紧跟"三农"领域热点话题，对大搬快聚、农村环境整治、农产品质量安全监管等工作开展监督。

四、坚固代表主体地位，在发展全过程人民民主中有新进展。积极探索加强和改进代表工作的思路和方法，加强代表履职能力建设，多形式开展人大代表轮训工作，结合数字化改革以及代表参与常委会的执法检查、预算监督等内容开展专项培训，提高代表素质，增强代表意识，支持和保障代表更好履职尽责。加强代表联络站建设，有效发挥崇头、紧水滩两镇城区代表联络站作用，重点关注人口外流后乡镇人大代表联络站的实效发挥，探索设立工业园区代表联络站，补齐履职短板。

五、坚实依法履职基础，在加强自身建设上有新提高。充分吸收人民代表大会制度地方实践的新经验、新成果，对现有规章制度进行认真清理、系统梳理。以建设数字办公、数字会务、数字监督、数字履职为抓手，加速推进人大工作实现网络化、智能化融合发展。规范推进乡镇(街道)人大工作，完善县乡人大工作交流机制，每年精选主题召开全县人大工作交流会，锻造过硬工作队伍，努力打造让党放心、让人民群众满意的政治机关、国家权力机关、工作机关和代表机关。

2022年是新一届人大常委会履职的开局之年，也是实施"十四五"规划的重要一年。我们建议今年重点抓好以下几方面工作：一是助推经济社会发展。审查《云和县国土空间总体规划》，密切跟踪编制进展情况，听取和审议计划、预算决算和审计工作等报告；强化国有资产管理、特定问题调查相关决议落实情况监督，加强审计查出问题整改落实监督；重点关注生态产品价值实现示范区(云景生态产业园)项目建设，对涉企奖补领域资金开展专项监督。二是助力依法行政。听取法治政府建设情况的报告，紧跟上级人大部署开展对监察委员会工作的监督，继续关注法院难执行问题，调研检察院公益诉讼工作，开展防范打击治理电信网络诈骗和知识产权保护工作专项监督，保障人民群众切身利益。三是聚力民生改善。加强民生实事项目征集阶段的监督，开展城乡建设和环境资源保护工作监督，听取美丽城镇工作情况报告，对住房保障、居家养老、污染防治、城市道路规划建设和消防安全等工作开展调研，跟踪监督城区公共文化设施建设情况，开展教育“双减”、中学教育质量提升、医疗保障、科技创新等专项监督，持续关注53省道交通安全管理工作，切实提高人民群众的获得感和满意度。四是助推乡村振兴战略实施。审议我县花园乡村建设情况报告，听取紧水滩引调水工程建设情况的报告，专题调研少数民族村共同富裕、技能人才队伍建设和农村建房管理工作情况，助推实现农村美、农业强、农民富的目标。五是全面加强代表工作。建立健全新一届代表履职数字化档案；组织开展县乡两级人大代表初任履职培训，提升代表素质和履职能力。持续开展联络站示范化建设，深化“局长走进代表联络站”活动，夯实发展全过程人民民主的坚实基础。六是提升全县人大工作合力。加强常委会组成人员教育管理，制定工作守则，构建数字化会议服务系统，统筹安排新任县乡两级人大干部履职能力提升培训，密切上下联系和协调配合，发挥乡镇(街道)人大在推进高质量发展建设共同富裕示范区中的积极作用。

各位代表，逐梦新征程，奋斗创未来，本届人大常委会已经完成了历史使命，新一届人大常委会即将选举产生，让我们紧密团结在以习近平同志为核心的党中央周围，在县委的正确领导下，继往开来、开拓奋进，更好地肩负起宪法和法律赋予的神圣职责，以更加昂扬的斗志，更加饱满的热情，更加扎实的工作，开创我县人大工作新局面，为打造全国山区县域新型城镇化共富样板作出新的更大贡献！以优异成绩迎接党的二十大胜利召开！

政府工作报告

——2022年2月12日在云和县第十七届人民代表大会第一次会议上

云和县代县长　周鸿飞

一、2021年工作回顾和过去五年发展成就

2021年，县政府在上级党委、政府和县委的坚强领导下，在县人大、县政协的监督支持下，深入贯彻党的十九大和十九届历次全会精神，以打造全国山区新型城镇化样板县域为抓手，统筹抓好疫情防控和经济社会发展，踏实苦干、奋力拼搏，较好地完成了县十六届人大六次会议确定的目标任务，实现“十四五”良好开局。全县地区生产总值98.06亿元，增长9.6%，一般公共预算收入增长8.0%，规上工业增加值增长15.2%，社会消费品零售总额增长23.7%，城乡居民人均可支配收入分别增长9.7%和11.5%。年初确定的民生实事圆满完成。

产业发展量质齐升。实施生态工业倍增计划，开展新一轮制造业“腾笼换鸟、凤凰涅槃”攻坚行动，淘汰落后产能企业6家，整治提升“低散乱”企业31家，新增规上企业12家、亿元企业6家、上云企业50家，培育“放水养鱼”企业5家、省“专精特新”企业3家，兴昌轴承获评国家级“专精特新”小巨人企业。加快全域旅游发展，完成梯田一级游客接待中心、云和东旅游集散中心主体工程，投入运营观云索道，创成石塘、安溪AAAA级景区乡（镇）和黄家畲AAA级景区，在全省首批实现“百千万”工程全覆盖，获评省全域旅游示范县。启动农业“双强”行动，主要农作物机械化率达58%，完成垦造耕地问题整改，创新推出“农家乐民宿成长贷”“雪梨贷”，成功申报云和雪梨集成创新省级试点。

人居环境持续改善。接续开展城市改造行动，实施鲤鱼山小区改造，完工城东南路、大坪路、南山路，建成童话云和展示馆，小徐社区列入全省第三批未来社区试点。扎实推进乡村“微改造、精提升”行动，建成3个省特色精品村、5个花园乡村、24个A级景区村，“最美梯田”风景线获评省美丽乡村风景线，石塘镇创成省美丽城镇样板，崇头镇创成全国乡村治理示范乡镇。高质量完成全国农村人居环境整治提升现场会考察任务，荣获全省深化“千万工程”建设新时代美丽乡村工作优胜县。坚决打好污染防治攻坚战，开工城市污水处理厂清洁排放技术改造项目，建成工业危废贮存转运中心，新增环境质量自动监测站15个，改建城市污水管网5.47公里，实现城镇生活垃圾分类处理全覆盖。

项目投资扎实有力。完成固定资产投资37.6亿元，增长12%。开工亿元以上项目10个、完工6个，24个省市重点项目实现投资22.7亿元。云缦康养度假区酒店进入全面装修，国际会议中心破土动工；

木玩童话小镇地标建筑主体工程开工，小镇客厅建成投用；浮云溪流域综合治理工程超额完成年度投资任务，紧水滩引调水、龙泉溪二期治理工程有序推进。全年完成房屋征收2.14万平方米、土地征收703.7亩，小徐社区仅用100天就实现100%签约。10个项目被纳入省“六个千亿”项目清单，3个项目被纳入省“4+1”项目清单，争取上级转移支付4.1亿元，新增地方政府债券7.4亿元。

“双招双引”成效明显。组建5个驻外招商局和6个重点招引专班，承办“央企走进山区26县建设共同富裕示范区”、知名浙商助力丽水跨越式发展大会等系列招商活动，全年引进大项目5个、一般项目25个，实际利用市外内资12.02亿元、外资201万美元。实施“筑巢引凤”优质工程，建成杭州、宁波驻外青年人才服务中心，成立高校人才联络站11个，成功申报“绿谷精英”人才项目6个。实施新一轮“山海协作”工程，生态旅游文化产业园项目加快推进，云北飞创现代产业园成为全省“产业飞地”建设样板。

改革活力加速释放。组织开展“小县大城”发展战略实施20周年系列活动，精心承办全国山区县域新型城镇化发展论坛。大力实施数字化改革，谋划建设多跨场景应用23个，入选数字化改革省级试点10个，全县依申请政务服务事项“一网通办”率达99.2%。推进政务服务2.0建设，实现企业投资低风险小型项目审批“最多15个工作日”，营商环境便利度跻身全市前列。创新生态产品价值实现机制改革，推出“数字生态贷”惠农金融产品，发放贷款1596万元。加快国企市场化改革，国资公司获评AA等级。深化农村产权制度改革，创新实行农村集体财务收支预决算管理，在全国首创农村产权抵（质）押融资免担保模式。积极推进云景特色风情聚落区建设，实行云景高速公路差异化收费，开通云和至景宁县际公交。

民生福祉更有质感。实行“引智办学”托管机制，落地落实“双减”政策。有序实施人民医院病房扩建、中医院迁建工程，完成新一轮合作办医签约，顺利通过第五轮国家卫生县城复审。童话书房免费对外开放，云和木玩入选“浙江文化标识”培育项目。深化“一户一策一干部”结对帮扶，流动供销致富车模式在全省推广，低收入农户人均可支配收入增长14.4%。新增城镇就业2035人，帮扶困难人员就业535人。“浙丽保”参保率达92.91%。建成残疾人托养康复中心。创新推出长者益智幸福坊、敬老餐、邻里互助长等山区特色养老模式。深入开展平安建设“百日攻坚”、扫黑除恶等专项行动，持续加强生产安全、食药安全监管，全面推进用电建筑、“三合一”场所消防安全整治。全力抓好常态化疫情防控，累计接种新冠病毒疫苗27.57万剂次，坚决巩固疫情“零发生”的良好态势。

各位代表，2021年全县主要目标任务的顺利完成，为本届政府工作画上了圆满句号。过去的五年，是云和发展史上极不平凡的五年。五年来，我们坚持一张蓝图绘到底，一以贯之实施“小县大城”发展战略，与全县广大干部群众携手共进、风雨同舟，经受住了经济下行的巨大压力和新冠肺炎疫情的严重冲击，较好地完成了本届政府任期的各项目标任务，与全省同步高水平全面建成小康社会，交出了经济赶超发展和社会全面进步的高分报表。

这五年，是综合实力显著增强的五年。2017—2021年，地区生产总值接近百亿大关、年均增长9.5%，一般公共预算收入8.79亿元、年均增长13.5%。工业总产值从111.42亿元增加到255.07亿元，规上工业增加值从12.16亿元增加到29.88亿元，创成中国轻工业特色区域和产业集群创新升级示范区，获评国家外贸转型升级基地。农业总产值从7.14亿元增加到8.28亿元，累计培育农业龙头企业30家、农家乐民宿325家，创成省农业绿色发展先行县、全国首批民宿产业发展示范区。网络零售额从21亿元增加到35亿元，旅游总收入实现年均17%的较快增长，云和梯田、佛儿岩景区分别通过国家AAAAA级和AAAA级旅游景区景观质量评审，我县获评中国十大品质休闲县，创成省电子商务示范县。

这五年，是城乡面貌大为改观的五年。全面开工木玩童话小镇，完成浮云溪两岸景观提升，基本建成采真里历史文化街区，改造完成棚户区10个、老旧小区5个，创成全市首个省"无违建县"，常住人口城镇化率从66.6%提高到73.1%、稳居全市前列。长汀、坑根、赤石等美丽乡村交相辉映，崇头、石塘、紧水滩等美丽城镇更具颜值，浮云绿道、瓯江绿道相互交织，梯田大道、云龙公路全线贯通，云和县获评省新时代美丽乡村示范县。全国首批生态环境与健康管理试点建设成效明显，中央、省委环保督察反馈问题整改全面完成，在中国内地率先发布环境空气质量健康指数，获评"中国天然氧吧"，两夺"大禹鼎"，创成全国节水型社会建设达标县、省生态文明建设示范县，生态环境公众满意度稳居全省前列。

这五年，是发展活力竞相迸发的五年。高水平推进全国乡村治理体系建设试点、全国社会救助综合改革试点等重大改革，高质量编制人才、金融、土地"三大新政"，高效率完成机构改革、公车改革、国企市场化改革。省重点生态功能区小城市培育试点考核连续六年优秀，"生态地"、生态产品政府补偿性采购等云和经验亮相习近平生态文明思想研讨会。累计列入国家、省级各类改革试点47项。与上海普陀、宁波北仑、嘉兴港区、湖州吴兴共同打造"山海协作"升级版，云和—北仑"飞地"创业园、云和—嘉兴港区民族乡村振兴"飞地"产业园落地见效。累计引进项目117个，实现实际利用市外内资48.5亿元、外资2403万美元。木玩产业创新服务综合体、木玩产业创新孵化基地等项目稳步实施，获批成立中国云和(木制玩具)知识产权快速维权中心，创成省知识产权示范县。累计新增国家高新技术企业12家、省科技型中小企业59家，培育省高新技术企业研发中心6家、省级企业研究院4家。

这五年，是民生事业全面进步的五年。累计民生支出111.43亿元，占一般公共预算支出的76.1%。建成城南九年一贯制学校、城南社区卫生服务中心、全民健身文化中心等民生项目，创成省教育基本现代化县、国家慢性病综合防控示范区。梅源芒种开犁节入选国家非遗代表性项目名录，东晋墓葬群入选全省重要考古发现。"四个清零"圆满完成，农村居民全面喝上放心水，51个集体经济薄弱村全部摘帽，873户低收入家庭住进保障房，2803户农村危房完成整治提升，5918名群众通过"大搬快治""大搬快聚"下山进城、安居乐业，我县荣获全国脱贫攻坚组织创新奖和全国脱贫攻坚先进集体。基层治理四平台、综合指挥中心、社会矛盾纠纷调处化解中心建成投用，创成省双拥模范县、省食品安全县、省无欠薪县，连续三年获评全国信访工作"三无县"，连续十六年被命名为省"平安县"。

这五年，是政府效能不断提升的五年。"最多跑一次"改革和政府数字化转型成效显著，一般企业投资项目审批实现"最多80天"，新入园企业全部实行"标准地"供地，民生事项"网上办""掌上办"实现率分别达99.5%和98.5%，群众办事基本实现"只进一门、只到一窗、只跑一次"。我县在全国县级政府绩效评价中列第19位。"三重一大"事项集体决策、重大行政决策合法性审查、重大事项向人大报告向政协通报等制度严格落实，行政机关法律顾问实现全覆盖。"不忘初心、牢记使命"主题教育入脑入心，党史学习教育走深走实，"四服务"活动见行见效，基层减负行动落实落细，"文山会海"现象得到遏制，省委巡视反馈问题整改全面完成，"三公"经费支出逐年下降。

此外，人民武装、国防动员、人民防空工作扎实推进，老干部、关心下一代、工会、青少年、妇女儿童、退役军人等事业取得新成效，供销、气象、移民、统计、档案、新闻、文学艺术、科普等工作取得新进步，民族宗教、台湾事务、侨务、外事、红十字、慈善和对口支援等方面迈上新台阶。

各位代表，五年奋斗充满艰辛，五年成绩振奋人心。这些成绩的取得，是县委统揽全局、坚强领导的结果，是县人大、县政协监督支持、鼎力相助的结果，是全县干部群众团结一心、奋力拼搏的结果。每一个云和人，都是这段光荣历程的亲历者、见证者、推动者。在此，我代表县人民政府，向全县人民以及广大建设者，向人大代表、政协委员，各民主党派、工商联、人民团体和社会各界人士，向驻云部队、武警官兵，表示衷心的感谢和崇高的敬意！

各位代表，居安思危，思则有备，有备无患。在肯定成绩的同时，我们也清醒地看到，经济社会发展中仍然存在不少短板和问题，面临不少困难和挑战。主要表现在：县域综合实力不强，产业结构不合理，企业创新能力较弱，空间受限、能耗制约等问题依然突出；带动性强的大项目、好项目不足，经济发展的后劲有待提升；城市规划管理水平不够高，农村人居环境还需进一步改善；铁路、高等级公路等交通基础设施相对滞后；教育、医疗、养老等公共服务还不能很好满足人民群众的需求；一些干部担当精神不够，能力建设还有薄弱环节。对此，我们一定直面矛盾困难，采取有效措施加以解决。

二、今后五年发展的主要目标任务

今后五年，是乘势而上奋斗“十四五”、开启新征程的关键五年，是实现云和跨越式高质量发展的黄金五年。县第十五次党代会吹响了“打造全国山区县域新型城镇化共富样板”的嘹亮号角，掷地有声、催人奋进。面对新使命新任务，我们必须进一步增强机遇意识、风险意识，进一步强化战略定力、坚定赶超信心，在致力解决实力不强、结构不优、后劲不足问题上精准发力、持续发力，朝着经济增长中高速、产业结构中高级、发展质量中高端方向阔步迈进。

根据县第十五次党代会精神，今后五年县政府工作的指导思想是：高举中国特色社会主义伟大旗帜，以习近平新时代中国特色社会主义思想为指导，全面贯彻落实党的十九大和十九届历次全会精神，弘扬伟大建党精神，坚持稳中求进工作总基调，完整、准确、全面贯彻新发展理念，加快构建新发展格局，围绕忠实践行“八八战略”、奋力打造“重要窗口”主题主线，全面厉行“丽水之干”，坚持深化“小县大城”发展战略，坚定不移创新实践“绿水青山就是金山银山”理念，统筹疫情防控和经济社会发展，统筹发展和安全，打好转型升级、文明创建、改革赋能、富民增收、和谐善治战略组合拳，努力打造全国山区县域新型城镇化共富样板，朝着实现童话云和宏伟目标奋勇前进。

今后五年发展的主要目标任务是：

（一）聚焦聚力转型升级，构建更高质量的产业体系，奋力实现经济总量和发展质量“双提升”。高举工业强县大旗，坚定实施生态工业倍增计划，深化平台“二次创业”，推动木玩研发、生产、销售等全产业链强链补链，引导钢压延、轴承、阀门向高端精密制造转型升级；集合力量、集聚资源、集成政策推进生态产品价值实现示范区（云景生态产业园）项目，奋力拓展生态工业发展新空间、打造新的经济增长极。大力培育生态服务业，深入开展“旅游跨越发展3610工程”，争创云和湖国家级旅游度假区，创成云和梯田国家AAAAA级景区、县城AAAAA级景区城；着力培育线上经济、直播经济，推动生产性服务业向专业化和价值链高端延伸，建成木玩产业跨境电商集聚区。加快“一区两带三园百微”农业产业布局，打造高质量乡村产业发展示范区。积极发展新材料、新能源、数字经济、生命健康等战略新兴产业，努力形成更高层级的现代化生态产业体系。到2026年，地区生产总值突破130亿元，年均增长8.5%，工业总产值突破460亿元，年均增长15%，规上工业增加值突破60亿元，年均增长15%，服务业增加值突破70亿元，年均增长9%，农业增加值突破6亿元，年均增长2.6%。

（二）聚焦聚力文明创建，建设更具品位的魅力城乡，奋力实现环境面貌和基础设施“双优化”。以全国文明城市创建为总抓手，扎实开展城市更新、城市畅通、城市治理、城市安全行动，创成国家园林城市，城镇化率达到77%。联动推进“五美”城镇和公园乡村建设，打造“六镇六景”升级版，建设中国公园乡村先行实践区。坚决打好“蓝天、碧水、净土、清废”保卫战，建成全域“污水零直排区”，生态环境质量保持全省前列，争创全国碳中和先行区、国家生态文明建设示范县。铆足干劲推进重大基础设施项目，谋划水上通用机场，加快丽云宁铁路前期，开工温武吉铁路，建设环城南路，建成235国道云和段、长深高速赤石互通改建工程，完成城市心肺工程、整县分布式光伏开发试点等项目建设，进一步构建现代化基础设施体系。

（三）聚焦聚力改革赋能，培育更为强劲的发展动能，奋力实现内生动力和竞争活力“双增强”。深化数字化改革“152”体系建设，建立全县统一、规范高效的数字化应用协同机制。完善生态产品市场化交易机制，争取在全市率先建成生态产品价值实现机制示范样本，创成“绿水青山就是金山银山”实践创新基地。实施国企改革三年行动，推动国有资本做大做强、实现倍增。深入开展“双招双引”，加强与央企、大型国企、行业领军企业合作，健全人才培养、使用、评价、服务、激励等体制机制，打造一流营商环境。启动“科创绿谷”建设，建成木玩、钢铁、轴承研究院，力争省级重点企业研究院、省级科技孵化器均实现“零突破”，确保国家高新技术企业、省科技型中小企业、研发投入强度均实现倍增。

（四）聚焦聚力富民增收，发展更趋均衡的民生事业，奋力实现社会保障和公共服务“双改善”。坚持“扩中”“提低”并重，全面落实就业优先战略，多渠道增加城乡居民收入。深入实施教育提质行动，优化主城区教育资源配置，推进小初高一体化发展，举全县之力实现“县中崛起”，力争高考竞争力达到全市中上水平，群众对云和教育认同感明显增强。深化医疗卫生“山海”提升工程，加速县域医共体深度融合，促进优质医疗资源扩容和均衡布局。深入开展“文化基因解码工程”，着力培育云和文化品牌。加快发展养老服务业，创新社会救助制度，构建相对贫困兜底保障和长效帮扶的全流程救助机制，确保共同富裕道路上“一个都不掉队”。到2026年，“10分钟便捷就业圈”“10分钟公共服务圈”“10分钟运动休闲圈”“10分钟文明实践圈”基本形成，城乡居民人均可支配收入年均分别增长7%和10%，收入倍差缩小到1.95以内。

（五）聚焦聚力和谐善治，营造更加优良的发展环境，奋力实现政府效能和社会稳定“双加强”。开展“县乡一体、条抓块统”改革，迭代升级“一中心四平台一网格”，实现基层治理“一件事”集成联办。深化街乡共治、乡贤参治等治理实践，健全政社、政企、政民联动机制，打造新时代社会治理共同体。加快政府数字化转型，构建政务服务“一网通办”“全域通办”“就近可办”“智能秒办”体系，全方位方便群众、企业办事。全面推进严格执法、公正司法、全民守法，争创法治浙江(法治政府)建设示范县。锚定“全国最平安县”目标，完善风险闭环管控大平安机制，建设基础更牢、水平更高、群众更满意的平安云和，奋力夺取“三星平安金鼎”，群众安全感满意度保持全省领先。

三、2022年主要工作安排

各位代表，2022年是新一届政府全面履职的开局之年。做好新一年经济社会发展工作，以优异成绩迎接党的二十大胜利召开，具有十分重要的意义。综合分析发展环境和自身条件，建议2022年全县经济社会发展的主要预期目标为：地区生产总值增长8%左右；规上工业增加值增长13%左右；农业增加值增长2.6%以上；服务业增加值增长10%以上；一般公共预算收入与经济增长同步；固定资产投资增长15%以上；社会消费品零售总额增长10%左右；外贸出口总额适度增长；城乡居民人均可支配收入分别增长7%以上和10%以上。

做好今年政府工作，必须全力以赴抓机遇、争红利，瞄准山区26县跨越式发展、浙西南革命老区振兴、“5+4”稳进提质等政策包，千方百计抢抓政策“窗口期”，用足用好用活各项政策，努力把政策机遇转化为发展优势；必须全力以赴推项目、扩投资，把项目建设作为经济工作的主抓手，凝心聚力抓“双招双引”，做大项目储备库、做实项目前期库、做强项目建设库、做优要素保障库，以超常规举措推动有效投资较快增长，充分发挥投资“压舱石”“助推器”作用；必须全力以赴稳企业、增活力，想方设法帮助企业纾困解难，真心实意支持企业做大做强，以更快速度更高效率释放政策红利，以更强力度更大作为激发市场活力，以企业的“稳”和“进”提升县域经济的“质”和“效”；必须全力以赴防风险、保平安，强化底线思维、发扬斗争精神，用大概率思维应对小概率事件，以确定性措施应对不确定性变化，着力防范化解各类风险隐患，确保社会大局和谐稳定；必须全力以赴赶进度、抢开局，以开局就是决战、起步就要冲刺的奋进姿态，用非常之力、下非常之功、行非常之举，确保一季度开门稳、开门好、开门红，奋力夺取全年经济社会发展的高分报表。

重点做好以下五个方面工作：

（一）致力扩大有效投资，进一步增强发展后劲

突出抓好重点项目建设。开展抓项目、促投资、稳增长“161”行动，建立项目全生命周期管理机制，完善“红旗”“蜗牛”项目评选办法，实施“一把手”重大项目谋划比武活动，切实营造大抓项目、抓大项目的浓厚氛围。集中力量推进靛青山抽水蓄能电站、城市第二污水处理厂等项目前期，力争紧水滩抽水蓄能电站通过核准，开工建设235国道云和段、局龙线改建等重点工程，加快实施木玩童话小镇地标建筑、紧水滩引调水等一批在建项目，确保农机站区块综合改造、工业园区公共服务中心等项目全面完工。全年实施重点项目43个，实现民间投资、制造业投资、生态环保、城市更新和水利设施投资均增长15%，高新技术产业投资与去年持平，交通投资较去年增长200%。

精准实施“双招双引”。强化“管行业就要管招商”意识，加强招商引资专业队伍建设，出台“双招双引”优质项目扶持政策，力争引进一批投资强度大、带动效应强的“大好高”项目。着重抓好先进制造业、生态旅游、清洁能源等重点领域招商，确保全年引进大项目6个、一般项目20个，实现实际利用市外内资11亿元、外资200万美元。落地落实人才新政，深化人才服务综合体建设，大力支持青年人才创业创新，建成“人才科创飞地”，引育各类人才2000名以上。

夯实项目要素保障。突出土地节约集约利用，加大农村土地综合整治和低效用地再开发力度，实施垦造耕地1000亩，完成城镇低效用地再开发100亩，盘活存量建设用地300亩，切实保障重大项目用地需求。坚持依法征收、阳光征收，攻坚突破一批历史遗留政策处理难题。挖潜盘活存量资金、存量资产，科学谋划土地收入，全面加强税收监管，积极争取地方政府专项债券资金。健全项目储备库，做实项目前期推进方案，提高项目可行性，争取更多项目进入国家和省计划盘子。

（二）培育壮大生态产业，进一步振兴实体经济

做强生态工业硬核支撑。聚势推进生态产品价值实现示范区（云景生态产业园）项目，力争赤龙区块破土动工；改造提升老木制玩具城区块，完成高胥移民湾地块开发，建成木玩产业创新孵化基地。深化“亩均论英雄”改革，完成“腾笼换鸟”企业15家、“零地技改”企业15家，淘汰高耗低效企业5家，为先进产能落地腾出空间100亩。开展传统制造业智能化数字化改造，鼓励企业建设智能生产线、数字车间、未来工厂，实现规上木玩企业数字化应用全覆盖。加大优质企业梯度培育力度，新增“小升规”企业4家，培育“放水养鱼”企业6家、省“专精特新”企业2家。做好“木玩+”文章，谋划建设木玩声光电产业园，推进玩具实验室项目。支持华宏公司与杭钢集团合作，力争60万吨普转优升级改造项目投产，推动企业产品更新迭代。

狠抓生态服务业提质增效。开展县城AAAA级景区城和木玩童话小镇AAAA级景区“双创”工作，开工梯田主题酒店、梅九户外运动基地等项目，投入运营梯田一级游客接待中心，力争云和梯田创成国家AAAAA级景区、佛儿岩创成国家AAAA级景区；启动云和湖开发，推进云缦康养度假区建设，完成燕庐文化创作基地主体工程，加快形成全域AAAAA格局。全面落实电商新政，积极对接抖音、快手等直播平台，谋划建设木玩产业直播孵化中心，加速电商赋能传统产业。引进中国银行、台州银行，进一步完善金融服务功能。开展多领域、多层次、多元化促消费活动，联动激发消费活力。

促进生态农业融合发展。实施雪梨产业创新集成发展三年行动，提升改造雪梨基地3000亩，争创云和雪梨证明商标，加快把云和雪梨培育成农业第一主导产业。深入打造“云字号”农业品牌，开展梯田“三白”高山蔬菜产业示范试点建设，推动茶叶、黑木耳、仙宫有机鱼品质化品牌化发展。大力推进畜牧业转型升级，落地1家万头以上生猪养殖场。深化农文旅融合发展，加快后塘农旅融合示范园、沈村雪梨产业融合综合体等项目建设，打造“云和师傅小微产业园”10个，培育农产品旅游地商品20个。坚决抓好耕地“非农化”“非粮化”整治，提升改造高标准农田2000亩，切实保障“米袋子”“菜篮子”安全。

（三）统筹抓好城乡建设，进一步改善人居环境

提升县城品质能级。启动城市规划完善提升工作，增强规划的严肃性和刚性约束。加快城市有机更新，滚动实施棚户区改造，开展浮云小区、中医院宿舍等老旧小区改造，完成河上小区、云水居等幸福社区创建，开工建设小徐未来社区，着力打造高品质住宅小区。不断完善城市基础设施，开工祥云街西段、完工东段工程，建成新建南路延伸段、龙母路等城市道路，完成垃圾资源化处置利用、城区污水零直排PPP项目。完善智慧市政系统和“智慧环卫”云平台，常态化治理市容乱象，提高城市治理精细化智慧化水平。启动全国文明城市创建，实施公共文明指数提升工程，广泛开展文明社区、文明家庭创建活动，弘扬公益慈善、礼让斑马线等文明风尚，提升市民文明素养和城市文明形象。

深入打造公园乡村。积极培育新时代美丽城镇，打造城乡风貌样板区，推进安溪、雾溪省级美丽城镇创建。深化“千万工程”，加强农村人居环境整治提升，编制完成公园乡村建设规划，开展小顺、沈村未来乡村建设试点，建设“十里云河”美丽乡村示范带、水库移民共同富裕产业带，创成特色精品村3个、花园乡村5个、新时代美丽乡村13个，完成村头村省级重点历史文化村落建设任务。高标准建设“四好农村路”，完成农村公路大中修101公里、改造提升28公里，不断提升农村公路安全通达水平。

全力保护生态环境。深入推进清新空气行动，开展餐饮油烟、秸秆焚烧、建筑扬尘等领域专项治理，落实细颗粒物（PM2.5）和臭氧“双控双减”措施，空气质量优良率保持全省前列。大力实施“五水共治”碧水行动，确保全县出境断面Ⅱ类水质比例保持100%，力争再夺“大禹鼎”。深化“无废城市”创建，提升生活垃圾分类处置水平，推广应用固体废物监管信息系统。系统开展“山水林田湖草沙”综合治理，统筹抓好河道、湿地、森林生态功能恢复提升。启动“零碳”工程创建，打造生态环境保护示范标杆。建立健全人防、物防、技防相结合的环境污染问题发现机制，坚决打击各类环境违法行为。

（四）大力深化改革创新，进一步强化内生动力

以数字化改革撬动重点领域改革。迭代升级数字化改革，健全完善“四横四纵两端”平台架构，打造一批管用实用好用的应用场景。深入推进农村“三块地”改革，有序开展农村闲置宅基地和闲置住宅盘活利用，健全农村土地承包管理体系，探索建立农村集体经营性建设用地入市制度。实施“人口双向流动”改革，加快进城农民市民化步伐，鼓励支持乡贤、农创客、高校毕业生等人群返乡创业。深化国资国企改革，完成国资公司发债工作。健全生态产品价值实现机制，拓展“两山贷”“两山存”等绿色金融产品，落实地区生产总值和生态系统生产总值双核算、双评估、双考核机制，探索用能权交易和碳达峰、碳中和路径。

充分激发市场主体活力。组织开展新一轮“精准服务企业、振兴实体经济”活动，完善“一站式服务”“一体化联动”机制，千方百计帮助企业解决实际困难。深化“证照分离”改革，实行“一件事”全流程办理，推动审批再提速。全面落实国家、省、市降本减负政策，全年为企业减负2亿元以上，以“真金白银”换市场主体轻装上阵、专注前行。深入实施小微企业信贷“增氧计划”和金融服务“滴灌工程”，拓展政府性融资担保覆盖面。支持优质企业对接多层次资本市场，新增新三板挂牌企业、新三板创新层企业各1家。落实科技企业“双倍增”计划，建成木玩产业创新服务综合体，新增国家高新技术企业2家、省科技型中小企业10家，争取“绿谷精英”人才项目2个，实现研发经费支出1.6亿元以上、研发投入强度达1.3%。

推动高水平开放合作。坚持全县域融入长三角，深化与结对地区的紧密合作，加快建设一批“产业飞地”“科创飞地”“人才飞地”，协同打造“山海协作”高能级发展平台，实现“山海协作”产业到位资金8亿元。加强与央企、大型国企的深度合作，重点引进杭钢金属加工园项目，着力推进与中电建（华东院）合作加快抽水蓄能项目前期，力争与国家能源集团、中铁建在产业平台、城市更新、公共服务、基础设施等方面合作取得实质性进展。

（五）持续发展民生事业，进一步满足群众期盼

提升公共服务均等化品质化水平。加强优质教育资源供给，推进江滨小学改扩建项目前期，开工实验小学改扩建工程，建成实验小学分校、大坪幼儿园；持续抓好小学“强基”、初中“壮腰”工程，探索云中与名校结对办学模式，开展职业教育“双高”建设，创成全国义务教育优质均衡发展县。实施公共卫生补短板项目，启动紧水滩镇卫生院拆建项目，完成中医院迁建主体工程，确保城北社区卫生服务中心、崇头镇卫生院投入使用；做实做细家庭医生签约服务，健全“两慢病”全周期健康管理机制，优化公共卫生服务供给。深化文体服务体系建设，开展文物安全大排查大整治大提升攻坚行动，谋划三江口区块瓯文化主题项目，启动打造中国农耕活态博物馆；精心办好云和梯田开犁节、“寻瓯溯源”文旅周等品牌文化活动，进一步丰富群众文体生活。

加强社会保障体系建设。落实积极就业政策，抓好高校毕业生、退役军人和困难群体就业帮扶，城镇登记失业率控制在3%以内。拓宽农民增收渠道，创建低收入农户帮促应用场景先行先试县，促进低收入农户人均可支配收入增长15%以上，全面消除1万元以下收入农户。巩固提升村集体经济，培育年经营性收入超50万元的村10个，全部行政村年经营性收入均增长10%以上。推动基本养老保险、医疗保险扩面提质，继续做好“浙丽保”参保工作。完善社会救助和养老服务体系，落实低保、特困供养标准城乡统筹和自然增长机制，创新开展全域关爱留守老人行动。深入实施“大搬快聚富民安居”工程，完成大坪等4个安置小区建设，搬迁人口1200人。扎实开展“双拥”活动，巩固军政军民团结。

坚决守好平安稳定防线。慎终如始抓好疫情常态化防控，建立健全疫情监测预警、平战转换、平战结合机制，着力提升全员核酸检测能力，稳妥有序推进疫苗接种。巩固全国乡村治理体系建设试点成果，完善基层治理四平台系统，健全综合指挥中心、社会矛盾纠纷调处化解中心运行机制，打造县级社会治理中心。加大金融风险防范和化解力度，保障金融业平稳健康发展。常态化开展扫黑除恶专项斗争，深化电信网络新型违法犯罪综合治理，全力做好党的二十大、杭州亚运会等重大活动期间维稳安保工作。深入开展生产安全、道路交通安全、消防安全、食药安全等专项整治，持续完善应急管理、灾害风险监测预警等体制机制，切实保障人民群众生命财产安全。

四、加强自身建设，狠抓工作落实

各位代表，展望未来五年，我们信心满怀。能否让宏伟蓝图变成现实，归根结底就看我们抓落实的决心够不够大，速度够不够快，力度够不够强。今年是新一届政府班子体现新作为、创造新业绩的第一年，我们将把大抓落实作为检验一切工作成效的标尺，紧紧围绕县第十五次党代会和本次人代会确定的各项目标任务，撸起袖子加油干，甩开膀子抓落实，努力向全县人民群众交上一份满意的答卷。

坚定政治立场，增强大抓落实的定力。把讲政治贯穿于政府工作的全过程、全方位，在重大原则问题上立场坚定、旗帜鲜明，坚决同以习近平同志为核心的党中央保持高度一致，坚定不移做“两个确立”忠诚拥护者、“两个维护”示范引领者，不断增强“四个意识”、坚定“四个自信”。全面贯彻落实上级党委政府和县委各项决策部署，不打折扣、不做选择、不搞变通，做到政令畅通、令行禁止。认真履行全面从严治党责任制，严格执行党的组织生活制度，推动政府系统党建工作全面进步、全面过硬。

注重能力建设，提高大抓落实的水平。坚持生成性学习，增强系统性思维，牢固树立政府工作“一盘棋”观念，强化部门之间、上下之间的主动协调、密切配合，切实提升抓统筹的能力。坚持解放思想、大胆创新，全面推进理念创新、制度创新、方法创新，以理念、机制、手段的重塑，根除本领恐慌、能力不足问题，切实提升抓创新的能力。严格落实提高政府执行力六项制度，建立健全“清单化交办、项目化落实、节点化督查”闭环管理工作机制，挂图作战、挂牌销号，做到马上就办、办就办好，切实提升抓执行的能力。

勇于担当作为，改进大抓落实的作风。始终保持锐意进取、昂扬向上、永不懈怠的奋斗姿态，扑下身子、埋头苦干，真正把心思用在干实事上，把精力用到抓落实上，把功夫花到解难题上，定下来的事情坚决落实，部署了的工作一抓到底，以踏石留印、抓铁有痕的作风推动各项工作落到实处。健全激励机制、问责机制和容错纠错机制，整治“庸懒散”、消除“中阻梗”，让改革者轻装上阵、担当者脱颖而出、实干者大显身手，让“勇猛精进”成为政府工作精神常态。

坚持依法行政，强化大抓落实的保障。加强宪法和法律法规学习，自觉运用法治思维和法治方式开展工作。严格按照法定权限履行职责，全面落实合法性审查制度，健全完善政府法律顾问制度，提高行政决策质量、效率和公信力。深入开展“法助共富、法护平安”专项行动，深化“大综合一体化”行政执法改革，切实提升法治建设工作水平。持续深化政务公开，及时回应社会关切。依法接受人大监督，自觉接受政协民主监督，主动接受监察监督、群众监督、舆论监督，加强审计监督、司法监督、统计监督，让权力在阳光下运行。

恪守清正廉洁，守牢大抓落实的底线。严格落实党风廉政建设责任制和中央八项规定精神，深入贯彻《准则》《条例》等规章制度，驰而不息反对“四风”。规范完善政府债务管理、政府采购制度建设，加强公共资源交易统一集中管理。落实“政府过紧日子、人民过好日子”要求，坚持厉行节约，注重节俭办事，严控“三公”经费和会议费、培训费，努力降低行政成本，把公共财政的阳光雨露更多洒向民生。

各位代表，为民办实事是打造

全国山区县域新型城镇化共富样板的题中之义。我们着眼于解决群众"急难愁盼"问题，坚持"群众提、大家定、政府办"的原则，经过公开征集、专题调研、评选审议，提出了13项候选项目，提请会议票决。我们将根据票决结果，全力以赴把实事办好、好事办实，让人民群众共享更多改革发展成果。

各位代表，立足新起点，奋斗新征程。让我们更加紧密地团结在以习近平同志为核心的党中央周围，在中共云和县委的坚强领导下，紧紧依靠全县人民，以更加开阔的眼界、更加务实的作风、更加昂扬的斗志，开拓创新、扎实工作，为打造全国山区县域新型城镇化共富样板而努力奋斗！

名 词 解 释

1.上云企业：通过互联网与云计算手段连接社会化资源、共享服务及能力，进行信息化基础设施、管理、业务等应用的企业。

2."放水养鱼"企业：遴选一批细分市场有竞争优势、成长性好、具有关键核心技术的优质企业，建立企业培育库，从财政、税收、金融、土地等方面予以政策支持，帮助企业做大做强。

3."百千万"工程：即"百城千镇万村景区化"工程，是浙江省建设"大花园""大景区""诗画浙江·中国最佳旅游目的地"的载体之一，于2017年启动，从创建省A级景区村庄开始，逐步实现"百城千镇万村景区化"的目标。

4.农业"双强"行动：通过实施科技强农、机械强农行动，大力提升农业生产效率，促进农业高质量发展。

5.未来社区：我省城市建设的重大创新举措，指围绕社区全生活链服务需求，以人本化、生态化、数字化为价值导向，以未来邻里、未来教育、未来健康、未来创业、未来建筑、未来交通、未来能源、未来物业和未来治理9大场景创新为引领的新型城市功能单元。

6."六个千亿"项目清单：千亿数字经济工程、千亿生命健康工程、千亿高端装备工程、千亿文化旅游工程、千亿能源环保工程、千亿技术改造工程。

7."4+1"项目清单："4"即交通建设，生态环保、城市更新及水利设施，高新技术产业，民间资本参与政府和社会资本合作(PPP)项目推介4大工程包。"1"即省市县长项目工程。

8."双减"政策：关于切实减轻义务教育阶段学生作业负担和校外培训负担的指导意见和实施办法。

9."三合一"场所：住宿与生产、储存、经营等一种或者几种用途混合设置在同一连通空间内的室内场所。

10. 四个清零："两不愁三保障"突出问题清零、年家庭人均可支配收入8000元以下情况清零、集体经济薄弱村清零、零就业家庭清零。

11.信访工作"三无县"：每年各地向国家信访局推荐"三无"(即无进京越级访、无大规模集体上访、无因信访问题引发的极端恶性事件)县(市、区)名单，国家信访局审核通过后，在全国范围内进行通报表扬，并进行授牌。

12.标准地：土地出让时明确每块建设用地的规划建设、能耗、污染排放、产业导向、单位产出等标准。

13."三重一大"事项：指重大事项决策、重要干部任免、重要项目安排、大额资金的使用，必须经集体讨论作出决定。

14.四服务：即服务基层、服务群众、服务项目、服务企业。

15. 旅游跨越发展3610工程："3"是指打造云和梯田国家AAAAA级景区、以国家AAAAA级景区标准建设木玩童话小镇、云和湖国家级旅游度假区等3个国家AAAAA级景区及相当于国家AAAAA级景区级别的景区。"6"是指打造仙宫景区、赤石景区、佛儿岩景区、灵滁山景区、白鹤尖景区、小顺景区等6个国家AAAA级景区。"10"是指打造长汀、梅湾等10个国家AAA级景区及相当于国家AAA级景区级别的景区。

16. 一区两带三园百微："一区"即云和雪梨创新集成发展示范区。"两带"即云和梯田农业农村共生系统产业带、云和湖循环经济产业带。"三园"即培育好安溪、三门、田垟3个田园综合体。"百微"即打造100个"云和师傅"小微产业园。

17."五美"城镇：功能便民环境美、共享乐民生活美、兴业富民产业美、魅力亲民人文美、善治为民治理美的新时代美丽城镇。

18.数字化改革"152"体系："1"即一体化智能化公共数据平台。"5"即五个综合应用，包括党政机关整体智治综合应用、数字政府综合应用、数字经济综合应用、数字社会综合应用、数字法治综合应用。"2"即构建两套体系，包括一套理论体系、一套制度规范体系。

19.县中崛起：指县域普通高中教育实现跨越式发展，教育教学质量取得新突破。

20.文化基因解码工程：通过全面挖掘文化内涵，解码每一种文化形态，找到文化的内在“基因”，促进文旅融合发展。

21.“县乡一体、条抓块统”改革：是以党建为统领，以基层治理现代化为目标，以赋权赋能乡镇（街道）、提升乡镇（街道）统筹能力为核心，以重塑县乡管理体制和基层治理体系为发力点的重大集成改革，是数字化改革在基层的综合性探索和实践。

22.一中心四平台一网格：“一中心”即县级社会治理中心。“四平台”即“基层治理四平台”，包含综治工作、监管执法、应急管理、公共服务等四个平台。“一网格”即全科网格建设。

23.三星平安金鼎：平安金鼎是省委、省政府对连续15年获得“平安县（市、区）”称号的地区评定的最高奖项，之后每连续3年获得“平安县（市、区）”称号可评定一星。连续21年获得“平安县（市、区）”称号的地区方可夺得三星平安金鼎。

24.“5+4”稳进提质政策包：“5”即扩大有效投资、减负强企、科技创新、“两稳一促”（稳外贸稳外资促消费）、民生保障“五大政策包”。“4”即财政、资源、金融、能源“四张要素清单”。

25.抓项目、促投资、稳增长“161”行动：“1”即围绕投资增速、投资结构优化、重点项目开工率等一系列目标。“6”即开展交通项目攻坚、制造业投资挖潜、城市建设、重大文旅项目攻坚、重大项目前期提速、要素保障六个专项行动。“1”即执行县领导联系、问题分层协调、评价晾晒、督查通报结果认领等一系列常态化攻坚机制。

26.梯田“三白”高山蔬菜：产自云和梯田及周边区块的生态白茄子、白黄瓜、白辣椒。

27.科技企业“双倍增”计划：到2025年，要奋力实现高新技术企业数、科技型中小企业数的倍增。

28.职业教育“双高”建设：指浙江省高水平职业院校和专业（群）建设。

29.两慢病：高血压、糖尿病。

30. 提高政府执行力六项制度：首席负责制，严谨的决策机制，高效的领导批示办理、公文流转和严格的会议请假制度，现场办公制度，重点工作日报、周报、月报制度，督查约谈制度。

中国人民政治协商会议
第九届云和县委员会常务委员会工作报告

——2022年2月11日在政协第十届云和县委员会第一次会议上

云和县政协主席　王新荣

一、过去五年工作回顾

九届县政协履职的五年，是我县高品质建设“小县大城”、高水平全面建成小康社会的奋进历程，也是新时代政协工作提质增效、蓬勃发展的重要篇章。五年来，在中共云和县委的正确领导下，县政协及其常委会坚持以习近平新时代中国特色社会主义思想为指导，深入学习贯彻党的十九大和十九届历次全会精神，深刻领会习近平总书记关于加强和改进人民政协工作的重要思想，全面落实中央和省市县委政协工作会议精神，紧紧围绕全县工作大局，立足专门协商机构的性质定位，牢牢把握团结和民主两大主题，认真履行政治协商、民主监督、参政议政三大职能，为助力我县与全省同步高水平全面建成小康社会、推动高质量绿色发展作出了积极贡献。

（一）始终坚持以政治建设为统领，思想政治基础进一步夯实

五年来，我们牢牢把握政协是政治组织、必须旗帜鲜明讲政治的本质要求，强化政治引领，筑牢思想根基，团结带领各党派团体和广大政协委员坚定不移跟党走。

在坚定政治方向上领好路。坚持把习近平新时代中国特色社会主义思想作为统揽政协工作的总纲，自觉贯彻落实党的路线方针政策和决策部署，在增强“四个意识”、坚定“四个自信”、做到“两个维护”中提高政治站位，把牢前进方向。充分发挥政协党组在政协工作的领导作用，坚决贯彻落实各级党委重大决策部署，确保政协工作与党委同轴运转、同频共振。自觉接受县委领导，坚持重大事项向县委请示报告，推动政协工作纳入县委重要议事日程，定期向县委常委会报告政协党组、政协常委会工作情况，主动邀请县委、县政府领导参加政协重要会议活动，把党的领导贯穿于政协履职的全过程。严格落实党风廉政建设和意识形态工作主体责任，为政协组织提供坚强的纪律和思想保证。

在强化理论武装上高标准。高度重视理论学习，健全以党组理论学习中心组学习为引领，主席会议集中学、常委会会议专题学、委员培训系统学、委员组研讨学等学习体系，多渠道宣传党的思想主张和县委决策部署，不断提高委员思想水平和能力素质。五年来，共组织开展各类专题学习研讨210次。全面启动书香政协建设，制定《关于开展“椤林学堂·书香政协”读书活动的实施方案》，开设“椤林讲坛”，建立委员读书群，举办线上主题读书活动，着力构建线上线下、讲坛讲座等多形式融合的委员

读书体系，崇学善读在全县政协系统蔚然成风；谋深抓实主题教育，认真开展“不忘初心，牢记使命”主题教育和党史学习教育，推动“两学一做”学习教育常态化制度化，切实把学习成果转化为工作动力和履职成效。

在加强党的建设上求实效。健全政协党的组织体系，成立政协机关党组，设立机关党总支，建立委员组工作支部，在重要调研、委员培训等重大活动期间，成立临时党组织，把党的组织延伸到政协最基层、最深处。完善政协党的制度体系，先后制定出台《关于加强全县政协系统党的建设工作实施方案》《关于建立党的工作对政协委员全覆盖的联系制度》《关于加强政协委员组工作支部建设实施意见》等规章制度，通过顶层设计实现党的组织对政协工作、政协委员的全覆盖。擦亮政协党建工作品牌，建立“5+X”党建工作法，创新推出“党旗引领委员行”活动，引导广大委员通过“五个一”实践活动走进社区、沉入一线，进一步发挥党员委员在基层治理中的先锋模范作用。

（二）始终坚持以助推发展为己任，政协一线作为进一步彰显

五年来，我们自觉把党政中心工作作为履职重心，倾政协之力，展政协之长，尽政协之责，在服务经济社会高质量发展中体现政协担当，彰显政协作为。

紧扣党政中心献计出力。深度建言高质量发展。综合运用集体视察、协商议政、民主监督、课题调研等多种形式，积极助推“十四五”规划编制、全域旅游发展、木玩百亿产业发展、“一带三区”建设、“双招双引”工程、产城融合开发、生态产品价值实现机制等重点工作。五年来，县政协领导领衔重点调研课题27个，形成调研视察报告51篇，提出意见建议360余条。主动参与重点任务推进。坚持把作用发挥在一线，积极响应县委“一联九、两担任”“四服务”等活动部署，县政协领导率先垂范，引导机关干部融入大局，投身重点项目攻坚主战场。五年来，县政协领导牵头联系重大项目、重点工程、重要工作40余项，抽调机关干部参与重点工作45人次，切实把政协优势转化为助推发展的优势。持续助力新冠疫情防控。面对新冠肺炎疫情，县政协第一时间发出倡议，广大政协委员充分发挥界别优势，各展所长、各尽其能，在捐款捐物、志愿服务、建言献策、凝聚共识等方面发挥示范表率作用，为统筹推进疫情防控和经济社会发展贡献了政协力量。

紧盯发展要事监督问效。创新民主监督形式。在全市率先开展委派民主监督员工作，先后遴选78名政协委员担任18家单位的民主监督员，累计开展监督活动47次，提出意见建议83条，形成了有组织、有载体、有机制、有成效的民主监督新实践；坚持选派委员担任调解员、陪审员及各类监督员，先后推荐269人次参加庭审旁听、听证会等活动117场。深化专项民主监督。聚焦民生热点难点，先后围绕城乡生活垃圾分类处理、“五水共治”、小城镇环境综合整治、高水平全面建成小康社会补短板等内容开展专项监督，提出意见建议280余条。开展重点工作视察。坚持把开展视察活动作为履行监督职能的重要载体，组织开展“最多跑一次”改革、“大搬快治”、梯田创5A等常委会重点工作视察，形成建议案呈送党委政府；就“农村生活污水处理设施运维管理”“玩具产业优化升级”等问题，组织开展不同层面的视察监督活动13次，提出各类意见建议80余条，为改进工作提供了重要参考。

紧贴民生关切倾情履职。提案办理助推民生改善。将提案办理作为增进民生福祉的重要抓手，五年共交办提案697件，其中事关民生的提案397件，占比达57%；采取党政领导领办、政协领导督办、专委会专题调研等有效举措，强化跟踪问效，“关于全面禁止县城销售燃放烟花爆竹”等一批群众关心关注的民生提案得到了有效落实。社情民意反映民生诉求。充分发挥社情民意信息重要作用，全方位、多渠道挖掘有价值、有深度的信息。五年来，刊发社情民意信息126期，向上级政协报送社情民意信息145篇，被采用54篇。其中，《关于推进我县城区业态调整的建议》等15篇信息获县党政主要领导批示；《建议对省内跨区域人员基本殡葬服务费由火化地直接免除》获省领导批示，促成身后“一件事”改革在全省推广。精准施策办好民生实事。关注“老旧小区加装电梯”“社区公共卫生防疫”“农村生猪散养”等民生议题，组织座谈交流或大会发言，相关建议转化为改进工作的具体举措，推动民生实事工程取得更好成效。精心组织“三进五送”“百名委员帮困联百户”等惠民服务，发挥委员专业优势，为居民群众办好事、做实事110件，资金帮扶130余万元，惠及群众5000余人。

（三）始终坚持以协商议政为主业，协商机构作用进一步发挥

五年来，我们始终把更好发挥专门协商机构作用作为履职的新方位新使命，建立平台体系，创新载体路径，以高质量履职助力党政科学决策、有效施策。

协商议政有新格局。县委出台《关于开展“请你来协商”平台建设工作的实施意见》，将政治协商纳入党政议事范围和重大决策之中。充分发挥各类协商会议作为发扬民主的重要形式和重要平台作用，建立以全体会议为龙头，以“6+X”请你来协商为重点，以调研视察协商、提案办理协商、联合协商、远程协商为常态的协商议政新格局。坚持由县委办牵头会同县府办、县政协办联合印发年度协商计划，确保协商活动有序有效实施。成立“请你来协商”工作专班，切实把好选题策划关、调查研究关、活动组织关、成果转化关，构建纵向指导、横向联动的体系架构。

协商实践有新路径。推进提案办理与“请你来协商”有机结合，开展重点提案专项集中办理协商，邀请党政主要领导参加，促成“城市交通秩序整治”等委员反映集中的相关提案建议得到落实。与景宁县政协共同就“云景古道建设”“景宁籍新云和人服务管理”等主题开展系列联合协商，与宁波市北仑区政协联合开展“加强山海协作，共谋高质量跨越发展”线上协商，持续探索跨域统筹、联合发展的新路子。不断延伸“请你来协商”工作触角，在浮云街道设立首个“民生议事堂”，聚焦活禽杀白点整治、农民健康体检等群众身边焦点难事、关键小事开展微协商，当好群众的贴心人；开展青少年模拟政协提案活动，遴选优秀政协委员全程参与指导，让青少年深刻感受中国特色民主协商制度文化。

协商效能有新提升。聚焦党政要事、民生实事、社会难事，精心选题，精深调研，着力提升建言资政质效。五年来，开展各类协商活动31场，提出意见建议152条，其中106条被党委政府采纳落实。“农村饮用水达标提标”专题协商推动了长汀村饮水难问题得到有效解决；“云景特色风情聚落区块建设”系列协商推动了云景古道沿线景观全面改造提升，实现了云景高速一类非营运小型客车通行费进入5元时代；“关于我县打造‘木玩百亿产业’”专题协商会提出的实现百亿产业三大建议举措被县委县政府采纳，切实助推木玩产业发展；“老木制玩具城区块退二优二改造”专题协商促成我县老木制玩具城区块改造顺利启动，“城市社区基层治理”专题协商有效推动“街乡共治党建联盟”社会治理新模式形成，“如何更好保护抗战省城文化”专题协商提出的“实施抗战省城‘142工程’”建议纳入县“十四五”规划纲要。

（四）始终坚持以凝心聚力为目标，改革发展合力进一步汇聚

五年来，我们始终把凝聚共识作为新时代人民政协工作的最大要义，立足大团结、大联合的组织优势，合力营造同心同德、携手共进的履职氛围。

增进团结联谊汇共识。制定《关于加强和促进凝聚共识工作的实施意见》，切实担负起把中央和各级党委决策部署及对政协工作的要求落实下去、把各方智慧和力量凝聚起来的政治责任。加强与民主党派、工商联和无党派人士的合作共事，通过优先安排大会发言、联合开展调研、督办重点提案等形式，为各参加单位参政议政、发表见解创造条件。积极宣传宗教政策法规，定期走访少数民族和宗教界代表人士，共同促进民族关系、宗教关系和谐发展。以亲情、乡情、爱国情为纽带，主动加强同在外云商、乡贤的联系，邀请各地云和商会负责人列席政协全会，引导他们发挥自身优势，当好云和代言人。增强联谊活动的影响力，与上海市普陀区政协缔结“友好政协”，牵头促成云和工业园区管委会与上海真如铁三角科技园签约合作。

建优平台载体拓共识。通过建立委员会客厅、委员工作室、委员之家等平台，完善运作规则，加强对口联系，在开展学习交流、协商监督、团结联谊等活动中发出“政协声音”、释放“政协力量”。其中，云和木玩政协委员会客厅牵头举办的“木玩产业链与创新链融合发展”活动获评市政协十佳委员会客厅活动案例。推进知情明政平台建设，坚持定期邀请县政府、县纪委监委及相关部门通报工作情况，使广大委员更好地理解县委的决策意图、落实县委的决策部署。成立县政协书画摄影之友社，通过举办系列活动，延伸思想政治引领的触角。紧抓新中国成立70周年、中国共产党成立100周年等重大契机，组织广大委员走访红色教育基地，举办书画摄影作品展、党史宣讲、文艺会演等活动，进一步激发委员的爱国爱党热情和团结奋斗精神。

立足资政育人增共识。坚持文史工作“三亲”性和统战性特色，积极开展文史资料的整理、征集和出版工作。五年来，编撰史料80余万字，征集老照片1000余张，先后编著《云和抗战研究》《椤林金石志》《委员足迹》《椤林旧事》《消逝中的村庄》等书籍，充分发挥文史资料“存史资政、团结育人”的作用。围绕“见证小康”“同心战疫”等主题，积极配合省、市政协征集文稿，《“小县大城”战略的参与者和见证者》《无声指挥员》等35篇稿件被省、市政协收录。把履职宣传作为有力手段，用心用情办好“议政云和”微信公众号，五年共推送政协履职宣传报道404篇；全方位、多角度向全国和省市媒体报送新闻稿件，《人民政协报》《联谊报》及省政协“同心苑”等主流媒体刊登云和政协创新举措和履职实践的相关报道43次。

（五）始终坚持以固本强基为支撑，履职担当能力进一步增强

五年来，我们坚持把加强自身建设作为做好政协工作的重要保障，主动拉高工作标杆，全面增强系统合力，不断夯实履职基础，政协系统新样子更加凸显。

委员队伍建设更加有力。加强委员服务保障，落实县政协领导联系走访约谈委员制度，实行走访委员与委员单位协调推进工作机制，五年走访委员530人次、委员单位120家。强化委员教育培训，举办委员履职培训班、椤林讲坛、专题研讨等各类学习实践活动78次；精心组织委员参加省市政协网络读书、议政活动，我县政协委员在全省政协系统首次网络议政活动中踊跃交流，发帖建言数量位居全省第一，得到省市政协领导充分肯定；积极组织开展文体活动，成功举办“同心向党，缘聚政协”文艺会演，连续五年举办趣味运动会，进一步增进广大政协委员的凝聚力和向心力。完善委员履职评价机制，落实委员履职情况通报制度，引导广大委员履职尽责、建功立业。五年来，评选出优秀委员92人次、优秀社情民意信息员21人次，2名委员被评为市级“最美政协人”。

履职工作机制更加健全。认真落实县委政协工作会议精神，抓好制度集成与落实，推动制度优势更好地转化为工作效能。五年来，制定完善各类工作规则、管理办法、实施意见等制度文件39个。协助县委制定出台《关于加强人民政协协商民主建设的实施意见》《关于新时代加强和改进人民政协工作的实施意见》等，从顶层设计构建政协工作制度框架，为政协履职提供有力制度保障；制定委员履职评价办法、委员退出机制、委员廉洁自律规定等，进一步完善委员履职制度机制；修订制定全体会议工作规则、提案事前审查制度、社情民意信息评选办法等，确保政协各项工作高效开展。

机关工作基础更加扎实。紧扣解决“两个薄弱”问题，将强化人员统筹、推进力量整合作为突破口，着力夯实政协工作基础。优化政协专门委员会设置，从“一办六委”增加到“一办八委”，增设1个下属事业单位，组建“应用型智库”，健全特邀信息员队伍，人员力量得到有效充实。高标准完成县委巡察反馈问题整改落实，制定100条具体措施，切实推进机关各项工作有序、规范、高效运转。扎实推进“忠诚、智慧、有为、活力、和谐”五型政协建设，不断完善办文、办会、办事等制度，加大干部培养教育、轮岗交流力度，努力打造“能干、能写、能讲”的干部队伍。

各位委员、同志们，九届县政协取得的成绩，是中共云和县委坚强领导的结果，是县人大、县政府和社会各方面大力支持的结果，更是县政协各参加单位、全体政协委员和政协工作者倾情倾力、共同努力的结果。在此，我代表九届县政协常委会，向一直以来关心支持和参与政协工作的各位领导、各位委员、各位同志和各界朋友，表示衷心的感谢并致以崇高的敬意！

在肯定成绩的同时，我们也要看到，对照新时代政协工作的新要求和人民群众的新期待，还存在一些不足。比如，专门协商机构作用还需进一步发挥强化，凝聚共识职能还需进一步突出彰显，推动数字赋能政协工作的思路举措还需进一步深化拓展等。这些问题和不足，需要新一届政协予以充分重视，并努力加以改进。

各位委员、同志们，五年来，我们在继承中发展、在实践中探索，积累了一些有益经验，形成了一些规律性认识和体会。

——必须把正确政治方向把握好，政协工作才能有序。人民政协是党领导的政治组织和民主形式，强化党对政协的领导，是确保政协工作方向正确、定位准确、履职到位的根本保证。九届县政协牢记初心使命，保持与县委思想同心、目标同向、工作同行，政协工作呈现出党委重视、政府支持、政协主动、各方配合、社会关注的良好格局。实践证明：只有毫不动摇坚持中国共产党的领导，把准把稳正确的政治方向，人民政协事业才能行稳致远。

——必须把履职主责主业聚焦好，政协工作才能有为。服务大局、助推发展是人民政协的时代命题，也是人民政协履行职能的基本遵循。九届县政协有效发挥自身优势作为，坚持党委有号召，政协见行动，围绕全局性、前瞻性课题，深入调查研究、协商议政，努力建睿智之言、献务实之策，唱响围绕中心服务大局最强音。实践证明：党委、政府的工作重点，就是政协履职的重点，只有把政协工作置于党委、政府工作大局中谋划和推进，才能充分发挥政协的职能作用，更好展现人民政协的时代气质。

——必须把协商为民理念诠释好，政协工作才能有效。以人民为中心是人民政协的根本政治立场，是贯穿政协履职的价值导向。九届县政协坚持人民政协为人民，聚焦百姓关注的民生热点难点问题，通过一次次视察调研、一件件民生提案、一条条社情民意信息，协助党政部门办成了许多群众看得见、摸得着、感受得到的实事好事。实践证明：人民政协只有树立“履职为民”的工作理念，致力增进群众福祉和促进社会发展，做到协商于民、议政为民，才能不断扩大政协的社会影响。

——必须把团结奋进共识凝聚好，政协工作才能有力。加强思想政治引领，广泛凝聚共识是政协履职工作的中心环节。九届县政协坚持把凝聚共识贯穿于政治协商、民主监督、参政议政各项职能之中，融入政协履职全过程各方面，努力把党的主张转化为社会各界的共识，为童话云和建设汇聚强大正能量。实践证明：人心是最大的政治，共识是奋进的动力，只有把方方面面的智慧和力量凝聚到我们共同的事业中来，人民政协才能不断增强感召力、凝聚力、创造力。

——必须把委员主体作用发挥好，政协事业才能有成。政协委员是政协工作的主体，发挥委员作用是政协工作保持源头活水的关键。九届县政协坚持以委员为中心，牢固树立“委员强则政协强”的观念，把充分激发委员主体意识、调动委员履职的主动性自觉性创造性作为关键环节来抓，有效提升了政协工作的整体活力。实践证明：政协的作用发挥在委员，活力展现看委员，业发展靠委员，只有不断强化委员政协意识，不断提升委员履职能力，不断激励委员发挥更大的作用，人民政协事业才能永葆生机与活力。

二、今后五年及 2022 年工作建议

今后五年，是我县全面开启第二个百年奋斗目标新征程、迈向共同富裕的关键五年，也是县政协事业继往开来、大有可为的五年。建议新一届政协工作的总体要求是：坚持以习近平新时代中国特色社会主义思想为指导，深入学习贯彻习近平总书记关于加强和改进人民政协工作的重要思想和中央、省市县委政协工作会议精神，认真贯彻落实党的十九大和十九届历次全会精神，全面落实县第十五次党代会决策部署，围绕忠实践行“八八战略”、奋力打造“重要窗口”主题主线，坚持发扬民主和增进团结相互贯通、建言资政和凝聚共识双向发力，不断开创人民政协事业新局面，同心绘就童话云和新画卷。

（一）坚持高站位引领，在践行“两个维护”中担当新使命

始终把讲政治摆在首位，进一步加强政治共同体建设，在忠诚拥护“两个确立”、坚决做到“两个维护”上体现更高站位。坚持把理论学习作为政协组织和政协委员的政治责任，持续学懂弄通做实习近平新时代中国特色社会主义思想，不断提高政治判断力、政治领悟力、政治执行力，团结引领各党派团体、各族各界人士心往一处想、劲往一处使。坚持党对政协工作的全面领导，把协商民主作为实现党的领导的重要方式，始终在县委的领导下主动负责、协调一致地开展工作。坚持以党的政治建设为引领，认真贯彻新时代党的建设总要求，加强政协党组对政协工作根本性、全局性、长远性问题的研究和谋划，不断提高政协党建的制度化和规范化水平。

（二）聚力高质量发展，在服务“共富样板”中做出新贡献

找准服务中心大局和发挥政协优势作用的最佳切入点，紧跟党政部署献计献策，紧扣重大战略议政建言，紧盯发展需要聚智聚力。瞄准“全国山区县域新型城镇化共富样板”这一新目标，围绕转型升级、文明创建、改革赋能、富民增收、和谐善治等重点工作，立足“专业化、小切口”，精准确定协商议题。围绕促进共同富裕、增进民生福祉、解决群众“急难愁盼”问题等，综合运用撰写提案、反映社情民意、调研视察、委派民主监督员等方式，建诤言、谋良策、出实招，力争形成一批有见地有影响的建言成果。持续完善“请你来协商”工作体系，坚持调研、协商、监督一体推进，更好释放专门协商机构的潜能效能。健全协商议事成果采纳和落实机制，通过“再调研”“再视察”“再提案”等方式，推动协商成果更好转化为发展举措。

（三）发挥联系广优势，在强化“聚识职能”中展现新作为

牢牢把握大团结大联合主题，坚持一致性和多样性统一，寻求最大公约数，画出最大同心圆，在履职实践中汇聚力量、助推发展。支持和保障民主党派、工商联和无党派人士履职活动，为他们发挥作用创造良好条件。密切同港澳台侨、党外知识分子、新的社会阶层人士等交流交往，加强与民族宗教界人士的沟通联系，为云和发展凝聚人心、汇聚力量。持续推进委员会客厅、委员工作室等平台建设，着力在提高工作实效、培育特色文化上下功夫，努力打造立体多元、融通共享的凝心聚力平台矩阵。更好发挥政协书画摄影之友社等团体作用，进一步升华政协民主协商的人文味。深化对外交流协作，继续加强与各地政协的友好往来，巩固扩大“友好政协”的朋友圈。

（四）对标新时代要求，在书写

"政协答卷"中树好新形象

把打造"懂政协、会协商、善议政，守纪律、讲规矩、重品行"的高素质政协队伍，作为推进新时代政协履职能力建设的重要抓手，为政协高效履职提供坚实的保障。切实增强常委会新时代政协工作的大局观，打造干事创业、凝心聚力、风清气正的共事集体，以自身模范行动，影响带动全体委员和界别群众奋力作为。紧跟委员队伍的变化特征和履职要求，推动委员学习培训经常化、专题化、特色化，不断提高政治把握能力、调查研究能力、联系群众能力、合作共事能力，争做建功共同富裕最美政协人。持续深化"五型"政协建设，把服务委员贯穿于机关工作全过程，提高专委会工作质量，主动加强与委员的沟通联系，积极为委员履职创造条件。

2022年是十届县政协履职的届首之年，做好全年工作是新一届政协开好局、起好步的关键。我们建议重点抓好以下工作：坚定不移讲政治。持续巩固拓展党史学习教育成果，更加自觉地用党的创新理论统一思想、统一意志、统一行动。把学习宣传贯彻党的二十大精神作为首要政治任务，推动党中央决策部署在全县政协系统落实落地。按照全省政协系统党建工作推进会要求，以"党旗引领委员行"活动为载体，探索党建工作新模式，推动政协系统党的建设再上新台阶。一以贯之抓好党风廉政建设，强化内部监督，营造风清气正的政治生态。聚焦中心求作为。围绕县第十五次党代会和《政府工作报告》提出的目标任务，就促进康养产业发展、振兴云和雪梨产业、推进传统工业转型升级、构建育儿友好型社会、探索山区"医养结合"养老服务模式等召开专题协商会或组织专题调研，为新一届党委政府良好开局建务实诤言，献发展良策。主动对接湖州市吴兴区政协，就"云和木玩与吴兴童装"开展联合调研，为两地深化产业合作献计出力。配合省市政协就数字化改革推进情况、城乡生活垃圾分类处理、惠企政策落实情况等开展联动监督。凝聚共识汇合力。进一步深化同社会各界联系交往，积极开展"政协走亲"，为浙商云商、各方乡贤"常回家看看"牵线搭桥。强化各类履职平台统战功能，聚焦"共富样板"建设的重点、难点和堵点，协助党委政府做好解疑释惑、宣传政策、理顺情绪、化解矛盾的工作，让共同富裕新理念深入人心。落实好委员联系界别群众制度，持续深化"四服务"活动，精心组织"三进五送""委员帮困联百户"等活动，推动委员面向社会、深入基层，把更多的人团结在党的周围。启动"见证云和"文史资料征编工作，讲好云和故事。唯实惟先树新风。分批开展委员履职培训，在撰写提案、反映社情民意等方面加强指导，全面提升委员的政治素养、担当意识和协商本领。健全委员履职考核评价体系，加强委员履职量化考核的动态管理和结果运用，激发委员履职主动性。深化数字政协建设，推动政协工作思路理念、方式手段、机制流程的变革重塑，主动融通党政机关整体智治。扎实推进书香政协建设，坚持学习与履职相结合、线上与线下相结合，打造学习型政协，让书香成为政协应有的味道。大力营造比学赶超、创先争优的浓厚氛围，以严实作风、模范行动和履职实绩，展示新时代政协委员和政协工作者的新样子。

各位委员，同志们！站在新的历史方位，人民政协任重道远；担起新的使命任务，人民政协大有可为。让我们更加紧密地团结在以习近平同志为核心的党中央周围，在中共云和县委的坚强领导下，弘扬伟大建党精神，踔厉奋发、笃行不怠，凝心聚力、同向同行，为打造全国山区县域新型城镇化共富样板作出新的更大贡献，以优异成绩迎接党的二十大胜利召开！

名 词 解 释

1.“5+X”党建工作法：制定一套制度(党员委员联系非党委员制度)、亮出一个身份(党员身份)、开展一季一学习(每季度至少一次集体理论学习)、做到一季一活动(每季度至少参加一次党员志愿服务)、组织一年一述职(年底进行述职),除此之外,党员委员还要在各方面带头积极履职,发挥先锋模范作用。

2.“党旗引领委员行”活动：由政协委员组工作支部和政协机关党支部分别牵头开展进社区相关活动,主要通过“联系一个社区、开展一次以上党史学习教育活动、结对帮扶一户以上困难家庭、反映一条以上社情民意、开展一次以上‘我为社区群众办实事’实践活动”等内容,拓宽委员(干部)履职渠道,创新履职方式,打造履职亮点,不断提高委员(干部)服务基层的能力。

3. 委派民主监督员：县政协办公室和委员工委根据政协委员政治素质、业务能力、工作热情等综合条件,每年确定一批委员组成民主监督组,委派到相关部门(单位)开展民主监督。重点对受派部门(单位)及其工作人员落实党的方针政策和法律法规实施情况,贯彻落实县委、县政府重要决策部署和履行职能及效能建设情况、遵守党纪政纪及行风建设情况、维护群众合法权益情况等进行民主监督,提出意见建议。

4.“三进五送”活动：县政协每年组织委员进企业、进农村、进学校开展送医疗、送文化、送法律、送金融、送科技活动。

5. 百名政协委员帮困联百户：县政协牵头全体政协委员分组深入各乡镇(街道)开展走访慰问困难户,积极助力低收入农户增收,为群众做实事、办好事。

6. 请你来协商：2018 年,省政协针对县级政协由于民主党派地方组织数量少、界别设置不全,工作中聚焦协商主责主业不够,政协协商缺少必要主体和基本依托的情况,设置了“6+X”请你来协商平台。2019 年 3 月,中共浙江省委制定出台《开展“请你来协商”平台建设的指导意见》,在全省推开“请你来协商”平台建设。“6”:除全体会议、专题议政性常委会协商外,一般每年至少举办 6 次协商活动。其中,党委、政府主要负责同志原则上各参加 1 次。“X”:6 次主协商之外,政协参加单位、专委会、各界别等可发挥自身优势,利用委员会客厅、委员工作室等平台,开展各式协商活动。

7. 民生议事堂：是省政协在总结基层协商工作经验基础上,推出的乡镇(街道)常态化协商平台,目的是推动政协工作向基层延伸,努力成为拓展政协履职空间的新载体、团结服务群众的新阵地,加强与基层协商相衔接的新渠道、推动基层共建共治共享的新平台。

8. 委员会客厅、委员工作室：针对当前新的社会阶层不断涌现的实际,省政协创新团结联谊工作方式,于 2018 年 8 月在网络作家、海归优秀人士和高科技人才群体中创建了省政协委员会客厅。会客厅由 1 名或数名省政协委员牵头当“厅长”,邀请该委员所在界别的知名人士参加会客厅活动,通过影响有影响力的人,从而达到团结该界别其他群众的目的。后来拓展到信息技术人才、律师、新生代民营企业家、侨商侨眷等 30 多个特定群体。我县于 2019 年创建“云和木玩政协委员会客厅”。参照省政协委员会客厅的做法,县政协成立政协委员工作室 3 个。

9. 基层政协“两个薄弱”：习近平总书记在中央政协工作会议暨庆祝人民政协成立 70 周年大会上指出,要为政协组织开展工作创造有利条件,选优配强政协领导班子,重点解决市县基础工作薄弱、人员力量薄弱的问题。

大 事 记

1月

4日 丽水市涉林垦造耕地问题整改工作动员部署会召开。县委书记叶伯军，县委副书记、县长上官国明在市主会场参加，副县长周坚在云和分会场参加。

6日 文旅“十四五”和2021年工作思路汇报会召开。县领导叶伯军、林建文、李巍参加。

同日 全县垦造耕地问题整改工作动员部署会召开。

7日 市委常委会会议召开。县领导叶伯军、上官国明、林建文、胡坚、李巍、周坚、叶时扬、吴新志在云和分会场参加。

同日 开化县党政代表团到云和考察调研。县领导叶伯军、蒋璟璟、林李平陪同。

8日 浙江省人大代表、省冶金集团总经理林亮到云和开展联系基层代表和人民群众活动。丽水市人大常委会副主任沈根花，县领导叶伯军、叶晓勇、蒋璟璟陪同。

同日 紧水滩水冷式绿色数据中心项目开工仪式举行。县领导叶伯军、上官国明、饶钦英参加。

同日 县委常委会扩大会议暨县新冠肺炎疫情防控工作领导小组会议召开。县委常委、县人大政协主要领导、相关副县长（副指挥长）参加。

11日 农业农村“十四五”和2021年工作思路汇报会召开。县委书记叶伯军，县委副书记、政法委书记蒋璟璟参加。

同日 全市冬春季疫情防控工作会议召开。县领导上官国明、李巍、叶时扬、吴新志在云和分会场参加。

12日 全县新一届村（社区）主职干部培训班开班仪式举行。县委书记叶伯军，县委常委、组织部部长黄伟杰参加。

同日 县委“十四五”规划建议征求老干部意见座谈会召开。县领导叶伯军、饶钦英、黄伟杰参加。

12—13日 省委宣传部副部长赵磊率省委意识形态考核组到云和检查意识形态工作责任制落实情况。县委常委、宣传部部长林建文陪同。

13日 县委书记叶伯军，县委副书记、县长上官国明在丽水参加市委全委（扩大）会议和全市领导干部会议。

同日 县委“十四五”规划建议征求社会各界意见座谈会召开。县领导叶伯军、饶钦英、陈岑参加。

同日 县委副书记、县长上官国明调研工业经济“开门红”工作。副县长叶时扬陪同。

14日 全市抗击新冠肺炎疫情表彰大会召开。在职副县级以上领导干部在云和分会场参加。

同日 县委副书记、县长上官国明调研“污水零直排区”建设工作。县领导徐志雄、周坚、叶时扬参加。

15日 县委召开十四届常委会第89次会议。会议审议通过《中共云和县委关于制定云和县国民经济和社会发展第十四个五年规划和二〇三五年远景目标的建议（送审稿）》；听取全县社会稳定（平安、信访）形势分析情况汇报；研究人事工作。

同日 龙泉市党政代表团到云和考察调研。县领导叶伯军、上官国明、叶晓勇、王新荣、叶时扬陪同。

同日 县委书记叶伯军到华宏钢铁有限公司调研。副县长叶时扬陪同。

同日 云和湖生态康养小镇项目签约仪式举行。县领导上官国明、饶钦英、李巍参加。

17日 县新冠肺炎疫情防控指挥部会议召开。县委副书记、县长上官国明，县委常委、县政府党组成员李巍参加。

18日 县委十四届十三次全体(扩大)会议召开。会议以习近平新时代中国特色社会主义思想为指导，深入学习贯彻中共十九届五中全会和省委十四届八次全会、市委四届九次全会精神，听取县委常委会工作报告，审议通过《中共云和县委关于制定国民经济和社会发展第十四个五年规划和二〇三五年远景目标的建议》，进一步动员全县上下坚决扛起新发展阶段云和跨越式发展的新使命新任务，奋力谱写高水平全面建设社会主义现代化云和篇章。

19日 省委农村工作会议召开。县领导叶伯军、上官国明、叶晓勇、王新荣、蒋璟璟、陈伟忠在云和分会场参加。

同日 全市涉林垦造耕地问题整改工作会召开。县领导叶伯军、上官国明、叶晓勇、王新荣、饶钦英、周坚、叶时扬、陈伟忠在云和分会场参加。

同日 县委书记叶伯军检查指导疫情防控工作。县委副书记、政法委书记蒋璟璟，县委常委、县政府党组成员李巍陪同。

19日 县委副书记、县长上官国明调研绿道建设工作。县委常委、常务副县长饶钦英陪同。

20日 县委书记叶伯军调研垦造耕地问题整改工作。副县长周坚陪同。

同日 县委副书记、县长上官国明在丽水参加省国开行与丽水项目合作协议签订仪式。

21日 省农业农村厅厅长王通林率考核组到云和考核美丽浙江建设和“五水共治”工作。县领导叶伯军、蒋璟璟、徐志雄、叶时扬陪同。

22日 县委书记叶伯军，县委副书记、县长上官国明在丽水参加市委经济工作会议。

23日 县委副书记、县长上官国明调研垦造耕地问题整改工作。副县长周坚陪同。

同日 全国安全生产会议召开。县委副书记、县长上官国明，副县长叶时扬在云和分会场参加。

同日 全市安全生产会议召开。县委副书记、县长上官国明，副县长叶时扬在云和分会场参加。

24—30日 县委书记叶伯军，县人大常委会主任叶晓勇在杭州列席参加省十三届人大第五次会议。

25日 县委副书记、县长上官国明调研垦造耕地问题整改工作。副县长周坚陪同。

26日 县委副书记、县长上官国明到崇头镇调研。

29日 省发展改革委副主任胡奎一行到云和开展“三服务”活动。县委副书记、县长上官国明，县委常委、常务副县长饶钦英陪同。

同日 县政府工作报告征求意见座谈会召开。县委副书记、县长上官国明参加。

2月

1日 县委书记叶伯军，县委副书记、县长上官国明在丽水参加全市领导干部会议。

同日 全县领导干部会议召开，传达学习省“两会”和市委经济工作会议精神。在职副县级以上领导干部参加。

2日 全县垦造耕地问题整改工作现场会召开。县委书记叶伯军，副县长周坚参加。

同日 全省安全生产暨消防工作会议召开。县政府班子成员在云和分会场参加。

同日 县第十六届人民政府第55次常务会议召开。审议通过《2021年政府工作报告(送审稿)》《关于云和县2020年国民经济和社会发展计划执行情况与2021年国民经济和社会发展计划草案的报告(送审稿)》《云和县国民经济和社会发展第十四个五年规划和二〇三五年远景目标纲要(送审稿)》等。

3日 2020年度乡镇(街道)党(工)委书记抓基层党建和人才科技工作述职评议会召开。县领导叶伯军、蒋璟璟、杨伟业、林建文、胡坚、黄伟杰、孙开用参加。

同日 县委书记叶伯军检查指导节前安全生产、疫情防控等工作。县委常委、县政府党组成员李巍陪同。

4日 县委召开十四届常委会第90次会议。审议通过《云和县人民政府关于云和县“十三五”及2020年度环境状况和环境保护目标完成情况的报告(送审稿)》《云和县法学会深化改革实施方案(送审稿)》《2021年政府工作报告(送审稿)》《2021年云和县“十件民生实事”候选实事形成情况的报告(送审稿)》《云和县国民经济和社会发展第十四个五年规划和二〇三五年远景目标纲要(送审稿)》等。

同日 中央第三生态环境保护督察组督察浙江省情况反馈会召开。县领导叶伯军、上官国明、徐志雄、魏启勤、叶时扬、刘伟玲、郭俊、吴剑锋在云和分会场参加。

同日 全县“双招双引”工作座谈会召开。县领导叶伯军、饶钦英、李巍、孙开用、周坚、叶时扬、陈伟忠参加。

5日 县委常委会2020年度民主生活会召开。市委常委、统战部部长王小荣,县委常委,县人大常委会、县政协主要领导参加。

同日 县政府党组2020年度民主生活会召开。县政府党组成员参加。

6日 中央第四巡视组巡视浙江情况反馈会召开。县委书记叶伯军在丽水分会场参加。

7日 省纪委十四届六次全会召开。县委书记叶伯军,县委副书记、县长上官国明在丽水分会场参加,县委常委、纪委书记、监委主任胡坚在杭州主会场参加。

同日 县委书记叶伯军,县委常委、组织部部长黄伟杰在丽水参加全市抓基层党建和人才科技工作述职评议会。

8日 县委书记叶伯军,县委副书记、县长上官国明在丽水参加全市领导干部会议。

同日 县委书记叶伯军开展节前走访慰问。县委常委、组织部部长黄伟杰陪同。

9日 市委常委、统战部部长王小荣到云和检查指导节前安全生产工作和开展走访慰问。县委书记叶伯军,县委常委、统战部部长杨伟业陪同。

同日 县领导叶伯军、叶晓勇、王新荣、蒋璟璟等带队慰问春节期间在岗值班人员。

14日 全县安全生产和消防安全工作会议召开。县领导叶伯军、蒋璟璟、饶钦英、吴新志参加。

18日 全省全面推进数字化改革大会召开。县领导叶伯军、上官国明、叶晓勇、王新荣、蒋璟璟、饶钦英、叶时扬在云和分会场参加。

19日 全县三级干部大会召开。在职副县级以上领导干部;担任过副县级以上实职的离退休老干部;县直属各单位主要负责人;各乡镇党委书记、乡镇长,各街道党工委书记、办事处主任;15家规模企业、5家农业龙头企业和5家旅游企业主要负责人;受表彰先进个人和先进集体代表在县文化中心主会场参加。

20日 县委书记叶伯军检查指导消防安全工作。县委常委、常务副县长饶钦英陪同。

同日 县委副书记、县长上官国明,副县长周坚在缙云参加全市涉林垦造耕地问题整改工作第二次现场点评会。

22日 省委落实中央巡视组反馈意见整改工作动员部署会召开。县领导叶伯军、上官国明、叶晓勇、王新荣、杨伟业、胡坚、柳春华、陈岑、吴剑锋、郭俊在丽水分会场参加,县四套班子其他领导在云和分会场参加。

26日 全县领导干部会议召开。会议传达学习市“两会”精神。在职副县级以上领导干部参加。

3月

1日 全省政法队伍教育整顿动员部署会召开。县领导叶伯军、蒋璟璟、饶钦英、胡坚、黄伟杰、吴新志、吴剑锋、郭俊在云和分会场参加。

2日 全省党史学习教育动员部署会召开。县四套班子领导、法检两长在云和分会场参加。

3日 省发改委副主任翁建荣一行到云和征求《浙江省山区26县跨越式高质量发展实施方案》意见建议。市政协副主席、市发改委主任饶鸿来，县委书记叶伯军，县委常委、常务副县长饶钦英陪同。

同日 全县“双招双引”工作座谈会召开。县领导叶伯军、饶钦英、黄伟杰、李巍、孙开用、周坚、叶时扬、陈伟忠、缪磊磊参加。

4日 省住建厅副厅长应柏平一行到云和调研城市建设工作。副县长周坚、缪磊磊陪同。

同日 全县垦造耕地问题整改工作现场会召开。县委书记叶伯军，副县长周坚参加。

5日 全县政法队伍教育整顿动员部署会召开。县领导叶伯军、蒋璟璟、黄伟杰、郭俊、吴剑锋参加。

8日 县委召开十四届常委会第91次会议。审议通过《云和县政法队伍教育整顿实施方案(送审稿)》《中共云和县委关于市委交办“十方面重点问题清单”的整改方案(送审稿)》《县委交办抓党建带全局“十方面重点问题清单”(送审稿)》《中共云和县纪委十四届七次全会工作报告(送审稿)》《2020年度乡镇(街道)、部门综合考核结果和单项工作考核优秀单位评定情况(送审稿)》;研究人事工作。

同日 创建法治浙江(法治政府)示范县工作推进会暨2021年法治云和建设第一次点评会召开。县领导叶伯军、蒋璟璟、吴新志参加。

9日 县委书记叶伯军率党政代表团赴遂昌县考察学习数字经济、乡村旅游等工作。县委常委、常务副县长饶钦英，副县长叶时扬参加。

10日 省侨联党组成员、副主席兼秘书长周松一到云和开展“三服务”活动。县委常委、统战部部长杨伟业陪同。

同日 市人大常委会副主任杜光旻到石塘镇调研垦造耕地问题整改项目。县委书记叶伯军，副县长周坚陪同。

同日 县委书记叶伯军调研工业“开门红”工作。副县长叶时扬陪同。

11日 县委书记叶伯军调研重点建设项目。县委常委、常务副县长饶钦英陪同。

12日 县委书记叶伯军，县委副书记、县长上官国明在丽水参加全市领导干部会议。

同日 开展义务植树活动。在职副县级以上领导干部参加。

15日 全县领导干部会议召开。会议传达学习全国“两会”精神。在职副县级以上领导干部参加。

16日 市委副书记、政法委书记郎文荣一行到云和调研信访调解、产业发展、乡村振兴等工作。县委书记叶伯军，县委副书记、政法委书记蒋璟璟陪同。

同日 县委审计委员会第三次会议召开。县领导叶伯军、饶钦英、胡坚、黄伟杰、黄文伟参加。

17日 市委常委会会议暨全市数字化改革领导小组第一次会议召开。县领导叶伯军、蒋璟璟、饶钦英、叶时扬在云和分会场参加。

同日 全市党史学习教育动员部署会召开。县四套班子领导、法检两长在云和分会场参加。

19日 市纪委四届六次全体会议第一次大会召开。县委常委、纪委书记、监委主任胡坚在丽水主会场参加。县四套班子其他领导、法检两长在云和分会场参加。

同日 县委召开十四届常委会第92次会议。会议传达学习全省、全市组织部长会议精神，全省党史和文献部门主要负责人会议精神;审议通过《关于开展党史学习教育的实施工作方案(送审稿)》。

同日 全县党史学习教育动员部署会召开。在职副县级以上领导干部参加。

20日 党史学习教育中央宣讲团宣讲报告会召开。在职副县级以上领导干部在云和分会场参加。

22日 国家发改委基础司副司长马强率国家长江办调研组一行到云和调研美丽乡村建设、木玩产业发展、生态产品价值实现机制试点建设、云和梯田生态保护建设等工作。省发改委副主任、一级巡视员陈建忠，省发改委二级巡视员马德富，市委书记胡海峰，市政协副主席、市发改委主任饶鸿来，县委书记叶伯军，县委常委、常务副县长饶钦英陪同。

23 日　县委书记叶伯军调研“大搬快聚”工作。副县长陈伟忠，县领导林李平陪同。

24 日　县纪委十四届第七次全体（扩大）会议召开。在职副县级以上领导干部参加。

同日　县委理论学习中心组专题学习会召开。县领导蒋璟璟、林建文、黄伟杰、叶建辉等作党史学习教育交流发言。县委常委参加。

同日　省水利厅副厅长蒋如华一行到云和调研防汛工作。副县长陈伟忠陪同。

同日　市人大常委会副主任朱继坤到云和开展《浙江省劳动保障监察条例》执法检查。县人大常委会副主任彭招平陪同并参加座谈会。

25 日　县委书记叶伯军，县委副书记、县长上官国明在丽水参加市委全委（扩大）会议。

同日　县委书记叶伯军调研城市改造（棚改）工作。县领导杨伟业、徐志雄、胡坚、周坚、刘伟玲陪同。

26 日　全省制造业高质量发展大会召开。县领导叶伯军、黄文伟、叶时扬在云和分会场参加。

同日　全省乡镇领导班子换届工作部署会召开。县委书记叶伯军，县委常委、组织部部长黄伟杰在云和分会场参加。

同日　广东省信宜市委副书记、市长龚庆率代表团到云和考察。县领导叶伯军、林建文、陈伟忠陪同。

30 日　全省建设平安浙江工作暨扫黑除恶专项斗争总结表彰会议召开。县领导叶伯军、蒋璟璟、林建文、吴新志在云和分会场参加。

同日　县委书记叶伯军讲授政法队伍教育整顿专题党课。县领导蒋璟璟、胡坚、郭俊、吴剑锋参加。

31 日　县委书记叶伯军，县委常委、统战部部长杨伟业在丽水参加知名浙商助力丽水跨越发展大会。

4 月

1 日　知名浙商助力丽水跨越发展大会走进云和活动举行。县领导叶伯军、杨伟业、孙开用、叶时扬参加。

同日　县委十四届常委会第93次会议暨数字化改革领导小组第一次会议召开。会议传达学习省委副书记、省长郑栅洁到丽水调研讲话精神；审议通过《中共云和县委关于落实中央巡视反馈问题整改工作方案（送审稿）》《云和县数字化改革总体方案（送审稿）》《云和县党政机关整体智治系统建设实施方案（送审稿）》《云和县数字政府系统建设方案（送审稿）》《云和县数字经济系统建设方案（送审稿）》《云和县数字社会系统建设方案（送审稿）》《云和县数字法治系统建设方案（送审稿）》《云和县一体化智能化公共数据平台建设方案（送审稿）》。

同日　县委常委会一季度党风廉政工作例会召开。县委常委和县人大常委会、县政协主要领导参加。

同日　县第十六届人民政府第56次常务会议召开。会议组织学习《习近平总书记在党史学习教育动员大会上的讲话精神》和《习近平在浙江》采访实录；审议通过《紧水滩水冷式绿色数据中心项目协议书、合作备忘录（送审稿）》。

2 日　“牢记重要嘱托，建设‘重要窗口’”专题交流会召开。在职副县级以上领导干部在云和分会场参加。

同日　全县“双招双引”誓师动员大会召开。在职副县级以上领导干部参加。

7 日　全县领导干部会议召开，会议推荐县级领导干部。在职副县级以上领导干部参加。

8 日　县级领导干部会议召开。市委常委、组织部部长方健忠，在职副县级以上领导干部参加。

9 日　云和县第十六届人民代表大会常务委员会第三十六次会议决定，接受上官国明辞去云和县人民政府县长职务；任命李忠伟为云和县人民政府副县长、代县长。

同日 全省政法队伍教育整顿工作推进会召开。县领导叶伯军、蒋璟璟、黄伟杰、吴新志、郭俊在云和分会场参加，县检察院检察长吴剑锋在丽水分会场参加。

同日 市委党的群团工作会议召开。县领导叶伯军、蒋璟璟、黄伟杰、叶时扬在云和分会场参加。

同日 全市政法队伍教育整顿查纠整改工作动员部署会召开。县领导叶伯军、蒋璟璟、黄伟杰、吴新志、郭俊在云和分会场参加，县检察院检察长吴剑锋在丽水主会场参加。

同日 县委十四届常委会第94次会议暨政法队伍教育整顿领导小组第一次会议召开。会议传达全省乡镇领导班子换届工作部署会议精神；审议通过《云和县政法系统顽瘴痼疾专项整治实施方案(送审稿)》；听取县十六届人大六次会议和县政协九届五次会议筹备情况、全县政法队伍教育整顿开展情况汇报。

12日 打造新型城镇化样板县域领导小组会议召开。县党政领导和县人大常委会、县政协主要领导参加。

13日 县委党建工作会议召开。县领导叶伯军、蒋璟璟、杨伟业、林建文、黄伟杰参加。

同日 全县政法队伍教育整顿第一次互学互比汇报会暨查纠整改动员部署会召开。县领导叶伯军、蒋璟璟、黄伟杰、吴新志、郭俊、吴剑锋参加。

14日 县委书记叶伯军带队到文成县考察学习刘伯温故里创建5A工作经验。县委常委、宣传部部长林建文，县委常委、县政府党组成员李巍陪同。

同日 县委副书记、代县长李忠伟调研全县工业经济发展情况。副县长叶时扬陪同。

15日 全县金融工作座谈会召开。县领导叶伯军、饶钦英、叶晓伟、缪磊磊参加。

16日 2021年省防指成员暨全省防汛工作视频会议召开。县委副书记、代县长李忠伟在云和分会场参加，县委常委、常务副县长饶钦英在丽水分会场参加。

19日 市委“三农”工作会议召开。县委书记叶伯军在遂昌主会场参加。县领导李忠伟、叶晓勇、王新荣、蒋璟璟、陈伟忠在云和分会场参加。

同日 县第十六届人民政府第57次常务会议召开。会议组织学习习近平法治思想；审议通过《云和县“绿水青山就是金山银山”实践创新基地建设实施方案(送审稿)》《云和县“农家乐民宿成长贷”担保管理办法(送审稿)》《2021年度云和县人民政府重大行政决策事项目录(送审稿)》；听取云和湖宋城项目土地和规划历史遗留问题处置方案汇报。

20日 省数字化改革第一次工作例会召开。县领导叶伯军、李忠伟、蒋璟璟、林建文、黄伟杰、李巍、孙开用、周坚、叶时扬、吴新志、缪磊磊在云和分会场参加。

同日 省委政法队伍教育整顿第三驻点指导组副组长韦辉带队到云和调研指导政法队伍教育整顿工作。县领导叶伯军、蒋璟璟、吴新志、郭俊、吴剑锋陪同调研或参加座谈。

同日 县委副书记、代县长李忠伟到紧水滩镇调研。

21日 县委书记叶伯军到元和街道调研垦造耕地问题整改等工作。副县长周坚陪同。

同日 县委副书记、代县长李忠伟调研城市建设工作。副县长周坚陪同。

22日 省交投集团董事长俞志宏到紧水滩镇调研指导“知青茶园”项目进展情况。县委书记叶伯军、副县长陈伟忠陪同。

同日 县委副书记、代县长李忠伟调研重点建设项目。县委常委、县政府党组成员李巍陪同。

23日 县委召开十四届常委会第95次会议。审议通过《中共云和县委常委会2021年工作要点(送审稿)》《云和县“绿水青山就是金山银山”实践创新基地建设实施方案(送审稿)》《晋升四级调研员及以上职级操作补充意见(二)(送审稿)》《云和县第十六届人民代表大会第六次会议、政协第九届云和县委员会第五次会议临时党委组成人员建议名单(送审稿)》《云和县乡镇换届工作实施方案(送审稿)》《云和县乡镇领导班子职数设置方案(送审稿)》;听取云和县木玩产业创新服务综合体建设工作情况汇报;研究人事工作。

同日 全县垦造耕地项目问题整改工作点评会召开。县领导李忠伟、王新荣、周坚参加。

25日 省委法治浙江建设工作会议召开。县领导叶伯军、李忠伟、叶晓勇、王新荣、蒋璟璟、饶钦英、林建文、叶建辉、彭招平、吴新志、陈岑、郭俊、吴剑锋在云和分会场参加。

同日 “小县大城”发展战略实施20周年活动方案汇报会召开。县领导叶伯军、李忠伟、蒋璟璟、饶钦英、林建文、李巍、叶时扬、陈伟忠、吴新志参加。

26日 国务院第四次廉政工作会议和省政府第四次廉政工作会议召开。县政府班子成员在云和分会场参加。

26—28日 中国人民政治协商会议第九届云和县委员会第五次会议召开。会议应出席委员148人,实到142人。县政协主席王新荣代表政协第九届云和县委员会常务委员会向大会作工作报告。

27—29日 云和县第十六届人民代表大会第六次会议召开。本次大会应到代表149人,实到代表141人。县委副书记、代县长李忠伟代表县人民政府向大会作工作报告。

29日 提升党员干部队伍推进现代化建设新能力暨市县乡领导班子换届工作会议召开。县党政领导,县人大常委会主要领导和分管领导,县政协主要领导和分管领导,县法院院长,县检察院检察长在云和分会场参加。

30日 云和县政协“生态产品价值实现路径”专题民主协商会召开。县领导叶伯军、王新荣、饶钦英、王沿伟、叶长火、刘伟玲参加。

同日 全县城市更新(未来社区)小徐区块项目政策汇报会召开。县领导叶伯军、李忠伟、徐志雄、周坚参加。

同日 县委副书记、县长李忠伟检查指导节前安全生产工作。县委常委、县政府党组成员李巍陪同。

5月

4日 云和县医疗卫生“山海”提升工程启动会召开。县领导叶伯军、李巍、陈岑参加。

6日 宁波市政协党组副书记、副主席叶双猛一行到云和调研考察经济社会发展情况。县政协主席王新荣,县政协副主席刘伟玲陪同。

同日 县委常委会扩大会议召开。会议分析研判一季度经济社会发展形势,研究部署下阶段重点工作任务。在职副县级以上领导干部参加。

同日 云和县2021年“重大项目攻坚行动”部署会暨大花园(增花添彩)典型创建推进会召开。在职副县级以上领导干部参加。

同日 县政府党组会议召开。县政府党组成员参加。

7日 县委县政府农业和农村工作领导小组会议召开。县领导叶伯军、李忠伟、蒋璟璟、陈伟忠参加。

同日 “小县大城”发展战略实施20周年活动方案讨论会召开。县领导叶伯军、李忠伟、蒋璟璟、饶钦英、林建文、李巍、叶时扬、陈伟忠、吴新志参加。

同日 全县国土空间规划调整情况汇报会召开。县领导李忠伟、叶时扬、缪磊磊参加。

8日 县委书记叶伯军调研重点建设项目。县委常委、常务副县长饶钦英陪同。

同日 县委副书记、县长李忠伟到石塘镇调研。

10日 县委书记叶伯军到丽水军分区慰问。县领导李忠伟、叶建辉、许文金陪同。

11日 党史学习教育市委第五巡回指导组进驻工作会议召开。县领导叶伯军、蒋璟璟、林建文、黄伟杰参加。

12日 省自然资源厅党组成员、副厅长陈远景一行到云和调研黄家畲拟建银矿地质文化村工作。县领导叶伯军、李忠伟、周坚、叶时扬陪同。

同日 县委书记叶伯军率党政代表团赴景宁县考察学习。县领导李忠伟、王新荣、蒋璟璟、饶钦英、黄文伟参加。

13日 市检察院检察长吕献一行到云和调研指导检察工作。县检察院检察长吴剑锋陪同。

同日 国家能源集团浙江电力有限公司副总经理项岱军一行到云和调研云坛靛青山抽水蓄能项目。县委书记叶伯军、副县长缪磊磊陪同。

同日 县委书记叶伯军到崇头镇调研梯田文化建设。县委常委、宣传部部长林建文陪同。

同日 县委副书记、县长李忠伟调研重点建设项目。副县长叶时扬陪同。

同日 县委副书记、县长李忠伟到元和街道调研。

14日 全省安全生产大排查大整治专项行动部署会召开。县委副书记、县长李忠伟，县委常委、常务副县长饶钦英在云和分会场参加。

同日 全县乡镇领导班子换届动员部署会召开。县领导叶伯军、胡坚、黄伟杰参加。

同日 县委副书记、县长李忠伟，副县长叶时扬在丽水参加全市生态工业发展推进会。

17日 全省政法队伍教育整顿工作第二次推进会议召开。县领导叶伯军、饶钦英、胡坚、黄伟杰、吴新志在云和分会场参加。

同日 县委“三农”工作会议召开。县领导叶伯军、李忠伟、叶晓伟、陈伟忠、刘伟玲参加。

同日 全省建筑业高质量发展大会召开。县委副书记、县长李忠伟在云和分会场参加。

18日 全省建设新时代美丽浙江暨中央环境保护督查整改工作推进大会召开。县委书记叶伯军在杭州主会场参加，县委副书记、县长李忠伟，副县长叶时扬在云和分会场参加。

19日 县委书记叶伯军在丽水参加丽水市党政主要领导任期经济责任审计和自然资源资产任中审计进点会。

20日 县委书记叶伯军调研大坪社区改造提升工作。县委副书记、政法委书记蒋璟璟，副县长陈伟忠陪同。

同日 中央巡视反馈问题整改工作汇报会召开。县委书记叶伯军，县委常委、纪委书记、监委主任胡坚参加。

21日 全省碳中和、碳达峰工作推进会召开。县领导叶伯军、李忠伟、叶晓勇、王新荣、周坚、叶时扬在云和分会场参加。

同日 县委政法队伍教育整顿领导小组第二次会议召开。县领导叶伯军、蒋璟璟、饶钦英、黄伟杰、吴新志、郭俊、吴剑锋参加。

同日 全县防汛紧急会议召开，汲取“5·21”庄前山体坡面泥石流事故教训，部署汛期防灾减灾工作。县党政领导参加。

22日 县委书记叶伯军，县委副书记、县长李忠伟分别带队检查指导防汛工作。县委常委、常务副县长饶钦英，县委常委、副县长孙开用陪同。

24日 县第十六届人民政府第58次常务会议召开。会议组织学习《云和县做好国家统计督察迎检准备的工作安排》及系列防惩统计造假文件精神；审议通过《云和县2021年规划编制计划(送审稿)》《云和县房地产市场健康发展长效机制工作方案(送审稿)》《云和县人民政府禁止经营和燃放烟花爆竹的通告(送审稿)》；听取关于云和县城南九年一贯制学校二期工程变更及合同投资增加情况，2021年1—4月应急管理工作情况，云和县安全生产委员会办公室关于2020年应急管理、安全生产和消防工作巡查情况的汇报。

25日 全国“大棚房”问题专项清理整治行动“回头看”会议召开。县委副书记、县长李忠伟在云和分会场参加。

同日 县委副书记、县长李忠伟在丽水参加长寿之乡绿色发展区域合作联盟二届一次会员代表大会暨“长寿之乡与高质量绿色发展”高峰论坛。

26日 县委书记叶伯军调研重点建设项目。县委常委、常务副县长饶钦英陪同。

同日 县委副书记、县长李

忠伟到安溪畲族乡、雾溪畲族乡调研。

27日 县委书记叶伯军在丽水参加经常化创建全国文明城市推进大会。

同日 十四届云和县委第七轮巡察工作动员部署会召开。县领导叶伯军、胡坚、黄伟杰参加。

28日 县委书记专题会议召开。县领导叶伯军、李忠伟、蒋璟璟、黄伟杰参加。

同日 县委召开十四届常委会第96次会议。审议通过《云和县2021年督查检查考核年度计划(送审稿)》;听取关于常态化推进扫黑除恶专项斗争工作开展情况、做好国家统计督查迎检准备工作情况、2020年度县管领导干部考核情况、打击治理电信网络诈骗犯罪工作情况的汇报;研究人事工作。

31日 县委理论学习中心组专题学习会召开。邀请省政府参事、咨询委员会委员、省委党校智库专家和浙江大学、中国美术学院特聘教授胡坚作《习近平在浙江》采访实录专题辅导。在职副县级以上领导干部参加。

同日 云和县人民政府—丽水市人民医院医疗卫生"山海"提升工程合作细化协议签约仪式举行。县领导李忠伟、李巍、陈岑参加。

5月31日至6月1日 叶伯军、李忠伟、叶晓勇、王新荣等县领导带队开展"六一"慰问活动。

6月

1日 市政协副主席何卫宁到云和开展"建设美丽中国先行示范区"专项集体民主监督。县委常委、常务副县长饶钦英,县政协副主席刘伟玲陪同。

2日 云和县城市改造(棚改)领导小组会议召开。县领导叶伯军、李忠伟、徐志雄、胡坚、周坚、潘吉文、刘伟玲参加。

同日 县委副书记、县长李忠伟调研国卫复审工作。县委常委、县政府党组成员李巍陪同。

同日 全国深化"放管服"改革着力培育和激发市场主体活力会议召开。县领导李忠伟、饶钦英、李巍、叶时扬、陈伟忠、吴新志在云和分会场参加。

3日 全市建设平安丽水、平安护航建党百年暨扫黑除恶专项斗争总结表彰会议召开。县委书记叶伯军在丽水主会场参加,并作工作交流,县领导李忠伟、蒋璟璟、黄伟杰、叶建辉、吴新志在云和分会场参加。

同日 县委副书记、县长李忠伟到重点企业调研。副县长叶时扬陪同。

同日 县政府党组(扩大)会议召开。县政府党组成员参加。

4日 "生态产品价值实现机制的云和实践"新闻发布会召开。县委书记叶伯军,县委常委、宣传部部长林建文参加。

同日 云和—北仑山海协作座谈会召开。县领导李忠伟、孙开用、叶时扬参加。

5日 第十五届云和梯田开犁节开幕式举行。中国文化传媒集团纪委书记、监事会主席刘苹,文化和旅游部资源开发司调研员张伟,省文化和旅游厅二级巡视员戴言,浙江日报报业集团副总编辑王水明参加。县领导叶伯军、李忠伟、叶晓勇、王新荣、饶钦英、林建文、李巍参加。

6日 县委副书记、县长李忠伟到赤石乡调研。

7日 市委常委会会议召开。县委书记叶伯军在云和分会场参加。

同日 县委召开十四届常委会第97次会议。

同日 全县农村金融改革工作汇报会召开。县领导叶伯军、饶钦英、叶晓伟、陈伟忠、潘吉文参加。

同日 县委副书记、县长李忠伟带队到宁波开展"双招双引"工作。县委常委、县政府党组成员李巍,县委常委、副县长孙开用参加。

8日 省委统战部副部长、省民宗委主任鲍秀英到云和调研民族宗教工作。县领导叶伯军、王新荣、杨伟业、潘吉文陪同。

同日 全县建设平安云和、平安护航建党百年暨扫黑除恶专项斗争总结会召开。县领导叶伯军、蒋璟璟、饶钦英、林建文、黄伟杰、叶建辉、谢云生、吴新志、郭俊、吴剑锋参加。

同日 县委副书记、县长李忠伟在青田参加全市2021年省管领导干部离任经济事项交接会。

10—11日 县委书记叶伯军，县委副书记、县长李忠伟在杭州参加省委十四届九次全体（扩大）会议。

15日 全县领导干部会议召开。会议传达学习省委十四届九次全体（扩大）会议精神。在职副县级以上领导干部参加。

16日 市人大常委会副主任陈建波一行到云和调研2021年上半年国民经济运行和社会发展计划执行情况。县人大常委会副主任黄文伟，副县长缪磊磊陪同。

同日 县委书记叶伯军在丽水参加市委对台工作领导小组会议。

同日 县委副书记、县长李忠伟调研“五水共治”工作并开展河道巡查。县领导徐志雄、周坚、叶时扬陪同。

17日 省民政厅党组成员、副厅长方仁表一行到云和调研指导救助、养老数字化改革等工作。县委副书记、政法委书记蒋璟璟陪同。

同日 全国安全生产会议召开。县领导李忠伟、饶钦英、周坚、叶时扬、吴新志、缪磊磊在云和分会场参加。

同日 县委书记叶伯军率党政代表团赴福建寿宁县下党乡、庆元县开展党史学习教育。

同日 全县安全生产形势分析会暨燃气及相关领域安全专项整治工作部署会召开。县领导李忠伟、饶钦英、周坚、叶时扬、吴新志、缪磊磊参加。

17—18日 省自然资源厅副厅长顾浩，省自然资源厅总规划师张佳一行到云和调研国土空间规划工作。县领导李忠伟、周坚、缪磊磊陪同。

18日 市委副书记、市长吴晓东到云和调研农村土地流转工作。县委书记叶伯军，县委副书记、县长李忠伟陪同。

同日 县委书记专题会议召开。县领导叶伯军、李忠伟、胡坚、黄伟杰参加。

同日 县委乡镇换届工作领导小组会议召开。县领导叶伯军、胡坚、黄伟杰参加。

同日 县委召开十四届常委会第98次会议。会议听取县级优秀共产党员、优秀党务工作者、先进基层党组织推荐评选情况汇报；审议通过《关于核定街道领导班子职数的方案（送审稿）》；研究人事工作。

同日 县政府党组会议召开。县政府党组成员参加。

19—20日 省高院院长李占国一行到云和开展“三服务”活动。县领导叶伯军、李忠伟、郭俊陪同。

21日 县委副书记、县长李忠伟在丽水参加全市“两条控制线”划定工作部署会。

同日 县委副书记、县长李忠伟到重点企业调研。

21—28日 县领导叶伯军、李忠伟、蒋璟璟等带队开展全县“平安护航建党100周年”维稳安保督导检查。

22日 副市长戴邦和到云和调研工业、科技、融资担保等工作。县领导李忠伟、叶时扬、缪磊磊陪同。

同日 风清云和建设现场推进会召开。县领导叶伯军、蒋璟璟、胡坚参加。

同日 县委副书记、县长李忠伟在丽水参加央企走进山区26个县建设共同富裕示范区系列活动。

22—29日 叶伯军、李忠伟、叶晓勇、王新荣、蒋璟璟等县领导分组开展“七一”走访慰问活动。

23日 县委书记叶伯军调研基层党建工作。县委常委、组织部部长黄伟杰，副县长潘吉文陪同。

同日 央企走进山区26个县建设共同富裕示范区系列活动暨云和县重点招商项目洽谈会召开。县委副书记、县长李忠伟，县委常委、副县长孙开用参加。

同日 国资公司评级发债工作动员部署会召开。县领导李忠伟、饶钦英、缪磊磊参加。

24日 全省数字化改革工作推进会召开。县领导叶伯军、李忠伟、叶晓勇、王新荣、蒋璟璟、饶钦英、林建文、胡坚、黄伟杰、李巍、孙开用、周坚、叶时扬、吴新志、缪磊磊、潘吉文在云和分会场参加。

同日 市委依法治市委员会第三次（扩大）会议暨创建全国法治政府建设示范市动员会召开。县领导叶伯军、李忠伟、叶晓勇、王新荣、蒋璟璟、饶钦英、黄伟杰、叶建辉、谢云生、吴新志、郭俊、吴剑锋在云和分会场参加。

25日 县委理论学习中心组专题学习会召开。会议专题学习习近平总书记关于"共同富裕"重要论述精神、省委专题学习会精神和"习近平科学的思维方法在浙江的探索与实践"系列成果。在职副县级以上领导干部参加。

同日 城市更新（未来社区）小徐区块试点政策汇报会召开。县领导叶伯军、李忠伟、徐志雄、周坚、缪磊磊参加。

28日 市委常委、统战部部长王小荣到云和走访慰问困难党员。县委常委、统战部部长杨伟业陪同。

同日 县政府班子成员到元和街道梅湾村开展主题党日活动。

29日 县委书记叶伯军开展党史学习教育专题实践活动暨政协领办提案调研。县政协主席王新荣，县委常委、县政府党组成员李巍陪同。

同日 在职副县级以上领导干部集中观看"红歌献给党"大型文艺演出。

同日 县委副书记、县长李忠伟调研全域旅游工作。县委常委、县政府党组成员李巍陪同。

30日 县（市、区）领导班子换届工作动员部署会召开。县领导叶伯军、杨伟业、胡坚、黄伟杰在云和分会场参加。

同日 全县"两优一先"表彰大会召开。会议表彰县级"两优一先"；县委书记叶伯军讲授专题党课。在职副县级以上领导干部参加。

同日 新党员集中宣誓活动举行。县委常委参加。

7月

1日 在职副县级以上领导干部集中收看庆祝中国共产党成立100周年大会和浙江省庆祝中国共产党成立100周年大会。

同日 在职副县级以上领导干部集中观看红色电影展播。

2日 县委全面依法治县委员会第三次（扩大）会议暨县委法治云和建设工作会议召开。县领导叶伯军、李忠伟、叶晓勇、王新荣、蒋璟璟、饶钦英、林建文、谢云生、吴新志、潘吉文、郭俊参加。

同日 县委召开十四届常委会第99次会议。会议传达学习习近平总书记在庆祝中国共产党成立100周年大会上的重要讲话精神和省委书记袁家军在浙江省庆祝中国共产党成立100周年大会上的讲话精神，省、市对台工作会议和市委对台工作领导小组会议精神，全市县（市、区）领导班子换届工作动员部署会精神；审议通过《中国共产党云和县第十四届委员会任期工作总结（送审稿）》《云和县政法队伍教育整顿工作总结（送审稿）》；通报县领导领办重点工作安排情况。

同日 县第十六届人民政府第59次常务会议召开。会议审议通过《云和县落实乡镇干部待遇倾斜政策实施方案（送审稿）》《整合设立浙江云和经济开发区工作方案（送审稿）》《云和县"大搬快聚富民安居"工程政策的补充意见（送审稿）》等。

同日 县政府党组二季度党风廉政工作例会召开。县政府党组成员参加。

同日 市人大常委会副主任郑力平一行到云和调研人大代表换届选举工作。县人大常委会主任叶晓勇、县人大常委会副主任柳春华陪同。

5日 县委常委会扩大会议召开。在职副县级以上领导干部、纪委副书记参加。

6日 县委副书记、县长李忠伟到崇头镇调研。

7日 市委常委、组织部部长戴平辉一行到云和调研红色美丽村庄建设、人才引育等工作。县领导叶伯军、黄伟杰、潘吉文陪同。

同日 在职副县级以上领导

干部参加县委学习习近平总书记在庆祝中国共产党成立100周年大会上的重要讲话精神专题读书班。

8日 县委书记叶伯军到紧水滩镇调研。县委常委徐志雄陪同。

同日 县委副书记、县长李忠伟到凤凰山街道调研。

同日 县委副书记、县长李忠伟到重点企业调研。

9日 县委常委会二季度党风廉政工作例会召开。县委常委和县人大常委会、县政协主要领导参加。

同日 县委对台工作领导小组会议召开。县领导叶伯军、蒋璟璟、杨伟业、潘吉文参加。

12日 县(市、区)委书记工作交流会召开。在职副县级以上领导干部在云和分会场参加。

13日 省统计局副局长金川一行到云和调研统计工作开展情况。县领导叶伯军、孙开用、潘吉文参加。

同日 2021年云和县“山海协作、花园乡村”微改造创意设计大赛出征仪式举行。丽水学院党委副书记、校长李俊杰,县委副书记、政法委书记蒋璟璟参加。

同日 县委副书记、县长李忠伟到浮云街道调研。

14日 县委全面深化改革委员会第四次会议暨全县数字化改革工作推进会召开。县领导叶伯军、李忠伟、叶晓勇、王新荣、蒋璟璟、杨伟业、林建文、胡坚、李巍、黄文伟、周坚、吴新志、缪磊磊、潘吉文、郭俊、吴剑锋参加。

15日 全县领导干部会议召开,会议推荐县处级领导干部。县委委员、候补委员;在职副县级以上领导干部;县纪委县监委班子成员;县党政部门、人民团体、民主党派、直属企事业单位主要负责人;县人大常委会工作和办事机构主要负责人、县政协办公室及各专门委员会主要负责人;各乡镇(街道)党政主要负责人;担任过副县级以上实职的离退休老干部参加。

同日 县政府党组会议召开。县政府党组成员参加。

16日 市中级人民法院院长张军斌一行到云和调研矛调中心和法院工作。县领导叶伯军、李忠伟、蒋璟璟陪同。

同日 县委书记叶伯军调研重点建设项目。县领导蒋璟璟、饶钦英、徐志雄、李巍陪同。

同日 县委副书记、县长李忠伟到重点企业调研。副县长叶时扬陪同。

19日 县委书记叶伯军在杭州参加山区26个县跨越式高质量发展暨山海协作工程推进会。

同日 县委副书记、县长李忠伟调研抗战省城遗址。

20日 市委常委、组织部部长戴平辉一行到云和调研指导换届工作。县委书记叶伯军,县委常委、组织部部长黄伟杰陪同。

同日 2021年全国医改工作会议召开。县领导叶伯军、李忠伟、李巍在云和分会场参加。

同日 县委书记专题会议召开。县领导叶伯军、李忠伟、蒋璟璟、胡坚、黄伟杰参加。

21日 县委全委会议召开。县委委员、候补委员参加。

同日 县委召开十四届常委会第100次会议。会议研究提出云和县拟新提拔县处级人选考察对象建议名单。

同日 县委书记叶伯军调研疫苗接种工作。县委常委、县政府党组成员李巍陪同。

同日 2021年上半年重点建设项目推进会召开。县领导李忠伟、叶晓勇、王新荣、杨伟业、饶钦英、徐志雄、林建文、胡坚、李巍参加。

22日 省水利厅副厅长蒋如华一行到云和调研水利数字化改革工作。县委常委、人武部部长叶建辉陪同。

同日 全省防汛防台会议召开。县领导叶伯军、饶钦英、叶建辉在云和分会场参加。

同日 全县政法系统主题党日活动暨政法队伍教育整顿汇报会召开。县领导叶伯军、李忠伟、蒋璟璟、杨伟业、饶钦英、林建文、叶建辉、孙开用、柳春华、吴新志、刘伟玲参加。

同日 县委书记叶伯军调研市场监管工作。副县长、县委办主任潘吉文陪同。

同日 县委副书记、县长李忠

伟到重点企业调研。

同日 县委副书记、县长李忠伟调研采真里项目。县委常委、统战部部长杨伟业陪同。

23日 县城规委会议召开。县领导李忠伟、饶钦英、魏启勤、周坚、缪磊磊参加。

同日 县委副书记、县长李忠伟到白龙山街道调研。

24日 全省防汛防台会议召开。县领导叶伯军、李忠伟、饶钦英在云和分会场参加。

同日 县委书记叶伯军到县防汛防台抗旱指挥中心检查指导，研究部署全县防汛防台工作。县委常委、常务副县长饶钦英陪同。

26日 全县重大项目集中开工仪式举行。在职副县级以上领导干部参加。

同日 县委书记叶伯军调研童话云和展示馆项目。县领导李忠伟、蒋璟璟、周坚、潘吉文陪同。

同日 县委编委会议召开。县领导叶伯军、李忠伟、黄伟杰、潘吉文参加。

27日 县委书记叶伯军到丽水市军分区慰问。县领导李忠伟、蒋璟璟、叶建辉、许文金陪同。

同日 县委召开十四届常委会第101次会议。审议通过《云和县2021年度乡镇(街道)和部门综合考核办法(送审稿)》《关于调整市场化改革国有企业管理级别及领导职数的方案(送审稿)》《关于整合设立浙江云和经济开发区工作方案(送审稿)》《关于调整部分单位机构编制有关事宜的方案(送审稿)》;组织学习《关于当前我省意识形态领域形式的通报》;听取全县2021年上半年应急管理工作情况汇报。

同日 全国优化生育政策会议召开。县委副书记、县长李忠伟在云和分会场参加。

27—28日 县委书记叶伯军，县委副书记、县长李忠伟分组开展“八一”走访慰问活动。

28日 全县第一期乡村书记“头雁争先”擂台赛举办。县领导叶伯军、杨伟业、徐志雄、林建文、胡坚、黄伟杰参加并担任评委。

29日 高水平推进美丽丽水建设大会暨全域“无废城市”建设工作会议召开。县委书记叶伯军作表态发言，县领导叶晓勇、王新荣、蒋璟璟、叶时扬在云和分会场参加。

同日 县委常委会扩大会议召开。在职副县级以上领导干部、纪委副书记参加。

同日 县委副书记、县长李忠伟在桐庐县参加全省城乡风貌整治提升暨未来社区建设工作现场会。

30日 县委理论学习中心组学习(扩大)会召开。会议邀请省委党校教育长、教授、博士生导师骆梅英作“以习近平法治思想引领法治浙江建设”专题学习。在职副县级以上领导干部参加。

同日 县领导叶伯军、李忠伟、胡坚在丽水参加市委四届十次全体(扩大)会议。

同日 县委副书记、县长李忠伟，县委副书记、政法委书记蒋璟璟在丽水参加全市信访积案化解百日攻坚行动部署会暨征迁领域信访事项化解工作推进会。

同日 全省禁毒工作会议召开。县委副书记、县长李忠伟在丽水分会场参加，副县长、公安局局长吴新志在云和分会场参加。

8月

1—25日 叶伯军、李忠伟、叶晓勇、王新荣、蒋璟璟等县领导分组开展“高温送清凉”活动。

2日 打造新型城镇化样板县域领导小组工作例会暨2021年上半年经济社会形势分析会召开。在职副县级以上领导干部参加。

同日 县委副书记、县长李忠伟到县防控办调研疫情防控工作。县委常委、县政府党组成员李巍陪同。

3日 叶伯军、李忠伟、叶晓勇、王新荣、蒋璟璟等县领导以普通党员身份参加所在党支部党史学习教育专题组织生活会。

4日 高水平建设美丽云和暨高质量建设“无废城市”推进会召开。县领导叶伯军、叶晓勇、王新荣、蒋璟璟、徐志雄、叶时扬参加。

同日 全国疫情防控会议召

开。县委副书记、县长李忠伟，县委常委、县政府党组成员李巍在云和分会场参加。

同日 云和—北仑专题民主协商会召开。县领导李忠伟、王新荣、李巍、王沿伟、叶长火、刘伟玲参加。

5日 全县信访工作推进会召开。县领导李忠伟、蒋璟璟、潘吉文参加。

6日 全县生态工业经济大会召开。县领导李忠伟、黄文伟、叶时扬、王沿伟参加。

9日 县委副书记、县长李忠伟在杭州参加央企与重点山区县结对合作工作座谈会。

10日 省核验组到云和开展浙江省第一批大花园示范县建设单位验收命名现场核验。县委副书记、县长李忠伟，县委常委、常务副县长饶钦英陪同。

11日 省委常委、宣传部部长朱国贤到云和调研省委十四届九次全会精神贯彻落实情况及文化建设工作。市委常委、宣传部部长任淑女，市政协副主席、市发改委主任饶鸿来，县委书记叶伯军，县委常委、宣传部部长林建文陪同调研或参加座谈会。

12日 县委书记叶伯军暗访督查疫情防控落实情况。县委常委、县政府党组成员李巍陪同。

同日 县委召开十四届常委会第102次会议。会议传达学习省委常委、宣传部部长朱国贤到云和调研讲话精神，全市新业态、新就业群体党建工作试点部署推进会议精神；听取关于落实市委意识形态工作责任制检查反馈意见整改措施、疫情防控工作情况、上半年县委常委分管工作开展和落实情况、民盟云和县基层委员会班子换届工作情况的汇报；审议通过《乡镇换届和部门（街道）人事调配原则（送审稿）》；研究人事工作。

13日 省政府第九次全体（扩大）会议召开。县政府班子成员在云和分会场参加。

同日 县委党建工作汇报会召开。县委常委、相关副县长参加。

16日 县第十六届人民政府第60次常务会议召开。会议审议通过《丽水云和小徐社区（未来社区）创建工作方案（送审稿）》《关于废止和修改部分行政规范性文件的通知（送审稿）》《丽水市境内部分高速公路（云景段）ETC小客车差异化收费实施方案（试行）（送审稿）》《云和县医疗救助实施办法（送审稿）》《云和县教育局浙江新通教育科技股份有限公司关于托管云和县三所公办学校的协议书（送审稿）》《云和县农村产权抵押融资办法（试行）（送审稿）》；听取关于云和县工业园区职工公寓（一期）工程变更及合同投资增加情况、云和县检察院技侦业务用房工程变更情况、云和县2021年度上半年应急管理工作情况、云和县2021年上半年法治政府建设工作的汇报。

同日 县政府党组会议召开。县政府党组成员参加。

17日 县委书记叶伯军调研党群服务中心项目。县领导蒋璟璟、林建文、胡坚、黄伟杰陪同调研或参加汇报会。

同日 丽水市党政主要领导干部经济责任审计暨省市审计工作报告反映问题整改推进会召开。县委书记叶伯军，副县长缪磊磊在云和分会场参加。

17—18日 省政协副主席、民革省委会主委吴晶到云和参加木玩政协委员会客厅活动。市政协副主席金爱武，县领导叶伯军、王新荣、叶时扬、刘伟玲陪同。

19日 县委书记叶伯军到县人民医院开展“医师节”慰问。县委常委、县政府党组成员李巍陪同。

同日 县委全会报告、行动方案征求社会各界意见座谈会召开。县领导叶伯军、杨伟业、饶钦英、潘吉文参加。

23日 全省第二批政法队伍教育整顿动员部署会召开。县领导叶伯军、胡坚、李巍、吴新志、吴剑锋在云和分会场参加。

同日 全省农业高质量发展大会召开。县委副书记、县长李忠伟，副县长陈伟忠在云和分会场参加。

24日 全省数字化改革工作推进会召开。县领导叶伯军、李忠伟、叶晓勇、林建文、胡坚、黄伟杰、李巍、周坚、叶时扬、陈伟忠、吴新志、缪磊磊、潘吉文、吴剑锋在云和分会场参加。

24—25日 省委副书记、省长郑栅洁到云和调研考察乡村旅游发展、木玩行业发展、美丽县城建设、"小县大城"等情况。市委副书记、市长吴晓东，县委书记叶伯军，县委副书记、县长李忠伟陪同。

25日 农业农村部农田建设司一级巡视员陈章全率调研组到云和调研"三区三线"工作。县领导叶伯军、李忠伟、周坚、叶时扬陪同。

同日 杭钢集团董事、总经理林亮一行到云和对接能源开发项目。县委常委、常务副县长饶钦英，副县长叶时扬陪同。

同日 云和县第六个"中华慈善日"主题活动举行。省慈善联合总会会长陈加元，省慈善联合总会副会长兼秘书长蔡国华，市慈善总会会长齐育华，县领导叶伯军、叶晓勇、王新荣、潘吉文参加。

同日 县委召开十四届常委会第103次会议。会议传达学习《关于第一轮换届风气巡回督查情况的通报》，市委胡海峰书记重要批示精神；讨论县委十四届十四次全体（扩大）会议报告；审议通过《云和加快跨越式高质量发展打造全国山区共同富裕样板县行动方案（2021—2025年）（送审稿）》《云和县农村产权抵押融资办法（试行）（送审稿）》；听取法治云和（法治政府）建设工作情况、上半年全县公安工作情况的汇报；研究人事工作。

26日 小徐社区（未来社区）创建暨城乡风貌整治提升工作动员会召开。县领导叶伯军、李忠伟、叶晓勇、王新荣、饶钦英、徐志雄、胡坚、周坚、缪磊磊参加。

同日 中国民主同盟云和县第九届基层委员会第一次盟员大会召开。县领导叶伯军、王新荣、杨伟业、黄文伟、叶时扬参加大会开幕会。

同日 市委常委、统战部部长王小荣到云和安溪畲族乡走访调研。县委书记叶伯军，县委常委、统战部部长杨伟业陪同。

27日 省人力社保厅副厅长陈中率省级结对帮扶团组到云和对接帮扶工作。副县长陈伟忠陪同。

同日 县领导叶伯军、李忠伟、叶建辉、许文金在丽水参加全市党管武装工作会议暨市国动委第23次全体会议。

30日 全省新一轮制造业"腾笼换鸟、凤凰涅槃"攻坚行动暨传统制造业改造提升推进大会召开。县领导叶伯军、李忠伟、黄文伟、叶时扬、王沿伟在云和分会场参加。

31日 省委文化工作会议召开。县领导叶伯军、李忠伟、叶晓勇、王新荣、林建文、李巍在云和分会场参加。

同日 云和县流动供销致富车项目启动仪式举行。县委副书记、县长李忠伟，副县长陈伟忠参加。

9月

1日 县委十四届十四次全体（扩大）会议召开。会议以习近平新时代中国特色社会主义思想为指导，深入学习贯彻习近平总书记"七一"重要讲话精神，按照省委十四届九次全会、市委四届十次全会决策部署，回顾总结云和"小县大城"发展战略实施20年来各项事业发展所取得的成绩，审议通过《云和加快跨越式高质量发展打造全国山区共同富裕样板县行动方案（2021—2025年）》，动员全县上下奋力加快跨越式高质量发展，努力把云和打造成全国山区共同富裕样板县，为省、市建设共同富裕示范区作出云和贡献、提供云和示范。县委委员、县委候补委员，县纪委委员；在职副县级以上领导干部；各乡镇党委书记、乡镇长，各街道党工委书记、办事处主任；县直属各单位主要负责人；县委办副主任；县国资公司、县城投集团、县水务公司、县旅投公司、县交投公司主要负责人；担任过副县级以上实职的离退休老干部；部分基层党代表参加。

同日 县委副书记、县长李忠伟，副县长周坚在丽水参加市瓯江源头区域山水林田湖草沙一体化保护和修复工程推进会。

2日 国家统计局浙江调查总队党组书记、总队长张斌一行到云和调研。副市长杨秀清，县领导李忠伟、饶钦英、陈伟忠陪同。

同日 县委书记专题会议召开。县领导叶伯军、李忠伟、胡坚、黄伟杰参加。

同日 县委召开十四届常委会第104次会议。会议传达学习中央民族工作会议精神，省委文化工作会议精神，省委副书记、省长郑栅洁来云调研讲话精神；审议通过《云和县乡镇党委换届选举和县党代会农村代表推选工作的实施意见（送审稿）》；通报有关工作分工调整情况；研究人事工作。

同日 县委武装工作暨国动委全体会议召开。县领导叶伯军、杨伟业、徐志雄、林建文、黄伟杰、叶建辉、许文金参加。

同日 全县乡镇换届领导干部集体谈话会召开。县领导叶伯军、胡坚、黄伟杰参加。

同日 县第十六届人民政府第61次常务会议召开。会议审议通过《云和县未来社区小徐区块项目房屋征收补偿安置方案（送审稿）》。

3日 国家能源集团战略规划部副主任赵新一，国家能源集团浙江公司党委书记、董事长张世山一行到云和调研重点县与央企合作工作。县领导叶伯军、李忠伟、饶钦英、叶时扬陪同调研或参加座谈会。

同日 《云和县山区县域新型城镇化发展指数研究》意见征求会召开。县领导叶伯军、黄文伟、潘吉文、王沿伟参加。

同日 县委网络安全和信息化委员会第三次全体会议召开。县领导叶伯军、李忠伟、林建文、叶建辉、叶时扬、吴新志参加。

同日 县委国家安全委员会第三次全体（扩大）会议召开。县领导叶伯军、林建文、叶建辉、吴新志参加。

6日 县委副书记、县长李忠伟调研重点建设项目。县委常委、常务副县长饶钦英陪同。

6—7日 湖州市吴新区考察团到云和考察交流，并召开云和—吴兴山海协作高层联席会议。县领导叶伯军、李忠伟、孙开用参加。

7日 宁波对口支援合作局党组书记、局长何国强一行到云和考察。县领导叶伯军、孙开用、叶时扬陪同。

7—8日 农业农村部农村社会事业促进司副司长何斌到云和调研。省农业农村厅党组成员、副厅长陈利江，市委副书记、政法委书记郎文荣，县委副书记、县长李忠伟陪同。

8日 省民政厅党组书记、厅长王剑侯一行到云和调研紧石库区经济产业带后期扶持和共同富裕工作。县委书记叶伯军，副县长潘吉文陪同。

同日 县委书记叶伯军，县委副书记、县长李忠伟在丽水参加全市领导干部会议暨市委全委（扩大）会议。

9日 在职副县级以上领导干部赴松阳开展“军事日”活动。

同日 县委书记叶伯军实地调研童话云和展示馆布展情况。副县长周坚陪同。

同日 全市2021年扩大有效投资暨重大项目百日攻坚大会战动员部署会召开。县领导李忠伟、饶钦英、孙开用、周坚、潘吉文在云和分会场参加。

10日 县领导叶伯军、李忠伟、叶晓勇、王新荣等分组开展教师节走访慰问活动。

同日 省、市进一步推进能耗“双控”和坚决遏制“两高”项目盲目发展会议召开。县委副书记、县长李忠伟，县委常委、常务副县长饶钦英在云和分会场参加。

11日 县委书记叶伯军实地调研浮云溪绿道项目建设。

13日 县委书记叶伯军在丽水参加全国农村人居环境整治提升现场会筹备工作部署会。

14日 全国农村人居环境整治提升现场会筹备工作部署会召开。县领导叶伯军、李忠伟、饶钦英、林建文、胡坚、李巍、周坚、陈伟忠、吴新志、刘伟玲参加。

15日 省农业农村厅厅长王通林到云和调研。市委副书记、政法委书记郎文荣，副市长杨秀清，县委书记叶伯军、胡坚、陈伟忠、刘伟玲陪同。

同日 省经信厅副厅长盛勇军到云和调研产业链“山海协作”工作。县委副书记、县长李忠伟，副县长叶时扬陪同。

同日 市政协副主席、市发改委主任饶鸿来一行到云和开展百日攻坚调研服务。县委书记叶伯军陪同。

同日 县委书记叶伯军到石塘镇调研部署全国农村人居环境整治提升现场会筹备工作。县领导胡坚、陈伟忠、叶长火、刘伟玲陪同。

同日 县委副书记、县长李忠伟调研科技工作及商贸物流城项目。副县长叶时扬陪同。

16日 全县乡镇党委换届动员部署会召开。县领导叶伯军、胡坚、黄伟杰参加。

同日 县委副书记、县长李忠伟调研省委生态环境保护专项督察迎检工作。副县长叶时扬陪同。

同日 县委副书记、县长李忠伟在丽水参加全市推进山区跨越式高质量发展工作专班第一次例会。

17日 县委理论学习中心组学习(扩大)会召开。会议邀请宁波市委网信办网络监管科吴剑作《网络意识形态形势解析及应对》专题讲座。在职副县级以上领导干部参加。

同日 2021年秋季新兵欢送暨“从戎之剑”赠剑仪式举行。县领导叶伯军、饶钦英、叶建辉、许文金、彭招平、王沿伟参加。

同日 县委副书记、县长李忠伟调研指导全国农村人居环境整治提升现场会筹备工作。副县长陈伟忠陪同。

18日 全县2021年项目推进会召开。在职副县级以上领导干部参加。

同日 县委书记叶伯军实地调研流动供销致富车项目。

同日 县委副书记、县长李忠伟在丽水参加全国农村人居环境整治提升现场会筹备工作协调会。

22日 全国农村人居环境整治提升现场会筹备工作部署会召开。县领导叶伯军、李忠伟、徐志雄、陈伟忠、吴新志、叶长火、刘伟玲参加。

23日 全国农村人居环境整治提升现场会考察团到云和石塘镇滩下村考察农村人居环境“微改造、精提升”工作。国家发展改革委副秘书长苏伟，财政部副部长朱忠明，生态环境部副部长邱启文，住房和城乡建设部副部长张小宏，吉林省委副书记高广滨，山西省政府副省长吴伟，江苏省政府副省长潘贤掌，浙江省政府副省长徐文光，江西省政府副省长胡强，山东省政府副省长李猛等领导参加考察。

24日 农业农村部社会事业促进司司长李伟国一行到云和考察。县委书记叶伯军、副县长陈伟忠陪同。

同日 2021年全县考核工作会议召开。县领导叶伯军、徐志雄、缪磊磊参加。

同日 县委召开十四届常委会第105次会议。会议组织学习《中共浙江省委办公厅印发〈关于市、县(市、区)党委落实巡察工作主体责任的实施意见〉的通知》；传达学习省委民族工作会议精神、市委统一战线工作领导小组会议暨全市统一战线暑期读书会精神、2021年平安丽水建设工作推进会精神、全省迭代升级“基层治理四平台”现场推进会精神；听取关于落实市委意识形态工作责任制检查反馈意见整改情况、第四届云和县道德模范评选表彰工作情况的汇报；研究人事工作。

26日 市委常委、常务副市长杜兴林到云和调研能耗双控工作。县委副书记、县长李忠伟，县委常委、常务副县长饶钦英陪同。

同日 全国山区县域新型城镇化发展论坛筹备工作部署会召开。县领导叶伯军、徐志雄、林建文、李巍、叶时扬、潘吉文参加。

27日 市委全面深化改革委员会第六次会议暨市数字化改革工作领导小组例会召开。县领导叶伯军、李忠伟、杨伟业、饶钦英、徐志雄、胡坚、黄伟杰、李巍、孙开用、黄文伟、叶时扬、陈伟忠、缪磊磊、颜韬在云和分会场参加。

同日 县第十六届人民政府

第62次常务会议召开。会议组织学习《浙江省生活垃圾管理条例》;审议通过《云和县政府投资项目工程变更管理实施细则(修订)(送审稿)》《云和县农村公路养护与管理办法(送审稿)》《云和县人民政府关于分解下达云和县“十四五”期间年森林采伐限额的通知(送审稿)》《云和县关于进一步做好被征地农民参加基本养老保险有关工作的实施意见(送审稿)》;听取关于对张世海、邱发林、柳翔3位同志见义勇为行为进行表彰奖励,浙江知北教育科技有限公司TTL木玩研学项目相关奖励政策及运营要求的汇报。

同日 县政府党组三季度党风廉政工作例会召开。县政府党组成员参加。

28日 县委书记叶伯军在杭州参加海洋强省建设推进会。

同日 全省公安机关信访突出问题攻坚化解专项工作暨公安信访数字化改革推进会在云和召开。县委副书记、县长李忠伟,副县长吴新志参加。

同日 县委副书记、县长李忠伟调研“大搬快聚”工作。

29日 县委书记叶伯军在杭州参加高质量发展建设共同富裕示范区重点工作落实情况汇报会,并就下山移民就业工作情况作专题汇报。

29—30日 县委副书记、县长李忠伟到重点部门调研。

30日 烈士纪念日活动举行。在职副县级以上领导干部参加。

同日 县委书记叶伯军检查节前安全生产工作。县委常委、宣传部部长林建文陪同。

同日 县委书记叶伯军到崇头镇调研。县委常委、宣传部部长林建文陪同。

同日 全市节前新冠肺炎疫情防控、安全生产工作会议召开。县领导李忠伟、饶钦英、李巍在云和分会场参加。

10月

8日 县委副书记、县长李忠伟到库北区块调研。

同日 全省能耗“双控”工作会议召开。县领导李忠伟、饶钦英、颜韬在云和分会场参加。

9日 县委书记叶伯军调研全国山区县域新型城镇化发展论坛筹备情况。县委常委、宣传部部长林建文,副县长潘吉文陪同。

同日 县委书记叶伯军到紧水滩镇调研。县委常委徐志雄陪同。

同日 县委副书记、县长李忠伟到重点部门调研。

11日 河南省洛阳市洛宁县考察团到云和考察调研。县委书记叶伯军陪同。

同日 县委书记叶伯军调研全国山区县域新型城镇化发展论坛筹备情况。

12日 全省基层党建工作会议召开。县领导叶伯军、李忠伟、叶晓勇、杨伟业、林建文、胡坚、黄伟杰、李巍、孙开用在云和分会场参加。

同日 市委加强新时代检察机关法律监督工作会议召开。县领导叶伯军、李忠伟、叶晓勇、胡坚、黄伟杰、吴新志、吴剑锋在云和分会场参加。

12—14日 县委书记叶伯军率县党政代表团赴宁波北仑、嘉兴港区、湖州吴兴开展“山海协作”考察学习。县领导李忠伟、黄伟杰、孙开用、叶时扬参加。

15日 县委副书记、县长李忠伟调研全国山区县域新型城镇化发展论坛筹备情况。县委常委、宣传部部长林建文,副县长潘吉文陪同。

17日 2021童话云和全民健身活动举行。省体育局副局长李华,在职副县级以上领导干部参加。

同日 县委书记叶伯军调研小徐未来社区创建工作。县领导徐志雄、周坚、潘吉文陪同。

同日 县委书记叶伯军到全国山区县域新型城镇化发展论坛专班工作组调研。县委常委、宣传部部长林建文,副县长潘吉文陪同。

18日 县委十四届十五次全体会议召开。县委委员、候补委员参加。

同日 县委召开十四届常委会第106次会议。审议通过《关于加强新时代云和民营经济统战工作的实施意见(送审稿)》《关于召开中国共产党云和县第十五次代表大会的决议(送审稿)》;组织学习《中国共产党党内法规体系》。

同日 县委常委会三季度党风廉政工作例会召开。县委常委和县人大常委会、县政协主要领导参加。

19日 全国山区县域新型城镇化发展论坛筹备领导小组会议召开。县领导叶伯军、徐志雄、林建文、李巍、叶时扬、潘吉文参加。

同日 县委副书记、县长李忠伟调研重点项目。县委常委、常务副县长饶钦英陪同。

19—20日 省建设厅厅长项永丹到云和调研美丽城乡建设。县领导叶伯军、周坚、缪磊磊陪同。

19—20日 省地方统计调查队队长郭慧敏率调研组一行到云和调研云和梯田产业、民宿经济发展等工作。县领导叶伯军、李忠伟、饶钦英、颜韬陪同。

20日 国家卫健委法规司一级巡视员陈宁姗、二级巡视员郑云雁到云和调研。县委副书记、县长李忠伟,县委常委、县政府党组成员李巍陪同。

同日 县委书记叶伯军调研全国山区县域新型城镇化发展论坛筹备情况。县领导林建文、吴新志、潘吉文陪同。

21日 “小县大城”20周年座谈会召开。2001年以来云和县历任党政主要领导,县领导叶伯军、李忠伟、叶晓勇、王新荣、杨伟业、黄伟杰、周坚、叶时扬、陈伟忠,担任过县级以上实职的离退休老干部,云和乡贤代表参加。

21—23日 全国山区县域新型城镇化发展论坛系列活动在云和举行。活动围绕“山区县域新型城镇化高质量发展、实现共同富裕”主题,开展主题考察、主题论坛、主题调研等系列活动,共庆云和“小县大城”发展战略实施20周年,共商山区县域新型城镇化发展之策。原国土资源部副部长胡存智,住房和城乡建设部原总经济师赵晖,十三届全国政协委员、国务院发展研究中心资源与环境政策研究所副所长谷树忠,国家发展改革委城市和小城镇改革发展中心副主任邱爱军,农业农村部政策法规司原副司长贺军伟,国家发展改革委城市和小城镇改革发展中心原副主任乔润令,省发改委原副主任刘亭,副市长楼志坚,在职副县级以上领导干部参加。

25日 县(市、区)委书记工作交流会召开。在职副县级以上领导干部在云和分会场参加。

同日 市人大常委会副主任朱继坤到云和开展人大履职重点议题和工作思路调研。县领导叶伯军、魏启勤、彭招平陪同。

26日 全省体育工作会议召开。县委副书记、县长李忠伟,县委常委、县政府党组成员李巍在丽水分会场参加。

同日 县委书记叶伯军带队看望在缙云参加理论学习会的老同志。县领导王新荣、黄伟杰、黄文伟、缪磊磊参加。

同日 县委书记叶伯军到浮云街道调研。

27日 县委书记叶伯军到赤石乡调研。县委常委、统战部部长杨伟业,县人大常委会副主任彭招平陪同。

28日 市政协副主席何卫宁到云和调研政协换届和木玩政协委员会客厅等工作。县领导叶伯军、王新荣、刘伟玲陪同。

同日 县委书记专题会议召开,专题听取巡察工作汇报。县领导叶伯军、李忠伟、胡坚参加。

同日 县委统一战线工作领导小组(扩大)会议暨全县民营经济统战工作会议召开。县领导叶伯军、杨伟业、叶时扬参加。

29日 全省数字化改革工作推进会召开。县领导叶伯军、李忠伟、王新荣、饶钦英、徐志雄、林建文、李巍、叶时扬、吴新志、缪磊磊、颜韬、吴剑锋在云和分会场参加。

同日 全国山区县域新型城镇化发展论坛总结会召开。县领导叶伯军、林建文、潘吉文参加。

同日 县委副书记、县长李忠伟在丽水参加全市生活垃圾分类工作推进会。

31日 县委书记叶伯军到浮云溪开展河长责任制巡查。

同日 县领导李忠伟、黄伟杰、

叶时扬在丽水参加第十届“智汇丽水”人才科技峰会开幕式。

同日 县委副书记、县长李忠伟在丽水参加全国知名高校、科研院所助力革命老区振兴发展丽水行活动见面会。

11 月

2 日 全市疫情防控工作会商视频会召开。县委副书记、县长李忠伟，县委常委、县政府党组成员李巍在云和分会场参加。

3 日 省发改委副主任吴红梅一行到云和调研山海协作和生态产品价值实现示范区（云景生态产业园）项目。县领导叶伯军、饶钦英、孙开用陪同。

同日 县委副书记、县长李忠伟在杭州参加浙江省重点县与央企结对合作协议暨合作项目签约仪式。

3—5 日 县委副书记、县长李忠伟随市党政代表团赴宁波、嘉兴、湖州开展山海协作工程系列对接活动。

4 日 县委书记叶伯军调研数字化改革工作。县委常委、常务副县长饶钦英陪同。

5 日 宁波市北仑区副区长程展一行到云和开展山海协作考察对接活动。县领导李忠伟、孙开用、叶时扬陪同调研或参加联席会议。

同日 县委书记叶伯军到安溪畲族乡调研。县委常委、统战部部长杨伟业，副县长颜韬陪同。

同日 全县“三合一”场所消防安全整治清零行动部署会召开。县领导叶伯军、饶钦英、魏启勤、潘吉文、王沿伟参加。

8 日 市政协副主席高波一行到云和开展“念好新时代‘山海经’，促进民族地区共同富裕”工作调研。县领导王新荣、陈伟忠、刘伟玲陪同调研或参加座谈会。

同日 全县前三季度经济社会形势分析会召开。在职副县级以上领导干部参加。

9 日 县委书记叶伯军调研文化工作。县委常委、宣传部部长林建文，县委常委、县政府党组成员李巍陪同。

同日 县第十六届人民政府第 63 次常务会议召开。会议审议通过《关于进一步加快发展服务业的实施意见（修订）（送审稿）》《关于促进云和县电子商务发展实施意见（送审稿）》《云和县 2021 年土地和房屋征收计划调整方案（送审稿）》等。

10 日 副省长卢山一行到云和调研工业经济、生态环保、科技创新等工作。副市长戴邦和，县领导叶伯军、李忠伟、叶时扬陪同。

11 日 全县第二期乡村书记“头雁争先”擂台赛举办。县领导叶伯军、李忠伟、徐志雄、黄伟杰、李巍、孙开用、陈伟忠参加并担任评委。

同日 县委副书记、县长李忠伟，县委常委、县政府党组成员李巍在丽水参加 2021 年健康丽水建设领导小组（扩大）会议暨食品药品安全委员会（扩大）会议。

12 日 县委书记叶伯军到凤凰山街道调研。

15 日 县委加强新时代检察机关法律监督工作会议召开。市检察院党组书记、代检察长吕献，县领导叶伯军、李忠伟、叶晓勇、王新荣、徐志雄、吴新志、郭俊、吴剑锋参加。

同日 县委书记专题会议召开。县领导叶伯军、李忠伟、胡坚、黄伟杰参加。

同日 县委召开十四届常委会第 107 次会议。审议通过《云和县“七张问题清单”应用工作总机制（试行）（送审稿）》《关于全面推进林长制的实施意见（送审稿）》《关于推进科技创新引领高质量绿色发展的若干意见（送审稿）》《云和县落实乡镇干部待遇倾斜政策的实施方案（送审稿）》；听取全县基层应急管理体系建设重点任务清单落实情况汇报；研究第十届云和县政协换届人事安排工作和人事工作。

16 日 市政协副主席丁岳清一行到云和调研“健全‘三位一体’为农服务体系建设”工作开展情况。副县长陈伟忠，县政协副主席陈岑陪同。

同日 全县加快跨越式高质量发展打造全国山区共同富裕样板县领导小组第一次会议召开。县领导叶伯军、徐志雄、周坚、叶时扬、陈伟忠、吴新志、缪磊磊、颜韬参加。

同日 县委副书记、县长李忠伟在杭州萧山参加全省深化“千万工程”建设新时代美丽乡村现场会。

17日 省妇联党组成员、副主席陆英一行到云和调研物流行业和网协会妇联组织建设情况。县委常委、副县长孙开用陪同。

18日 省人力社保厅副厅长刘国富带队到云和督查共同富裕工作推进情况。县领导叶伯军、饶钦英、颜韬陪同。

同日 全县领导干部会议召开，传达学习中共十九届六中全会精神。在职副县级以上领导干部参加。

23日 县领导李忠伟在杭州参加新一届县(市、区)党政正职集体谈话会。

24日 全县领导干部会议召开，会议宣布省委、市委关于云和县党政主要领导调整的决定：李忠伟任中共云和县委书记，免去叶伯军的中共云和县委书记、常委、委员职务；提议李忠伟不再担任云和县县长职务，周鸿飞任中共云和县委委员、常委、副书记，提名云和县县长候选人。市委常委、纪委书记、监委主任方文军，在职副县级以上领导干部参加。

25日 宁波北仑区委副书记、代区长王程率党政代表团到云和考察。县委副书记、代县长周鸿飞，县委常委、副县长孙开用陪同调研并参加联席会。

同日 市政协副主席王顺发，县领导李忠伟、叶晓勇、王新荣、徐志雄、林建文、胡坚、缪磊磊、颜韬、王沿伟、陈岑、叶长火、刘伟玲、余高进集中观看县政协党史学习教育成果展示暨九届政协委员文艺会演。

同日 县委理论学习中心组学习(扩大)会召开。会议邀请省大数据发展管理局副局长蒋汝忠作《数字化改革解读》专题讲座。在职副县级以上领导干部参加。

26日 中共十九届六中全会精神宣讲动员部署会召开。在职副县级以上领导干部参加。

27日 县委副书记、代县长周鸿飞调研疫情防控工作。县委常委、县政府党组成员李巍陪同。

同日 县委副书记、代县长周鸿飞走访慰问老干部。

同日 县委副书记、代县长周鸿飞到童话云和展示馆调研。

同日 中共十九届六中全会精神中央宣讲团报告会召开。在职副县级以上领导干部在云和分会场参加。

同日 县委召开十四届常委会第108次会议。会议审议通过《云和县十七届人民代表大会代表候选人初步建议人选名单(送审稿)》；研究人事工作。

同日 县委书记李忠伟，县委副书记、代县长周鸿飞在丽水参加2022年度全民健康补充医疗保险(浙丽保)动员部署会。

29日至12月1日 县委书记李忠伟，县委副书记、代县长周鸿飞在杭州参加县(市、区)党政正职“学全会精神、提履职能力”培训班。

30日至12月1日 县委书记李忠伟，县委副书记、代县长周鸿飞在杭州参加省委十四届十次全体(扩大)会议。

12月

1日 县委书记李忠伟，县委副书记、代县长周鸿飞在丽水参加县(市、区)党政正职“学全会精神、提履职能力”培训班。

2日 新提名县领导在丽水参加全市新一届县(市、区)领导班子集体谈话会。

同日 全国城镇燃气安全排查整治动员部署会议召开。县领导周鸿飞、孙开用、缪磊磊、颜韬在云和分会场参加。

同日 全省“扩大有效投资、抓好重大项目”专题工作会议召开。县领导周鸿飞、傅雅涛、胡坚、谢岩伟在云和分会场参加。

同日 全县领导干部会议召开。会议传达学习省委十四届十次全体(扩大)会议精神。在职副县级以上领导干部参加。

3日 市人大常委会副主任沈根花一行到云和调研指导县乡人大换届选举工作。县人大常委会主任叶晓勇，县人大常委会副主任柳春华陪同调研或参加座谈会。

同日 县委书记专题会议召开。县领导李忠伟、周鸿飞、黄伟杰、舒坚阳参加。

同日 县委召开十四届常委会第109次会议。会议研究人事工作。

同日 县委副书记、代县长周鸿飞在丽水参加市政府常务会议。

6日 全县领导干部会议召开。会议推荐新一届县委委员。在职副县级以上领导干部参加。

同日 全县2022年度“浙丽保”暨城乡居民医保筹资征缴动员部署会召开。县委书记李忠伟，副县长颜韬参加。

7日 县委书记李忠伟调研“三合一”场所消防安全整治工作。

同日 县委书记李忠伟到华宏公司宣讲中共十九届六中全会精神。县委常委、副县长人选胡坚，副县长周坚陪同。

同日 全国新冠肺炎疫情防控工作会议召开。县委副书记、代县长周鸿飞，副县长人选蓝利明在云和分会场参加。

7—8日 新任职县领导开展乡村振兴、产城融合、全域旅游等工作集体调研。

8日 省检察院副检察长高杰到云和调研民事、行政和公益诉讼检察工作。县检察院代检察长陈乐陪同。

同日 市人大常委会主任李锋到云和赤石村宣讲中共十九届六中全会精神。县人大常委会主任叶晓勇陪同。

同日 全市秸秆焚烧、河道采砂专项整治及松材线虫病防治工作会议召开。县领导周鸿飞、傅雅涛、江静、谢岩伟在云和分会场参加。

9日 中铁建华东区总经理马建军一行到云和调研共同富裕项目。县领导李忠伟、周鸿飞、傅雅涛、黄文伟陪同。

同日 市委法院工作会议召开。县四套班子领导在云和分会场参加。

同日 县委书记专题会议召开。县领导李忠伟、周鸿飞、黄伟杰、舒坚阳参加。

同日 县委召开十四届常委会第110次会议。会议审议通过《街道、部门出席中共云和县第十五次代表大会代表候选人预备人选建议名单(送审稿)》《云和县出席市第五次党代会代表候选人初步人选建议名单(送审稿)》《云和县第十五届县委委员、候补委员，县纪委委员候选人预备人选名单(送审稿)》；听取全县“五水共治”工作情况汇报；研究人事工作。

同日 县委副书记、代县长周鸿飞到元和街道宣讲中共十九届六中全会精神。

10日 副市长、市公安局局长毛建国一行到云和调研公安工作。县委副书记、政法委书记陈卿，副县长人选李爱勇陪同。

同日 县委书记李忠伟调研重点项目。副县长人选谢岩伟陪同。

同日 县委副书记、县长周鸿飞走访慰问小徐未来社区征收干部。县委常委徐志雄、副县长周坚陪同。

同日 县委副书记、代县长周鸿飞暗访督导疫情防控工作。

同日 县委副书记、代县长周鸿飞到紧水滩镇调研。

11日 县委副书记、代县长周鸿飞到安溪畲族乡调研。

同日 县委副书记、代县长周鸿飞调研秸秆禁烧工作。副县长人选谢岩伟陪同。

12日 县委副书记、代县长周鸿飞调研党史工作。

13日 县委书记李忠伟，县委副书记、代县长周鸿飞在丽水参加全市领导干部会议。

同日 县委副书记、代县长周鸿飞到和信玩具公司调研。

同日 全县疫情防控动员部署会召开。县委副书记、代县长周鸿飞，副县长人选蓝利明参加。

14日 县委书记李忠伟到白龙山街道沙溪村宣讲中共十九届六中全会精神。

同日 县委书记李忠伟到小徐未来社区调研。县领导徐志雄、周坚、谢岩伟陪同。

同日 县委副书记、代县长周鸿飞调研城市建设工作。副县长人选谢岩伟陪同。

同日 县委副书记、代县长周

鸿飞调研重点项目。县委常委、副县长人选傅雅涛陪同。

15 日 县委书记李忠伟暗访督导疫情防控工作。

同日 县委理论学习中心组中共十九届六中全会精神专题学习会召开。在职副县级以上领导干部参加。

同日 全县疫情防控演练举行。县领导周鸿飞、蓝利明、李爱勇、谢岩伟参加。

15—17 日 李忠伟、周鸿飞、叶晓勇、王新荣等县领导分别参加县人大代表选举投票。

16 日 县第十五次党代会报告征求意见座谈会召开。县领导李忠伟、陈卿、林建文、周坚、谢岩伟参加。

同日 高质量推进中国(浙江)自由贸易试验区建设大会召开。县委副书记、代县长周鸿飞在丽水分会场参加。

17 日 省委信访工作会议和市委信访工作会议召开。县领导李忠伟、周鸿飞、章作飞、陈卿、李爱勇在云和分会场参加。

同日 县委信访工作会议召开。县领导李忠伟、周鸿飞、章作飞、陈卿、李爱勇参加。

同日 县社会建设委员会揭牌仪式举行。县委书记李忠伟,县委副书记、代县长周鸿飞参加。

同日 新冠肺炎本土疫情现场处置实战演练复盘分析会召开。县领导周鸿飞、胡坚、颜韬、缪磊磊、江静、蓝利明、李爱勇、谢岩伟在云和分会场参加。

19 日 县委副书记、代县长周鸿飞调研农业产业发展。

20 日 县委副书记、代县长周鸿飞到重点企业调研。

21 日 县委书记李忠伟调研基层党建工作。县委常委、组织部部长黄伟杰陪同。

同日 县委书记专题会议召开。县领导李忠伟、周鸿飞、陈卿、黄伟杰、舒坚阳参加。

同日 县委召开十四届常委会第 111 次会议。审议通过县第十五次党代会县委工作报告(送审稿)和县第十五次党代会纪委工作报告(送审稿)、县第十五次党代会大会日程(草案)、县第十五次党代会选举办法(草案)、县第十五次党代会有关人员安排建议名单(草案)、《县第十五次党代会临时党委成立方案(送审稿)》;研究人事工作。

同日 县委常委会四季度党风廉政工作例会召开。县委常委和县人大常委会、县政协主要领导参加。

22 日 县委十四届十六次全体会议召开。会议通报县第十五次党代会筹备情况;讨论通过县第十五次党代会大会日程,县委、县纪委工作报告;圈选云和县出席丽水市第五次党代会代表候选人预备人选。县委委员、候补委员、纪委委员参加。

同日 县委召开十四届常委会第 112 次会议。会议审议通过《云和县党的二十大代表和省第十五次党代会代表推选工作方案(送审稿)》。

同日 县第十六届人民政府第 64 次常务会议召开。会议审议通过《中共云和县委云和县人民政府关于深化县管企业负责人薪酬制度改革的实施意见(送审稿)》《云和县主城区教育资源配置方案(2021—2025 年)(送审稿)》《新时代高水平建设美丽云和实施方案(2021—2025 年)(送审稿)》《云和县生态环境保护"十四五"规划(送审稿)》等。

同日 县政府党组四季度党风廉政工作例会召开。县政府党组成员参加。

23 日 省委经济工作会议召开。县委书记李忠伟,县委副书记、代县长周鸿飞在丽水分会场参加。

24 日 县委书记李忠伟调研党代会筹备情况。县领导陈卿、黄伟杰、蓝利明、谢岩伟陪同。

27 日 全省数字化改革工作推进会召开。

27—30 日 中国共产党云和县第十五次代表大会召开。开幕会上,县委书记李忠伟代表中国共产党云和县第十四届委员会向大会作题为《坚持深化"小县大城"发展战略 为打造全国山区县域新型城镇化共富样板而努力奋斗》的报告。大会选举产生中国共产党云和县第十五届委员会委员、候补委员,中国共产党云和县第十五届纪律检查委员会委员和云和县出席中国共产党丽水市第五次代表大会代表，通过中国共产党云和县第十四届委员会工作报告和中国共产党云和县第十四届纪律检查委员会工作报告。

29日 县第十六届人民政府第65次常务会议召开。会议传达学习省委经济工作会议精神；审议通过《云和县耕地“非粮化”专项整治行动实施方案(送审稿)》；部署近期疫情防控工作。

30日 县委书记李忠伟，县委副书记、代县长周鸿飞在丽水参加市委四届十二次全体(扩大)会议。

同日 中国共产党云和县第十五届委员会第一次全体会议召开。会议选举产生中国共产党云和县第十五届委员会常务委员会委员和书记、副书记。李忠伟、周鸿飞、陈卿、胡坚、周坚、黄伟杰、傅雅涛、许文金、赖小文、舒坚阳、梅华当选为县委常委，李忠伟当选为县委书记，周鸿飞、陈卿当选为县委副书记。会议审议通过县委十五届一次全体会议选举办法和县纪委十五届一次全体会议选举结果；讨论决定党的二十大代表和省第十五次党代会代表推荐人选。

同日 中国共产党云和县第十五届纪律检查委员会第一次全体会议召开。会议选举产生中国共产党云和县第十五届纪律检查委员会常委。舒坚阳当选为县纪委书记，叶金宝、叶志明当选为县纪委副书记。会议审议通过县纪委十五届一次全体会议选举办法。

31日 全市疫情防控工作部署会召开。县领导周鸿飞、胡坚、赖小文、缪磊磊、颜韬、江静、蓝利明、李爱勇、谢岩伟在云和分会场参加。

同日 县委书记李忠伟带队开展新一届县委“学党史、明初心”学习教育活动暨党的十九届六中全会精神集体学习会。新一届县委委员、候补委员参加。 (叶　瑜)

县情概览

【县情概况】 云和县隶属浙江省丽水市，始建于明景泰三年（1452年），地处仙霞岭、洞宫山之间的浙西南山区，瓯江上游，东邻莲都，南接景宁，西壤龙泉，北毗松阳，是丽水市的地理中心，自古被喻为“洞宫福地”。县域总面积989平方公里，辖4个街道、3个镇、3个乡，71个行政村、15个社区，户籍人口11.38万人、常住人口12.92万人。2021年，全县地区生产总值98.06亿元、增长9.6%，一般公共预算收入增长8.0%，规上工业增加值增长15.2%，社会消费品零售总额增长23.7%，城乡居民人均可支配收入分别增长9.7%和11.5%。

【山水之城】 “九山半水半分田”的地形赋予云和集“山水林田湖”于一体的独特资源，境内有海拔千米以上山峰184座、水域38.7平方公里，森林覆盖率达81.5%。云和梯田被誉为“中国最美梯田”，被美国有线电视新闻网（CNN）评为中国最美的40个景点之一，仙宫湖（紧水滩水库）是浙江省第三大人工湖；云和梯田景区、云和湖（紧水滩、石塘、玉溪3个水库的总称）仙宫景区均已创成国家AAAA级景区。云和综合环境质量列全国第10位，空气质量优良率达到100%，全域断面水质常年保持在国家二类标准以上，是丽水市第一个国家级生态县，入选全国重点生态功能区和生态文明建设试点。“好山、好水、好空气”孕育了高品质的有机农产品，有500多年种植历史的云和雪梨获得“国家地理标志农产品”认证，被誉为“中华名果”，“云和雪梨酒”曾获1915年巴拿马万国博览会铜质奖章；云和黑木耳是国家地理标志产品；云和湖有机鱼是浙江省第二大有机鱼品牌。

【小县大城】 2001年，云和针对山多地少、村多人少、县小而城相对较大的实际，提出并一以贯之实施“小县大城”发展战略，把县城作为县域经济社会发展的重点经营培育，加快推进新型城市化进程，促进全域统筹、城乡一体。2021年，全县58%的农民下山转移、78%的农村劳动力向二、三产业转移，80%的人口集中在县城居住，93.4%的学生集中在县城就读，96%的企业集中在县城发展，城镇化率达73.4%，远高于全国平均水平。同时，探索形成与之相适应的社会治理体系，先后获国家卫生县城、全国平安县、国家级生态示范区等称号，成功夺取全省首批“一星平安金鼎”，荣获全国脱贫攻坚组织创新奖和全国脱贫攻坚先进集体，人均期望寿命连续多年位居全市第一。“小县大城”发展战略也被广为关注，荣获“2012中国十大社会管理创新奖”，入选浙江省十大发展模式，并在省内外众多山区县推广。

【木玩名城】 木制玩具是云和的传统产业、优势产业和支柱产业，历经近五十年发展，从无到有、从小到大，云和已成为国内规模最大、品种最多的木制玩具创制、出口基地，先后被冠以“中国木制玩具之乡”和“中国木制玩具城”。全县共有木制玩具生产企业1000多家，成功注册“云和木玩”和“云和教玩”两个集体商标，拥有中国驰名商标3个、浙江名牌产品3个，木制玩具产品达十大类、上千个系列、数万个品种，产品畅销世界82个国家和地区，占全国同类产品的66%、浙江省的70%。

【抗战省城】 抗日战争全面爆发后，云和成为浙江抗战的“大后方”。1939年4月3日，时任中共中央革命军事委员会副主席、中共中央南方局书记周恩来，以国民政府军事委员会政治部副部长的身份，到云和小顺浙江铁工总厂视察，发表了“工人顶天立地”的著名演讲。1942年5月至1945年9月，民国浙江省政府迁驻云和，共迁入70余家行政机构、39个军警机构和34家工商企业，国立英士大学、之江大学等高校纷纷迁入，著名文化人士冯雪峰、潘天寿等云集云和，对县域文化产生了深远影响。

中国共产党云和县委员会

县委重要会议

【中共云和县第十五次代表大会】 12月27—30日，中国共产党云和县第十五次代表大会召开。大会的主要任务是：以习近平新时代中国特色社会主义思想为指导，认真学习贯彻党的十九大和十九届二中、三中、四中、五中、六中全会精神，回顾总结过去五年工作，审议确定今后五年奋斗目标和主要任务，选举产生中国共产党云和县第十五届委员会和纪律检查委员会，动员全县各级党组织、广大党员和干部群众，开拓创新、真抓实干，为打造全国山区县域新型城镇化共富样板而努力奋斗。县委书记李忠伟代表中国共产党云和县第十四届委员会向大会作题为《坚持深化“小县大城”发展战略，为打造全国山区县域新型城镇化共富样板而努力奋斗》的报告。大会选举产生中国共产党云和县第十五届委员会委员、候补委员，中国共产党云和县第十五届纪律检查委员会委员和云和县出席中国共产党丽水市第五次代表大会代表，审议通过中国共产党云和县第十四届委员会工作报告和中国共产党云和县第十四届纪律检查委员会工作报告。

【全国山区县域新型城镇化发展论坛】 10月21—23日，由国家发改委城市和小城镇改革发展中心主办、云和县人民政府承办的全国山区县域新型城镇化发展论坛系列活动在云和举行。活动围绕“山区县域新型城镇化高质量发展、实现共同富裕”主题，开展主题考察、主题论坛、主题调研等系列活动，共庆云和“小县大城”发展战略实施20周年，共商山区县域新型城镇化发展之策。活动期间，先后举办“小县大城”发展战略实施20周年座谈会、新闻发布会，并组织观看大型音乐舞蹈诗《云和赋》。自然资源部原副部长胡存智，住房和城乡建设部原总经济师赵晖，十三届全国政协委员、国务院发展研究中心资源与环境政策研究所副所长谷树忠，著名宏观经济和“三农”政策专家冯海发，国家发展改革委城市和小城镇改革发展中心副主任邱爱军，农业农村部政策法规司原副司长贺军伟，国家发展改革委城市和小城镇改革发展中心原副主任乔润令，省发改委原副主任刘亭，丽水市副市长楼志坚，在职副县级以上领导干部参加活动。

2001年，十届县委立足山多地少、村多人少、县小而城相对较大的实际，在全国率先提出并实施“小县大城”发展战略。这是云和发展史上具有里程碑意义的重大事件，从此翻开了云和历史的新篇章，开启了云和发展的新征程。二十年来，历届县委团结带领全县广大党员干部群众，坚持一张蓝图绘到底、一以贯之抓建设，探索走出了一条独具特色、独树一帜的山区县城镇化科学发展之路，推动云和与全省同步高水平全面建成小康社会。2001—2020年，全县地区生产总值从8.91亿元增加到86.99亿元，年均增长10.5%；一般公共预算收入从0.69亿元增加到8.14亿元，年均增长

13.8%；城镇居民人均可支配收入从 8957 元（2003 年正式开展城镇住户收入抽样调查）增加到 46584 元，农村居民人均可支配收入从 2275 元增加到 22022 元，年均分别增长 10.5%和 11.7%。“小县大城”发展战略的知名度、美誉度和影响力与日俱增，荣获“2012 中国十大社会管理创新奖”，入选改革开放以来浙江省十大发展模式，并在省内外众多山区县推广。

【全县三级干部会议】 2 月 19 日，全县三级干部大会召开。县委副书记、县长上官国明主持会议。县委副书记、政法委书记蒋璟璟宣读表彰文件。县委书记叶伯军作以《全面掀起“双招双引”强大攻势，确保高水平现代化建设新征程开好局起好步》为题的报告。会议对先进集体和个人进行颁奖。在职副县级以上领导干部，担任过副县级以上实职的离退休老干部，县直属各单位主要负责人，各乡镇党委书记、乡镇长及各街道党工委书记、办事处主任，15 家规模企业、5 家农业龙头企业和 5 家旅游企业主要负责人，受表彰的先进集体和先进个人代表在县文化中心主会场参会。

【全县领导干部会议】 2 月 1 日，全县领导干部会议召开。县委书记叶伯军主持会议。县人大常委会主任叶晓勇传达省十三届人大五次会议精神，县政协主席王新荣传达省政协十二届四次会议精神，县委副书记、县长上官国明传达市委经济工作会议精神。在职副县级以上领导干部，县纪委县监委班子成员，县直属各单位主要负责人，各乡镇（街道）党政主要负责人，担任过副县级以上实职的离退休老干部参加。

2 月 26 日，全县领导干部会议召开。县委书记叶伯军主持会议。县人大常委会主任叶晓勇传达市四届人大六次会议精神，县政协主席王新荣传达市政协四届五次会议精神。在职副县级以上领导干部，县纪委县监委班子成员，县直属各单位主要负责人，各乡镇（街道）党政主要负责人，担任过副县级以上实职的离退休老干部参加。

3 月 15 日，全县领导干部会议召开。县委书记叶伯军主持会议。县人大常委会主任叶晓勇传达十三届全国人大四次会议精神，县政协主席王新荣传达全国政协十三届四次会议精神。在职副县级以上领导干部，县纪委县监委班子成员，县直属各单位主要负责人，各乡镇（街道）党政主要负责人，担任过副县级以上实职的离退休老干部参加。

4 月 7 日，全县领导干部会议召开。县委书记叶伯军主持会议。会议内容主要是推荐县级领导干部。在职副县级以上领导干部，县纪委县监委班子成员，县直属各单位主要负责人，各乡镇（街道）党政主要负责人，担任过副县级以上实职的离退休老干部参加。

6 月 15 日，全县领导干部会议召开。县委书记叶伯军主持会议。县委副书记、县长李忠伟传达省委十四届九次全体（扩大）会议精神。在职副县级以上领导干部，县纪委县监委班子成员，县直属各单位主要负责人，各乡镇（街道）党政主要负责人，担任过副县级以上实职的离退休老干部参加。

7 月 15 日，全县领导干部会议召开。县委书记叶伯军主持会议。会议主要是推荐县处级领导干部。县委委员、候补委员，在职副县级以上领导干部，县纪委县监委班子成员，县党政部门、人民团体、民主党派、直属企事业单位主要负责人，县人大常委会工作和办事机构主要负责人、县政协办公室及各专门委员会主要负责人，各乡镇（街道）党政主要负责人，担任过副县级以上实职的离退休老干部参加。

11 月 18 日，全县领导干部会议召开。县委书记叶伯军主持会议。县委副书记、县长李忠伟传达党的十九届六中全会精神。在职副县级以上领导干部，县纪委县监委班子成员，县直属各单位主要负责人，各乡镇（街道）党政主要负责人，担任过副县级以上实职的离退休老干部参加。

11 月 24 日，全县领导干部会议召开。县委书记李忠伟主持会议。会议宣布省委、市委关于云和县党政主要领导调整的决定：李忠伟任中共云和县委书记，免去叶伯军的中共云和县委书记、常委、委员职务，提议李忠伟不再担任云和县县长职务，周鸿飞任中共云和县委委员、常委、副书记，提名云和县县长候选人。市委常委、纪委书记、监委主任方文军等，在职副县级以上领导干部，县纪委县监委班子成员，县直属各单位主要负责人，各乡镇（街道）党政主要负责人，担任过副县级以上实职的离退休老干部参加。

12月2日，全县领导干部会议召开。县委书记李忠伟主持会议。县委副书记、代县长周鸿飞传达省委十四届十次全体（扩大）会议精神。在职副县级以上领导干部，县纪委县监委班子成员，县直属各单位主要负责人，各乡镇（街道）党政主要负责人，担任过副县级以上实职的离退休老干部参加。

12月6日，全县领导干部会议召开。县委书记李忠伟主持会议。会议议题是推荐新一届县委委员。县委委员、候补委员，在职副县级以上领导干部，县纪委县监委班子成员，县党政部门、人民团体、民主党派、直属企事业单位主要负责人，县人大常委会工作和办事机构主要负责人、县政协办公室及各专门委员会主要负责人，各乡镇（街道）党政主要负责人，担任过副县级以上实职的离退休老干部参加。

【县委全体（扩大）会议】 1月18日，县委十四届十三次全体（扩大）会议召开。县委书记叶伯军主持会议。会议以习近平新时代中国特色社会主义思想为指导，深入学习贯彻党的十九届五中全会和省委十四届八次全会、市委四届九次全会精神，听取县委常委会工作报告，审议通过《中共云和县委关于制定国民经济和社会发展第十四个五年规划和二〇三五年远景目标的建议》，进一步动员全县上下坚决扛起新发展阶段云和跨越式发展的新使命新任务，奋力谱写高水平全面建设社会主义现代化云和篇章。县委委员、候补委员，县纪委委员；在职副县级以上领导干部，各乡镇党委书记、乡镇长，各街道党工委书记、办事处主任，县直属各单位主要负责人，县委办副主任，县国资公司、县城投集团、县水务公司、县旅投公司、县交投公司主要负责人，担任过副县级以上实职的离退休老干部，部分基层党代表参加。

9月1日，县委十四届十四次全体（扩大）会议召开。县委书记叶伯军主持会议。会议以习近平新时代中国特色社会主义思想为指导，深入学习贯彻习近平总书记“七一”重要讲话精神，按照省委十四届九次全会、市委四届十次全会决策部署，回顾总结云和“小县大城”发展战略实施20年来各项事业发展所取得的成绩，审议通过《云和加快跨越式高质量发展打造全国山区共同富裕样板县行动方案（2021—2025年）》，动员全县上下奋力加快跨越式高质量发展，努力把云和打造成全国山区共同富裕样板县，为省、市建设共同富裕示范区作出云和贡献、提供云和示范。县委委员、候补委员，县纪委委员，在职副县级以上领导干部，各乡镇党委书记、乡镇长，各街道党工委书记、办事处主任；县直属各单位主要负责人，县委办副主任，县国资公司、县城投集团、县水务公司、县旅投公司、县交投公司主要负责人，担任过副县级以上实职的离退休老干部，部分基层党代表参加。

10月18日，县委十四届十五次全体会议召开。县委书记叶伯军主持会议。会议审议通过《关于召开中国共产党云和县第十五次代表大会的决议（草案）》。县委委员、候补委员参加。

12月22日，县委十四届十六次全体会议召开。县委书记李忠伟主持会议。会议通报县第十五次党代会筹备情况，讨论通过县第十五次党代会议程、日程，县委、县纪委工作报告，圈选云和县出席丽水市第五次党代会代表候选人预备人选。县委委员、候补委员、县纪委委员参加。

12月30日，县委十五届一次全体会议召开。县委书记李忠伟主持会议。会议选举产生中国共产党云和县第十五届委员会常务委员会委员和书记、副书记。李忠伟、周鸿飞、陈卿、胡坚、周坚、黄伟杰、傅雅涛、许文金、赖小文、舒坚阳、梅华当选为县委常委，李忠伟当选为县委书记，周鸿飞、陈卿当选为县委副书记。会议审议通过县委十五届一次全体会议选举办法和县纪委十五届一次全体会议选举结果；讨论决定党的二十大代表和省第十五次党代会代表推荐人选。县委委员、候补委员、县纪委委员参加。

【县委常委会会议】 1月15日，县委召开十四届常委会第89次会议。县委书记叶伯军主持会议。会议传达学习习近平总书记在省部级主要领导干部学习贯彻党的十九届五中全会精神专题研讨班开班式上的重要讲话精神；讨论县委十四届十三次全体（扩大）会议报告；审议通过《中共云和县委关于制定云和县国民经济和社会发展第十四个五年规划和二〇三五年远景目标的建议（送审稿）》；听取全县社会稳定（平安、信访）形势分析情况汇报；研究人事工作。

2月4日，县委召开十四届常委会第90次会议。会议通报市委交办的《云和县十方面重点问题清单》；传达学习中央、省委政法工作会议精神，全国、全省、全市安全生产电视电话会议精神，全省宣传思想工作会议精神；组织学习《领导干部报告个人有关事项易错易漏点》；审议通过《云和县人民政府关于云和县"十三五"及2020年度环境状况和环境保护目标完成情况的报告（送审稿）》《云和县法学会深化改革实施方案（送审稿）》《2021年政府工作报告（送审稿）》《2021年云和县"十件民生实事"候选实事形成情况的报告（送审稿）》《云和县国民经济和社会发展第十四个五年规划和二〇三五年远景目标纲要（送审稿）》《云和县2021年固定资产投资计划（送审稿）》《2021年政府投资项目计划（送审稿）》《2021年重点建设项目计划（送审稿）》《2021年重大建设项目前期工作计划（送审稿）》《2021年基本建设预算（送审稿）》《云和县2020年预算执行情况和2021年预算草案的报告（送审稿）》《关于云和县2020年国民经济和社会发展计划执行情况与2021年国民经济和社会发展计划草案的报告（送审稿）》；听取《关于加强和改进新时代县直机关党务干部队伍建设的意见（试行）（送审稿）》、2020年度新型城镇化样板县域建设先进评选情况、云和县2020年法治政府建设工作情况的汇报；研究人事工作。

3月8日，县委召开十四届常委会第91次会议。会议传达学习习近平总书记在党史学习教育动员会、全国脱贫攻坚总结表彰大会、春季学期中央党校（国家行政学院）中青年干部培训班上的重要讲话精神，《中国共产党统一战线工作条例》精神，十九届中央纪委五次全会精神。传达学习省纪委十四届六次全会精神、《关于加强巡视巡察上下联动的意见》精神、中央单位巡视工作调研座谈会精神，十九届中央第六轮巡视反馈精神，省委落实中央巡视反馈意见整改工作动员部署会精神，四届市委第十轮巡察工作动员部署会精神，《关于十四届省委第八、第九轮巡视检查发现选人用人突出问题及查核处理情况的通报》精神。传达学习全省数字化改革大会精神，中央和省、市政法队伍教育整顿动员部署会精神，全国、全省、全市统战部长会议精神，省委农村工作会议精神，全省信访工作会议精神，全市宣传思想工作会议精神，市委政法工作会议暨全市信访工作会议精神；审议通过《云和县政法队伍教育整顿实施方案（送审稿）》《中共云和县委关于市委交办"十方面重点问题清单"的整改方案（送审稿）》《县委交办抓党建带全局"十方面重点问题清单"（送审稿）》《中共云和县纪委十四届七次全会工作报告（送审稿）》《2020年度乡镇（街道）、部门综合考核结果和单项工作考核优秀单位评定情况（送审稿）》；研究人事工作。

3月19日，县委召开十四届常委会第92次会议。会议传达学习全省、全市组织部长会议精神，全省党史和文献部门主要负责人会议精神；审议通过《关于开展党史学习教育的实施工作方案（送审稿）》。

4月1日，县委十四届常委会

第93次会议暨数字化改革领导小组第一次会议召开。会议传达学习省委副书记、省长郑栅洁到丽调研讲话精神；审议通过《中共云和县委关于落实中央巡视反馈问题整改工作方案（送审稿）》《云和县数字化改革总体方案（送审稿）》《云和县党政机关整体智治系统建设实施方案（送审稿）》《云和县数字政府系统建设方案（送审稿）》《云和县数字经济系统建设方案（送审稿）》《云和县数字社会系统建设方案（送审稿）》《云和县数字法治系统建设方案（送审稿）》《云和县一体化智能化公共数据平台建设方案（送审稿）》。

4月9日，县委十四届常委会第94次会议暨政法队伍教育整顿领导小组第一次会议召开。会议传达全省乡镇领导班子换届工作部署会精神；审议通过《云和县政法系统顽瘴痼疾专项整治实施方案（送审稿）》；听取县十六届人大六次会议和县政协九届五次会议筹备情况、全县政法队伍教育整顿开展情况汇报。

4月23日，县委召开十四届常委会第95次会议。会议传达学习《党委（党组）网络意识形态工作责任制实施细则》《中共浙江省委关于高质量做好乡镇领导换届工作的通知》《全市乡镇领导班子换届工作指导方案》精神，市委党的群团工作会议精神，全市政法队伍教育整顿主题党课精神；审议通过《中共云和县委常委会2021年工作要点（送审稿）》《云和县“绿水青山就是金山银山”实践创新基地建设实施方案（送审稿）》《晋升四级调研员及以上职级操作补充意见（二）（送审稿）》《云和县第十六届人民代表大会第六次会议、政协第九届云和县委员会第五次会议临时党委组成人员建议名单（送审稿）》《云和县乡镇换届工作实施方案（送审稿）》《云和县乡镇领导班子职数设置方案（送审稿）》；听取云和县木玩产业创新服务综合体建设工作情况汇报；研究人事工作。

5月28日，县委召开十四届常委会第96次会议。会议传达学习习近平总书记等各级领导关于打击治理电信网络诈骗犯罪工作的重要指示批示精神和有关会议精神，全国巡视工作会议暨十九届中央第七轮巡视动员部署会精神。组织学习《关于常态化开展扫黑除恶斗争巩固专项斗争成果的意见》《中国共产党机要密码工作条例》、系列防范统计造假文件精神，市委“三农”工作会议精神，提升党员干部队伍推进现代化建设新能力暨市县乡领导班子换届工作会议精神，《关于加强换届风气监督确保换届风清气正的通知》（浙组〔2021〕6号）《关于从严从实开展换届风气监督“四大专项行动”的通知》（丽组〔2021〕6号）精神，全市基层党建工作重点任务会议暨乡镇换届工作部署会精神；审议通过《云和县2021年督查检查考核年度计划（送审稿）》；听取关于常态化推进扫黑除恶专项斗争开展情况、做好国家统计督查迎检准备工作情况、2020年度县管领导干部考核情况、打击治理电信网络诈骗犯罪工作情况的汇报；研究人事工作。

6月7日，县委召开十四届常委会第97次会议。会议传达省委常委会会议、市委常委会会议精神；听取中央、省、市“两优一先”推荐人选情况汇报。

6月18日，县委召开十四届常委会第98次会议。会议听取县级优秀共产党员、优秀党务工作者、先进基层党组织推荐评选情况汇报；审议通过《关于核定街道领导班子职数的方案（送审稿）》；研究人事工作。

7月2日，县委召开十四届常委会第99次会议。会议传达学习习近平总书记在庆祝中国共产党成立100周年大会上的重要讲话精神和省委书记袁家军在浙江省庆祝中国共产党成立100周年大会上的讲话精神，省、市对台工作会议和市委对台工作领导小组会议精神，全市县（市、区）领导班子换届工作动员部署会精神；审议通过《中国共产党云和县第十四届委员会任期工作总结（送审稿）》《云和县政法队伍教育整顿工作总结（送审稿）》；通报县领导领办重点工作安排情况。

7月21日，县委召开十四届常委会第100次会议。会议研究提出云和县拟新提拔县处级人选考察对象建议名单。

7月27日，县委召开十四届常委会第101次会议。会议传达学习山区26县跨越式高质量发展暨“山海协作”工程推进会精神、全市民营经济统战工作会议精神、全省加强干部选拔任用监督暨选人用人巡视检查问题整改推进会精神、全省组织系统学习习近平总书记“七一”重要讲话精神暨推进干部队伍干部工作系统性重塑建设变革型组织专题培训会精神；审议通过《云和县2021年度乡镇（街道）和部门综合考核办法（送审稿）》《关于调整市场化改革国有企业管理级别及领导职数的方案（送审稿）》《关于整合设立浙江云和经济开发区工作方案（送审稿）》《关于调整部分单位机构编制有关事宜的方案（送审稿）》；组织学习《关于当前我省意识形态领域形势的通报》；听取全县2021年上半年应急管理工作情况汇报。

8月12日，县委召开十四届常委会第102次会议。会议传达学习省委常委、宣传部部长朱国贤到云调研讲话精神，全市新业态、新就业群体党建工作试点部署推进会精神；听取关于落实市委意识形态工作责任制检查反馈意见整改措施、疫情防控工作情况、上半年县委常委分管工作开展和落实情况、民盟云和县基层委员会班子换届工作情况的汇报；审议通过《乡镇换届和部门（街道）人事调配原则（送审稿）》；研究人事工作。

8月25日，县委召开十四届常委会第103次会议。会议传达学习《关于第一轮换届风气巡回督查情况的通报》，市委书记胡海峰重要批示精神；讨论县委十四届十四次全体（扩大）会议报告；审议通过《云和加快跨越式高质量发展打造全国山区共同富裕样板县行动方案（2021—2025年）（送审稿）》《云和县农村产权抵押融资办法（试行）（送审稿）》；听取法治云和（法治政府）建设情况、上半年全县公安工作情况的汇报；研究人事工作。

9月2日，县委召开十四届常委会第104次会议。会议传达学习中央民族工作会议精神，省委文化工作会议精神，省委副书记、省长郑栅洁到云调研讲话精神；审议通过《云和县乡镇党委换届选举和县党代会农村代表推选工作的实施意见（送审稿）》；通报有关工作分工调整情况；研究人事工作。

9月24日，县委召开十四届常委会第105次会议。会议组织学习《中共浙江省委办公厅印发〈关于市、县（市、区）党委落实巡察工作主体责任的实施意见〉的通知》；传达学习省委民族工作会议精神、市委统一战线工作领导小组会议暨全市统一战线暑期读书会精神、2021年平安丽水建设工作推进会精神、全省迭代升级“基层治理四平台”现场推进会精神；听取关于落实市委意识形态工作责任制检查反馈意见整改情况、第四届云和县道德模范评选表彰工作情况的汇报；研究人事工作。

10月18日，县委召开十四届常委会第106次会议。会议传达学习习近平总书记在中央党校（国家行政学院）2021年秋季学期中青年干部培训班上的重要讲话精神，全省基层党建会议精神；听取《关于做好全县县乡两级人民代表大会换届选举工作的意见（送审稿）》《中共云和县委党校（云和县行政学院、云和县社会主义学校）“十四五”发展规划（送审稿）》的汇报；审议通过《关于加强新时代云和民营经济统战工作的实施意见（送审稿）》《关于召开中国共产党云和县第十五次代表大会的决议（送审稿）》；组织学习《中国共产党党内法规体系》。

11月15日，县委召开十四届常委会第107次会议。会议传达学习中央人大工作会议精神和全省各级人大常委会主任学习会精神、中央人才工作会议精神、省高质量发展建设共同富裕示范区领导小组第一次会议精神和市加快跨越式高质量发展建设共同富裕示范区第一次领导小组会议精神、海洋强省建设推进会精神、全国加强换届风气监督工作电视电话会议精神；审议通过《云和县“七张问题清单”应用工作总机制（试行）（送审稿）》《关于全面推进林长制的实施意见(送审稿)》《关于推进科技创新引领高质量绿色发展的若干意见(送审稿)》《云和县落实乡镇干部待遇倾斜政策的实施方案(送审稿)》;听取全县基层应急管理体系建设重点任务清单落实情况汇报;研究第十届云和县政协换届人事安排和人事工作。

11月29日,县委召开十四届常委会第108次会议。县委书记李忠伟主持会议。审议通过《云和县十七届人民代表大会代表候选人初步建议人选名单(送审稿)》;研究人事工作。

12月3日,县委召开十四届常委会第109次会议。会议研究人事工作。

12月9日,县委召开十四届常委会第110次会议。会议审议通过《街道、部门出席中共云和县第十五次代表大会代表候选人预备人选建议名单(送审稿)》《云和县出席市第五次党代会代表候选人初步人选建议名单(送审稿)》《云和县第十五届县委委员、候补委员,县纪委委员候选人预备人选名单(送审稿)》;听取全县"五水共治"工作情况汇报;研究人事工作。

12月21日,县委召开十四届常委会第111次会议。会议传达学习《关于查处严重违反换届纪律问题的通报》;听取县人民政府党组、县人大常委会党组、县政协党组、县法院党组、县检察院党组工作情况汇报;听取县第十五次党代会筹备工作情况、县委常委分管工作和落实情况、县委常委履行意识形态工作"一岗双责"情况、2021年意识形态(网络意识形态)工作主体责任落实情况、全县党支部建设工作、全县公安工作、团县委工作、县妇联党组工作、县总工会党组工作、县科协党组工作、县工商联党组工作、县党史工作、县管党费收缴、管理和使用情况的汇报;审议通过县第十五次党代会县委工作报告(送审稿)和县第十五次党代会纪委工作报告(送审稿)、县第十五次党代会大会日程(草案)、县第十五次党代会选举办法(草案)、县第十五次党代会有关人员安排建议名单(草案)、《县第十五次党代会临时党委成立方案(送审稿)》;研究人事工作。

12月22日,县委召开十四届常委会第112次会议。会议审议通过《云和县党的二十大代表和省第十五次党代会代表推选工作方案(送审稿)》。

县委主要工作

【概况】 2021年,中共云和县委高举中国特色社会主义伟大旗帜,认真贯彻党的十九大和十九届历次全会精神,忠实践行"八八战略",奋力打造"重要窗口",大力弘扬浙西南革命精神,坚毅笃行"丽水之干",全方位推进系统重塑和组织变革,实现"十四五"发展良好开局,交出了跨越式高质量发展高分答卷。全县地区生产总值98.06亿元,增长9.6%,一般公共预算收入增长8.0%,规上工业增加值增长15.2%,社会消费品零售总额增长23.7%,城乡居民人均可支配收入分别增长9.7%和11.5%,与全省同步高水平全面建成小康社会,阔步迈向打造全国山区县域新型城镇化共富样板新征程。

【经济发展量质齐升】 一是推进生态工业倍增。扎实开展新一轮制造业"腾笼换鸟、凤凰涅槃"攻坚行动和传统制造业数字化改造,淘汰落后产能企业6家,整治提升"低散乱"企业31家,新增规上企业12家、亿元企业6家、上云企业50家,生态产品价值实现示范区建设项目(云景生态产业平台)被列入省重大建设项目"十四五"规划。二是推进生态旅游业提质。精心擘画全域5A蓝图,完成梯田一级游客接待中心、云和东旅游集散中心主体工程,建成投用观云索道,聚仙岛旅游综合体童话城堡区块投入试运营,云缦康养度假区、小镇地标建筑——木玩展示体验馆扎实推进,在全省首批实现"百千万"工程全覆盖,获评省全域旅游示范县。三是推进生态农业转型。深入实施农业"双强行动",大力开展耕地"非农化""非粮化"整治,完成垦造耕地问题整改,完成粮食生产功能区"非粮化"整治优化1325亩,创新推出"农家乐民宿成长贷”“雪梨贷”，成功申报云和雪梨集成创新省级试点，实现“农家乐”民宿营收1.37亿元。

【城乡建设持续完善】 一是厚植生态本底。严格落实“三线一单”生态环境分区管控，持续深化蓝天、碧水、净土、清废行动，坚决打好污染防治攻坚战，空气环境质量优良率保持在99.6%，PM2.5平均浓度控制在20微克/米^3，出境水交接断面水质达标率达100%，开工城市污水处理厂清洁排放技术改造项目，建成工业危废贮存转运中心，改建城市污水管网5.47公里，实现城镇生活垃圾分类处理全覆盖。二是深化城市有机更新。童话云和展示馆及城东南路、大坪路、南山路等建成投用，鲤鱼山小区B区等老旧小区改造扎实推进，小徐社区被列入全省第三批未来社区试点。持续推进“大搬快聚富民安居”工程，完成异地搬迁2047人。三是建设美丽乡村。高水平完成全国农村人居环境整治提升现场会点位考察任务，荣获全省深化“千万工程”建设新时代美丽乡村工作优胜县。深入推进新时代美丽乡村“三带三园”建设，崇头镇创成全国乡村治理示范乡镇，石塘镇创成省级美丽城镇样板，建成3个省特色精品村、5个花园乡村。四是优化交通网络。云龙公路二期、后交线改造提升工程有序推进，石塘交通中心码头、紧水滩库区水上服务站加快建设，235国道云和段改建工程前期顺利推进，完成农村公路养护85.63公里。

【发展动能强劲迸发】 一是系统集成推进县域改革。深化“六个重大”、打造“五大样板”，接续打造全国山区新型城镇化样板县域。隆重庆祝“小县大城”发展战略实施20周年，成功承办全国山区县域新型城镇化发展论坛。GEP（生态系统生产总值）集成改革、国企市场化改革等重点改革全面推进，实现企业投资低风险小型项目审批“最多15个工作日”，推出“数字生态贷”惠农金融产品，创新实行农村集体财务收支预决算管理，在全国首创农村产权抵（质）押融资免担保模式。二是大力实施数字化改革。坚持“整体智治、高效协同”理念，高规格成立数字化改革工作领导小组，体系化规范化推进数字化改革，上线运行总门户和五大系统子门户，谋划建设多跨场景应用23个，入选数字化改革省级试点10个，形成制度成果9项，发表理论成果6项，全县依申请政务服务事项“一网通办”率达99.2%。三是着力深化开放创新。聚力实施“双招双引”，组建5个驻外招商局和6个重点招引专班，全年引进大项目5个、一般项目25个，实际利用市外内资12.02亿元、外资201万美元；用好“问海借力”金钥匙，实施新一轮“山海协作”工程，与北仑成功签订共建“产业飞地”合作协议，云北飞创现代产业园成为全省“产业飞地”建设样板；聚焦全市“一带三区”布局，实施云景高速公路差异化收费，开通云和至景宁公交线路。大力实施创新驱动发展战略，建成木玩产业创新研究院，木玩产业创新服务综合体项目加快推进，高新技术产业增加值增长24.1%，企业研发经费投入增长28%，新增国家高新技术企业3家，省级企业研究院、高新技术企业研发中心各1家，科技型中小企业23家。

【民生福祉显著改善】 一是谋定共富新篇。召开县委十四届十四次全体（扩大）会议和县第十五次党代会，审议通过《云和加快跨越式高质量发展打造全国山区共同富裕样板县行动方案（2021—2025年）》，提出打造人与城和谐共处、产与城深度融合、乡与城互促并进的全国山区县域新型城镇化共富样板。“云和经验”亮相全省高质量发展建设共同富裕示范区重点工作推进例会。二是优化公共服务。统筹“扩中”“提低”促进不同群体共同富裕，新增城镇就业2035人，城镇登记失业率控制在1.62%，巩固拓展脱贫攻坚成果，深化“一户一策一干部”结对帮扶，流动供销致富车模式在全省推广，帮扶困难人员就业535人，低收入农户人均可支配收入增长14.4%。深化全生命周期公共服务优质共享，精准落实教育“双减”政策，实行“引智办学”托管机制；深化健康云和建设，完成新一轮合作办医签约，顺利通过第五轮国家卫生县城复审；守正创新深化文化事业发展，童话书房建成开放，木玩文化解码工作入选全省重点文化基因项目；稳步实施全民参保计划，“浙丽保” 参保率达 92.91%；创新推出长者益智幸福坊、敬老餐、邻里互助长等山区特色养老模式。三是提升社会治理。深化全国乡村治理体系建设试点，加快推进县级矛调中心建设，巩固提升街乡共治、乡事城办等特色做法，县域治理现代化水平不断提升。开展护航中国共产党成立 100 周年、平安建设“百日攻坚”、扫黑除恶等专项行动，全面推进用电建筑、“三合一”场所消防安全整治，持续加强安全生产、食药安全监管，连续四年创成省无信访积案县。全力抓好常态化疫情防控，累计接种新冠病毒疫苗 27.57 万剂次，坚决巩固疫情零发生的良好态势。

【党的领导全面加强】 一是加强政治建设。坚持以习近平新时代中国特色社会主义思想武装头脑、指导实践、推动工作，坚定不移做“两个确立”忠诚拥护者、“两个维护”示范引领者。全面落实党委“第一议题”制度，高标准开展党史学习教育，召开学习贯彻十九届六中全会精神、习近平总书记关于“共同富裕”重要论述、习近平总书记“七一”重要讲话等专题读书会，开展“三为”专题实践活动 2000 余次，广大党员干部的政治判断力、政治领悟力、政治执行力不断提高。严格落实意识形态工作责任制，牢牢把握意识形态工作主动权。充分发挥党总揽全局、协调各方的领导核心作用，汇聚起全县广大党员干部群众万众一心、不懈奋斗的磅礴力量。二是夯实组织基础。严实抓好省委“七张清单”、市委“十张重点问题清单”整改，建立抓党建带全局“十方面问题清单”，坚持动真碰硬治标和建章立制治本相结合，切实把“问题清单”转变为“成效清单”。推动基层党建重塑变革，加快党政机关整体智治系统建设，创新推出“机关党组织书记领办党建项目”，推进村社党建全域融合，老李帮忙团服务中心党支部获批全国先进基层党组织。三是锤炼干部队伍。高质量完成乡镇领导班子换届，调整干部两批次 196 名，其中提任(进一步使用)64 名，干部队伍结构进一步优化。健全优秀年轻干部日常发现、比选提名、动态调整全链条机制，完善容错纠错、澄清正名等机制，落实干部关心关爱、谈心谈话等制度，促进“两个担当”良性互动。牢固树立实干实绩鲜明导向，建立健全干部工作“五大体系”，注重在基层一线、攻坚火线锤炼打造高素质专业化的云和铁军。四是优化政治生态。锲而不舍地落实中央八项规定及其实施细则精神，驰而不息纠治“四风”，一体推进不敢腐、不能腐、不想腐，风清云和建设向纵深发展。持续加强政治监督，坚持零容忍惩治腐败，立案审查调查 62 人次，给予党纪政务处分 70 人，采取留置措施 4 人，移送检察机关依法审查起诉 4 人。规范运用“四种形态”处理人数 147 人，其第一、第二两种形态 132 人，占 89.79%。

在肯定成绩的同时，县委常委会清醒看到，全县经济社会发展中还存在一些困难和问题：一是经济总量不大、产业结构不优、创新动力不强仍较突出，产城融合仍处于初级阶段，“两山”转化通道打开不够充分，经济发展的质量、效益、后劲亟待提升；二是城乡基础设施仍不完善，铁路、通用航空、高等级公路等交通基础设施相对滞后，还存在不少掣肘城市有机更新和镇村整体提升的因素；三是民生保障仍有短板，优质公共服务供给不充分不平衡，社会治理存在不少薄弱环节；四是党风廉政建设和反腐败斗争还需深化，部分党员干部的工作作风有待加强。对此，我们将高度重视，采取更加切实有效的措施，认真加以解决。（叶 瑜 张丽梅）

县委办公室工作

【概况】 2021 年，县委办公室坚持以习近平新时代中国特色社会主义思想为指导，深入学习贯彻习近平总书记“七一”重要讲话精神和党的十九届六中全会精神，坚决贯彻落实中央、省、市、县委重大决策部署，以党史学习教育为契机，紧密围绕全县改革发展中心大局，扎实推进“三服务”工作，有力推动县委各项工作落地落实，为云和加快高质量跨越发展，打造全国山区新型城镇化样板县域贡献了党办力量。是年，筹备组织各级各类会议200余场，圆满完成县第十五次党代会和全国山区县域新型城镇化发展论坛等重要会务的筹办工作。组织开展“小县大城”发展战略实施20周年经验成效等专题调研，形成调研报告、论文21篇，刊发领导署名文章15篇，印发《云和信息(云和调研)》22期。跟踪办理县领导批示件54件，报送专报14份；完成上级交办任务，报送有关材料62份。继续推进“三服务”工作，上报“三服务”典型案例12篇，全县在省“三服务”小管家平台共登记服务事项1353件，办结1349件，办结率达99.7%。全年省采《浙江信息》(每日简报)15篇；《浙江信息》(工作交流)2篇；《浙江信息》(上报中办专件)1篇。《云和流动供销致富车助力26县偏远山区群众共同富裕》一文得到副省长徐文光、市长吴晓东等省、市领导批示肯定。县委办获2021年度全市信息上报先进单位和2021年度提供上报中办信息先进单位称号。

【发挥综合协调作用】 充分发挥综合协调作用，在统筹中心大局上展现新作为。(一)当好“协调者”，确保各项工作高效运行。牢固树立大服务、大协调理念，切实发挥中枢运转作用，主动加强与市委办、县人大办、县府办、县政协办、各部门及乡镇(街道)之间的协调联系，年初牵头制定年度工作要点，每月拟制县委、县政府主要工作方案，每周提前谋划本周工作，统筹安排县委、县政府各阶段活动安排。(二)当好“服务员”，确保重点工作顺利推进。充分发挥统筹兼顾、服务全局作用，加强对重点项目、重大活动、重要工作的服务保障。2021年，筹备组织各级各类会议200余场。高标准筹备县第十五次党代会，严格把好政治关、政策关、程序关，统筹协调各专项组做好大会保障工作，从严从细落实各项筹备任务，做到零纰漏、无差错，为高水平开好党代会提供了强有力的全程保障。圆满完成全国山区县域新型城镇化发展论坛承办任务，牵头组建论坛筹备专班组，统筹完成方案细化、点位提升、现场考察、会务保障、氛围营造等工作，集中展示“小县大城”发展战略实施20周年的宝贵经验和样板风貌。(三)当好“改革派”，确保数字化改革持续深化。高标准搭建数字云和总门户和五大系统子门户，实现功能全上线、省市县全贯通，未成年人分级精准帮教、发展党员全周期管理应用、国家湿地公园“云上智控”、山区养老护理人员培育等一批具有云和特色的多跨场景应用上线运行。出台《关于开展“县乡一体、条抓块统”县域整体智治改革实施意见》，推动数字化改革“152”体系向基层治理体系延伸落地。GEP集成改革等牵一发而动全身改革有序布局实施，总结形成“核算土地生态增值、推动生态地出让”的土地生态增值反哺绿水青山模式、以国家生态环境与健康管理试点为依托的生态价值“环境健康+”模式等典型经验和做法，探索形成“街乡共治”“农村产权集成改革”“山区养老特色养老服务模式”“流动供销致富车项目”等具有云和特色的改革品牌。

【发挥参谋助手作用】 充分发挥参谋助手作用，在深化以文辅政上展现新作为。(一)精细提供文稿服务。把做好综合性重要文稿起草工作作为服务县委的重要形式和主要渠道，高质量完成县委十四届十三次、十四次全会报告和县第十五次党代会工作报告等综合性材料，有力保障全国山区县域新型城镇化发展论坛、浙江高质量发展建设共同富裕示范区重点工作推进例会以及省、市领导到云调研等文稿服务，及时向省市报送“小县大城”20周年发展成就、党的十九届六中全会精神学习贯彻情况等总结材料，全年共起草县委重要文稿200余篇。（二）精准组织调查研究。以推动高质量绿色发展为主题，以深化供给侧结构性改革为主线，聚焦聚力高质量绿色发展、跨越式发展、现代化发展开展调查研究工作，制定《2021年县领导重点调研课题分工方案》，收集副县级以上领导调研课题18个。组织开展“小县大城”发展战略实施20周年经验成效等专题调研，形成调研报告、论文21篇，刊发领导署名文章15篇，印发《云和信息（云和调研）》22期。结合“三服务”活动，深入机关、乡镇、企业开展调研。积极配合省市政研室、改革办等开展调研，提供一手资料。（三）精确报送信息动态。紧盯全县中心工作，强化对上沟通对接，全力提升稿件录用量，全县党史学习教育、“小县大城”20周年、推进山区共同富裕做法等县委中心工作在《浙江信息》平台刊登，全年省采《浙江信息》（每日简报）15篇；《浙江信息》（工作交流）2篇；《浙江信息》（上报中办专件）1篇。《云和流动供销致富车助力26县偏远山区》获省长徐文光、市长吴晓东等省市领导批示肯定。县委办荣获2021年度全市信息上报先进单位和2021年度提供上报中办信息先进单位称号。

【发挥督查考核作用】 充分发挥督查考核作用，在推动工作落实上展现新作为。（一）充分发挥督查“利剑”作用。牵头制定下发《2021年县委常委会工作要点分工方案》《2021年全县督查检查考核年度计划》，将县委重点工作进行任务分解落实，将督查检查考核事项列入计划管理。重点围绕用电建筑消防安全整治、防汛工作、抓党建带全局“问题清单”整改、“小县大城”战略实施20周年、疫情防控等开展跟踪督查，确保按时保质完成各项工作。2021年，跟踪办理县领导批示件54件，报送专报14份；完成上级交办任务，报送有关材料62份。继续跟踪落实好“三服务”工作，向上报送“三服务”典型案例12篇，全县在省“三服务”小管家平台共登记服务事项1353件，办结1349件，办结率达99.7%。（二）充分发挥考核“指挥棒”作用。不断完善考核办法，结合2021年工作实际，对考核办法进行优化调整，编制完成2021年度县级综合考核办法。同时，有序推进县级综合考核各项工作，并要求各有关部门严格落实基层减负有关措施，不得随意组织实地考核。全面总结2020年度市级综合考核工作经验，先后召开全县考核工作会议、全县考核工作推进会，研究分析2021年度考核任务，对市级综合考核指标进行责任分解，明确各部门工作责任，开展考核指标任务落实情况逐月督查，全面落实考核任务，有效传导考核压力。

【发挥服务保障作用】 充分发挥服务保障作用，在夯实主责主业上展现新作为。（一）办文办会严谨规范。会议组织方面，靠前统筹全县性会议，从严控制会议数量与规模，坚持少开会、开短会；严格会务管理，做到各环节衔接紧密无疏漏，圆满完成县委全会、县第十五次党代会等重要会议的组织工作。公文制发方面，规范发文程序，严格行文制度，严把政策关、文字关、格式关。公文运转方面，认真贯彻执行党的机关公文处理条例，严把程序关，规范办文操作，努力做到办文零差错。精简文件方面，坚持少发文、发短文，重点精简的三类文件发文数量同比减少5%。（二）法规工作稳中提质。组织开展乡镇（街道）规范性文件备案审查工作专项业务指导，分阶段召集乡镇（街道）党内法规工作干部进行一对一指导，对报备文件存在的问题当面告知、现场纠正，达到以查代训的良好效果。严格落实“有件必备、有备必审、有错必纠”原则，通过深入调查研究、规范征求意见、严格会议审议等程序，切实提高基层规范性文件报备总体质量。全年共审查乡镇（街道）规范性文件8件，下发专项督查通报1期。同时，主动加强学习，主动练好内功，增强业务素养，做好规范性文件前置审核中问题清单梳理，对涉及财政、改革创新等专项领域审查工作，及时向市委办法规处征询意见建议，党内法规工作质效提升明显。(三)档案工作有序开展。健全完善考核机制，加大档案督查力度，将档案工作纳入县委县政府年度督查计划，对28家单位开展联合督查，下发档案工作专题通报，促进档案工作落实整改。利用掌上执法，开展“双随机、一公开”检查10次，100%完成政务服务事项各项工作。自主编制完成云和县档案事业“十四五”发展规划。组织开启档案工作数字化专题培训班、档案管理员及县域内档案中介业务培训，并利用“国际档案日”进广场、进社区开展档案知识宣传，不断提高干部的档案意识。圆满完成省级档案工作服务农村基层社会治理整体试点工作。(四)外事活动有序运行。积极主动开展外事交流活动，借力云和梯田开犁节、“双招双引”等中心工作，招募外籍嘉宾25名宣传云和梯田，帮助企业引进外籍人才1名，组织开展侨台界纪念庆祝中国共产党成立100周年健步走活动，邀请200多名外籍新娘协助县领事保护联络站的推介宣传工作。 (叶 瑜 张丽梅)

组织工作

【概况】 截至2021年年末，全县共有中国共产党基层组织586个。其中，党委29个，党总支68个，党支部489个；机关事业单位党组织265个，建制村党组织164个，城市社区党组织24个，“两新”(新经济组织、新社会组织)党组织77个，国企党组织22个，其他类型党组织34个。党员总数9911人。其中，农村党员3994人，占党员总数的40.3%；城市社区党员600人，占党员总数的6%；机关事业单位党员2635人，占党员总数的26.6%；离退休党员1659人，占党员总数的16.7%；“两新”领域党员927人，占党员总数的9.3%；国企党员345人，占党员总数的3.5%；其他党员226人，占党员总数的2.3%；女党员3120人，占党员总数的31.4%；少数民族党员739人，占党员总数的7.5%；中华人民共和国成立前入党的党员14人，占党员总数的0.14%。2021年，圆满完成中国共产党成立100周年系列庆祝活动、县第十五次党代会、乡镇领导班子换届等一批重大事项。县老李帮忙团服务中心党支部被授予“全国先进基层党组织”荣誉称号，系全市唯一。中组部、省委办公厅信息刊发云和县乡镇换届工作的经验做法。招才引智工作实现量质齐升。全县71个行政村均实现村集体经济总收入20万元、经营性收入10万元的目标。“发展党员全周期管理子系统”数字化应用场景上线运行并在全市推广。县委组织部连续三年被评为全国组织系统信息报送先进单位。

【基层组织建设】 (一)热烈庆祝中国共产党成立100周年。认真做好中央、省、市“两优一先”表彰推荐工作，县老李帮忙团服务中心党支部被授予“全国先进基层党组织”荣誉称号，推荐获评省级优秀共产党员2名、优秀党务工作者1名，推荐获评市级优秀共产党员7名、优秀党务工作者7名、先进基层党组织7个。召开全县“两优一先”表彰大会，隆重表彰100名优秀共产党员、50名优秀党务工作者和50个先进基层党组织。组织开展“七一”集中走访慰问，广泛开展老党员、老干部、生活困难党员走访慰问，向458名老党员颁发“光荣在党50年”纪念章。组织开展百名书记讲党课、百名新党员集中宣誓等系列庆祝活动，教育引导广大党员干部牢记初心使命、矢志不渝奋斗。(二)扎实开展党史学习教育。把“我为群众办实事”作为出发点和落脚点，精心组织“老李帮忙团”志愿服务、“哨响就到”在职党员、干部职工进社区报到，推动在职党员进社区服务、机关党员人人参与认领微心愿，开展各类活动2000余次，参与志愿服务活动2万余人次。“老李帮忙团•大李哨响到”志愿服务机制获评全市“十佳创新案例”。统筹党员干部力量，精心选派63名村第一书记驻村帮扶，选派184名“两新”党建指导员驻企服务，持续为群众和企业办实事、解难事。在组织系统部署开展“争做新时代浙江组工人”主题实践活动，组织开展“践初心筑防线”“讲家风故事”“开门纳谏”等系列活动，加强和改进组工队伍工作作风。（三）扎实做好村社换届“后半篇文章”。搭建乡、村两级党组织书记工作实绩晾晒平台，每季度组织开展“头雁争先”擂台赛、后进党组织整转“蝶变”比拼擂台赛，营造担当变革、争先晋位的良好氛围。建强“帮促共富”党建联盟，深化“名师领航”导师帮带制，组织开展“名师领航”“一村一团队”“青蓝工程”等专项行动，根据产业相近原则，发动全县71个村参与帮带共建行动，组建“小顺•梅湾•黄家地”红色联盟、“梨庄•沈村”雪梨联盟等42个党建联盟，推动形成帮带共富的生动局面。（四）高标准推进数字化改革。建立数字化改革工作专班，每周召开工作例会，专题听取数字化改革工作情况汇报。多次到省、市组织部门对接，精准承接全省“发展党员全周期管理子系统”应用场景建设试点，已上线运行并在全市推广，同步开发建设“发展党员培源精选系统”应用场景，为全省组织部门数字化改革提供云和标准、作出云和贡献。（五）扎实开展新业态、新就业群体党建工作试点。建成快递物流业实体党支部2个，同步成立快递物流业“云”骑士党建联盟和“云”骑士志愿服务队，发布云和县暖“新”10条，为快递小哥、物流司机、外卖骑手等新就业群体提供先锋驿站、帮扶救助、法律援助等暖心服务。建成童话先锋驿站30个。（六）统筹推进各领域基层党建工作。持续深化机关党的建设，创新实施“机关党组织书记领办党建项目”制度，全年共立项办结机关党建项目77个。制定《关于加强和改进新时代县直机关党务干部队伍建设的意见（试行）》，每季度组织开展“查学比”活动，组织全县党务干部集中培训，不断提升党务干部业务能力。加强分类指导，统筹推进国企、学校、离退休干部、医院等领域党的建设。严把党员发展质量关，新发展党员210名。其中，大专及以上学历179人，占85.5%；35周岁及以下143人，占68%，切实提升党员队伍整体质量。

【干部选用管理】 （一）圆满完成乡镇领导班子换届。坚持把加强党的全面领导贯穿换届全过程，早谋划、早安排、早启动，及时成立换届工作领导小组，研究贯彻意见，精心制定乡镇换届和县直部门届末考察方案，层层动员部署落实。坚持谈心谈话在前、综合分析研判在前，实现全体县管领导干部谈心谈话全覆盖。坚持先定原则规程，再定人定事，先后研究确定乡镇领导职数设置原则、比选工作规则、乡镇班子调配意见原则等，规范开展干部考察、干部比选。坚持干中换、换中干，先后抽调300多名干部参与房屋征收、“双招双引”、疫情防控等一线攻坚，大力加强干部培养选拔工作，完成两批次196名干部的调整，其中提任（进一步使用）64名，乡镇领导班子功能、结构进一步优化，实现预期目标。（二）扎实做好县第十五次党代会组织保障工作。严把人选政治关、廉洁关、作风关，在代表推选过程中，采取自下而上，注重把握好基层推、党委议、县级审，基层党组织广泛组织党员进行推荐，基层党委严格按照程序研究人选，县委常委会专题审议人选名单，做到人选逐级严格把关。准确认定人选身份，严格执行各类结构比例要求。严密产生程序、严肃选举纪律，高质量完成大会各项议程，选举全过程清明清正清新。（三）大力培养选拔优秀年轻干部。以乡镇换届为契机，在全县范围内开展优秀年轻干部举荐工作，乡镇（街道）择优推荐优秀年轻干部参加综合比选。通过“能力测试+现场面谈+量化赋分”确定入围人选，确保人选高质量。换届后，乡镇班子中35岁以下年轻干部26人，占乡镇领导职数的35.6%，较换届前提高16.5%；每个乡镇至少配备一名30岁以下年轻干部。35岁以下的党政正职5人，占比41.6%。其中，党委书记2人，占35岁以下党政正职的40%；30岁以下党政正职1人。“五类人员”配备9人，其中，选调生4人，乡镇事业干部2人，第一书记2人，优秀村干部1人。同时，配备“基层治理四平台”干部1名。本地干部、女干部、少数民族干部等结构型干部配备都达到规定要求。经验做法被中组部信息刊物录用，省委组织部微信公众号转载。（四）加强公务员队伍建设。顺利平稳开展2021年公务员招录工作，新录用公务员40名。认真组织实施机关事业单位工作人员选调工作，公开选调10名工作人员，促进人才有序流动。平稳有序推进公务员职务与职级并行制度，常态化开展职级晋升工作，先后对84名综合管理类公务员晋升相应职级。（五）推进干部人事档案管理规范化建设。有序推进干部人事档案集中管理，全年新接收干部人事档案500余卷，完成1700卷档案数字化工作，县管领导干部与公务员档案数字化完成率100%。高标准建成干部人事档案服务中心，完成搬迁并投入使用。

【人才队伍建设】（一）健全人才政策体系。大力推进"双招双引"战略性先导工程，健全完善政策体系，制定出台《云和县关于加强引进高校毕业生工作的若干意见》《乡村振兴人才政策》等系列人才政策，新增探亲补助等10余项人才服务政策，进一步提高人才补贴的标准和政策供给精准度。通过绘制人才政策地图，拍摄引才宣传视频、动漫片，有效提升人才政策知晓度。（二）建强人才招引队伍。建立招才引智工作专班，在北京、上海、深圳、杭州、宁波建立"双招双引"联络站，选派善招商、会引才的16名优秀干部入驻开展招引工作，聘请"引才大使"和"引才志愿者"50余人，助力招才引智工作。（三）加大人才招引力度。组织全县机关事业单位、重点行业企业，先后赴杭州、西安、武汉、成都等地参加人才招聘活动28场，与四川农业大学、杭州电子科技大学等7所高校建立人才合作关系，采取网络云招聘模式，全年引进高校毕业生2867名，其中博士19名、硕士154名，实现量质齐升。（四）搭建人才发展平台。深化校企合作，与浙江工业大学共建木玩产业研究院、木制玩具智库中心等校企合作平台，联合30多家高校成立木玩产业院校创新联盟，加快推动产学研深度融合。聚焦重点产业聚才，成立云和梯田保护与发展全球智库，组建耐磨阀门研究院、博士后工作站等创新平台，实现博士后研究生人员引进"破零"。推进木玩产业工程师协同创新中心建设，联合高等院校专家团队组建木玩产业专家委员会和专家库，引进博士专家团队20余人。（五）加大本土人才培育。深入实施"515"人才计划，注重实用型人才的培育，全年共计开展技能人才培训103期，培训3482人，先后举办云和国际木玩创意设计大赛、"云和工匠"系列技能大赛，新培养高技能人才533名。（六）优化人才服务环境。建立人才创新服务综合体，为人才创业、就业、生活提供一站式服务，为44名人才兑现购房补贴、租房补贴等人才补贴62.26万元。开展人才关心关爱活动，及时帮忙解决人才的工作生活问题。安排资金167万元对人才公寓进行提升改造，为人才提供更为舒适的居住环境。实施高层次人才学习深造资助、社会工作职业水平考试奖励等各类人才补贴政策，鼓励各类人才继续学习深造。

（刘小伟）

宣传思想文化工作

【概况】 2021年，云和县宣传思想文化战线认真贯彻落实党中央和省委、市委、县委重大决策部署，贯彻落实省委文化工作会议精神，牢把方向、守正创新、担当作为，为云和打造全国山区新型城镇化共富样板提供了强大的思想保证、舆论支持、精神动力和文化条件。是年，切实抓好中国共产党云和县第十五次代表大会、小县大城实施20周年等重要活动宣传，营造浓厚氛围；致力探索创新，牛云云计划荣获"丽水市宣传思想文化工作创新奖"，实现零的突破，弥补历史空白。

【理论武装持续推进】 深入学习宣传贯彻习近平新时代中国特色社会主义思想，"和小宣"等各类理论宣讲团围绕党的十九届六中全会精神、习近平总书记在党史学习教育动员大会和"七一"重要讲话精神等主题开展"七进"宣讲1100

余次。各级党委(党组)理论学习中心组示范带头,以集中学、现场学、个人学、专家讲等方式,浓化学习氛围,增强学习实效。建立完善“学习强国”学情督查通报机制、学习积分兑换和稿酬激励机制,“学习强国”活跃用户超 8000 人,稿件录用 262 篇(条)。

【党史教育走深走实】 聚焦学党史、悟思想、办实事、开新局,生动唱响爱党爱国爱社会主义的高昂旋律。(一)以史为鉴学党史。全年开展专题学习 2196 场次,主题党日活动 4279 场次,“六个一”主题教育 2537 场次,“七个一百”系列群众性活动 1000 余场。(二)为民解忧办实事。整理发布民生实事项目清单 100 项,梳理细化清单 680 余项,完成率 100%。县处级领导干部领衔破难,全县开展“三为”专题实践活动 3087 次。(三)勇毅前行开新局。“双招双引”引进项目 18 个,同比增长 63.6%,落地大项目 5 个,同比增长 150%。数字化改革五大系统在门户上线省级重大应用 35 个,贯通率 100%。石塘镇小顺村入选红色美丽村庄建设中央试点村,“云和木玩”入选“浙江文化标识”培育项目。党史学习教育中涌现出许多创新做法,“流动供销致富车”获副省长徐文光,原市委副书记、市长吴晓东等领导批示,被省供销社作为样板在全省推广;《以新时代文明实践“四级矩阵”打造党史学习教育主阵地》一文获市委常委、宣传部部长任淑女批示。

【主流阵地筑牢做强】 精心组织、全力做好共同富裕、小县大城实施 20 周年等主题宣传,开设“奋斗百年路 启航新征程”“20 人的 20 周年”等专栏 20 余个,推出报道 5000 余篇,在国家和省级主流媒体刊发 300 余篇。举办“全国山区县域新型城镇化发展论坛”“生态产品价值实现机制的云和实践”新闻发布会,推出 1 个阅读量超亿、1 个 100 万+、21 个 10 万+的爆款作品。与普陀建立“海约山盟”融媒联盟。全县 14 个单位入驻“童话云和”App,用户总量突破 5 万个,同比增长 5.03%。《云山志》在海外 229 个国家和地区播出;云和梯田传统农耕文化编入纪录片《中国密码》走向海外;《云和童话》《云和走世界》在《人民日报》(海外版)刊登;《山水童话 大美云和》《云味十二道:不可或缺的风景》以中英文两版同步推广。

【文明创建见行见效】 加强社会主义精神文明建设,持续培育社会主义核心价值观,打造“云和封面”人物公民道德建设品牌,建成“云和封面”广场。2021 年,入选“浙江好人榜”、省级“新时代好少年”等市级以上好人模范 5 名,选树县级模范 6 人。修订完善礼遇帮扶制度,成立新时代文明实践基金、新时代文明实践办法,扎实推进新时代文明实践中心建设,改造基层阵地 345 个,新建成农村文化礼堂 8 家,社区文化家园 7 家,“和文化传播中心”10 个,培育志愿服务项目 188 个,创立全国首个卡通 IP 新时代文明实践站。举办第十届未成年人道德文化节、第二届志愿服务项目大赛。“战斗黄家地,忠勇严山村”获评市级爱国主义教育基地。“春泥计划”“我们的节日”等主题活动有序推进。新创成县级文明单位(社区)7 个,县级以上文明村占比达 90%,县级以上文明校园实现全覆盖。

【文化文产齐头并进】 建成童话主题城市书房,新建(提升)图书分馆、悦读吧、民宿书吧、百姓健身房、多功能运动场等 20 个。送书下乡 2.63 万册、送电影 1580 余场,云和新华书店成功承接省全民阅读服务项目。举办庆祝建党百年系列活动和“小县大城”20 周年摄影成果展。情景音画诗剧《云和故事》的歌伴舞《云儿飘》参加央视《一鸣惊人》栏目录制;精编大型古装越剧《慈母泪》反响热烈。全国著名作家走进“小县大城 童话云和”采风,8 篇作品在《新华每日电讯》和《人民日报》海外版刊发。中华版本资源共征集作品 4733 册(件);文物挖掘保护工作硕果累累,新发掘墓葬群 3 处,跨越式延伸了云和历史轴线。全年出动“扫黄打非”检查 334 人次,检查经营场所180家次，开展“扫黄打非”宣传20余次。县委宣传部被评为全省知识产权保护成绩突出集体；牛云云计划荣获“丽水市宣传思想文化工作创新奖”，实现历史性零的突破。编制《云和县文化产业发展“十四五”规划》，下达2021年度云和县文化产业发展专项资金118万元，扶持文化产业项目7个，成功申报丽水市艺术助推乡村振兴项目2个，工业园区被评为浙江省重点文化产业园，云和县成功申报丽水市第三批文化产业重点县。

【网络空间日益清朗】 深入推进网络生态工程建设，网络问政“民情哨”平台总点击量达3.6万次，收到网民提问319件，回复率达100%。“E见云和你”网络文化家园入选第六批浙江省“文润同心”网络文化家园示范基地。微博话题“我在基层看百年”“小县大城20年”阅读量累计突破2.7亿人次。石浦“瓯江龙舟赛”在新华网全程直播单场浏览量突破100万人次。

【文化改革共谋共建】 出台宣传文化领域数字化改革方案，完成理论武装、新闻宣传等5项任务和主要领域“一清单四体系”梳理。深化文化领域各类场景应用，建成文明实践数字化点位36个，覆盖乡镇实践所和重点村文化礼堂。充分整合宣传、党建、统战等资源，迭代升级数字文化场馆，完成文化领域信息资源目录体系梳理，文化礼堂、新闻出版等公共文化数据安全开放。

【主体责任压紧压实】 严格落实意识形态工作责任制，制发《2021年意识形态工作要点》《2021年意识形态工作组织领导和责任分工》。全年开展意识形态专项督查2次，召开意识形态工作季度例会4次、分析研判舆情4次。县委常委会会议多次专题研究意识形态工作，及时通报意识形态领域形势。调整意识形态工作巡察组织架构，参与县委第七轮巡察，全年完成8家单位的巡察任务。2018年以来，已累计巡察74家。 （王晓晔）

统战工作

【概况】 2021年以来，在县委的坚强领导下，全县统一战线以习近平总书记关于加强和改进统一战线工作的重要思想为引领，全面贯彻落实《中国共产党统一战线工作条例》，精心组织统战系统庆祝建党百年系列活动，深入开展党史学习教育，大力弘扬践行伟大建党精神和浙西南革命精神，在服务大局中担当作为，在提质增效中开拓进取，统战各领域工作取得了新的成效，为打造全国山区县域新型城镇化共富样板作出了统战积极贡献。

【理想信念教育】 一是以庆祝建党百年活动引领共识。以中国共产党成立100周年为契机，精心组织开展“同心跟党走•迈向新征程”全县统一战线庆祝中国共产党成立100周年系列活动，成功举办“民族团结•红心向党”庆祝中国共产党成立100周年少数民族文艺晚会、统战系统庆建党百年运动会，开展“百个统战好故事庆百年”宣传活动，全面部署统战系统学习贯彻党的十九届六中全会精神、省委十四届十次全会精神，组织引领全县统一战线深刻感悟中国共产党百年奋斗的光辉历程和历史性贡献，永远铭记中国共产党与党外人士和衷共济、风雨同舟的光辉历史，自觉坚定跟党走、感党恩、听党话的信念。二是以强化理论武装深化共识。把学习贯彻习近平总书记关于加强和改进统一战线工作的重要思想、《中国共产党统一战线工作条例》作为重要政治任务，统战系统带头学，把握重点全面学，广泛宣传深入学，通过县委常委会、县委理论学习中心组学习会、进党校主体班次教学内容、周一夜学等载体和形式进行广泛传达学习贯彻，确保全方位、全覆盖地把条例精神学习宣传贯彻到位。在微信公众号上开设“学条例•谈感悟”专栏，目前已开展乡镇(街道)党(工)委书记谈感悟、统战委员谈感悟、优秀年轻干部谈感悟等共13期31人次。压实统战工作主体责任，把条例执行情况纳入党政领导班子、领导干部及统战工作考核的重要内容，纳入监督执纪问责和县委巡察范围。三是以强化党史学习教育巩固共识。把开展党史学习教育作为统战系统加强党的建设重点内容，以“学党史、悟思想、办实事、开新局”为目标，坚持统战机关与统战系统相结合，坚持“规定动作”与“自选动作”相结合，坚持学习教育与推动工作相结合，通过集中学习、交流研讨、主题党日、专题党课、支部组织生活会等方式认真组织开展党史学习教育，切实做到“学史明理、学史增信、学史崇德、学史力行”。同时，将党史学习教育与“我为群众办实事、我为企业解难题、我为基层减负担”主题实践活动结合起来，部领导班子带头深入群众、企业、基层开展调查研究，开展为侨“三服务”，推进赤石村、溪口村、大坪社区来料加工共富中心项目，带动周边群众和低收入户增收。组织县网联会开展“以网促兴”走进乡村系列活动，以数字赋能助力乡村振兴。

【助推乡贤工作】 深入开展乡贤参治示范创建工作，全面落实《云和县关于以乡贤参事团为载体开展乡贤参治的工作方案》，推进“五个乡贤、五个一、五项制度”工作体系和制度体系。2021年，新成立赤石麻垟、赤石杭汀、崇头沙浦3个村级乡贤会。5月，县农业银行向县乡贤会签订“乡贤贷”整体授信1亿元合作协议，为乡贤投身乡村振兴，回农村创新创业提供强大助力。赤石乡贤会成立“赤心”城乡网格服务站，通过在乡贤企业或驻地设置站点服务在外家乡群众。打好“乡贤牌”，建好乡贤数据库、项目库、智库，选聘25名优秀乡贤代表担任县“双招双引”大使，大力推进新乡贤回乡创业，推进乡村振兴，为共同富裕示范区建设汇聚乡贤磅礴力量。

【宗教事务管理】 推进宗教中国化、法治化建设，加强宗教团体建设和爱国宗教界人士队伍建设，持续开展宗教场所“五进”活动，建立宗教问题整治长效机制，维护宗教领域和谐稳定。6月10日，召开县委统一战线工作领导小组（扩大）会议，部署落实宗教“1+3”专项行动。深入推进宗教领域公共安全治理工作，完成所有宗教活动场所公共安全隐患排查并完成治理，共综合治理9个宗教活动场所、4个民间信仰活动场所，消除156处公共安全隐患，得到市委统战部（民宗局）高度肯定，主要做法被全市推广。资圣寺被评为省级平安宗教活动场所，慧云寺入选美丽宗教场所创建名录。

【少数民族工作】 坚持用好跨山统筹、创新引领、问海借力“三把金钥匙”，开展民族乡村高质量振兴行动。全力打造“百里瓯帆·千年畲村”“童话云和·云上山哈”两条省级民族乡村振兴示范带，推进佛儿岩AAAA级景区创建、下垟“畲族文化展示馆”提升工程等项目建设。打造“石榴红”共富家园金名片，依托大坪社区、各民族村，致力于建设集来料加工、养身养老、教育医疗、矛盾调解等功能为一体的综合服务平台，补齐民生短板，着力改善少数民族群众生活条件，丰富精神生活，提升幸福指数，助力共同富裕。2021年，赤石畲族村被评为省级民族乡村共同富裕示范点。以铸牢中华民族共同体意识为主线，坚持共同团结奋斗、共同繁荣发展的原则，把民族团结进步事业作为基础性事业抓紧抓好，全面贯彻党的民族政策，持续深化民族团结进步“六进”活动，加强城市民族工作，开展好民族团结进步及民族文化系列活动。6月，县委统战部、县少促会联合编印《“献礼中国共产党成立100周年”云上畲寨》，反映了全县22个民族村的发展成果。安溪乡民族小学成功挂牌并被列为第三批省级民族团结进步重点培育单位，县第三中学入选第四批省级民族团结进步重点培育单位。

【亲清政商关系】 认真落实上级党委关于加强民营经济统战工作的决策部署，召开全县民营经济统战工作会议，县委办出台《关于加强新时代云和民营经济统战工作的实施意见》，推进亲清政商关系规范化、制度化，服务“两个健康”。深化“政企双向挂职”，7月2日召开“政企双向挂职”动员部署会，选聘11名来自部门或企业的优秀年轻人分别任局长助理、总经理助理，加强“政企铁军”建设。提升“民营企业家亲清会客厅”，建成“亲清政商会客厅”2.0版，完善政企沟通机制，2021年已召开2期“亲清直通车 政企恳谈会”。注重示范引领，推进“清廉民企”建设，浙江智木玩具股份有限公司、浙江丹妮婴童用品有限公司等4家企业创成“清廉民企”。

【疫情防控工作】 深化“一对一”为侨联系服务机制，用心做好劝侨、安侨、助侨、暖侨工作，坚持精密智控，严格落实闭环管控措施，坚决打赢境外疫情防控持久战。坚决筑牢宗教场所疫情防控防护网，严格落实宗教场所防疫规定，抓好宗教场所“两暂停一严禁”，开展宗教场所和民间信仰场所巡查1300余人次，稳妥有序推进宗教场所开放，确保宗教领域无疫情。

【基层统战工作】 全面贯彻落实新修订的《中国共产党统一战线工作条例》，进一步健全大统战工作格局，切实发挥县委统一战线工作领导小组的重要作用，压紧压实统战工作主体责任，提升乡镇（街道）统战“七个一”工作法，树立“党的一切工作到支部”的鲜明导向，把统战工作落实到支部上，全面提升基层统战工作的组织力和战斗力。县委书记叶伯军主持召开“十四五”规划建议党外代表人士征求意见会，2021年共召开全县统一战线领导小组会议2次、组统联席会议1次、宣统联席会议1次、统一战线领域相关联席会议11次，形成党委领导、统战部门牵头、部门齐抓共管统战工作的良好局面。全面推动参政党建设三个文件及配套文件的贯彻落实，协助民盟云和基层委高质量完成班子换届工作。

【强化自身建设】 坚持把政治建设摆在首位，切实把统战领域党风廉政建设和意识形态工作抓紧抓实抓到位，规范党内政治生活，推进全面从严治党向纵深发展，营造风清气正的政治生态。高标准、高质量开展好政协委员及工商联换届工作，坚持德才兼备、以德为先的用人标准，把政治表现放在首位，严格按照规定程序和有关要求开展换届工作，着力提升两支队伍综合素质。坚持守正创新，激发创造性张力，大力弘扬“唯实惟先、善作善成”的团队文化，持之以恒抓好作风建设，以数字化赋能提高统战整体智治水平，树立新形象，展现新担当，创出新业绩。2021年，被省委统战部评为全省统战工作先进集体。（杨　勇）

党校工作

【概况】 2021年，中共云和县委党校（以下简称县委党校）深入学习贯彻习近平新时代中国特色社会主义思想、习近平总书记关于党校办学治校系列重要指示精神，贯彻落实《中国共产党党校（行政学院）工作条例》，围绕县委、县政府决策部署，以浙西南革命精神注魂赋能立根，全面厉行“丽水之干”，服务发展大局，解放思想，认真履职，充分发挥全县干部培训、思想引领、理论建设、决策咨询的主渠道、主阵地和主力军作用。是年，共举办主体班次27个，培训学员1534人次。在主体班次课程设置党史专题课程76场，党史现场教学39场，党史学习教育课时占总课时的32.9%。组建“百年党史宣讲团”，深入村社、学校、企业开展线下面对面宣讲126场，受众达9724人次。组织力量编制《中共云和县委党校（云和县行政学校、云和县社会主义学校）“十四五”发展规划》，并经县委常委会审议通过。2021年2月18日，省委组织部、省委党校联合行文，中共云和县委党校获浙江省市县党校行政学院（校）办学质量创优评估优秀等次。

【党史教育】 聚焦建党百年，精心组织实施，推动党史学习教育入脑入心。（一）突出学习重点，切实抓好自身学习。以主题党日活动、专题学习会、中央党校网上党校为载体，选定必读书目，组织教职工开展专题学习。选派3名干部到县党史学教办工作；与莲都、景宁党校联合开展主题党日活动，促进党建业务有机融合。通过教学研讨、撰写理论文章等形式，抓好自身学习教育，确保党校人学更深、悟更透。（二）发挥阵地作用，建好宣传教育阵地。坚持把党史作为必修课纳入干部培训教学体系，在主体班次课程设置党史专题课程76场，党史现场教学39场，党史教育课时占总课时的32.9%。组建"百年党史宣讲团"，深入村社、学校、企业开展线下面对面宣讲126场，受众达9724人次。围绕党的十九届六中全会精神，开展"六讲六做"大宣讲活动。（三）注重知行合一，加强实现成果转化。立足党校职能实际，组织教职工深入一线围绕实现共同富裕、深化"小县大城"发展战略等课题开展调研，为党委、政府提供决策咨询。结合"一户一策一干部"结对帮扶活动，每月组织教职工深入结对村走访慰问，解决群众实际困难，真心实意为群众办好事实事，累计走访136人次，赠送爱心物资3000余元。

【干部培训】 聚焦主课主业，强化规范管理，推动干部培训走深走实。一是凸显主业主课。积极对接县委组织部，面向全县各部门开展培训需求调研，制订干部教育培训主体班次计划、县直部门办班计划。2021年，共举办主体班次27个，培训学员1534人次。按照《中国共产党党校（行政学院）工作条例》要求，大力开展教育培训规范化提升工程，重点规范培训班次、学制、课程设置，突出党校主业主课，积极推进党的理论教育和党性教育，不断增强实效性。二是创新教学形式。在讨论式、情景模拟式、体验式等教学方式基础上，积极探索运用跨山统筹金钥匙，与景宁党校联合举办2021年度优秀年轻干部培训班，以云和小顺、景宁秋炉两个现场教学基地为学习交流平台，推动两地87名优秀年轻干部深入交流、互学互鉴、思想碰撞，共同增强党性修养，为加快云景特色风情聚落区建设提供智力支撑。三是细化学员管理。根据办学质量创优评估反馈意见，逐步完善教学管理制度体系。规范请销假制度，对学员培训情况进行全面综合评价；教学测评做到三个"全覆盖"（全部主体班次、全部授课专题、全部参训学员），以保证良好测评效果；进一步加强学员课堂纪律管理，手机"静音模式"管理对象延伸到党员发展对象等培训班学员，以提高课堂听课效果，提升党校干部教育培训管理美誉度。

【科研咨政】 聚焦服务大局，强化高位合作，推动智库建设有声有色。（一）科研咨政水平稳步提升。课题方面，完成省委党校系统第二十二批课题、省社科联课题各1项，市社会科学优秀成果评选获三等奖2项，完成县委领导委托课题3篇；征文方面，入选省委党校系统"庆祝中国共产党成立100周年"理论研讨会征文1篇、"推动山区共同富裕"学术研讨会征文2篇，并在有关会上围绕"小县大城"发展战略作重点发言，获全县机关党建征文一等奖、三等奖各1项，获县"清廉机关建设"主题征文二等奖1项，"共同富裕"主题宣传竞赛二等奖1项；党校咨政平台方面，报送《党校调研专报》5篇，获县领导批示2次；发送《资讯参阅》6期，受众超450余人次；编发《求是手机报》12期，受众超4.2万人次。（二）科研协作能力不断强化。对接省委党校到云和调研，形成调研文章《"中国最美梯田"带动地区推进共同富裕的经验与启示》，在市委党校《送阅件》上刊登；邀请省委党校专家到云和调研，总结提炼"小县大城"成功经验，汇编《"小县大城"理论研究成果》作为全国山区县域新型城镇化发展论坛会议资料；形成《忠实践行习近平新型城镇化理念的县域样板——云和实施"小县大城"发展战略20年的探索》调研文章，获县委书记叶伯军批示。与开化县委党校就生态移民、大搬快聚经验及成效进行座谈交流。（三）教学科研活动有效开展。年初开展集体备课，专任教师认领备课专题；开展精品课试讲和说课5次；应邀赴湖北省宜昌市兴山县授课，解读云和“小县大城”发展战略；积极参加“名师讲党课、书记上党课、青年说党课、网上赛党课、党课大家学”活动，组织教职工录制“一分钟”微党课短视频13个，开展网络“云宣讲”。

【校园建设】 聚焦基础提升，强化硬件建设，推动红色校园建优建强。一是抓新校园迁建。紧盯影响项目进度的重点难点问题，统筹整合力量加以破解，确保迁建工程按时间节点顺利建设施工。县领导多次召集相关单位，就迁建工程市政道路配套建设、季节性山水排放、信息化建设等问题进行现场协调指导。2021年年底，迁建主体工程基本结顶。二是抓老校园内部改造。加强图书室建设，整修健身房、报刊阅览室等设施。增添红色标语，进一步打造党校姓党、实事求是红色主题校园文化。实施校园绿化美化工程，落实专人负责校园车辆管理和保洁工作，完成生活垃圾分类示范单位创建工作。三是抓后勤服务质量。立足“四个规范”，严格物资采购、公务接待、公车使用制度和办公用房管理，夯实后勤保障基础。修订完善主体班后勤服务保障测评表、统计表，在主体班次中做到后勤服务满意度测评全覆盖。

【评估整改】 聚焦以评促建，强化建章立制，推动办学质量跃迁升级。(一)第一时间汇报。第一时间向县委汇报评估结果和反馈意见，县委主要领导和分管领导高度重视并作出指示，要求把整改落实作为重要工作任务抓紧抓好。同时，成立县整改工作领导小组，统筹整合相关部门力量，支持和协助党校解决重点难点问题，切实形成整改落实强大合力。(二)第一时间研究。充分认识开展办学质量创优评估是推动党校科学化、制度化、规范化建设，全面提高办学水平的重要举措。专题研究部署，明确责任领导、整改措施和整改时限，切实做到领导责任到位、任务分解到位、工作部署到位，构建以上率下、全员参与的整改氛围。(三)第一时间落实。将整改工作纳入校委会重要议事日程，定期召开会议分析总结整改落实情况，对存在的不足和问题，梳理深化细化26条整改措施，全力补齐短板。 (谢丽燕)

信访工作

【概况】 2021年，在县委、县政府的坚强领导下，云和县信访局坚决贯彻落实中央、省、市、县关于信访工作的决策部署，以事不避难、义不逃责的使命感全力承担起重要责任，以敢为人先、创新担当的勇气致力推动全县信访生态持续向好。全县信访形势总体呈“一升四降”(来访总量上升，来信、来电、网上信访、集体访总量下降)的态势。初信、初访实现100%化解，网上初次信访事项化解率达98.93%。连续4年被评为浙江省“无信访积案县”，连续18年在丽水市信访工作目标考核中保持前3名，其中，2018—2021年连续4年列全市第1名。2021年12月17日，在全省信访工作会议上，云和县信访工作综合排名列浙江省第3名。

2021年，全县共接待来访群众520批1455人次，批次同比上升37.93%，人次同比下降25.46%，其中，来县集体访共60批866人次，同比分别下降23.07%和41.08%；共受理来信101件，同比下降48.73%；网上信访641件，同比下降1.56%；“12345”政务服务热线共接听群众来电14183件，同比下降7.31%，来电平均办理天数为4.31天。

【健全信访工作制度】 县信访局借助“县领导挂帅跟进、联席会议常态推进、督查晾晒通报盯进”的倒逼机制，启动一日一战报、一周一晾晒、一月一通报、一月一联席会议研判、一季一常委(扩大)会听取汇报的“五个一”工作制度，以第一批国重省重件化解率100%、第二批国重件化解率100%、第三批省级积案化解率100%的成绩，在全省率先实现省级交办所有积案“清零”目标，向省委、市委、县委交出一份满分答卷。

【全力破解疑难案件】 在全市组织信访积案百日攻坚大战中，县信访局自我加压，乘势而上，一批沉积多年的疑难复杂历史问题得以破解，县域信访生态得到较大改善。诸如程某某与刘某某因邻里纠纷积下深怨，刘某某死亡后导致矛盾进一步升级，县信访局与县公安局等部门一齐发力、协同合作，终于使案件圆满化解。此外，以上访人江某某为主的群体因补偿款纠纷不断上访，县信访局联合相关部门群策群力，终被破解。

【创新矛盾调处机制】 云和县社会矛盾纠纷调处化解中心将党建与信访工作深度融合，构建依托党建抓信访、抓好信访强治理的“党建+信访+群众路线”工作新格局。创新推出红色党建引领、绿色点单调解、黄色暖心“五访”的“三色”融合工作机制。着眼以调促解、访调衔接，依托浙江“解纷码”，打造线上调解“专家菜单”，以“群众‘点单’、矛调中心‘派单’，调解员‘接单’”的绿色点单调解模式，让信访群众“找得对人、说得上话、办得了事”。落实领导干部大接访、县级领导包案和轮流常态化坐班接访等机制，采用预约接访与随机接访相结合的方式，下沉基层，了解民情民意，推进矛盾纠纷的调处化解。2021 年，县领导接访批次占比达 60%以上。

【积案化解成效显著】 严格对标对表，压实责任，下大力气治理重复信访事项、推进积案化解、降低人员上行，成功创建省级“无信访积案县”。坚持以“平安护航建党百年”为工作主旋律，不断拉高标杆、细化要求，带领全县信访干部忠诚履职尽责，荣获“浙江省平安护航建党 100 周年成绩突出集体”称号。秉持“问题不解决不放过”的理念，坚持以实体化解为目标，切实做到息诉罢访、案结心了，在全省率先提前实现三批信访积案清零。云和信访工作做法获丽水市委副书记郎文荣批示肯定，被丽水市信访局授予信访积案化解集体三等功，系全市唯一。 （吴佳佳）

老干部工作

【概况】 2021 年，云和县老干部服务中心以开展党史学习教育为契机，围绕庆祝中国共产党成立 100 周年主题，深入贯彻落实十九届六中全会、习近平总书记关于老干部工作重要指示和全国老干部“双先”表彰大会精神，坚持以党的政治建设为统领，准确把握新定位、积极探索新载体、不断完善新机制，努力推动云和县老干部工作高质量发展，为云和打造全国山区共同富裕样板贡献力量。至 2021 年 12 月底，全县共有离休干部 26 人，其中，外地安置在云和的离休干部 1 人，直管单位和军队离休干部 2 人；行政机关离休干部 13 人、事业单位离休干部 7 人、企业离休干部 3 人；解放战争时期入伍的离休干部 26 人；享受县处级待遇的离休干部 11 人，享受科级及科级以下待遇的离休干部 15 人；90 岁以上的离休干部 26 人，平均年龄 93.5 岁。

【注重党建】 （一）重视思想政治建设。通过送书上门、送学上门、收看重要会议直播、专题辅导、集中培训等方式，认真开展习近平新时代中国特色社会主义思想、习近平总书记“七一”重要讲话精神、十九届六中全会精神，以及省委、市委全会精神，数字经济、中国共产党党史等学习，使老干部与党保持同心同向。落实和改进老干部听报告、参加重大会议、参观考察等制度，通过理论学习会、通报会、座谈会、“走看促”等活动，向老干部通报“小县大城”20 周年发展情况、工业经济发展情况等县委县政府中心工作。（二）党组织建设。部署指导各离退休支部扎实开展党史学习教育，全面发放学习资料，组织开展“共忆党史、共话初心”座谈、红色之旅学党史、集中学习培训以及“七一”党史知识竞赛、“争创社会主义现代化先行省”红色思政大宣讲等活动，努力做到学史明理、学史增信、学史崇德、学史力行。开展庆祝中国共产党成立 100 周年系列活动。组织收看大会直播，

“红色基因永相传”主题党日、“百年回眸百个故事”云接力和“引领向党最美双百”云展播、向党说句心里话及组织参加全省主题党日活动案例大赛等活动。与融媒体中心联合开展离休干部“我的初心——红色记忆、回眸百年”融媒采访活动，离休干部结合自身革命经历，讲述革命经历、入党初心、离休生活、看党建百年新成就、对党说句心里话等内容，采访成果在县内媒体进行展播。开展“最美”系列寻找活动，全县共有2个离退休支部和2位离退休干部党组织书记、3位离退休党员、4位老干部志愿者获评全市“最美”。组织全县离退休支部书记、骨干党员赴丽水市委党校培训，进一步提高离退休支部书记的履职能力。集中开展主题党日活动，引导全县各离退休支部共同开展，发挥好基层退休党支部的作用。老李帮忙团服务中心党支部荣获全国先进基层党组织称号，支部书记李光亮到北京接受全国“两优一先”表彰，并参加庆祝中国共产党成立100周年大会。

【强化服务】 认真落实老干部政治待遇、生活待遇。落实丽组明电〔2021〕2号文件精神，对全县38位离休干部和15位无固定工作离休干部遗属所在的单位进行待遇落实情况督查，确保“零差错”。坚持多元化服务，充分利用“政府买单送服务”和社区“四就近”为老干部提供更加高效的个性化服务。开展春节、“七一”、重阳节等节庆日走访及庆祝中国共产党成立100周年慰问活动，全年累计共上门走访慰问老干部300余人次。同时，开展困难离休干部和无固定工作遗属慰问工作，落实帮扶资金近6万元。组织全县老干部体检，并协助完成7位老干部的后事处理工作。与在云和县城居住的45名离休、副处级以上退休老干部所在的11个社区签订《云和县利用社区资源开展老干部“四就近”服务工作协议书》，明确社区工作职责，落实工作经费。精准服务好老干部，让老干部安心，让党委政府放心。各涉老社区全年共开展老干部信息采集、送学上门、营养餐配送、医疗健康体检、端午节送祝福、老年节祝寿等活动100余次。举办规范干部退休工作推进会，并要求各单位认真落实“四个一”干部退休制度并举行首次退休干部集体荣退仪式。

【坚守阵地】 加强两个阵地（老年大学、老干部活动中心）的内部管理、活动开展和队伍建设，努力使老干部活动中心和老年大学成为老干部工作的重要窗口和载体。（一）老年大学建设。圆满完成老年大学30个班级教学工作。教育教学方面，县老年大学优化课程设置加强师资力量，办学规模，社会影响力进一步扩大。致力推动老年大学线上报名，努力为加入浙江老年大学“智慧校园”系统做好前置工作。政治思想方面，积极拓展第二课堂，组织开展“银色童话”大讲堂13场，内容涵盖“银龄跨越数字鸿沟”培训、十九届六中全会精神解读等。文化活动方面，各班学员自行组织班级活动共60余场，在校园知识性课程的基础上，拓展教学形式，增加教学趣味性。（二）老干部活动中心建设。持续完善活动中心健身房、象棋室、桥牌室、麻将室、乒乓球室等活动室硬件设施添置。完成活动中心各项活动规则的制定、制度上墙、阅览室图书布架、台球桌购买安装等工作。多功能厅已投入使用，召开各类会议10余场，举办演出5场。（三）疫情防控。全面落实中央、省、市、县对疫情工作的决策部署，春、秋季开学前一个月，学校就开学事宜制订《云和老年大学开学方案》，并认真落实方案部署。包括疫情防控日常提醒、校园设施检修、全面消杀、召开班干部座谈会，对全校学员开展疫情相关情况摸排等等。开学第一周，学校领导带头在校门口值守，做好测温、戴口罩入校工作，并深入各班级再次强调疫情防控注意事项。每日安排班级值日生测温门值守，让疫情防控工作常态化。

【创新机制】 （一）开展庆祝中国共产党成立100周年系列活动。先后举办“银辉向党 同心逐梦”文艺晚会、书画摄影展，云和老年大学党史学习教育成果展示暨第二届艺术周活动。开展十九届六中全会精神宣讲活动，引导老干部深入学习、深入研讨、深入交流，带头宣讲，推动十九届六中全会精神深入人心。(二)开展"走看促"、座谈会、理论学习会、政情通报会等活动。利用老干部的政治优势、经验优势、威望优势，为发展建言献策，全年共收集意见建议20余条，上报县委县政府。(三)开展志愿服务活动，引导离退休党员到基层报到，参与政策宣讲、矛盾纠纷调解等，全面助力社会治理工作。2021年以来，共有1000余人次志愿者参与志愿服务活动50余场。配合县中心工作，提供场地保障。一年来为全县入党积极分子培训、村干部培训和社工业务培训等活动提供场地11次。

【自身建设】 扎实开展党史学习教育，第一时间召开动员会。采取聚焦重点集中学、领导干部带头学、专家讲授宣讲学、丰富形式跟进学的形式，开展学习30余次。通过线上听取专题报告、线下集中辅导和党史知识竞赛等形式，积极推动全中心干部职工、离退休干部党员和老年大学学员党史学习教育走深走实。同时，把党史学习教育与老干部工作有机结合，围绕"会思会写会说会干，热心耐心细心贴心真心"目标，加强教育培训，强化实践锻炼，不断提高老干部工作队伍整体素质，努力把老干部服务中心建设成讲政治、守规矩、业务精、作风好、有温度的部门。扎实开展"四服务"工作，先后13次赴联系村后山村和联系社区新华社区，共走访慰问联系村低收入农户108人次。经过多方面锻炼，1名年轻干部被提拔为副科级领导干部。 （蓝丽艳）

关心下一代工作

【概况】 2021年，云和县关心下一代工作委员会（以下简称县关工委）认真学习贯彻党的十九大和十九届六中全会精神，特别是把学习贯彻习近平新时代中国特色社会主义思想作为首要政治任务，切实增强"四个意识"、坚定"四个自信"、做到"两个维护"，自觉践行"丽水之赞"，大力弘扬践行浙西南革命精神，以社会主义核心价值体系建设为主线，以加强青少年思想道德建设为目标，充分发挥"五老"（老干部、老战士、老专家、老教师、老模范）的优势和作用，多形式开展有利于青少年健康成长的各类实践活动。帮困助学是每年关心下一代工作的重头戏，2021年共筹集助学资金28.58万元，共帮助贫困学生60人。8月27日，《云和县关心下一代工作委员会机关机构编制方案》经县委编委批准并予以印发，县关心下一代工作委员会机关与县老干部服务中心合署办公，仍按其章程开展工作。

【青少年思想道德教育】 (一)弘扬革命优良传统。4月1日，云和县关工委联合团县委、退役军人事务局等部门在新建路革命烈士纪念碑组织开展"学党史、强信念、跟党走"学习教育活动启动仪式暨"浙西南革命精神代代传"清明祭英烈教育实践活动。云和县关工委主任童少锋给在场的青少年们提出了三点希望，并让大家以本次活动为契机，进一步弘扬践行"浙西南革命精神"，在我县打造全国山区新型城镇化样板县域"重要窗口"的征程中展现青年担当，用实际行动献礼中国共产党成立100周年。(二)弘扬社会主义法治精神。12月3日，县关工委根据县普法办的统一安排，组织办公室干部职工及"五老"人员参加了云和县"宪法与浙江活动月"暨2021年"12·4"国家宪法日宣传活动，并精心准备了宣传资料，共发放《食品安全与健康成长读本》和《公共卫生安全与健康成长读本》150余本。此次活动取得了良好的效果，增强了青少年法治观念，营造了有利于广大青少年安全健康成长的社会环境。(三)弘扬社会主义荣辱观。县关工委联合县文明办、团县委、县教育局、县妇联等多部门在全县开展2021年云和县"新时代好少年"学习宣传活动，发现、挖掘"新时代好少年"，激励广大青少年学习先进、奋发进取，为实现中华民族伟大复兴的中国梦做好全面准备。(四)弘扬社会主义核心价值观。5月21日晚，云和县关工委思想道德宣讲团团长张宇明老师走进县职技校，为云和参加我县第六届校企联动木玩大比拼活动的各界青年及职技校学生，举办“弘扬红船精神 争做新时代优秀青少年”主题宣讲，在参会青年和学生中产生热烈反响。

【开展走访慰问活动】 (一)残疾儿童走访慰问。1月11日，“五老”们对已结对的12位残疾儿童，上门送去御寒物资，蛋糕、奶和学习用具以及春联、年画等，提前祝他们新年快乐。5月13日上午，在全国助残日到来之际，“五老”们到云和县特殊教育学校，慰问在该校就读的19位残疾儿童，送上营养食品，并祝他们“六一”儿童节快乐。炎炎夏日期间，“五老”们迎着酷暑，分组上门慰问结对的残疾儿童，了解他们的学习、生活和身体情况，并送上绿豆、冰糖等解暑食品。中秋节到来之际，“五老”们上门慰问结对残疾儿童，并送上月饼，共享中秋节快乐，帮助困境少年儿童健康成长。(二)偏远山区儿童走访慰问。6月2日，关工委办联合团县委等部门深入云坛小学为孩子们送上了牛奶、铅笔、本子等物品，并送上了节日的祝福和问候，给他们带去了党和政府的关怀与温暖。(三)低收入农户走访慰问。6月9日，县关工委联合县文联到结对村崇头镇沙铺村进行了实地走访，关怀慰问低收入农户家庭，深入结对农户，面对面交流，了解其家庭贫困情况，并送上食用油等生活物资。(四)贫困生走访慰问。7月24日上午，市关工委专职副主任留丽萍一行到结对村云和县白龙山街道泓新村召开了贫困生家庭座谈会，并对贫困学生家庭进行了实地走访，为贫困生家庭送去了真切的慰问与关怀。

【推行网吧义务监管】 2021年，“五老”网吧义务监督队的队员们冒严寒、顶酷暑，对县城各网吧进行不定期巡查，劝止未成年人上网吧行为，并配合有关部门对未成年人进行宣传教育，普及疫情防控相关知识，共同营造良好的文化环境。2月18日，春节之后第一个工作日，“五老”网吧义务监督队就组织队员到县城三家网吧进行巡查。在网吧巡查中老干部们一边向网吧负责人宣传安全知识，督促他们做好禁止未成年人进入网吧的工作，做到合法经营，一边检查网吧健康码核验、测体温、戴口罩等疫情防控工作。

【继续开展帮困助学】 2021年，县关工委先后组织开展“爱心圆梦”中小学生助学活动、“圆梦励志学子”大学新生阳光助学行动，累计帮助困难学生60人，筹集助学金28.58万元，其中大学生44人(包括历年结对)，共计24.3万元；中小学生16人，共计4.28万元。

【召开“五老”座谈会】 10月13日下午，云和县关工委在老年节到来之际，组织“五老”人员召开座谈会，学习贯彻丽水市关工委成立30周年暨全市关心下一代工作会议精神，并为老干部们送去节日的问候，进一步激发全县广大“五老”人员参与关心下一代工作的积极性。 (陈雅婷)

机构编制工作

【概况】 2021年，中共云和县委机构编制委员会办公室按照“跟得上形势、想得出办法、守得住底线”要求，因地制宜，激发内生动力，各项工作取得明显的成效。是年，根据中央、省、市三级统一部署，通过单位自查、数据比对、专项核查、实地核查等方式对机关事业单位的机构、编制、职数核定和实际配备，违规违纪问题整改，事业单位法人公示，条例落实等方面情况开展全口径机构编制核查。深入开展课题调研，《加强非教学人员管理 提高教育编制使用效益》《云和县构建“街乡共治”管理模式》和《关于成立云景跨县共治机构的思考》等调研课题获市委编办好评。支持人才引进工作，全年审批人才引进用编82名。

【规范机构编制管理】 (一)强化机构编制监督检查。对教育、卫健系统等事业单位机构挂牌情况进行专项检查，在检查中发现“该撤未撤”的牌子，要求主管部门立即进行摘除整改；完成县财政局、县卫健局2个单位领导职数倒挂问题的消化工作；针对中央巡视反馈“市县巡查组人编分离、部分县未设置承担网信工作职责实体内设机构”的问题开展全面整改；根据中央、省、市三级统一部署，通过单位自查、数据比对、专项核查、实地核查等方式对机关事业单位的机构、编制、职数核定和实际配备，违规违纪问题整改，事业单位法人公示，条例落实等方面情况开展全口径机构编制核查；全年参与县信访局、文广旅体局、公积金中心、石塘镇、白龙山街道等5个单位的经责审计工作；对6家事业单位法人公示信息进行“双随机”抽查，并在网上公示问题督促整改。（二）机构职能体系建设服务大局。全县总体用编呈“向人才引进倾斜、向乡镇街道倾斜、向重点和民生部门倾斜”的特点。通过统筹总盘、内部调配、暂停上半年事业单位招考、创新审批流程等方式，不遗余力为人才科技工作提供支持，2021年，共审批人才引进用编82名（含报备员额30名）。

【稳妥推进机构改革】 （一）强化职能精准化配置。印发群团组织机关“三定”规定，设立中共云和县委社会建设委员会，增挂乡村振兴局、文物局、乡镇街道应急管理站、林业工作站等单位牌子和民政、公安、妇幼等部门（单位）内设机构牌子。（二）顺利推进“大综合一体化”行政执法改革，精简整合形成“1+8”的执法队伍架构。通过实地调研和民生实事发展需要，积极主动支持核增部分县直单位编制，为重点建设提供体制机制保障。

【优化事业单位管理】 （一）简化优化办事流程。实现“跑零次”办理实名制入编手续670条（其中划转230条）、出编手续366条、实名制系统内人员教育信息补录修正数据2335条。推行机关群团赋码、事业单位登记业务的网上申报、网上受理、网上审核、网上反馈，实现“最多跑一次”改革目标，办理机关群团统一社会信用代码证书信息变更26家、注销1家，事业单位变更登记72家、注销登记7家、证书补换7家，193家事业单位法人年度报告公示率、“浙江政务服务网”用户注册开通率、中文域名注册率均为100%。（二）如期完成部分单位章程制定。事业单位章程制定工作实行网上会议、网上培训、网上指导，提前完成教育、卫生、科研机构、文旅等四领域第一批次56家事业单位章程的审核反馈上传公布工作。

【深入开展课题调研】 推动机构编制理论创新，在“一县一品”体制机制创新工作中，《加强非教学人员管理 提高教育编制使用效益》《云和县构建“街乡共治”管理模式》和《关于成立云景跨县共治机构的思考》等调研课题获市委编办好评，正进一步深入调研着手落地试用并形成成果。

【加强干部队伍建设】 在深入开展党史学习教育和争做新时代浙江组工人活动，完成规定动作的同时，主动谋划自选动作，开展“四提四有”主题实践活动，制定《县委编办积分制考核办法》，即时展现个人工作成效，实现工作责任化、责任指标化、评价数字化。利用夜学一刻钟时间开设微讲堂，党员干部轮流讲学；建立“业务大学堂”，深入学习中央政策理论和省、市、县委决策部署及机构编制业务；每月确定一个主题，开启“头脑大风暴”，激发干部业务功课比学赶超干事创业的活力。同时，积极抽调多名干部配合县级重点工作，鼓励干部积极上报工作信息，多篇信息被中央编办、省委编办、市委编办录用。设置审批事项立即办制度，在政策规定的范围内，最大限度简化股级干部任免职数审核和编外用工审批的事项与流程。通过建立“全员调研”机制，领题破解困难，加强与县直部门的互动联系，帮助解决单位用编、机构设置等难题，干部队伍素质明显提升。（刘鑫悦）

档案史志工作

【概况】 2021年，是中国共产党成立100周年，是“十四五”规划开局之年，云和县档案馆在县委、县政府的正确领导下，在档案、史志主管部门的指导监督下，认真贯彻落实十九届六中全会和习近平总书记对档案、史志工作的重要批示精神，紧扣中心、服务大局，拉高标杆、积极作为，主动顺应档案数字化转型，扎实做好档案、史志工作，不断提升档案、史志工作的影响力，实现了预期目标。是年，完成县委组织部等41家单位档案的接收进馆任务，接收永久和长期保管的文书档案10813卷、80550件，会计档案2112卷。累计接待来人、来电、来信咨询830人次，查阅人数1270人，查阅档案资料3530卷，复印档案5864页，出具档案证明2245份。重视归集民生档案，收集32个单位疫情防控档案411卷、2784件，脱贫攻坚档案2187卷、684件。将全县167个行政村的档案共125卷、12207件悉数接收进馆，并完成数字化扫描。组织力量编印《中国共产党云和简史》；全面启动《中国共产党云和历史》第三卷编撰工作。加快档案数字化建设，完成档案扫描123.62万页。完成《云和县志（1991—2010）》编纂工程，交付印制出版。

【服务发展大局】 紧扣中心，主动服务发展大局。一是认真做好全县两类档案收集工作。召开全县档案业务服务中介培训会，认真贯彻浙江省档案馆《关于做好脱贫攻坚档案和疫情档案归集工作的通知》精神，收集32个单位疫情防控档案411卷、2784件，脱贫攻坚档案2187卷、684件。二是积极推进数字化改革。配合大数据中心等单位做好数字资源系统及数字资源目录的梳理，为全面深化改革做好基础性工作。确保12项公共服务事项正常运行，积极推动网上查档、异地查档，提升档案查阅服务能力，让数据多跑腿，让百姓少跑腿，做到真正服务百姓、方便百姓。是年，累计受理网上异地查档38件。三是高效服务全县档案工作。协助做好基层社会治理试点工作，将全县167个行政村的档案共125卷、12207件悉数接收进馆，并已全部完成数字化扫描。从接收征集、安全管理、信息化建设等方面，科学谋划县档案馆“十四五”时期档案事业发展规划，配合县档案局编制完成云和县档案事业发展“十四五”规划。

【开展党史教育】 发挥优势，抓好党史学习教育。一是全力服务全县党史学习教育。抽调6名干部到县党史学教办组建党史研究组，充分利用党史资源、档案资源、浙西南革命根据地等红色资源，积极筹划云和党史图片展和档案陈列固定展厅。全力配合童话小镇、箬溪书院、县级党群服务中心等项目建设。选派4名干部职工参加县委党史教育宣讲团，在机关干部、企业员工、农民群众中开展党史学习教育。二是编印《中国共产党云和历史》第三卷。组织力量着手编写简史，至2021年6月完成。全书共设13章，39节，15.8万字。上限为1935年5月，下限为2020年12月，简略记载了中国共产党领导云和人民开展革命斗争、社会主义建设、改革开放和全面建成小康社会的艰辛奋斗进程。该书是云和县庆祝建党百年的创新之作，是具有云和本土特色的党史学习教育地方性党史教材。7月1日起，在全县广大党员干部中普发赠阅，借以推进党史学习教育走深走实。三是开设党史故事专栏。为更好地推动云和党史学习教育，县档案馆与县融媒体中心联合推出“党史百年 云和故事”专栏，专栏每周三期，在《今日云和》、童话云和App线上线下同步推出。栏目发布文稿100余篇，点击浏览量10万余人次。引导带领广大党员群众一起走进中国共产党在云和的烽火岁月，弘扬百年建党精神。四是推进党史著作编写。全面开展党史资料征集工作，建立云和县党史工作联络员制度，拟订专题征编计划，面向全县征集1978—2002年期间的史料。10月26日，《中国共产党云和历史》第三卷编写大纲通过专家评审。12月23日，召开《中国共产党云和历史》第三卷编撰工作动员大会，党史编撰工作步入实施阶段。

【夯实档案基础】 聚焦主业，不断夯实档案史志基础。(一)重视档案接收。认真落实34家单位的年度接收计划；不断强化民生档案，名人档案，重大活动、重点项目档案，地方特色档案及文献史料的征集，重点抓好脱贫攻坚档案、疫情防控档案、基层社会治理档案的征集。2021年，完成县委组织部、县人口计划生育委员会、县新闻中心等41家单位的档案接收进馆任务，接收永久和长期保管的文书档案10813卷、80550件，会计档案2112卷。

(二)强化档案服务。累计共接待来人、来电、来信咨询830人次，查阅人数1270人，查阅档案资料3530卷，复印档案5864页，出具档案证明2245份。同时，县档案馆为有利于促进云和首个未来社区试点创建项目，专设未来社区项目档案查档服务窗口，为所辖区域街道干部和征迁群众提供更加便利的查档服务，服务窗口开设以来，为该项目区域征迁户提供查档服务150余人次，提供户籍证明、房屋土地所有权属证及房屋附属物的有效合法查档证明300余份。5月下旬，在全市率先开展档案业务跟班学习，学习内容主要涉及纸质档案整理、档案系统利用、档案数字化监管及数字化成果数据检测等，学习时间为1周，每周安排3—5位学员脱产学习。

(三)注重档案安全。强化档案信息安全保障，与遂昌县档案馆开展省内电子数据异地备份工作，并与安徽省滁州市明光市档案馆就省外异地备份达成意向。9月初，赴安徽省滁州市明光市档案馆完成云和县档案馆重要档案数据异地备份工作。强化库房档案安全保管。严格贯彻落实档案库房安全管理制度，根据《丽水市档案局关于开展档案馆安全风险执法检查工作的通知》精神，组织人员对县档案馆进行全面的安全检查。

(四)加快档案扫描。持续开展馆藏档案数字化扫描，对2019年以来新接收进馆的档案开展数字化扫描，完成档案扫描123.62万页。同时，开展村级档案扫描17.42万页，民国档案扫描79.63万页，馆藏文书及民生档案数字化率达90%。

(五)丰富馆藏资源。对相关单位档案数字化成果及电子档案，包含文书类档案、业务类档案、照片档案及音视频档案等进行移交与接收。2021年，共计接收7个单位的电子档案3182卷、16781件，合计数据量512GB。开展档案征集工作，主动征集疫情防控、建党百年等档案资料，借以丰富馆藏资源。

(六)强化档案宣传。深化档案工作宣传，强化档案法治意识。积极开展《中华人民共和国档案法》、国际档案日、档案便民服务等宣传活动，通过制作宣传展板，悬挂横幅，向市民发放宣传资料、调查问卷，现场解答群众咨询等形式，开展档案法制、档案知识、档案征集、档案利用等方面宣传，据统计，制作宣传展板10块，悬挂宣传横幅2条，发放宣传资料500多份，接受市民群众咨询50人次，现场参加档案宣传咨询活动的民众120多人。

【推进史志工作】 (一)重视遗址保护。积极开展原中共处属特委机关驻地——元和街道山锦村、原红军挺进师活动旧址——紧水滩镇三望排村等革命遗址保护行动。以《丽水市革命遗址保护条例》颁布为契机，开展新一轮全县革命遗址普查。积极参与尖坳村、梅湾村等红色旅游项目开发，坚守“红色”底蕴，强化红色旅游项目的教育功能、扶贫功能，助力县域红色旅游事业发展。

(二)加强史料收集。收集、整理、刊印内部资料《中共云和县委文件选编(第三辑)》，选录1991年1月至1996年12月期间，县委(县委办)重要文件和县委负责人的部分讲话稿，共160份(篇)，合计51万余字。收集整理《中共云和县委文件选编(第四辑)》(送审稿)，选录1997年1月至2002年12月期间，县委(县委办)重要文件和县委负责人的部分讲话稿。编印出版《抗战时期浙江省铁工厂档案汇编》，收录1938年至1947年期间浙江省铁工厂的相关档案130余件450页，对研究抗战时期后方工业，特别是兵器工业发展具有重要史料价值。

（三）深化史料研究。开展对红军挺进师云和战斗暨粟裕大将第六次负伤这一历史事件的深入研究，以《粟裕年谱》等权威史料为依据，通过1936年4月至5月间，粟裕部队在丽水、云和、景宁、龙泉四地行进的路线和战事，以新收集的民国军法档案材料等为佐证，对师长粟裕第六次受伤的时间地点进行考证，得出挺进师云和以南战斗暨粟裕第六次负伤时间为1936年4月15日，地点为云和县安溪畲族乡岚头岭的结论。粟戎生（粟裕之子）、粟志军（粟裕长孙）审阅考证材料后，对考证工作给予充分肯定。粟裕大将秘书朱楹少将，认为考证工作填补了挺进师一处史实的细节空白，并欣然为“红军挺进师云和战斗纪念碑”题字。12月6日，丽水市党史办在前期组织专家研讨的基础上，肯定了这一考证结论。

（四）完善年鉴编纂。3月20日，县委办发出《关于做好云和年鉴（2021）编纂工作的通知》，根据通知要求，组织专人做好全县各单位年鉴稿件的收集、整理工作，按时编纂出版《云和年鉴》。

（五）印制云和县志。《云和县志（1991—2010）》于2018年1月启动修编，经初审、复审、终审和多次修改完善，形成约265万字的终稿。2021年，县志编辑部根据方志出版社提出的3个方面66条意见建议，认真反复多次进行补充、调整、修改、完善。10月底，志稿交付出版印刷。12月中旬，《云和县志（1991—2010）》正式印制成书。

【加强自身建设】 提升能力，全面加强自身建设。一是加强党的建设。按要求深入开展“四服务”“一村一户一干部”和党员服务进社区活动；强化党史学习教育，严格落实领导干部上党课制度，组织全体党员开展专题学习、主题党课、交流研讨、重走红军路、观看党史题材影视作品等形式多样的活动；严格落实全面从严治党要求，认真落实意识形态主体责任。二是抓实巡察整改工作。是年，县档案馆先后召开馆务会议20余次、理论学习中心组学习会12次、巡察整改专题学习会议1次、专题民主生活会1次、党支部支委会专题会议1次、党风廉政专题会议4次、意识形态专题会议4次。对巡察工作反馈的33个问题，已全部整改完成。同时，健全完善制度34项。三是加强队伍建设。开展政治理论、业务知识学习，加强培训力度，提高党员干部思想觉悟和业务水平，矢志不渝打造一支政治过硬、领导现代化建设能力强的高素质专业化干部队伍。（符　雅）

云和县人民代表大会

县人大重要会议

【县第十六届人民代表大会第六次会议】 4月27—29日在云和县文化中心召开，出席会议正式代表145名，因防控新冠肺炎疫情影响，本次会议列席人员缩减为83名。会议听取和审查《云和县人民政府工作报告》《云和县国民经济和社会发展第十四个五年规划和二〇三五年远景目标纲要》《云和县2020年国民经济和社会发展计划执行情况及2021年国民经济和社会发展计划草案的报告》《云和县2020年预算执行情况及2021年预算草案的报告》《云和县人大常委会工作报告》《云和县人民法院工作报告》《云和县人民检察院工作报告》，会议批准7个报告，并作出相应的决议；会议审查和批准县住建局、县退役军人事务局、元和街道、白龙山街道2021年部门预算草案；会议还书面审议《云和县2020年度环境状况和环境保护目标完成情况的报告》，书面审议《2020年度县政府民生实事完成情况的报告》，并票决确定2021年度10件民生实事。会议依法通过关于云和县第十六届人民代表大会有关专门委员会更名的决定和组成人员人选名单，依法选举李忠伟为云和县人民政府县长，选举郭俊为云和县人民法院院长，补选韦望荣、许文金、雷长育为县第十六届人民代表大会常务委员会委员。

【县人大常委会会议】 2021年，举行县人大常委会会议11次，听取和审议“一府一委两院”工作报告、议案60个，作出决议、决定18个，依法任免国家机关工作人员51人次。

1月27日，县十六届人大常委会举行第34次会议。会议补选出席丽水市第四届人民代表大会代表2名。

3月9日，县十六届人大常委会举行第35次会议。会议通过召开县十六届人大六次会议的决定；决定接受叶爱英辞去云和县人民法院院长职务；表决任命郭俊为云和县人民法院副院长，并决定其代理云和县人民法院院长职务；表决通过县人民政府、县监察委员会、县人民法院部分人事任免议案。

4月9日，县十六届人大常委会举行第36次会议。会议听取提交大会审议的各项工作报告起草说明；审议通过县十六届人大六次会议有关文件资料；决定接受上官国明辞去云和县人民政府县长职务；表决任命李忠伟为云和县人民政府副县长，并决定其代理云和县人民政府县长职务。

4月22日，县十六届人大常委会举行第37次会议。会议审查批准县政府2021年重大投资项目计划；审议代表资格审查相关事项。

5月27日，县十六届人大常委会举行第38次会议。会议听取和审议浮云街道、元和街道、白龙山街道、凤凰山街道2020年度人大工作情况和2021年度人大工作计划的报告；通过县人大常委会2021年工作要点和监督计划；表决任命潘吉文为云和县人民政府副县长。

7月26日，县十六届人大常委

会举行第39次会议。会议审查批准县政府2020年决算，审查批准县交通运输局、融媒体中心和浮云街道、元和街道、白龙山街道、凤凰山街道2020年决算；听取和审议县政府2020年预算执行和其他财政收支情况的审计工作报告、2021年上半年国民经济和社会发展计划执行情况的报告、2021年上半年预算执行情况的报告；听取县住建局、退役军人事务局和元和街道、白龙山街道2021年上半年部门预算执行情况的报告。

9月28日，县十六届人大常委会举行第40次会议。会议听取和审议县政府关于食品安全溯源体系运行情况、生猪生产保供情况的报告；听取县政府关于政府投资项目验收转固特定问题调查决议落实情况的报告；表决任命颜韬为云和县人民政府副县长；会议还表决通过县人大常委会、县人民政府、县人民法院部分人事任免议案。

11月1日，县十六届人大常委会举行第41次会议。会议通过关于县乡两级人大代表换届选举有关事项、设立云和县选举委员会、各乡镇选举委员会、街道和县直机关选举办事处等决定。

11月25日，县十六届人大常委会举行第42次会议。会议审查和批准县政府地方政府债务限额调整方案、预算调整方案；听取和审议县政府国有资产管理情况、审计查出问题整改情况、城区公共文化设施建设情况等报告；听取县政府“七五”普法规划实施情况报告并作出“八五”普法规划决议；听取县政府关于代表建议办理工作情况的报告；决定接受李忠伟辞去云和县人民政府县长职务，接受吴剑锋辞去云和县人民检察院检察长职务；表决任命周鸿飞为云和县人民政府副县长，并决定其代理云和县人民政府县长职务；陈乐为云和县人民检察院副检察长，并决定其代理云和县人民检察院检察长职务；会议还表决通过县人民法院、县人民检察院部分人事任免议案。

12月17日，县十六届人大常委会举行第43次会议。会议决定接受胡坚辞去云和县监察委员会主任职务；表决任命傅雅涛为云和县人民政府副县长，李爱勇为云和县公安局局长；表决任命舒坚阳为云和县监察委员会副主任，并决定其代理云和县监察委员会主任；决定免去饶钦英、叶时扬、陈伟忠、吴新志、潘吉文云和县人民政府副县长职务。

12月23日，县十六届人大常委会举行第44次会议。会议表决任命江静、蓝利明为云和县人民政府副县长。

县人大主要工作

【县乡人大换届】 县人大常委会高度重视县乡人大同步换届选举工作。2021年4月中旬至5月下旬，县人大常委会主任叶晓勇、分管副主任柳春华分别带队赴乡镇（街道）、县工业园区管委会等单位调研，广泛听取各方意见建议。县人大常委会领导多次向县委主要领导汇报县乡人大同步换届有关工作安排，交换意见。在前期深入调研的基础上，结合全省县乡人大换届选举工作会议精神和云和实际，向县委提交《关于做好县乡两级人民代表大会换届选举工作的意见》和《关于县乡两级人大换届选举工作实施方案》。县委召开专题会议，听取县人大常委会党组关于全省县乡两级换届选举工作会议精神、前期调查研究和拟制实施方案的情况汇报，并对做好县乡人大同步换届工作进行研究，决定批准并转发《中共云和县人大常委会党组关于做好县乡两级人民代表大会换届选举工作的意见》。2021年11月1日，县人大常委会第四十一次会议作出县乡两级人代会换届选举有关事项的决定，设立县、乡镇选举委员会和街道、县直机关各系统选举办事处。11月4日，县选举委员会召开第一次会议，确定新一届各乡镇人大代表名额、选举日，讨论通过《关于县乡两级人大换届选举工作实施方案》和全县换届选举工作计划，明确全县换届选举时间安排和工作步骤。本次选举全县登记选民98787人，参加选举95864人，参选率为97.04%。县人大代表名额173名，选出170名；乡镇人大代表名额300名，选出299名。12月22—23日，崇头镇、石塘镇、紧水滩镇、赤石乡、安溪畲族乡、雾溪畲族乡等6个乡镇先后依法召开人代会，选举产生乡镇人大主席6名，副主席2名；乡镇长6名，副乡镇长22名。

【开展工作评议】 2021年6月至8月，县人大常委会组织评议工作组对县退役军人事务局局长武燚、应急管理局局长叶通海、教育局局长刘定华、医疗保障局局长王长荣四位政府工作部门主要负责人和县人民检察院余良伟、叶苏晴、林飞红三位员额检察官开展履职工作评议。县人大常委会各工作组深入被评议单位、乡镇、街道，采取座谈、走访、个别谈话等形式，广泛征求社会各界的意见建议，走访县纪委监委、县委政法委、县法院、县公安局、县司法局、县信访局等单位，了解评议对象依法履职、公正司法、廉洁自律等情况。在此基础上于9月3日召开工作评议大会，听取评议对象的履职工作报告和评议工作组对评议对象的履职评议调研报告，对评议对象进行询问或提出意见建议，并开展现场测评。

【检查视察调研】 2021年，县人大常委会紧紧围绕年度工作要点和监督计划，先后对《固体废物污染环境防治法》《浙江省劳动保障监察条例》《浙江省粮食安全保障条例》等法律法规开展执法检查。对年度民生实事办理进展情况、县人大代表建议办理情况进行督查。对医疗集团成立后运行情况、审计查出问题整改情况、城区公共文化设施建设情况、国土空间规划编制情况、国有资产管理情况、“七五”普法规划实施情况等工作深入开展调研，形成各项调研报告28篇。

【议案建议办理】 县十六届人大五次会议期间收到代表议案、建议共185件，其中，6件议案被转为建议办理。在185件议案、建议中，涉及城建环资类的59件；归属农业农村类的54件；涉及教科文卫类的33件；属于财政经济类的14件；涉及社会法治类的23件；属于其他类的2件。按议案办理难易程度分，一年至两年内能解决的（A类）109件，占总数的58.92%。正在解决的或已列入计划逐步解决的（B类）35件，占总数的18.92%；因受政策规定或其他原因目前难以解决的（C类）41件，占总数的22.16%。2021年9月下旬，县人大常委会开展代表建议办理结果满意度测评。满意和基本满意的172件，占92.97%；不满意的13件，占7.03%。9月底，将不满意件全部退回重办，并对二次办理结果进行满意度测评，县人大代表对二次办理结果均表示满意或基本满意。

【人大代表工作】 县人大常委会高度重视代表工作，始终突出代表主体地位，通过抓培训、建平台、优服务、强保障，更好激发代表履职的内在动力。县人大常委会始终把提升代表综合素质、增强代表履职能力作为发挥代表作用的基础性工作，组织本届53名优秀人大代表开展履职能力暨党性教育提升培训。为更好激发代表的履职热情，调动代表履职的积极性、主动性和创造性，增强代表的责任意识，根据2020年度代表履职情况，组织开展“两优”（优秀代表、优秀建议）评选活动，评选优秀代表18名、代表优秀建议7件，并在县第十六届人大六次会议预备会议上进行表彰。依托各乡镇街道代表联络站，县人大常委会定期组织代表开展选民接待、视察、调研等监督活动，有效地促进了代表作用的发挥。

【党史学习教育】 县人大常委会认真贯彻习近平总书记在党史学习教育动员大会上的重要讲话精神，贯彻落实中央、省市县委关于党史学习教育的部署安排，坚持以“学史明理、学史增信、学史崇德、学史力行”为重点，将党史学习教育作为一项长期重要的政治任务来抓。3月23日，县人大常委会召开县人大常委会机关党史学习教育动员大会，对县人大常委会党组及机关干部党史学习教育做出全面安排部署。研究制定《云和县人大常委会及机关关于开展党史学习教育的实施计划》，明确了工作任务、时间节点、步骤要求。党组成员带头认真研读指定书目，参加县委组织的专题学习和实践活动6次，在人大常委会机关和联系乡镇、村上专题党课、作专题宣讲10余次。结合机关党员主题党日活动，深入开展党史学习教育实践活动，组织全体机关党员干部赴安溪黄家地和丽水鱼跃教育基地聆听革命战斗史和接受爱国主义教育，以提升党性修养和爱国情怀。高标准开展“七一”主题党日活动，常委会党组书记以“中国共产党是历史和人民的选择”为题，带头为全体党员干部讲专题党课，并为50年以上党龄的县人大老党员发放纪念章，同时，召开“薪火传承”座谈会，邀请人大系统退休干部与机关全体干部分享工作经历，传递工作经验。组织机关党员干部参加市人大机关“讲好党史‘小故事’悟透理论‘大道理’”专题活动，推动爱国精神转化为强国报国的自觉行动。（蓝朱斌）

云和县人民政府

县政府重要会议

【县政府常务会议】 2月2日，云和县第十六届人民政府召开第55次常务会议，组织学习《领导干部报告个人有关事项规定》和省委组织部“两个通报”文件精神；听取关于打造新型城镇化样板县域2020年先进集体和先进个人评选活动开展情况的汇报、关于云和县2020年法治政府建设工作汇报（书面）；传达学习中央全面依法治国工作会议精神（书面）、李克强总理重要指示批示精神及全国、全市安全生产电视电话会议（书面）精神；审议《2021年政府工作报告》《2021年云和县“十件民生实事”候选实事形成情况的报告》《关于云和县2020年国民经济和社会发展计划执行情况与2021年国民经济和社会发展计划草案的报告》《云和县国民经济和社会发展第十四个五年规划和二〇三五年远景目标纲要》《云和县2021年固定资产投资计划》《2021年政府投资项目计划》《2021年重点建设项目计划》《2021年重大建设项目前期工作计划》《云和县2021年基本建设预算编制说明》《2021年土地和房屋征收计划》《云和县2020年预算执行情况和2021年预算草案的报告》《云和县人民政府关于云和县“十三五”及2020年度环境状况和环境保护目标完成情况的报告》《云和县政府投资信息化项目管理办法》《关于促进3岁以下婴幼儿照护服务发展的实施意见》。

4月1日，云和县第十六届人民政府召开第56次常务会议，会前组织学习习近平总书记在党史学习教育动员大会上的讲话精神和《习近平在浙江》采访实录；审议《紧水滩水冷式绿色数据中心项目协议书、合作备忘录》。

4月17日，云和县第十六届人民政府召开第57次常务会议，会前学习习近平法治思想；听取云和湖宋城项目土地和规划历史遗留问题处置方案的汇报；审议《云和县“绿水青山就是金山银山”实践创新基地建设实施方案》《云和县“农家乐民宿成长贷”担保管理办法》《2021年度云和县人民政府重大行政决策事项目录》。

5月24日，云和县第十六届人民政府召开第58次常务会议，会前组织学习《云和县做好国家统计督查迎检准备的工作安排》及系列防惩统计造假文件精神；听取关于云和县城南九年一贯制学校二期工程变更及合同投资增加的情况汇报、2021年1—4月应急管理工作情况汇报（书面）、云和县安全生产委员会办公室关于2020年应急管理、安全生产和消防工作巡查报告（书面）；审议《云和县2021年规划编制计划》《云和县房地产市场健康发展长效机制工作方案》《云和县人民政府禁止经营和燃放烟花爆竹的通告》。

7月2日，云和县第十六届人民政府召开第59次常务会议，听取关于云和县市场化改革国有企业管理级别及领导职数调整方案的汇报，关于大坪、岗头小区限价商品房按揭付款方式变更相关事项的汇报、云和县山海协作工程开展情况汇报(书面);审议《云和县落实乡镇干部待遇倾斜政策实施方案》《云和县"大搬快聚富民安居"工程政策的补充意见》《关于建立健全环境污染问题发现机制的实施意见》《云和县水生态环境保护"十四五"规划》《云和县城区道路、公共绿地、公厕、河道保洁市场化实施方案》。

8月16日,云和县第十六届人民政府召开第60次常务会议,听取关于云和县工业园区职工公寓(一期)工程变更及合同投资增加的情况汇报、关于云和县检察院技侦业务用房工程变更情况的汇报、2021年度上半年应急管理工作情况汇报(书面)、云和县2021年上半年法治政府建设工作汇报(书面);审议《丽水云和小徐社区(未来社区)创建工作方案》《丽水市境内部分高速公路(云景段)ETC小客车差异化收费实施方案(试行)》《云和县小微企业"智慧用电项目"推广补助实施方案》《云和县医疗救助实施办法》《云和县教育局 浙江新通教育科技股份有限公司关于托管云和县三所公办学校的协议书》《云和县农村产权抵押融资办法(试行)》。

9月2日,云和县第十六届人民政府召开第61次常务会议,审议《云和县未来社区小徐区块项目房屋征收补偿安置方案》。

9月27日,云和县第十六届人民政府召开第62次常务会议,会前组织学习《浙江省生活垃圾管理条例》,听取关于分解下达云和县"十四五"期间年森林采伐限额情况的汇报,关于对张世海、邱发林、柳翔3人见义勇为行为进行表彰奖励的汇报,关于吴树原博士团队TTL木玩研学项目相关奖励政策及运营要求的汇报;审议《云和县政府投资项目工程变更管理实施细则(修订)》《云和县农村公路养护与管理办法》《云和县关于进一步做好被征地农民参加基本养老保险有关工作的实施意见》。

11月9日,云和县第十六届人民政府召开第63次常务会议,听取关于《云和商贸物流城项目投资补充协议》履约情况及政策兑现的报告、云和县"科创绿谷"建设思路研究汇报(书面)、云和县第三季度应急管理工作情况汇报(书面)、云和县基层应急管理体系建设重点任务清单落实情况汇报(书面);审议《关于进一步加快发展服务业的实施意见(修订)(送审稿)》《关于促进云和县电子商务发展的实施意见》《云和县2021年土地和房屋征收计划调整方案》《云和县县级重要水域名录的公告》《云和县雾溪水库饮用水水源地保护生态补偿暂行办法》《云和县公益林(天然林)管护工作实施方案》《关于全面推进林长制的实施意见》《关于推进科技创新引领高质量绿色发展的若干意见(送审稿)》《云和县劳动模范和模范集体评选及管理办法》《关于落实云和县县级劳动模范待遇的通知》;学习《中华人民共和国民法典》。

12月22日,云和县第十六届人民政府召开第64次常务会议,组织学习《浙江省法治宣传教育工作规定》(书面);听取关于对云和中学教学综合楼A楼、B楼项目总概算进行调整的情况汇报,关于云和县宏地·云缦康养度假区项目相关事项备忘录的情况汇报,关于云和玩具实验室项目合作协议情况的汇报,关于云和木玩产业直播孵化中心项目合作协议情况的汇报,云和县2021年药品安全工作情况汇报(书面),云和县2021年食品安全工作情况汇报(书面),2021年第四季度应急管理工作情况汇报(书面),关于云和县耕地保护工作情况的汇报(书面),2021年粮食安全保障工作情况的汇报(书面);审议《关于深化县管企业负责人薪酬制度改革的实施意见》《云和县主城区教育资源配置方案(2021—2025年)》《高水平建设美丽云和实施方案》《云和县生态环境保护"十四五"规划》《关于划定高排放非道路移动机械禁止使用区的通告》《云和县加快推进"大综合一体化"行政执法改革实施方案》《云和县促进外经贸发展奖励办法》。

12月29日,云和县第十六届人民政府召开第65次常务会议,审议《云和县耕地"非粮化"专项整治行动实施方案》。

【县政府专题会议】 2月23日，县政府副县长、垦改办主任周坚召集县自然资源和规划局、县生态林业发展中心、县农业农村局、县发改局、县财政局、丽水市生态环境局云和分局、县水利局、县审计局、县行政服务中心、赤石乡等单位负责人，召开“1+8+X”（1个专班，8个部门，X是根据需要增加部门）联席会议，就垦造耕地问题整改相关事项进行专题研究。

4月20日，县政府副县长、垦改办主任周坚召集县自然资源和规划局、县生态林业发展中心、县农业农村局、县发改局、县财政局、丽水市生态环境局云和分局、县水利局、县审计局等单位负责人，召开“1+8+X”联席会议，就垦造耕地问题整改相关事项进行专题研究。

7月2日，受副县长陈伟忠委托，县府办副主任李云伟召集县农业农村局、自然资源和规划局、住建局、财政局、发改局、民政局、交通运输局、白龙山街道、崇头镇、雾溪畲族乡、大坪社区、新农村建设有限公司、“五水共治”办、浙高运高速公路丽水管理中心、市交通运输综合行政执法队高速大队等单位，就大坪安置小区改造提升工作进行专题研究。

7月16日，受副县长潘吉文委托，县府办副主任叶臻阳召集县财政局、县自然资源和规划局、县交通运输局、县征收中心、浮云街道、元和街道、石塘镇、县交投公司等单位，就235国道云和段改建工程土地和房屋征收有关问题进行专题研究。

9月6日，受副县长陈伟忠委托，县府办副主任李云伟召集县农业农村局、财政局、自然资源和规划局、住建局、综合执法局、文广旅体局、司法局、大搬快聚办、新农村建设有限公司等单位负责人，就云和县“大搬快聚富民安居”工程中被认定为可修缮再利用农房的确权登记和产权转移有关事项进行专题研究。

10月27日，受县委常委、县政府党组成员李巍委托，县委办副主任江佳杰召集县医保局、县财政局、县民政局、县农业农村局、县残联、县红十字会、县慈善总会等有关单位人员，就云和县2020年度困难人员高额医疗费用（医疗费用年度个人自负超5万元）化解问题进行研究。

11月23日，受县委常委、县政府党组成员李巍委托，县委办副主任江佳杰召集县教育局、县财政局、县文广旅体局、县旅投公司、县城投公司、小镇指挥部等单位相关负责人，认真贯彻落实《云和县第十六届人民政府第62次常务会议纪要》精神，就木玩童话小镇客厅（以下简称“小镇客厅”）TTL木玩研学项目奖励政策有关问题进行专题研究。

【县政府其他会议】 1月，召开全县垦造耕地问题整改工作动员部署会、2021年度春运工作部署会、根治欠薪工作领导小组暨根治欠薪冬季专项行动部署推进会、生态经济产业基金项目投决会、城乡环境综合整治工作点评会、2020年健康丽水建设考核汇报会、政府工作报告征求意见座谈会、235国道云和段改建工程合作交流座谈会、鼓励企业留员工稳生产惠企政策意见征求会、征兵和民兵整组工作会、文物工作会、“宝藏乡村过大年 乡村味道在丽水”活动筹备工作会、农村饮用水安全保障工作会、守法普法协调小组第二次全体（扩大）会、丽龙高速以南区块产城融合开发项目专班会、垦造耕地问题整改领导小组办公室例会。

2月，召开全县用电建筑消防安全专项整治行动动员部署会暨业务培训会、农业农村工作重点任务研究部署会、垦造耕地问题整改工作第一次现场点评会、冬春季疫情防控工作推进会、棚改工作推进会、木玩童话小镇客厅研学项目座谈会、安全生产和消防工作会、丽龙高速以南区块产城融合开发项目工作领导小组会、旅游专班第一次工作会、防控办工作例会。

3月，召开全县垦造耕地问题整改工作现场会、“防范较大 杜绝重大”生产安全事故攻坚整治行动部署会、新冠病毒疫苗接种工作部署会、235国道政策处理部署会、公安机关党风廉政建设暨队伍教育整顿动员部署会、退役军人服务保障体系提升年活动暨轮值站长工作推进会、“大搬快聚”工作推进会、佛儿岩创建国家 AAAA 级旅游景区工作推进会、创建法治浙江(法治政府)示范县工作推进会、“双招双引”工作座谈会、国土空间规划座谈会、木玩童话小镇客厅研学项目座谈会、农家乐民宿成长贷座谈会、松材线虫病防治工作攻坚会、城区污水零直排 PPP 项目协调会、三地府院区域合作联席会、批零住餐业限下样本工作推进会、佛儿岩创建国家 AAAA 级旅游景区工作会、森林防灭火工作会、农民增收工作会、城规委会议、2021 年春季定兵会议、公安工作会议。

4 月，召开政法队伍教育整顿第一次互学互比汇报会暨查纠整改动员部署会、国家卫生县城复审迎检工作动员部署会、垦造耕地问题整改工作第三次现场点评会、金融工作座谈会、老年体育管理工作培训会、“双招双引”誓师动员大会、计划生育协会第六次会员代表大会、土地出让决策领导小组会、土地和房屋征收项目资金结算工作会、变型拖拉机提前报废淘汰工作会。

5 月，召开“重大项目攻坚行动”部署会暨大花园(增花添彩)典型创建推进会，省市县民生实事部署会，2021 年建议提案交办会，防汛安全隐患排查会，项目入园决策会，木制玩具跨境电商交流座谈会，医疗卫生“山海”提升工程座谈会，木玩童话小镇客厅研学项目汇报会，第五轮国家卫生县城复审工作第一次点评会，粮食生产功能区整治优化工作推进会，城规委会议，2021 年高考(选考)、中考和高中学考招考委成员单位联席会议，生态产品价值实现示范区建设项目(云景生态产业园)专班会议，“双招双引”工作领导小组办公室会议、木玩综合体项目中期迎验工作会议。

6 月，召开国资公司评级发债工作动员部署会、综合交通安全生产工作部署会、省市县民生实事部署会、国卫复审工作推进会、美丽城镇建设工作推进会、垦造耕地问题整改工作推进会、护航建党百年根治欠薪维稳专题会议暨漠视侵害群众利益问题专项治理工作推进会、农村金融改革汇报会、建设平安云和、平安护航建党百年暨扫黑除恶专项斗争总结会、棚改领导小组会议、生态产品价值实现示范区建设项目(云景生态产业园)专班会议、县委教育工作领导小组第三次全体会议。

7 月，召开农贸市场整治行动部署会、上半年重点建设项目推进会、疫苗接种工作推进会、县人民医院公共卫生应急保障楼项目决策会、用电建筑消防安全整治专项行动现场会、国家统计督查迎检工作落实会、垦造耕地问题整改工作攻坚会、城乡环境整治“两最”评比点评会、股改上市政策征求意见会、235 国道任务交办会、国资公司评级发债工作例会、污水零直排 PPP 项目第二次专班例会、生态产品价值实现示范区建设项目(云景生态产业园)专班会议、城规委会议、农民增收工作会议、小镇客厅研学项目工作会议、疫情防控工作会议。

8 月，召开丽水云和小徐社区(未来社区)创建暨城乡风貌整治提升工作动员会、创建全国信访工作示范县动员会暨“信访积案化解百日攻坚专项行动”部署会、迎接省委生态环境保护专项督察工作部署会、打造新型城镇化样板县域领导小组工作例会暨 2021 年上半年经济社会形势分析会、2021 年上半年平安建设形势分析会、高水平建设美丽云和暨高质量建设“无废城市”推进会、机制砂行业清查整治工作推进会、国企公司评级发债工作例会、云景生态产业园专班工作会议、医共体建设工作会议、中医院迁建工程工作会议。

9 月，召开新型城镇化发展论坛筹备工作部署会、“五水共治”(河长制)工作考核分析会暨群众幸福感宣传工作部署会、城西菜市场周边环境综合整治规范工作动员会、综合服务楼项目区块房屋征收攻坚动员会、“三改一拆”工作推进会、分布式光伏推进会、省级全域旅游示范县创建推进会、佛儿岩创 4A 工作推进会、建筑施工标准化工地观摩会、秋季定兵会、国资国企改革座谈会、生态产品价值实现示范区项目概念规划设计方案评审会、木制玩具智能化转型升级现场会、国企公司评级发债工作例会、城规委会议、森林防灭火、消防安全和应急管理工作会议、云景生态产业园项目工作专班会议、未来社区建设领导小组会议。

10 月，召开全国山区县域新型城镇化发展论坛、国家慢性病综合防控示范区巩固工作动员会、被征地农民参加基本养老保险工作部署会暨业务经办培训会、光伏发电项目政策培训会、第五届环云和湖铁人三项赛筹备推进会、全国山区县域新型城镇化发展论坛总结会、老干部理论学习会、未来社区创建签约筹备座谈会、未来社区创建领导小组例会、山海协作工程考核工作会议、“扫黄打非”工作会议、屋顶光伏项目现场推进工作会议、木玩产业创新服务综合体年度绩效评价考核会议、云景生态产业园工作专班会议、省委环保督察云和协调小组组长会议。

11 月，召开“三合一”场所消防安全整治“清零”行动部署会、2021—2022 年松材线虫病防治工作部署会、三季度经济社会形势分析会、网络安全和网络综合治理工作推进会、工业投资“标准地”项目准入决策会、云景生态产业园项目规划设计方案汇报会、白鹤尖创 4A 及云曼景观修复规划汇报会、分布式光伏规模化开发工作例会、云景生态产业园项目电力杆线迁移工作会议、龙泉庆元云和三地府院联席会议、公平竞争审查工作联席会议、加快跨越式高质量发展打造共同富裕样板县领导小组第一次会议、“三合一”场所消防安全整治工作执法组长会议、健康云和建设领导小组(扩大)会议。

12 月，召开 2022 年度“浙丽保”暨城乡居民医保筹资征缴动员部署会，应急管理、安全生产、消防巡查工作推进部署会以及疫情防控工作部署会、工业投资“标准地”项目准入决策会、深化国企改革实施方案汇报会、疫情防控工作任务交办会、疫情防控工作任务清单落实情况推进会、政务公开工作会议、乡村振兴考核工作会议、小徐未来社区工作会议、根治欠薪工作领导小组会议、招委会成员单位联席会议、社区矫正委员会第二次全体(扩大)会议、污水零直排 PPP 项目专班会议。

县政府主要工作

1 月，举行紧水滩水冷式大数据中心项目开工仪式，云和湖生态康养小镇项目签约仪式，百名大师、千名高徒“师徒结对”拜师仪式，人民警察节升旗仪式，旅投公司招商项目合作签约仪式。赴金华市金东区学习考察金义新区规划建设情况。开展春节前安全生产检查、疫情防控检查、欠薪投诉集中接访。

2 月，开展垦造耕地问题整改督查，消防安全督查，新春走访慰问。赴宁波北仑对接山海协作工作、赴杭州参加 235 国道云和段初设审查会。

3 月，举行农家乐民宿成长贷首发授信仪式、“新时代文明实践新青年志愿同行”启动仪式暨“远离火灾”敲门行动志愿服务活动，举办“青聚浙丽”共青团校地友好合作助力“双招双引”活动。赴景宁考察垦造耕地问题整改工作，赴遂昌考察“天工之城”项目、数字化改革工作，赴萧山、龙游考察数字化改革工作。

4 月，举办知名浙商助力丽水跨越发展大会走进云和活动、“乡村振兴我代言”民宿好故事大赛；举行 2021 年(第五届)浙江云和木玩创意设计大赛启动仪式、紧水滩水冷式数据中心签约仪式。

5 月，举行县政府、市人民医院“山海”提升工程医疗合作签约仪式、数字生态贷首发仪式。开展“5·12”国际护士节慰问。参加中国国际茶业博览会、考察未来社区项目、开展“双招双引”工作。

6 月，举办第十五届梯田开犁节、“央企走进山区 26 县 建设共同富裕示范区”系列活动(云和站)。开展“平安护航建党 100 周年”维稳安保督查检查、义务教育公办学校食堂微改造及师生同菜同质同价工作县级专项检查。组织燃气突发事故应急演练。开展“六一”儿童节慰问、“七一”建党节走访慰问。

7月，举行重大项目集中开工仪式，开展军分区慰问、“八一”建军节慰问。赴国家发改委城市和小城镇改革发展中心对接全国山区新型城镇化发展高峰论坛相关工作，赴省发改委、省财政厅、财通证券对接山区26个县“一县一策”相关事宜，赴国家电网对接紧水滩水冷式绿色数据中心项目。

8月，举办“中华慈善日”主题活动、丽水市创业创新大赛云景庆赛区选拔赛，举行云和县流动供销致富车项目启动仪式、县教育局与浙江新通教育集团战略合作框架协议签约仪式，开展高温送清凉活动、中国医师节慰问活动。赴国家能源集团浙江分公司、省发改委、省担保公司对接工作。

9月，开展烈士纪念日纪念活动、云和师傅成立17周年活动、雪梨节活动、教师节慰问活动；举行蔡宛如国医名师传承工作室云和工作站授牌仪式、宏地云缦康养度假区项目开工仪式；开展节前安全生产检查。赴省建设厅对接城市风貌管控、美丽城镇建设等工作，省市场监管局对接特种设备安全管理工作；赴天台县考察矿地综合开发利用项目。

10月，举办丽水市首届老年木玩嘉年华活动、童话云和全民健身活动；举行扬尘治理专项行动启动仪式。重阳节开展走访慰问百岁老人活动。赴宁波北仑区、湖州吴兴区、嘉兴港区考察，赴省文旅厅对接省级全域旅游示范县创建、佛儿岩创4A等工作，赴省移办争取库区经济产业带项目，赴省中行联系落户云和工作。

11月，举办宪法宣誓仪式、双拥放心消费示范商圈授牌仪式、综合行政执法局城北执法中队揭牌仪式。赴义乌市考察学习叉车安全监管工作，赴富阳区考察学习国资国企改革工作。

12月，开展新冠肺炎本土疫情现场处置实战演练；举行县委社会建设委员会揭牌仪式。赴省商务厅、省建设厅、省担保公司、杭钢集团对接工作，参加颐高集团招商洽谈活动。

县政府工作成效

【云和县两所学校获评省现代化学校】 1月6日，浙江省教育厅、省政府教育督导委员会办公室联合发布《关于2021年浙江省现代化学校评估结果的公示》，云和县中等职业技术学校被评为省现代化中等职业学校，云和县石塘镇成人文化技术学校被评为省现代化社区学校。至此，云和县创成省现代化学校4所（县实验小学、县实验幼儿园、县职技校、石塘镇成技校）。

【云和县被评为浙江省区域推进语言文字规范化县】 1月11日，省语委办公室、省教育厅办公室公布《2020年浙江省区域推进语言文字规范化县（市、区）名单》。经浙江省语委专家的考察指导和丽水市语委的考核验收，云和县被评为浙江省区域推进语言文字规范化县。

【云和县培育首家省级“隐形冠军”企业】 1月12日，省经信厅公布2020年浙江省“隐形冠军”企业名单。全省共有84家企业入选，丽水市上榜3家。浙江兴昌轴承有限公司榜上有名，成为云和县首家省级“隐形冠军”企业。“隐形冠军”企业，一般指长期专注产业链中某个环节或某个产品，企业主导产品在国内细分行业中拥有较高的市场份额，或是与大型企业形成紧密的协作配套关系，年营业收入在5000万元以上的中型企业。培育隐形冠军企业，不仅可以带动县域规上工业增加值、税收等指标增长，还可以带动全县工业制造业企业走“专精特新”之路。

【云和县荣获浙江省水库移民工作考核优秀县称号】 1月27日，省水库移民安置办公室下发关于2021年度水库移民工作考核情况的通报，移民工作获得省、市移民系统的高度肯定，云和县获评2021年度全省移民工作考核优秀县。

【云和县“十里云河”库区经济产业带提升工程入选浙江省水库移民共同富裕示范项目】 浙江省水库移民共同富裕示范项目建设是贯彻落实省委、省政府高质量建设共同富裕示范区战略的重要举措，2月15日，云和县“十里云河”库区经济产业带提升工程入选浙江省水库移民共同富裕示范项目。

【云和县获评2021年度法治浙江（法治政府）建设优秀单位】 3月21日，中共浙江省委全面依法治省委员会公布《关于表扬2021年度法治浙江（法治政府）建设优秀单位的通报》，对全省59家单位进行通报表扬，其中，丽水市5家，云和县榜上有名。

【云和县入选2021年度省级乡村振兴集成创新示范建设县】 3月31日，浙江省财政厅下达《关于同意列入2021年度省级乡村振兴集成创新示范建设县的批复》，云和县入选2021年度省级乡村振兴集成创新示范建设县。云和县结合云和雪梨特色资源，申报乡村振兴雪梨产业深度融合集成创新试点项目，已获得省级试点补助资金3000万元。

【云和县两个项目入选省重点建设项目】 4月14日，云和县235国道云和段改建工程、紧水滩水冷式绿色数据中心2个项目被列入2021年省重点建设项目计划。235国道云和段改建工程，总投资29.79亿元，全长34.8公里。

【云和县发放全省首笔“数字生态贷”】 5月7日，云和县“数字生态贷”首发仪式在紧水滩镇牛头山村举行，县农商银行为该村农户发放了全省首笔“数字生态贷”20万元。“普惠·数字生态贷”是指以村集体公益林未来补偿金、个人公益林未来补偿金收益、生态系统生产总值等农村产权为授信依据，农户在金融机构确定的授信额度内，通过手机银行数字化自助办贷的融资活动。

【“梅源芒种开犁节”被列入国家级非物质文化遗产代表性项目名录】 5月24日，国务院公布第五批国家级非物质文化遗产代表性项目名录，“梅源芒种开犁节”被列入民俗类国家级非物质文化遗产代表性项目名录扩展项目名录，填补了二十四节气在国遗目录中的空白。

【丽水云和小徐社区被列入全省第三批未来社区试点】 5月25日，省发展改革委、省建设厅联合行文，公布全省第三批未来社区创建名单，丽水云和小徐社区入选。该项目为拆改结合类试点创建项目，规划单元73公顷，实施单元30公顷，直接受益居民5667人，规划总投资35亿元，建设期限2021年8月至2023年8月。

【小顺爱国主义教育基地入选浙江省100家党员教育培训基地】 6月3日，省委组织部印发《关于确定100家省级党员教育培训基地的通知》，小顺爱国主义教育基地成功入选。

【云和（梅源）梯田案例入选浙江省不可移动文物保护利用优秀案例】 6月25日，省文物局公布全省第三批不可移动文物保护利用优秀案例和入围案例名单。全省21个案例被评为优秀案例，19个案例被评为入围案例，其中，云和梅源梯田保护利用案例入选优秀案例，黄绍竑公馆保护利用案例为入围案例。

【玉溪水库生态治理项目获得2021年中央水污染防治专项资金】 8月4日，省财政厅、生态环境厅下达2021年大气污染防治、水污染防治资金（第二批）配置文件，云和县玉溪水库生态治理项目获得2021年中央水污染防治专项资金1400万元。

【云和县连续三年获健康浙江考核优秀等次】 8月16日，省委、省政府健康浙江建设领导小组办公室通报第一批累计三年（2018—2020年）考核等次优秀单位，云和县被列为健康浙江考核优秀单位。

【云和县入选全国整县(市、区)屋顶分布式光伏开发试点单位】 9月8日，国家能源局公布全国整县(市、区)屋顶分布式光伏开发试点名单，云和县入选。截至2020年末，全县非水清洁能源装机容量达到10.9万千瓦，位于全市前列。

【云和县被确定为全省共同富裕示范区建设民政重大改革创新试点县】 9月15日，云和县被确定为全省共同富裕示范区建设民政重大改革创新试点县，为10个综合改革标杆区试点单位之一，承担浙江省高水平建成精准保障标杆区建设试点任务。

【云和县成立首个"两山银行"发放首笔生态信用"两山贷"】 11月26日，云和县举行"两山银行"成立仪式，县农商银行与雾溪畲族乡签订党建联盟战略合作协议，发布生态信用评价的正负面清单，并现场向雾溪畲族乡授信11亿元，向雾溪畲族乡强村公司和个人分别发放50万元和10万元的"两山贷"生态信用贷款。"两山银行"的成立，是云和县在探索政府主导、企业和社会各界参与、市场化运作、可持续发展的生态产品价值实现的路径之一，将为县域实现高质量绿色发展提供有力支撑。

【元和云和雪梨特色农业强镇入选第四批省级特色农业强镇】 11月29日，浙江省粮食安全和推进农业现代化领导小组农业"两区"办公室公布第四批省级特色农业强镇名单，云和县元和云和雪梨特色农业强镇入选。截至2021年末，辖区有雪梨专业合作社及家庭农场36家，雪梨种植面积4000余亩，占全县种植面积的1/3。

【云景畲族"红色高地"教育基地被列入省第一批民族团结进步教育基地培育单位】 11月30日，省民宗委发布《关于认定浙江省第一批民族团结进步教育基地培育单位的通知》，浙西南革命老区云景畲族"红色高地"教育基地被确定为浙江省第一批民族团结进步教育基地培育单位。

【长汀村获全国最美村镇乡村振兴榜样奖】 12月3日，2021·乡村振兴促进共同富裕论坛暨中国最美村镇颁奖典礼在丽水举行。云和县石塘镇长汀村获中国最美村镇乡村振兴榜样奖，为全省唯一，全国仅三地入选。

【云和县获评全省深化"千万工程"建设新时代美丽乡村(农村人居环境提升)工作优胜县】 12月15日，浙江省"千村示范、万村整治"工作协调小组办公室公布2021年度全省深化"千万工程"建设新时代美丽乡村(农村人居环境提升)工作优胜县(市、区)、2021年度浙江省美丽乡村示范乡镇等名单，确定杭州市萧山区等46个县(市、区)为2021年度全省深化"千万工程"建设新时代美丽乡村(农村人居环境提升)工作优胜县(市、区)，丽水市的景宁畲族自治县、缙云县、莲都区、云和县、遂昌县榜上有名。

【云和县"深耕木玩电商发展"项目入选全省商务领域共同富裕第二批试点项目】 12月20日，浙江省商务厅公布全省商务领域共同富裕试点第二批项目，云和县"深耕木玩电商发展 着力共同富裕城乡"的试点项目入选。

【云和县创成浙江省AAA级景区城】 12月27日，市文旅局公布浙江省丽水市景区城名单，云和县和庆元县创成AAA级景区城。云和县AAA级景区城创建以木玩童话小镇和采真里历史文化街区为核心，北至城北路、东至仙宫大道、南至复兴街、西至城西路，创建范围约3.62平方公里，总投资达5.6亿元。

【云和县普法办被评为全国普法工作先进单位】 12月28日，中央宣传部、司法部、全国普法办联合发布《关于表彰2016—2020年全国普法工作先进单位、先进个人和依法治理创建活动先进单位的决定》，云和县普法办被评为全国普法工作先进单位。“七五”普法期间，云和县创成全国民主法治示范村1个，省级民主法治村（社区）15个，市级民主法治村（社区）62个，打造特色普法农家院13家。

【云和县“‘四个生态’引领‘两山转化’创新发展”案例入选全省大花园示范县建设优秀典型案例】 12月29日，浙江省发改委公布第二批全省大花园示范县建设优秀典型案例名单，云和县名列其中。近年来，云和县依托良好的自然生态环境，聚焦“两山”转化，在生态产品价值实现机制方面大胆探索、积极创新，通过打造“四个生态”，即生态信用价值、生态守信激励、生态产品采购、生态环境增值，着力解决自然资源资产与资金转化难题，优化乡村治理体系，为全市乃至全省“两山”转化提供“云和样本”。

县政府办公室工作

【办文办会】 县政府办公室切实贯彻党中央的决策部署和省、市、县党委、政府有关文件精神，准确把握云和发展脉搏，充分体现领导意图，文稿力求精益求精，做到符合法律法规，符合上级政策，符合新的形势，符合领导要求，切合云和县的县情实际，条理分明，言之有物，高质量完成2021年《政府工作报告》等文稿。紧紧围绕县委、县政府中心工作，突出重点，及时做好请示汇报、协调沟通和联系联络工作，做到安排周密、环环相扣、有条不紊、快速推进，确保政令统一，形成工作合力。2021年，县政府办公室全面参与全国农村人居环境整治提升现场会和全国山区县域新型城镇化发展论坛等会务的协调筹备工作，紧盯时间节点，倒排作战工期，细化责任分工，克服时间紧、任务重等困难，圆满完成两项重大活动的各项工作任务。一年来，办公室共主持和参与了240多个协调会，内容涉及重点工程、项目及关系县计民生和社会稳定等各类问题。

【信息报送】 重视信息报送工作。积极适应新形势和新要求，紧紧围绕党委、政府的重点、亮点工作和社会难点、热点问题报送信息，建立健全分类考核、奖惩通报、例会培训等工作机制，有效实现报送数量和质量双提升。2021年，县府办采编上报政务信息1121条，累计被国家、省、市信息刊物录用581条。其中，被国务院办公厅录用43条，获国务院领导批示9条；被省政府办公厅录用127条，获省领导批示9条。

【督促检查】 坚持“把握中心、服务大局、狠抓落实”的工作原则，围绕县委、县政府打造全国山区新型城镇化样板县域“重要窗口”等中心工作，落实县委、县政府“十大战略抓手”“八大行动”工作举措，奋力推动云和县高质量跨越式发展迈出新步伐、实现新突破。把重点项目建设、“三改一拆”、“五水共治”、平安建设、安全生产等纳入2021年督查检查考核年度计划，实行常态化督查、长效化督办，确保政令畅通和各项重点工作落地落实。同时，把民生实事作为重点督查内容，制定督查通报机制，先后开展专项督查13次，确保53项省、市、县民生实事高质量完成。全年收到人大代表建议185件，政协委员提案156件，办理率达100%。 （王业琦　柳夏露）

行政审批事务

【概况】 2021年，云和县行政服务中心在县委、县政府的正确领导下，以习近平新时代中国特色社会主义思想为指导，全面贯彻党的十九大和十九届六中全会精神，紧紧围绕“放管服”和“最多跑一次”工作主线，以“温和、平和、暖和”的妈妈式“和”服务理念，着力提升政务服务能力和水平，不断夯实数字政府基础能力。深入推进政务服务和公共资源交易工作，为打造全国山区新型城镇化县域共富样板贡献力量。截至2021年年底，行政服务中心各窗口共办理各类服务事项836776件，办结

836776件，办结率100%，“最多跑一次”完成比例100%。招投标工作共完成项目388项，交易金额约15亿元，节约项目资金1.8亿元，国有资产增值501万元。2021年度，县行政服务中心承担市级综合考核指标政务2.0系统收件率，列全市第三名。

【推进政务服务改革】 2021年4月，云和县行政服务中心对云和县农商行城区网点、乡镇网点、村级网点、标准型丰收驿站共四大类8个点位进行试点，并对各农商行网点工作人员进行人社、医保、民政、公安等36个事项的集中业务培训和政务服务2.0系统操作指导，将“政务+数字化金融”高度融合，搭建“浙里一窗”综合服务平台。通过政银合作，积极构建“乡镇便民服务中心+银行政务服务专窗+村政务服务代办点”的政务服务新体系，推动政务服务便利化的全面开展。截止年底，共有乡镇便民服务中心10个，银行政务服务专窗14个，网点共101人，村政务服务代办点102个，代办员共299人。截至2021年年底，全县政务服务便利化已经惠及县内71个行政村，普及群众近13万人，累计线上办理业务4994件。

【“一窗通办”稳步推进】 2021年，主厅公安区块和不动产区块完成了政务服务“一窗通办”综合窗口的设置和改造。公安区块改变以往单一警种窗口的板块设置，以政务服务2.0平台推广应用为契机，实现高拍仪、指纹仪、打印机、读卡器等设备跨业务系统共享复用，实现涵盖户籍、车管等8个业务部门共计188项业务，“一窗通办，一次办结”有效提升了办事效率。不动产区块通过“人员集中办公，前台统一导服，强化一窗口综合受理，后台并行审核”的办证模式。设立导服咨询台，明确不动产、税务工作人员同时进行资料审查，做好引导，进一步提高综合窗口办件效率和质量。按照“一窗受理、内部流转、即时办结”的运行模式，由不动产登记统一“一窗综合受理”，通过后台快速流转资料到税务，完税后由不动产缮证归档，统一保管。截至2021年年底，公安窗口总办件量为75763件，其中“一窗通办”业务量62722件，占总量的82.8%。不动产综合窗口总办件量为13421件。

【“乡事城办”持续深化】 结合进城群众增多，返乡办事困难的民生问题，探索开设“乡事城办”特色服务。云和县实施“小县大城”战略，大量农村人口向县城集聚，为方便在县城务工的群众不再回乡回村办事，让进城务工群众少跑一趟回乡村路，中心积极谋划启动“乡事城办”特色服务。在中心开设“乡事城办”特色服务窗口，将农民群众生产、生活息息相关的乡镇(街道)的公共服务事项整合纳入“乡事城办”，实现现场服务功能，为在县行政服务中心“乡事城办”的办事群众远程现场办理，让在县城务工的群众不用再回乡回村办事，享受同城同办同服务。

【跨省“通办”业务开通】 云和县行政服务中心积极围绕“政务服务通办”改革目标，于2021年7月首先与贵州榕江县和三都水族县建立了异地合作关系，并签订政务服务“跨省通办”合作协议仪式。对梳理出的高频事项清单共84个事项全部进行了授权，同时完成对方中心政务2.0系统账号的开设和配置，明确具体事项的办事途径，并为对方窗口工作人员进行业务培训，发放浙里办和浙江政务服务网操作指南的相关宣传手册500本。在中心主厅设置了跨省“就近办”窗口，对本窗口工作人员进行了相应的业务培训，开展跨省“就近办”业务。组织各进驻部门梳理暂时不能跨省“就近办”事项。同时，明确跨省“就近办”办理流程，畅通邮政寄递渠道。制作跨省“就近办”宣传小视频等途径，宣传跨省“就近办”业务情况和实现途径。已与贵州省榕江县、三都水族县、贵阳市白云区、贵州省贵阳丽水商会、苏州吴中区取得联系并达成跨省“就近办”合作伙伴关系，搭建了合作平台、建立了协作机制。

【不断优化营商环境】 运用互联网技术，将远程开标功能与视频互动技术相结合，实现了交易流程的全电子化。2021年5月起云和县政府采购文件实行网上备案，提高了采购效率。中心联合政采云有限公司加强采购交易平台管理，建立政采云商品巡查机制，依托大数据平台发布“黄橙红”预警清单，利用信用评价机制实现推优退劣，扩大价格监测对象，将与云和各单位产生交易的全省供应商纳入价格监测范围。金融服务平台上线运行后，中心通过广告宣传、微信咨询等方式积极引导投标人使用该平台。同时，推进电子保函在建设工程项目中的应用，截至2021年年底，共使用电子保函1819笔，合计约5.2亿元。已完成市政房建远程不见面开标项20项，完成政府采购项目129项，商品价格监测实际有效结果供应商843家。

【落实制度规范交易】 根据《浙江省人民政府关于进一步加强工程建设项目招标投标领域依法治理的意见》文件要求，中心从4月20日起要求招标人采用公开招标的建设工程项目，其招标文件、资格预审文件在监管部门备案前，要求在丽水市公共资源交易网（云和）网站上公示，不少于3日。贯彻落实评标专家“一标一评”考核办法，进一步加强评标专家的监督管理，提高评标专家的评标质量和水平；严格执行《丽水市公共资源交易中心关于县（市、区）分中心政府采购集中采购工作规程（试行）》等各项制度，进一步提升公共资源交易服务标准化建设水平。为进一步规范公共资源交易代理机构进场交易行为，提高代理服务水平与质量，推动信用体系建设，结合云和实际实施管理，2021年3月出台了《云和县代理机构进场交易行为管理办法（试行）》。截至2021年年底，中心对9家有违规行为的代理公司进行了10次处罚，累计记分16分。对有积极配合开展县公共资源交易创新工作的1家代理公司给予加分奖励，累计加分1分。

【规范乡村小额工程】 为规范全县乡村小额项目发包程序，防范廉政风险，提高工作效率，降低市场交易成本，2019年中心会同农业农村局、移民工作中心、财政局、水利局、交通局等6个部门共同制定《云和县乡村小额工程简易发包实施细则（试行）》，明确了村级小额工程的具体范围，明确了房建、市政、水利和交通工程项目下浮率区间等。规范简易发包流程，对村级小额项目的发包、公示、合同签订程序以及项目建设管理作出具体规定。进一步补齐了小额工程项目管理短板，降低了村级小额工程发包环节的廉政风险。截至2021年年底，乡村小额工程简易发包共完成项目180项，交易金额达7909.68万元，节约项目资金414.58万元，节约率4.98%。2021年8月，浙江省丽水市委常委，市纪委书记、监委主任方文军在接受访谈时，指出以云和县为试点开展乡村小额工程招投标廉政风险防控典型样本建设，制定小额工程招投标廉政风险防控办法，从工程发包、管理等环节对小额工程进行规范，进一步加强标前、标中、标后全方位管理。 （徐鑫涛）

机关事务管理

【概况】 2021年，云和县机关事务保障中心在县委、县政府的坚强领导下，以党的十九大精神和习近平新时代中国特色社会主义思想为指引，深入开展党史学习教育，坚持“倾情服务、精细保障”的理念，积极履行机关事务管理、服务、保障职能，全力确保党政机关高效运行。一是全年共接待、劝解到机关大院上访和办事人员16341批次26287人，未发生刑事、治安案件和重大安全责任事故。二是全力提升食堂环境卫生、服务态度、菜品质量。全年累计保障用餐13.9万人次，面向大院职工开展食堂满意度测评，结果显示职工对食堂服务满意度高达98.62%。三是高效保障各车改单位公务出行。全年高效保障县级会议、活动、调研、督查等公务用车活动用车 7861 次，安全行驶 168.78 万公里。四是公务接待全年共接待来宾 468 批次 4090 人次，其中副部级以上领导 7 人次，副厅级以上领导 37 人次，接待中严控标准，规范接待，既不搞特殊，又不失特色，充分体现云和元素。

【规范管理】 （一）办公用房管理。利用办公用房智能图形管理系统，强化办公用房常态化数据监管，全年开展办公用房专项督导检查 2 次，实地走访检查县直单位 47 个，调剂解决县委编办、县应急管理局等 12 家单位办公用房，推进办公用房资源合理配置和节约集约使用。（二）资产管理。以政彩云方式采购资产 32 批次，新增固定资产 272 件（其中政府公物仓 15 件），有效保障党史专班、乡村治理办等 6 家临时机构办公，及时完成全县性重大会议及疫情防控工作物资保障。（三）安保管理。牢牢落实人防、技防、制度防三位一体安保工作机制。5 月，完成新一轮机关大院安保外包服务招标，6 月，及时开展安保人员技能培训，通过防恐技能培训和素质训练，提高安保人员应对各种突发事件的处置能力，确保新旧安保公司平稳过渡。全年共接待、劝解到机关大院上访和办事人员 16341 批次 26287 人，未发生刑事、治安案件和重大安全责任事故。（四）大院环境提升。结合机关大院居民区与办公区共存共享的现状，开展机关大院污水零直排、用电建筑消防安全隐患排查、垃圾分类三大专项行动，改造污水管网 2000 余米，整治安全隐患 20 余处，指导 160 家单位开展垃圾分类示范单位创建，有效改善办公环境。大院民房征收工作按计划推进，完成机关大院第 9 幢房改房征收项目产权调换工作。启动西副楼修缮工程，12 月完成西副楼 7 个单位办公用房搬迁，本中心搬迁至原人武部巡特警大队办公楼。

【竭诚服务】 （一）会务服务。积极开展“我为机关运行作保障”之会务服务能力提升活动，开展会务人员业务素质培训 3 次，以争创市巾帼文明岗为导向，强化考核管理，提升会议服务质量和水平。全年圆满保障了县“两会”、“七一表彰大会”、“慈善一日捐”、县第十五次党代会等会务服务活动 1700 余场次。（二）餐饮服务。围绕创办职工“满意食堂”的目标，机关大院食堂严格管理考核办法，通过每月考核检查和日常管理机制，全力提升食堂环境卫生、服务态度、菜品质量。全年累计保障用餐 13.9 万人次，面向大院职工开展食堂满意度测评，结果显示职工对食堂服务满意度高达 98.62%。（三）民生服务。继续实施“一户一策一干部”帮扶行动，走访帮困 60 余人次，解决群众实际困难 10 余件。31 名党员干部参与新冠疫苗接种、网格化管理巡查、防诈骗知识宣传等志愿服务 60 余场次。办好后勤“关键小事”，机关事务改革事项累计线上办理机关食堂就餐卡、公务用车指标追加等七大类事项 4421 件；推行县图书馆智能信用借阅柜、身高体重测量仪、血压测量自助仪、自动体外除颤器、智能充电桩等“一站式”人性化自助服务设备，机关大院人文关怀和公共安全体系建设水平进一步提升。（四）公车出行保障。坚持 24小时值班调度，80 台车辆滚动保障出行，更新采购公车 8 辆，运用“全省一张网公务用车预约平台”“GPS 车载定位系统”等平台，高效保障各车改单位公务出行。全年高效保障县级会议、活动、调研、督查等公务用车活动用车 7861 次，安全行驶 168.78 万公里。（五）公务接待。认真贯彻中央、省、市、县有关规定，严控标准规范接待。不搞“特殊”但不失特色，力求在公务接待中体现云和元素，在公务接待中也适时推出雪梨宴等特色菜品。全年共接待来宾468 批次 4090 人次，其中副部级以上领导 7 人次，副厅级以上领导 37 人次。圆满完成了知名浙商助力丽水跨越式发展大会走进云和、全国农村人居环境整治提升现场会、全国山区新型城镇化发展论坛等大型活动的接待保障任务。

【自身建设】（一）扎实开展党史学习教育。制定《云和县机关事务保障中心关于开展党史学习教育的实施工作方案》，以规定动作+特色动作高质量推进专题学习会、开展解忧办实事活动。共开展党史专题研学11次、专题党课6次、特色主题党日活动4次，志愿服务60余场次，办好后勤“关键小事”10余件。（二）全面推进从严治党工作。严格落实主体责任，党组和班子成员按要求开展廉政谈话、廉政督查，及时召开分管领域专题例会等，党风廉政建设责任进一步夯实。6月8日至7月8日，积极落实县委第二巡察组巡察进中心工作，中心党组严格落实主体责任，全力配合完成巡察。借巡察工作之机，系统梳理工作难点、薄弱环节，巡察反馈问题33个，制定巡察整改措施77条，完成整改32个，教育提醒13人，建立完善制度14项，进一步提升机关工作效能。（三）认真履行意识形态职责。深入贯彻中央、省、市、县委意识形态工作的决策部署和指示精神，结合机关事务工作实际严格落实“一岗双责”制，通过健全工作机制、狠抓思想教育、强化宣传教育管好责任田、守好主阵地、汇聚正能量，牢牢把握话语权和主动权。调整工作领导小组进一步明确职责分工，开展集中学习、专题党课、网络自学提升干部职工思想认识，及时研判解决网络意识形态问题把握舆论导向。（四）有效激发队伍活力。在全中心范围内开展春游、庆“三八”节、篮球友谊赛等活动，营造良好氛围，激发工作活力。积极推进人才队伍建设，抽调2名年轻干部参与市与县级重点工作，完成2名预备党员正式转正，完成6名临聘人员招录。

（龚成礼）

综合指挥体系和大数据建设

【概况】 2021年，云和县大数据中心坚持党建统领，紧紧围绕数字化改革目标任务，统一思想、合力攻坚，重点推进一体化智能化公共数据平台迭代升级，建成数字云和改革总门户，统筹信息化项目管理，共梳理、编制应用目录29个，关联数据目录838条、应用项目23个、云资源实例57个、组件应用14个。开展项目初审、联审，有序推动县级数据仓、数字孪生三维地图、政府门户网站改版、信创保障服务站、政务外网安全提升等项目建设，规范政务云资源使用管理，推广应用“浙里办”“浙政钉”两端等工作。全面启用“浙政钉”2.0，注册用户5833人，指导搭建工作台104个，工作台搭建率、用户激活率、头像更新率均达100%，用户日均活跃率维持在86%以上，整改解散不活跃群352个。提升“浙里办”活跃度，整改接入应用3个，周平均日用户活跃数0.49万人。

【公共数据平台建设】（一）推进一体化数字资源系统（简称IRS）建设。组织多家相关单位开展存量应用目录编制工作，对应用系统的数据目录、项目信息、云资源、组件实施关联。共梳理、编制应用目录29个，关联数据目录838条、应用项目23个、云资源实例57个、组件应用14个。按照存量应用系统“应上尽上”政务云原则，积极推进政务“一朵云”建设，全县7个应上云应用已制定上云工作计划表，4个应用完成迁移上云。截至2021年12月30日，IRS中登记的政务信息系统安全等级保护备案率达100%。（二）完善数据资源体系。完成市县级公共数据管理系统二期项目建设并投入使用。建立首席数据官和数据专员制度，全县共设首席数据官74名，数据专员147名。完成全县信息系统普查和数据目录编制工作，梳理31家单位核心业务和数据目录，累计梳理核心业务事项1942项，完全开放目录103个。建成县级数据仓和数字化改革任务仓，共接收省市回流下发的6批共527张分域数据表，数据需求共享满足率100%。成立数据仓运维团队，负责县级数据仓运维和专题库建设技术支持。（三）加强“两端”推广应用。全面启用“浙政钉”2.0，注册用户5833人，指导搭建工作台104个，工作台搭建率、用户激活率、头像更新率均达100%，用户日均活跃率维持在

86%，整改解散不活跃群352个。提升浙里办活跃度，整改接入应用3个，周平均日用户活跃数0.49万人。配合县改革办、县防控办落实“访客码”推广工作，部署“访客码”点位667个，并不定时检查使用情况。（四）壮大业务应用体系。完成69家单位新版协同办公系统的信创升级。建成数字化改革总门户，实行专班化运作，指导五大子门户建设并集成接入总门户。积极参加全市数据开放创新应用大赛，荣获“生态视窗特色赛题”优胜奖。（五）夯实基础设施体系。提升政务外网核心交换能力，主干网络提升至万兆，印发《关于政务云资源管理相关事项的通知》，规范云资源申请、变更、注销流程，相关事项上线市机关内跑平台。实时监测云资源使用情况，提高云资源使用效能。（六）强化网络和数据安全保障。2021年共开展网络和数据安全专项检查二次，进一步规范企业参与政务信息系统建设，保障政务信息系统和政务数据安全。

【城市数字孪生建设】 以三维实景地图的建设夯实城市数字孪生底座，建立共建共享的县域三维“一张图”建设模式，统一规范、标准，构建完善创新应用生态体系。已完成涵盖四街道三乡三镇所在地和重点村落共计30平方公里三维建模和资源管理平台的建设开发（该项目已完成验收）。

【信息化项目管理】 制定出台了《云和县政府投资信息化项目管理办法》，规范项目申报流程，项目申报“一件事”上线机关内跑平台。建立13名专家组成的“数智云和”专家库，已完成30个信息化项目的预审和29个项目联审，核减项目预算资金300余万元。为规范提升全县信息化项目管理水平，正在谋划信息化项目管理系统开发，实现云和县信息化项目申报、评审、验收、归档及绩效评价全周期管理。

【指挥中心业务提升】 扎实做好基层治理四平台事件流转处置，不定期召开“基层治理四平台”联席会议，共研治理难题，事件办结率达97.87%。完成“96345”和“12345”热线人员整合，新增话务席位1个，话务员3名。截至12月20日，“96345”热线接听服务求助电话9867次，“12345”热线共接听举报电话11378次，其中疫情咨询电话823次，15秒接通率97.05%，有效接通率93.87%。

【政务新媒体管理】 全县新媒体账号共21个涉及16家单位，利用新媒体监管平台，对政务新媒体运行情况实施动态监测，并纳入年底政府信息公开考核，形成线上监管提醒+线下督办整改工作闭环。累计发出工作提醒42次，整改问题21个。完成县政府网站改版工作，增加移动版、老年适配版等功能。

【网络防护能力提升】 对电子政务网络按安全等保2级要求进行升级整改，加强电子政务网络安全防护能力和安全服务能力。开展了“护航建党100周年”网络安全专项检查并进行定期巡检，下发网络与信息安全通报14期。联合网信、公安对存量应用系统开展等保备案和测评。

【提高信创服务水平】 建设完成持续保障服务站，成立信创专家库，组建完成信创服务保障团队，2021年全县共集采国产电脑464台，完成部署464台，部署率为100%。10月会同财政局启动资产处置工作，已替换401台终端，替换率达86.4%。上门安装维护300余次，对全县60家县直单位、10个乡镇街道开展真替真用调研排查工作，累计处置问题109个。

【党史学习教育】 党史学习教育开展以来，中心累计组织15次党史专题学习，开展党史学习教育实践活动4次，讲党课8次，宣讲党史6次，观看党史学习教育片5次。组织中心干部积极参加庆祝建党百年青年理论宣讲大赛暨微型党（团）课大赛、红色经典美文诵读大赛、红歌演唱大赛，分别荣获二、三等奖及云和县十佳歌手称号，1名干部入选云和县“和小宣”青年宣讲团。

【党风廉政建设】 一是加强教育。组织开展元宵廉政知识灯谜1次，清廉学堂5次，专题学习各类违纪违法案例通报或剖析23次，观看《警钟60秒》《警钟长鸣》《迷途的抉择》等警示教育片12个，学习《姚绶：清廉为官清正做人》《包拯“拒礼”为开廉洁风》等廉洁故事2个，组织全体干部观看市纪委微党课展播、“法治云课堂”2次，参观“清廉之干”清廉丽水建设三周年成果展。二是减少风险。层层签订《全面从严治党责任书》，压实主体责任。开展政治生态自评和公职人员违规从事营利性活动、茶叶领域背后“四风”问题、酒驾醉驾及其背后“四风”问题等自查自纠4次，酒驾醉驾纪法小课堂1次，专题学习酒驾醉驾专项治理文件，中心群发布警示标语3次，制作警示横幅1条。创新开展廉政风险等级“自我初定+班子审定”机制的廉政风险自查。完成中心全体干部廉政档案建档工作。班子成员对中心组织的专题培训班、工会和党支部活动等大额费用支出过程中可能存在的廉政风险，及时进行谈话提醒。三是乘势实干。积极投身未来社区小徐区块项目征迁，助力实现百日签约率100%。组织动员中心干部接种新冠肺炎疫苗，第一、二针实现100%接种，加强针接种率达84.62%。四是除去歪风。配合完成县委第7轮巡察工作，11月10日召开巡察意见反馈会，对巡察组反馈问题意见照单全收，坚决整改。从严从紧控制“三公经费”开支，中心公车使用共53次，费用共26362.77元（12月17日数据），公务接待16次，费用共10226元，未产生因公出国（境）经费。紧盯重要时间节点和重点工作环节，在浙政钉群转发正风肃纪提醒函和廉“节”提醒5次，开展正风肃纪月督查12次，切实严明廉政工作纪律规矩，廉政“警钟”回旋不绝，“预防针”因时因势施治。

【意识形态建设】 贯彻落实中央、省委、市委、县委的宣传思想工作会议精神；组织学习维护意识形态（网络意识形态）安全内容。一是重视加强理论武装。制订2021意识形态工作计划、党组中心组理论学习计划，深入学习习近平新时代中国特色社会主义思想和社会主义核心价值观等专题课程，提高意识形态意识，更好地做好意识形态工作。二是严格履行“一岗双责”。班子成员按要求抓好分管职责范围内的意识形态工作，每季度召开专题例会，分析和研判意识形态（网络意识形态）工作，将意识形态作为述职报告、民主生活会、基层党建的重要内容，每半年向县委报告主体责任落实情况；建立健全学习强国学习情况的机制，每季度通报一次学习分值，共通报4次。三是积极开展精神文明建设。组织开展“垃圾分类”“文明出行”“绿色低碳”等各类文明实践志愿服务活动12次，开展服务志愿化管理，年度志愿服务时长15小时以上；开展“我们的节日”——春节、元宵、清明等主题系列活动6次；积极推进单位正版软件工作，不安装盗版软件，不违规使用软件；做好中华版本资源收集工作，实际上交151件，超额完成征集中华版本资源工作。

【拓宽工作渠道】 2021年，云和大数据中心将国防动员、法治建设、统战等工作纳入年度工作计划、工作报告，并通过党组会议、干部例会等组织班子、干部开展学习，强化理论基础，共开展相关学习9次，还通过单位宣传栏张贴海报、发放宣传单等形式加强宣传引导，加深干部群众对习近平法治思想、宪法、民法典、统战思想等的认识。（吴婷婷）

政协云和县委员会

县政协重要会议

【县政协九届五次会议】 2021 年 4 月 26 日至 28 日，中国人民政治协商会议第九届云和县委员会第五次会议召开。本次会议应出席委员148 人，实到 142 人，符合法定人数。县政协主席王新荣代表政协第九届云和县委员会常务委员会向大会作工作报告。大会共收到以提案形式提出的意见建议 173 件，其中，党派团体提案 12 件，委员个人提案 161 件。会议听取和审议政协第九届云和县委员会常务委员会工作报告和提案工作报告，审议通过选举办法、大会决议和县政协九届五次会议提案初审情况报告；表彰 2020 年度县政协先进委员组、优秀委员、优秀信息员、县政协九届四次会议以来的优秀提案、县政协九届五次会议优秀大会发言；选举刘伟华、官军军为政协第九届云和县委员会常务委员。

【县政协常委会会议】 1 月 7 日，县政协召开九届二十四次常委会会议。会议传达学习中共十九届五中全会精神等内容；听取县政府关于“十四五”规划纲要编制情况和县政协九届四次会议以来提案办理情况通报；听取县纪委监委关于 2020 年全县党风廉政建设工作情况通报及县人力社保局、县综合行政执法局工作情况通报。会上，县政协常委围绕全县“十四五”规划纲要编制等工作提出意见建议。

4 月 14 日，县政协召开九届二十五次常委会会议。会议传达学习全国政协十三届四次会议精神、省政协十二届四次会议精神、市政协四届五次会议精神；审议通过《县政协常委会工作报告（送审稿）》《县政协提案工作报告（送审稿）》，2020 年度各项履职先进名单、有关人事事项、县政协九届五次会议有关事项；协商讨论《政府工作报告（讨论稿）》《县人民法院工作报告（讨论稿）》《县人民检察院工作报告（讨论稿）》；听取政协第九届云和县委员会第五次会议筹备情况的说明。

4 月 28 日，县政协召开九届二十六次常委会会议。会议听取各组讨论情况汇报；审议通过《提案初审情况报告（草案）》《大会选举办法（草案）》；确定九届县政协常务委员会委员正式候选人名单；通过监票人、总监票人、副总监票人建议名单；审议通过《大会决议（草案）》。

7 月 30 日，县政协召开九届二十七次常委会会议。会议传达学习习近平总书记在庆祝中国共产党成立 100 周年大会上的重要讲话、省委书记袁家军在浙江省庆祝中国共产党成立 100 周年大会上的重要讲话精神和省委十四届九次全会精神；听取县人民法院、县人民检察院、县公安局、县司法局等 4 家单位的工作情况通报；审议通过《关于加强和促进人民政协凝聚共识工作的实施意见》。

9 月 29 日，县政协召开九届二十八次常委会会议。会议传达学习中央民族工作会议、全国农村人居环境整治提升现场会、省委民族工作会议精神；听取县发改局、县水利局、县自然资源和规划局等 3 家单位的工作情况通报；审议通过以《立足生态优势 大力发展康养产业》

为题的调研报告和有关人事事项。

12月27日，县政协召开九届二十九次常委会会议。会议传达学习中共十九届六中全会、中央经济工作会议、省委十四届十次全体(扩大)会议、省政协党的建设推进会等会议的主要精神；听取县政府关于县政协九届五次会议以来提案办理情况通报；听取县纪委监委、县农业农村局、市生态环境局云和分局、县司法局的工作情况通报和县九届政协各专委会工作总结汇报(书面)；审议通过《关于授权政协第九届云和县委员会主席会议审议政协第十届云和县委员会第一次会议有关事宜的决定》。会议还研究了其他事项。

【县政协主席会议】 2021年，县政协召开主席会议13次。

1月22日，县政协召开九届四十八次主席会议。会议传达学习县委全会报告等有关文件精神；协商讨论2020年度反映社情民意、信息工作先进个人，2020年度先进委员组、优秀委员；审议通过县政协九届五次会议大会发言选题、“生态产品价值实现机制”专题协商会方案；听取提案工作综合考核情况汇报。

3月1日，县政协召开九届四十九次主席会议。会议传达学习市政协四届五次会议等会议主要精神；协商讨论《2021年度协商工作计划》；审议通过《云和县政协提案事前审核制度》；听取2021年云和县政协委员(干部)培训方案汇报。

3月18日，县政协召开九届五十次主席会议。会议传达学习全国政协十三届四次会议精神；协商讨论《县政协常委会工作报告(讨论稿)》《提案工作报告(讨论稿)》及县政协九届五次会议有关事项；审议通过《云和县政协2021年主要工作安排》。

4月13日，县政协召开九届五十一次主席会议。会议审议通过“加强山海协作，共谋高质量跨越发展”“云和梯田农耕文化走廊建设”“研学旅行融合发展”三场专题协商会的方案；协商讨论县政协九届二十五次常委会会议建议议程、有关人事事项。

4月25日，县政协召开九届五十二次主席会议。会议协商讨论《大会选举办法(草案)》、大会决议(草案)、县政协九届二十六次常委会议建议议程；审议通过监票人、总监票人、副总监票人建议名单。

5月27日，县政协召开九届五十三次主席会议。会议传达学习中共中央政治局会议精神、汪洋在上海浙江调研时的讲话精神、省委常委会会议精神、省委统一战线工作领导小组会议精神、提升党员干部队伍推进现代化建设新能力暨市县乡领导班子换届工作会议精神、全省碳达峰碳中和工作推进会精神、省政协党组扩大会议精神；协商讨论《云和县政协九届五次会议提案复审情况报告》；审议通过《2021年云和县政协常委会工作报告重点工作责任分工方案》、以《立足生态优势 大力发展康养产业》为课题的常委会调研方案、云和县政协九届五次会议重点提案及《云和县政协工作考核办法》《云和县政协关于“深入推进大花园建设，加快建设美丽中国先行示范区”专项集体民主监督实施方案》《云和县政协关于开展“三大两促”政协委员走访活动的实施方案》。

6月23日，县政协召开九届五十四次主席会议。会议传达学习中共浙江省委十四届九次全会精神；审议通过《云和县政协“深入推进大花园建设，加快建设美丽中国先行示范区”专项集体民主监督调研分报告》及成立云和县政协书画摄影之友社相关事宜。

7月26日，县政协召开九届五十五次主席会议。会议传达学习全国政协主席汪洋在各界人士庆祝中国共产党成立100周年座谈会上的讲话精神、山区26个县跨越式高质量发展暨山海协作工程推进会精神以及省政协主席葛慧君署名文章《在新的赶考路上展现政协担当作为》等；协商讨论《关于加强和促进人民政协凝聚共识工作的实施意见》、县政协九届二十七次常委会会议建议议程；审议通过《关于开展“椤林学堂 书香政协”读书活动的实施方案》、县政协领导督办2021年重点提案工作安排。

8月27日，县政协召开九届五十六次主席会议。会议传达学习习近平总书记在党外人士座谈会上的重要讲话精神、中共中央政治局会议精神、省委常委会会议主要精神、省市政协主席读书会会议精神；审议通过《云和县政协“请你来协商”工作专班名单》《“优化营商环境，助力‘双招双引’”专题协商会方案》《“补齐云和城市公共资源五大短板 助推城市能级提升”专题协商会方案》。

9月26日，县政协召开九届五十七次主席会议。会议传达学习习近平总书记在中央民族工作会议上的重要讲话精神、全国农村人居环境整治提升现场会主要精神、省委常委会会议主要精神、省委民族工作会议主要精神、省政协主席葛慧君在丽水调研时的讲话精神；审议通过《政协第九届云和县委员会第五届趣味运动会方案》；协商讨论《立足生态优势 大力发展康养产业》调研报告、政协九届二十八次常委会会议建议议程、制作九届政协委员牌相关事宜、有关人事事项。

10月25日，县政协召开九届五十八次主席会议。会议传达学习中共中央政治局会议主要精神、习近平总书记在纪念辛亥革命110周年大会上的重要讲话精神、省委常委会会议主要精神、全省基层党建工作会议主要精神、全省政协委员会客厅工作推进会主要精神、省委书记袁家军的文章《扎实推动高质量发展建设共同富裕示范区》等；审议通过《云和县“请你来协商•民生议事堂”平台建设工作实施办法》《政协第九届云和县委员会“同心向党•缘聚政协”文艺汇演方案》。

11月26日，县政协召开九届五十九次主席会议。会议传达学习中共十九届六中全会精神；协商讨论九届政协委员的留任建议。

12月23日，县政协召开九届六十次主席会议。会议传达学习中共中央政治局会议、省委十四届十次全体(扩大)会议、省政协党的建设推进会等会议主要精神；审议通过《“发挥生态优势 大力发展康养产业”专题协商会方案》；协商讨论县政协九届二十九次常委会会议建议议程，听取各专门委员会2021年工作情况和2022年工作思路汇报。

县政协主要工作

【党建引领走深走实】 牢牢把握“人民政协是政治组织，必须旗帜鲜明讲政治”要求，始终坚持懂政治、讲政治是政协委员立身处世的第一要义，以党史学习教育为契机，加强思想政治建设，推动从严治党向纵深发展。(一)不断深化思想政治理论学习。把政治理论学习摆在突出位置，以十九届六中全会精神和党史学习教育四本必读教材为重点，通过主席会议集中学、常委会会议专题学、机关党员干部轮流讲学、委员组和委员组工作支部研讨学等形式，组织开展各类学习50余次，实现学习教育全覆盖、高频率，广大政协委员和全体机关干部在理论学习中夯实了理论根基，坚定了政治信仰。(二)积极开展“党建引领”主题活动。创新性组织开展“党旗引领委员行”活动，党员委员带头先行，非党委员主动融入，广大委员贴近群众，为民解难题、办实事，进一步架好党员委员与广大群众的“连心桥”；积极开展“双百”(百名政协委员帮困联百户)行动、“三大两促”(大宣讲、大调研、大走访，促学习、促履职)活动，引导社会各界人士把思想和力量统一到党委、政府的中心工作上来，确保党建引领向基层延伸、向四周扩散。(三)全面落实“一岗双责”责任清单。按照党风廉政建设要求，把意识形态工作纳入党建工作责任制，党组成员带头示范，严格落实“一岗双责”责任清单，把任务逐一分解落实到人；认真开好每季度党风廉政例会，积极做好谈心谈话、纪律提醒等工作，做到规定动作不走样，自选动作有提升，推动党风廉政建设责任制从严落实。

【工作成效日益突显】 坚持围绕中心、服务大局是政协履职的重中之重。2021年，县政协党组扣准全县经济工作的重点难点，瞄准社会民生问题的热点焦点，认领重点项目，开展协商建言，各项工作取得明显成效。（一）联系项目有新面貌。是年，县政协共领衔“佛儿岩创4A景区”“紧水滩引调水工程”“大搬快聚富民安居工程”等7个重点项目，各牵头领导主动作为，聚焦项目推进过程中的重点难点堵点等问题进行深入研究和分析，拿出对策，交出答卷，确保项目阶段性任务圆满完成。同时，定期赴各自联系的乡镇街道听取工作情况汇报，帮助谋划工作思路，协调解决困难问题。（二）专题协商有新路径。全面谋划“1+6+X”协商工作计划，先后在不同领域、不同界别组织开展“生态产品价值转换”“云和梯田农耕文化走廊建设”等10场专题民主协商会，协商氛围日渐浓厚，协商成效日益凸显，为党委、政府提供了重要参考和决策依据。其中，与北仑区政协开展的“加强山海协作，共谋高质量跨越发展”线上专题协商会，为打造山海协作升级版提供了新动力；“云景联合协商”模式，为两地政府实现合作交流、共谋发展注入了新血液。（三）提案督办有新效能。在2021年交办的155件提案中，遴选事关经济建设和社会发展大局的18件提案作为重点提案，提交县委、县政府领导领办，并由县政协主席、副主席领衔督办。提案委通过实地督查、座谈交流等形式，对提案办理情况进行持续跟踪和督办，确保了重点提案一一落实，提案采纳率明显提升，为提案工作的推进奠定了扎实的基础。

【凝聚共识润物无声】 始终把凝聚共识作为做好政协工作的紧要事、关键事。（一）积极画好团结友好这一“同心圆”。出台《关于加强和促进人民政协凝聚共识工作的实施意见》等文件，加强与各界人士的联谊交友，积极走访异地云和商会、域外乡贤，为云和籍在外人士回乡创业牵线搭桥，切实将凝聚共识贯穿于履职全过程，全方位、多渠道提高形成共识、增进共识和传播共识的能力。（二）充分发挥民主监督这一“指挥棒”。围绕“深入推进大花园建设，加快建设美丽中国先行示范区”开展市县政协联动专项集体民主监督活动，先后开展调研9次，提出意见建议38条，为加快建设美丽中国先行示范区凝聚各方力量和智慧；深入开展“民主监督添助力”活动，向8家单位派驻民主监督员，推进民主监督工作具体化常态化，助推相关单位中心工作的有效落实。（三）努力写好社情民意这一“大文章”。2021年，共收集社情民意信息99篇，编发《社情民意》21期、《社情民意直通车》8期，得到党政主要领导批示4篇；上报民意信息44篇，被全国政协录用1篇、省政协录用2篇、市政协录用19篇、获副省长批示1篇。通过社情民意渠道，努力讲好“政协故事”，发出“政协好声音”，不断释放影响力，扩大社会团结面，推动一批民生实事落地落实。

【全面拓展履职渠道】 充分发挥政协平台的独特优势和功能，致力于平台打造、载体创新，通过平台引领，全面拓展委员履职渠道，拓宽实践路径。一是委员会客厅扎实推进。云和木玩政协委员会客厅开展主题活动6场，接待会客240余人，被省政协评为“三星级”会客厅。同时，会客厅成员创新活动形式，形成活动心得，及时提炼典型，进一步引导广大委员主动融入会客厅、积极开展建言献策。二是书香政协氛围浓厚。深入贯彻习近平总书记关于加强读书学习的指示精神，加强“书香政协”建设，出台《关于开展“椤林学堂·书香政协”读书活动的实施方案》，举办“椤林讲坛”第二讲，定期开展线上线下主题读书活动，组织委员踊跃参加省市政协读书群，让常态化读书、终身学习成为广大政协委员的“必修课”。三是民生议事堂活力彰显。制定出台《云和县“请你来协商·民生议事堂”平台建设工作实施办法》，在浮云街道设立全县第一个民生议事堂，开展“活禽集中杀白点整治”首场专题协商活动，把民生议事堂作为“请你来协商”平台建设的重要抓手，有效助推委员拓展履职的路子。同时，立足数字赋能新优势，以“数字政协”建设为主要抓手，在首次省政协主题网络议政活动中，形成1682条建言成果，建言总数全省第一，人均跟帖量全省第一，成功交出“云和政协高分答卷”，为广大委员进一步拓展履职渠道开辟了新路径。

【队伍建设持续向好】 全面把握新时代人民政协工作的总体要求，以队伍建设、能力提升为切入口，突出委员的主体地位，内强素质，外树形象，着力筑牢履职基础。一是完善制度规章。修订完善《专委会工作规则》《关于加强政协委员组工作支部建设的实施意见》等制度，以健全制度为抓手，强化专门委员会建设，更好发挥专委会基础作用，有效推进人民政协规范化、程序化建设，不断提升政协工作科学化水平。二是加强队伍建设。认真组织开展委员培训，赴贵州省遵义市、贵阳市举办2021年云和县政协委员（干部）培训班，强化委员做好新时代政协工作的紧迫感和使命感；组织开展第五届趣味运动会，举办政协党史学习教育成果展示暨九届政协委员文艺会演，进一步增进广大政协委员和全体政协机关干部的凝聚力和向心力。三是改进工作作风。严格落实中央八项规定等廉政作风建设的规章制度，针对巡查反馈的37个问题，列出了100条整改措施，做到问题个个有回应、整改事事有落实。经过全面整改，政协机关的服务能力和统筹协调能力得到全面提升。（方晓俊）

中共云和县纪律检查委员会
云和县监察委员会

【概况】 2021年，云和县纪委监委在市纪委监委和县委的领导下，坚持以习近平新时代中国特色社会主义思想为指导，以风清云和建设为主线，纵深推进"一体化、专业化、规范化"建设年活动，持之以恒正风肃纪，坚定不移惩治腐败，持续深化改革创新，不断推动全面从严治党工作向纵深发展。围绕党员领导干部落实管党治党责任情况开展重点监督，对13起落实"两个责任"不到位问题进行责任追究，4个党组织、13名科级领导干部受到处理。开展正风肃纪监督检查57批次，查处"四风"问题19起，处理36人。深入推进亲清政商会客厅等15个清廉示范点建设，全市清廉国企建设现场推进会在云和召开。对16家单位开展常规巡察，对1家单位开展涉粮问题专项巡察，对10个村（经合社）开展巡察"回头看"，发现问题572个，移交问题线索15条，向有关职能部门提出意见建议11条，收回违规违纪款173.43万元。全年共受理检举控告48件，处置各类问题线索128条，立案审查调查62件，给予党纪政务处分70人，采取留置措施4人，移送检察机关审查起诉4人。

纪委重要会议

【县纪委举行十四届七次全体（扩大）会议】 2021年3月24日，中共云和县第十四届纪律检查委员会第七次全体（扩大）会议在县文化中心召开。在职副县级以上领导，县纪委委员，各乡镇党委书记、乡（镇）长、纪委书记，各街道党工委书记、办事处主任、纪工委书记，县直各单位主要负责人，部分党代表，在云和的市纪委市监委特约监察员和清廉丽水讲师，县委巡察办、巡察组全体干部，县纪委县监委机关及派驻纪检监察组全体干部参加会议。会议回顾总结云和县2020年纪律检查工作，研究部署2021年工作任务。县委书记叶伯军出席会议并作重要讲话。会议审议通过县委常委、纪委书记、监委主任胡坚代表中共云和县纪律检查委员会常务委员会所作的《忠实履行新时代纪检监察职责使命 为我县开启高水平全面建设社会主义现代化新征程提供坚强保障》的工作报告。

【县纪委召开十五届一次全体会议】 2021年12月30日，中共云和县第十五届纪律检查委员会第一次全体会议在县委机要楼会议室召开。县委副书记、政法委书记陈卿及王雪梅、孔祥丰、叶志明、叶金宝、刘海波、李旭波、李佳妮、李锋、吴丰元、吴建飞、邱发强、余建林、沈昺丞、林上泉、官玉和、徐会、舒坚阳、雷永东、颜柏林等19名县纪委委员参加会议。会议讨论通过《中国共产党云和县第十五届纪律检查委员会第一次全体会议选举办法》，选举舒坚阳、叶金宝、叶志明、吴丰元、余建林、刘海波、徐会为中共云和县第十五届纪律检查委员会常务委员会委员，舒坚阳为县纪委书记，叶金宝、叶志明为县纪委副书记。

纪检监察工作

【强化政治监督】 持续强化政治监督，“两个维护”有力落实。紧紧围绕习近平总书记重要指示批示精神以及上级决策部署贯彻落实情况开展监督检查，聚焦中央巡视反馈问题整改、县乡换届、规范村庄撤并等重大决策部署，紧盯常态化疫情防控、项目攻坚等重点任务，开展清单化、闭环式监督，保障重大政治任务落实落细。围绕严明换届纪律，严格开展党风廉政意见审查回复，明确属于“九个一律”“九个不宜”人选6人，严肃查处4起违反村级组织换届纪律问题。围绕党员领导干部落实管党治党责任情况开展重点监督，对13起落实“两个责任”不到位问题进行责任追究，4个党组织、13名科级领导干部受到处理。深入运用基层政治生态评价体系，坚持以评促改、以评促建，紧水滩镇、凤凰山街道入选2021年度全市乡镇（街道）政治生态优胜榜。

【加强清廉建设】 系统推进清廉建设，廉洁氛围日益浓厚。协助县委制定下发《关于纵深推进风清云和建设的意见》，召开风清云和建设现场推进会，全面动员各单位党委（党组）认真落实清廉建设各项工作部署。协助打造亲清政商会客厅、清廉交通学教基地、雾溪水库研学综合教育基地、智木玩具清廉民企等15个清廉示范点，形成以点带面的辐射效应。深化清廉国企建设，全市清廉国企建设现场推进会在云和召开，云和县清廉国企“6化18强”指标体系等做法在全市推广，为清廉丽水建设贡献云和智慧。大力弘扬清廉文化，组织“舌尖上的好家风”清廉美食节、“诵红色家书·传清廉家风”朗诵大赛、清廉建设主题征文等活动，举办云和首届清廉木玩创意设计大赛，拍摄制作《风清云和》印象片、《警钟60秒》等警示教育视频，廉洁意识更加深入人心。

【持续正风肃纪】 精准开展正风肃纪，“四风”纠治严而又实。持之以恒贯彻落实中央八项规定及其实施细则精神，持续加大正风肃纪力度，严格纠“四风”树新风。坚持开门监督，向全县人大代表和政协委员发放《正风肃纪点题单》294份，广泛征集社会各界对正风肃纪工作的意见建议。坚持精准监督，深入运用“大数据”+“大脚板”工作机制，通过数据碰撞、实地走访等方式深挖隐藏的“四风”问题，全年共开展正风肃纪监督检查57批次，查处“四风”问题19起，处理36人，对17起案例进行通报曝光，持续释放全面从严信号。认真开展政法队伍教育整顿监督工作，处置政法系统问题线索5件，给予党纪政务处分4人，组织处理6人，有力推动落实全面从严治警。

【推进政治巡察】 坚守政治巡察定位，利剑作用充分发挥。坚定不移推进政治巡察，在全市率先实现县委一届任期巡察工作全覆盖。打好“常规+专项+回头看”组合拳，全年对16家单位开展常规巡察，对1家单位开展涉粮问题专项巡察，对10个村（经合社）开展巡察“回头看”，发现问题572个，移交问题线索15条，向有关职能部门提出意见建议11条，收回违规违纪款173.43万元。推动开展巡察整改落实情况自查自纠，制定出台“四跟进一报告”制度，细化被巡察党组织巡察整改质效量化评估，梳理巡察整改不到位问题清单，进一步优化巡察成果运用。全面总结十四届县委巡察工作成果，整理汇编《巡察工作规范化标准》《巡察工作制度汇编》等，出台《云和县委巡察抽（借）调干部管理十条意见》《云和县委巡察机构工作人员十不准》等规章，切实推动巡察工作制度化、规范化。

【整治突出问题】 集中整治突出问题，群众利益有效维护。深入整治群众身边腐败和作风问题，围绕校外培训、劳资纠纷、回迁安置等民生领域问题开展专项监督，推动职能部门履职尽责，维护好群众根本利益。开展供销系统腐败和作风问题专项监督，共梳理权力清单6项、问题清单6个，立案审查调查1人，给予组织处理4人。推进村级工程项目腐败问题专项治理，全面排摸2018年以来以行政村为业主单位的工程项目，发现涉及村干部参与或干预的本村工程项目34个，已立案审查调查5件，给予党纪政务处分4人，组织处理2人。深入运用“四联”工作法，推动各乡镇（街道）召开中层岗位干部、村（社区）“一肩挑”人员质询评议现场会，推动整改各类问题135个。加强对基层监督的业务指导，制作发放《村（社区）监察工作联络站履职手册》《村务监督一本通》等业务指导小册子，建立监察工作联络站区域协作及交叉监督机制，全年开展监督检查121次，报送问题信息134条，提出整改意见76条，在基层治理中发挥出积极作用。

【坚持惩治腐败】 践行“三不”一体推进，反腐败成果持续巩固。坚持“零容忍”惩治腐败，2021年共受理检举控告48件，处置各类问题线索128条，立案审查调查62件，给予党纪政务处分70人，采取留置措施4人，移送检察机关审查起诉4人，严肃查处丽水经济技术开发区征迁领域系列违法犯罪案、县水利局杨荣科严重违纪违法案，形成有力震慑。精准运用监督执纪“四种形态”处理147人，其中，运用第一、第二两种形态处理132人，占89.79%，用纪律管住大多数得到夯实。坚持“三个区分开来”，为2名受到不实举报的党员干部澄清正名。做好案件查处“后半篇文章”，发出纪律检查建议、监察建议8份，推动相关单位开展岗位廉政风险防控、完善权力运行制度。开展“法治云课堂”，组织党员干部线上收看违法犯罪案件公开庭审，开展党纪政务处分执行情况检查，对受处理处分干部进行回访和教育。以案促治作用得到较好发挥，2021年，云和县“581”廉政账户共收到11人次主动上交违规收受礼品礼金26.85万元，党员干部崇廉尚廉、拒腐防变的自觉性不断增强。

【深化体制改革】 深化体制机制改革，监督体系不断健全。认真落实全省纪检监察业务数字化改革要求，扎实推进基层小微权力运行平台推广运用，谋划“限额以下涉政中介服务监督”等嵌入式监督模型。落实省以下垂直管理单位派驻监督体系要求，对县自然资源和规划局实行综合派驻监督。创新派驻“廉心”工作体系，推动党风廉政建设主体责任、监督责任协同贯通，助力清廉机关规范化建设。深化片区协作机制，全年启动片区协作办信办件27次，联合审查调查18件。深入总结与市纪委市监委派驻开发区纪检监察组联合查办违法犯罪案件的经验，提炼出“组地协作”联合办案操作手册等制度成果。建立“委班子+审理室+乡镇（街道）纪检监察组织”三位一体审理协作机制，设立基层审理人才库，抽调乡镇（街道）纪检监察干部参与协审案件37件，带动基层案件办理进一步规范。

【从严锤炼队伍】 从严从实锤炼队伍，铁军形象更加凸显。扎实开展党史学习教育，坚持把习近平总书记重要讲话精神作为第一学习议题，组织纪检监察干部开展“追寻浙西南足迹，重走红军路”、微党课评比等活动，做到学史明理、学史增信、学史崇德、学史力行。坚持以干代训，完善一线培养机制，4名干部到省、市纪委挂职，8名干部参与省委巡视、市委巡察以及市纪委办信办件。在全县纪检监察系统开展“铸魂·砺剑”活动，切实提升纪检监察干部的业务素养和执纪本领，4名干部通过国家统一法律职业资格考试，3名干部被评为全市纪检监察机关审查调查信息研判标兵（能手）。扎实开展“严纪律、守规矩，规范执纪执法权”专项整治活动，完善内部管理制度，进一步加强对纪检监察干部履职用权的约束和监督。

（周嘉琪）

民主党派

中国民主同盟云和县基层委员会

【概况】 2021年，民盟云和县基层委员会有盟员74人，下设4个支部，其中，教育支部盟员21人，经济科技支部盟员17人，文化支部盟员18人，医卫支部盟员18人。其中县人大代表2人，县政协委员8人，市人大代表3人，市政协委员2人。为了庆祝中国共产党成立100周年、中国民主同盟成立80周年，开展了一系列中共党史、盟史学习教育活动。全年为充分发挥参政议政职能，提交人大建议、政协提案21件，其中市人大建议7件、市政协提案2件、县人大建议1件、县政协提案11件。

向民盟市委会、县政协报送社情民意31篇，其中被民盟浙江省委会采用12篇，被县政协刊发5篇、直通车2篇。向民盟丽水市委会报送活动报道45篇，被浙江民盟公众号采用1篇，丽水统一战线公众号采用1篇，民盟丽水市委会采用38篇。2021年还顺利完成换届工作，大会选举产生了由9名委员组成的中国民主同盟云和县第九届基层委员会。

【学习教育】 一是把学习贯彻中共十九大和十九届六中全会精神及学习贯彻中共中央总书记习近平系列重要讲话精神作为学习实践活动的核心内容，引导广大盟员不断增强围绕中心服务大局的思想共识，在道路、方向、目标上形成统一意志和步调。二是坚持每季度召开基层委员会议和各种类型的支部会议，及时传达民盟中央、民盟省委及市盟会议精神，统一全体盟员的思想认识，统一安排部署，落实支部各项工作。三是为了庆祝中国共产党成立100周年、中国民主同盟成立80周年，开展了一系列中共党史、盟史学习教育活动。如基层委召开党史盟史学习会、组织全体盟员赴丽水爱国主义教育基地——鱼跃1919文化产业园开展“百年鱼跃”中共党史学习教育现场教学活动、邀请抗美援朝老兵代表共同观看重大革命历史题材影片《长津湖》。经济科技支部开展“百年华诞，践行初心，继续携手前行”庆祝中国共产党成立100周年系列活动，邀请县退役军人事务局局长、党组书记武燚讲授“习近平强军思想引领强军兴军新航程”专题讲座，并观看云和退伍军人纪录片。教育支部在青年学生群体中开展以“传承红色基因，赓续精神血脉”为主题的党史学习教育。文化支部赴龙泉、庆元开展中国共产党党史学习教育。

【参政议政】 一是提案发言展现风采。2021年，在县政协九届五次会议上，民盟云和县基层委员会提交了《多措并举构建缜密的交通安全防护网》(黄育盛撰写)的大会发言材料，并被评为优秀大会发言。提交了《自觉融入“国家气象公园”建设，助力云和生态旅游发展》(雷海燕撰写)、《打造文明示范街，助推我县城市文明建设》(吴丽琴撰写)的大会书面材料。提交人大建议、政协提案21件，其中市人大建议

7件、市政协提案2件、县人大建议1件、县政协提案11件。二是社情民意稳步提升。社情民意信息工作是参政议政的重要基础。民盟云和县基层委员会积极参加民盟丽水市委会举办的社情民意培训，关注民情民意，积极反映社会热点难点问题。2021年，向民盟市委会、县政协报送社情民意31篇，其中被民盟浙江省委会采用12篇，被县政协刊发5篇、直通车2篇。三是调查研究深入实际。围绕中共云和县委、县政府中心工作，群众关心的热点、难点问题，发挥群体优势，采用座谈、实地调研等方式，深入开展调研活动。如组织基层委委员赴紧水滩镇开展科创小镇调研、赴丽水经济技术开发区企业考察，组织盟员赴云和县雾溪乡坪垟岗村开展乡村振兴和民族文化调研。完成《优化城市公共资源品质，提升市民幸福指数》的调研报告，上交至民盟丽水市委会。

【组织建设】 一是顺利完成换届工作。根据《中国民主同盟章程》的规定和民盟丽水市委会的工作部署。下属4个支部在6月分别进行了换届，选出了支部主委、副主委、委员。8月26日，召开中国民主同盟云和县第九届基层委员会第一次盟员大会。会上，县委书记叶伯军指出，过去五年，民盟云和县基层委员会在民盟丽水市委和中共云和县委的领导下，坚持党的基本路线，坚持和完善中国共产党领导下的多党合作和政治协商制度，紧紧围绕县委、县政府重点难点工作和人民群众普遍关心的热点问题，积极开展调查研究和建言献策，充分发挥了民盟组织的独特优势和重要作用，为推动全县经济社会高质量发展作出了重要贡献。大会听取并审议了陈岑代表民盟云和县第八届基层委员会所作的工作报告。报告实事求是地回顾了五年来民盟云和县第八届基层委员会的工作。县委统战部部长杨伟业肯定了民盟八届基层委员会在提高参政议政水平、有效开展社会服务、切实加强自身建设等方面所取得的成绩。民盟丽水市委会副主委吴敏也充分肯定了第八届基层委员会在自身建设和履职实践中所取得的各项显著成绩。大会选举产生了由9名委员组成的中国民主同盟云和县第九届基层委员会。全体盟员对新一届领导集体表示信任和支持，并对他们今后工作寄予厚望。大会还通过了中国民主同盟云和县第九届基层委员会第一次盟员大会决议。通过换届，进一步优化了班子结构，增强班子活力，提高整体素质，顺利完成政治交接和新老交替。二是组织发展稳步推动。坚持高标准严要求，按照“稳步发展，保证质量”的原则，严格按照发展程序，充分听取考察对象所在单位党组织的意见，2021年，吸纳蓝丽芳、卓雅倩两位同志入盟。

【信息宣传】 加强对重要盟务工作的宣传力度。2021年，借助浙江民盟公众号、《丽水民盟》刊物、丽水民盟网站、丽水民盟公众号宣传各种重大活动、盟员先进事迹，截至12月，共向民盟丽水市委会报送活动报道45篇，被浙江民盟公众号采用1篇，丽水统一战线公众号采用1篇，民盟丽水市委会采用38篇。

【社会服务】 一是云和“民盟同心•名医服务站”义诊活动。服务站自2017年成立以来，整合盟内资源，多次邀请省、市民盟医疗专家下基层开展义诊、讲座等活动。7月，邀请浙江省中医院总支、民盟丽水市市直中心医院支部赴云开展“惠民六下乡、真情三服务”义诊活动，专家阵容强大，专科覆盖面广。涵盖心血管内科、骨伤科、肿瘤科、中医内科（风湿）、中医男科（泌尿）、脊柱外科、耳鼻咽喉科等专科，共为200余人提供了咨询和诊疗服务。二是开展“墨香迎新春，送福送春联”活动。2月7日，组织书画小组成员为广大群众书写春联，累计送去福字50多个，春联100余对。三是教育支部走访慰问特殊学校学生。教育支部坚持和学校的老师们一起走访看望特殊教育学校的孩子们并送上节假日慰问品，持续关注这些孩子的成长。四是医卫支部送医下乡义诊咨询活动。2021年以来，医卫支部定期带队到大源村、朱村、局村、崇头村、安溪乡等地，开展送医送药、推广卫生适宜技术、宣传常见多发病防治知识等活动。组织并参加医师节、肿瘤防治、传染病防治等宣传、义诊活动。全年共为400余人提供了咨询、讲座、义诊服务。五是文化支部盟员蓝友梅、黄芳累计送戏下乡10余场，受到了基层群众的欢迎和好评。六是经济科技支部看望抗美援朝老兵梅显传，与老人亲切交谈，详细询问老人的身体状况，倾听老人讲述红色故事。

【爱岗敬业】 2021年，民盟云和县基层委员会被民盟浙江省委会评为社会服务先进集体、示范基层组织，“盟员之家”被民盟浙江省委会授予“五星级盟员之家”称号；陈岑、官兴荣、林浩被民盟丽水市委会授予“抗击新冠肺炎疫情先进个人”称号；贺凌、戴建英被民盟丽水市委会授予“2020年度盟务工作先进个人”称号；蓝日升被授予“民盟浙江省委会社会服务工作先进个人”称号，《关于加强养老服务行业从业人员队伍建设的建议》被评为“优秀市人大代表建议”；刘蓉获得丽水市首届“教学名家”称号；叶志君获云和县第三届“名医”称号；盟员吴丽琴被县政协评为“社情民意先进个人”。 （吴雅晨）

群 众 团 体

云和县总工会

【概况】 2021年，全县有工业园区总工会1个、街道总工会4个、产业工会4个、系统工会工作委员会10个。全县已建立基层工会组织362家，涵盖单位408家，工会会员20610人，女会员10063人。其中，行政机关工会71家，事业单位工会69家，国有企业工会21家，非公独立企业工会189家(其中非公联合企业工会5家，覆盖51家企业)，其他工会组织15家。云和县总工会有下属工人文化宫、职工业余学校等2个事业单位。

【职工疗养工作】 筛选优质职工疗休养站点102家入驻丽水市总工会“疗养云”平台。以崇头镇第二届纳凉狂欢节为契机，联合崇头镇总工会邀请山海协作地区宁波北仑区总工会到云和考察山海协作合作休养基地，结合此次考察交流，崇头镇总工会、紧水滩镇总工会、石塘镇总工会山海协作休养站点正式成立，继续深入推进山海协作工程，促进疗休养长期合作共赢，为今后输送更多的职工进入两地疗休养打好基础，以实现两地资源共享、互惠互赢、共同发展。8月，在遵从疫情防控的前提下，为维护职工切身利益，县总工会按县疫情防控指挥部要求暂停了省外职工疗休养，多次召开职工疗休养工作相关会议，并及时做好相关沟通对接工作，将职工损失最小化。根据丽水市总工会职工疗休养一盘棋要求，及时转发相关政策文件并召开2021年职工疗休工作会议，共有159家基层工会5321名职工完成线下报备并参加了职工疗休养，未发生职工疗休养安全事故。

【劳模工匠评选】 一是积极做好全国五一劳动奖章荣誉的评选工作。经过层层筛选和严格把关，推选县职技校季海平参与全国五一劳动奖章荣誉的评选。二是根据入企实地考察调研，推选浙江金成玩具有限公司王万成，浙江和信玩具集团有限公司何彬、邵文白及云和县清江生态龟鳖养殖专业合作社卜伟绍4人参加浙江省工匠评选，最终，浙江金成玩具有限公司王万成入选“浙江工匠”。三是做好第四批云和县劳动模范和模范集体评选准备工作，起草方案，并与县委、县政府及相关部门做好对接工作。

【困难职工帮扶】 根据全国总工会、省总工会、市总工会困难职工帮扶工作及送温暖工作要求，8月下旬，为全面了解和掌握困难职工家庭生活状况，建立健全困难职工档案，切实做好困难职工帮扶工作，下发相关文件，在全县基层工会中开展2021年在职职工困难调查摸底、建档工作，加强申报材料审核，做到集体参与，并进行入户及入单位核查，严格建档，根据入户调查情况及浙江省家庭经济状况核对报告结果将符合建档条件困难职工纳入工会救助体系，及时录入全总困难职工帮扶系统，实行动态管理。元旦、春节期间为全县17户各级困难职工家庭送去帮扶救助金15.3万元，其中生活救助7户，医疗救助6户，助学救助4户。4月对建档立卡的困难职工家庭开展全覆盖回访，为规范困难职工家庭档案基准帮扶、动态管理夯实基础。

【开展文体活动】 一是举办云和县“中国梦•劳动美——我心向党”职工摄影展。二是举办云和县“传家训 晒家风”职工书画展。三是开展“我身边的党员故事”短视频征集活动。四是开展了云和县“学党史、庆三八”女职工维权周有奖知识竞赛。五是举办云和县庆祝中国共产党成立100周年职工象棋锦标赛。

【和谐劳动关系】 全县48家县级及以上和谐劳动关系企业除云和县中亚工艺品有限公司关停外，均严格按照八个程序规定签订了工资专项集体合同。全县和谐劳动关系企业工资集体协商工作已完成，续签率为100%。其他独立建会企业129家，已完成本年度的工资专项集体合同签订工作，续签率为100%。

【健全工会组织】 截至目前，新建云和县瓯上旅行社有限公司等3家工会委员会，入会会员40人。督促、指导云和县雾溪畲族乡卫生院工会委员会等35家基层工会依法换届选举。全县工会会员实名制录入15559人（全县工会会员20610人），完成率75.5%。完成工会组织信息建立268个，其中全县行政事业国企155家工会，完成率100%。

【医疗互助工作】 2021年，共有153家单位，6703名职工在云和县总工会实名制医疗互助管理系统完成线上参保，收缴在职职工医疗互助保障金67.03万元。截至11月30日为各基层工会692名职工（3952人次）报销医疗互助保障金40.3万元。实现在职职工医疗互助保障工作无纸化、参保及报销跑零次在线办理。正式开启在职职工医疗互助保障工作的“互联网+服务职工”模式。

【活动阵地建设】 工人文化宫是全县职工的主要活动阵地，完善工人文化宫各项管理制度，促进职工正常开展活动意义重大。职工健身房及职工电子书屋等工作室管理办法均已上墙，红娘工作室、家庭教育宣教室等工作室的各项活动有序开展，2021年已组织开展20余次活动，服务职工200余人。同时，为做好职工心理疏导室对外开放的前期准备工作，组建了心理健康志愿者服务队。积极建立工人文化宫下属文体团队，包括和韵合唱团、云兮•生舞艺术团、职工书画社、职工摄影协会、职工民乐团、职工健身舞队、快乐星期三家庭教育指导室、劳模志愿服务队等队伍。为加强社团活动管理，与相关负责人签订场地使用管理协议书，确保工人文化宫的安全及卫生管理，同时采取预约使用的方式，使管理更加井然有序。（丁晓春）

共青团云和县委

【概况】 2021年是中国共产党成立100周年，是“十四五”规划开局之年。团县委认真履职尽责，积极担当作为，围绕党史学习教育，以“青年云和”行动为主线，重点推进“山海协作”伙伴成长计划，实施强化思想引领力、夯实团建组织力、提升青年服务力、擦亮品牌创新力、扩大社会影响力“五力提升工程”，推动云和共青团事业实现新发展。

【以党史学习为引领，强化思想引领力】 认真落实《中共中央关于全面加强新时代少先队工作的意见》，城镇学校雏鹰争章活动普及率达100%，全县大、中队辅导员配备率达100%。志愿服务助力“双减”，共计服务学生7000余人次。以庆祝中国共产党成立100周年为主轴主线，举办“我在窗口写青春，云和青年争先锋”主题党团日，邀请县领导上专题团课。开展微型党（团）课大赛、青春时光读书会、党团知识竞赛、“和小宣”青年理论宣讲团录制视频号等30余场次。“五四”节前夕，举办党史知识定向挑战赛。开展党的十九届六中全会精神宣讲培训，掀起理论学习热潮。

【以作风建设为龙头，夯实团建组织力】 研究制定《团县委议事工作规则(试行)》，完成青少年宫户外场所改造，开展“履新承诺一件事”活动，举办云和青年杭州读书会，推进网格化团建向互联网、新媒体等新兴领域延伸覆盖。加强团员教育管理，全年新发展团员234名，规范“网上共青团”建设。在全市率先举办共青团校地友好合作助力“双招双引”交流会，成立云和驻杭州、宁波青年人才服务中心，不断加强对全县青年的联络。

【以志愿服务为载体，提升青年服务力】 建立《抗击新冠肺炎疫情志愿服务应急预案》，组织招募青年志愿者2000余名，常态化做好疫苗接种、卡点值守、核酸检测等志愿服务工作。主动担当作为，圆满完成“全国农村人居环境整治提升现场会”、全国山区新型城镇化发展论坛等重大会议活动志愿服务。成立童话云和小园丁助企服务队，开展关爱留守老人、留守儿童、农民工子女等活动。成功举办第二届志愿服务项目大赛。完善志愿者激励机制，推出公益联盟商家积分兑换制度。举办首批人才服务站授牌仪式暨志愿服务业务培训会。

【以视频电商为突破，加大品牌创新力】 积极培育乡村振兴新农人队伍，成功孵化1个省级示范性“青创农场”。举办“山海协作、花园乡村”微改造创意设计大赛，中国美院、农林大学等5所高校60余名大学生参加比赛。举办“山海青学院”视频电商人才创造营3期，培养和孵化云和本地视频电商人才120余名。联合教育局、科技局举办云和木玩游戏趣味竞技大赛。服务青年人才回归，为在校大学生提供电商、民宿、基层一线等百余个暑期实践岗位。

【以规划试点为依托，扩大社会影响力】 积极推进《浙江省中长期青年发展规划(2017—2025年)》省级试点培育，并顺利通过省级验收，青年工作作为专节被纳入全县“十四五”规划纲要，出台云和县首个《青年事业发展规划》。深化乡村振兴新青年协会和青年志愿者协会规范化建设。召开“云和籍外出青年人才创新创业”专题民主协商会，多部门为青年人才发展建言献策，争取到2个青年政协委员名额。实施万名大学生助力乡村振兴计划和云和—北仑青年伙伴成长计划，举办3场云台青年交流学习活动。全县重点青少年结对帮扶率达到100%。 (钟超众)

云和县妇女联合会

【概况】 2021年，云和县妇联在县委、县政府的正确领导下，在上级妇联的关心指导下，全面贯彻党的十九届六中全会精神和党史学习教育精神，围绕县委县政府工作，紧贴全县妇女工作的实际，坚持服务大局、服务妇女、服务基层的工作宗旨，不断奋勇前进、开拓创新，各项工作迈上了新台阶、实现了新发展。至2021年末，全县有乡镇(街道)妇女联合会10个，农村(社区)、股份经济合作社妇联86个，城镇机关企事业单位妇委会46个；巾帼文明岗134个；妇联专兼职干部70人[其中县妇联7人，乡镇(街道)17人，城镇机关46人]。

【巾帼心向党】 (一)强化党风廉政教育。县妇联机关干部深入推进党风廉政建设、反腐败和从严治党工作，层层压实党风廉政责任，从严落实“三重一大”制度和股级干部选拔任用等工作。加强党章党规党纪学习，通过文件、通报案例等学习教育广大党员严明政治纪律和政治规矩，牢固树立“四个意识”，切实增强党员干部反腐倡廉的紧迫感和责任感，从源头上预防消极腐败思想的滋生。(二)落实结对村帮扶工作。结合党组书记包村走村工作、农村党建指导员(第一书记)和“一户一策一干部”工作要求，多次赴结对村凤凰山街道后山村开展村社换届工作调研、低收入农户走访、环境卫生整治、主题党日等活动，并联合县政法委、司法局、垃圾分类办等多家单位和县级巾帼文明岗在后山村开展“和姐”党员志愿服务进基层活动，为群众提供法律宣传、家庭教育等志愿服务。(三)当好"两新"党建指导员。选派一名县妇联党员干部担任"两新"党建指导员，对县妇联联系企业及主管社会组织党员进行摸排、建档，加强走访联系，充分发挥联系人桥梁纽带作用，主动为"两新"组织出点子、谋思路、解难题，力所能及提供服务。开展妇女"两癌"防治知识进企业活动，为广大女工群众提供科学指导和帮助。以党建带妇建，以妇建促党建，通过各类活动推动党建工作与企业发展共促共进。

【巾帼促和谐】 (一)围绕家庭，拓展文明建设内涵。深入推进《中华人民共和国家庭教育促进法》《浙江省家庭教育促进条例》贯彻实施，组建云和县家庭教育讲师团，开展线上线下公益讲座。在古坊小学、城西小学举办"我为群众办实事"——家庭教育公益讲座，普及宣传家庭教育的新理念、新知识和新方法，引导家长以身作则、言传身教。开展"公勺公筷""好家风好家训好家规"宣传活动，积极培育和践行社会主义核心价值观，弘扬良好道德风尚。开展"八一"建军节系列活动，带领小朋友们走访慰问退役军人，致敬军人精神，弘扬拥军优属光荣传统，营造爱军拥军氛围。在大坪社区开展丰富多彩的"开学第一课"，讲解心肺复苏急救知识与防性侵知识，用特别的方式为孩子们开启新学年。联合城西小学开展"阅读伴我成长"主题征文活动。联合小童星妇女微家、机关事务保障中心、妇计中心开展五世同堂家庭走访活动，传承良好家风家教。(二)立足维权，推动妇女儿童权益保障。举办基层妇联干部实务培训，全县86个行政村、社区妇联主席、执委共610名参加，提升基层妇联干部履职能力和业务素质。同时重点对"三色家庭"排摸调查进行了任务部署，对重点家庭建立家庭档案，将真正需要帮助的家庭筛查出来，确保辖区的困难家庭、"三留守"人员、矛盾纠纷家庭得到相应的帮扶。共登记红色家庭(家暴家庭)1户，黄色家庭(矛盾纠纷家庭)14户，蓝色家庭(弱势关爱家庭)628户。邀请市家庭教育讲师团老师走进二中，为女生讲解防性侵课程，提升她们的自我防护能力。会同司法局、公安局开展"宪法宣传"和禁毒宣传，提升法律意识和维权能力。召开"来料加工经纪人助力共同富裕"法律素养座谈会，邀请律师事务所律师钟鼎飞为来料加工经纪人开展法律知识讲座，进一步提高来料加工经纪人遵纪守法、合法经营、规避风险的能力。2021年，接收妇女信访6件，发出法律援助5件，受理家暴投诉案件调解2起。(三)强化服务，助力构建和谐社会。组织实施编制"十四五"妇女、儿童规划，经前期征求意见、专家评审，在县妇儿工委会议通过。举办云和县新任村(社)妇联主席能力提升培训班，围绕社会治理与基层妇女工作、婚姻家庭纠纷调解、女干部心理压力调适等方面进行学习，着力推动基层妇联工作提质增效。开设周三"和姐"聊天室，邀请心理咨询师、社会工作师、人民调解员入驻，和基层群众聊心事、化心结、促和谐。继续落实妇女民生项目，推进农村妇女"两癌"免费筛查、低收入家庭女性关爱行动。常态化开展走访慰问、关爱陪护三留守人员活动，结合"三八""六一""七一"等节日，走访慰问光荣在党50年党员夫妻、任职30年以上老妇联主席、困难妇女、困境儿童共150余人，营造全社会关注关心关爱妇女儿童的良好氛围。

【巾帼创新业】 (一)推动妇女岗位建功。申报创建省级巾帼文明岗2个、市级3个、县级3个，云和师傅蒯晓红、卫健系统张秋娥获评市级巾帼建功标兵。组织全县巾帼文明岗创岗单位30余人赴青田学习考察，推动巾帼文明岗创建工作上新台阶。召开十三届三次执委(扩大)会议，全面落实中央、省委、市委和县委决策部署，实施"巾帼心向党""巾帼促和谐""巾帼创新业"行动，主动作为，实干创新，各项工作取得明显成效。(二)促进妇女创业圆梦。组织来料加工从业人员技能培训5场次、参训498人，帮助从业人员提升技能、促进就业、增加收入。走访来料加工企业，帮助解决企业发展中的困难，促进来料加工产业平稳有序发展。开展“安全生产月”活动，为各来料加工点送安全宣传手册并对来料加工场所安全设施情况进行检查，全面摸排加工点环境、消防器材等方面的隐患，做到“早预防、早发现、早化解”，确保安全生产工作落到实处。走访紧水滩镇大源村来料加工点，宣传来料加工经纪人叶丽慧优秀事迹。针对外来媳妇、老年人、残疾人、低收入户等特殊群体开展精准培训和服务。组织参加丽水市“巧手工匠”平车（来料加工）竞赛，进一步弘扬“工匠精神”，培育“巧手工匠”，不断提高从业人员的技能水平。在“国际残疾人日”赴县慈益托养服务中心和石塘残疾人之家开展来料加工大比武活动。全县累计发展来料加工经纪人248人，加工者队伍1.41万人，发放加工费2.76亿元。（三）引领妇女振兴乡村。开展“花园庭院”“绿色家庭”“无废家庭”创建，评选“十佳花园庭院”10户、“无废家庭”10户。组建“和姐”志愿服务队86支约2000人，将每月8日定为“和姐环境综合整治日”，开展垃圾分类、环境卫生整治活动进农村、进社区、进企业，动员广大妇女群众参与环境综合整治。参加市“妈妈的味道‘粽’望所归”端午粽子大赛，获优胜奖。开展“妈妈的味道”合理膳食大赛，进一步挖掘云和传统餐饮文化，宣传健康生活方式。

【深化妇联改革】 （一）打造“妇情地图”升级版。进一步完善来料加工、妇女维权、“和姐”服务清单等基层治理和服务信息，为全县千名妇联执委开展服务和万名女性学习、维权、就业提供服务指南。（二）扩大妇联组织覆盖面。根据省妇联关于深化妇联组织建设改革实施“八大破难行动”的要求，在县网络文化协会、云钗玩具厂、云和昌彤快递等新领域成立妇联组织8个、建立示范妇女微家4个，进一步延伸妇联工作触角、拓展妇女服务领域。充分发挥妇联“娘家人”作用，省妇联副主席陆英一行走访新领域妇联组织，并给予建设性指导意见。联合申通快递有限公司、县云钗玩具厂、兴农食用菌专业合作社等新领域妇联组织，看望22名抗美援朝老兵并送上鲜花及慰问物资等。

【疫情防控工作】 云和县妇联多方联动，积极参与，响应上级党委、政府决策部署，组织发动妇女群众和家庭积极参与新冠肺炎疫情防控阻击战。通过微信、钉钉群及时贯彻落实部署疫情防控工作，每日上报各级妇联干部和妇女群众参与新冠肺炎疫情防控的信息和工作动态，全面落实妇联干部抗“疫”责任。领导干部、兼职副主席、执委等在疫情发生后积极参与云和县心理辅导志愿团队工作，参与《牛云云和你说说心“理”话》专栏视频录制，接听心理援助热线电话。线上发放《给来料加工经纪人的倡议书》，加强各来料加工经纪人疫情防治知识宣传普及。联合云和农商银行，为疫情防控应急物资生产企业提供金融应急资金贷款等服务。给予本县仅有的2家来料加工口罩小微企业云钗布艺厂、凤娟布艺厂新增信用贷款授信共计60万元，下调优惠利率，缓解资金难题。广大妇女群众齐心协力打赢这场疫情防控阻击战，展示出妇女群众的奉献精神和战胜疫情的巾帼担当。

【党史学习教育】 自开展党史学习教育以来，县妇联党组将党史学习教育作为贯穿全年的一项重大政治任务，高标准高质量抓好学习教育各环节任务。召开党组理论学习中心组学习会议2次，组织党员干部集中专题学习4次，征集梳理“我为妇女群众办实事”项目清单8项，解决妇女就业培训、妇女儿童维权等方面问题，惠及妇女儿童百余人。（一）多形式开展党史学习教育。通过“学习强国”“干部网络学院”等平台，以及周一夜学、主题党日、专题研讨会等形式开展党史学习教育。组织县妇联干部赴小顺红色基地等地开展“红色基地学党史”活动，赴浙西南革命根据地纪念馆参观学习；组织全体干部观看革命历史题材电影《红船》等。召开县妇联党史学习教育专题组织生活会。组织全体干部集中收看庆祝中国共产党成立100周年大会，并通过各种形式组织“习近平总书记‘七一’重要讲话精神”专题学习。在社区、城南小学、乡镇街道宣讲习近平总书记“七一”重要讲话精神。（二）开展“三为”实践活动。结合“哨响就到”在职党员、干部职工进社区报到工作，创新开展“我为群众办实事”活动，组织动员妇女干部深入社区开展“五个一”系列活动，为联系社区群众解决实际问题。党员干部带头接种新冠疫苗，踊跃参与方舱医院志愿服务活动，积极配合全县防疫要求做好疫情防控工作。深化“点亮微心愿”机制，党员干部全部认领“微心愿”。深入开展包村走村和“五必访”工作，妇联干部按要求，每月走访联系结对户，帮扶联系低收入农户解决实际困难20余件。（三）其他方面工作开展情况。围绕“双招双引、整体智治、党建统领”等全县重点工作，积极主动作为，成效明显。注重发挥网络新媒体的宣传宣讲作用，依托微信公众平台，陆续开展“百名妇联主席讲党史”、诵读“红色家书”等系列活动。开展“巾帼英模讲革命故事”宣讲活动，邀请石塘镇村民朱香讲述革命故事，用先进事迹弘扬共产党人的优秀品质。开展巾帼志愿服务活动，让共产党员在乡村振兴、文明创建、扶危济困中发挥引领作用。在“整体智治”方面，积极配合全县党政机关智治系统建设，完成政协专题门户上线。（雷丽雯）

云和县科学技术协会

【概况】 2021年，云和县科学技术协会（以下简称县科协）紧紧围绕县委、县政府打造新型城镇化样板县域“重要窗口”，充分发挥科协作为科普工作主要社会力量、学术交流主渠道、科技交流主代表与“科技工作者之家”的主要工作职能，弘扬科学精神，普及科学知识，推广先进实用技术。至2021年末，县科协下属学会19个：护理、会计、珠算、财税、药学、教育、防疫、林学、农学、质量、蔬菜专业、云和雪梨、老科技工作者、云和师傅、卫生、食用菌、冬泳、金马创客工坊、养蜂。市级科普馆2个：和信木玩科技馆、箬溪科普馆；县级科普馆4个：和信木玩科技馆、智慧园木玩科普馆、箬溪科普馆、宣蔚青瓷科普馆；科普活动中心1个：云和县科普活动中心。各乡（镇）、街道、各社区科协组织齐全，科普网络健全。

【农村科技】 农村科技示范户是农村科技发展的带头人，是新农村建设的骨干力量，是科技推广体系的基点，建立和发展科技示范户有利于把科学技术送到千家万户。因此，一要重视农村科普示范基地命名工作。经过对申报对象的审核，2021年，命名云和县新型稻鳖生态循环种养科普示范基地、云和县云鲲生态鱼养殖科普示范基地、云和县欧云渔业有机鱼养殖科普示范基地3个县级科普示范基地。二要做好县级农村科技示范户的评定工作。持续开展农村科技示范户评选，及时将符合条件的种养能手、致富能手等纳入科技示范户。2021年，结合农村科技示范户实施细则的要求评定了宋伟庆等5户为县级农村科技示范户。三要注重教育培训，推进乡土人才培养工作。2021年依托“农函大”，开展实用人才、高素质农民培训班20余期，约1600人；全年共完成农民培训12282人次，完成率为123%。主要开展了乡村振兴农民教育“师资”培训、新青年直播训练营、肥药两制、花园乡村微改造、民宿“六艺”人才、小吃技能等特色培训。2021年新申报中级农三师38人、高级农三师8人，成功发展一批云和师傅达30人。四要加强队伍建设，做好农民职称评定工作。2021年共评出农民技师28名（其中：园林5名、茶叶4名、农业经济管理4名、养蜂3名、淡水养殖2名、食用菌2名、玩具制造2名、蔬菜1名、电商设计1名、中药材1名、广告设计1名、农作物栽培1名、商品销售1名），全县拥有农民技术员3765人，高级技师38人。五要深入农村科普示范基地开展调研活动。2021年以来，组织专家下地指导140余次，班子成员下基地累计服务43次，发放科技示范户培育经费30万元。

培育和扶持农村科技示范户促进科学思想的传播，提高农民的科技意识，着力培植科学普及的排头兵、农民致富的引路人。同时组织科技示范户外出学习3次，通过学习进一步拓宽视野，增长见识；牵头组织科技示范户卜伟绍、季伟平和庆元县江根乡人民政府签订结对帮扶聘书，义务提供石斑鱼养殖与黄桃种植技术。

【全民科普】 根据省、市全民科学素质工作领导小组的统一部署，2021年，云和县全民科学素质办公室，组织各牵头单位围绕工作目标，发挥牵头协调职能和日常沟通联络作用，会同各成员单位共同推进全民科学素质建设。聚焦重要科普活动，创新宣传方式。一是依托重要节日举办科普活动。以“2021年科技（科普）活动周”“全国科技工作者日”“全国科普日”等活动为契机推动科普宣传。以网上科技科普知识答题竞赛、科普大篷车进校园、发放宣传资料、送医下乡、乡村振兴技术服务等形式开展，全年共开展活动17次。二是多方联合，推进社区科普宣传。全年，联合各社区、县五水共治办、县垃圾分类办、县公安局禁毒大队、县妇联、县政法委等单位，以“防灾减灾”“垃圾分类”“健康科学养生”“疫情防控”等为主题开展活动16场，受益人数近2.2万人。联合成技校、老干部局等单位开展“银龄跨越数字鸿沟”科普专项行动9次，培训人员1200人。三是科普信息化建设进一步加强。2021年以来共向云和县科协科技示范户和社区科普宣传微信群累计发布信息1928条。利用科普短信平台，累计发送科普短信47条，共计40880人次。6月科协对科普短信息受众人群进行了优化调整，新增更新县管领导、两会代表对象200余人。

【校园科普】 未成年人科学素质行动成效显著。一是深入开展科普校园行活动，充分发挥“流动科技馆”展教功能，邀请市级科普大篷车进校园2次，受益学生1400余名。组织市级科普讲师团（中科院老专家）以“机器人”“太阳黑子”等主题进校园讲座7次，受益学生1900余名。二是组织全县优秀中小学生参加全国、省、市县青少年科技创新大赛。在省科协、省教育厅、省科技厅、团省委共同主办的第35届青少年科技创新大赛中，云和县江滨实验小学宋雅冉和周雅淇的小发明《便捷式可吸附的吸尘黑板擦》、云和县刘梓涵的科幻画《空中医院》、云和县江滨实验小学陈园园老师的《以叶轮为原型设计的小发明课程的开发研究》获得二等奖，云和育英外国语实验学校（小学部）魏星祺的科幻画《当下与未来》、毛子恒的科幻画《未来一刻》，云和县实验小学陈玺泽的小论文《天气预报瓶可以预报天气吗》获得三等奖。

【企业科普】 建设企业科协组织，促进企业技术人才作用的发挥。对全县企业进行了人才摸底调查，了解和掌握了企业科技工作者队伍的基本情况；采取与上门与企业负责人交流等方式，深入企业大力宣传组建企业科协的意义、作用及相关政策，提高了企业负责人和工作人员对组建企业科协的认识；在以上工作的基础上，选取了在发展规模大、职工素质高、科技人才多的华宏钢铁厂、和信工艺品有限公司率先建立企业科协组织。

【学会工作】 学会作为党和政府联系科技工作者的桥梁和纽带，在开展学术交流、理论研究，提升社会科普意识，促进科普事业发展等方面都能起到重要的推动作用。（一）老科技工作者协会开展各项活动。一是积极开展调查研究，建言献策活动。各分会开展调研活动，积极撰写了《关于我县学前教育发展情况的调研报告》《关于“云和木玩”“云和教玩”集体商标的调研报告》《云和县中蜂养殖情况的调查报告》呈送县人民政府，均得到批转。二是县老科协工作人员通过走访摸底、层层筛选，挑选了21位科技工作者，补充到县老科协队伍中，充实了科普组织队伍的力量。三是县老科协银星乐团、医药卫生专业分会赴凤凰家园长者养护中心开展文艺演出和健康体检。(二)云和县护理学会开展各项活动。一是根据“一县一业一学会”智汇山区赋能行动精神，在省科协的支持下，11月初与省护理协会达成签约意向；二是在爱牙日、“5•12”国际护士节、抗癌日、联合国糖尿病日、艾滋病日、重阳节等活动中派出护理人员115人次参加义诊，为市民服务3000余人次，发放健康教育资料1000余份；三是组织护士到学校、幼儿园、各乡村进行急救知识、新冠防控知识、慢性病防控知识等健康知识讲座10余场，到街道、乡镇、老年大学做中医健康养生讲座5场。

【科普活动】 一是积极开展“双百活动”，助力乡村振兴。2021年，共组织“双百”云和专家组下乡开展指导302次，指导对象642人次，推广新品种数33个。县科协对“双百”结对情况进行逐一排摸，根据结对户(村)的技术需求等和专家的专业特长进行调整，优化数据库。2021年，共新增基地3户，取消结对4户，调整专家4户。组织了“双百活动”9家单位18位结对联系专家依据自身擅长专业领域分组分别走访了鱼苗繁殖基地、林木良种繁育基地等6个“双百”基地，并现场指导交流。为了总结经验，形成一批可复制、可推广的科技服务乡村振兴的优秀案例，不断营造尊重劳动、尊重知识、尊重人才的良好人才工作氛围，县科协筛选了六个“双百”活动中涌现出的“五个一”的典型案例上报市科协。二是积极邀请“院士助力共同富裕丽水行”的院士到云和考察。10月、11月在丽水市科协、云和县人才办的支持下，县科协邀请了中科院苏纪兰、陈宗懋、杨树锋、肖文交4名院士来云考察，为云和发展建言献策、贡献智慧。丽水市科协副主席叶旭彪，县委常委徐志雄，县委常委、组织部部长黄伟杰及县相关部门负责人陪同调研。 (季　璐)

云和县工商业联合会

【概况】 云和县工商业联合会(以下简称县工商联)全面贯彻落实党的十九届六中全会精神以及习近平总书记在庆祝中国共产党成立一百周年大会上的讲话精神。切实发挥联系非公人士桥梁纽带和助手作用，促进全县非公有制经济健康发展和非公有制经济人士健康成长。至2021年末，县工商联(总商会)共有管理人员3人、兼职副主席(副会长)34人；个人会员1283人，会员企业680家；本地商会7家，分别是玩具行业商会、阀门行业商会、轴承行业商会、建材行业商会、商贸行业商会、综合行业商会、新生代企业家联合会；异地商会9家，分别是苏州市吴中区云和商会、云和县总商会杭州分会、宁波分会、温州分会、义乌分会、上海分会、陕西分会、天津分会、北京分会。

【参政议政】 发挥企业界人大代表、政协委员的作用，利用两会平台以及各种途径参政议政。2021年两会期间，政协工商联组委员提案18件，撰写了《关于“后疫情时代”发展“直播经济”打造直播电商基地的建议》《构筑优渥条件，引各路英杰，共创百亿产业》《关于木玩制造企业如何转型升级和战略创新的建议》3篇大会发言材料。

【服务企业】 2021年，县工商联共开展“四服务”活动14次。1月，工商联联合税务局及新生代企业家会长走访了浙江冠艺玩具有限公司、幼美玩具、浙江佳禾玩具有限公司解决抵扣税问题。4月，工商联召集木头人俱乐部成员(和信、金尔泰、正艺等10余家企业)共同探讨2021年发展规划。4月、5月、6月，工商联多次对温州商会会员企业进行走访，对商会相关人员进行考察，并筹备好商会换届工作。此外，还为阀门商会需延续2019年试行的“固废回收”政策，积极与经商局、财政局等政府部门进行沟通对接，并向分管县长做了专项汇报，现已征得同意。自开展“四服务”活动以来，共走访调研企业70余家，组织民营企业代表和商会会长召开座谈会，收集民营企业在生产、发展中有代表性的问题和困难38个，通过“三服务”小管家平台及时反馈给相关部门，帮助协调解决问题，积极营造民营企业发展的良好环境。并积极走访联系天津、宁波、北京等异地的云和籍企业，关心云和籍民营企业的经营和发展。

【教育培训】 (一)开展政企“双向挂职”活动。1月，工商联在亲清会客厅召开了双向挂职工作总结大会，2020年的挂职干部以及选调企业家对自己的挂职工作做了详细的总结汇报。7月，工商联联合县委组织部、县委统战部召开了双向挂职动员大会，选派了5名优秀年轻干部到企业任董事长(总经理)助理，选调了6名优秀新生代企业家和新的社会阶层代表人士到有关部门单位担任局长(主任)助理。9月，为全面了解11位挂职的优秀企业家和优秀年轻干部2个月来在挂职单位的学习和工作情况，工商联组织召开了2021年“双向挂职”交流会。年轻干部和优秀企业家分别对挂职2个月来的工作成绩进行了简要的交流发言。(二)开展理想信念教育活动。5月，工商联联合税务局，召开了“学党史 办实事 便民办税春风行动”政企恳谈会，在为企业解决发展中难题的同时让各位企业家一起学习党史，引导非公经济人士不忘初心跟党走。7月，工商联组织各商会企业党员到景宁畲族自治县党员廉政教育基地大漈村开展了庆祝中国共产党成立100周年的主题党日活动，参观了时思寺、廉政家风馆进士府等具有廉政意义的建筑，了解了当地优秀的传统文化和历史革命故事，还参观了“畲族革命历史博物馆”，进一步激发非公人士的党史学习热情。同日，党组书记梁伟华给三个支部的党员上了《国之大者情怀》的专题党课，教导各位基层党员要有广阔的胸怀，全心全意为人民服务。11月，在亲清会客厅，工商联机关党支部书记柳一康给三个支部的党员上了《从百年沧桑到大国崛起》的专题党课，让党员们充分了解了党的发展历史。

【组织建设】 (一)固定主阵地，打造工作金名片。2021年，在县纪委监委、县委统战部联合领导下，“亲清会客厅”进行了选址，以及功能区块、上墙制度的布置。9月初，“亲清会客厅”2.0版本初步完工，已有阀门商会、轴承商会、玩具商会、建材商会、商贸商会和新生代企业家联合会等6家商会入驻。下阶段将陆续引导其他本地商会入驻。“亲清会客厅”2.0版本分为线上与线下会客厅。线下会客厅分为固定会客厅与流动会客厅。固定会客厅有轮值单位入驻，并每两月开展一次集中活动，县四套班子主要领导及相关县领导将在固定接待日在固定会客厅进行办公。线上会客厅将依托现有的微信群或者钉钉群等网络媒介平台，以各涉企部门相关职能人员和县规上企业、重点企业负责人为成员，根据需要实时进行线上互动，以期实现企业在一些诉求回复和政策咨询方面可以“一次都不用跑”。(二)打造清廉民企新样本，助推企业发展大跨越。在云和县高质量发展的过程中，民营企业占据着举足轻重的地位，今年以来，县工商联在清廉民企建设上花大力气、下大功夫，进一步打造亲清政商关系，刮起了一阵吹入民企的清风。5月，县工商联配合县委统战部、县纪委开展了清廉民企建设工作调研，实地走访了浙江智木玩具股份有限公司、浙江丹妮婴童用品有限公司，了解清廉民企建设开展等情况。(三)开好组织生活会。7月，工商联按照相关要求，在景宁畲族自治县大漈乡召开了组织生活会。全体党员对照合格党员标准、对照入党誓词、对照身边先进典型，联系个人实际，围绕政治、思想、学习、工作、能力、作风等方面，逐一进行个人检查剖析发言，深入开展自我批评和相互批评。此次组织生活会前期准备工作充分，大家对照剖析认真，查摆问题和根源深刻，整改措施具体可操作，达到了发扬党内民主、加强党内监督、相互交流思想、增进团结、促进工作的目的和效果。(四)做好商会各项事宜。2021年上半年，在工商联的推进下，成立了云和县建材商会和云和县商贸商会。商会成立后，将以商会为平台，通过与政府及相关部门的积极沟通，努力为广大会员服务。利用总商会提供的平台和商业信息，充分发挥桥梁和纽带的功能，为推动商贸行业会员之间的互动和交流、合作与发展创建一个良好平台。9月12日，在中共云和县委统战部的指导下和云和县工商联的支持下，温州市云和商会在温州市瓯海区君廷酒店召开了温州市云和商会二届一次会员大会。会议通过了上届商会工作总结报告、上届财务报告，审议通过《温州市云和商会二届一次会员大会选举办法(草案)》。选举产生了二届理事会成员：会长1名(陈素琴)、常务副会长1名(张希勤)、副会长2名、秘书长1名(王仁海)、理事2名。

【招商引资】 2021年，县工商联在召开助力山区26个县市跨越式发展大会云和分会时宣传云和招商引资项目。各市商会到云和考察时，以座谈会、实地考察等形式向他们介绍了本地资源及政策情况。积极对接中航集团下属一级子公司幸福航空公司投资水上飞机项目，幸福航空公司派技术人员到赤石考察水上飞机项目选址。

【公益事业】 县工商联积极倡导非公企业“致富思源、回报社会”理念，立足公益事业，倡导社会责任，搭建非公企业与群众之间的沟通桥梁。2021年，县工商联在非公企业积极推进“千企帮千村”精准扶贫活动，充分发动会员企业赴实地调研，落实结对帮扶项目。1月，工商联建材商会到大源村，了解村里的情况和问题，并为贫困家庭带去了大米等生活物资。此外，云和县绿林幼教有限公司还积极开展东西部协作工作，联系帮扶古蔺县马蹄镇康田村，并捐款3万元帮扶资金。 (刘浩杰)

云和县文学艺术界联合会

【概况】 云和县文学艺术界联合会(以下简称县文联)内部刊物《云和文学》(半年刊)2021年出版至第八期。2021年1—2月开展“文化进万家活动”，组织民间艺术家协会和戏剧家协会编排农村题材表演节目，开展送戏下乡活动累计为农村送“乡村春晚”30余场；组织摄影爱好者为农村、社区居民免费拍摄全家福活动，为农村、社区居民免费拍摄“全家福”200余幅；组织诗词与楹联学会诗人开展主题创作诗词1000余首，春联100余副，编印《云和诗词》第60期。3月，举办了“迎建党百年　享美好生活”青田·云和美术作品展；5月19日，邀请“五一社”会员为云和书法家协会会员上《魏晋古风书法》专题讲座，并将“五一社”书法作品放在云和县文化馆展出；6月3日，“乡村振兴　童话云和”暨庆祝中国共产党成立100周年浙江省美术作品展在丽水市美术馆开幕并展出，展览由浙江省美术家协会和云和县人民政府联合举办，县文联承办，共收到投稿作品1350件，初评入选作品311件，在初评入选作品中评出入展作品199件；6—7月举办了庆祝中国共产党成立100周年书法、美术、摄影作品展，共展出书法、美术、摄影作品各50幅；8—10月举办了“云和县国画公益培训班”，30余名干部职工参加了学习，为美术爱好者提供学习机会；11月11日在云和梯田召开了浙江省美术家协会与县文联结对帮扶座谈会，云和县文联为结对教师颁发聘书，省美协共邀请8位知名画家与云和县18名美协会员进行师生结对帮扶。

【理论学习】 扎实开展党史学习教育，坚持把学习贯彻习近平新时代中国特色社会主义思想为主线，研究制定党史学习教育学习书目，推动学习教育往深里走、往心里走、往实里走。6月4日，邀请新华社浙江分社图片总监、浙江省摄影家协会主席王小川来云为县文联全体干部、各文艺家协会负责人上了一堂题为《看经典　学党史》的专题讲座，讲座通过红色经典中的文艺作品讲述党史，既与大家一起重温了党的历史，又展现了文艺作品的强大作用。引导文艺工作者通过学党史，做到知党恩、跟党走，以实际行动和优异成绩向中国共产党成立100周年献礼。

【把握导向】 为加强各文艺家协会意识形态工作，落实党管意识形态原则，牢牢掌握意识形态工作的领导权和主动权，与各文艺家协会签订了《云和县文联直属文艺家协会意识形态工作责任书》，明确提出协会主席是意识形态第一责任人，应当旗帜鲜明地站在意识形态工作第一线，带头抓意识形态工作，带头管阵地。认真贯彻落实党中央和上级党委意识形态工作的决策部署及指示精神，牢牢把握正确的政治方向，严守政治纪律和政治规矩，严守组织纪律和宣传纪律，坚决维护党中央权威，做到“两个维护”，在思想上、政治上、行动上同党中央保持高度一致。加强对报刊、微博微信、展览赛事的全面管理，确保文艺领域意识形态安全。延伸手臂，做好民间文艺工作者的团结引领服务工作，充分发挥他们在社会主义先进文化建设中的主力军作用，切实加强联系和引导工作，最大限度地把他们团结凝聚在党的周围。

【文学创作】 2021年，文学创作多种体裁并举，小说、散文、诗歌、宣传片、纪实等各种文学作品的创作成绩斐然。会员在《诗刊》、《中华词赋》杂志、《西班牙联合时报》、《诗词月刊》、《东南烽火》、《少先队活动》、《大地文学》、《扬子江》诗刊、《浙江平安时报》、《浙江禁毒》、《丽水文学》、《处州晚报》、人民日报海外网、《云和文学》、《芝田文学》、《今日云和》等国级、省级、市、县级刊物共发表小说、散文、诗歌、纪实等文学作品86篇。38篇作品在省、市、县级文学大赛中获奖。其中，刘远江专著《二胖说毒》获丽水市第五届瓯江文化优秀成果奖。《雪梨之光》获浙江省电力公司在“劳动创造幸福”女职工读书征文活动三等奖；《云和县抗战省城文化保护和利用调查报告》获庆祝中国共产党成立100周年——丽水市第六届群文理论研讨会征文一等奖。《烽火燃烧的岁月》获国网丽水供电公司“光辉四十载 奋进新时代”暨庆祝中国共产党成立100周年主题征文活动一等奖。《我的二爷爷》《归》等两篇小说在中共云和县委宣传部、云和县文学艺术界联合举办“庆祝中国共产党成立100周年”主题文学创作大赛中获金奖。

【美术创作】 2021年，全体会员积极创作，参加各级各类画展选送，取得了可喜成绩。吴跃华的《暖风进万家》、廖巧仙(君曼)的《数竿苍翠拟龙形》、陈红的《她在丛中笑》、陈元森的《景色依旧日》、陈威成的《大山之歌》、颜伟的《热土》、黄崧的《细雨徐来漫春城》、蓝新的《七巧板之一》8件作品入展“乡村振兴 童话云和”浙江省美术作品展。吴跃华的国画作品《老区新韵》参加“秀山丽水——清远湖州”文化走亲书画作品联展，《岩下村的变迁》入选丽水市2021年书画作品展。君曼作品《雨后新竹分外清》参加市美协“迎建党百年 享美好生活”青田银河美术联展，《兰花》参加市政协“翰墨飘香咏百年，丹青溢彩颂辉煌”庆祝中国共产党成立100周年书画联展，《竹子》参加省老年书画研究会“壮丽山川 百年辉煌”庆祝中国共产党成立100周年书画展，《秋韵》参加省老年艺术家“百人百画孝义传家”东梓关文化节。黄崧水彩画作品《细雨徐来漫春城》入选浙江省第十六届水彩粉画展。

【书法创作】 2021年，县书协积极加强与省书协、市书协的工作联系，积极组织会员参加丽水市书法篆刻刻字精品展等各级各类赛事活动，有多位会员入展。同时重视书协人才的挖掘与培养，全年发展县级会员3名，市级会员2名，省级会员3名，还表彰了一批优秀会员。县书协将把“请进来培训，走出去学习”作为转变会员观念、提升会员水平的重要措施。陈洪大、李志根等知名书法家为会员进行了集中授课，从书法的正确理念到选帖临帖，从书法理论到技能技法指导，激发了广大会员学习书法的积极性。县书协坚持通过举办比赛、展览等交流活动发掘人才、提升水平，全年举办了丽水雅集“五一社”展、中国共产党成立100周年视觉艺术精品展等各类比赛活动，一批新人在各类比赛活动中脱颖而出。

【摄影创作】 2021年，摄影协会积极参加"我的中国梦——文化进万家送全家福"系列活动；深入华宏钢铁厂、玩具企业开展"我在云和过大年"拍摄活动，共拍摄制作照片800余幅，到紧水滩镇、浮云街道、石塘镇开展温暖全家福拍摄活动，共拍摄制作照片300余幅。举办庆祝中国共产党成立100周年舞台摄影展，共展出50余幅摄影作品。举办"小县大城"摄影作品展，共展出120余幅摄影作品。举办全市摄影骨干春到文元摄影创作活动，共邀请50余位省内摄影专家来云和创作。开展全县在党50年公益摄影拍摄活动；深入各乡镇社区全县400余老党员拍摄照片，并制作放大装框送达老党员手中。举办"小县大城"20周年成果图板展。在由中国摄影家协会和丽水市人民政府主办的2021丽水摄影作品展征集活动中，《云和梯田》摄影作品展(300多张照片)在120多个国家的6013个参展投稿展览中成功入围(共入围880个)。

【诗词创作】 2021年，诗词楹联学会会员创作踊跃，积极参加各类征文和比赛，取得良好成绩，如：在市委组织部、市委老干部局主办的老干部"党建春联"进万家活动中，会员获二等奖3个、三等奖4个、优秀奖3个；在浙江省建党百年百地百联评选中，会员获二等奖1个、三等奖2个、优胜奖1个；在中国作家协会诗刊社等举办的"张家界杯"全国诗词赋大赛中，会员获优秀奖1个。在中国共产党成立100周年之际，积极发动会员开展庆祝中国共产党成立100周年主题创作活动，创作诗词作品60多篇；在全面建成小康社会伟大时刻，积极发动会员结合童话云和建设，展现云和发展变化，创作了100多篇诗词作品；在云和"小县大城"战略实施20周年之际，发动会员积极创作，也有近100篇诗词展现了20年来云和的发展成果。2021年是学会换届之年。7月24日，召开云和县诗词楹联学会第八次会员大会，大会总结了七届理事会工作，听取了县文联领导的讲话，选举产生了第八届理事会领导班子，将诗词学会更名为诗词楹联学会，并成立了工作党支部。换届后，学会领导班子更加年轻化，队伍建设得到加强。

【音乐舞蹈】 2021年，音乐舞蹈协会会员热情高、合力强，成效显著。一是开展精品创作，大型情景音画诗剧《云和故事》荣获第五届"瓯江文化奖"优秀成果奖；新童话合唱团参加"心中的歌儿献给党"丽水市庆祝中国共产党成立100周年群众合唱大赛暨丽水市第六届合唱大赛，荣获演唱金奖；原创歌曲《从未如此骄傲》参加丽水市第十六届原创歌曲大赛，荣获创作、演唱、辅导三项金奖；音协会员林魏巍、夏丽仙、甘正辉，参加2021丽水市第六届群众声乐大赛，均荣获演唱铜奖。二是举办大型活动：排练演出大型古装越剧《慈母泪》，连续五场，场场爆满；排练演出大型音乐歌舞诗《云和赋》；承办云和县庆祝中国共产党成立一百周年"永远跟党走"大型文艺晚会；承办云和县庆祝中国共产党成立一百周年"唱支歌儿给党听"红歌演唱大赛；承办云和县庆祝中国共产党成立一百周年暨云和县第四届"戏迷演唱会"；承办云和县庆祝中国共产党成立一百周年暨第十六届民间民俗文化艺术月首届乡村合唱大赛，均获得了县领导和观众们的一致好评。三是举办培训活动：举办"春泥计划"舞蹈、戏曲、声乐少儿培训活动三期，参加人数在120人左右；联合省职业艺术学院，举办戏剧培训四期，其中越剧唱腔两期，越剧表演两期，参加人数在80人左右；联合省职业艺术学院，举办声乐培训一期，参加人数在60人左右；举办"合唱培训"一期，参加人数在60人左右；举办"器乐培训"一期，参加人数在30人左右。 (华 颖)

云和县残疾人联合会

【概况】 2021年，在县委、县政府的正确领导下，在上级残联的关心支持下，县残联高举习近平新时代中国特色社会主义思想伟大旗帜，认真学习贯彻党的十九大及十九届历次全会精神，坚持学党史、悟思想、办实事、开新局，各项重点工作均高质量推进。是年，全县共有1474人享受困难残疾人生活补贴，2090人享受重度残疾人护理补贴，累计发放补贴资金1032万元。为5580名残疾人缴纳意外伤害综合保险，为3362名残疾人缴纳城乡居民基本医疗保险和“浙丽保”。县残疾人康复指导中心和托养中心项目，总投资5381万元，总建筑面积9713平方米，设置康复托养床位160张。2021年底，项目已完成室内外装修和初步验收。积极推进行政企事业单位安置残疾人就业，96家单位已按比例安置235名残疾人员工。

【兜牢民生保障】 立足纾难解困，兜牢民生基本保障。一是精准发放“两项补贴”。严格残疾人“两项补贴”发放动态管理，确保精准发放，全县共有1474人享受困难残疾人生活补贴，2090人享受重度残疾人护理补贴，累计发放补贴资金1032万元。二是继续落实保险补贴。为5580名残疾人缴纳意外伤害综合保险，为3362名残疾人缴纳城乡居民基本医疗保险和丽水市全民健康补充医疗保险(浙丽保)，1314名残疾人享受城乡居民基本养老保险补助。三是改善残疾人家居生活环境。联合县慈善总会开展慈善助残危房改造项目，完成3户残疾人危房改造。结合困难残疾人无障碍进家庭项目，继续实施残疾人“净居亮居”工程，通过墙体粉刷、卫生间改造、厨房改造等生活设施改造，完成“净居亮居”环境改造16户、无障碍设施进家庭改造12户。

【完善公共设施】 紧盯民生实事，完善公共设施建设。一是规范建设“残疾人之家”。深入实施省政府民生实事项目，采取公建民营方式，租用闲置厂房新建“中山残疾人之家”，经过全面装修，于7月12日正式揭牌投入运营，已安置27名智力、精神残疾及重度残疾人入托。“石塘镇残疾人之家”严格按照残疾人之家星级提升要求，完成基础设施建设等6项提升工程，已顺利通过验收，并被评为四星级残疾人之家。二是加快康复中心和托养中心项目建设。县残疾人康复指导中心和托养中心项目，总建筑面积9713平方米，设置康复托养床位160张，总投资5381万元。两个项目分别于2020年3月和4月开工建设。2021年底，已完成室内外装修和初步验收。三是推进无障碍环境建设。以云和“大花园”“乡村振兴”建设为契机，积极推进无障碍社区(村)、景区创建工作，累计投入资金65万元，完成大坪社区省级无障碍社区创建任务；完成安溪村无障碍村、石浦景区和县残联办公场所无障碍设施改造。同时，主动参与童话小镇客厅、城西广场、大坪路段等公共建筑及道路的竣工验收，切实改善县域无障碍环境。

【助推共同富裕】 突出惠残导向，助推残疾人共同富裕。一是拓宽残疾人就业创业增收渠道。充分运用“互联网+”思维，推动残疾人就业创业平台建设，帮助有劳动能力和就业愿望的残疾人从事种养殖业、个体经营等。全年为41名残疾人办理贷款贴息，贴息资金达21万元，扶持补贴30家残疾个体工商户办理养老保险。同时，努力推进行政企事业单位安置残疾人工作，共有96家单位按比例安置235名残疾人职工。举办2期残疾人职业技能培训班，培训105人次，切实提升残疾人就业能力。二是开展系列助残慰问活动。在春节、全国助残日期间，对全县各乡镇(街道)的困难残疾人家庭、残疾人创业代表进行走访慰问，全年共走访慰问困难残疾人130名。联系中国狮子联会浙江代表处丽水分区，为31名云和困难残疾人送上价值5.6万元的电视、冰箱、洗衣机等电器，让残疾人感受到党委、政府与社会对他们的关爱。三是开展残疾学生助学补助。积极与县教育部门对接，开展多种形式的助学活动。是年，补助学龄前、高中段、义务教育阶段残疾学生94人，补助残疾人及其就读大学的子女16人，累计发放助学补助资金23.52万元。

【提升生活质量】 坚持精准康复，提高残疾人生活质量。一是摸清底数做实精准服务。继续开展全县持证残疾人基本状况入户调查，完成5505名残疾人信息采集、录入、汇总上报等工作。开展残疾人责任医生签约服务，采取上门和集中签约等方式，为重点人群规范签约，签约率达90%以上。将430名精神残疾人纳入免费服药全额保障系统，努力提升残疾人基本康复服务覆盖率和满意度。二是有效落实普惠性的适配补贴制度。通过辅助器具发放和货币补贴形式，配发轮椅115辆、护理床6张、助听器89台、盲人眼镜2副，安装假肢11具、小额类辅助器具37件，完成白内障复明手术和髋关节置换补助5人。三是全面实施抢救性康复服务项目。实时掌握0—6周岁抢救性残疾儿童受训情况，帮助残疾人家庭解决实际困难，为39名残疾儿童在定点康复机构提供康复训练服务和康复补贴。

【营造助残氛围】 坚持融合发展，营造良好助残氛围。一是深入实施文化助残工作。以残疾文化艺术周和“特殊艺术进万家”活动为载体，结合“全国助残日”等节日举办形式多样的文化助残活动，组织残疾人和文艺爱好者开展特殊艺术进社区(村)和庇护机构巡演4场。开展无障碍观影活动，采取影院放映和会议室投影等方式，播放《扫黑行动》《唐人街探案2》等影片，组织无障碍观影11场，观影达812人次。二是开展党员助残志愿服务行动。与县直机关工委联合下发开展助残志愿服务行动文件和倡议书，实施助残志愿服务行动。活动开展以来，3家残疾人之家分别与老李帮忙团、市生态环境局云和分局、石塘镇派出所党支部建立挂钩帮扶长效机制，志愿帮扶残疾人120余人次。三是举办残疾人节日活动。以残疾人节日为契机，在县中山广场开展“爱耳日”宣传义诊活动，积极向市民宣传残疾预防和听力健康等知识。举办“爱眼日”健康讲座，开展“国际聋人节”“国际盲人节”趣味游园活动，进一步营造扶残助残的良好氛围。 (叶伟军)

云和县红十字会

【概况】 2021年，云和县红十字会(以下简称县红十字会)在县委、县政府的正确领导和上级红十字会的直接指导下，以“保护生命和健康、维护人的尊严”为工作主线，聚焦“三救、三献”(应急救援、应急救护、人道救助，献血液、献造血干细胞、献人体器官组织)核心业务，夯实基础，扎实工作，充分发挥了党和政府在人道领域联系群众的桥梁和纽带作用。

【党建工作】 (一)认真抓好县委巡察整改，强化责任担当。深刻认识整改工作的重要性和紧迫性，把巡察整改作为重大政治任务来抓，坚持问题导向，修订《云和县红十字会内部管理制度》等，强化责任担当，做好巡查整改工作落实，促进县红十字会党员干部作风转变。(二)认真开展党史学习教育，促进干事创业。按照县委统一部署，开展“跟着总书记学党史”专题学习和“重温习近平同志在浙江”活动、“追寻红色浙西南足迹学党史”活动、把党史学习教育同推动红十字核心业务相结合，以打造“群众身边的红十字会”为抓手，大力开展“我为群众办实事”专题实践活动，着力提升红十字会救助实力、服务能力，切实把学习教育成果转化为攻坚克难、干事创业的具体行动。(三)加强党风廉政建设，推动全面从严治党。按照上级红十字会要求，6月中旬建立了县红十字会党组，充分发挥党组领导核心作用，用习近平新时代中国特色社会主义思想武装头脑，把加强党的全面领导贯穿到红十字会工作全过程。始终把党风廉政建设与业务工作同谋划、同安排、同部署，形成了从严从实的良好氛围。积极开展警示教育活动，利用身边人、身边事案例，从反面教材中汲取教训，提高自身免疫力，进一步严明政治纪律和政治规矩。

【人道救助】 (一)开展红十字“博爱送万家”活动。春节前组织乡镇(街道)红十字会工作人员、红十字志愿者对县内因突发事件导致生活困难急需救助的城乡低收入生活困难家庭进行走访慰问，发放米、油、棉被、棉衣、羽绒衣等物资，共慰问86户折款4.8425万元，将党和政府的关怀送到困难群众手中。（二）开展困难群众救助帮扶活动。对递交困难申请书的因病、因灾、因突发事件等导致生活困难急需救助的家庭，给予临时资金救助。共落实发放临时救助资金3.53万元，救助34户困难家庭。（三）争取资金加强救助实力。向县烟草公司募捐10万元，用于困难群众人道救助与村集体公益事业支出，并对捐赠收入实行专户管理，专款专用，对救助情况进行公开，做到公开、透明。

【应急救护】 （一）以合作机制、节日活动契机为主线加强救护培训，深入推进应急救护培训进社区、进农村、进学校、进机关、进企事业单位活动，巩固在公安、交通、建设、安监、教育、电力等系统和有关企业救护培训工作，大力普及群众性救护培训，共举办培训班（讲座）33场，培训救护员344人，普及救护知识3434人次。（二）开展“五分钟社会应急救护圈”民生实事项目建设。在景区、民宿、学校、社区、体育场、审批中心、车站、图书馆、大酒店等人员密集的公共场所投放AED（自动体外除颤仪）共36台，同时，开展AED定点救护员培训，为每个AED定点单位培训救护员，巩固并提高了社会应急救护能力和效率。（三）加强救护师资队伍建设。与卫健部门一起选派了21名人员参加市红十字会组织的救护师资培训班，并取得了二级救护培训师资证，扩大了救护师资队伍，为救护知识的培训普及奠定了基础。

【“三献”服务】 （一）每月5—6日无偿献血日，组织志愿者到献血车上开展无偿献血与造血干细胞入库宣传动员，全年完成造血干细胞捐献志愿者血样采集入库22人。（二）成功实现2例造血干细胞捐献：5月12日志愿者邱世杰捐献和11月5日志愿者涂有宝捐献，两位捐献者都是“90后”青年，为全县造血干细胞捐献工作做了很好的榜样。（三）春节期间对之前已成功捐献的造血干细胞志愿者与器官（角膜）捐献者家属进行了走访慰问，营造了“爱来爱返”的良好氛围。

【数字化改革】 “数字红会”是红十字会参与数字化改革的重要内容，县红十字会严格按照省、市统一部署，认真完成模块数据衔接录入，推进“数字红会”应用场景使用推广，针对“浙里办”人道服务窗口的爱心捐赠、入会申请、人体器官捐献、造血干细胞捐献等开展宣传介绍，为群众网上办事奠定基础。

【宣传工作】 （一）积极开展各项主题活动。结合世界红十字日、防灾减灾日、世界急救日、世界骨髓捐献者日等重要节日，开展形式多样的主题宣传活动，弘扬传播“人道、博爱、奉献”的红十字精神，进一步推动我县红十字工作的开展。同时与社区合作，利用社区“邻里节”“科普周”等活动举办之机，组织志愿者宣传红十字运动知识、应急救护、无偿献血、造血干细胞捐献和器官（遗体）捐献等红十字相关知识，发放宣传资料800余份，增加公众对红十字工作的关注和了解。（二）积极与媒体合作，借助媒体平台，通过发布工作动态、人道救助情况、捐赠情况、典型人物事迹宣传等，进一步加强红十字“三救三献”工作宣传，弘扬红十字正能量，提升红十字社会影响力。 （卓和珊）

人力资源和社会保障

人力资源

【概况】 2021年，云和县人力资源和社会保障局坚持以习近平新时代中国特色社会主义思想为指导，全面落实县委县政府重大决策部署，紧紧围绕打造全国山区县域新型城镇化共富样板目标，以人社数字化改革为引领，统筹推进就业创业、人事人才、社会保险、劳动保障等工作，实现就业局势总体平稳、人才引育提质增效、社会保险可持续发展、劳动关系和谐稳定。城镇新增就业2035人，城镇登记失业率控制在1.62%。为305名就业困难人员发放社保补贴152万余元；为1582人次失业人员发放失业金220万余元，为1559人次代缴医疗保险费45万余元；为583人次失业人员发放失业补助金37万余元。开发村（社区）公益性就业岗位154个，安置低收入农户和就业困难人员77人，开发残疾人专职委员公益性岗位9个，安置残疾人困难群体9人。切实做好工伤预防工作，受理工伤451件，认定工伤437件，不予认定1件，办理工伤劳动能力鉴定257件。全县基本养老保险参保92323人，较2020年年底相比新增1352人，参保率达99.11%。荣获县级综合考核优秀单位，获评全县党风廉政建设工作考核、信访工作考核、消防安全工作考核、党委和政务信息考核优秀单位，实现人社事业"十四五"良好开局，为全县经济社会发展贡献了力量。

【就业创业】 （一）公共就业服务。保持就业局势总体稳定，城镇新增就业2035人，城镇登记失业率控制在1.62%。搭建"线上+线下"供需平台，通过"云和人社"公众号和"云和就业"微信小程序等线上平台为703家企业发布岗位信息6000余个。举办"春风送岗""云景余缺调剂专场招聘会"等线上线下专场招聘会，点对点开展就业专项招聘服务。加强企业用工监测，对规上企业和重点企业进行动态监测，及时掌握企业生产经营及用工变化，并开展针对性的企业用工服务。成功引进专业化劳务中介机构优创人力资源（丽水）有限公司，切实解决我县木玩企业生产旺季用工紧缺的难题。积极打造"云和师傅"劳务品牌，在第三届全国创业就业服务展示交流活动获评"就业带动类劳务品牌"。

（二）创业服务。发放一次性创业补贴5人，共25000元，为13名创业人员新增发放创业担保贷款460万元，为12名创业人员发放贷款贴息25万余元，培训扶持创业人数113人。联合景宁、庆元举办云景庆创业创新大赛，向市推送"双零碳"蔷薇城堡文旅综合体优质创业项目，并举办创业活动11场次，在全县营造良好的创业环境，调动劳动者创业的积极性和主动性；完成389人次的创业培训。

【人事人才】 （一）人事管理工作。认真开展人事招聘和管理工作，全年新录用事业单位工作人员79人，其中人才引进录用23人，定向委培生录用28人，村干部考核录用1人。办理人员交流调动手续180人，其中机构改革原因144人，调出县外

7人，县外流入1人。岗位聘用变动审核307人，开展卫生和教育系统人才定向培养招生招聘33人。完善事业单位绩效工资制度，配合做好公务员工资津贴补贴自查清理工作，落实机关事业单位工资福利和奖金政策，加强评比达标表彰活动规范管理。

（二）职称评定工作。有序推进职称改革工作，开展全县年度两个批次大中专毕业生职称初定，召开职称评审会17场，评审通过人员共183人，其中初级88人，中级58人，副高29人，正高8人。开展职称改革督察，启动职称改革自查，对我县教育、卫生等系列中级评委会2020年度职称评审工作开展职称改革巡查复查。开展丽水市首届养老专业技术人员职称评定，获评照护员职称3人，照护师2人，助理照护师2人，获评助理级以上人数位居全市第一。全面推广运用浙江省专业技术职务任职资格申报与评审管理服务平台，全县专业技术人员职称申报和评审全程线上运行，共审核全县职称评审对象288人次，线上申报评审率100%。

（三）人才引进工作。全力推进“双招双引”一号工程，组建引才工作专班赴杭州、西安、武汉、成都等地开展人才招聘活动28场，整合县属事业单位和国有企业引才需求集中面向社会公开发布引才计划，提供各类专业岗位77个，其中硕士以上岗位60个，认真做好集中报名、笔试、面谈工作，全年引进高校毕业生2867人，其中博士19人、硕士154人，与四川农业大学、成都理工大学、杭州电子科技大学等7所高校建立人才合作关系，与江西宜春学院签订“人才金桥”合作框架协议。开展第六批“百博入百企”博士匹配工作，引进5名高层次人才挂职云和5家企业，全力破解企业技术难题。

（四）职业技能提升。扎实开展职业技能提升行动，突出培训重点，聚焦安全员、木玩制造、健康照护师等领域职业工种需求，开展就业技能培训、岗位提升培训和创业创新培训，全年开展各类培训100余期，培训4382人次，有序完成县级民生实事办理。加强高技能人才培养，全年新增技能等级认定备案企业9家，通过开展企业技能等级认定、第三届“云和工匠”系列技能大赛等途径，培养各类高技能人才533人，完成目标任务数133.25%。完成云和县技工学校创建申报工作。做好高技能人才选树推荐，云和县金成木业有限公司王万成入选“浙江工匠”培养项目人员，鲁家智等4名高技能人才入选“浙江青年工匠”培养项目人员，新建县技能大师工作室3家。

社会保障

【社会保险】 （一）社会保险扩面。切实做好社会保险扩面工作，全县基本养老保险参保92323人，较2020年底相比新增1352人，参保率达99.11%。全县企业职工基本养老保险参保单位1469户、以灵活就业身份参保31921人，共计45903人。全县机关事业养老保险的参保单位168户，参保职工4675人。全县城乡居民基本养老保险参保人数为39399人，60周岁以上的享受养老金待遇人员为12396人。全县2018家企业（包括建筑工程项目）的48269名职工参加工伤保险。全县失业保险参保人数为15824人，其中企业参保人数11871人，事业单位参保人数3750人，其他单位203人。全县被征地农民参加基本生活保障15926人。2021年度云和县人民政府代缴城乡居民基本养老保险3252人，共计代缴32.52万元。

（二）社保待遇调整。为683名2021年度职工基本养老保险新增待遇领取人员办理预发转计发，人均待遇提高92.91元/月，共计补发43.26万元；为67名2021年度机关事业养老保险新增待遇领取人员办理预发转计发，人均待遇提高618.59元/月，共计补发26.62万元；调整14919名企业职工养老保险退休人员待遇，共计补发9844021.95元，调待后月平均养老金2327.43元，人均增资111.02元；调整2307名机关事业退休人员待遇，共计补发3258040元，调待后月平均养老金6829.76元，人均增资236.09元；调整1.28万名城乡居民养老保险退休人员待遇，基础养老金从每人每月180元提高至225元，65周岁以上增发从每人每月5元提高至10元，共计补发767.54万元。调整被征地农民基本生活保障金，涉及158人，共计补发76190元，调待后人均489.87元/月，提高了44.8元。调整企业职工死亡后遗属生活困难补助费，涉及60人，共计补发35500元，调待后人均1278.39元/月，提高了61.96元。

（三）社会保险经办。高质高效推进全国统筹数据处理工作，通过47项整理方案，完成1400多个中断缴费人员的数据集中处理、400多个重复参保人员清理及300余项企业退休人员待遇项目梳理等工作。平稳有序推进被征地保障转保职工养老保险规范性调整工作，完成存量2515名被征地农民参保基本养老保险经办工作。

（四）社保基金监督。强化基金监管和稽核，加强社保基金监管确保基金运行安全，根据省市部署开展社保基金管理风险排查，梳理问题清单，落实整改举措，与县人民法院建立社保基金追缴合作机制，制定出台《云和县社会保险事业服务中心内部控制制度》，常态化开展稽核管理，每月对不少于20%的业务进行核查。

【劳动保障】 （一）和谐劳动关系。深入实施劳动关系“和谐同行”三年行动计划，健全劳动关系三方机制，全面落实劳动合同制度，依法保障劳动者与企业双方的权益。开展“送清凉”活动，为338名一线劳动者送上“清凉礼包”和“政策礼包”；完成劳动关系协调员培训143人；完成企业劳动用工体检30家；有序推进电子劳动合同普及工作，完成系统签订人数470人。

（二）劳动保障监察。坚决打赢根治欠薪攻坚战，全面推进建筑领域工资监管平台的应用，通过数字化手段加强源头治理及事中事后监管，规范建筑业用工市场秩序，提高工程建设领域欠薪治理的精准性，在建设领域中取得了较好成效。深入推进“互联网+监管”现场掌上执法工作，规范化开展“双随机、一公开”执法检查，现场将检查结果录入“浙政钉掌上执法”系统。开展云和县护航建党百年根治欠薪维稳专项行动暨漠视侵害群众利益问题专项治理行动和护航建党百年“浙江安薪”专项行动。劳动保障监察立案21起，其中行政处罚案件7起，处罚金额4.7万元，劳动保障监察按期结案率100%，因拒不支付劳动报酬罪移交公安立案1起。

（三）劳动人事仲裁。全力提升调解仲裁质效，进一步完善工资、工伤争议速调机制，优化调解仲裁服务，仲裁委当期立案受理各类劳动人事争议案件272件，涉及劳动者297人，涉案金额617.07万元，仲裁结案率99.6%，仲裁调解率96.7%，仲裁终结率为98.9%，终局裁决率66.7%，网络办案率45.2%。联动提供“一站式”调解服务，实现劳动纠纷即接即办、畅通流转、闭环管理，初步实现了监察、仲裁、信访和基层受理群众劳动纠纷化解申请事项无差别受理。

【数字化改革】 （一）数字就业。重点群体帮扶工作全面下沉至乡镇街道，实现人员动态管理，开展重点群体帮扶7816人次，跨部门协同认定云和县“本年度累计认定重点群体数”为2910人，重点群体已实现就业1897人，就业率65.19%，帮扶率90.58%。

（二）数字工资。全面推广运用浙江省事业单位人事工资管理服务系统，逐步实现全县事业单位人员人事工资规范化管理，全县214家事业单位2943人已纳入系统，系统人员信息完整度达95%以上，月工资申报率达95%以上，全年办理各类人事工资业务4200余件。

（三）智慧仲裁。全面做好智慧仲裁数字驾驶舱核心业务梳理，被列入省市试点联动县，完成仲裁审查确认、工资工伤速裁模块等场景应用并投入使用，完成数字化智慧仲裁庭系统建设。

（四）社保卡迭代升级。全面开展社保卡升级换代服务，完成三代社保卡（市民卡）在公交、图书借阅和旅游景点公共服务领域的应用功能开发，进一步提升老百姓的获得感、幸福感。（林江海）

法　　治

政法委与综治

【概况】 2021年，在中共云和县委的坚强领导下，县委政法委深入学习贯彻习近平法治思想，围绕省、市部署和县委、县政府中心工作，全力以赴防风险、护稳定、保平安、强基础，砥砺前行、克难攻坚，高质量完成了平安护航建党百年维稳安保、政法队伍教育整顿等重点工作，全县社会形势持续稳定向好。创新组建“平安建设监察官”队伍，对全县重点行业领域先后开展3轮“拉网式”“体检式”暗访检查，排查并督促整改各类隐患问题700余个，平安基础底板得到有效夯实。高标准推进队伍教育整顿，累计组织开展学习教育48场次，参与干警8000余人次，政法铁军队伍展现出崭新面貌。

【维护社会稳定】 以护航建党百年为主线，全力维护社会大局稳定。扎实开展平安护航系列行动，全力抓好重大风险隐患摸排化解和重大决策风险评估，严格落实值班备勤、每日涉稳信息“零报告”等制度，圆满完成建党百年、十九届六中全会、各级两会、全国农村人居环境整治提升现场会、全国山区县域新型城镇化发展论坛等重大活动、重要节点的维稳安保任务，实现了重点时段进京“零登记”，履行了“云和本地不出事、云和人不外出惹事”的郑重承诺。

【平安云和建设】 以夯实基础短板为重点，全力提升平安云和建设水平。围绕平安建设“十七连冠”目标，先后五次组织召开平安建设部署推进会，并积极做好省平安考核抽查、省一轮平安暗访和省平安护航中国共产党成立100周年集中督导检查等迎检及反馈问题整改落实工作。创新组建“平安建设监察官”队伍，对全县重点行业领域先后开展3轮“拉网式”“体检式”暗访检查，排查并督促整改各类隐患问题700余个，平安基础底板得到有效夯实。全力做好上级扫黑办移交线索的流转交办、核实查办，会同县纪委监委，组织公检法对三年来线索查办工作和案件办理情况开展“回头看”，梳理倒查扫黑除恶专项斗争已办案件3件，核查线索156条。常态化开展扫黑除恶，制定印发《云和县推进四大行业领域整治工作方案》，重点对云和县四大行业领域开展集中整治。

【数字法治建设】 以深化改革为抓手，全力推进县域社会治理现代化。坚持把数字化改革作为推动发展的核心动能，将数字法治建设贯穿社会治理各方面、全过程，制订全县数字法治系统建设工作方案，开展数字法治门户网站建设，并将核心工作业务接入系统门户中，在统一架构下牵头谋划建设一批聚焦社会治理难点、行业重点、特色领域等方面的各类专题特色场景应用。其中，“青少年分级精准帮教”“精准布控被执行人”“重点场所管理智治”等3个应用被列入全省数字法治系统重大应用“一本账S1”。云和县承接的省检察院刑事智能辅助系统“开设赌场罪”、省法院“精准布控系统”等项目，被列入省级试点应用。

【队伍教育整顿】 以队伍教育整顿为驱动，全力锻造绝对忠诚铁军队伍。突出“四项任务”，统抓“三个环节”，全力推进全县政法队伍教育整顿，全面正风肃纪、反腐强警。累计开展学习教育48场次，参与民警8000余人次，累计自查发现各类问题3357个，查处涉及违纪违法人员4人，其中开除党籍公职2人、批评教育2人。梳理2018年以来容易滋生司法腐败、执法不公的重点案件814件，发现问题案件57件，处理涉嫌违规违法民警3人。通过教育整顿，全县政法民警政治品格更加忠诚，廉政意识更加牢固，履职能力明显提升。7月22日晚，牵头在云和中学剧场举办“忠诚向党 筑梦平安”政法系统主题党日暨政法队伍教育整顿汇报会，通过朗诵、情景剧、大合唱、先进人物访谈等形式，充分展现云和县政法平安工作新气象，激励广大政法民警展现新作为、建功新时代。

【提升服务能力】 以党史学习教育为牵引，全力提升服务基层和群众能力。结合党史学习教育和政法队伍教育整顿，创新开展政法铁军“组团驻格”活动，将全县700余名政法干警及律师混合编组入驻219个网格，开展反诈防骗宣传、矛盾化解、隐患排查等服务，累计走访4万余户，排查电路等安全隐患1.3万余个。相关做法先后被《浙江信息》《省委政法队伍教育整顿工作简报》刊发交流。（程洪波）

公 安

【概况】 云和县公安局内设机构21个（含看守所），下辖6个派出所，核定行政编制262名，实有人数245名，其中，民警238名，职工7名。2021年，全县共发刑事案件479起，同比上升7.3%，五类案件发8破8；破刑事案件153起，同比上升9.2%；移送起诉280人，较2020年基本持平；共查处治安案件1077起，同比上升17.7%，行政处罚1712人次，同比上升29.4%。共发生上报道路交通事故48起，死亡11人，受伤47人。截至2021年底，县公安局已连续7年获评全省公安机关执法质量考评优秀单位、连续3年获评全市公安信访业务目标管理考核优秀单位。是年，县公安局获全市出入境业务评估优胜单位称号，县情报指挥中心获批市四星级“110”报警服务台。石塘派出所被公安部命名为一级公安派出所，被省委、省政府评为全省“枫桥式公安派出所”。全局共有11个集体、61位民警受到省市县党委、政府和上级公安机关的表彰，1位民警荣立个人二等功，13位民警荣立个人三等功。

【维护稳定取得新成效】 以中国共产党成立100周年大庆安保为主线，梯次趋紧、一体防控，重点人、事、物管控万无一失，圆满完成各项安保任务，实现“五个严防、三个确保”目标。高规格运行“415”机制，及时处置本地散播涉政有害信息事件5起；查清“11•2”事件，堵牢境外天主教入云渠道。妥善处置“2•11”坠楼事件。迭代升级疫情防控精密智控机制，在局8楼设立流调溯源中心，为全县疫情精密智控提供强有力的支撑。

【服务大局迈出新步伐】 深入开展“我为群众办实事”“四服务”等系列活动，全面推行项目警长制、河道警长制，全力护航村级换届选举、小徐村征拆改造等党政中心工作；全域推行“最多跑一地”“一窗通办”，持续深化派出所“1+X”窗口星级标准化建设，创新构建“矛调精灵”等为民服务场景应用，办理民生实事、便民服务12余万件，取得了党政认可、群众满意的社会效果。扎实开展“为企服务提升月”活动，依托为企服务专区、为企服务站两大阵地，因企制宜开展志愿服务和助企服务，惠及全县民营企业600余家。

【平安建设实现新提升】 坚持打防管控一体推进，扎实推进“清雷”“铁拳”“昆仑”以及用电建筑、“三合一”场所消防安全整治“清零”、交通事故预防“减量控大”等系列专项行动，竭力消除各类安全隐患。深入开展社会治安乱点整治，侦办涉黄涉赌刑事案件同比上升18.18%，采取刑事强制措施同比上升82.14%，社会治安环境得到有效净化；先后侦破“大菠萝”网络赌博案、“10•8”非法获取计算机数据案以及省厅督办的“7•27”侵犯公民个人信息案等一系列有影响力的案件，让群众安全度、满意度更有质感。

【警务效能再上新台阶】　深化“枫桥式公安派出所”创建活动，深入推进“一所示范，五所提升”工程，石塘派出所被公安部命名为一级公安派出所，获评全省“枫桥式公安派出所”。健全完善基层基础警务工作平台，经验做法在全市公安基层基础工作技战法亮晒评比活动中荣获第一。全力推进“最多跑一次”改革，在全市率先实现公安业务一窗通办，办事等候时间平均缩短70%。

【公安队伍展现新形象】　扎实开展党史学习教育、“三能”主题教育实践活动和政法队伍教育整顿，干警面貌焕然一新。推动从严管党治警不断走向纵深，运用第一种形态处理6人；强化制度建设，先后制定出台相关规章制度13项。监所实现连续23年安全无事故。全面开展干警实战大练兵，反恐怖情报业务、综合文字岗位练兵、执法技能等多个单项比武成绩位列全市前列。执法质量考评全市第一，连续7年获评全省执法质量优秀单位。高标准承办全省公安机关信访突出问题攻坚化解专项工作现场会，相关工作得到公安部、省厅、市局领导的一致肯定，向全省展示“小局也有大作为”的云和铁军形象。

（余云校）

检　察

【概况】　2021年，云和县人民检察院（以下简称县检察院）在县委的坚强领导下，对标对表创建“重要窗口”和打造全国山区县域共同富裕样板的目标任务，聚焦聚力检察工作高质量发展主题，走深走实“稳进、落实、提升”发展路径，以数字化改革为牵引，全力服务保障中心工作，全面加强和改进法律监督，各项工作取得新进展。2021年，共批准逮捕97人，提起公诉161人。县检察院办理的叶某某、柳某某私分国有资产、贪污、受贿案以及黄某某挪用公款案2起案件，被最高人民检察院评为全国检察机关职务犯罪检察精品案例。是年，共联合打击拒执犯罪嫌疑人5名，为10余家非公企业主挽回经济损失140余万元，《检察日报》等国家级媒体对此作了专题报道。

【刑事检察】　2021年，共批准逮捕97人，提起公诉161人。持续巩固扫黑除恶成果，结合政法队伍教育整顿工作部署，推动扫黑除恶常态化，持之以恒、坚定不移打击黑恶势力及其“保护伞”，配合县委政法委对专项斗争三年来受理的各类线索进行新一轮梳理，抓好行业领域源头治理等工作，努力实现长效常治。强化风险防控意识，突出对集资诈骗、非法吸收公众存款等涉众型金融犯罪的打击力度，办理完结并起诉相关案件3件3人。加强与监察机关协作配合，受理县监委移送审查起诉的职务犯罪1件2人，提前介入3件5人。严格审查把关，形成依法反腐合力，办理的叶某某、柳某某私分国有资产、贪污、受贿案以及黄某某挪用公款案2起案件，被最高人民检察院评为全国检察机关职务犯罪检察精品案例。

【民事检察】　首创民事执行案件“一站式”监督机制，探索建立拒不执行判决、裁定类监督案件由民事检察部门“一案办到底”的集中办理模式，由民事检察官统一履行民事检察监督、审查起诉等职能，联合法院协同推进案件办理，共同维护司法权威。2021年，共联合打击拒执犯罪嫌疑人5名，为10余家非公企业主挽回经济损失140余万元，《检察日报》等国家级媒体对此作了报道。

【行政检察】　充分发挥检察监督助力法治政府建设的职能作用，加强协作配合，深化行政争议实质性化解，推动云和、龙泉、庆元三地政府、法院、检察院建立实质化解行政争议协作模式，共办理案件8件，纾解民忧民困。会同相关单位建立衔接机制，加强行政非诉执行监督，共办理案件9件，发出的检察建议均被相关部门采纳并落实整改。

【公益诉讼检察】 认真践行公共利益代表的神圣使命，共办理行政、民事公益诉讼案件33件。注重把问题解决在诉前，发出诉前检察建议31份，诉前整改率100%。坚持发挥职能服务中心工作，深度参与垦造耕地项目专案，办理公益诉讼重特大案件19件。大力推进“一城一湖一梯田”专项监督，根据县委举全县之力推进梯田创5A的工作要求，成立专门办案小组，制定专门实施方案，专责推进相关案件办理。积极推进“护红护绿护古”等专项监督行动，办理相关案件21件，切实加强对红色文物、生态环境保护。

【数字检察建设】 适应数字检察建设需要，对“向阳花”未成年人检察品牌进行数字化升级，依托“四色预警”这一核心逻辑，在全省率先打造未成年人违法犯罪预防场景应用，围绕“数据共通、智慧研判、常态治理”的工作模式，设置强制报告、监测查询、精准帮教等14个功能，协同联动公安、教育、民政等“16+N”个部门、单位及中小学校，借助基层治理四平台，推动构筑未成年人保护大格局。创新打造“云监测”数字化监督平台，以侦查化办案思维为牵引，以模型化检索办案为路径，运用大数据手段精准、高效查找监督线索，助力案件办理，2021年，在全市范围内累计查获虚假诉讼案件45件，发出再审检察建议26份，司法秩序得到有效维护。

【检察队伍建设】 深入开展党史学习教育，制定详细学习教育方案，以检察长上党课、祭扫烈士陵园等形式，传承弘扬红色精神。聚焦学习教育、查纠整改、总结提升三个环节的任务要求，全力开展政法队伍教育整顿工作。坚持落实好规定动作，探索推出各类自选动作，在全院营造强认识、深整改、求进步的浓厚氛围。整顿期间，排查整改司法不规范、贯彻落实“三个规定”不到位等方面问题85项。强化执法司法制约监督机制建设，聚焦检察管理、办案质效等关键环节，制作出台《检察人员离任前开展谈心谈话的意见》《关于进一步加强案件质量监管工作的若干规定》等规章制度，借以规范检察履职。自觉接受人大的法律监督和政协的民主监督，主动向县人大、政协报告检察工作。自觉接受社会监督，常态化开展检察开放日，线上线下多渠道发布检察资讯，开展案件程序性查询175次，公开法律文书117份。 （李海洋）

法　院

【概况】 2021年，云和县人民法院以习近平新时代中国特色社会主义思想为指导，紧紧围绕司法公正感受度主题，统筹兼顾切实抓好党史学习教育、队伍教育整顿和主责主业工作，队伍核心战斗力不断提升。全年新收各类案件3952件，办结3941件，新收案件较2019年下降7.94%。自动履行率68%，位列全省基层法院第四；诉前纠纷化解率63.73%，同比上升5.47%。纳入省考核的“八升五降”13项指标都优于全省均值，其中9项考核指标排名全省前10。全年执行到位金额6402.55万元，有财产可供执行案件法定期限内实际执结率100%。县法院执行局被省高院记集体二等功。以“法官一联六”“法官进网格”等载体推进诉源治理，开展上门服务845次、为民办实事359件，相关做法在《人民法院报》头版和《法治日报》政法版块报道，被“法治浙江”公众号头条推送。

【维护公平正义】 履行审判职责，维护社会公平正义。(一)维护稳定有新作为。服务县域重点项目建设，适用裁执分离模式，依法审查并妥善执行涉“童话小镇”区块拒不履行征收协议决定案件。拍摄扫黑除恶普法微视频《我要举报》，获最高法院第八届“金法槌奖”优秀奖。建立“员额法官大接访”工作机制，初信初访案件办结率100%，成功化解涉诉信访积案4件。(二)执法办案有新成效。推进破产审判工作专业化、规范化建设，实行破产案件专人负责和专业审理，全年审理执转破(执行案件移送破产审查)案件4件。强化未成年人保护，成立少年审判庭，与景宁县法院联合发布未成年人审判白皮书。加大对不诚信诉讼行为的打击力度，对7件涉虚假诉讼案件重新立案审查，将29人纳入第四批“职业放贷人”名录，对1名妨害诉讼秩序的法律工作者进行处罚。(三)破解执行难有新举措。积极破解执行难题，加大对拒执行为打击力度，完善正向激励机制，探索运用“精准布控”“数字终本”等信息化手段，有效提升执行到位率，全年执行到位金额6402.55万元，有财产可供执行案件法定期限内实际执结率100%。汇聚执行合力，建立云景两地“区域执行协作”机制，化解异地执行难题。

【服务中心大局】 强化责任担当，主动服务中心大局。(一)精准服务美丽云和建设。加强房屋拆迁、土地征收等案件研究，主动为旧城旧村改造、城市有序更新等提供靠前的司法服务。助力绿色发展，举办瓯江流域生态司法协同保护推进会，牵头丽水、温州等沿岸十家法院建立瓯江流域司法保护法官智库。延伸服务触角，在云和梯田设立环境资源审判“共享法庭”，联合县农业农村局开展“放鱼养水润瓯江”增殖放流活动，社会效果良好。(二)着力营造法治化营商环境。出台服务民营企业的司法保障意见和十项措施，设立服务企业法官专家团，主动联系企业67家，开展法律咨询、座谈350余人次，妥善化解各类涉企纠纷689件。积极争取知识产权案件管辖，并达成初步意向；与县市场监管局建立合作关系，护航中小微木玩企业发展。(三)大力深化诉源治理。依托矛调中心，规范诉前调解，牵头建立矛盾纠纷化解诉前“五个统一”管理机制。以“法官一联六”“法官进网格”等载体推进诉源治理，开展上门服务845次、为民办实事359件，相关做法在《人民法院报》头版和《法治日报》政法版块报道并被“法治浙江”公众号头条推送。完成石塘镇、阜安门社区2个示范型“共享法庭”建设，推动以点带面，整体提升。截至2021年底，已设立共享法庭114个，实现县域镇街村社覆盖率100%，办理案件165件，调解成功55件。

【深化司法改革】 深化司法改革，增强内部发展动力。(一)强化创新，建设智慧法院。积极推进数字法治系统建设，主动参与“浙江全域数字法院”改革6项试点任务。依托改革拓展数字化监督路径，推广应用“司法公正码”，实现“一案一码、全案赋码、智能响应、专人专办、监督随行”，已对1391件案件进行赋码告知，诉讼参加人满意度99.64%。(二)强化管理，完善工作机制。发挥示范案件引领作用，制定《关于群体性民事纠纷示范裁判操作指南》，选取具有共通事实和法律争点的案件先行审理、先行判决，形成妥善化解平行案件的纠纷解决机制，已适用群体纠纷3批次170余件。(三)强化管控，提升办案质效。严格案件质量评查、类案分析、风险评估，不断优化自动履行率、一审服判息诉率等核心指标。超12个月长期未结案件全部清零，一审判决案件改判发回瑕疵率由2020年度的0.43%降至0.16%，月均存案量、平均审理天数等重点指标位列全市第一。

【提升队伍素质】 全面从严治院，稳步提升队伍素质。(一)加强党的政治建设。坚持把政治建设摆在首位，争做“两个确立”忠诚拥护者和“两个维护”示范引领者。紧紧围绕“以党建带队建，以队建促审判”的工作思路，压紧压实党建责任，不断优化党组织设置，全年共选树典型16个，2个集体和2名个人荣获全县“两优一先”称号，执行局被省高院记集体二等功。(二)加强司法能力建设。开展干部队伍“六大能力”提升工程，依托“浮云溪畔”大讲堂、法官沙龙等平台，采取专家型法官评选、资深法官“传帮带”等方式，切实提升干警处理疑难、复杂、新类型、大要案的能力，15 篇调研文章在国家和省、市级刊物及论坛中发表获奖，审理的关于第三人撤销之诉案入选最高人民法院指导性案例。（三）加强纪律作风建设。扎实开展政法队伍教育整顿，坚持刀刃向内抓整改，邀请检察官、特邀监督员、律师等多方参与案件评查；盯着末端抓落实，出台关于加强重点工作督查督办、会风会纪和案件审限管理等方面制度措施 28 个，队伍教育整顿工作考核位列全市法院第一梯队。严格落实“四类案件”监管，纳入“四类案件”监管比例为 1.85%，确保院、庭长依法有序合理监督，倒逼司法规范化和案件高质量。 （吴嘉伟）

司法行政

【概况】 2021 年，云和县司法局坚持以习近平新时代中国特色社会主义思想为指导，深学笃用习近平法治思想，坚持以党的政治建设为统领、以法治建设为统揽，以创新发展为驱动，聚焦“十四五”开局，统筹推进法治云和（法治政府）建设各项重点工作，深入开展司法行政队伍教育整顿，全力推动司法行政工作高质量发展。县普法办荣获“2016—2020 年全国普法先进单位”称号。在法治浙江建设中，获评法治浙江（法治政府）建设优秀单位，在“法治丽水（法治政府）”建设考核中排名第三。推行“法律援助+行政裁决”模式，在全省率先出台《云和县行政裁决法律援助工作办法》，对行政裁决案件提供法律援助保障。

【法治云和建设】 全面夯实法治建设基础，云和县入选首批法治浙江（法治政府）建设示范创建县、获评法治浙江（法治政府）建设优秀单位、在“法治丽水（法治政府）”建设考核中排名第三。强化法治建设理念，创新法治建设思路，《云和县人大启动特定问题调查权监督政府依法行政》的经验做法，入选丽水市首届“十大法治事件”，4 月 21 日，被《浙江日报》载入法治浙江建设十五周年专题。全面深化基层法治建设，崇头镇入选全省法治化综合改革试点乡镇，崇头镇、赤石乡、浮云街道入选第一批法治丽水建设示范乡镇（街道）。全面协同高效运行交办、点评、亮晒、督查、约谈五大工作机制，亮晒法治建设工作情况 10 期，交办任务 12 批 2176 件。全面抓好法治建设主体责任落实，擦亮云和特色法治品牌，探索运用“法治‘和’论坛”，打造法治建设议事磋商新模式，开展论坛活动 4 期，合力破解治理难题。

【法治政府建设】 加强规范性文件管理与合法性审查，审查县政府行政规范性文件、行政机关合同、重大行政决策等各类政府法律事务 84 件，出具书面审查意见 52 份，提出书面审查意见 203 条。切实履行行政复议职责，办理行政复议案件 17 件（2020 年结转 5 件），审结 15 件，其中，调解结案 5 件、经调解申请人自愿撤回申请 1 件，受理前调解 2 件。新发生行政诉讼案件 15 件，未出现败诉案件。庆元、龙泉、云和三地联合出台的全市首个《关于建立行政诉讼案件法律援助工作机制的实施意见（试行）》，有效推进实质性行政争议问题的化解。推行“法律援助+行政裁决”模式，在全省率先出台《云和县行政裁决法律援助工作办法》，对行政裁决案件提供法律援助保障。

【司法行政工作】 提升普法精准性、实效性，县普法办荣获“2016—2020 年全国普法先进单位”称号。深入开展“下沉式”普法宣传活动 30 余场次，集中宣传普及法律法规知识。实施法治宣传阵地提升工程，创成省级民主法治村（社区）6 个、市级民主法治村（社区）18 个、丽水市“诚信守法企业”2 家、丽水市“普法农家院”2 家。加快提升公共法律服务水平，组织法律服务小分队深入开展政策法律“和”超市巡回服务活动，免费提供“法治体检”310 余次，提出意见建议 220

余条。受理法律援助案件411件、公证案件773件。持续加大社会矛盾纠纷排查化解工作力度，县乡联动，受理人民调解案件1372件，成功化解1372件，其中，疑难复杂及重特大案件16件。切实提高社区矫正规范化水平，制定出台《云和县社区矫正矫务公开办法（试行）》《云和县社区矫正检察监督工作机制》等制度，选聘10名社区矫正"公益大使"，打造"社区矫正社会化精品项目"——云和县老李帮忙团服务中心。组织参加丽水市社区矫正"中华经典诵读"大赛、全市社区矫正风采大赛，先后荣获三等奖、一等奖。

【干部队伍建设】 扎实开展党史学习教育和队伍教育整顿，4月30日，《云和县司法局强化"三大声音"将队伍教育整顿成果转化为工作实效》一文被省厅队伍教育整顿简报采用。坚守廉洁自律底线，认真落实党风廉政建设责任制和反腐败工作。积极开展志愿服务活动，组织开展防范打击网络诈骗等新型违法犯罪专项宣传工作，深入4个街道37个村（社区）开展进家入户宣传，入户5118户，发放宣传资料2万余份。组织干警到方舱接种点开展志愿服务，动员干部下沉网格一线，助力疫情防控工作有序进行。邱发林、柳翔为群众英勇救火的行为，被县公安局确认为见义勇为行为，被评为丽水好人。（赵 爽）

军　　事

人民武装

【概况】 2021年，云和县人民武装工作在丽水军分区党委和云和县委、县政府的坚强领导下，坚持以习近平新时代中国特色社会主义思想为指导，深入贯彻习近平强军思想和新时代军事战略方针，聚焦建党百年，服务国防动员，紧抓思想铸军魂、紧抓党建强堡垒、紧抓基层实基础、紧抓管理正秩序，完成年度各项工作。全年参加上级学习教育或组织本级学习教育达57次。春季征兵大学毕业生入伍比例达到93%，大学生入伍比例达到100%。组织现役干部、文职人员、专武干部、基干民兵团体比武和个人竞赛，取得军事教学法个人第一名、任务分队行动第三名的好成绩，在全区参赛人员面前展现出云和国动队伍的精神风采。“七一”节前，县人武部党委被浙江省军区表彰为“先进人武部党委”。

【思想政治建设】 3月开始，全军范围同步开展以《中国共产党简史》《中华人民共和国简史》《社会主义发展简史》《改革开放简史》为主要读本的党史学习教育。县人武部结合学习习近平总书记在庆祝中国共产党成立100周年纪念大会上的重要讲话精神，深入学习贯彻党的十九届六中全会精神，深化党史学习教育。把党史学习教育纳入每月党委中心组学习计划，党委书记、副书记带头上党课，纪委书记带头上纪律党课，全年参加上级学习教育或组织本级学习教育达57次；组织开展“重走红军路、走进梅湾村”党日主题活动、“抗战纪念馆中重温入党誓词”“重温百年党史，传承红色基因”大型国防教育进校园、参加全区党史学习教育知识竞赛等活动；党史学习教育在学原著、悟原理、办实事、开新局中取得新成效。按照上级开展军事职业教育工作部署，年初每名现役干部与文职人员制定4门在线课程学习、精读6本书籍、撰写6篇读书心得的学习计划，并按照计划开展自我学习教育，利用每天空闲时间自行在“军职在线”App上学习、打卡。在领导干部带头学的基础上，鼓励机关全体人员一同学习，从而达到共同提高。制作上线微课《新修订〈军事设施保护法〉学习解读》。在年底上级组织的综合考评中，云和县人武部军事职业教育4门在线课程考核皆达到良好以上。

【法制安全教育】 2021年，县人武部对照军委巡视巡察问题“回头看”整改、军委国动部巡视巡察问题整改、军地交叉地带“十三个防范”、党组织规范化建设整改、枪弹清查专项整治等问题清单，明确责任，压茬推进，持续开展涉枪涉弹人员溯源与责任承诺、反间谍专项行动联合整治、巡视巡察问题反复多轮对照整改。严明政治规矩和政治纪律，深入开展流毒信息清理清查；深化意识形态领域建设，持续开展社团清理，规范手机上网使用；纠治和平积弊、开展“纠四风、治顽疾”专项整治。落实党风廉政建设和意识形态领域“一岗双责”，坚持党委抓建主体责任，领导干部厘清领导责任，行业部门负起监管责任，推进正风肃纪和依法治军，营造风清气正的政治生态。加强作风纪律教育，利用每个工作日交班会及时传达上级有关文件精神和指示批示，组织全体人员观看《铁纪强军》《做“四有”新时代革命军人》《三军之事莫重于密》等法纪安全警示教育片，把全面从严治党、全面从严治军的要求贯彻到每项工作、落实到每个人。

【国防动员】 9月2日，云和县召开县委武装工作暨县国防动员委员会全体会议，县委书记、县人武部党委第一书记、县国动委第一主任叶伯军，县委常委、县人武部部长叶建辉，县人武部政治委员许文金等军地主要领导出席会议。许文金传达丽水市委武装工作会议暨市国动委全体会议精神，叶建辉作党管武装和国防动员工作报告，部署下阶段工作任务。叶伯军为乡镇(街道)党(工)委书记颁发基层民兵营政治教导员任职命令状，并作了重要讲话。县国防动员委员会成员单位主要负责人、各乡镇(街道)党政主要负责人和全体专武干部参加会议。赤石乡等5个乡镇(街道)党(工)委书记作了党管武装工作述职。9月9日，云和县委书记叶伯军，县委常委、县人武部部长叶建辉，县人武部政治委员许文金等副县级以上领导，各乡镇(街道)党(工)委书记共26人赴浙西南革命根据地中心据点——松阳县安民乡安岱后村开展“军事日”活动。活动中参观红军桥、刘英旧居、粟裕旧居等革命遗址，观看《致敬安岱后纪录片》，重走红军路，瞻仰浙西南革命根据地纪念碑等，在追寻红色足迹，重温红色记忆中接受爱国主义和革命传统教育。

【军事训练】 2021年，县人武部常态落实首长机关和民兵分队战备值班，修订完善各类战备预案，开展战备教育、战备训练，先后多次拉动应急值班分队进行战备行动演练。梳理完善辖区有关资料，制作相关录像片；完善“三室”(军综网学习室、互联网学习室、阅览室)、“一库”(战备图库)、“一部”(民兵应急连连部)建设。全面推开军事职业教育，制作完成《军事设施保护法规解读》微课片。结合专项行动、应急维稳、疫情防控、森林灭火等任务，开展课题训练。按照实案实地实兵要求，组织开展对口保障行动。加强军地协作，与县委政法委、公安、信访、应急等部门建立情报协作、应急联动机制。落实专武干部、民兵任务分队和民兵骨干3类重点对象跨区联训、共同基础科目和专业课目训练。连续两年承办全市水上救援专业民兵骨干集训，选送10名业务骨干参加工程、通信、防化、水上救援等4个专业跨区联训；围绕丽水军分区第四届岗位练兵比武暨军事体育竞赛组织强化训练，获得任务分队行动第三名、军事教学法第一名。

【双拥共建】 2021年，县人武部发挥军地桥梁纽带作用，加强与驻地部队和地方党委政府的沟通联系，巩固军政军民团结。发挥民兵队伍在遂行扑灭山火、疫情防控、抢险救灾、维稳处突等急难险重任务的突击队作用。开展数字赋能，落实“最多跑一次”改革，规范全县退伍军人档案管理，一次性向退役军人事务局移交有效退伍军人纸质档案。协调地方部门、单位和企业，做好部队过境的服务保障。协调落实1名驻云和部队随军家属安置、解决1个专武干部岗位招考、拿出1个事业单位指标定向招录1名大学毕业生退伍士兵。援助驻云部队建设训练场、图书馆、健身房等。开展“一村一策一干部”帮扶活动，完成双拥帮扶成效认定，采集上传结对户用水、住房、医疗信息，向结对村落实帮扶资金并开展消费帮扶。开展“重温百年党史，传承红色基因”大型国防教育进校园系列活动、清明祭扫烈士陵园、向烈士纪念碑敬献花篮、国旗下演讲等活动，增强全民国防意识。制作张贴“八一”光荣榜、敲锣打鼓送喜报，营造尊崇军人职业、强化爱军习武氛围，谱写“浙西南革命精神”新篇章。深化双拥创建成效，顺利通过“省级双拥模范县”届中考评。

【兵员征集】 经国务院、中央军委批准原定于2020年春季开始的征兵工作实行一年两次征兵办法，由于受新冠肺炎疫情影响，直到2021年春季开始进入实质性实施。全年征兵工作分春季和秋季两次，春季一般安排在3月，秋季一般安排在9月。征兵工作实行“一年两征”不仅关系到有志青年将个人梦想融入强军梦想的现实考量，更关系到国防和军队现代化建设各个方面，在全社会引发普遍关注。云和县坚持早筹划、早部署、早落实，一年两征取得“开门红”，春季征兵大学毕业生入伍比例达到93%、征兵“五率”也取得新高。9月17日晚7时，全市首次同步组织2021年秋季新兵欢送暨“从戎之剑”赠剑仪式，云和县分会场在云和中学报告厅。2021年秋季入伍新兵及其家属、云和中学高一年段部分师生参加。“从戎之剑”由省军区统一定制，每支剑设计突出军队元素。向每名入伍新兵赠送“从戎之剑”，旨在以剑为媒，激励新兵战士以赤诚的爱国之心书写青春华章、以昂扬的报国之志谱写军旅新篇。

【民兵工作】 6月22日，由县人武部承办的为期6天的丽水市水上搜索救援专业民兵干部骨干集训在云和县紧水滩镇龙门村库区水域举行。来自全区民兵干部骨干参加集训。县人武部成立集训领导组织，制订集训计划，明确日常管理和水上训练规定，保证训练实效和安全稳定。集训结束后，为考核优异的参训人员颁发荣誉证书。7月28日至29日，丽水军分区第四届民兵岗位练兵比武暨军事体育竞赛在县民兵训练基地举行。云和县人武部组织现役干部、文职人员、专武干部、基干民兵参加竞赛，取得了军事教学法个人第一名、任务分队行动第三名的好成绩，在全区参赛人员面前展现出云和国动队伍的精神风采。 （楼寿高）

人民防空

【概况】 2021年，云和县人民防空工作在县委、县政府、县人武部的直接领导下，在省、市人防办的大力支持和悉心指导下，深入贯彻全省人防会议精神，狠抓工作落实，较好地完成了年初预定的各项任务。

【人防审批】 2021年，县人防办提升人防审批服务，做好“最多跑一次”和数字化改革各项成果运用，优化审批服务；严格执行人防易地建设政策，同时加强从规划、土地出让、项目审批、质量监督、平时管理的全流程服务。

【人防宣教】 2021年，县人防办扎实推进人防宣传教育。组织开展“3·11”国际民防日主题宣传系列活动，利用“3·11”日国际民防日，全面开展人防知识及火灾事故防护知识宣传，在山水广场的LED大屏幕上用动漫形式，制作播放形象生动的火灾防护知识小短片，连续四个月滚动播放，时刻提醒居民防患于未然；开展“5·12”防空防灾宣传教育系列活动，在5月12日全国第十三个防灾减灾日，多措并举开展系列人防宣传周活动。在云和县人防（民防）宣传教育体验馆接待工作步入正常化后。加强与县教育局对接，组织全县小学生到人防宣传教育体验馆开展主题为“筑梦防空　启航梦想”主题研学活动，县实验小学、江滨实验小学、城西小学等2000多名学生前来参观体验。 （王晓东）

退役军人管理

【概况】 2021年是“十四五”规划的开局之年。县退役军人事务局在上级退役军人事务部门和县委、县政府正确领导和大力支持下，积极贯彻落实“服务保障能力提升年”和“法律政策落实年”两个年活动，以优抚安置、困难帮扶、双拥共建、烈士褒扬、服务体系示范提升等重点工作为依托，着力探索退役军人服务工作新模式、新路径。全年，为残疾军人、三属、在乡复员军人、60周岁以上农村籍退役士兵等优抚对象发放定补；为群众解答各种相关咨询50余人次，发放宣传资料300余份；为传承红色精神，邀请老兵宣讲团宣讲12场次。年内，县级服务中心共接待来访退役军人及优抚对象800余人次，其办实事230余件。

【优抚优待】 2021年，县退役军人事务局按月核实优抚对象人数，准时发放抚恤、生活补助，按时印发《2021年关于调整部分优抚对象抚恤和生活补助标准的通知》。2021年1—12月为残疾军人、三属、在乡复员军人、60周岁以上农村籍退役士兵等优抚对象发放定补。为2020年度接收的自主就业退役士兵发放一次性经济补助。全市率先完成部分优抚对象住院医疗费一站式结算系统建设任务，系统已录入人员信息，并做好日常维护。5月，组织全县重点优抚对象赴嘉兴省荣军医院进行短期疗养。建立云和师傅退役军人工作支部，发挥退役军人传帮带作用。抢抓进度，全市率先完成年度确认工作。

【关爱帮扶】 2021年，云和县符合政府安排工作条件的退役士兵，已顺利入职。2021年，县退役军人事务局对2021年度退役的士兵进行社会适应性培训及创业就业培训，完成率145.45%。3月，下发《云和县退役军人和优抚对象走访慰问制度》，通过设立走访慰问退役军人和优抚对象制度，开展常态化走访联系，确保送政策、送温暖、送帮扶"三送"活动有效开展；同时建立健全一人（户）一档，实行动态调整，及时更新信息，对生活困难的对象建立关爱帮扶机制，切实帮助解决实际困难。4月，县、乡、村三级服务中心（站），携手助力孤寡退役军人入驻老年养护中心，得到丽水文化休闲频道《老白谈天》节目和《丽水日报》的点赞。11月30日，全市首个帮扶解困文件——《云和县困难退役军人帮扶援助工作实施细则（试行）》正式实施。

【双拥活动】 春节期间，县退役军人事务局开展老兵送春联暨《中华人民共和国退役军人保障法》宣传周活动，免费为全县退役军人及军属赠送春联，通过观看宣传视频、布置宣传展板、发放宣传手册等方式，为群众解答各种相关咨询50余人次，发放宣传资料300余份。清明节期间，联合县教育局、团县委等单位举办"学党史、强信念、跟党走"学习教育暨清明祭英烈活动，组织在职党员干部、退役军人、在校师生、青年志愿者等先后错时段参与活动。邀请县老兵宣讲团成员讲述党史和革命故事，追忆峥嵘岁月，传承红色精神，共宣讲12场次，受众达2200余人次。以县退役军人服务中心作为宣传、教育阵地，接待云和高速收费中心、县公积金中心、县民盟等单位及团体开展党史学习教育专题活动，宣传老兵故事，弘扬老兵精神。同时全面了解驻云和部队需求，积极支持驻云部队建设，帮助改善部队生活条件。建设"云和县双拥放心消费示范商圈"，11月3日举行云和县"双拥放心消费示范商圈"授牌仪式；为退役军人及其他优抚对象提供社会化拥军优属服务；制定并印发《云和县建设双拥放心消费示范街区（商圈）工作细则》和《2021年云和县建设建材双拥放心消费示范街区（商圈）工作方案》，为优抚对象提供实惠。

【服务基层】 2021年，县退役军人事务局研究退役军人事务系统数字化改革工作，解决数据共享难题，明确数据更新时限。完成退役军人档案采集，在全市首个完成退役军人档案规范化、数字化建设。丽水市退役军人事务局统一谋划建立退役军人全生命周期服务管理系统，县局对该系统内退役军人个人档案数据库完成更新，对相关科室及人员进行责任分工，组织各乡镇工作人员开展业务培训，将系统录入工作纳入对乡镇服务站工作清单中，及时完善系统内数据信息，促进平台实质化运行。结合实际建立健全各级服务站工作事项清单，细化服务功能，提高标准化、规范化建设管理水平。每季度下发各乡镇人民政府（街道办事处）退役军人服务站《2021年云和县退役军人服务站季度任务清单》，分10个大项13个小项细化工作任务。审核确定全县各级服务站"轮值站长"共计426名。8月，组织各服务站工作人员共70名开展业务培训。着力打造小顺村红色退役军人服务站，融入当地红色元素，发挥党史学习教育作用和红色事迹激励作用。3月，召开退役军人服务保障体系能力提升年活动暨“轮值站长”工作推进会，对服务保障能力提升年活动和“轮值站长”工作进行具体部署，为2020年度获评的7个全国示范型退役军人服务中心(站)和2个省“新时代枫桥式”退役军人服务中心(站)表彰授牌。2021年，通过全国“示范型”退役军人服务站检查验收14个，获评全省“枫桥式”退役军人服务站8个。

【志愿服务品牌】 2021年，县退役军人事务局制定并下发《关于建立云和县退役军人志愿者服务队伍的工作方案》，依托各级退役军人服务站建立“退役军人志愿服务”队伍品牌，努力实现“一村一队伍”。2021年，成立崇头镇“白鹤尖兵”、紧水滩“军号”等退役军人志愿服务队；召开元和街道小徐社区“暖社军团”退役军人志愿服务队成立一周年座谈会，以视频短片的形式回顾“暖社军团”志愿服务队一年来的服务内容，从疫情防控、卫生整治到社区关爱、安全巡查等，并为四位退役军人颁发“暖社军团”2020年度优秀志愿者荣誉证书，引导广大退役军人向优秀志愿者学习，服务社会、服务群众。助力“兵支书、兵委员、兵干部、兵组长”建设，引导退役军人持续投身乡村振兴、基层治理、服务社会等。

【老兵评价机制】 2021年，县退役军人事务局探索建立“你评我改”老兵监督评价机制，从重点优抚对象、退役士兵、现役军人家属、离退休退役军人等人群中选出老兵监督员，围绕涵盖政策宣传、服务水平等10个大项30个小项的评价指标体系，开展定期监督和日常监督。一季度、二季度、四季度分别邀请老兵监督员通过实地走访与查阅台账相结合的方式，为11个退役军人服务中心(站)进行评价打分，共收集问题意见83条，通过点对点的方式反馈至相对应的服务站，督促整改落实，提升办事水平。 (季少闽)

武装警察

【概况】 2021年，武警云和县中队在武警丽水市支队的正确领导下，深入学习贯彻市、县两级党委扩大会议精神，以纲要和大纲为依据，坚持“精耕细作、拾级而上、自强不息”的指导思想，围绕“夯实基础、稳中争先”工作思路，同心谋发展，努力争创有质量有内涵的“四铁”先进中队。

【支部建设】 2021年，为加强中队党支部建设，对支部成员作了调整充实，增强了战斗力。利用党日活动和理论学习时间，结合党史、军史学习教育，采取支部成员领读、个人自学、写心得、谈体会等方式，切实做到学深悟透、对表对标，起到了拓展思维、开阔视野、推动实践的目的。提升了中队建设水平，圆满完成各类迎检考核任务。

【队伍建设】 2021年，中队重视队伍能力素质提升，鼓励警士积极开展“我为群众办实事”活动，履职尽责，爱岗敬业、勇于争先；倡导“训练有为、训练有位、训练有功”，极大地鼓舞了中队官兵训练士气。

【群众组织】 中队始终把“两个群众”组织建设作为基础工程常抓不懈，带领“两个群众”组织认真学习《军人委员会工作条例》《共青团条例》，手把手进行帮带；结合夏季老兵退伍工作，第一时间组织“两个群众”进行改选，坚持配齐配强原则；通过重大节日、主题活动等时机，主动压担子、交任务，进一步强化组织能力。

【作风建设】 积极发挥风气监督员作用，纠治官兵身边的不良行为，每月定期向支队报告情况。2021年，共发展党员3名、转正1名，发展团员5名，确定入党积极分子4人，做到了优中选优，官兵满意，大大增强了支部一班人干事创业的信心和动力。

【战备建设】 2021年，中队始终把建党百年大庆安保作为所有工作的重中之重，紧盯"两节""两会"等时期，召开专题会议研究部署并进行形势任务研究；落实每月一次战备教育和战备演练，采取学案件通报、看警示教育片、写心得体会、考执勤理论等方法，突出抓好执勤法规学习；中队定期组织方案演练和编组作业，增强实战训练水平。同时，加强隐患排查，坚持同目标单位召开联席会议，分析查找执勤隐患、组织联合治理、评估安全风险。2021年，解决了AB门防误防系统建设、公安内网电话、高压断电自动报警、人脸识别系统安装等问题，进一步提升目标安全系数。

【军事训练】 2021年，中队围绕落实新年度"开训动员令"，始终把军事训练作为经常性中心工作，在练兵备战上抓紧抓实。坚决贯彻军委和武警部队军事训练会议精神，坚持实战实训、按纲施训、从严治训，狠抓练兵备战。对训练安全紧抓不放手，始终坚持严格训练、科学训练、安全训练相统一，把训练安全融入按纲施训各个环节，严格落实安全工作"八个规范"，突出"三实"训练，在组训中不进行超负荷训练，坚决不搞"一锅烩"、不搞"一刀切"，合理安排内容，明确分工，切实把训练安全想在先，抓在前。突出抓好奖惩激励，严格执行军事训练一票否决，刚性落实"警士选晋、入党考学、评功评奖"必考措施，立起大抓实战化训练的鲜明导向；坚持把训练奖惩机制纳入"双争"活动，树立"吃苦的吃香、优秀的优先、有为的有位"的鲜明导向，开展"争当训练标兵"群众性活动，把各班军事训练成绩与班长的政绩挂钩，不断促进班长骨干抓训力度；坚持每周军事会操，做好成绩汇总，在周日晚点名，周工作总结中采取"精神奖励为主，物质奖励为辅"的方式，轮流公布更新龙虎榜，对训练刻苦、进步大的同志，适时进行奖励，有效调动了官兵训练的积极性、主动性。

【思想建设】 2021年，中队着眼技术过硬，坚持思想为行动先导，以教育检验培育官兵精气神，在铸魂育人上抓紧抓实。强化理论武装人，坚持用党的创新理论建队育人、凝心聚魂；把党史学习教育作为政治之年的政治任务，以学深悟透习近平总书记"七一"重要讲话和4本指定教材为重点，及时传达学习十九届六中全会精神，用好"学习强国""双百"微课，活用"党史故事战士讲"等载体，推动党史学习教育走深走实，使官兵宗旨意识得到了强化。注重文化教育人，营造建党百年政治环境，精心设计制作板报，常态更新宣传栏内容，落实好唱新时代忠诚卫士组歌、听新闻广播，组织文化活动，培养官兵业余兴趣爱好。安全预防保护人，通过扎实开展安全警示教育，观看警示教育片，严格做好训练场安全、生活用餐安全，以及新冠病毒肺炎预防等安全工作，以确保人人生活，活动和工作安稳无虞。活用网络载体塑造人，创新教育方式，运用网络加强对党史以及其他内容的学习，让官兵在学习中夯实基础，提高文化技能。2021年，中队共刊稿244篇，其中省级以上报刊刊稿17篇，总队强军网刊稿25篇，总队微信公众号3篇，支队强军网刊稿199篇。

【从严管理】 2021年，中队常态落实安全工作"八个规范"，始终做到依法、正规、严格的管理。严格依法治警，深入学习贯彻《军队安全管理条例》和《人员行为手册》，每月组织官兵观看《人生警戒线》《暗战》《做"四有"新时代革命军人》等警示教育片；全年开展学习形势政策、安全常识、保密和法纪教育40余篇，持续做好人员经常性教育管理工作，切实筑牢官兵思想防线，提高官兵自我调控、自我管理能力。严格作风建设，常态开展"扬三声正三相"活动，严格落实一日生活、查铺查哨、请销假等制度，坚持从集合站队、礼节礼貌、穿衣戴帽抓起，常态落实军容风纪纠察，每周组织一次内务秩序大检查，进一步增强官兵良好作风养成。突出防范除隐患，借助安全大检查和酒驾醉驾、涉枪涉弹、车辆管理、建筑安防、保密“三清”、内部关系等专项整治，开展争创“六无”、暑期百安等群众创安等活动，做好探亲休假、在外集训、休假归队等人员管理，通过离队前提要求、离队后有跟踪、每日汇报在外情况等，确保在外人员不失控。每月分析安全形势，采取挂账销号、拉单列表等方式，形成按级负责、按职尽责的良性机制，确保部队内部安全稳定。

【后勤工作】 2021年，中队从全面建设现代后勤出发，努力提高任务保障质量，力求在“狠抓战备、精抓管理、细抓服务、严抓队伍”上下功夫、见成效。加强经费管理，促进后勤规范化建设，认真贯彻落实《军队单位经费结算报销暂行办法》和《武警部队基层财务风险防范措施》，严格落实党支部当家理财、“双主官”签字制度，每月及时公布经费开支情况，切实把有限的经费用在刀刃上。加强枪弹管理，确保枪弹绝对安全可控，认真汲取黑龙江佳木斯支队事故案例教训，树立枪弹管理是“顶级”安全的思想，加强静态、动态条件下的枪弹安全管理，扎实开展枪弹安全专项整治活动，严格落实相关制度要求。加强后勤队伍教育培养，做到三军未动粮草先行，以抓保障、练素质、强能力为目标，切实加强后勤官兵的思想、身体和技能的综合训练，树立“训练为了打仗、训练就是打仗”的思想认识，让后勤人员走出操作间，走上训练场，加快推进角色定位从“保障队”到“战斗队”的转换，将实战化要求贯穿渗透到后勤训练各领域全过程，进一步提高后装专业兵的专业技能和综合素质水平。加强伙食管理，积极改善日常生活，学习贯彻落实武警部队《关于进一步加强伙食管理的通知》要求，狠抓后勤伙食保障质量，建立健全管理监督组织，刚性落实厨房值班、食物验收、留验等制度，每周结合队务会积极征求和收集官兵对伙食的意见，合理制定好一周食谱，在确保吃饱吃好的情况下，坚持勤俭节约，杜绝铺张浪费。加强营房设施建设和管理，及时解决营房电路损坏、漏水等问题，进一步改善官兵生活条件，让官兵住得舒心，睡得安心。抓好卫生防疫，落实常态化疫情防控，中队每月组织一次卫生常识、心理健康教育和应急训练，提高官兵卫生防病意识和能力。为降低新冠肺炎病毒输入风险，中队积极组织官兵接种新冠病毒灭活疫苗和加强针，确保全员接种，有效提升官兵抵抗病毒能力。中队严格落实环境消杀、室内通风、餐具消毒、食品检疫以及外来人员出示“行程码”“健康码”等防护措施，确保了疫情“零传入、零感染”。（吴志超）

农业 林业 水利 气象

农业农村

【概况】 2021年，云和县农业农村局紧紧围绕打造全国山区新型城镇化样板县域，坚持疫情防控和农业农村生产两手抓，加快实施乡村振兴战略，奋力推动农业全面升级，农村全面进步，农民全面发展。2021年，全县农业总产值8.2824亿元，增长2.637%；农业增加值5.39亿元，增长1.925%，增幅居全市第七名；全县农村常住居民人均可支配收入24555元，增长11.5%，增幅全市排名第五；低收入农户人均可支配收入15894元，增长14.4%，增幅居全市第九名。获评2021年度全省深化"千万工程"建设新时代美丽乡村（农村人居环境提升）工作优胜县。

【农村疫情防控】 统筹抓好疫情防控工作，出台《关于做好疫情防控期间茶叶生产加工经营有关工作的通知》和《农业经营主体复工复产和疫情防控管理指导意见》，及时召开农村疫情防控工作会，全面部署农村疫情防控工作，有序指导农业经营主体复工复产、疫情防控等，严格实行"健康码""企业码"管理，同时协助街道做好社区疫情防控。深入开展"四服务"活动和"三联三送三落实"活动，累计服务村265次、企业35次、农业基地450次。

【粮食生产】 制定出台了《云和县耕地"非粮化"专项整治行动实施方案》，切实维护耕地属性，保障粮食生产安全。2021年，新建再生稻示范点3个，引进优质杂交水稻品种12个，建立优质水稻示范区300亩，建设省级粮食绿色高产高效示范方1000亩，完成粮食生产功能区"非粮化"整治优化2600亩。全县耕地保有量达到10.25万亩、高标准基本农田达到8.16万亩，粮食播种面积达到5.13万亩，总产量1.91万吨。

【主导产业发展】 根据我县产业实际，全面贯彻落实《云和县实施乡村振兴战略之产业兴旺政策26条（修订）》，重点引导雪梨、茶叶、食用菌、有机鱼等特色产业发展，协同推动蔬菜、花卉、中药材等产业种植。扎实推进云和雪梨集成创新试点项目，抓好安溪雪梨文化展示馆、后塘农旅融合等项目建设，完成云和雪梨种质资源圃项目建设，创成云和雪梨省级特色强镇。2020年，新发展和提升改造种植云和雪梨1000亩，雪梨产量5000吨，产值5400万元，分别同比增长9.9%、10%；食用菌产量8336万袋，产值3.78亿元，分别同比增长0.7%、2.3%；中药材种植面积13863亩，与上年基本持平，但由于亩产增加，全年总产值达3562万元，同比增加10.38%；茶叶产量、产值略有增加，产量1210吨，产值1.34亿元，分别同比增长0.6%和0.8%；渔业产量1936吨，产值3180万元，同比增长3.36%和5%；有机鱼养殖3.5万亩。

【畜牧业生产】 推进畜牧业"六化"转型发展，推行生猪"双保险机制"，为5家规模生猪养殖场发放贴息贷款900万元，切实稳定生猪生产。同时13家规模生猪养殖场均开展数字化提升，云和县凯源牧业有限公司被评为省级数字牧场和省级美丽牧场。2021年，生猪存栏1.4万头、出栏1.8万头，分别同比减少6.31%和增长13.2%；牛存栏1692头、出栏490头，分别同比减少4.73%和减少7.89%；羊存栏580头、出栏455头，分别同比增加3.39%、减少9%；家禽存栏16.27万只、出栏32.14万只，分别同比减少15.07%，减少1.15%；蜜蜂总量1.49万箱，同比增长12.88%。

【农业安全生产】 （一）强化农产品质量安全监管。稳步推进农产品质量安全全程控制体系建设，实现省级抽检合格率达100%，新增绿色食品8个。开展农作物统防统治工作，完成主要农作物统防统治面积1.41万亩，回收农药废弃包装物3.25吨，完成无害化处置。（二）强化农业行政执法。开展春、夏秋系列执法行动，共出动执法人员1982人次，检查主体256个，查处违法行为16起；送检农（畜）产品67批次，合格率达100%。（三）强化农机生产安全。切实抓好节假日和重大活动期间农机安全生产工作，开展变形拖拉机专项整治、“农机质量月”等活动，共整治变型拖拉机166台（其中外省籍变型拖拉机34台、本省籍132台）；组织农机安全执法检查40次，检查机具600多台套。（四）强化动植物检疫工作。完善植物疫情监测点9个，植物疫情监测覆盖率达85%以上；各村均设立村级动物疫情监测点。同时严格畜禽及其产品调运、检疫等监管，切实守牢生产、屠宰、运输、销售等关键环节，完成备案、报验、目的地核查227批次。健全畜产品质量安全管理制度，全面推行动物检疫电子出证，开展产地检疫生猪8189头，家禽267羽；屠宰检疫生猪16568头；开展瘦肉精检测，产地检测94批次、520头份，屠宰场650批次、2180头份，合格率100%。（五）强化渔政执法监管。出动执法人员1825人次，现场制止各类轻微渔事违法案件567起，偷、毒、电渔案件一般程序18起，简易程序6起，移交公安机关立案查处1起。

【农文旅融合发展】 探索农文旅融合发展，谋划实施“三带三园”农文旅产业融合发展规划，深入推进“文化+”“旅游+”等产业融合发展，推出全市首个农家乐民宿成长贷，发放贷款300万元。2021年，新增“农家乐”民宿26家，全县“农家乐”民宿达325家，获评市级精品民宿4家，“农家乐”民宿接待游客466.2万人次、营业总收入1.37亿元，建成休闲农业观光区点3个，培育丽水山耕经营主体24家，培育“云和小吃”品牌，油筒饼等4款特色小吃成功申报县级非遗项目。梯田开犁节、云和雪梨丰收节、开渔节入选市政府二十四节气活动名单，举办各类农事节庆活动6场次。通过“互联网+”拓展农产品销售渠道，农产品网络零售额达0.94亿元。“和先生”雪梨深加工产品深受市场好评，成为上海百草味供应商。

【农业主体培育】 启动农业经营主体提质培优工程，提高企业现代管理理念，构建主体与农户间的利益联结机制，以点上示范引领面上产业发展。2021年，云和县共有农业龙头企业30家，其中省级3家、市级17家、县级10家。云和县新型农业经营主体，农业龙头企业30家（省级3家，市级17家）；农民专业合作社279家（省级1家，市级10家）；家庭农场993家（省级19家、市级生态精品家庭农场98家）；农创客140人。

【农业科技服务】 （一）聚焦农业科技创新推广。制订《云和县2021年基层农技推广体系改革与建设补助项目实施方案》，搭建县级农业农村大数据仓，初步构建业务应用管理体系，打造美丽乡村服务应用9个，数字化推进云和雪梨全产业链发展，浙农码赋码累计达1.1万次；建成“益农信息社”服务站点79个，累计服务达536.76万人次，服务金额519.24万元；电子商务成交额655.49万元，实现便民全覆盖。（二）聚焦农业科技人才队伍建设。深入实施农民素质提升工程，依托省农科院、云和师傅生产基地，围绕云和师傅、蔬菜种植、苗木种植、民宿“六艺”人才、民宿管家、小吃技能等特色，组织开展了“百技培训现场观摩、百项成果展示推介”双百行动等20场以上农业新技术、新品种展示推介现场观摩培训活动。完成农民培训12282人，完成率为123%，其中实用人才培训1600人，留守农民培训10682人。（三）聚焦农业“机器换人”。推广应用微耕机、山地轨道车等符合云和县农业生产实际的农机设备，提高农业生产效率。2021年，云和县农业机械增加1000多台套、机械动力增加3000多千瓦，大大提升了云和县农机作业水平，机耕作业面积为4.27万多亩，机收达1.802万亩，机插1100亩，机械化率50.75%，水稻机械化率达58.25%。

【美丽乡村建设】 加快实施农村人居环境整治提升五年行动，深入推进厕所、垃圾、污水三大革命，新建和提升改造农村生活污水处理设施15个；创成省级高标准农村生活垃圾分类示范村2个，农村生活垃圾分类处理覆盖面达100%，无害化处置率达到100%；提升改造农村公厕15座，新增省级星级公厕9座。完成最美梯田等3条美丽乡村风景线整治提升任务，整治点位1168个，建成各类景观小品36个。圆满完成全国农村人居环境整治提升现场会滩下村点位考察任务；全域推进花园乡村“微改造、精提升”，打造花园乡村17个，其中精品村5个；创建新时代美丽乡村22个、省级特色精品村3个。顺利推进金山下、村头2个历史文化重点村项目，长汀村获全国最美村镇乡村振兴榜样奖，小顺村被列为省级未来乡村试点，“最美梯田”风景线获评省级美丽乡村风景线，浮云街道获评省级美丽乡村示范乡镇。

【巩固脱贫成果】 深入开展省级低收入农户帮促应用场景先行先试县创建，严格落实“一户一策一干部”结对帮扶工作机制，全县4000余名干部为6017名低收入农户送上“浙农码”和“幸福清单”。启动“百宿千家”共富帮带行动，实施扶贫项目4个，发放低收入产业帮扶补贴255万元。实施村集体经济巩固提升行动，投入消薄项目资金1800万元，谋划推动消薄项目8个，完成全国首个民族乡村振兴项目——嘉兴港区·云和“飞地消薄”，全面消除16个集体经济相对薄弱村，实现总收入3488.16万元，经营性收入1566.85万元，陈前村、三门村、新岭村等9个村集体经济年收入超过50万元。大力实施“大搬快聚富民安居”工程，加快推进岗头、大坪等4个安置小区建设，搬迁安置1958人，全面完成大坪异地搬迁集中安置小区一期提升改造任务，成为全国山区县域新型城镇化发展论坛城乡融合发展的经典案例。

【农业农村改革】 深化农村产权制度改革，出台《云和县农村产权抵押融资办法（试行）》，推行以六类农村产权抵（质）押的“农权贷”特色产品，累计发放贷款75笔、1718万元；运行农村产权线上交易平台，成功交易16宗、交易金额391万元；在全省率先推进农村集体财务收支预决算管理，全县71个行政村的农经管理系统全部上线运行，提高村级集体资金绩效。深入推进乡村治理工作，完成云和县全国乡村治理体系建设试点工作中期评估，创建清廉村居规范村27个、引领村3个，善治（示范）村8个。深化“最多跑一次改革”工作，全局事项共75项，全年共办理许可事项7327件，办理社员证913本。事项跑0次实现率、即办率、承诺期限压缩比、网上办事实现率、掌上办实现率和材料电子化率均达100%。2021年，云和县农业农村局荣获浙江省农村宅基地工作成绩突出集体称号；云和县农业综合行政执法队商伟林荣获浙江省农业农村系统农业和渔业执法工作先进个人称号；云和县农业农村局社会发展科荣获丽水市“美丽丽水”建设模范集体称号。（周　芬）

林　业

【概况】 2021年，云和县生态林业发展中心（以下简称县林发中心）紧紧围绕县委、县政府的中心工作，按照省市林业主管部门的要求部署，坚持以习近平生态文明思想为指导，高质量推进森林云和建设，不断擦亮童话云和“大花园”生态底色，实现了云和县“十四五”林业工作的良好开局，县林发中心被省委、省政府评为“森林浙江”突出贡献集体。主要工作表现在：(一)党史学习教育雷厉风行。成立党史学习教育领导小组，及时制订党史学习教育实施工作方案，共召开专题学习研讨会7次，专题党课宣讲5次。召开党史学习教育专题扩大会议，上《党的光辉》《学党史、守纪律、转作风》专题课。利用“周一夜学”、主题党日、“学习强国”等平台，组织集中学习和线上自学上级会议精神。开展志愿服务活动300人次、结对慰问贫困户45户、主题党日活动33次，谋划落实县民生实事1项、中心民生实事9项，老干部支部获评“全市最美离退休支部”。(二)国土绿化行动成果丰硕。2021年完成新增百万亩国土绿化5339亩，为年度任务5280亩的101%。大力实施瓯江源头区域山水林田湖草沙一体化保护和修复工程(云和县健康森林建设项目)，在生态脆弱区、重要节点区位以及其他面上区域，采取补植阔叶树种、森林抚育等措施改造林相3332亩。启动实施千万亩森林质量精准提升工程，完成面积2.4万亩。继续加强公益林管护，建设并管护重点生态公益林80.42万亩，累计建成省级以上公益林优质林分80.42万亩。建设美丽林相5.5万亩，为省下达任务4.6万亩的120%。持续推进林权制度改革，全年完成新增林地流转0.6286万亩，为年度任务0.6万亩的104.77%。培育新型林业经营主体6家，100%完成年度任务。(三)国企改革工作稳步推进。中心下属三家国企公司(县林业开发勘察设计有限公司、县农业综合开发有限公司、县仙宫湖雪梨开发有限公司)均并到县国有资产运营有限公司统一经营管理，同时做好人员资产交接及历史遗留问题处理。(四)人才队伍培养实现突破。2021年中心获评正高1人、副高1人，实现了全县林业正高零的突破；推选县党代表1名、县政协委员1名、市政协委员1名，获省级表彰的先进个人5人次。

【落实廉政责任】 定期召开会议进行工作部署，使党风廉政各项工作落实到位。中心党组制订了2021年党风廉政建设主体责任清单、全面从严治党工作计划，签订了《云和县生态林业发展中心2021年度落实党风廉政建设责任书》12份。共组织集中性专题学习教育9次、党组会议16次，党风廉政建设专题会议3次，部署落实党风廉政建设相关事项9项，开展廉政谈话20余次，各分管领导听取分管科室(单位)党风廉政建设工作情况汇报4次。开展岗位廉政风险点排查，重点围绕物资采购、林业项目工程建设、干部选拔任用等方面和涉及掌握重点部门和关键环节，排查出廉政风险点14个。开展公职人员违规从事营利性活动自查自纠，对茶叶领域背后“四风”问题等进行自查排查。全年组织正风肃纪检查13次，其中上班纪律检查8次、会风会纪2次，值班检查3次。

【全面推行林长制】 出台全面推行林长制工作的实施意见，构建县、乡、村三级林长管理责任体系，实现森林资源网格化管理。全县共设立林长160名，落实专职护林员159名。成立中心林长制工作领导小组，设县林长制办公室，各乡镇(街道)同时设立林长办，10个乡镇(街道)增挂林业工作站牌子，确定办公场所，落实林业专职工作人员30人。重建公益林(天然林)护林员队伍并加强管理，出台《云和县公益林(天然林)管护工作实施方案》《云和县公益林(天然林)护林员管理细则》。

【林业改革发展】 加快推进林业数字化改革，开展云和梯田国家湿地公园“云上智控”湿地生态保护项目建设，基本构建起梯田湿地公园生物多样性保护、小气候监测、灾害预警、应急处置、森林康养、科普教育的一体化智控体系，为云和梯田生态保护和文旅产业发展点燃数字化新引擎，全面打造“智慧自然保护地”建设新样板。主要体现在“四化”上，即生物保护数字化、预报预警智能化、应急指挥一体化、文旅体验精品化。该项工作在《丽水改革先锋》中刊登，同时在省级湿地工作培训会议上进行交流发言。持续推进林权制度改革，全年完成新增林地流转0.6286万亩，为年度任务0.6万亩的104.77%。培育新型林业经营主体6家，100%完成年度任务。新建1个省级示范性家庭林场（云和县大牛专业合作社），完成新增林权抵押贷款余额183万元，为年度余额150万元的120%。森林火灾保险面积80.4247万亩（保费36.19万元），实现公益林火灾保险全覆盖。

【生态林业建设】 持续开展新增百万亩国土绿化行动，2021年完成新增百万亩国土绿化5339亩，为年度任务5280亩的101%。大力实施瓯江源头区域山水林田湖草沙一体化保护和修复工程（云和县健康森林建设项目），在生态脆弱区、重要节点区位以及其他面上区域，采取补植阔叶树种、森林抚育等措施改造林相3332亩。启动实施千万亩森林质量精准提升工程，完成面积2.4万亩。继续加强公益林管护，建设并管护重点生态公益林80.42万亩，累计建成省级以上公益林优质林分80.42万亩。建设美丽林相5.5万亩，为省下达任务4.6万亩的120%。建成1个省级“一寸万树”示范村（雾溪乡坪阳岗村）。超额完成县民生实事任务，在局村、百龙绿道、雾溪水库、白鹤尖等重要点位种植樱花、杜鹃、银杏、三角枫、红花紫薇等大规格苗木5644株，为年度任务5500株的103%。认真配合垦造耕地问题整改，制定复绿整改方案，开展技术指导，提供苗木信息，并完成59个项目的县级验收。

【林业产业培育】 继续培育以油茶、林下经济为主的绿色富民产业。2021年全县新建和抚育改造油茶基地6818亩、为考核任务的100.2%，新建培育包括毛竹林下套种多花黄精、板栗林下仿生栽培铁皮石斛等模式的“一亩山万元钱”示范基地2129亩，辐射推广示范基地5359亩，巩固深化示范基地11275亩，分别为市年度考核任务的101.4%、101.1%和101.5%，创建“千村万元”林下经济增收帮扶工程1个（石塘镇湖滨村）。全年完成包括油茶产业提升项目在内的7个项目验收，共立项林区道路4条合计11.821公里。加快推进林业科技创新，实施首席推广专家、林技指导员、科技特派员和乡土专家联动的责任林技推广机制，组织开展油茶整形修剪、香榧种植技术管理、苗木种植技术等技术培训3期，累计培训林农160余人次。注重培育林业品牌，创成省级现代林业经济示范区2个（赤石村森林人家、黄家畲村森林人家）、森林氧吧2个（金水坑村森林氧吧、云和县枫树湾森林氧吧），新增省级林业重点龙头企业1家（浙江优贝尔玩具有限公司）。组织全县15家企业参加第14届森博会，其中8家林业龙头企业参线上森博会，7家企业赴义乌参加线上、线下一体化森博会，共2个产品获得金奖。全县实现林业行业总产值1045622万元，增幅10.76%。

【森林资源管护】 开展湿地日、野生动植物日、植树节、生态日等主题宣传，云和木玩作为林业特色文创产品亮相第十届花卉博览会“浙江日”活动开幕式现场，“云林紫枫”荣获第十届花卉博览会展示类（木本观赏植物）银奖。大力推广“全民义务植树”和“新植1亿株珍贵树”活动，2021年全民义务植树26.55万株，完成四旁植树7.8万株；共种植珍贵树14.3万株，完成省珍贵树种赠苗5.2万株。加强古树古道保护修复，完成赤梅古道验收、官银古道招标，并采购支注干剂对全县古松树进行打孔注药保护。做好野生动物保护救护，出动15个检查组累计70人次，对全县农贸市场、餐馆、酒店、“农家乐”、民宿等116个场所开展联合检查，未发现违法经营情况。开展野生动物保护宣传巡查救护，共发放宣传资料550册，宣传教育700余人次；定期安排人员进行野生动物保护巡查值守，出动巡查车35车次，巡护里程1400公里；开展野生动物肇事公众责任保险，对全县范围内受到野生动物危害的农作物和人员安全进行投保（保险费19.5万元）；全年共救护放

生野生动物凤头鹰、领角鸮、黄麂等38只。 （陈 莉）

水 利

【概况】 2021年，云和县水利局（以下简称县水利局）认真学习贯彻习近平新时代中国特色社会主义思想，坚持“绿水青山就是金山银山”的发展理念，贯彻“节水优先、空间均衡、系统治理、两手发力”的治水方针，按照童话云和“大花园”建设的总要求，紧紧围绕“一城一湖一梯田”县域发展格局，以推进全民共同富裕为出发点和落脚点，以党史学习教育为抓手，牢固树立“以人为本、安全发展”的理念，切实规范水行政执法行为，全力抓好重大水利项目建设、水旱灾害防御和水资源管理等重点工作，圆满完成年度各项目标任务。2021年，累计完成投资1.63亿元，实施浮云溪流域综合治理、紧水滩引调水工程等16个项目。2021年云和县城乡同质化供水覆盖率达99.5%，城乡规模化供水率64.55%，供水保证率达95%以上，实现了城乡同质饮水目标。

【工程项目建设】 2021年，累计完成投资1.63亿元，实施浮云溪流域综合治理、紧水滩引调水工程等16个项目。至2021年末，浮云溪流域综合治理工程已完成主体工程建设，绿道已全线贯通。紧水滩引调水工程完成总工程量的45%左右。龙泉溪二期治理工程已完成青龙潭段全部路基开挖和填筑，并完成绿道路面铺设1.2公里；长汀段完成路基开挖填筑4公里、桩基500米。安溪、泉溪、云坛溪3条流域治理工程均已开工建设，其中，安溪段完成120米基础及600米污水管建设；泉溪段完成2公里基础及挡墙建设；云坛溪段完成绿道建设3公里、亲水平台建设400米。

【美丽河湖创建】 2021年云和县通过新建景观节点和休憩节点、建设亲水绿道，建设滨水公园，改善河道两岸整体面貌，水文化宣传展示等措施，依托云和县良好的生态优势，高质量打造安全流畅、生态健康、水清景美、人文彰显、管护高效、人水和谐的美丽河湖。2021年云和县完成1条美丽河湖创建，为浮云溪（城西桥至局村段）。另外完成紧水滩镇、浮云街道2个水美乡镇，城北莲花塘、滩下村池塘等15个美丽池塘建设。

【农村饮用水工程】 2021年云和县城乡同质化供水覆盖率达99.5%，城乡规模化供水率64.55%，供水保证率达95%以上，实现了城乡同质饮水。2021年云和县提升改造饮用水工程18处，工程总投资3000万元，合计受益人口7800人。2021年云和县投入278万元分批对全县范围内简易处理的单村水站进行设备提升改造，通过政府公开采购了一体化消毒净水设备，已全部安装到位。实施古井水源保护工程，云和县投入20余万元专门用于全县古井保护工程。共修缮保护古井勤俭村等水井9座，修缮后的水井成为备用水源。

【水利数字化改革】 2021年县水利局成立由局主要负责人任组长的水利数字化改革领导小组，制定《云和县水利数字化改革实施方案》，按要求完成内部信息系统和网络信息普查及各项重点任务清单梳理，完善了山洪灾害监测预警和浮云溪洪水风险图绘制与管理等平台，完成城乡供水数字化应用系统建设并入驻“浙里办”和“浙政钉”，借助历史数据、实时数据、算法模型等数字化手段，实现农村供水系统生产自动化、水质水量实时化、经营管理高效化、决策管理科学化、用户服务个性化的目标。

【水利水电安全生产】 （一）全面落实水电安全生产“双主体”责任。公布了2021年度农村水电站防汛安全“双主体”责任人名单和小型水库“双主体”责任人名单，接受社会监督。同时，落实了小型水库大坝安全责任人和小型水库防汛“三个责任人”，确保安全度汛；对各小型水库的控运计划进行了批复，雾溪水库转报市水利局批复。（二）全面开展安全生产大检查。以安全生产零事故为基本要求，结合省水利厅、市水利局安全生产工作要求，县水利局分组深入电站开展汛前检查和安全生产大检查，对查出来的问题当场发放整改通知书。针对省水利厅和市水利局对我县小电站检查发现的问题及时进行整改。（三）安全生产标准化创建和复评。按照水利部和浙江省有关安全生产标准化达标评级实施办法要求，2021年完成了沙铺砻、金坑口、麻垟二级和严坑水电站的标准化复评验收。（四）认真履行工程质量监督职责。按基本建设程序实施的水利工程质量监督覆盖率100%，以项目法人为抓手，提高参建各方质量意识，督促各责任主体切实履行质量管理职责，按照《水利工程建设质量与安全监督检查办法》及《问题清单》认真开展监督工作，今年以来共开展质量监督检查活动28次，发出质量监督意见28份，发现的问题全部得到整改落实，工程质量状况总体保持稳定。

【行政执法管理】 （一）水政执法工作再上新台阶。加大巡查执法力度，严厉打击各类水事违法行为。全年巡查河道4100公里，出动执法车176车次，执法人员567人次，执法船3次，现场制止违法行为48次，多数为小规模手工违法采砂行为。移送县执法局违法采砂案件7件，已结案4件，合计没收违法所得2.96万元。共依法发出整改通知书30份，对占用河道管理范围、弃碴、采石等违法行为责令整改；制作了横幅20条、喷绘标语150张在全县范围悬挂张贴，进行水法律法规宣传。收到各类举报投诉31次，都进行了有效处置。（二）严把取水许可审批关。按照《建设项目水资源论证管理办法》的要求，对新、改、扩建设项目和水力发电扩效增容的项目严格实行水资源论证，做到了严把取水许可审批关，同时针对我县2020年取水工程（设施）核查登记工作排查出的121个取用水突出问题进行了整改，完成了取水许可申请受理、审查、核验、发证等相关管理程序，严格实施取水许可监督管理，实行办理取水许可"最多跑一次"服务。（三）加强小水电监管。2021年，完成严坑水电站绿色小水电站创建验收，完成11座水电站的备案制竣工验收和35个点位水电站生态流量视频监控安装并验收。（四）落实新冠肺炎疫情防控相关政策，抓好疫情防控工作，确保平安。

【水资源管理】 （一）强化水资源保护宣教。围绕"世界水日"和"中国水周"活动的宣传主题，开展"节约用水，从身边小事做起"为主题的节水进校园、节水进乡村活动，在石塘镇朱村村，为村民发放宣传资料，讲解《浙江省水域保护办法》和浙江省河长制规定、节水用水、安全用水等相关内容的节水宣传知识和开展"大手牵小手"节水护水广场主题宣传活动，将节水理念带进校园、带进乡村、带进家庭，提高人民群众节水爱水的意识，增强水忧患意识，引导全社会形成浓厚的节水、爱水、护水的良好氛围。（二）抓好水资源管理工作。全面落实最严格水资源管理制度，严格执行水资源三条"红线"管理、取水许可审批、建设项目水资源论证和水资源有偿使用制度，2021年以来共征收水资源费359.5万元，完成23个取水许可申请受理及批复、121个无证取水突出问题销号清零和10户取水户取水设施标准化改造。（三）推进节水型社会建设。加强各领域节水载体建设，推进节水型社会建设，我县今年已完成1个节水标杆企业、1个节水标杆小区、1个节水标杆酒店创建，通过努力，云和县被评为全国第三批节水型社会建设达标县，为全市首个也是唯一一个。

【降雨量统计】 2021年，云和县共经历了"5·17"强降雨、"6·5"梅雨、"6·19"梅雨、"6·27"梅雨，以及6号台风"烟花"等。据统计，全县1月1日至12月15日累计雨量总体南多北少，全县降雨量：1946.3毫米（2020年是1387.8毫米）较上年相比，降水量增加40.3%。其中县城为1871.5毫米，最大雨量出现在崇头镇黄地2312.5毫米，其次为崇头镇黄家畲2227.0毫米，最小雨量出现在凤凰山街道梅垄1600.0毫米，其次为石塘镇金山下1624.5毫米。

【防汛抗台工作】 2021年，县防指、县水利局对防汛抗台各项工作进行全面部署。(一)做好防汛检查督查工作。2月22日起，云和县组织开展了水旱灾害防御汛前及安全生产大检查，重点对县内的水库山塘、水电站、防洪工程、重点行洪河道、在建水利工程和水雨情监测预报预警系统等的度汛准备工作和安全生产工作进行了检查。汛前及安全生产大检查共检查各类工程173处，发现隐患问题36处，分别为山塘22处、水库3处、河道2处，电站9处，县水利局针对隐患问题下发了整改通知。各类隐患问题均已完成整改。(二)做好防汛防台抗旱工作。自4月15日汛期开始，县水利局实行由局班子成员带班，科室工作人员24小时值班值守制度，实时监测各水库和河道水情情况，并将有关情况及时向县防指报告。汛期内共对县内3座水库进行调度19次，经调度，山塘水库及各类水工程均未发生超警戒和超限情况。(三)做好山洪灾害防御工作。2021年，云和县降雨量较往年偏多，极易引发山洪灾害。县水利局积极与县应急局、气象局、自然资源与规划局等部门会商，与乡镇街道等部门协同配合，及时将山洪预警信息发送到各责任人及群众手里，确保预警真正到位。2021年，共发布山洪灾害预警29次，最高预警等级为黄色，累计发送预警短信4万余条，有效地降低了山洪灾害对人民群众造成的影响。 （叶晶晶）

气　　象

【概况】 2021年，云和县气温异常偏高，高温日数偏多但强度偏弱，低温日数偏少较明显但强度偏强，降水偏多较明显，暴雨日数偏多，日照偏少较明显。总体来看，在气候变暖的大背景下，全县天气气候仍较异常，气象要素变幅大，多个时段的多个气象要素接近或突破历史极值。年初低温严寒、冬季干旱、春季强对流、梅汛期超早、降水集中期和暴雨、盛夏局地短时强降水、台风“烟花”、初秋强对流、秋末冬初寒潮等灾害性天气造成较明显的不利影响。极端气候事件有：年平均气温为历年最高，春季、秋季的季平均气温为历年第二高，冬季的季平均气温为历年第三高；春季日照时数为历年第二少，夏季日照时数为历年第二少；1月降水量为历年最少；2月、3月、9月平均温度为历年最高；9月日照时数为历年最多。

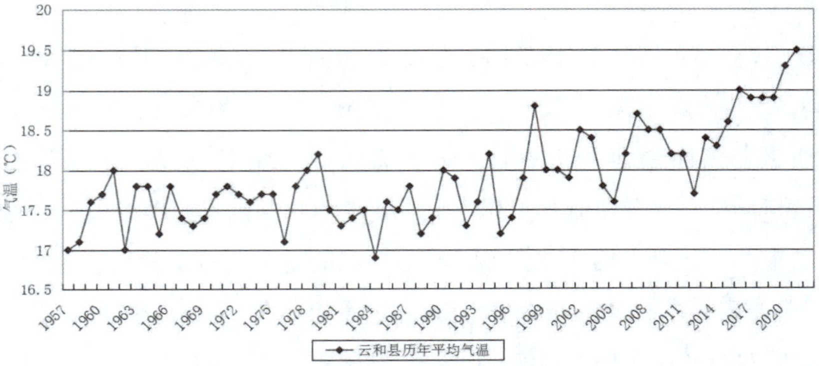

图1　云和县常年平均气温变化图

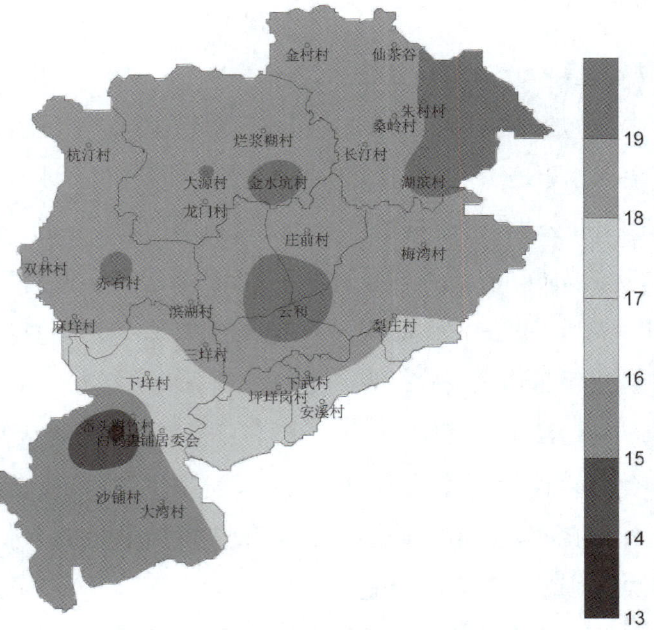

图2　云和县2021年平均气温分布图

【气温】 2021年平均气温19.5℃，比常年偏高1.2℃，为历年同期最高。

县城极端最高气温38.6℃，出现在7月10日；县城极端最低气温-6.0℃，出现在1月9日。2021年各乡镇平均气温在12.7℃—19.5℃之间，最高出现在县城，最低出现在白鹤尖；日最高气温最高值为39.3℃，出现在湖滨村，最低值为29.2℃，出现在白鹤尖；日最低气温最高值为-5.4℃，出现在赤石村，最低值为-14.2℃，出现在白鹤尖。

【降水】 2021年，降水量1922.4毫米，比常年同期偏多271.6毫米，偏多16.5%。

2021年，降水日数177天，比常年同期偏多2.8天。其中3—5月、7—8月、10—11月雨日较常年偏多，其余月份雨日较常年偏少。月雨日最多为20天，出现在5月；最少为6天，出现在1月。全年暴雨日数7天，比常年偏多2.7天。

2021年各乡镇（街道）降水量分布不均匀，在2548.1—1545.9毫米之间，最大出现在陈坞村，最小出现在金水坑村。

【日照】 2021年，日照时数1473.2小时，比常年偏少144.9小时，偏少9%。除1月、2月、9月、12月较常年同期偏多外，其余月份均较常年同期偏少。其中，9月日照最多，为228.0小时，比常年偏多75.9小时；5月最少，为82.4小时，比常年偏少

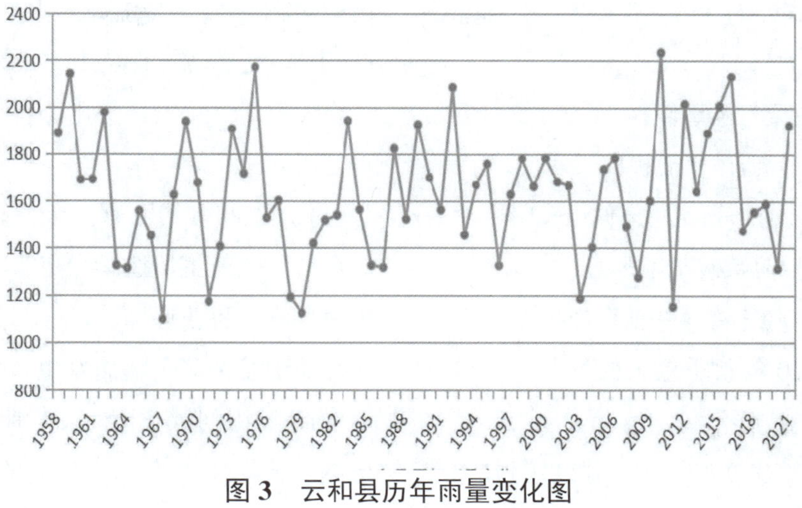

图3 云和县历年雨量变化图

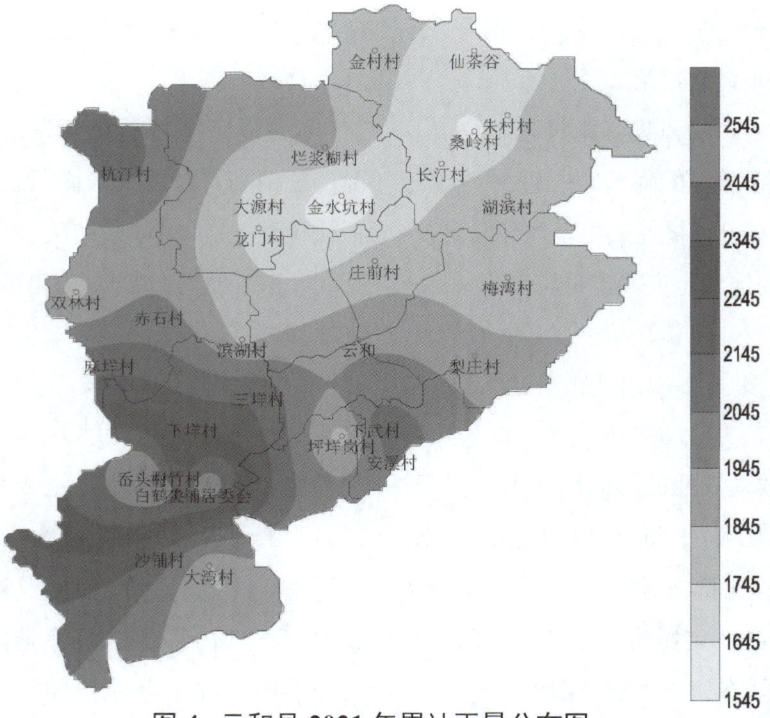

图4 云和县2021年累计雨量分布图

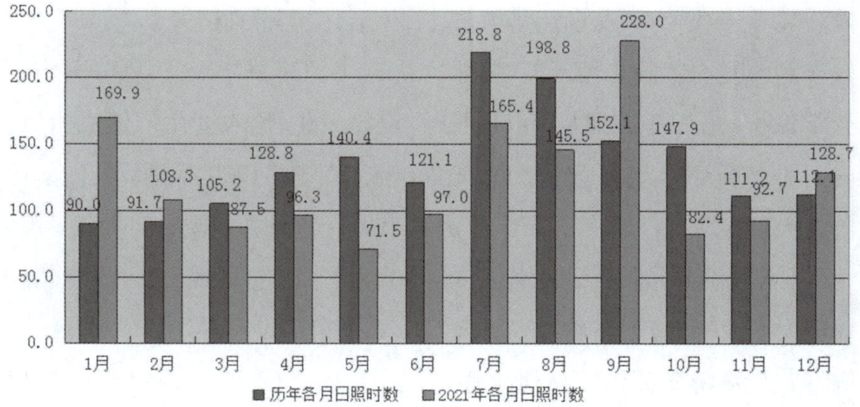

图5 2021年日照时数与历年均值比较

65.5 小时。

【主要气候事件】 (一)年均气温常年最高,破历史极值。

(二)日照总体偏少较明显,9月日照时数破常年极值。

(三)冬季中前期降水持续偏少,2020年秋季以来的气象干旱进一步加剧。

(四)年初低温强度较强,大部分地区出现较明显的严寒天气。

(五)入冬迟、入春明显偏早,冬季时长为常年第2短。

(六)梅汛期暴雨过程多,并出现历年最早的降水集中期。

(七)盛夏连续出现局部暴雨天气,局地洪涝灾害较明显。

(八)秋末冬初冷空气活动频繁,强度偏强,多次出现寒潮过程。

【气候对农业的影响】 1月气温起伏变化大,上旬出现较明显的严寒天气,大量露地作物明显冻害,产量受到一定影响,但低温也有利于杀死越冬害虫和病菌孢子。下旬气温显著偏高并出现小阳春天气,对农作物生长发育和农事活动开展较有利。月内多晴少雨天气,降水异常偏少,尤其是8—21日出现长时间的连晴天气,气象干旱加剧,森林防火形势严峻。

2月气温异常偏高,对各类农作物发育生长、春耕备耕以及油菜等春花作物越冬都比较有利,特别是对春茶萌发、生长较为有利。月内晴多雨少天气为主,对人们生产、生活、交通、旅行等都比较有利,适合人们走亲访友,外出旅行、踏青等活动。

3月上旬多阴雨寡照天气,对民众日常生产生活造成一定影响。也使作物长势普遍偏弱,潮湿天气还容易引发油菜菌核病发生。中、下旬晴雨相间天气,对茶叶萌发采摘、春菜播种育苗、春耕备耕以及油菜开花结荚均有利,也方便人们安排旅行、踏青、赏花等户外活动。

4月以晴雨相间天气为主,气温持续偏高,对春茶采摘制茶、早稻播种育秧、油菜灌浆结荚等较为有利。也方便人们晾晒,外出踏青、旅行等。

5月灾害性天气多发,出现了强对流、阶段性高温、持续强降雨等灾害性天气,对农业生产造成明显损失。上旬多晴少雨天气为主,总体有利居民日常生产、生活及外出旅游。17—24日出现常年汛期最早的降水集中期,持续强降雨给农业生产造成严重影响,也给人们日常生活、生产带来诸多不便。

6月多降雨天气,强降雨、高温交替发生,给农业生产造成明显影响,潮湿多雨也不利于人们出行、晾晒及室外作业。中旬气温显著偏高,14—19日出现了阶段性高温天气,室外活动容易造成中暑。

7月气温略偏高,上、中旬以晴热高温天气为主,出现持续高温天气,易使农作物出现热害,但晴好天气有利西瓜、雪梨等夏季瓜果品质形成和成熟上市。下旬受台风“烟花”影响,降水明显偏多,22—26日,云和县出现了一次较明显的风雨天气,局部出现洪涝灾害,农业经济遭受一定损失。

8月前期多雨水,后期多高温。上、中旬全县连续出现大范围的午后雷阵雨天气,局部伴有短时暴雨,对交通运输和农业生产均造成一定的影响。下旬持续晴热高温天气,蒸发量大,不利水库蓄水和发电,晴热高温还容易引发中暑,影响人们日常生活以及身体健康。

9月以晴热高温天气为主,温高光足,总体对农作物生长发育有利,也利于晚稻收割和晾晒。但持续晴热高温天气,部分地区旱情显现,森林火险等级持续偏高。月内大部分时间天气晴好,对人们生产、生活以及出行均有利。

10月初和月末多晴好天气,日照充足,气温偏高,对秋收冬种作业以及各类农事活动的开展十分有利。但10—21日全县出现持续阴雨寡照天气,对晚稻收晒造成一定影响。下旬多晴好天气,气温适宜,对居民日常生产、生活及外出旅游等均较为有利。

11月气温起伏变化大,出现明显的阴雨寡照和低温霜冻天气,给农业生产造成一定影响。上旬全县出现较明显的多雨寡照天气,持续阴雨寡照天气使得作物长势普遍偏差。中、下旬以晴雨相间天气为主，对油菜移栽、柑橘采收等农事活动开展较有利。另外，月内冷空气活动较频繁，低温冰冻天气有利冻死越冬害虫，但剧烈降温天气也容易引发呼吸道、心脑血管、支气管炎等疾病。

12 月上旬持续晴好，昼夜温差大，特别有利食用菌以及各类农作物的品质形成，但持续无降水使得森林防火压力陡增。中、下旬以晴雨相间天气为主，雨水增多，对作物生长发育有利。月内多次受冷空气影响，全县出现阶段性低温霜冻、冰冻天气，作物生长发育放慢，产量受到一定影响，但低温有利冻死越冬害虫，减少来年病虫害危害。（陈思炼）

工业经济　招商引资

工业经济

【概况】　2021年，云和县经济商务局（以下简称县经商局）全面贯彻落实十九届中央历次全会和中央、省、市经济工作会议精神，深入践行"绿水青山就是金山银山"发展理念，"以丽水之干"担纲"丽水之赞"，围绕"生态工业倍增"总体目标，纵深推进"工业强县"战略，以打造"全国山区县域新型城镇化共富样板"为落脚点，推动全县工业和商贸经济平稳健康发展。

2021年，全县规模以上工业实现产值192.25亿元，比2020年增长38.3%。规模以上工业实现增加值29.88亿元，比2020年增长15.2%。其中，新兴产业增加值6.97亿元，比2020年增长28.0%；高新技术增加值5.91亿元，比2020年增长25.4 %；装备制造业增加值2.98亿元，比2020年增长20.9%。规模以上工业实现出口交货值17.63亿元，比2020年增长21.2%。规模以上工业实现新产品产值16.37亿元，比2020年下降3.2%。实现工业投资4.7亿元，比2020年下降42.8%。完成工业用电量14.96亿千瓦时，比2020年增长9.1%。

【精准服务企业】　（一）建立服务企业机制。在原重点规上工业企业实行"1名县领导+1名驻企服务员+1名党建指导员"联系制度的基础上，建立局干部联系重点企业制和半月例会制，进一步深化对企业的闭环式全程服务、滴灌式精准服务，2021年全年共走访企业815家次，收集问题141个，解决问题128个。（二）搭建中小企业综合服务平台。利用"企业码"开展线上培训、宣传各级政策，优化服务企业水平，促进企业转型升级。全年企业码专区浏览量达131199次，访客量达9767人。

【工业信息化建设】　（一）全面实施数字化改革工程。完成数字经济综合门户PC端、移动端的集成上线，实现1.0版、2.0版迭代升级，门户涵盖减负降本、科创平台、产业链一键通、公共资源交易平台、不见面开标系统、新汇创新孵化园等六大应用。云和县木玩工业互联网平台入选省级数字化改革重大应用"一本账SO"（数字化应用目录）。（二）推进企业信息化建设。2021年实施智能化技术改造项目23个、推广工业机器人25台，入选丽水市数字化车间培育库4家、省"五个一批"重点技术改造示范项目3家，培育省级数字化智能工厂（数字化车间）1家，完成上云企业50家、5G基站建设127个。

【企业转型升级】　（一）助推智能化转型升级。对县域52家木玩企业开展"一对一"智能化诊断，组织45家规上木玩企业开展智能化转型升级现场会，开展智能化技术改造诊断和培训服务，实现木玩ERP平台在19家规上木玩企业推广应用。（二）持续深化"亩均论英雄"改革。全年实现规上工业亩均税收37.81万元/亩；实现规上工业亩均增加值155.42万元/亩。新增规上企业12家、亿元企业6家，培育

“放水养鱼”优质企业5家、国家级专精特新“小巨人”企业1家，培育省级“专精特新”企业3家。

【生态工业发展】 (一)做好“清洁生产企业”审核工作。全年共有6家企业通过清洁生产审核验收，比2020年增长20%，完成无废城市要求的增长目标。(二)全面贯彻落实省、市、县关于高质量发展建设共同富裕示范区的行动方案，依据云和县生态工业高质量绿色发展倍增行动方案，研究编制《云和县生态工业发展“十四五”规划》，重点阐明“十四五”期间全县生态工业发展的现实基础、总体要求、产业重点、主要任务以及保障措施，指明产业发展方向。研究工业新政策和数字经济政策，推进企业做优做强，鼓励企业智能化转型升级，支持绿色发展，促进产业结构调整。(三)开展新一轮制造业“腾笼换鸟、凤凰涅槃”攻坚行动。淘汰落后企业产能6家，整治低散乱企业31家，腾出工业用地11.64亩。

【产教融合发展】 (一)一方面开展APF(适合幼儿教育木制玩具)适用标准体系推广应用研究项目，深入企业完成1000款木制玩具产品在年龄、教育功能、活动区角的适用性研究；另一方面是组建校企研究团队，以“师徒制”方式开展研究，培养了14名企业技术人才。该项目已通过专家组鉴定并结题。(二)举办“入驻政采云及浙江教育装备采购馆”培训会，对全县34家木玩企业进行培训。(三)协助企业提升自主品牌。经与网易集团积极对接，和信玩具、绿林幼教、智木玩具、淘乐玩具四家木玩企业与网易严选开展合作，并成为“共同富裕·云和木玩”自主品牌提升活动第一批入驻网易严选的企业。

【维护社会稳定】 (一)开展各种形式的平安建设宣传工作。在全局干部大会、夜学上集中学习平安建设相关知识，强化干部平安建设意识。同时运用好网络新媒体宣传渠道，通过LED屏、“浙政钉”群等媒介，多途径、多形式开展安全生产宣传，多角度营造社会公众关注安全生产的良好氛围。(二)积极配合开展网络安全演练。根据云和县网络和信息安全工作机制，按照云和县网络和信息安全应急预案工作要求，配合公安局、县网信办开展网络与信息安全演练工作，切实保障网络和信息完全。

(方　辉)

招商引资

【概况】 2021年，县经合中心认真贯彻落实县委、县政府关于“双招双引”和山海协作工作部署，坚持以“八八战略”为统领，坚持新发展理念，不断拓宽协作领域，积极打开招商引资工作新局面，各项工作取得了较好的成效。一是招商引资成绩斐然。2021年，全年新引进项目25个(其中制造业项目9个)，同比增长22.2%；新引进落地大项目5个，同比增长25%，完成年度目标任务数的100%；实际利用市外内资完成12.02亿元，同比增长40.4%，完成年度目标任务数的133.6%；实际利用外资完成201万美元，完成年度目标任务数的100.5%。二是山海协作的业绩刷新，2021年1—12月，完成年度产业合作到位资金9.698亿元，完成年度目标任务数的121%；培训劳动力530人次，完成年度目标任务数的106%；消费帮扶销售额1450万元，完成年度目标任务数的112%；产业园方面，产业园社会投资5.77亿元，完成年度目标任务数的163%；政府投资2.03亿元，完成年度目标任务数的507%。

【组织架构】 一是在全市率先出台“双招双引”工作实施方案，建立“1+6+5”的组织架构，成立最高规格“双招双引”工作领导小组，设立6个工作专班；组建5个驻外招商局；聘任“双招双引”大使20名、志愿者120名，构建最广泛的招商统一战线，打造全民招引工作局面。二是围绕数字经济、装备制造、文化旅游、能源环保等方面谋划招引项目139个，计划总投资501.3亿元，精心筛选重点项目制作招商项目手册，为精准招引奠定坚实基础。三是编制产业招商地图。全面梳理县域产业短链、缺链环节，明确招商方向，紧盯行业龙头，精准编制产业招商地图，涵盖云和概况、产业链全景图、产业生态发展路径图等内容，为“双招双引”实现动态导航。

【健全机制】 出台《驻外招商局工作管理细则》，进一步加强驻外招商队伍日常管理、绩效考核，推进驻外招引工作制度化、规范化、常态化。二是强化考核抓手。出台《2021年度“双招双引”工作目标责任制考核办法》，更加注重驻外招商局与专班内外联动、密切配合，提高招引成效。坚持“实绩论英雄”，加强考核激励，注重考核结果运用，切实提升工作质效。三是完善工作机制。建立“双招双引”暨扩大有效投资项目推进机制、动态晾晒机制等工作机制，以一套系统、闭环、透明兼具操作性强的体制机制，规范招商引资工作流程，构筑科学、有序、高效的招商引资工作体系。

【精准招商】 一是聚焦项目落地开工。持续绿色生态招商助推全域“5A”，引进投资额50亿元的云缦康养度假区落地云和湖。围绕木玩产业强链补链，谋划木玩产业直播孵化中心、木玩研学、木玩检测中心等项目。坚持以项目支撑发展，举行项目集中开工仪式，集中开工19个项目，包括燕庐文化创作基地、浙江高十丽木制玩具生产线建设、利幼实业塑胶玩具生产线建设等招商项目，总投资16亿元。二是精准开展招商推介活动。利用“知名浙商助力丽水跨越式高质量发展大会”“央企走进山区26县建设共同富裕示范区”等活动，开展专题推介10场，全方位宣传推介我县的投资环境、优势产业、优惠政策和重点项目，吸引客商来云投资兴业。策划制作招商引资宣传片，参加“聚焦山区26县奔富路”系列访谈，扩大投资环境和云和城市宣传影响。三是提升服务企业水平。建立经合中心党员干部项目领办制度，形成全员围着项目转、盯着项目干的良好局面，以项目大招商增强县域经济发展新动能。持续做好安溪后塘农旅融合产业园、燕庐文化创作基地等落地项目后续服务，及时协调解决项目推进过程中存在的难题，为企业提供全周期、全过程、全方位的优质服务，营造最优的招商环境。

【平台共建】 一是强化产业园共建。持续推进生态旅游文化产业园建设，木玩智创空间项目高标准推进建设。“云和—北仑以项目化运作模式推动生态旅游文化产业园迭代升级”专报信息得到市主要领导批示肯定。二是加快协作平台创建。高位推动“产业飞地”“科创飞地”创建，7月19日，在省山区26个县跨越式高质量发展暨山海协作工程推进会上，云和、北仑签订共建山海协作“产业飞地”框架协议，11月25日签订北云飞创现代产业园项目（北仑创业城）项目政府及企业间合作协议。嘉兴港区飞地产业园共引进项目（企业）12个；7月，北仑消薄飞地产业园正式投入运营并有部分企业入驻。三是推进重点项目建设。扎实推进重点产业合作项目建设，由云北公司竞拍获得的全国首宗出让附带生态增值土地建设云和湖仙宫景区醉月楼项目开工建设，将不断完善仙宫景区旅游接待能力；云北公司投资的“云北仙宫18”号游艇正式投入运营，进一步提升景区运载能力。

【项目援建】 一是发挥援建资金示范带动作用。积极组织山海协作援建项目申报工作，谋划推进了大坪就业服务中心、乡村微改造、张人亚党章学堂安溪分院等援建项目，落实2021年度援建资金233万元，修订县山海协作援建项目（资金）管理办法，推进援建项目建设，带动乡村振兴产业发展，实现促农增收。二是推进乡村振兴示范点建设。坚持农文旅融合发展，依托生态资源禀赋，不断推进乡村振兴示范点建设，长汀村、安溪村、栗溪村3个山海协作乡村振兴示范点改造提升稳步推进，成效明显。三是加大消费帮扶力度。创新消费帮扶模式，充分挖掘消费潜力，精准对接两地供销需求，签订云和与北仑、吴兴农产品购销战略合作协议，利用“飞柜”“展销会”等形式，推动消费帮扶形式多元化，市场交流常态化。

【队伍建设】 一是精心开展党史学习教育。认真制定党史学习教育实施方案。明确时间节点，分解学习任务。利用主题党日、周一夜学等进行集中学习，同时，积极鼓励党员干部运用教材、领导干部网络学院、学习强国等平台进行自学；还通过组织开展“学党史 忆初心”主题党日活动、参观小顺红色教育基地、重走红军路、祭奠革命先烈、聆听红色故事、观看红色影片、开展十九届六中全会精神宣讲等形式，接受党性洗礼，提高党员干部党性意识。二是紧抓党风廉政建设工作。严格落实全面从严治党主体责任，层层签订党风廉政建设责任书；通过组织观看行政赔偿案件直播庭审、“清廉之干”清廉丽水建设三周年成果展等方式切实强化法治思维和依法行政能力，筑牢拒腐防变的思想道德防线；修订完善《驻外招商局工作管理细则》《山海协作援建项目(资金)管理办法》等文件，以健全的制度保证党风廉政建设工作规范化运行，及时落实审计整改问题。三是严格落实意识形态工作。研究制定《县经合中心2021年意识形态工作计划》，严格落实“三审三校”制度，认真规范单位微信工作群、“浙政钉”等网络信息平台，防止发布错误或不当言论。积极开展精神文明建设和结对帮扶工作，认真落实包村走村、“一户一策一干部”、“微心愿” 等结对帮扶措施，为结对村筹措帮扶资金43万元，结对低收入农户17户，开展志愿服务9次，同时积极开展“哨响就到”在职党员、干部职工进社区工作，以实际行动为困难群众排忧解难，增强干部职工社会责任意识。

（范小丽）

工业园区

【概况】 2021年，县工业园区在县委县政府的坚强领导下，以习近平新时代中国特色社会主义思想为指导，深入贯彻党的十九大和十九届六中全会精神，全面落实以“丽水之干”担纲“丽水之赞”的工作要求，紧紧围绕“全面加速、奋力跨越”的目标，以经济建设为中心，招商引资为重点，优化环境为手段，奋力助推全县工业经济高质量发展。1—12月工业园区完成工业总产值216.47亿元，同比增长35.58%，销售产值206.33亿元，产销率95.31%。规模以上工业完成181.96亿元，同比增长42.41%，占园区全部工业的84.06%，占全县规模以上工业的96%。规模以下工业完成34.51亿元，同比增长21.40%，占园区全部工业的15.94%。玩具行业59.90亿元，同比增长27.34%，占全部工业的27.67%；轴承业5.90亿元，同比增长45.47%，占全部工业的2.72%；压延加工业84.59亿元，同比增长40.38%，占全部工业的39.08%；阀门业8.38亿元，同比增长15.72%，占全部工业的3.87%；其他行业57.70亿元，同比增长53.43%，占全部工业的26.66%。

【项目建设】 2021年，在建项目11个，其中，续建项目8个，分别为省级工业园区“污水零直排”管网改造工程、木玩产业创业孵化基地、华宏技改、园区公共服务中心、金龙鱼区块东侧公园、园区健身广场、城南西路拓宽改造工程、沙溪开发工程二期道路工程、园区零星基础设施等。木玩产业创业孵化基地项目一期主体工程已完成，新增标准厂房约19万平方米。预计该项目2022年3月交付使用，能为50余家小微企业提供生产厂房；华宏技改项目2021年重点是在厂区东面成熟地块上新建五轧生产线及废钢堆放车间、成品库等。项目东拓一期已开工建设，完成基础施工，东拓二期启动土地挂牌出让。工业园区公共服务中心已通过主体验收。“污水零直排”管网改造工程、金龙鱼区块东侧公园、园区健身广场、城南西路拓宽改造工程、沙溪开发工程二期道路工程等配套项目均按年度计划完工验收。新开工项目3个，高胥移民湾地块开发项目已完成水渠部分。启航街、祥云街两条道路已完成主体工程。全年开展重大前期项目2个。一是云和县生态产品价值实现示范区项目。该项目已被列入浙江省重大建设项目“十四五”规划，是云和县“十四五”生态工业倍增计划的保障，县自然资源和规划局正在编制赤龙矿地综合开发利用实施方案，园区和林业中心正在开展林地报批工作，县征收中心正在编制征收计划。二是谋划老木制玩具城区块改造提升工作。

【招商引资】 一方面深入贯彻落实省委、省政府解决区域发展不平衡不充分问题的决策部署，与宁波经济技术开发区签订《开放平台合作共建意向协议》开展合作共建工作，推进实现山区26个县市开放平台跨越式发展。另一方面与县经合办紧密联系，共享招商资源，并派专业人员驻深圳开展“双招双引”，为园区储备项目。2021年引进项目12个，实际利用内资约5.31亿元，外资到位201.16万美元。

【服务企业】 2021年园区全力推进整合设立省级经济开发区工作，旨在不断完善和优化空间布局以及产业结构，提升平台能级，激发对外开放活力，提高资源配置效率，使园区成为引领全县“二次创业”绿色发展的主战场，目前申报方案已上报省政府，争取在年底前完成创建。完成省重点文化产业园区创建。云和县木玩文化产业园被省委宣传部认定为浙江省重点文化产业园区，全市仅云和入选。安全生产、综治形势持续稳定。结合县“用电建筑消防安全整治行动”，成立专项行动领导小组和7个专项组，分阶段对园区内企业、商铺、超市等各类场所进行全面排查，累计对园区内企业开展消防安全巡查3000余次，整改隐患点5000余处，与企业主体签订消防安全责任书800余份，举行消防演习活动80多次。精准服务入园企业。针对入园项目，为企业提供审批、建设、竣工等全方位服务保障，帮忙协调项目前期审批开工建设11家；指导督促2020年度38家达产考核企业完成考核工作，积极组织相关部门拟定《关于工业园区企业达产验收有关事宜专题会议纪要》，帮助企业解决受疫情影响导致考核未完成的困难，减轻企业考核压力；针对“一事一议”项目，起草《关于扶持云和县木玩产业创新孵化基地小微园的相关意见》并通过县委常委会审议；针对小微企业培育，搭建租赁平台，已完成小微产业园13.5%配套厂房的移交，其中二期移交6幢11886.7689平方米，三期3幢8717.34平方米，为小微企业提供9幢20604.1089平方米租赁厂房。提升园区综合环境。结合“三改一拆”“污水零直排区”创建等工作，开展环境卫生整治约23万平方米，绿化养护及改造提升20万平方米，完成拆违面积4222平方米，同时加强污水排放监管，对园区城西桥头杨柳河排放口、通泰路以西河上村排放口、朝阳路以西长田村排放口4个总排口安装监控，24小时在线监控。

【转型升级】 一是正面引导。2021年园区新增规模企业11家(其中玩具规模企业新增10家)，园区规模企业达到74家(其中玩具规模企业45家)。经过扎实排摸，上报70家规下企业，共16.58万平方米可安装屋顶光伏。经过努力，截至12月底园区共签约55家企业。完成“腾笼换鸟”8家，实现腾换土地面积7762.33平方米，建筑面积15204.21平方米，完成县考核任务2家的400%。二是反面倒逼。配合县经商局开展2020年度“亩均论英雄”绩效评价，评选出A类企业58家；B类企业99家；C类企业32家；D类企业33家。根据评价结果，对综合排名在前企业在项目核准、政策优惠、有序用电、用电安排、企业融资等资源要素配置方面给予倾斜。对列入2021年度“低散乱”整治清单的5家企业，通过月度跟踪、季度督查，均已完成改造提升。三是兑现指导。积极向企业宣讲工业政策，配合经商局指导开展研发创新、品牌推广、人才培育、“机器换人”、市场开拓、教玩研发和平台建设等七大专项行动的企业进行项目申报和政策兑现。2021年共兑现资金6235.56万元。

其中木玩百亿政策84家，兑现资金355.8万元；工业普惠政策126家，兑现资金700.7万元；绩效评价75家，兑现资金739.6万元；丽宏利废补助资金4254.92万元；员工留云过年补助184.54万元。配合县科技局对被认定为高新技术企业、省科技型中小企业、省级新产品、成果登记的27家企业，进行科技优惠政策奖励，奖励资金272万元；兑现2020年度规上工业企业研发经费奖励资金330万元及企业研发人员奖励7.2万元。四是引进人才。配合县人社局组织6家企业组成“引才专列”赴甘肃兰州、张掖、酒泉等地，参加专场招聘会及相关引才活动，为企业引进紧缺急需人才；组织发动企业参加在丽水举办的“千企万岗聚万才”大学生双选会，为企业引进各类人才。

【党建工作】 县工业园区现有党支部50个，其中“两新”党支部48个，在册党员458名。2021年园区从三个“着力点”推动党建发展。一是强基础。通过“基层夯实行动”，进一步扩大组织和工作覆盖率。全年园区新发展党员21名，培育入党积极分子30名。培育县五星级党支部4个，完成“双强六好”党支部11个。新组建第十联合、东和阀门等5个党支部，园区规上企业党组织覆盖率达到81%，工作覆盖率达到100%。同时园区党委持续在党员队伍建设上下功夫，结合党史学习教育、主题教育、“三会一课”等，带领各党支部开展学习教育600余次，参与党员达5000余人次。二是抓创新。聚焦党建引领产业发展，围绕产业、项目、技能、人才、就业等核心要素，组建了“云”产业链党建联盟。其中，木玩产业链党建联盟覆盖木玩企业50余家，下游滚漆小微企业园1个，创新服务机构13家，党员从业人员300余人，打通上下游，实现全产业链抱团发展。建成总面积938平方米的党群服务中心，成为非公党建主阵地，现在“两新”组织已经成为助力企业发展的重要力量。三是重品牌。按照“一格一点、一园一品”发展定位，培育党建示范点10个，特色品牌1个（老梁工作室），党建影响力不断扩大。今年在园区党委带领下，各党支部结合党史学习教育，再次掀起为企业办实事热潮，为企业代理诉讼案件20余起，调解处理劳资纠纷工伤理赔30余起等，累计为企业提供服务1000余次，党组织战斗堡垒作用和党员先锋模范作用充分发挥。四是“两代表”换届选举。园区党委始终把正风肃纪摆在突出位置，坚持教育、警示、预防“三在先”，高悬利剑，以铁的纪律加强换届风气监督，园区党代会代表会议，选举产生7名县党代表，其中领导干部2名，生产和工作一线人员5名（专业技术人员1名，先进模范人物4名）。人大代表选举中，共登记选民4000余人，民主选举产生人大代表7名，均为一线工人（专业技术5人、女性2名），其中大学本科及以上5名。

【民生实事】 一是高压常态化抓好疫情防控。园区党委坚持疫情防控和经济发展“两手抓”“两手硬”，干部职工全员参与，对园区内企业实行网格化管理，及时贯彻落实疫情防控有关决策部署，加强疫情防控宣传，按要求及时排查从中高风险疫区返回云和人员并上报，配合做好管理措施。积极推进疫苗接种工作，在工业园区党群服务中心设立临时方舱接种点，通过走访、讲解、短信等方式广泛宣传，动员企业员工开展接种工作。园区方舱接种点累计接种2.8万余剂。二是动员企业职工参保“浙丽保”。浙丽保是构建多层次医疗保障体系的具体行动，是全面小康补短板强弱项的重要举措。为让老百姓充分享受到优越制度的福利，满足人民群众多元化更适度的保障需求，我市精心设计、统筹协调，在全国首创“政府+市场”的政府引导型全民健康补充医疗保险（浙丽保）制度，旨在通过这一原创性医保制度改革“小切口”撬动民生保障和改善领域“大变革大突破大进展”。为积极推进园区企业职工参保，园区将“浙丽保”作为年底重点工作，加强组织领导，精准发力，通过实地走访结对村、电话联系、上门宣讲等多形式做好政策解读和服务宣传，全面动员园区企业职工参保，园区企业职工参保率达90%以上。

【队伍管理】 党风廉政建设工作。扛起主体责任。园区党委高度重视全面从严治党及党风廉政建设主体责任落实，多次召开党委会传达学习中央、省、市、县党风廉政建设工作有关部署和要求，研究推动工作落实。组织传达学习全国“两会”精神、庆祝中国共产党成立100周年大会、十九届六中全会和纪委全会精神等，确保把各级的理论方针政策、思想内涵传达到位，坚定不移推进全面从严治党向纵深发展。开展工业园区清廉机关建设，全面排查廉政风险，排查出6个方面的13个风险点，制定了15条防控措施，为园区廉政风险防控打下坚实基础。坚持问题导向，积极借助市委巡察整改落实情况回访检查的良好契机，对巡察整改落实情况进行对照检查，扎实做好巡察工作“后半篇文章”。制订清廉机关实施方案，将服务云和经济发展与“两新”党建融入全过程，建成丹妮、智木等企业清廉文化、党企文化展示厅和活动中心，构建亲清政商关系。意识形态工作。把意识形态纳入全体干部职工学习的重要内容，贯穿园区工作全过程，通过意识形态宣讲进企业活动，切实强化意识形态工作，为园区各项事业发展提供重要思想保障。 （沈宇庆）

电力工业

【概况】 2021年，面对艰巨繁重的任务要求，国网云和县供电公司坚决贯彻省、市公司和县委、县政府决策部署，固本强基、担当进取、积厚成势，坚决扛起建党百年保电、能源双控和电力保供责任，全面开启新型电力系统山区特色样板新征程，较好完成了年度各项工作任务。全年实现固定资产投资5679万元；售电量17.21亿千瓦时，同比增长9.9%；供电可靠率99.97%；连续安全日5956日。公司获评全国“安康杯”应急竞赛优秀组织单位，通过浙江省文明单位复评。

2021年，公司坚持目光向内、用心实干，进一步夯实长远发展根基。突出党建引领，聚焦短板弱项，以更大决心、更实举措全面打响绩效指标与基础管理“翻身仗”。通过全体员工的共同努力，公司先后获全国线损治理百强县5次、百强所3次，供电所同业对标排名稳步跻身全市前列，供电可靠性、标准化接线率等关键指标得到显著提升。坚持高标站位、担当作为，进一步树立企业良好形象。市公司和县委、县政府领导多次莅临调研，对公司保障重大项目、优化营商环境、提升经营质效等工作给予充分肯定，“双减”电力专报机制获县委书记、县长高度评价。公司连续六年获县综合考评优秀单位。新华社、《浙江日报》等媒体多次予以报道，形象口碑持续向好。坚持创新实践、奋发进取，进一步探明绿色转型路径。围绕“双碳”以及构建以新能源为主体的新型电力系统目标，建立“3+X”高弹低碳项目攻坚小组，率先开展山区微网、“零碳供电所”等示范场景建设；高标准落地山区26个县光伏发展要求，达成屋顶光伏开发战略协议，迈出企业高质量绿色转型发展关键一步。

【安全生产平稳有序】 安全基础更加稳固。扎实开展安全生产专项整治、巡查问题整改、春秋季安全大检查等工作，整改问题隐患116个。完成特种作业取复证、安全技术等级资格认定等77人次。推出“重锤行动”，建立“抓反复”清单和问题溯源连带考核、加倍计分机制。全年共开展各类稽查5030次，执行约谈、说清楚8人次。强化视频终端配置运用，实现高风险作业现场全过程、全覆盖监控。加强应急能力建设，完成消防、反恐、防汛防台等专项演练。运行维护更加到位。成立无人机机巡中心，推动35千伏、10千伏线路无人机巡检全面铺开。输变电运检中心通过验收投入运作。新装或调整智能开关128台，投入FA线路29条，全自动FA投入率为34.12%。完成5条35千伏线路、5条10千伏高故障线路综合检修及防雷改造，消除接地电阻、设备发热、山火等隐患缺陷1082处。实施配网故障一事一分析，故障百公里跳闸次数压降46.74%。绝缘化改造线路34.92公里，绝缘化率达48.16%，居全市第二。提升不停电作业占比6.63%，减少停电时户数5.68万个。

【电网战略扎实推进】　加速电网升级。坚持“多规合一”，推动电网“十四五”规划纳入地方国土空间规划。梳理形成2022年配网储备项目64个。全市首推砍伐证办理新模式，促成政府将电网项目政策处理情况列入乡镇、街道责任制考核。有力推进220千伏云中变等工程属地配合工作，完成500千伏丽西变（云和段）施工手续办理。按期投产35千伏云坛变、35千伏东部网架工程，完成35千伏紧水滩变和石塘变电源改接。深入践行“1265”前期模式，同比压降跨年配网项目数61.9%。加速战略落地。针对性制定木玩产业指数等42个示范场景。县政府成立以县长为组长的光伏规模化开发等工作领导小组，形成充电桩建设、光伏开发等政企联动工作方案；出台新能源项目10%标准储能配置、充电网络建设运营补贴等政策机制。配合省电科院完成梯级分布式抽水蓄能电站现场调研勘查。促推华宏接入10万千瓦分钟级负荷，超额完成全省首次负荷响应市场交易任务。

【营销服务持续提升】　电力营商环境不断优化。推行“五制十措”、制作业扩小册子，节省用户业扩配套投资280万元。严格投诉“说清楚”制度，投诉工单数量同比压降80%。新增网上国网注册用户1.39万户，高压绑定率97.74%。建成6个新时代电气化村，完成10家全电民宿、3座保护性古民居室内电气改造。全力配合能源“双控”和有序用电，圆满完成全国人居环境整治提升现场会、“小县大城20周年”论坛等重大保供电任务。营销服务基础不断巩固。制订云和公司营销普查和规范两年工作落实方案，普查用户5704户，异常整改率100%。组织开展用电隐患安全排查，健全完善重要用户、高层建筑、易涝小区的基础信息，整改问题隐患126条。针对性防范市场化电价改革等带来的电费回收风险，推广电费网银缴费方式，全市首家完成年度电费“双结零”。

【经营管理提质增效】　企业经营挖潜提效。匹配“网融链”潜在需求用户，达成电e贷授信额度1256万元、电e票贴现20万元。签订全市首个企业屋顶光伏发电项目合同，推广智慧电务46户。积极推动热泵空气源、中频炉等电气化改造，实现年度电能替代电量1536万千瓦时。物资计划申报策略在全市推广应用。扶持产业做强做优。推动光伏项目批量实施，签订合同70个，装机容量29.4兆瓦，并网13.3兆瓦。全面启动宏盛综合用房项目，仓储用房步入前期手续办理阶段。宏盛公司通过施工企业能力标准化建设评审，入选2020年度“云和县建筑业优秀企业”。强化巡察督查工作。攻克瓦窑房产历史遗留问题，19处房产全部实现两证合一。大力开展巡视巡察反馈问题现场质询，推动“3+13”项问题见底清零。配合市公司完成数字化审计4项，送审投产工程50个。组织“八小时外”不定期抽查、基层站所行风巡察18次，自查自纠小微权力隐患风险5个。规范资产实物、价值、信息“三流合一”，实现“账卡物”一致性管理。

【“三项建设”全面加强】　党建引领有效发挥。组织“书记开讲”“耕耘讲坛”等活动，推动党史学习教育全员覆盖。精心编制“我为群众办实事”任务清单，开展为群众、基层、职工办实事行动32次。制定完善《党支部考核办法》《政工员考评细则》，紧盯2个党委和9个“揭榜挂帅”支部书记项目，推动“三问　三明　五增强”活动具体落实。推行红船服务“一队一项目”，开展便民惠农“红色服务”39次。发挥“纪检工作站”廉情监督作用，推出周末“纪”语廉洁提醒，廉洁文化氛围日益浓厚。队伍建设优化提升。建立宣传、线损、工单管控等二级绩效考核。创新招聘专职驾驶员兼营配工6名，有效补充一线生产人员力量。规范干部选拔任用、交流轮换监督，全年调整干部5批次，交流24人。加大人才培养力度，派出青年职工参与挂岗锻炼等6人次，评聘星级人才5人、优秀人才2人。企业氛围建设向好。聚焦“幸福云电”建设，推进《为职工办实事行动计划》，举办“拔河赛”“红歌赛”等团体文娱活动，建成职工书屋、快递小屋、安保岗亭。深化“乡村振兴”等主题宣传，加强保密、信访、舆情等风险管控，企业心无旁骛的干事氛围更加浓厚。公司3项成果获国网、省公司奖项，4家供电所获市公司供电所管理优胜单位，2个QC项目分获市公司一、二等奖，2名员工分获省公司劳动模范、丽水好人称号，1位青年获评省公司优秀客户经理。（谢景良）

贸　　易

国内贸易

【概况】 2021年，全县实现社会消费品零售总额458084万元，比2020年增长23.7%，其中限额以上社会消费品零售总额68582万元，比2020年增长26.6%。分行业看，批发业销售额增长45.3%，零售业销售额增长32.9%，住宿业营业额增长45.3%，餐饮业营业额增长42.8%。2021年，全县新增限额以上单位22家，其中批发业6家，零售业12家，住宿业1家，餐饮业3家。

【商贸物流项目】 全面建成云和商贸物流城项目。该项目由浙江恒盛商贸城开发有限公司投资建设，项目总用地面积约389亩，总建筑面积37.18万平方米，项目总投资10亿元。分为商贸物流区和生活配套区两大区块，其中商贸物流区由“建材家居城”“电子商务城”组成，用地面积322亩，总建筑面积22.78万平方米，包括商业建筑面积10.48万平方米，仓储建筑面积12.30万平方米。生活配套区规划用地67亩，总建筑面积14.4万平方米。

【推动电商发展】 2021年，开展跨境、抖音、快手等12场700人次电商人才培训，组织“2021年网上年货节”直播20场销售木玩和农产品，成交额达200万元。出台电商政策《云和县人民政府办公室关于促进云和县电子商务发展的实施意见》；培育跨境电商企业30家，通过海关监管模式（9710），完成出口额137.7万元。云和木玩电商被列入省产业集群示范县、全省商务领域共同富裕试点。　（方　辉）

供销工作

【概况】 2021年是“十四五”规划开局之年、现代化新征程开启之年，也是中国共产党成立100周年。云和县供销合作社联合社在县委、县政府的正确领导下和上级供销社的精心指导下，认真贯彻落实习近平总书记关于供销合作社工作的重要指示精神，始终牢记为农服务根本宗旨，紧紧围绕“三位一体”农合联改革。特别是县社聚焦山区群众共富主题，探索实施以“一保两促、三车并驱”为主要内容的流动供销致富车项目，得到了省市领导的批示肯定和各级媒体的争相报道。流动供销致富车项目入选全国供销总社首批农村商业物流六大典型案例之一，做法被写入浙江省委一号文件和丽水市政府工作报告，并在全省供销系统全面推广，取得了较好的社会反响和群众的称赞。

【“三位一体”服务】 （一）开展农资服务。充分发挥农资供应“国家队”、主渠道作用，扎实做好农资淡季储备、春耕备耕工作，全面推广农业专用肥，保障全县农业正常生产。2021年，按时完成化肥500吨、农药1吨应急储备任务。每年补贴农药、化肥应急储备13万元。（二）数字赋能农合联建设。按照市社提出的“八个一”标准，扎实推进养殖产业农合联规范化建设，促进农业增效、农民增收。数字农合联平台——浙农服，已接入“浙里办”，启动使用。该平台是集成生产服务、供销服务、信用服务、域品牌、农合信息、组织管理等基本服务模块，以信息化应用体系为服务供给渠道，为农合联会员提供高效、便捷、优质的在线服务。致力实现“三位一体”服务线上融合发展，成为推进农合联服务数字化的最有效抓手。(三)农村信用服务迈出新步伐。继续依托小县大互助品牌农民资金互助会，加强与农商行的深度合作，为产业农合联会员提供更普惠、可持续的金融服务。截至2021年年底，累计发放贷款7380.3万元，为“三位一体”农合联改革信用合作服务提供云和样板、云和智慧。

【便民供富大篷车】 (一)组建“浙丽供”服务车保生活，打通山区物流“最后一公里”。云和供销联社从报名的43位经营户中选出11位口碑好、公信度较高的车主，组建“浙丽供”服务车团队。根据交通线路和群众需求，采用区域包干、专线经营、定点打卡模式，为全县71个偏远行政村群众常态化提供消费品平价销售、药品物资代购代送、便民事项代办等基本服务，同时提供差异化需求的精准服务。只要有路通到的地方，哪怕再偏远，哪怕只有一个人，服务车都会准时到达。2020年以来，“浙丽供”服务车团队已为山区群众供应日用消费品1000余万元，代购非处方药品4900人次，代办事务5100次。根据年终考核，给予每辆车平均8000元的燃油补助，让服务车服务更到位。(二)组建“浙丽销”服务车促增收，打通山区农产品销售“最初一公里”。云和供销联社选出8位懂销售、门路广的车主，组建“浙丽销”服务车团队，在山区群众相对聚集区专门设立农产品收购点，提供上门收购，实行点对点、不限数量和品类的现收现结、统购统销服务。同时，在中心城区、山海协作城市、旅游接待中心等设立高山农产品直销点，提升产品生态溢价。服务点工作人员还通过微信朋友圈提前发布销售信息、固定上门采购日等多种形式，开展“订单”式采购和线上销售，将最新鲜的时令农产品送到市民的餐桌上。如设在云和县崇头镇水澳头村的收购点，日均收购农产品1000多元，让曾经销不出去的高山农产品变成村民的“钱袋子”。2020年以来，“浙丽供”服务车团队已帮助山区群众销售农产品达1300余万元。(三)组建“浙丽产”服务车促生产，办好山区农业生产“最急一件事”。云和供销联社选出5位懂技术、责任心强的车主，组建“浙丽产”服务车团队，开展送农资、送技术下乡等活动，提供农资化肥免费配送等服务900余件次，开展就业培训20期。这些车主长期从事农资行业，对农村有着深厚的感情，留守群众只需拨一个电话，发一个微信，服务车便会在第一时间将群众所需送到村村寨寨、田间地头。与此同时，云和还及时推出“浙丽贷”产品——“丰收•互助贷”，农民资金互助会累计发放助农贷款7300余万元，为山区群众发展生产提供资金保障。

【农旅项目建设】 全力谋划云和生态农产品展示中心。项目投资200万元，坐落于云和梯田一级游客中心，打造“农合联”会员农产品、“云和师傅”生态农产品、“丽水山耕”农产品、强村公司专区、稻草草和木积积景区IP伴手礼展区、旅游产品等六大区块。项目建成后，将成为云和县一、二、三产融合(农文旅融合)营销中心，全面提升云和供销新形象，展示农合联大联合新魅力。

【农旅融合工作】 (一)推进山海协作，助力农民增收。与山海协作城市吴兴区签订购销协议，吴兴区设云和农合联农产品直销点，订单销售农特产品200万元，北仑云和农产品直销点，销售农产品300余万元。(二)深化“丽水山耕”品牌服务。2021年度新增丽水山耕正式会员4家，完成云和县22家企业、合作社及家庭农场的30个农副产品丽水山耕协会正式会员产品授权，开展丽水山耕培训5场。

【农作物放心工程】 推进“对标欧盟，肥药双控”，做好肥药双减工作，不断完善农资购销台账、源头追溯等管理制度，坚持送货上门、服务到田间地头，扎实开展精准培训和农技精准攻关服务，组织雪梨、蜂蜜等产业技术培训200余人次，发放技术资料1500份。

【社有资产管理】（一）开展清产核资工作。将社有集体资产管理纳入年度工作的核心点、责任点和风险点，根据资产所有权归属，对县供销社本级及其出资企业的集体资产进行全面清查和登记，特别关注投资在参股企业、项目中的资产和改制过程中解散、破产未过户的资产。共清查出资产资源15处、对外投资3笔，账务清理、资产清查工作基本完成。（二）规范社有资产出租管理。房屋租金收入是基层供销社生存发展的主要资金来源。近年来，随着电商网购的迅速崛起、门店年代久远陈旧等原因，到期经营场所如期出租的难度增大，县社通过规范公开招投标出租、公开竞价招租等方式，适度增加经营场所出租的灵活性，取得了良好成效。

【党史学习教育】以制度促学习，按照《云和县供销合作总社关于开展党史学习教育的实施工作方案》《云和县党史学习教育专题实践活动重点举措细化清单》，采用线上+线下学、集中+自学、走出去+请进来学等形式多样开展学习，通过专题学习研讨会、党课宣讲、看红色影片、线上答题、重温入党誓词等形式开展党史学习教育，引导党员干部厚植爱党爱国情怀，实现党史学习教育"活起来"。做到各项"规定动作"在按清单落实的基础上，守正创新了"学党史　铸信仰"供销系统特色活动，即"四个一"党员学习宣传活动：切实开展好每日一故事、每月一宣讲（党课）、秋天看一场党史电影、冬天走一次红色圣地活动。"七一"举办全系统党员"庆祝建党100周年七一专题活动"，并于12月开展"开起致富宣讲车，铺就共富惠民路"系列宣讲及服务活动，打造致富车"移动宣讲课堂"的形式和手段，使党史学习教育和全会精神深入大山、深入群众、深入人心。

【作风问题整治】（一）第一时间制定出台《县供销社系统腐败和作风问题重点整治工作实施计划》，成立重点整治工作领导小组，扎实开展全县供销系统腐败和作风问题重点整治工作。针对梳理出来的问题清单，细化工作流程，明确具体责任人，确定具体时限，讲清任务标准，统一思想认识。县社共召开动员部署会1次，党组专题研究4次，全体干部职工会议5次，梳理出来的六大问题清单全部整改到位。（二）配合完成市委提级（交叉）巡察工作。对市委提级（交叉）巡察组巡察期间移交的4个方面37个问题和4条意见建议，进行了认真梳理和集中办理，整改完成率91.89%。同时，把巡察工作与做好当前各项改革工作结合起来，做到"两不误，两促进"，不断深化供销合作社综合改革，激发起广大党员干部职工同心同德干事业、攻坚克难抓落实的工作热情。　（林　炜）

烟草专卖

【概况】2021年，云和烟草围绕"135"战略总要求，坚决贯彻落实行业上级与地方政府的决策部署，抢抓数字化转型机遇，围绕打好"数字强基"和"短板补齐"两大工程，坚持加大力度夯基础、加快节奏赶进度、加紧创新求突破，稳步推进"十四五"规划开局之年各项工作，取得了良好成效。市场状态整体优良，全年卷烟销量5643.98箱，同比增长1.49%；销售额2.61亿元，同比增长6.42%；单箱销售额4.62万元。

【专卖监管】数据导侦，全力出击，市场监管成效明显。扎实推进卷烟市场净化工程，全年共查获案件108起，查获各类卷烟4677.2条，云和县烟草专卖局专卖管理所被评为2021年一季度丽水市烟草系统标杆专卖所。许可管理持续加强，坚持"一网通办""一证通办"，持续提升行政许可政务服务水平，全面强化事后监管，网上办证率达100%。

【精实治理】 将数据赋能与精实管理相融合，着力提升现代化治理效能。围绕内部最多跑一次，打造“缩短下乡补贴填报时长”项目，以移动工作流为载体，实现自动化填表、线上化运行，一线员工填报耗时下降70%以上。积极融入数字化转型大潮，协助编制《丽水烟草推进数字化转型三年行动方案》，为丽水烟草系统数字化转型贡献了云和智慧。

【作风建设】 深入推进“大监督”工程。严格落实丽水烟草关于深入推进协同监督工作的实施细则，配合全市烟草系统统筹调度纪检监察力量，助力形成市县一体、整体联动的纪检监督合力，深入开展纪检监察“队伍提升年”暨“清廉服务在身边”主题活动，营造了风清气正的政治生态环境。

【安全管理】 扎实推进安全管理工作，持续推进企业安全生产标准化建设，顺利通过2021年安全标准化转版达标评测。统筹抓好疫情防控、信访维稳、应急管理、网络安全等工作，企业运行平稳有序，全年零事故发生。（钭李夭）

石油经营

【概况】 2021年是中国共产党成立100周年，也是“十四五”规划开局之年，中国石化销售股份有限公司浙江丽水云和石油支公司（以下简称云和石油公司）全体员工在县委县政府的正确领导下以及各相关职能部门的关心支持下，做好油品保供和疫情防控等相关工作，强化全体员工的执行力，真抓实干，各项工作都取得一定成效。全年完成成品油销售23576吨。其中，零售14136吨（其中汽油10904吨、柴油3232吨）；直分销9440吨。非油品全口径交易额949.4万元。为云龙线改造、云和县中医院迁建项目、云和县大坪大搬快聚富民安居小区、云和县生活垃圾资源化处置利用项目、龙泉溪治理工程（云和县）、云和县养生文化村等县重点工程保证成品油正常供应。

【做好油品保供，确保安全运行】 强化安全环保，推动HSE（安全、健康、环保）新体系运行，加大隐患风险排查、治理力度，向本质安全迈进；做好安全教育培训，让每一名从业人员具备胜任岗位的安全素养和能力。强化质量体系化管理，做好油品全环节计量检定，确保销售油品质优、量足。以高度的政治责任感抓好常态化疫情防控，把油站打造成职工安心、客户放心的场所。

【深化经营统筹，促进业务发展】 做强“大零售”，开展好服务百日竞赛，促进服务、品牌、效率和执行力提升；进一步建强零管队伍，提升精准营销能力，做实“一站一策”。做大直分销，灵活经营策略，客户经理做好客户维系，继续开拓天然气市场。做实非油品，线下线上融合互促，抓实运营基础管理，激发全员营销，探索适合云和石油非油的“新市场、新业务”。

【打非治违】 2021年受疫情影响，县域周边成品油市场秩序混乱，不法分子违规销售非标柴油、走私油的情况此起彼伏，存在重大安全隐患。云和石油公司积极配合政府相关职能部门打击非法经营和走私油品的行为，推动政府出台相关行动方案，同时全力配合做好油品化验、罐车处理等后勤保障工作，为有效净化市场环境贡献石化力量。2021年9月30日上午，检察院余梁伟副检察长带队，会同云和支公司召开打非治违专题研讨会。会上，云和石油公司详细汇报了当前云和市场非标油现状、6个固定加油点以及流动非法改装车的具体情况。余副检察长表示后续将由检察院牵头加强打非取证工作，加大对打非治违工作的支持力度。云和石油公司以切实维护好市场稳定为己任，将继续保持巡查力度，积极配合政府做好市场整顿工作。

【党建活动】 为庆祝中国共产党成立100周年，支部全体党员讲“百年党史”专题党课，组织收看庆祝中国共产党成立100周年大会直播，为党员过政治生日，“七一”慰问退伍军人等。结合公司庆祝建党百年系列活动，充分用好周边红色资源，组织党员干部前往庆元黄田崔上革命遗址、景宁毛垟乡红色教育基地开展学习活动。12月还邀请了云和住建局机关党支部联合开展党日活动，同时请该支部书记为公司支部党员和员工解读十九届六中全会精神。（邹宗敏）

对外贸易

【概况】 2021年，云和县全年实现外贸进出口总额19.1321亿元，比2020年增长46.9%。其中，出口总额为18.50亿元，比2020年增长45.6%。按美元计量，全年实现外贸进出口总额2.959亿美元，比2020年增长58.3%。其中，出口总额为2.86亿美元，比2020年增长56.8%。2021年新增进出口备案登记企业63家，新增实绩出口企业7家。丽水翰海进出口有限公司被认定为2021年度浙江省外贸综合服务试点企业。

【助推企业开拓市场】 2021年3月22—31日，举办香港贸发局国际采购汇（网上展），完成在线云对接50场，意向成交额200万美元。本次展览会由云和县商务局主办，云和县玩具行业协会、浙江国闻会展服务有限公司联合承办，香港贸易发展局线上平台及贸发局第三方视频会议系统鼎力支持。展会持续8天时间，产品涵盖木制教育及配套玩具、木制积木、木制育婴玩具、木制工艺品玩具等多类产品。浙江新云木业集团有限公司、浙江大森林工艺品有限公司、浙江木玩世家玩具有限公司、浙江金马工艺品有限公司、浙江恒旺工艺品有限公司、云和县金成木有限公司、浙江红源玩具有限公司等20家云和木制玩具行业的外贸企业报名参加，通过香港贸易发展局商对易Click2Match系统进行在线云对接。云和县被列入全省首批15家县级贸促会调解联络点，为外贸企业提供商事调解、督促履约、经贸法律咨询等服务。（方 辉）

交　通

交通运输

【概况】 2021年，云和县交通运输局在县委、县政府和省、市交通主管部门的坚强领导下，坚持以习近平新时代中国特色社会主义思想为指导，聚焦项目建设谋发展，聚焦群众关切优服务，聚焦行业治理促提升，在打造新型城镇化样板县域和“交通强国”战略中展现先行担当，作出交通贡献。《云和县综合交通运输发展“十四五”规划》共计划实施项目24个，总投资100.9亿元，其中，“十四五”期间计划完成投资43.8亿元。2021年，共安排交通项目16个，其中新开工项目3个、续建5个、重大前期8个，完成固定资产投资1.33亿元。“四好农村路”养护工程建设85.73公里，总投资3342万元。全年共出动执法人员2710人次，出动执法车1230次，检查车辆、船舶1690车（船）次，开展马路市场整治行动18次，办结行政处罚案件38件。

【加快重大项目建设】 （一）高起点谋划交通布局。科学编制“十四五”综合交通发展规划，主动加强与省、市交通主管部门联系对接，争取更大的支持，使更多的交通项目纳入上位规划体系，努力为云和跨越发展奠定良好基础。《云和县综合交通运输发展“十四五”规划》共计划实施项目24个，总投资100.9亿元，其中，“十四五”期间计划完成投资43.8亿元。（二）高标准推进重大项目。按照续建项目抓进度、新建项目抓开工、谋划项目抓前期的要求，全力以赴抓项目扩投资，确保交通重点项目建设平稳推进。2021年，共安排交通项目16个，其中，新开工项目3个、续建5个、重大前期8个，完成固定资产投资1.33亿元。（三）高水平建设民生实事项目。2021年，“四好农村路”养护工程建设85.73公里，总投资3342万元，其中，实施路面大中修43.88公里，改善提升36.61公里，安保工程5.24公里，已于11月完工并投入使用。

【提升运输服务品质】 （一）实现城乡客运公交化运营。对全县38辆城乡客运班车启动公交化运营改造，县域23条农村客运线路改造为49条公交化运营线路，票价平均降幅近50%，切切实实惠及沿线广大人民群众。（二）实施云景高速公路差异化收费政策。往返云景两地，符合减免通行条件的车辆，仅需支付5元高速通行费。截至2021年12月底，两地百姓受惠约220万元。（三）开通云和至景宁公交专线。按公交化方式运营，全程收费3元，丰富两地群众日常出行的选择，真正实现让群众共享绿色公共交通发展成果。

【深化交通行业治理】 （一）扎实推进交通运输综合执法。以交通运输执法改革为动力，全力推行“互联网+统一指挥+综合执法”管理模式，转变执法理念，创新监管手段，完善制度机制，提高执法效能，推进全县交通运输综合执法工作高质量发展。全年共出动执法人员2710人次，出动执法车1230次，检查车辆、船舶1690车（船）次，开展马路市场整治行动18次，办结行政处罚案件38件，其中，运政17件，路政16件，水上交通4件，轻微违法承诺件1件。与交警联合处理治超违法案件144件。（二）全面落实平安交通建设。严格落实农村地区道路交通安全综合治理三年行动、平安交通建设年活动及自然灾害综合风险公路水路承灾体普查等重点工作，圆满完成春运、防汛检查及重点时段安全监管工作。全面加强安全生产风险隐患排查治理，积极开展“平安护航建党百年”安全隐患大排查大整治专项行动，共出动检查人员466人次，检查企业、站场95家次，排查并完成隐患整改134处，有效保障全县交通运输领域的平稳安全。

【加强党风廉政建设】（一）切实加强党的建设。始终把政治建设摆在首位，扎实开展党史学习教育，隆重举行庆祝中国共产党成立100周年系列活动，通过学讲话、讲党课、学指定书目等形式，引导广大干部群众更加深刻领悟习近平新时代中国特色社会主义思想的真理力量和实践伟力，切实以之武装头脑、指导实践、推动工作。（二）全面深化“清廉交通”建设。紧盯工程建设、行政审批等七大重点领域，制定《纵深推进清廉交通建设、坚决扛起“重要窗口”使命担当的实施方案》，项目化、清单化落实清廉交通建设12个类别54项任务举措，并因地制宜打造清廉交通文化展馆和清廉公路风景带，努力将清廉交通建设虚功实做。（三）打造“唯实惟先”干部队伍。以数字化改革优化和完善交通运输部门内部运行机制，提升整体智治水平。通过队伍整合、资源整合，实现机构融合、工作融合、文化融合和人心融合，团结一心，实干至上，推动突破重点工作，实现整体效能提升。

公路管理

【公路管理不断完善】（一）农村公路方面，实施农村公路养护工程项目共7个，总投资4408.17万元。出台实施《云和县农村公路养护与管理办法》，进一步明确农村公路养护与管理的职责和体制，形成政府负责、部门与属地共同参与的综合治理新局面。（二）国省道方面，2021年，国省道共计实施8个主要项目，投入资金1889.25万元。将县域国省道的养护和应急抢险业务推向市场，由企业负责实施。通过一年多的市场化运行，县交通部门与养护企业在日常管理养护和应急抢险等方面合作顺畅。（三）2021年，累计出动作业人员7127人次，机械设备1514台（套），清理垃圾963.1吨，公路养护质量得到较大提升。（四）桥梁隧道整治方面，进一步加大对全县桥梁隧道的排查治理，实施桥梁隧道提升改造、治理工程4个，涉及隧道2条，桥梁4座，投入资金804.3万元。

【交通执法有力推进】（一）严管严控突出道路运输安全。联合辖区公安交警，开展超限超载、非法营运、道路旅客运输安全整治等专项行动，积极推进治超“非现场执法”建设，云和县G322瑞友线云和方向K198+355M处公路货车超限检测系统正式启用，235国道小顺非现场执法点侧拍及5秒短视频增设完成投入使用，营造辖区道路运输市场顺畅有序的环境。（二）齐抓共管推进综合执法。对全县“两客一货”企业、货物源头全面摸底排查，实行网格化管理。全县共有城市公交线路9条（含云和—景宁1条，石塘—大港头1条，云和—大坪1条），公交车28辆；客运中心线路共28条，其中，跨市班线1条，跨市班车1辆；跨县班线6条，跨县班车12辆；县内班线9条，县内班车20辆；康庄小巴班线12条，康庄小巴班车12辆；省际包车3辆，市际包车3辆，客位共1042座。

港航管理

【水路管理有效提升】（一）完善水上基础设施。完成紧水滩库区水上服务站项目，总投资1405万元，建成管理用房一幢，50吨级泊位1个及陆域配套设施等，服务站投入使用后，将提供船舶锚泊及维修服务，提升库区水上服务的综合能力；完成赤石码头高水位泊位项目，总投资135万元，建成高水位泊位1个，解决紧水滩库区水位上涨后赤石码头船舶无泊位现状。（二）加强水上服务能力建设。对照2018年航道普查数据进行核查，修订有关数据，确定渡埠码头公共设施的管养范围。同时，投入29.8万元新增一艘港航管理艇（浙港航巡0759），投入245.8万元新建六车位客渡船。（三）加强水上航道管理。全年完成各类商业船舶检验73艘次，渔船91艘次，检验过程中发现问题均得到有效整改，签发相关检验证书。开展船舶碰撞桥梁隐患排查工作，对云和航区7座桥梁进行排查，并制定整改方案。

【水上安全常抓不懈】 重拳出击开展水上安全整治。一是结合交通运输安全专项整治三年行动等重点工作，开展水上交通安全大检查，要求水运企业进一步提高安全责任意识，加强渡船日常管理与维护，对发现的安全隐患及时排除、整改到位。二是开展水上交通安全整治，针对夏季娱乐休闲类摩托艇等“三无”船舶萌芽态势，增加通航水域现场巡查力度，重拳出击严厉查处，及时消除水上监管盲区和监管漏洞，切实加强辖区日常监督管理。全年共处罚“三无”船舶2艘，劝离15艘次，约谈企业1家。发放通告150余份，发送整改通知书9份，均已整改到位。（叶　玲）

邮政通信

邮　　政

【概况】 2021年，中国邮政集团有限公司浙江省云和县分公司（简称云和邮政）共有在岗职工143人，其中合同工67人、派遣制员工76人。云和邮政以习近平新时代中国特色社会主义思想为指导，全面贯彻落实省分公司党委和市分公司党委决策部署，坚定高质量发展方向，以改革创新为动力，着力构筑云和邮政发展"四梁八柱"。2021年，云和邮政（含寄递事业部）完成业务总收入4501.12万元，同比增长12.39%，完成计划98.43%。完成利润307.52万元，完成全年利润计划任务的101.43%。至2021年年末，全县共有汽车邮路10条、城镇投递道段33条、农村投递道段28条、村邮站91个，直接投递到10个乡镇街道、71个建制村，通过接转等方式，投递服务覆盖全县。

【金融业务】 云和邮政2021金融收入目标1696万元，截至12月代理金融业务收入完成1703.29万元，完成全年计划的100.04%，同比增长164.96万，增长率11.22%。其中利差收入1076万元，同比增长5.9%；保险收入364.14万元，同比增长32.62%；电子支付收入49.66万元，同比增幅23.63%；理财基金收入47.27万元，同比增幅36.1%。相比上年长期险有较大的突破，基金业务迅速增长，同时5个优质网点建立"爱心驿站"，为户外工作者提供便利。城西营业所与税务局合作开展"微税厅"做到真正的便民服务。

【寄递业务】 2021年，云和邮政总业务收入累计完成2219.44万元，同比增长13.84%，完成计划96.83%，业务量累计完成633.8万件，同比增长51.71%；2021年寄递新增电商6户，完成班组人员整合并针对占比量低的客户制定一户一价资费调整政策；国际物流方面与第三方物流开展拖车业务合作，4月与圆通、韵达公司开展"邮快合作"进一步加快了三级物流体系的建设。

【传统业务】 云和邮政重视传统业务的运行：1. 函件业务累计完成70.12万元，完成进度100.17%，其中新媒体完成40.14万元，完成率125.4%。说明书项目稳步增长，累计下单金额近50万元，政采云平台应用初见成效，全年累计通过政采云下单各类宣传品业务10.9万元。2. 集邮业务完成45万元，完成进度100%，开展了红邮珍藏和领航中国项目营销，累计创收20余万元。3.报刊业务积极开展党史政务图书专项营销，累计销售党史政务图书0.3万套，销售额35.15万元，完成力争目标的114.5%，完成率排名全市第三，全年累计图书收入42万余元。超额完成2022年度报刊流转额和线上订阅指标。

【电商业务】 2021年，云和邮政分销目标完成收入318.74万元，完成率132.81%；思乡月完成21.01万元，其中象山大米6.76万元，完成率140%；自营农品销售132.92万元，完成率100.7%；线上自营批销270.25万元，完成率95.49%邮粮赞项目共计实现营业收入49.39万元，新增会员0.91万名，销售数量10.13万件。通过政企（邮政与农业农村局）合作开展“信息进村入户工程”（简称：益农信息社），利用邮政自身渠道优势，开展网点+站点经营模式，进行业务叠加，云和邮政已完成15个普服网点（城西、梅源、石塘、府前、赤石、安溪、雾溪、云坛、黄源、紧水滩、大湾、沙浦、云丰、大源、朱村）业务叠加，转型网点叠加10个。

【党建工作】 开展党史学习教育。创新形式，参与竞赛。为更好地迎接中国共产党成立100周年，学懂弄通做实习近平新时代中国特色社会主义思想，云和县分公司积极参加各类竞赛活动，荣获丽水邮政党团知识竞赛三等奖，1人荣获全市邮政微党课比赛三等奖，2人在“庆祝中国共产党成立100周年”主题文学创作大赛中分别荣获金奖和铜奖，积极参与市公司组织的“我心向党”红歌比赛获得三等奖。拓宽广度，参与学习。按规定执行理论学习中心组、三会一课学习制度，开展读书班活动，高质量开展专题学习，推动党史学习教育融入日常。已学完4本规定书目，接下去将完成三史书目的学习。加强警示教育学习。安排党员观看警示教育片，提高党员思想和防腐意识。红色经典观看。组织党员观看《红船》《长津湖》《信者》，通过观影使党员更深切地感受到中国共产党人有着怎样的革命情怀和崇高的风范，提升党性修养，增强责任感和使命感。此外，2021年共有3名预备党员转正，5名积极分子纳入培养。

【内部管理】 云和邮政加强内部管理，重点做好安全防范等工作。一是持续做好疫情管控。做到除禁忌人员外，接种率100%，并定期安排一线人员进行核酸检测。党员利用空闲时间前往接种方舱进行志愿服务，充分发挥出先锋模范的作用。二是每月开展红榜指标座谈会，对落后的指标进行谈话并提出意见，红榜约谈机制的开展良好地促进了县分公司战略发展。 （张魏瑶）

通　信

中国电信云和分公司

【概况】 2021年，中国电信股份有限公司云和分公司（以下简称云和电信）紧紧围绕省公司强基深耕3.0，深化政企改革2.0，践行“宽带是根，融合是本”的发展理念，聚焦市场打造电信品牌拉力。以习近平新时代中国特色社会主义思想为指导，深入学习贯彻落实党的十九大和十九届六中全会、县委相关会议精神，坚持不懈贯彻新发展理念，党建引领聚合力，提升能力抓落实，全面打造“以客户为中心”的服务型企业，以高质量党建助推企业高质量发展。

【党史教育】 云和电信深入开展党史学习教育。年初党委对政治理论学习进行全面部署，建立学习机制，推出党史学习书目，通过理论学习中心组、“三会一课”等集中学习和“学习强国”、双百学习圈、天翼党建等线上学习，确保政治学习全覆盖。支部书记上党课8次，党委委员上党课9次。真正做到知识武装头脑，理论指导实践。组织全体党员赴云和梅湾红色基地开展实地党史专题教育。结合党员先锋、星河微光、奋斗者文化、服务明星等进行先进典型宣传，广泛开展向先进模范学习活动。拍摄一篇党史微党课，结合烽火云和红色电信，描绘云和电信数代干部工人努力奋斗，为发展山区通信和振兴云和经济作出无私奉献。

【服务社会】 云和电信党委充分发挥“把方向、管大局、保落实”的重要作用，切实把党史学习教育成果转化为工作动力和成效，把网络强国、网信安全、数字云和作为央企责任和使命。一是扎实推进数字乡村建设。大力推进云和农村数字化、信息化高质量发展，为巩固拓展脱贫攻坚成果提供有力支撑。开展乡村振兴、数字乡村建设，安装赤石等104个监控。二是突出精准扶贫。公司领导班子先后10多次到结对村深入调查研究，认真做好低收入农户“一户一策一干部”结对帮扶工作。组织党员对20户石塘镇横山头村、北溪坑村结对户开展“冬日送温暖”“八一”慰问等活动，送去大米、食用油、牛奶等物资。三是面向市民开放“爱心翼站”。秉承“以客户为中心”的服务宗旨，把“爱心翼站”建设成为劳动者的“温馨之家”。四是坚决落实各项防疫防控措施。落实与当地防疫部门横向沟通，及时报备。员工非必要不出县，外出人员做好报备登记。党员发挥先锋作用，积极参与大型核酸检测演练和防疫溯源等工作。

【数字信息化】 全县建成5G基站13个（其中电信营业厅2个），实现县城区域覆盖；光网实现全县覆盖，接入能力超1.5万户并具备万兆接入能力；承担“村通”工程主要任务，助力全县完成行政村光宽和4G普遍覆盖。城区无线信号MR覆盖率达到93.5%，行政村4G无线信号覆盖率达到90.8%；光网在所有行政村100%具备接入能力，同时，承接政务网、视联网、公安网等重要公务通信服务。承接公安天网四期建设安装935个摄像头。可用96部卫星电话，实现42个避灾点监控，全力保障了政府部门的通信畅通和经济发展。

在数字政府建设方面，承建了县政务云以及监控点位超900个，为3家县机关部门和5家县级医疗卫生单位提供上云服务，助力全县的基层治理四平台建设。在数字产业方面，积极参与县整体智治平台和产业智脑建设，打造5G+工业互联网标杆2个、区域级工业互联网平台2个、智慧特色小镇及产业园区1个，助力企业上云207家。在数字社会方面，承建县100%以上教育骨干网，为近23所学校、幼儿园提供数字校园服务；服务4家医疗机构及卫健主管部门；助建平安乡村15个、天翼看家视频监控1336户。

【装维服务】 提升装维人员业务技术水平，加强业务知识培训。通过内训机制，实行“创优评比”和帮扶互助，推动装维整体提升智能交付能力。同时重拾装维服务学“海尔”精神。坚持召开装维晨会、周例会制度，进行相互沟通协调，找问题、找短板、解决问题，共同提升服务水平，真正树立“一切以客户为中心”的服务理念，扎实有效地开展各项工作，各项指标在全市名列前茅，并荣获2021年度省公司装维标杆班组称号。

【通信建设】 完成行政审批中心、九和小区等4个小区的地下室分建设；以及新建云和凯迪万思等8个基站的4G信号开通，改善农村和工业园区无线盲区问题，有效缓解客户经理反映无线信号问题，大大提高客户感知。线路建设：云和城西和城东综合业务接入区主干光缆建设项目2个，总投资38余万元，完成项目立项、设计委托、验收、结算审计、转固。新增主干光缆4885.58芯公里，建成后大大缓解主干已满的问题，也使主干层光交得到合理优化。配线扩容增补820.75芯公里，有效解决无线路资源覆盖问题。线路维护：线路维护完成投资35余万元。（陈时岚）

中国移动云和分公司

【概况】 中国移动通信集团浙江有限公司云和分公司（以下简称云和移动），属中国移动丽水分公司10个县市（区）分公司之一，成立于2000年，现有在册员工49人。云和移动下设综合部、市场部、政企部、网络部四个部门和浮元、重山两个网格，其中市场部下设营业厅、销售部、社会渠道，有中山中路、新建路、复兴路、中山西路四个县城营业厅。2021年公司运营收入超9500万元。

2021年，云和移动在云和县委县政府的正确领导下，坚持以习近平新时代中国特色社会主义思想为指导，全面贯彻党的十九大和十九届六中全会精神，面对新冠疫情考验和转型发展挑战，公司始终坚持党建引领和高质量发展，全面推进各项重点工作落地，较好完成各项目标任务。

【疫情防控】 2021年全球疫情大流行，国内多地接连发生疫情，防控形势严峻复杂。云和移动领导班子认真落实县委县政府防疫工作要求，多次对疫情防控工作进行强调和部署，充分落实人员出入、车辆出入、物品出入、食堂就餐、员工宿舍、会议培训、环境消杀、疫苗接种等各项管理举措，提升员工防控意识，压实公司防控主体责任和个人自我防护责任，全面查摆防控措施落实情况，及时堵塞漏洞，牢牢守住疫情防控底线。

【客户服务】 云和移动本着“以客户服务为中心”的思想，细化主动服务、触点服务、线上服务方式，持续提升客户满意度，细分服务场景，加强网格联动推进场景、行业服务，加大业务融合，通过聚焦合约融合、新业务融合两种方式，推动个人市场、家庭市场、政企市场和新业务市场“四轮驱动”齐发力，从多维度、多层次来服务用户，增强用户感知。至2021年年底，云和移动手机通信用户达到12.53万户，有线宽带出账用户数超过32000户。

【网络服务】 2021年云和移动有序开展网络基础设施建设工作，积极推动网络工程建设，提升客户网络使用满意度。工程建设方面，2021年累计建设开通宏站89个，室分8个。完成汇聚机房规划建设4个，完成传输光缆布放128.5公里，新立光交16个，新建驻地网片区7个；网络维护方面，基站扩容410个小区，活动保障11场，蓄电池更换15组，维护抢修368次，鼠患较多，小型安全隐患修缮89次，大型低洼电杆修缮2次。

【安全生产】 云和移动通过“三抓手”全面推进安全生产三年整治行动，保证安全生产工作落到实处。一是着力抓好安全巡检，持续开展涉及十大领域的定期巡检和非定期巡检总计24次，其中包含1次集团公司检查和1次市公司检查；二是着力抓好隐患整改，积极落实安全隐患整改工作，充分运用隐患排查治理实施细则，确保生产安全事故隐患排查做到“三个全覆盖”，总计排查隐患162处，全部完成整改，整改率100%；三是着力抓好队伍建设，有序开展安全队伍建设，每月开展安全学习工作，通过专家授课、自主学习、现场实操等方式，针对安全生产典型案例、制度文件、操作技能等方面开展学习教育工作，总计开展培训20余次。 （褚林根）

中国联通云和分公司

【概况】 中国联合网络通信有限公司云和县分公司，简称云和联通。2021年，云和联通紧紧围绕市公司下达的各项指标要求，以党建引领为核心，以党建与中心工作深度融合为抓手，坚持党风廉政建设与生产经营工作两手抓两促进，坚定发展信心不动摇，咬定任务目标不放松，全力以赴抓好各项工作，实现了营收两位数增长的目标。云和联通同时聚焦数字化转型，紧跟政府数字化改革步伐，在改善网络质量，提升网络口碑，实现联通、电信4G/5G网络共建共享，推动政府数字化改革，稳固业务发展方面取得新的突破。县域内拥有较为完善的3G/4G/5G网络，具备移动电话、固网业务、“互联网+”等全业务接入能力，是一家全业务经营的通信运营商。通过与电信大力开展网络共建共享，县域网络覆盖密度提升了50%以上，网络质量及口碑得到大幅提升，其中5G网络以联通承建为主，2021年年底已实现县域中心区域的全覆盖。

【优化员工队伍】 云和联通从2021年下半年开始进行机构优化，集中力量向市场一线倾斜，加强客户服务，提升客户感知。设置综合支撑中心、政企中心，公司共有员工18人。云和联通还对网络建设维护力量进行了优化，基站建设及杆路线缆维护等工作委托第三方公司承接。云和联通加强团队建设，提升全员的业务获取能力，一是认真组织落实党员干部学习党的十九届六中全会精神、习近平总书记“七一”重要讲话精神、党史等理论学习，落实上级党委关于职工队伍建设、思想建设及国企党建的新要求，营造抓党建促发展的浓厚氛围；二是优化队伍，推动企业改革发展和数字化转型，借助政府数字化改革东风，利用联通产业大脑相关平台建设经验，推进数字经济、数字社会、数字乡村等政府数字门户建设；三是抓作风建设，严明纪律，做好全员的安全警示教育，全面提升干部员工的综合能力。

【提升通信服务】 公司以实行“践行使命、创优服务、致力和谐”的理念，倡导“互信、担当、创新、卓越”，以追求领先通信技术和客户需求为核心，全心全意为用户提供最优质的服务，精心铸造联通服务品牌。云和联通在积极参与政府信息化建设方面不断创新，积极推广联通自有产品，如数睿广告、沃舆情等。积极参与云和县考试院项目、县水利局生态流量监控、农村生活污水治理、县农业局应急指挥中心、路长制管理云平台等项目建设，积极投入各行业数字化改革赋能，为各类客户提供优质、便利、多元化的服务。

【促进网络融合】 2021年是联通与电信开展网络共建共享，网络深度整合之年。全年县域建设开通33个5G共享站点和1个室分站点，4G网络县城全面开放共享，机房站点成倍增加，并同步开展宽带FTTB小区改造，2021年移动网络和固网网络覆盖效果明显改善，并且整体能耗明显节省。与电信开展全方位的网络共享成为“数字云和”的金名片。

【严抓疫情防控】 云和联通坚持一手抓疫情防控，一手抓经营发展。2021年新型冠状病毒感染肺炎疫情肆虐全球，云和联通作为国企，发挥企业担当，坚决执行政府相关部门疫情防控工作部署：一是全员参与新冠疫苗接种，并主动动员家人参与新冠疫苗接种；二是积极配合政府部门开展疫情防控信息宣传；三是组织全体员工积极参与社区、网格小区的相关疫情防控工作，高质量答好疫情防控这张考卷，在疫情防控中彰显责任担当，利用热成像、大数据分析等信息化手段助力县政府重保需求和企业复工复产，助推云和社会经济发展。

【助力乡村建设】 为全面改善城乡环境，助力打造新型城镇化样板县域，配合县政府美丽县城建设。积极参与政府主导的AAAAA级景区建设工程，完成黄源基站迁改，浮云溪流域综合治理项目光缆迁移工作；全力配合政府部门规划设计通信线路路由，为乡村振兴贡献智慧力量。通过不断努力，在党建统领、企业担当、网络建设、数字云和共建、抗疫防范等多个领域取得可喜成绩，同时云和联通也受到县政府好评，荣获2021年度全县综合考核“优秀单位”称号。 （赵东游）

城乡建设　环境保护

城乡建设

【概况】 云和县住房和城乡建设局（以下简称县住建局）主管全县住房和城乡建设工作，主要负责房地产业管理、住房保障、物业管理、依法行政、行政许可、村镇建设、市政公用事业管理、市政公用行业管理、建筑业管理、建设工程质量管理、安全生产、招投标管理、政策处理等工作。云和县住房和城乡建设局本级的编制人数为30人，其中行政编制8人，全额事业编制22人。在职实有总人数32人，其中机关行政人员10人、全额事业人员22人；局机关内设科室3个，包括办公室、市政公用事业管理科、建筑业管理科（房地产业管理科）；局本级下设6家服务中心为城市建设项目服务中心、城市园林服务中心、房地产发展中心、建设工程质量服务中心、建筑安全服务中心、综合服务中心下属公益一类事业单位4家，分别为云和县村镇建设服务中心、云和县环境卫生服务中心、云和县住房保障和房屋服务中心和云和县人民防空事业发展服务中心。另有临时机构共5家，为美丽城镇办、城乡环境整治办、垃圾分类办、治危办、城改（棚改）办。2021年，在县委、县政府的正确领导下，县住建局以“城市让生活更美好，乡村让人们更向往，住房让百姓更满意”作为工作目标，全力推进重点任务行动推进，取得了可喜成效。被市里评为：“美丽丽水”建设模范集体、全市平安建设表现突出集体。

【城市建设】 （一）实施政府项目建设。2021年住建口固定资产投资任务为17.98亿元，涉及项目44项，其中重点建设项目22项。（二）大力推进城市更新。一是重点谋篇布局小徐区块未来社区场景，丽水云和小徐社区被列入浙江省第三批未来社区创建项目，小徐村政策处理工作启动，完成征收工作，委托实施方案编制也正在同步进行。二是打造“采真里”新华街历史文化街区，新华街（水门至新建路）亮化工程已完工、箬溪书院研学馆已投入使用、完成新华街标识标牌项目、弱电上墙工程（新华街、解放街）完成80%。三是加快推进人防建设，人防基本指挥所2029工程（二期）进展顺利。人防基本指挥所项目于5月31日完成招标部分竣工验收。重点镇崇头镇应急指挥中心完成建设。落实人防控制性详细规划编制，人防规划融入城市规划。

【民生实事】 2021年，县住建局承担省市县民生实事共5项，其中省民生实事1项：新建绿道5公里（浮云溪流域综合治理工程），完成云章、云章下游段绿道建设5公里。市级民生实事2项：城东南路二期（复兴路—祥云街）、大坪路（祥云街—大坪村），完成总工程量100%。县级民生实事2项，新改建城市公厕3座，小商品市场公厕、车站路公厕、体育场路公厕完成建设。凤凰山全民健身公园二期工程，完成进度100%。

【城乡一体化建设】 （一）农村危房改造工作。全年共完成全县71

个行政村17023户农村房屋安全隐患排查，共鉴定房屋928户，鉴定为C、D级的房屋122户，现已通过腾空、修缮、拆除等方式全面完成治理改造工作，并持续做好危房动态管理工作。(二)加快老旧小区改造，鲤鱼山小区B区老旧小区改造项目已开工建设，浮云小区老旧小区改造项目已完成初设批复。(三)扎实开展美丽宜居示范村建设。2021年度成功申报崇头镇大湾村、黄家畲村、元和街道陈前村美丽宜居示范村，田铺村、沈村、麻垟村均完成项目建设并已组织相关单位进行验收。成功创建崇头镇大湾村传统村落风貌保护提升村和村庄设计与农房设计落地试点村。(四)全力创建美丽城镇，2021年完成投资2960万元，石塘镇创建美丽城镇省级样板，紧水滩镇创建达到基本要求乡镇。石塘镇政府建设项目14个，2022年申报创建的安溪乡、雾溪乡和已创成的崇头镇和赤石乡美丽城镇建设项目按照既定的计划持续推进中。石塘镇成功创成美丽城镇建设省级样板，紧水滩镇美丽城镇建设基本达标。

【公用设施管理】　(一)强化污水治理，完成城东南路、大坪路、公安局区块、老年公园区块等新改建污水管网4.9公里，污水治理PPP项目完成投资7690万元，完成2021年投资计划96%，工程进度达到60%，污水处理厂开工建设。创建园丁新村污水零直排小区，全年完成60公里排水管网清淤。完成了农户污水基础信息排摸并录入农污系统，完成率100%，开工新改建农污设施15个，完成52个20吨及以上农污设施标准化运维。(二)公厕改造提升，委托城投代建实施2021年公厕改造提升项目，进一步消除云和县公厕短板、切实提升公厕环境品质，今年新改建城市公厕3座，体育场公厕纳入县级民生实事，已完工验收，小商品市场公厕、车站路公厕也均已完工并投入使用。(三)加快城市道路建设，城东南路二期(复兴路—祥云街)、大坪路(祥云街—大坪段)、南山路道路工程已完成竣工验收，完成龟山停车场等。开展城市街区专项整治行动，对乱停车、乱堆放、乱摆摊进行重点整治，改善市容市貌。(四)加强城市治理，一是开展53省道环境整治行动，对沿线近50个点位进行整治，全面清理“脏乱差”，进一步美化省道环境；开展全县环境综合整治的督导考核，每月对各乡镇(街道)进行督查排名，共督查发现整改点位475个，已整改到位395个，发布交办单94份，开展县、乡督查9次，集中整治3次，大大改善了城乡人居环境。二是城市保洁提升，城区市场化保洁服务项目于8月13日完成招投标工作，成功引进深圳玉禾田智慧城市运营集团有限公司入驻云和开展保洁工作；积极推进生活垃圾资源化处置项目建设，5月13日正式开工，完成整体进度54%。三是开展扬尘治理专项整治，以县整治办为平台抓手，联合相关部门和属地乡镇街道，对施工工地、厂矿企业、市政道路的扬尘进行专项治理。

【垃圾分类】　扎实推进垃圾分类，城镇生活垃圾分类处理覆盖面达到100%，已创成省级高标准示范小区6个、商业示范街6条、定时定点小区18个；农村生活垃圾分类覆盖面达100%，建成农村生活垃圾资源化利用站5座，创成省级高标准示范村5个。生活垃圾分类的资源化利用率控制在95%以上，回收利用率60.84%以上，无害化处置率达到100%。

【园林绿化】　2021年新增绿地面积7.18公顷，建城区绿地率达38.18%，公园绿地服务半径覆盖率达82%，完成城西广场1.26公顷。完成创建浙江省园林城镇：崇头镇。完成检察院南侧三角地绿化工程(新增绿化面积1130平方米)。完成城东南路边坡种植及两侧绿化整治提升。计划于2024年申报国家园林城市，2025年验收。

【建筑业】　2021年，云和县完成省内建筑业产值14.22亿元，较上年同比下降10.33%。县住建局通过进一步制定出台方案举措，鼓励建筑企业做大做强，启动了《关于加快建筑业改革与跨越式高质量发展的实施意见》的制定工作，大力推进标化工地建设，召开建筑施工标准化工地观摩会，推广安全、文明标准化管理及工程质量标准化施工。全年开展监督执法检查210次，并发出质量整改通知书150份，结合“质量月”活动开展建筑材料、混凝土生产专项检查。

【房地产业】 2021年，房地产市场新建商品房销售面积6.51万平方米，成交539套，新建商品房住宅均价8519.66元/平方米（含大搬快聚项目）。新建商品房库存量为1161套，库存面积13.32万平方米，县住建局全面开展房地产市场监测和风险防控相关工作，完成云和县的“一县一策”方案编制及报备，成立了云和县房地产市场平稳健康发展领导小组，进一步完善市场检测，强化风险化解能力，全年办理资质申报、预售许可、合同备案等项目许可共计536件。（杜泮峰）

土地与房屋征收

【概况】 2021年，云和县土地与房屋征收工作指导中心（以下简称县征收中心）紧紧围绕县委、县政府中心工作，坚持以“统筹城市建设发展，维护国家、集体、群众利益”为目标，以“依法征收、阳光征收、和谐征收”为原则，公平、规范、有序地推进土地与房屋征收各项工作。2021年，全县共实施土地和房屋征收项目67个，征收规模为征收土地4070.52亩，房屋263715平方米。其中已启动实施项目共58个，需征收土地2610.4亩，房屋76329.3平方米。截至12月底，全县完成土地测绘1984.7亩，补偿1726.2亩，清表703.7亩，房屋评估69204.3平方米，签约34360平方米，腾空拆除21409平方米，完成率分别为62.26%和59.88%。征收总体完成率为60.85%（不包含棚改、小徐数据）。同时，抽调精兵强将，积极参与G235国道云和段、小徐村未来社区等重大项目的政策处理工作，指导各乡镇（街道）制定征收实施方案、规范征收操作程序，有效破解征收工作难点问题，有力保障全县重点项目用地需求，确保项目的顺利实施。为促进全县经济社会健康快速发展奠定坚实的基础。

【征收政策】 结合云和县征收工作实际情况，县征收中心先后研究起草了《云和县征收土地青苗和附属设施补偿标准》《云和县房屋征收安置房建设管理实施办法》，开展了《房屋征收重置价格等相关补偿标准》调整完善工作。在项目征收推进过程中，及时制定有关项目的征收补偿方案，进一步保障了被征收户的合法权益。同时，精心整理编印了《云和县土地和房屋征收工作政策汇编》，内容包括部分国家法律法规、省市法规条例和县级政策文件等，以进一步促进征收法律法规政策的宣传落实，推进依法征收。

【安置管理】 2021年，县征收中心实施的重点项目主要有2个安置房在建项目和1个重大前期项目，分别为城东路53省道城南区块房屋征收安置区（二期）、原处州汽校地块开发项目和南铂湾安置小区。截至12月底，城东路53省道城南区块房屋征收安置区（二期）已完成9#、10#、12#、13#、14#、18#楼主体建设，门窗、保温、水电安装和配套设施等工程有序施工，2021年底完成安置房主体工程，2022年上半年竣工验收。原处州汽校地块开发项目于2021年6月完成土地招拍挂，设计方案已通过城规委会审查；已完成临时办公室、洗车槽搭建、表土清理，正在进行土方开挖，预计2022年初正式开工。南铂湾安置小区项目总投资约6.6亿元，用地面积约132亩，总建筑面积13.3万平方米，计划建设安置房892套，安置人员约3000人。截至12月底，已完成方案设计初稿及控规调整论证报告、征收丈量、林转用报批等工作，农转用报批正在组建。

【服务指导】 2021年，县征收中心立足“研究政策、组织实施、服务指导”的职能定位，努力做好各类保障工作。一是配合自然资源部门做好年度各计划批次、农综挂钩项目组件报批、“两公告”等工作，完成各项目土地征收报批组件。二是加强征收资金审核。对征收项目资金需求进行严格的审核把关，按征收计划和征收进度与资金审批程序及时拨付征收资金，使有限的资金发挥了最大的效益，确保了征收资金使用安全。2021年共拨付项目征收资金2.01亿元。三是加强政策培训，组织开展了各类政策培训共29场，培训涉及1700余人次，提高了征收工作人员的政策理论水平和实际操作能力，确保每位干部吃透政策和补偿标准。四是强化征收数据管理。集土地、房屋、安置为一体的“阳光征收”业务数据信息管理系统投入试运行并完成验收。

【党建引领】 紧紧围绕新时代党的建设总要求，抓学习、促融合、严管理，为县征收中心工作稳步推进提供了坚强的政治保障。一是强化理论学习教育。聚焦学通弄懂习近平新时代中国特色社会主义思想，通过党组理论学习中心组学习（扩大）会带领学、党支部理论学习集中学、主题党日全面学、专题党课深入学、“学习强国”常态学、红色基地体验学等形式，有效提升了党员党性修养。二是深入开展学习教育。按照县委统一部署，扎实开展党史学习教育。坚持学党史、悟思想、办实事、开新局，把握核心要义，紧盯关键环节，采取有力措施，全面推进党史学习教育工作走深走实。同时，进一步完善中心组理论学习制度，每年初研究制订《县征收中心党组理论学习计划》，把握好学习主题和重点，切实提升中心组理论学习质效。三是认真开展组织活动，严格落实“三会一课”制度，抓实党员日常学习教育和管理，扎实开展主题党日活动、党费收缴、党员民主评议定级、支部书记述职评议等工作。2021年，共召开“三会一课”18次，组织主题党日活动11次，召开支部组织生活会1次，开展领导班子和党支部书记上党课3次。在扎实做好支部经常性工作的基础上，积极参加疫情防控、“五水共治”、网格巡查等系列活动，进一步发挥党员先锋模范作用。

【廉政建设】 严格落实中央八项规定精神，着力抓好党风廉政和反腐败工作。充分发挥党组的核心作用，贯彻落实中央办公厅关于《党委（党组）落实全面从严治党主体责任规定》，县委关于《进一步强化党风廉政建设党委主体责任和纪委监督责任的若干意见》等文件要求。认真履行党风廉政建设责任制，层层签订党风廉政建设责任书，压实全面从严治党主体责任。一是制定了《县征收中心班子成员党风廉政建设责任分工》《县征收中心党风廉政建设工作计划》，修改完善了《党组会议制度》《领导班子会议制度》《民主生活会制度》《组织生活会制度》《专题会议制度》等各项制度，进一步加强领导班子内部团结协调，做到决策程序化、规范化、民主化和科学化。二是按计划召开党风廉政建设专题会议，研究部署党风廉政工作。积极落实廉政日常廉政谈话、提醒谈话、任前谈话等制度，助推主体责任落实到底，杜绝苗头性、倾向性问题。三是管好意识形态阵地。严格落实意识形态工作责任，坚决守好意识形态安全“南大门”，抵御歪风邪气，防止错误思潮侵蚀。四是积极做好巡察整改工作。根据巡察反馈意见和要求，坚持问题导向，压实整改责任，细化整改措施，狠抓整改落实，确保巡察整改工作取得成效。五是规范选人用人工作。严格按照规定开展股级干部选拔任用工作，严格执行民主推荐、组织考察、党组研究、任前公示等程序。（项马燕）

生态环境保护

【概况】 2021年，是“十四五”规划开局之年。丽水市生态环境局云和分局在市局和县委的坚强领导下，围绕县政府深入践行“绿水青山就是金山银山”理念，一以贯之实施“小县大城”发展战略，持之以恒走高质量绿色发展之路，创新实干、砥砺奋进，生态环境保护各项工作取得有效进展。2021年，全县未发生重特大环境污染和生态破坏事件，未发生因环境问题引发的群体性事件。全县生态环境质量继续在全省保持领先，连续16年生态环境状况级别为优，生态环境质量公众满意度位居全省第六。

【空气环境质量】 全县优良天数比为99.7%，轻度污染天数比为0.3%，PM2.5浓度为20微克/立方米，与上年持平。PM10浓度为34微克/立方米，同比上升3.0%，二氧化硫（SO_2）、二氧化氮（NO_2）、臭氧（O_3）、一氧化碳（CO）的年均浓度达标率均为100%。

【水环境质量】 集中式饮用水水源地水质符合集中式生活饮用水一级保护区Ⅱ类水质要求。县域内10个地表水常规断面中，Ⅱ类水质断面8个，Ⅲ类水质断面2个，地表水Ⅲ类以上水质断面比例达100%。“千吨万人”农村饮用水水源地水质达标率为100%。出境水交接断面水质达标率为100%，2016—2020年连续5年考核结果均为优秀。

【土壤环境质量】 2021年，云和县土壤环境质量保持稳定，农村环境质量试点监测中选测11个村庄土壤，全部低于《农用地土壤污染风险管控标准》中农用地土壤污染风险筛选值，农作物生长和土壤生态环境无风险。农用地和建设用地土壤环境安全得到基本保障，全县暂无受污染耕地或污染地块。

【生态资源状况】 2021年，全县共有耕地面积10.5万亩，水域湿地面积5.88万亩。林业用地面积125.84万亩，占土地总面积的84.79%，其中公益林面积80.43万亩，森林覆盖率81.55%，林木蓄积量601.47万立方米，年净增率5.65%，湿地保有量6万亩。云和已知的各类植物有1996种，其中国家Ⅱ级以上保护植物39种，珍稀、濒危、特有、新记录植物17种；脊椎动物247种，其中国家Ⅱ级以上保护动物71种；昆虫374种，其中珍稀种7种。

【环境风险状况】 2021年，全县未发生重特大环境污染和生态破坏事件，未发生因环境问题引发的群体性事件。

【污染物排放总量控制】 严格项目准入，从源头严控增量。根据《关于印发〈浙江省建设项目主要污染物总量准入审核办法（试行）〉的通知》（浙环发〔2012〕10号）等文件要求，在建设项目环评审批过程中，对于新增化学需氧量、氨氮、二氧化硫、氮氧化物等主要污染物排放的，严格实行区域削减替代，控制区域污染物排放总量。持续开展城区污水管网改造、农村生活污水治理、“低散乱”企业整治等工作，减少污染物排放。

【水气土污染防治】 1.治水方面：完成“十四五”水生态环境保护规划编制，完成均溪、紧水滩国控断面、雾溪水库“一点（源）一策”保护方案编制，开展省级工业园区“污水零直排区”建设“回头看”，累计排查企业266家，对18个厂区实施QV检测（管道潜望镜检测）；建成省级以下工业园区“污水零直排区”，完成575家企业的摸底排查，对96家企业实施QV检测。持续推进“六小行业”规范排水工作，累计督促整改问题639个，发放排水许可证615本。推进浮云溪流域综合治理工程、紧水滩引调水工程、龙泉溪二期治理工程、中小流域治理工程及农饮水项目等重点工程，完成投资1.44亿元。2021年云和县出境水Ⅰ类水质天数占比达89.1%，同比提升12.6%。2.治气方面：实施蓝天工程，落实细颗粒物和臭氧“双控双减”措施。完成重点行业VOCs治理5家，木玩行业水性漆占比达到95%以上，新增汽车废气检测治理站1家。完成华宏钢铁超低排放改造项目评估监测验收，阀门行业全面使用氯化铝替代氯化铵，并加装静电等高效污染治理设施。滚漆及阀门企业的实时在线监控系统正式上线启用，实现对企业污染治理设施运行情况的实时监控。划定高排放非道路移动机械禁止使用区，完成柴油货车车载排放诊断系统（OBD）安装并联网100台，实现远程在线监控。

3. 净土清废方面：积极创建全省首批“无废城市”，创新构建“无废城市细胞”模式，在全市率先向省全域“无废城市”建设专班提交申报资料，成功创成20个“无废城市细胞”。畜禽粪污资源化利用和无害化处理率99.19%、农村生活污水处理设施行政村覆盖率63.53%，无因土壤污染引发农产品超标、污染地块违规开发等事件。建成危险废物收储转运中心并投入使用，年贮存转运量2万吨。开展农药废弃物、农膜回收处置，建立15个农药废弃包装物回收点，累计回收处置农药废弃包装物3.25吨，无害化处理或资源化利用废弃农膜855.7吨。

【生态保护与创建】 1. 稳步推进“两山”基地创建。印发《云和县“绿水青山就是金山银山”实践创新基地建设方案》，总结云和县在“两山”转化中好的经验做法，提炼归纳出以“核算土地生态增值、推动生态地出让”为典型的土地生态增值反哺绿水青山模式、以国家生态环境与健康管理试点为依托的生态价值实现“环境健康+”模式、以集聚集约为特色的“小县大城”发展模式等七大特色模式。通过积极向生态环境部、省生态环境厅沟通争取，获得省生态环境厅推荐名额，向生态环境部提交了“两山”实践创新基地申报材料，为下一步成功创建“两山”基地奠定了基础。2. 全面深化生态环境与健康试点。将生态环境与健康管理试点工作纳入“十四五”生态环境保护规划，推动生态环境与健康管理数字化平台（二期）项目建设，扎实打造生态环境与健康管理数字化综合应用系统，环境健康指数场景应用在浙里办上线，在全市率先发布康养指数（HPI），新增环境质量自动监测站15个。牵头建设丽水市环境空气质量健康指数（AQHI）发布系统并正式上线。《丽水云和国家生态环境与健康管理试点案例》被省生态环境厅作为典型案例上报生态环境部，试点工作先后获得生态环境部部长黄润秋、副部长赵英民的批示肯定。3. 深入推广绿色生活方式。组建“无废城市”建设志愿者服务团队，建立“一把扫帚扫到底”城乡生活垃圾一体化分类清扫模式。城镇、农村生活垃圾分类处理覆盖面均达100%，累计建成省级高标准示范小区（村）6个、示范村7个，垃圾分类点位（建制村）达1085个，行政村71个，农村生活垃圾资源化利用站5座。推进全县建筑节能工作，城镇新建绿色建筑比例达100%。推广绿色出行，推动公交车等公共交通工具的绿色节能更新工作，全县新能源电动车型公交车占比达89.3%。积极组织参加全省低（零）碳试点申报，三门村及坑根村顺利入选首批省级低（零）碳试点村。新创成省级绿色家庭1户、市级绿色家庭20户。4. 全力加强生态资源保护力度。推进生态用地持续增长，2021年完成造林更新5939亩，共种植苗木63.3万株，完成“美丽林相”建设5.5万亩。建设省级以上公益林804247亩。加强自然保护地建设管理，投入428万元，实施云和梯田国家湿地公园“云上智控”湿地生态保护项目。开展“5·22”国际生物多样性日主题宣传活动，组织专家为在校学生开展“我们一起学观鸟”知识讲座。在2021年10月11日召开的《生物多样性公约》缔约方大会第十五次会议（COP15）上，云和梯田作为农田生态系统的典型代表，在线上中国馆主展区“锦绣山河 生机盎然”篇章展出，向世界展示了云和构建“山、水、林、田、居”生命共同体的美好愿景。

【环境监管与执法】 1. 完成环保督察问题整改。全面完成第二轮中央环保督察期间4件信访件的整改并销号。积极迎接省委第二轮生态环境保护专项督察，组建了迎接省委生态环境保护专项督察工作专班，全面落实迎检工作，并对全县生态环境隐患点进行全面摸排整改。督察期间共收到信访交办件2件，均已完成整改销号。2. 强化日常执法监管。以环境污染问题排查见底百日攻坚专项行动为抓手，强化日常执法监管，进一步巩固中央生态环保督察、中央巡视、长江经济带曝光问题整改成果。对全县

892个企业点数进行问题排查，共发现125个环境污染问题，已全部完成整改。受理环境信访举报113起，办结率100%。开展行政执法检查124家次，共发现并整改问题21个，对9家企业立案查处，罚款金额55.94万元。开展“绿盾2021”自然保护地执法检查，完成自然保护地遥感监测线索核查任务。3.加强公众参与监督。出台《关于建立健全环境污染问题发现机制的实施意见》，通过政策激励、法治宣传等方式，鼓励和引导群众积极参与，并通过电话、信函和网络等方式反映环境违法行为。健全举报奖励制度，并落实举报保护措施。积极开展生态环境保护“以案释法”工作，通过发布典型案例、生态大讲堂宣讲、在工业园区、乡村粘贴海报等形式，广泛开展宣传，普及生态环境保护法律法规文义，培育企业守法意识。在“12•4”国家宪法日，集中开展以群众为对象的普法活动，重点宣传普及生态环境违法行为有奖举报制度，提升群众参与生态环境保护监督的积极性。

【生态环境领域改革】 1. 探索构建生态环境数字化监管新模式。上线“无废”云和智慧监控平台，以数字化破题重塑危废物管理机制，将企业产生的危险废物实时生成二维码并入库上云，实现一物一码全周期可溯源管控。搭建高位大气污染视频智能监控系统，打造“精准发现+及时报警+快速处置+结果反馈”全流程闭环管理体系，实现24小时360度自动瞭望巡航，网格员通过微信小程序实时报送火点处置结果，形成工作闭环。建设完成137套企业工况监控系统，实时监测企业生产过程中的用电、用水、排口、治污设施运行等情况，将污染源监控从“末端监控”向污染物“产生—治理—排放”“全过程监控”扩展。在阀门铸造企业、滚漆中心和畜禽养殖场等重点污染场所安装70多套视频监控系统，实现可视化监管。2. 探索发展生态产品价值实现新路径。创新推出全市首个“数字生态贷”，以村集体公益林未来补偿金收益、个人公益林未来补偿金收益、乡镇（街道）生态系统生产总值（GEP值）等农村产权为授信依据，依托数字化技术，实现公益林生态价值最大转化。据估算，“数字生态贷”可为全县林农提供信贷资金14亿元。出台全市首个生态强村公司项目代管工作指南，推进“生态强村公司”实体化运作。安排生态产品价值实现机制工作经费，积极打造生态监测和康养数字化体系，为水源地生态保护各项工作推进提供数字化应用依据，为“天眼”系统提供应用场景。编制完成《生态雾溪数字化应用建设方案》，并于2021年底启动建设。累计完成“两山兑”积分兑换9.6万分，完成“两山贷”贷款190余笔，合计5700万元，年均可为贷款农户带来利率积分优惠150万元。累计成功出让“生态地”7宗，共计获得生态环境增值147.27万元。3. 探索构建生态环境保护新机制。将“美丽云和”建设、“无废城市”建设等内容纳入县委县政府综合考核，进一步压实部门职责，强化考核任务落实。印发《云和县雾溪水库饮用水水源地保护生态补偿暂行办法》，按照“谁受益、谁补偿，谁保护、谁受偿”的原则，建立饮用水水源保护生态补偿机制。深入推进领导干部自然资源资产离任（任中）审计，着力揭示和反映重大环境污染、重大资源损毁、重大违纪违法等资源环境领域的“短板”问题、风险隐患以及背后的体制机制问题。完成石塘镇和白龙山街道的领导干部自然资源资产审计。将生态产品价值实现机制试点工作纳入干部自然资源资产离任审计重点内容。审计共发现垦造耕地后续管护不到位、工程项目管理不到位、水源地保护治理经费使用不规范等方面问题11个，提出审计建议4条。（董喻春）

城市管理

【概况】 2021年，云和县综合行政执法局在县委、县政府的正确领导下，在市综合行政执法局的精心指导下，以精细化、规范化、智慧化为主基调，以省市县重点工作为主线，深化综合行政执法改革，巩固“无违建县”创建成果，聚力环境综合整治，各项工作取得一定成效。牵头各相关部门对菜市路违建进行联合执法，对被占用20余年的人行道两侧违法搭建进行拆除，共拆除违法搭建房屋47间，拆除违建600余平方米。规范了临时便民摊点27处，劝导占道经营3300余起，立案查处99起，罚款29680元。

【党风廉政建设】　（一）全面加强党的领导，增进干事创业的浓厚氛围。全局扎实推进党史学习教育，贯彻落实党的十九届六中全会精神，与深化巩固"不忘初心、牢记使命"主题教育成果结合，与提升执法人员政治能力结合，与建设"清廉机关""清廉中队"结合，有力有序推进综合行政执法工作高质量发展。（二）打牢思想根基，提升理论学习水平。成立了党史学习教育领导小组，召开了党史学习教育动员部署会。局党组班子坚持走在前、做表率，围绕知史爱党、知史爱国、崇尚英雄、学习英雄、实现伟大复兴中国梦等主题开展了15次理论学习中心组学习、讲党课6次，深刻领悟党勇于自我革命的鲜明政治品格。（三）深化为民服务，增强助企为民能力。制定"我为群众办实事"项目清单，局领导班子成员发挥以上率下作用，分别牵头督办建筑工地夜间施工噪声污染、工程车带泥运输道路污染、秸秆焚烧大气污染、占道马路市场整治、便民疏导点设置、公共停车位施划等重大执法行动和项目，切实办好民生实事，为民排忧解难。扎实开展"我为企业解难题"，2021年以来为企业服务105次。（四）强化党建引领，开展规范化中队创建。建立了以党组书记为组长、分管副局长为副组长的文明规范公正基层队所建设领导小组，按照"统一规范、权威高效、上下对应"原则，调整派出执法中队以乡镇街道为中心按区域综合设置，增强一线执法力量配备，全面加强党员干部、执法队员和辅助执法人员各方面教育培训，不断提升综合行政执法队伍整体素养和服务群众能力。

【市容环境整治】　大力开展市容市貌整治，聚焦农贸市场周边、城西菜市场周边、菜市路、上城门等问题突出点位，有效改善了城区面貌，助力国家卫生县城复审顺利通过和保障"小县大城"20周年活动顺利开展及全国山区县域新型城镇化发展论坛会期顺利举办。（一）做好国卫复审迎检。针对超店面经营、流动摊贩、小广告、车辆乱停乱放等问题，开展专项整治行动，及时纠正各项违法行为；拆除菜市路历史违建，县综合行政执法局牵头各相关部门对菜市路违建进行联合执法，对被占用20余年的人行道两侧违法搭建进行拆除，共拆除违法搭建房屋47间，拆除违建600余平方米。（二）强化市容管理标准。2021年，规范了临时便民摊点27处，劝导占道经营3300余起，立案查处99起，罚款29680元，针对商铺超店面经营现象发放限期整改通知书113份；整治人行道违停整治2187辆，罚款109350元；劝导非机动违规停车2000余起，暂扣428辆；加强犬类管理，抓捕流浪犬83只，办理犬证51本，立案查处22起，处罚4100元。严查渣土运输撒漏，立案查处5起，处罚62100元。推进垃圾分类工作有序开展，处置68起，立案查处20起，处罚11500元。（三）加强环境综合治理。开展餐饮业油烟整治。对城区内2021年度新增的137家餐饮店业烟净化器安装情况进行排摸，对未安装净化器的责令整改，均已按要求全部安装了油烟净化器；加强占道水池整治。2021年共排查违法占地水池120处，违法占地水龙头350个，拆除占道水池165个，封堵室外水龙头322个。

【违建审查管控】　（一）持续增强违建巡查监督力度。严格按照"即查即拆"机制，各乡镇（街道）执法中队安排人员实行全天候、全覆盖巡查管控，对巡查中发现的新增违建坚决拆除，确保了新增违法建设"零增长"，巡查3695次，部门联合整治违建154次，发放整改通知书116份、停建通知书55份、限期拆除通知书10份，即查即拆10起，共计644平方米。（二）落实违建审查制度。以不动产登记执法“黑名单”治旧，对违法建筑“黑名单”不动产实行行政限制。2021年以来，共完成不动产过户变更、抵押贷款违建审查1274户；完成干部选拔任用、职务晋升晋级审查、县代表、党代表初步人选资格审查等1238户，文明礼遇、丽水好人、道德模范等审查142户，光伏安装资格审查46户，党员发展对象审查9户。

【综合执法改革】（一）开展教科书式执法队伍创建工作。制订了2021年法律法规培训计划，组织专家和业务骨干就行政执法证据运用规则、新修订的《中华人民共和国行政处罚法》《案件办理和菜单式法制审核》等业务重点进行授课和经验交流3次。同时，为保障听课效果，组织3次全局法律法规知识测试。（二）推进“大综合一体化”执法改革。按照省市要求开展执法事项划转及边界梳理工作，已发布新增划转事项通告。按照省、市关于“大综合一体化”改革计划和要求，牵头完成《云和县加快推进“大综合一体化”行政执法改革实施方案》立项、征求意见稿起草等工作，目前已由通过县政府常务会议审议并发布。（三）开展崇头镇“一支队伍管执法”试点工作。组织业务骨干人员赴龙泉学习八都镇改革试点相关工作经验和做法，并与崇头镇人民政府沟通衔接达成共识，暂定将执法频率高，专业性不强，且业务主管部门能派人员常驻的执法事项划入崇头镇人民政府统一集中行使。

【数字化改革】（一）推进智慧执法平台建设使用。丽水市智慧执法平台于2021年7月6日正式上线，县综合行政执法局第一时间将平台接入。经过模拟测试，操作培训等一系列学习适应过程，已于2021年8月6日正式启用丽水市智慧执法平台的协调处置模块。截至2021年12月31日，通过协调处置模块搜集各中队执法队员上报事件共1486条，应处置数1486条，处置数1486条。已实现执法人员平台开通率100%和2021年度完成事件处置数不少于1200条两项年终目标。（二）现有监控资源提升建设。县综合执法局利用高清云台360度扫描县建城区全域及石塘镇和崇头镇中心区块的秸秆焚烧情况。2021年通过视频巡查共发现并派遣秸秆焚烧事件216起，实施处罚9起，处罚金额共3430元。2021年4月29日，接入铁塔公司在高速沿线的10路云台设备。该云台的功能是自动抓拍焚烧点位，并在手机端小程序上预警，下派网格员，网格员处置后，直接在小程序上办结。截至2021年12月31日，该系统共预警2398起，处置1021起，有效提升全县秸秆禁烧工作效率。（张晓燕）

经济管理

发展和改革

【概况】 2021年，云和县发展和改革局（以下简称县发改局）坚持稳中求进总基调，坚定不移走“绿水青山就是金山银山”绿色生态发展之路，围绕共同富裕主题主线，锚定“十个重大”工作计划，奋力稳经济、全力扩投资、努力育增量、聚力抓战略、着力谋长远、大力促改革、倾力保民生，推进一系列重点工作、重点指标、重点项目取得实效。2021年，全县实现生产总值980620万元，按可比价格计算，比2020年增长9.6%。其中，第一产业增加值51851万元，增长1.7%；第二产业增加值482780万元，增长9.1%；第三产业增加值445988万元，增长11.2%。

【机构改革】 根据2021年11月19日印发的《中共丽水市委机构编制委员会关于同意设立中共云和县委社会建设委员会的批复》（丽编委〔2021〕82号），设立中共云和县委社会建设委员会，作为中共云和县委派出机关，与云和县发展和改革局合署办公。

【规划编制与课题研究】 牵头完成《云和县国民经济和社会发展第十四个五年规划和二〇三五年远景目标纲要》《云和县扩大有效投资“十四五”规划》《云和县现代服务业发展“十四五”规划》《云和县“科创绿谷”建设思路研究》及山区新型城镇化发展指数研究等重要规划和课题编制。谋划26个县跨越式高质量发展和共同富裕工作推进机制，并牵头编制共同富裕行动方案，跨越式高质量发展五年行动计划，“一县一策”等配套工作方案。2021年，累计安排规划编制49个，完成37个，完成经费核拨48笔，共996万元。同时，积极推进云景一体化发展，与景宁共同完成《云景聚落发展区块建设实施方案》编制。

【经济运行分析】 科学制定年度经济发展目标计划，全面跟踪监测县域经济运行情况，2021年组织召开全县经济形势分析会3次，完成经济形势分析报告8份。通过对GDP（地区生产总值）、固定资产投资、服务业增加值等指标进行动态监测、科学研判、精准施策，GDP连续四个季度位列丽水市前三，全年实现GDP增长9.6%。2021年年初制定的27项指标，26项较好完成，仅农林牧渔业增加值1项略低于年初制定的目标。

【项目建设与管理】 （一）项目建设科学布局。完成《云和县“十四五”重大建设项目库》编制，“十四五”安排实施类项目154项，总投资约790亿元；梳理谋划类项目85项，总投资约740亿元。（二）固定资产投资平稳运行。2021年，全县完成固定资产投资37.64亿元，同比增长12.0%，其中民间项目投资，生态环保、城市更新和水利设施投资分别比2020年增长27.5%、32.7%，交通投资、高新技术产业投资分别比2020年下降60.6%、14.5%。（三）项目建设扎实推进。2021年，共谋划实施重点建设项目45项，其中“县长工程”2项，省重点建设项目1项，市重点建设项目24项，基本完成年度投资任务。(四)项目攻坚成效显著。9月，全面启动重点项目“百日攻坚”行动，列入重大项目攻坚行动开工攻坚计划项目31个，列入征收攻坚计划项目43个，梳理重点攻坚事项97项，以清单式推进管理，强化综合协调，保障重点项目顺利推进。(五)项目管理不断规范。起草出台《云和县政府投资项目工程变更管理实施细则(修订)》等若干文件，进一步规范项目推进管理；上线重大项目数字监管平台，推进重大项目建设管理“项目进度可视化”“进度反馈数字化”“解决问题绩效化”；完善综合协调机制，及时协调解决项目问题，2021年共召开综合协调会12次，协调解决项目问题31个，集中交办重点项目主要问题38个。(六)要素争取卓有成效。全年争取发行专项债项目12项，累计争取债券资金2.9亿元；云和县生态产品价值实现示范区建设项目列入省重大建设项目“十四五”规划。(七)验收转固工作初见成果。全年召开验收转固工作例会6次，累计完成2018年以前历史遗留项目验收转固132项，总投资14.1亿元，决算投资9.3亿元；累计完成2019年以后完工项目验收转固88项，总投资5.6亿元，决算投资4.9亿元。(八)“绿道”建设稳步推进。2021年，累计建成“绿道”90.1公里，完成投资8270万元，圆满完成年度投资任务，并为“2021—2023年绿道建设三年行动计划”形成良好开局。通过2021年的绿道建设，完成了浮云溪全线贯通建设任务。(九)综合交通建设有序推进。“温武吉”项目预可研报告于2021年5月上报至国铁集团发改部提请评审；丽云宁铁路被纳入《浙江省综合交通运输发展“十四五”规划》前期研究类项目。(十)“小镇”建设加快推进。木玩童话小镇2021年度完成投资6.1039亿元，自创建以来完成固定资产投资31.0329亿元，圆满完成5年30亿元的投资目标。(十一)瓯江山水诗路文化带建设稳步推进。2021年度累计完成投资10.8亿元，完成年度投资计划的156%。

【服务业发展】 (一)迭代升级惠企政策。研究出台《进一步加快云和县发展服务业的实施意见》，分别上调月度、年度新增企业奖励至10万元、8万元，并设立企业提档升级增速奖励。2021年，兑现2020年度服务业发展专项资金237万元。(二)强化服务业发展动态监测。每季度召开服务业运行情况分析会，细致分析服务业各项主要指标，及时准确掌控服务业发展动态，重点关注全县“规上”(规模以上)、“限上”(限额以上)服务业企业的发展情况，引导企业做大做强。(三)积极做好企业培育。积极走访盈利能力较强的“限下”(限额以下)服务业企业(个体户)，特别是电子商务企业，广泛开展政策宣传，鼓励和引导相关企业(个体户)开展“个转企”和“上规”“上限”申报，努力培育一批新的“规上”“限上”企业。2021年，新培育“规上”“限上”企业12家。

【体制机制改革】 (一)生态产品价值实现机制改革持续突破。创新推出丽水市首个“数字生态贷”；发布丽水市首个康养指数；出台丽水市首个生态强村公司项目代管工作指南；出台丽水市首个农村产权抵押融资办法；规划建设丽水市首个水源地生态监测数字化应用场景。(二)数字社会系统建设加快推进。1.0版架构体系基本形成，省重大应用实现100%贯通，争取省级试点6个，“家校共育”应用入围浙江省教育领域数字化改革实践案例，“家头条”落地小徐未来社区，系丽水市首个。(三)营商环境不断优化。营商环境便利度排名由2019年丽水市倒数第一跻身丽水市前列；营商环境数字化改革加快推进，贯通省级重大应用“无感检测”，集成特色应用“生态环境与健康管理”。(四)“最多跑一次”改革提速增效。“标准地”供应率为100%，全年完成工业用地供应3宗、面积49亩。(五)重大试点积极争取。小顺村被列入浙江省第二批未来乡村试点，小徐社区入选浙江省第三批未来社区试点；完成全国农村改革试验区申报。

【童话云和“大花园”建设】 印发《云和县创新区(大花园)建设督查工作实施方法》,全面加强对大花园建设工作的督查和考核。大力推进生态环境质量提升工程、全域旅游创建工程、绿色产业发展工程、基础设施提升工程、体制机制创新工程等“五大工程”建设以及美丽乡村、美丽城镇、美丽田园、美丽河湖、美丽园区等“五大载体”建设。研究出台《云和县“增花添彩”三年行动实施方案》,深入实施“增花添彩”行动,建成1片城市彩屏、2个浪漫花海、2条花园绿道、2个鲜花口袋公园、3条花园大道、5处网红花墙、5个花园乡村精品村及10个花园庭院。积极推进“人人成园丁、处处成花园”行动,圆满举办第十五届云和梯田开犁节、玫瑰音乐节等10个重大活动。在项目方面,云和梯田项目、云和湖旅游度假区项目、235国道云和段改建工程项目3个省大花园重大项目均完成年度目标。

【能源开发管理】 (一)绿色能源有序开发。云和县天然气管道“县县通”工程于2021年2月建成通气投产。紧水滩混合式抽水蓄能项目(29.7万千瓦)和云和抽水蓄能项目(120万千瓦)分别被列入《国家抽水蓄能中长期发展规划(2021—2035)》“十四五”实施项目和“十六五”实施项目。完成梓坊抽蓄水能电站、歇坑抽水蓄能电站和外垟抽水蓄能电站3个小型抽水蓄能电站的选址摸排工作。2021年,云和被列入国家整县屋顶分布式光伏开发试点县,全年并网总装机为1.52万千瓦,圆满完成1.5万千瓦装机的任务目标。4个农光互补项目顺利完成农业种植整改工作。2021年新增采真里和检察院2个充电站(12个桩),新建并改造民用充电桩15个。(二)节能管理工作全面铺开。完成5个“两高”项目专项清理整治工作;开展全县工业企业摸排工作,对985家企业用能批复、用电、税收等情况进行专项梳理,为下一步清理整治打好基础;全年创建节约型机关30家,累计超额完成市级下达目标任务;全年累计腾出用能空间3300吨标准煤,开展用能权交易705.46万元。(三)电力直接交易试点工作稳步推进。2021年累计有490家企业参与售电市场直接交易,为全县企业减负300.27万元。

【市场价格监管】 完成云和县小学放学后托管服务收费标准制定,调整了云和育英中学学费收费标准,印发了云和县非居民用水定额累进加价的实施意见。完成云和县2021年度城市污水价格成本监审。调整了云和县管道天然气销售价格,规范在用气、用水、用电等方面的收费措施。持续对15个监测点涉及粮食、成品油、农资、液化石油气、钢材、水泥等94个国计民生重要基础性商品的价格变动情况进行监测。

【粮油安全管理】 认真做好储备粮油轮换工作,2021年完成储备粮轮出5200吨,储备粮轮入8600吨(其中新增县级储备粮900吨,新增应急周转粮700吨)。加强粮食安全生产规范化管理,全面落实安全生产责任制,认真开展粉尘防爆检查、安全隐患大排查、季度常规检查等各类安全检查及2021年“安全生产月”“粮食质量安全宣传”“粮食安全宣传周”等宣传活动。结合云和县情,完成粮食应急预案修编工作。此外,制定《云和县关于粮食购销领域腐败问题专项整治工作方案》,扎实做好专项整治工作;印发《云和县粮食流通“亮剑2021”专项执法行动方案》,认真开展专项执法检查,做到范围、对象、内容全覆盖。

【信用体系建设】 深入推进信用“531X”工程,完成2021年度信用村评定、丽水市创建信用示范区、“一县一品”、信用修复、信用场景建设运用、生态信用村建设等重点工作及信用记录关爱日活动等宣传工作。2021年服务17家企业完成信用修复。

【应急物资储备】 严格执行《救灾物资储备仓库管理制度》,将棉被、帐篷、行军床、应急灯等22项生活保障救灾物资统一存放于云和物流城转租的物资仓库内,指定专人24小时值守。密切联系云和县应急管理局,做到每日一对接,及时掌握物资调拨需求，把好物资调拨关，截至2021年12月31日共调折叠床30张、棉被30床、床垫30床、床单30条、帐篷6顶，收回折叠床30张、帐篷6顶。（吴婷婷）

统计工作

【概况】 2021年，县统计局在县委、县政府的坚强领导下，秉持统计工作“三求”精神，发挥“信息、咨询、监督”三大职能，不断强业务、带队伍，进一步发挥了统计局在做好党委政府“参谋部”、经济发展“晴雨表”、数据监测“预警器”等方面的作用，积极为党委政府提供决策参考，为全县经济社会高质量发展贡献统计力量。统计范围从统计专业基本情况看，工业方面，2021年全县共有规上工业企业80家，规下工业调查单位96家。贸易方面，共有限上调查单位86家，其中批发6家、零售55家、住宿6家、餐饮19家；限下调查单位22家，其中批发1家、零售9家、住宿8家、餐饮4家。服务业方面，共有规上服务业企业6家，其中营利性服务业2家。建筑业方面，在库资质以上建筑业企业20家。投资方面，在库项目166个，其中5000万元以上53个。居民收入监测方面，共有城乡住户调查及低收入农户监测样本点35个，共350户记账户。2021年度全市统计系统综合考评，云和县统计局被评定为优秀等次。

【数据质量】 一是抓数据生产。锚定监测主业，在统计对象报数期间强化随报随审、联表联审，第一时间解决上报中的操作性、逻辑性问题。对波动较大、异常值、不匹配等，及时查询了解实因，确保守网有责，做到快出数、出好数、出实数。二是抓质量管控。提前对接重点行业和企业，了解生产经营动态，研判月度走势及影响；科学建立质量评估分级制度，深化“四分之一”月度工作机制，抽取关键指标现场核访，实现“回头看”全覆盖；对全体基层统计对象落实专业联动执法机制和“双随机”执法检查，加大违法查处和曝光力度，营造统计工作健康生态。2021年，完成企业核查83家，完成执法检查13家（其中联合执法检查2家），发现统计违法行为企业1家，轻微统计数据差错2家，出具警告并责令整改的行政处罚1次。三是抓基层基础。以高标准迎接国家统计督察为契机，扎实推进乡镇（街道）和部门统计法律法规宣传，对违反《中华人民共和国统计法》做法的及时清理，并稳步推进统计调查对象促进统计基础规范化建设，健全统计台账、原始凭证，规范统计申报资料。

【产品开发】 一是着力成果转化。围绕统计数据库及资料开发等重点，完成《“小县大城”发展战略下云和人口演进变动情况》《“十三五”经济社会发展系列比较》《“十三五”妇女儿童发展规划终期评估报告》《数说“小县大城”20周年》等产品，开展“七人普”数据开发应用，完成“七人普”公报发布，发布“七人普”业务技术文章三篇，其中获省级三等奖一篇（同时获市级一等奖）。撰写各类统计分析、简析21期。信息稿件被省、市、县级主流媒体或信息简报录用50余篇。二是聚力智库建设。瞄准全县经济发展短板及痛点，紧扣服务县委、县政府考核，加大26个县考核、市级综合考核监测和预警，组织完成全县住宿业发展和电商企业纳统调研，全年报送统计专报13篇，获县领导批示8次，其中主要领导批示6次，有力推动各类考核指标落实。三是助力共富监测。以记账户为中心，分类施策，全面提升访户“面子”，考虑季节性及作息特点，对城镇和城郊记账户以夜访为主，对偏远记账户以约访或周末集中访为主，构建“走访+核实”“聊天+辅导”场景模式，全面摸清记账户生产生活、困难问题和增收需求。2021年走访活动覆盖全县35个调查点，部分调查点完成两次以上走访，走访400余人次。

【队伍建设】 一是“统计小讲堂”再升级。通过甄选邀请部门名师讲解“四史”、“十四五”系列规划、税务财务、产业和用地政策等，增强局干部知识储备；针对日常工作中出现的业务实操、数据处理等短板，制订课程计划，督促业务人员上台讲解原理、分享经验，强化比学赶超，打造“一专多能”骨干队伍。全年共开展各类业务培训50余场次，培训800余人次。二是业务培训再强化。根据低收入农户增收新形势，做好后台监测，挖掘高频数据特点及共性问题，依托创立全省首个农村统计员培训学校品牌，灵活采用集中培训、分点培训、上门培训等形式，辅导记账户更新提高记账水平；根据考核奖励办法，采用月度打分、季度评价、年度评优，实行精准化考核，锻造过硬基层调查队伍。三是情感联络再紧密。加大对各类调查对象及记账户日常走访，落实低收入农户特殊困难慰问制度及标准，实行季度例访，长效巩固感情基础。举办基层统计人员能力提升培训班，组织全体辅调员和优秀记账户走向市外，拓宽视野、学习先进记账经验。

【创新变革】 一是完善组织体系。建立首席数据官和数据专员制度，全局共有数据专员2名，实行AB岗位制，首席数据官1名。完成县级数据目录编制工作全量梳理27个核心业务和数据目录，累计梳理核心业务事项41项，核心业务数字化率100%，开放目录（受限）17个。配合建成统计局县级数据仓和数字化改革任务仓，共接收省市回流下发的2批共2张分域数据表，数据需求共享满足率为100%。二是健全基本架构。上线局党政机关整体智治专题门户，展示本部门概况、部门工作动态、统计产品分享等内容。明确各专业职责，积极配合完成数据浙江加载工作，确保月季度数据按时更新。全面启用“浙政钉”2.0，“浙政钉”工作台搭建率、用户激活率、头像更新率均达100%，开展“浙里办”应用整改工作。三是强化资源整合。加强同文广旅体局、民政局的对接沟通，打好职责共通、信息共享牌，整合数据资源和工作智慧，吸收手机信令数据统计应用场景开发、“幸福清单”标准化建设试点经验，谋划推进智慧旅游赋能贸易统计、共同富裕“提低”监测应用等数字化改革破题开局。

【党建引领】 一是高质量开展党史学习教育。采取“请进来”“走出去”相结合的形式，一方面，借助“统计小讲堂”等平台，推出“党史大家讲”栏目，通过邀请专业讲师和发动本部门干部职工上台讲党课，促进党员干部对党史的学习入脑入心。2021年累计开展党史专题“小讲堂”课程8次；邀请宣讲团成员宣讲党史和十九届六中全会精神3次。另一方面，开展“六个一”主题教育活动，通过走访挺进师“云和会议”旧址，听老党员讲党史，支部书记上党课，赴中共一大会址纪念馆、四行仓库、杭州历史陈列馆重温党的光辉历程，增强全体党员干部的理想信念。二是高标准抓好党风廉政建设。深入开展廉洁自律和反腐拒变作风建设，加强党内监督和自我批评，年初制订全面从严治党工作计划，每季度召开全面从严治党工作例会，形成局主要领导、分管领导、科室长、科室成员廉政谈话层层压实。主动、自觉接受派驻纪检组监督，综合运用廉政教育、制度约束和纪律监督三种机制，确保统计干部不出事。三是高要求组织警示教育学习。通过党组会议、周一夜学、半月例会、专业碰头等载体，定期组织学习上级曝光的统计违法违纪案例，以案释纪、以案释法，通过解读案件剖析问题根源，对标统计管理和统计专业，精准梳理岗位风险点，制定工作负面清单，进一步明晰统计工作应坚守的底线、不能触碰的红线和高压线。（陈　科）

审计监督

【概况】 2021年，云和县审计部门查出主要问题金额106740万元，其中，违规金额1322万元、管理不规范金额105418万元。审计处理处罚金额3207万元；移送司法机关、纪检监察机关和有关部门处理事项6件，移送处理人员1人；审计促进整改落实有关问题金额2908万元；审计后挽回（避免）损失1万元。出具审计报告和专项审计调查报告14篇；提出审计建议44条；促进被审计单位制定、完善规章制度30项；提交审计信息

28 篇，被批示、采用 26 篇。

【预算执行审计】 聚焦全面实施预算绩效管理、政府过“紧日子”等政策落实情况，将政府综合财务报告、财政资金绩效管理等 3 个专题纳入县本级预算执行和决算草案审计。审计发现财政预算编制与执行管理、地方政府债务管控、政府综合财务报告编制等五大方面 30 个问题，移送案件线索 5 条，撰写信息专报 9 篇，其中 3 篇得到县长批示。

【经济责任审计】 全年完成 8 个领导干部经济责任审计（含 2 个自然资源资产离任审计）项目，审计发现工程管理、财务管理、内控制度建设与执行等多方面的 40 余个问题，移送案件线索 1 条，撰写审计信息专报 4 篇，促进被审计单位出台完善决策管理、项目管理、财务管理等方面的 18 项内控制度。

【政策跟踪审计】 聚焦民生实事，完成公共交通资金管理使用情况、生活垃圾治理情况 2 个专项审计调查项目。公共交通资金管理使用情况审计报送审计信息专报 4 篇，获县领导批示 3 篇，促进县域公共交通体系更加健全、运行更加高效规范、惠及更多百姓。生活垃圾治理情况专项审计调查从生活垃圾治理项目建设和运维情况、治理资金监管情况和垃圾分类投放、收运、处理及回收利用情况等方面开展审计监督，报送审计信息专报 2 篇，获县领导批示 1 篇。

【优化审计模式】 探索实行“大审计组”模式。全局干部分成三个大审计组，由三位分管领导“点兵”，领办落实年度审计项目计划，改善“一人审计组”的局面。主动融入干部大监督机制，推广巡察审计协调联动试点经验，在前三年每年安排 1 个巡审联动项目试点的基础上，对 4 家单位开展巡审联动监督，占全年经责审计项目的 50%。

【注重审计整改】 着力落实审计整改工作措施，协调融合有关督查机制和监督机制，强化审计整改的跟踪督促力度，对未整改到位的问题实行“周报制”和“月通报制”。2021 年，县政府召开全县审计整改督查会议 2 次。县审计部门联合县人大办、县府办等单位开展审计整改督查 2 次，发放审计整改督办函 45 份，引导和督促有关部门、单位建立健全长效管理机制，提高决策和管理水平。

【推动审计创新】 完善经责审计联席会议制度，制定出台《云和县经济责任审计工作联席会议议事规则》《云和县经济责任审计工作联席会议办公室工作规则》。明确经责审计联席会议成员单位及被审单位职责。修订《云和县领导干部经济责任审计分类管理办法》，实现领导干部经济责任审计全覆盖。注重经责审计结果运用，牵头制定《云和县经济责任审计结果运用办法》。创新推出审计结果告知函、审计整改提示函、风险隐患提示函等三项审计提示告知函件，对审计发现的问题进行反馈和通报，促进被审计单位落实整改、规避风险。分领域编写领导干部责任链条和定责典型案例，梳理党政部门、国有企业、乡镇（街道）等三个领域领导干部责任链条，编写经济责任审计责任认定案例 18 个。开展经责审计结果会商研判，联合县委组织部对县行政服务中心等 7 个单位领导干部的经济责任审计结果进行会商研判，提出成果运用建议。

【强化内审工作】 根据机构改革单位撤并情况，重新梳理并确定 35 家市内审协会云和分会会员单位。强化服务意识，由局领导带队走访县人社局、卫健局等重点部门，开展业务指导，针对部分单位内部审计人员业务不熟悉问题，指派内审指导中心审计骨干上门辅导内部审计业务。指导协助县人社局、卫健局、四个街道及四大投资集团公司等 10 家单位制定内部审计工作制度。分别与县教育局、住建局、交通局、卫健局等部门联合印发《国家审计与内部审计协同机制工作方案》。积极组织开展培训交流活动，除组织内审人员参加省、市内审协会组织的业务培训外，县政府牵头召开内审会议1次，县审计局组织开展内审交流活动5次。组织推荐参加各类评选，报送2020年度内审优秀项目参选项目5个，荣获市级优秀项目3个，表彰项目2个。

【推进审计改革】 推进金审三期建设，按时完成"金审工程"三期网络系统建设和审计专网应用系统任务；配合建好省审计整改和审计监督模块，提交审计整改系统开发建设思路4条。建立健全审计信息化管理制度，制定《云和县审计局计算机及网络安全管理办法》《云和县审计局审计电子数据安全管理暂行办法》等制度。积极组织大数据审计业务培训，邀请县大数据中心总工程师为全局干部职工进行专题授课，1名审计人员通过省厅计算机中级培训及测试。

【加强队伍建设】 深化审计理论学习研究，累计报送省厅课题结项论文2篇，报送省厅课题立项申请6篇，其中中标立项2篇，获省厅2020—2021年度审计论文优秀奖1篇。在市局青年论坛征文评比中，局机关获优秀组织奖，报送的8篇论文中，获三等奖3篇、优秀奖2篇。开设云和审计"三立"学苑，全局审计干部围绕政策理论、党风廉政、审计业务等方面轮流授课。积极参与上级审计机关及县委、县政府中心工作，全年累计选派审计干部参加省、市审计项目12人次，参加县委巡察13人次，参加县里考察、棚改等重点工作6人次。

【党史学习教育】 围绕党史学习教育的目标任务和各项要求，成立局党史学习教育领导小组，动员部署，细化方案，狠抓学习教育质量，结合主题党日等活动，开展理论学习中心组学习和全局集中专题学习17次，为群众、企业办实事，解难题3次，引导全局党员干部做到学史明理、学史增信、学史崇德、学史力行。

【清廉审计建设】 扎实履行党组主体责任，100%完成县委巡察反馈问题的整改，新制定内部管理制度6项，修改完善制度4项；印发《中共云和县审计局党组关于开展"清廉机关、模范机关"创建活动的实施方案》，推进"清廉机关、模范机关"创建；强化日常监督，组织观看警示片《警钟长鸣》，参观清廉丽水建设三周年成果展，观看法院庭审直播等活动，进一步转作风、提效能。（蓝凯媛）

自然资源管理

【概况】 2021年底，通过全局上下的共同努力，已完成国土空间规划"三区三线"第二轮试点试划；围绕"产城融合共同富裕省级样板"目标，深入研究中心城区规划方案，已形成云和县国土空间总体规划初步成果；启动乡镇国土空间规划编制，已完成"一村一梳理"相关工作，摸清了家底资源。开展试点村村庄规划编制工作，完成了前期实地调研和问卷调查，已形成初步成果上报市局。同时完成崇头镇、紧水滩镇自然资源所规范化建设，通过健全规章制度，固化工作流程、改进工作效能、统一服务标准，基层自然资源管理能力和服务水平进一步提升。扎实推进提级交叉巡查与整改工作，针对反馈的3个方面11项26个问题，进行认真梳理和集中办理，巡察整改过程中，批评教育3人次，谈话提醒5人次，书面检查1人次，新制定制度9项，修改完善制度1项，收回违规资金合计52246元。2021年，完成全县机制砂行业清查整治工作，共排摸出制砂场44处，整治整改点位44个，完成整治工作的100%；关停点位26个，规范提升18个。

【耕地保护】 落实最严格的耕地保护制度，牢牢守住18亿亩耕地红线，2021年开展耕地"非农化"、防止"非粮化"调查工作，摸清全县的基本情况；开展设施农业用地新管理文件起草、现状调查工作；开展永久基本农田核实补足工作，核对"三调"的时点更新成果，对全县范围内的耕地情况进行分析，为永久基本农田划定工作打好基础。

【土地卫片执法检查】 2021年，全县共领取国家下发的土地卫片遥感影像218个监测图斑，总面积1924.17亩，占用耕地面积610.35亩。结合内业分析和外业调查，对合法图斑进行及时上报，对涉及违法用地的图斑进行查处。

【地质灾害防治】 提升地质灾害防治“整体智治”能力，完成十四五地质灾害防治规划编制，完善地质灾害风险隐患“一张图”。2021年，新增地质灾害风险防范区13处，累计共193处；完成石塘镇1:2000地质灾害风险调查项目成果验收和入库、全县1:50000地质灾害风险普查；完成石塘镇规溪村下坑S328省道南侧屋后等10个风险防范区专群结合监测站建设，开展8处受威胁对象较多的地质灾害风险防范区应急治理工程。编制完成2021年地质灾害防治方案，完善县、乡（镇）、村三级群防群测网络建设，开展地质灾害汛期巡查60组130余人次，全年共发布地质灾害橙色预警2次、黄色预警23次。进一步夯实地质灾害预防能力，将地质灾害防范与“地灾智防”App相结合，在崇头镇梅源村对云和县地质灾害群测群防员及县、乡、村三级地质灾害防治责任人进行专题培训；全面复盘“5•21”庄前村坡面泥石流地质灾害事件，拍摄完成“丽水市地质灾害预防宣教片”。

【涉林垦造问题整改】 2021年，全县通过排查共发现有168个项目存在问题，已完成168个项目（省市督导项目59个已通过市级验收）的整改工作并通过县级初验；完成项目资金投入6000余万元，占预算总投入100%以上；完成全县绿化整改工作，生态修复面积2518余亩，种植油茶等树种40余万株，全县整改面积1.2万余亩。

【矿政管理工作】 2021年底，完成“十四五”地质灾害防治规划编制；开展7家矿山矿产资源储量动态监测及开发利用方案监督检查；开展1家绿色矿山创建第三方评估工作。完成大坪页岩采矿权出让合同仲裁工作，为大搬快聚安置小区建设解除障碍。完成云和县土岩岗头庵叶蜡石矿山剥离物和紧水滩引调水工程洞渣等出让工作，获得出让收益1150余万元。

【建设用地报批】 2021年，省厅共下达给云和县新增建设用地指标198亩，其中农用地198亩，耕地148亩（为存量盘活及复垦挂钩奖励指标和山区26县考核奖励指标）。2021年，上报南铂湾项目、小徐未来社区、云和县梯田游客服务中心拆迁安置项目（二期）、53省道黄水碓安置区、祥云街（大坪—仙宫大道段）、赤石乡水厂及竹里村、长汀村等村的便民服务中心等项目，使用新增建设用地指标146亩，其中耕地29亩。

【土地收储工作】 2021年，完成白龙山街道新建农旅融合试点项目、云和县中医医院迁建项目等16宗地块的收储，收储面积147亩；完成土地出库32宗，出库面积257亩，充分发挥土地收储“蓄水池”作用。为切实做好国家卫生县城复审迎检工作，4月以来，共出动350余人次，对7宗储备地块开展专项洁化整治，清理建筑垃圾和生活垃圾700余吨，修筑围墙150米，围栏300米，绿化7000多平方米，投入资金40余万元。完成木玩童话小镇周边储备地块围挡工程，修建围挡700余米。加强日常巡查，对储备地块巡查达100余次，确保对侵害政府土地的行为能够早发现、早制止、早处理，防止国有资产流失。

【土地利用管理】 科学编制2021年全县建设用地供应计划，对批而未供土地和存量土地进行梳理，全年计划总供地面积840亩，其中商服用地250亩；工矿仓储用地200亩；住宅用地282亩；公共管理用地13亩；交通运输用地95亩。做好“五未土地”处置工作，继续对全县“五未土地”进行了梳理，启动了云和湖度假区闲置土地处置8宗，面积1092亩。完成云和县低效用地更新工作。规范土地审批及供应，全年供应各类建设用地41宗，面积762亩，其中公开出让大搬快聚富民安居工程大坪安置小区一期地块等21宗，面积392亩，土地出让价款4.58亿元；划拨云和县江滨实验小学功能教室新建工程用地等20宗，面积270亩。加强土地二级市场管理工作，全年会审土地估价备案426宗；二级市场办理补缴出让金445宗，收缴土地出让价款8468.7556万元；完成土地竣工复核验收45宗。严格把关临时利用地备案，配合云和县无违建创建和卫片执法检查，审批了浮云溪黄水碓段治理工程项目部等临时用地7宗，面积约36亩。

【规划审批工作】 2021年，共组织召开云和县城乡规划管理委员会会议4次，对华宏南区块控规调整、东景苑建设方案、燕庐规划方案、宏地云缦康养度假区、云和佳龙•云筑等13个议题进行讨论审议。合理出具土地出让规划设计条件，充分发挥土地利用价值。2021年共审批建设工程规划设计方案68项，建设项目规划拟选址41项，组织报批局部规划12项，出具规划设计条件8份，组织建设工程竣工规划核实，并出具规划核实确认书241份。办理建设项目用地预审与选址意见书39份，建设用地规划许可证158份，建设工程规划许可证205份，乡村规划建设许可证16份。

【自然资源确权登记】 2021年，完成12宗水流资源（11条县级河道、1个水库）、9宗森林资源（国有林区）的自然资源所有权调查、确权及数据建库工作；完成林权数据整合、林权档案资料数字化、林权登记属性数据整合完善、林权登记存量数据标准化入库等工作，并通过市级验收；完成了“三调”工作，形成调查数据、图件、文字、数据库等成果，建成了国土调查信息系统，并通过省级验收。在“三调”成果基础上，完成2020年度国土变更调查，确保我县国土调查数据的现势性。

【数字化改革】 2021年，认真贯彻落实全省数字化改革大会精神和上级重要决策部署，积极传达学习省委书记袁家军关于数字化改革工作精神，对自然资源领域数字化改革核心业务进行了梳理，梳理了包括不动产登记事项在内的七大类业务数据，研究谋划数字化应用场景，数字化改革理论体系初步构建，五大系统以“三张清单”为抓手，积极对接、建设所属的门户平台，对门户平台架构、板块内容进行了细化和填充，倒排时间，积极梳理、落实省市下达的重大任务。积极推进“放管服”改革，完成自然资源证明事项清理100多个，完成网上投资事项3.0系统办理232件。

【深化“最多跑一次”改革】 2021年，依托大数据共享平台，推动数字化政府建设，完善政务2.0平台信息建设，对118个事项进行全方位维护，确保群众全程在政务网和“浙里办”App上实现“网上办、掌上办”。2021年，共颁发不动产权证书5024本（其中农房登记发证296本），不动产登记证明3919本，办理不动产抵押注销登记1712本，不动产查档查询4169本，法院查解封187宗，网上办率均达77%。全面推行二手房及水电气联动过户业务，开展不动产登记延伸服务，共办理二手房联动水电气过户142宗。全面推进银行抵押“总对总”办理模式。采用银行受理、登记中心审批的工作模式，实现不动产抵押不见面、无纸化登记，共办理银行抵押“总对总”2806宗。破解不动产登记历史难题，解决国资公司、电力公司、加油站、供销社、粮食收储公司等历史遗留问题50宗。

【法治信访工作】 强化组织领导，成立了依法行政工作领导小组，并制定了《云和县自然资源和规划局2021年法治建设工作要求》，明确了工作目标、主要任务，落实目标责任。强化宣传教育，组织全体干部职工对现行法律、法规、规章的学习，切实增强执法人员的能力和水平。2021年共收到信访112件，其中来电78件，来访7件，来信3件，网上咨询及投诉24件，均在法定时间内完成答复。

【基层党建工作】 制订了自然资源和规划局夜学计划、《2021年党史教育工作计划》、《2021年党委理论学习中心组和干部理论学习计划》，重点对习近平新时代中国特色社会主义思想、百年党史、自然资源和规划法律法规、政策文件等方面进行学习，不断提升干部队伍素质能力，共开展理论学习中心组专题学习12次，夜学16次，各支部专题学习12次。制定了《2021年党建工作计划》，努力把机关基层党组织建设成为讲政治、有活力、能战斗的坚强堡垒。适时抓好发展新党员和预备党员的培养，完成1名党员转正，1名入党申请人转发展积极分子。按期交纳党费，按规定实行党费专项管理和使用。认真组织党员开展参与疫情防控志愿服务，先后共50余名干部参加。组织全局67名干部参与“慈善一日捐”活动，共捐款7600元。强化支部管理，规范支部组织生活，认真组织支部党员参加中国共产党成立100周年系列活动。

【党风廉政建设】 抓实党风廉政和防止腐败，制定了《2021年党风廉政建设和反腐败工作组织领导与责任分工》，切实将党风廉政和反腐败工作落到实处。落实领导班子“一岗双责”，签订党风廉政建设目标责任书，定期分析廉政形势，落实廉政谈话制度。开展党性党风党纪和廉洁从政教育。组织全局学习《中国共产党廉洁自律准则》《中国共产党纪律处分条例》和上级有关党风廉政建设方面的指示精神，筑牢干部职工廉洁从政的思想基础，共发布警示教育案例16次。坚决做到“两个维护”，认真执行民主集中制和“三重一大”决策制度，共召开党委会16次，派驻纪监组组长参与讨论监督，确保依法决策、民主决策、科学决策。同时，注重警示教育，强化廉洁意识，严明纪律规矩，共开展干部作风和纪律检查12次。严格执行“三公”管理制度，对政府采购、办公用品添置、公务接待、财务报销等环节进行规范管理。深入开展党员干部、公职人员酒驾醉驾及其背后“四风”问题专项治理。积极开展“两不愁三保障”工作，切实落实“一户一册一干部”结对帮扶制度，56名干部与50户低收入农户进行结对，并落实每月一次走访。认真开展村庄撤并专项督查自查，对符合登记条件的农村宅基地及住房确权登记发证、复垦耕地监管和质量评定验收、土地用途管制、乡村建设规划许可、规范城乡建设用地增减挂钩等6个方面开展自查自纠。扎实开展漠视侵害群众利益问题专项治理，针对拆迁安置中的农村回迁安置问题，制定专项治理工作方案，开展督查2次，未发现漠视侵害群众利益问题。（褚佳敏）

应急管理

【概况】 2021年，云和县应急管理局（以下简称县应急管理局）深入学习贯彻习近平新时代中国特色社会主义思想和习近平总书记关于应急管理重要论述，全面贯彻落实省、市、县应急管理和安全生产工作电视电话会议精神，积极探索完善应急管理体制机制，推进隐患排查治理工作，最大限度地保障了人民群众生命财产安全。一是安全生产形势持续稳定向好。2021年，全县发生各类生产安全事故共3起，死亡3人，死亡人数与上年同期持平；发生自然灾害事故（山体滑坡）1起，死亡1人。二是顺利完成用电建筑消防安全整治。2021年，对全县所有用电建筑，包括菇棚、临时过渡房等有人居住或使用的场所，实行分批分类排查整治，共排查出需整改的用电建筑17396家，完成整改17024家，整改进度97.86%。在全县范围内铺开充电桩安装使用，出台《云和县电动自行车集中充电设施项目推广补助实施方案》，每台主机给予2000元的补助，进一步规范电动车充电用电。三是推动企业安全风险管控体系建设。2021年，工矿企业安全生产风险普查完成694家，普查率100%，核验694家，总核验完成率100%。工矿企业风险管控体系建设完成494家（加工制造类小微企业486家），实现加工制造类小微企业风险管控体系建设覆盖率71.05%。

【安全隐患排查整治】 （一）持续推动“遏重大”生产安全事故整治

系列行动。制定印发云和县8大重点行业领域“防范较大 杜绝重大”攻坚整治行动实施方案，开展“平安护航建党百年”安全隐患大排查大整治专项行动、第二轮安全生产综合治理三年行动、“三场所两企业”及危化品使用企业专项整治行动。2021年，各领域开展检查348次，发现隐患数867个，整改867个。立案数27起，处罚数26起，责令停产6家。（二）集中开展“三合一”场所整治工作。2021年11月，在全县范围内组织开展“三合一”场所消防安全整治清零行动，全县重点街道、乡镇、工业园区共排查出“三合一”场所282家，11月底全部整改完毕。其中，县公安局、县应急管理局、县消防救援大队等10个部门组成的现场执法组，检查共计211家，作出行政处罚28家。

【安全生产监管执法】 （一）开展矿山和危化品经营企业专项执法检查。2021年，对辖区的非煤矿山进行“地毯式”大检查，共检查13家次非煤矿山企业，发现安全隐患35处，责令企业限期整改，均已整改到位。重点开展危化品储存环节专项检查整治，顺利完成危化品重大危险源企业专项检查督导发现问题隐患整改情况“回头看”。（二）积极履行应急管理行政执法。1. 根据《中共云和县委机构编制委员会关于县安全生产监察大队更名为县应急管理行政执法队的通知》（云编〔2021〕8号）文件要求，云和县安全生产监察大队更名为云和县应急管理行政执法队，以应急管理部门的名义统一执法，实行“局队合一”体制。2. 根据《关于做好全县行政执法证件换发和加强行政执法证件管理的工作方案》（云司〔2021〕23号）文件要求，局机关所有行政执法人员顺利换发《中华人民共和国执法证》。3. 为保障新修订的《行政处罚法》和《安全生产法》的贯彻实施，2021年，共办理行政处罚案件21件，处罚金额58.38万元（其中非事故处罚19件，处罚金额34.2万元）。

【救灾减灾】 （一）推进避灾安置场所规范化建设。2021年，云和县完成15个避灾安置场所规范化，其中乡镇级3个，村级12个，完成60个避灾场所规范化和可视化建设项目，村级避灾场所规范化率达到65%，避灾安置场所配备有应急生活包、防潮垫、便携式工作灯、餐具、行军床等基本生活物资和必要的医疗急救物品。（二）完成第一次全省自然灾害综合风险普查工作。2021年3月，召开风险普查动员会。6月，通过招投标确定技术支撑单位。7月，编制完成风险普查实施方案（总体方案+应急管理专篇），启动清查工作，组织各行业部门及乡镇街道召开风险普查应急管理系统任务清查工作启动暨培训会，开展并完成所有调查数据的外业核查工作。10—11月，配合开展市级质检核查，对市级核查反馈的问题进行核实、修改；准备并提交了省级质检核查材料，重点掌握隐患情况，查明区域抗灾能力和减灾能力。（三）建立健全统一的应急物资保障体系。2021年，建成了1个县级应急救援物资储备中心，出台了《云和县县级应急物资储备调拨使用管理工作制度》，对应急救援物资实行集中管理、统一调拨、统一配送，实现救灾物资调运更加高效快捷有序。

【防汛防台】 （一）加强汛前检查整改。按照“早部署、早动员、早检查、早落实”要求，及时组织动员部署，2021年，汛前共检查464处，发现隐患问题41处，发出重大隐患督办单2件，41处隐患问题全面完成整改，实现闭环处理。（二）不断完善工作机制。严格落实以行政首长负责制为核心的各项防汛防台抗旱责任制，进一步完善“横向到边、纵向到底”的防汛防台管理责任体系，建立健全《云和县人民政府防汛防台抗旱指挥部工作规则》《云和县应急抢险工作手册》，完成全县86个行政村（社区）的防汛形势图修编。（三）不断提高预警效能。县域各主要流域、水库安装了水雨情遥测站点47处、水事监控78处，气象自动站点31个。全县安装IP（网络地址）应急广播182个，非IP（网络地址）应急广播160个，并安排35万/年资金专门运用于应急广播的运维，已将应急广播系统接入省管理平台，在汛期积极发挥了建设功效。

【森林防灭火】 （一）强化责任落实。2021年，修订完善了《云和县森林防灭火应急预案》，在全省率先出台了《云和县应急救援队伍激励和资金补助管理办法》，建立完善了《云和县森林火情处置操作手册》，建立健全重点时期森林火灾监测预警制度。将森林防灭火工作目标管理与乡镇（街道）、部门和各级领导干部业绩考核、评先评优等直接挂钩，严格奖惩兑现。（二）加大普法力度。运用多种形式，多渠道、多层次、全方位地宣传森林防火工作的重要性、森林火灾的危害性及广大群众的防火责任和义务。《森林火灾肇事追究失火罪十大案件》典型案例制作成单页38500份，向38008户发放宣传警示，过程均签字背书。2月24日，县人民法院对凤凰山街道梅垄村“11•9”森林火灾案件进行公开审判，“童话云和”公众号观看庭审视频共65532人。“3•19”森林消防宣传日活动，出动宣传人员200余人，发放宣传资料2000余份。（三）管住野外火源。严格落实县领导包乡镇，乡镇领导包村，村组干部包片，护林员包山头地块的网格化责任管理制。加强巡查和督查工作力度，督查乡镇主要领导是否在岗在位、是否有野外违规用火行为、应急准备是否到位等工作，要求林业主管部门和供电公司切实加强林区输配电、通信等设施森林火灾隐患工作力度，严防线路老化、脱落等原因引发森林火灾事故。

【基层应急体系建设】 （一）明晰应急管理责任体系和职责。明确了乡镇（街道）党（工）委副书记或常务副乡镇长（副主任）分管应急管理工作，其他副职领导分线负责应急管理工作。明确了应急管理职责在乡镇（街道）内设机构的归属，明确了乡镇（街道）应急管理站和村级应急管理员的职责。（二）建立应急救援队伍分级相应备勤制度。10个乡镇（街道）均按照Ⅳ级、Ⅲ级、Ⅱ级、Ⅰ级四个等级建立了应急响应备勤机制。全县各乡镇（街道）和行政村（社区）按照乡级“七个有”、村级“八个一”的现有标准，确保组织、队伍、物资、监测预警、预案演练、人员转移安置、宣传方面的工作落到实处。（三）完善应急指挥体系。建立组织领导、防灾责任、应急保障、应急协调等10个方面应急工作体系，按清单化、制度化和标准化的要求进行开展编制工作，2021年，先后完成《云和县自然灾害救助应急预案》等3个专项预案修编工作。

【应急救援能力建设】 （一）强化装备物资保障。2021年建成了1个县级应急救援物资储备中心并投入使用，经水利、交通、住建、应急管理、自然资源、电力等19个有防汛物资的单位统计汇总，储备有4.9万只编织袋、731件救生衣、685件照明设备、677顶安全帽、791把铁锹等物资，价值1700万余元。同时，还储备有46台各型车辆、16艘船只等特种作业机械，针对汛情和突发事件，可快速组织人员、车辆、机械、物资。全县10个乡镇（街道）和86个行政村实现卫星电话、抽水泵、发电机“三大件”全覆盖。（二）积极培训公益救援力量。全县已建立专业骨干救援队伍5支，社会救援力量2支，基层单位专职队伍11支。各乡镇（街道）及县林场共建有森林消防队11支，县级森林消防扑救队伍5支，共有专业（半专业）扑火队员453人。2021年，为222名队员统一购买了100万元保额的人身意外伤害险和150万元保额的行车安全险，为重河湾森林消防队和景秀森林消防队各购置了森林消防皮卡车1辆，为蓝天森林消防救援队购置了面包车1辆，在春季和秋冬季防火期为三支队伍补充配备了森林消防服装380套、高扬程森林消防水泵10台、油锯10台、风力灭火机65台等物资。

【应急管理数字赋能】（一）建立“森林小卫士”火情隐患监测体系。2020年起云和县开展森林火情监测系统建设，对林区可能存在的火情隐患进行监测预警，同时配合道路高清监控摄像机，全方位守护云和县林区的安全。截至2021年年底，全县已有22个高清视频摄像头和3个高清热成像摄像头，实现了24小时不间断监控，实时将林区现场情况反馈至各乡镇(街道)和相关单位。（二）推进“七张问题清单”重大安全问题清单工作。建立“重大安全问题清单”分机制，积极主动担起责任，做好问题发现、问题生成、分解下达、整改跟踪、办结销号、立体评价、“回头看”等工作。以“重大安全问题清单”应用问题清单指数为牵引，按照“七张问题清单”的准入标准，将问题基础数据库中的重大问题提交“蓄水池”，同时定期对“蓄水池”中的问题进行审核把关、梳理录入、完成分解，及时推动有关安全问题整改。2021年，共完成6个县级重大安全问题的办结销号。（三）开展小流域自然灾害预警系统场景化应用。探索建立了3套声光电自动预警系统，并接入县综合指挥中心投入试运行，实现了我县崇头镇、石塘镇下辖3个试点村小流域山洪和地质灾害等自然灾害多灾种预警多业务协同，有效提高了我县山洪地质灾害危险区的预警效能和人员的转移效率，为我县实现数字化防灾工作提供探索路径。

【安全生产应急宣教】（一）完成首家应急（安全）宣传教育体验馆建设。2021年完成首家应急宣教体验馆建设，位于云和县文元小学内，总面积约215平方米，馆内设置了旅游交通体验区、消防安全体验区、溺水安全体验区、触电安全体验区、自然灾害安全体验区、公共伤害安全体验区等八大展示区。以丰富的“沉浸式”体验为特色，通过通俗易懂的图文、寓意深刻的标识、VR模拟仿真的场景、趣味互动的体验等，将现实生活中的实例实物化为安全教育的警示篇章，进一步营造“珍爱生命、安全发展”的安全文化氛围。（二）开展培训，提升企业安全意识。结合“灵魂工程”建设活动及风险管控体系建设，通过“线上+线下”形式开展“百万员工安全大培训”，2021年，完成培训4467人，完成率111.67%。（三）合力共治开展宣传教育活动。2021年，县安委会开展以“落实安全责任，推动安全发展”为主题的“安全生产月”活动。推出了一批公益广告片在云和电视台投放；县防汛办积极与县委宣传部和融媒体中心等部门对接，播放防汛防台知识和本地方言版地质灾害防御知识专题片，滚动播放防汛防台宣传标语；县减灾委积极开展“5·12”防灾减灾日宣传活动；县森防指积极开展“3·19”森林消防宣传日活动。（符欢欢　项伟玲）

消防救援

【概况】消防救援队伍作为应急救援的主力军，承担着防范化解重大安全风险、应对处置各类灾害事故的重要职责。2021年，县消防救援大队在县委、县政府的坚强领导下，以习近平新时代中国特色社会主义思想和重要训词精神为统领，深入贯彻落实党的十九届五中、六中全会精神，积极贯彻实施消防安全法律法规和政策措施，持续发扬“搏在山区、拼向前列”的丽水消防精神，圆满完成上级部署的各项重点工作任务，队伍整体形象明显跃升。一年来，消防救援大队共接警出动198次，其中，扑救火灾95次，抢险救援61次，社会救助26次，其他16次。出动救援人员2223人次，出动消防车辆383辆次，抢救被困人员34人，疏散被困人员11人，抢救人民群众财产价值546.88万元。

在“11·1”白龙山街道高胥村民房火灾事故中，大队全体消防救援人员率先垂范、身先士卒，营救疏散8名被困群众，相关事迹得到地方党委和社会各界的广泛赞誉，起到了较好的模范带头作用。1名消防员被丽水市消防救援支队记个人三等功一次；3名消防员被市消防救援支队记个人嘉奖一次。

【夯实消防监管责任】2021年，县人民政府多次召开消防安全工作推进会，部署用电建筑消防安全整治专项行动等一系列消防任务。“11•1”高胥村民房火灾事故后，县委书记叶伯军亲自部署开展为期1个月的隐患排查整治，部署安装简易喷淋、独立式烟感等技防设施，落实消防责任，夯实防控基础。县委将消防监管列为重要工作，纳入全县各单位的年度综合考核。县政府投入1500万元，作为社会面消防安全隐患整治专项基金，全面铺开隐患治理。县教育、卫健、民政、文旅、民宗等部门相继出台行业标准化管理文件，在本系统本行业落实消防标准化管理。县公安局将消防工作纳入各派出所年度考核内容。全县10个乡镇(街道)消防工作站的编外用工编制得到及时落实。在消防安全隐患整治过程中，为全县独居老人住处安装智能烟感1320个；为8个高层住宅小区安装8套水压监控；推动南山高层小区，浮云、鲤鱼山老旧小区完成消防安全设施提升改造。同时，对城区社区微型消防站车辆装备进行提档升级，在工业园区开展第二届微型消防站比武竞赛活动，有效提升社会单位的自防自救能力。

【强化消防执勤备战】 县消防救援大队结合辖区特点，优化人员配置和装备配备，强化对木质企业、合用场所、高层、水域灭火救援需求训练。加大装备器材采购、更新力度，共投入经费138.69万元，采购消防服631件套。针对辖区灭火救援任务需求，派员参加支队级攻坚组紧急救助能力培训、山地救援能力培训、水域救援和摩托艇培训等。在参与抗击台风“烟花”和“灿都”、“5•21”浮云街道庄前村大龙湾养殖场山体塌方、“9•28”浙江正艺玩具厂火灾、“11•1”高胥村民房火灾等急难险重的救援任务过程中，充分地体现和提升了消防队伍的实战能力。消防大队每季度组织召开重点单位微型消防站例会，协助微型消防站制定训练计划，派业务骨干经常去重点单位开展业务指导。通过实地检查和电话督察，对辖区内87家微型消防站进行电话拉动检查424次，实地拉动139次，综合演练43次。培训微型站骨干及队员35次。对辖区1支政府专职消防队，2支企业消防队，3支乡镇志愿消防队，13支村级志愿消防队开展业务指导16次。

【重视消防安全检查】 县消防救援大队认真贯彻落实上级关于合用场所消防安全整治工作的要求，深刻吸取“2•13”石塘镇发生人员伤亡的火灾事故教训，先后开展用电建筑消防安全专项整治、合用场所防火分隔攻坚治理和“三合一”场所消防隐患清零等全县层面的集中行动，深化消防安全综合治理。对全县272只市政消火栓和3个天然水源取水口进行检查保养，确保完好率。完成省级重大火灾隐患单位云和县木制玩具滚漆中心隐患整改。完成建筑电气线路改造1.8万户，其中，土木结构住户4397户，低收入户1642户。完成合用场所消防安全整改807家，其中，消防技术改造502家，生产、住宿设施搬离305家。生产、储存与住宿合用场所的消防安全整治已全数完成。

针对电动自行车消防安全整治问题，消防大队加速推广安装电动自行车集中充电设施。按照每台补助2000元的标准，在全县范围内已安装完成集中充电桩1200余台。同时，联合公安派出所、市场监管和街道(乡镇)等部门单位落实刚性执法措施，清理、疏散占用通道停放电瓶车400余处，飞线乱拉充电300余户，行政处罚10起。

2021年，大队共检查社会单位1172家，行政处罚93家，临时查封16家，责令“三停”31家，拘留1人，罚款39.92万元。比2020年分别提升147%、72%、45%、416%、100%、188%。

【开展消防宣传教育】 县消防救援大队以消防宣传“五进”、安全生产月、“119”消防宣传月等活动为抓手，以微博、微信、电视、报刊、广播等为载体，全方位开展消防安全宣传。联合汽车客运中心设置消防主题宣传公交车1辆，开展流动宣传。聘请“老李帮忙团”、外卖及快递小哥为消防志愿服务队，累计开展“敲门送平安”活动50余次。聘用慧云寺寂凡法师为消防宣传公益大使，开展“借助宗教说消防”活动3场。协同县融媒体中心开设消防专栏，策划制作专题宣传短视频10条，点播量累计超过10万次。大队还进驻“童话云和”App，定期向社会各界宣传消防安全知识。创新发布卡通版《云和县电动车之歌》，在电视新闻、抖音、公众微信号等媒体平台广泛传播，赢得群众好评。会同县教育局开展“消防安全进军训”“开学第一课”等宣传活动，借以提升广大师生的消防安全意识和逃生自救能力。配合县职业技能提升项目，委托第三方机构完成安管员专业化实训1500人。2021年，大队开展各类消防培训120余场，受训人数20515人，开放消防站50余次，出门宣传169次，制作播发消防微博1900余条、微信750余条，发送提醒短信35万条，乡镇（街道）及有关部门协助发放消防宣传资料10万余份。（金水华）

市场监督管理

【概况】 2021年，在县委、县政府的正确领导下，云和县市场监督管理局坚持党建引领，牢固树立宗旨意识，有条不紊开展各项工作，保障全县市场经济秩序稳定。7月12日，国家级知识产权保护平台——中国云和（木制玩具）知识产权快速维权中心获批成立，知识产权保护体系逐步形成。2021年，县市场监管局先后获评市平安建设表现突出集体、市“建设清廉机关、创建模范机关”工作先进集体、县综合考核优秀单位等。

【数字改革加速推进】 2021年，县市场监管局大力推进数字化改革工作，推进机关整体智治，加速市场监管工作的质量变革、效率变革和动力变革。在全省市场监管系统“三比一讲”争先创优竞赛中，全局干部齐心协力推进市场监管数字化改革各项任务，排名位于全市前列，取得全省三等奖的成绩。在“浙食链”系统应用方面，完成年初制定“浙食链”赋码工作的目标任务。“浙冷链”系统应用方面，通过对冷链食品样本和外环境样本进行核酸检测，激活“浙冷链”重点主体单位，基本实现进口冷链食品常态化和精准化管理。“浙苗链”系统应用方面，已通过技术对接，实现数字化自动上传数据，疫苗冷链数据规范上传覆盖率已达100%。在民生实事数字监管方面，“阳光厨房”能够把餐饮后厨公开化、透明化，有效督促经营主体落实主体责任，已实现全县网络外卖餐饮经营单位智能“阳光厨房”全覆盖。在特种设备数字监管中，应用浙江特种设备在线系统，打通全省各县市之间的数字壁垒，通过6月开展的特种设备赋码行动，已为全县1657台在用特种设备赋予身份码，通过扫码即可实现设备信息的查看。

【营商环境不断优化】 截至12月底，全县在册市场主体达19233户，同比增长15.23%。2021年上半年，全县新登记市场主体2253户，同比增长28.64%，其中新增企业409家，是云和县20年来首次突破企业半年开办400家大关，经济活跃度良好。（一）企业准入门槛不断降低。县市场监管局以优化营商环境为抓手，持续推进“企业首套印章政府买单”、企业名称自主申报、证照分离等各项便民服务措施，探索推广政务服务事项“跑零次常态化”、企业开办“零成本”一日办结等改革举措，激发市场主体新活力。（二）监管机制更加高效便企。借助“掌上执法”App和浙江省行政执法监管平台，探索实践“互联网+监管”新模式，牵头开展全县的“双随机、一公开”监管工作，将有限的执法力量集中到重点监管领域，有效提升执法监管效能，为优化营商环境保驾护航。（三）消费维权更得民心。完善消费维权机制，全面提升消费维权效能，保护广大消费者的合法权益。2021年，共受理消费者各类投诉举报件936件，调解率和办结率达100%，其中，投诉件调解成功54件，举报件根据线索立案31件。（四）知识产权保护更加有力。2019—2021年，云和县专利授权量达5394件，跻身全市前列。2020年，授权量2375件，位列全市第一，全县有效发明拥有量66件，每万人有效发明专利拥有量达5.73件。2021年，中国云和（木制玩具）知识产权快速维权中心获国家知识产权局批准成立，有效提升木玩行业研发投入积极性和创新能力。（五）开展农贸市场周边整治。县市场监管局分别在7月和9月，两次牵头相关部门对县农贸市场、城西菜市场周边进行环境整治，两次整治专项行动共劝导水电路及周边路段的流动摊贩150余个，规范经营行为40余处，推进了市场文明有序的运行。

【“四大安全”严防死守】 一是严守食品安全。县市场监管局以“四个最严”的标准严守食品安全，全年未发生重大食品药品（医疗器械）安全事故，切实保障公众“舌尖上的安全”。提前、超额完成省市县确定的各项民生实事，农村家宴放心厨房改造、“阳光厨房”、学校食堂智能“阳光厨房”实现全覆盖。县农产品检测中心已具备21类食品的抽样检测能力，为市民提供蔬菜、水果、白酒等免费检测服务，确保全县食品安全。二是管好药品安全。提前超额完成送药上山便民服务点、24小时网订店送药房等民生实事办理任务。疫情期间，县市场监管局每日对全县药店进行管理和督促，有效发挥了疫情期间药店的“哨点”监测作用。三是特种设备安全不出事故。近三年，全县特种设备数量从1081台（套）增加至1733台（套），增长幅度达60.3%。为确保设备安全使用，县市场监管局持续开展电梯、气瓶、大型游乐设施等专项整治行动，整治后，未发生特种设备事故，电梯已连续19年未发生一般及以上事故。四是抓好产品质量安全。围绕“质量强县”目标，全面排查和整治区域块状产业风险、安全隐患，确保不发生重大的区域性产品安全事件；加强“浙江制造”标准制定和“品字标浙江制造”品牌培育，推动品牌质量建设。2021年，兑付品牌创建与质量建设奖励资金29万元。

【执法水平不断提升】 县市场监管局抓住综合执法队伍改革契机，加强执法队伍建设，坚持做到严格执法、科学执法、人性化执法。综合行政执法队成立一年来，共办理各类行政案件226件，移送刑事犯罪案件5起。在维护食品药品安全执法方面，通过执法，重点监管进口冷冻食品、抗疫药品等违法销售行为，以及早餐店、减肥药经营单位等非法添加违法行为。在知识产权侵权执法方面，加大对商标、专利、商业秘密等侵权行为的打击力度，引导木玩企业从制造向创造转变，提升木玩产品附加值，促进木玩产业健康有序发展。在价格等执法上，重点打击哄抬物价、公共领域乱收费等违法行为，力保市场稳定，维护社会公众利益。同时，不断改进和优化行政执法方式。结合“三服务”加强巡查工作，要求执法人员发现违法苗头做到尽早提醒；积极推进轻微违法事项告知承诺制，发放轻微违法事项告知承诺书，责令轻微违法行为及时改正；积极组织全局干部开展学法、普法、用法活动，督促年轻干部快速成长，提升干部的办案能力和执法水平。

【队伍建设不断强化】 县市场监管局不断优化人力资源配置。4月，开展中层干部轮岗，中层干部调整后，各科室、部门的工作积极性、主动性明显增强。同时，制定出台《云和县市场监管局干部人事管理制度》等，对人员换岗、竞选及基层工作经历等作出详细规定，引导干部到力量相对薄弱的基层所锻炼提升。在党风廉政建设方面，局党组履行全面从严治党主体责任，坚决贯彻落实党中央“八项规定”等制度。2021年，打造“红盾守护‘亲’‘和’市场”清廉文化品牌，积极推进清廉机关、模范机关建设，获丽水市“建设清廉机关、创建模范机关”工作先进集体称号。

（叶丛丹）

财政　税务

财　　政

【概况】 2021年，云和县实现地区生产总值98.06亿元，增长9.6%。其中：第一产业增加值5.19亿元，增长1.7%；第二产业增加值48.28亿元，增长9.1%；第三产业增加值44.60亿元，增长11.2%。三次产业结构比为5.3∶49.2∶45.5。按常住人口计算，人均生产总值76017元。全县财政总收入14.17亿元，增长6.46%；一般公共预算收入8.79亿元，增长8.03%，其中税收收入7.13亿元，下降4.33%；一般公共预算支出34.53亿元，增长4.67%。全年财政收支平衡。

【组织财政收入】 紧盯收入目标，稳步推进组织收入工作。从讲政治、顾大局的高度，牢固树立全县收入一盘棋理念，联合税务部门严格按照收入目标任务，把握好组织收入的力度和节奏。2021年，一般公共预算收入占地区生产总值的9.0%，占财政总收入的62.0%，税收收入占一般公共预算收入的81.1%。全县政府性基金收入12.53亿元，各类社保基金收入5.72亿元，国有资本经营预算收入4111万元。全年实现非税收收入14.2亿元，其中纳入一般公共预算管理的非税收收入1.67亿元。

【落实财政政策】 认真落实财税扶持政策。实施更加积极财政政策，全面落实国家、省、市降本减负政策，加大财政扶持力度，全面深化"亩均论英雄"改革。认真贯彻落实常态化财政资金直达机制，累计下达直达资金2.86亿元。积极助力传统制造业改造提升、科技创新等重点工作，累计拨付扶持企业财政资金9445.75万元。规范直达资金监督管理。成立政策落实专班，建立进度晾晒制度，开展直达资金执行进度情况常态化晾晒和落后约谈，通过"红黄绿"分区标示项目进度方式督促加快资金拨付使用进度。以直达资金监控系统为支撑，加强对资金分配下达、资金支付、惠企利民补贴补助发放情况的监控。发挥财政引导金融作用。积极开展中小企业金融帮扶和小额担保，新增担保户数34笔，新增担保额度7227万元，为9户企业提供转贷业务4150万元，有效缓解中小企业融资难、融资贵问题；创新出台"民宿贷"，为农村创客提供担保支持，有力破解民宿"农家乐"行业融资难题。充分发挥产业基金作用，为浙江兴昌钢球有限公司注资1200万元，有效缓解企业技改资金压力，助力企业坚持走"专精特新"发展道路。

【优先保障民生】 把保障民生作为财政工作的出发点和落脚点，财政支出的三分之二以上用于民生，努力办好学校食堂"微改造"、"师生同菜同质同价"、疫情防控等各项民生实事和"关键小事"，不断提高基本公共服务均等化水平。累计民生支出255252万元，增长1.39%。进一步深化村级公益事业"一事一议"财政奖补政策运用，投入814.5万元用于26个村级公益事业项目建设；进一步整合财政支农资金，整合1377万元财政资金发展村级集体经济；积极运用省级乡村振兴集成创新示范试点，争取试点资金3000万元，全力推进“云和雪梨”一、二、三产业深度融合。统筹安排困难群众救助资金4088.07万元、残疾人两项补贴资金1042.8万元、医疗救助资金921.22万元，兜牢民生底线。积极推动动产县教育深度接轨长三角，计划三年安排2400万元助力“引智办学”托管新机制，将云和县第二中学、江滨实验小学和城西小学委托长三角品牌教育团队管理。加大公共卫生投入力度，人均基本公共卫生服务标准从上年的87元提高至92元；足额拨付疫情防控常态化资金和疫苗接种费用，累计安排疫情防控常态化经费3784.59万元、疫苗采购款1188.95万元、接种费用236.95万元。

【全力保障重点】 深入贯彻集中财力办大事理念，聚焦新型城镇化样板县域建设、交通基础设施建设、全域旅游等重点工作，统筹新增债券、上级补助等资金，多渠道筹集基本建设资金15.56亿元，切实保障重点基建项目的资金需求。优化生态环境质量方面，安排2200万元建设梯田5A创建管道工程，安排2000万元用于农村生活污水治理，安排1000万元实施农村饮用水提标达标工程，安排3400万元助力耕地垦造。建设美丽城乡方面，安排8500万元用于城市道路等基础设施建设，安排2000万元提升新华街历史文化街区，安排3000万元推进南山区块有机更新。补齐交通基础设施短板方面，安排4200万元改建云龙公路，安排5000万元推进235国道云和段改建工程。持续提升公共服务方面，安排9000万元建设云和县实验小学分校，安排1600万元助力城南九年一贯制学校发展，安排2000万元建设大坪农民异地搬迁安置小区幼儿园，切实助力全县教育基础设施整体提升；安排9000万元用于中医医院迁建工程，助力改善现有医疗条件，提升整体医疗服务能力和水平。

【深化国资改革】 加快市场化改革扩围，完成县国资公司市场化改革，将原有的“小而散”转变为主要以母公司为掌舵人的“1+4”改革格局，初步形成由国资办监管、母公司负责投融资、子公司负责经营、职能部门负责业务协作的工作格局，构建功能完善、分类职能突出的国资运营体系。指导转型后的国有公司以市场化方式积极参与基础设施和公共服务项目建设，拓宽融资渠道，缓解政府投资压力。2021年，涉改企业共承担建设项目119个(其中重点项目32个)，完成项目投资14.53亿元，积极为云和县木玩童话小镇、小徐未来社区、城市心肺工程等重点项目新增融资。主动探索通过发行债券等方式，将县域内有效资源、资产梳理整合，形成以县国资公司为平台、相关县属国企为支撑和补充的投融资体系，逐步扩大融资规模，以求实现滚动融资、良性发展。

【完善财政管理】 全面深化财政改革。推进预算管理一体化改革。以预算管理一体化系统为主要载体，提高项目储备、预算编审、预算调整和调剂、资金支付、会计核算、决算和报告等工作的标准化、自动化水平，提高预算管理的规范性和高效性。强化财政监督管理。加快财政支出进度，强化主体考核，加快执行进度。定期对部门结余结转资金进行清理、整合，累计盘活结余结转资金2.08亿元，统筹用于民生急需领域。优化财政支出结构，按照“应减尽减、应压必压、可延尽延、该禁必禁”的原则，严格控制和压减一般性支出，一般性项目支出、公用经费压减10%，全年累计压减1178万元。防范化解财政风险。规范地方政府债务管理，制定《云和县地方政府专项债券资金管理(试行)办法》，严守“三个不得立项”和“六必问责”底线，控制债务增量、消化债务存量，截至2021年底，云和县政府限额内债务余额47.28亿元，债务风险总体可控。扎实开展隐性债务五年化解工作，2021年化解隐性债务1.51亿元，圆满完成当年化债任务。积极防范社保基金风险，严格落实被征地农民参加养老保险政策和企业养老保险省级统筹，按照省级统筹责任分担办法要求，县级财政及时足额上解责任分担额1.65亿元。认真落实社保风险准备金多渠道筹资责任，多渠道累计筹措社会保障风险金1.05亿元。严控基层财政支出风险，出台《云和县关于全面强化和规范乡镇财政管理的实施办法》，全面强化和规范我县乡镇财政管理。

【凝聚队伍合力】 围绕党史学习教育，组建“阳光财政”党史学习教育宣讲团，深入开展“回顾非凡历程、感悟思想伟力、践行财政担当——百年党史我来讲”主题活动，形成班子成员、党支部书记、年轻党员、优秀团员和县党史学习教育专家宣讲团成员共同宣讲的浓厚氛围。紧密结合财政工作，切实开展“三为”专题实践，积极开展党员干部进社区报到、环境大整洁、无偿献血等志愿服务，先后组织4支志愿服务队，专场服务新冠肺炎疫苗接种工作，筑牢免疫防线。深入开展服务结对村、走访结对留守老人、水投供水服务进企业等主题活动，全面深化“三服务”。引导财政干部自觉把“学党史、悟思想、办实事、开新局”贯穿财政工作始终，有效转化为奋力打造“重要窗口”、推进“共同富裕”的内在动力。 （蔡文婧）

税　务

【概况】 2021年，云和县税务局在县委、县政府和上级局党委的正确领导下，以习近平新时代中国特色社会主义思想为指导，深入学习贯彻党的十九大和十九届六中全会精神，认真学习贯彻习近平总书记关于税收工作的重要论述、重要指示批示和考察浙江重要讲话精神，全面落实税务总局、省局、市局党委和县委县政府决策部署，勇担“丽水之干”，争做税务“挺进师”，高质量推进云和税收现代化与全市同步走在前列，助力云和加快跨越式高质量发展打造全国山区共同富裕样板县。2021年，共组织税费合计收入23.62亿元，同比增长23.73%。税收收入12.98亿元，同比下降1.02%（剔除一次性因素的影响，实际增长21.04%）。其中，中央级收入5.69亿元，同比增长3.32%；县区级收入7.35亿元，同比下降2.86%（剔除一次性因素的影响，实际增长21.14%）。社会保险费和非税收收入10.64亿元，同比增长78.20%。其中，社会保险费6.48亿元，同比增长19.55%；非税收收入4.16亿元，同比增长654.77%（剔除新划转的非税收收入3.54亿元，实际同比增长12.45%）。

【税务法治】 2021年，云和县税务局与县人力资源和社会保障局等部门开展联合执法检查，探索采用“掌上执法”新模式，实现信息互通互享，逐步推进执法过程向智能化、高效化转变。健全司法处置中税收债权保护协作机制，做到专人申报、专人跟踪，参与5户破产企业的债权申报，涉及金额21.8万元。扎实开展成品油市场税收专项整治工作，规范成品油市场秩序，促进成品油市场健康有序发展。

【税费政策】 2021年，云和县税务局切实贯彻“税收优惠政策落实要给力”的总体要求，不折不扣将各项税收优惠政策落实落细，用税收红利不断激发市场经济活力。税收减免优惠方面，全年共落实减负降本减税2.11亿元。其中，小微企业普惠性税收优惠政策减免1.13亿元；研发费用加计扣除1.10亿元，优惠企业所得税2753.15万元；疫情防控延续政策优惠819.84万元。社保费与非税收收入优惠方面，全年共落实减免3373万元。

【税种管理】 2021年，云和县税务局顺利完成2020年度云和县企业所得税汇算清缴工作，汇算清缴率99.74%。积极稳妥落实个人所得税改革管理工作，2020年综合所得个税汇算清缴完成率94.17%；规范建筑安装业个人所得税征收，完成建筑业个税100%退税任务。抽调业务骨干成立工作专班，积极推进土地增值税清算，强化土地增值税管理，提前完成 13 个项目清算工作。积极融入云和县机制砂行业清查整治工作，开展机制砂行业资源税专项整治工作，查补资源税 4.8 万元。财产行为税“十税”合并申报上线工作按时高质量完成。

【办税服务】 2021 年，云和县税务局推进多部门协作，实现增值税留抵退税业务办理 1 个工作日内完结。实现电子税务局深度实施应用，各事项网上办理率达 98.07%，进一步提升企业办事效率。全面升级“银税互动”项目，放宽“以信放贷”条件，通过银税互动平台，2021 年累计为云和 565 户企业提供授信额度 3.7 亿元。在县内城郊行政边界设置“微税厅”，实现发票代开、自助申报、社保证明开具等90%以上涉税业务就近无差别办理，有效推进构建山区服务多点覆盖、多触角延伸、多元服务形式的一体化办税格局。

【征收管理】 2021 年，云和县税务局成立《关于进一步深化税收征管改革的意见》落实领导小组，制定下发任务分工，成立数据治理工作专班，为深化税收改革提供机制保障。2021 年，云和县新办纳税人电子专票核定 149 户，推行率达 100%，全年开具的增值税普通发票 45.5 万余份中电子发票比率达到 90.52%。

【风险应对】 2021 年，云和县税务局共承接风险应对任务 42 批次共 79 户次，通过自然人电子税务局推送的自然人异议申诉任务 21 批次 31 条。金三决策二包税收风险管理系统中，共完成风险任务33 户次，补缴入库税款 107.12 万元，滞纳金 12.72 万元。积极开展数据安全风险排查和问题整改专项行动与涉税信息安全整改，2021 年，全年共向外部门提供数据 57 次共享数据 10902 条。利用内控监督系统有效预防执法风险，网格化开展部门联动，抓实各项异常审核审查，有序完成现金税费征缴专项整治“百日攻坚”行动。

【廉政建设】 坚持多维发力、综合施策，营造了风清气正的良好政治生态。强化“两个责任”落实，制发“两个清单”，构建“考评有计划、量化有标准、评定有依据”的述职评议考核机制，确保“两个责任”落实到位。通过“税纪协作”锻炼纪检队伍，强化监督执纪问责，维护好清廉税务建设成果。召开廉情分析会 3 次，警示教育大会 4 次，专题警示教育会 2 次，发放警示教育手册 500 余册，发送节假日廉政短信提醒 730 条，通报上级局、县纪委通报的违法违纪典型案例 86 起。

【党建工作】 2021 年，云和县税务局坚持党建引领，深入开展党史学习教育，党委书记带头学、瞄准重点常态学、理论实际结合学，推动学习常态化、规范化、系统化。坚持党管意识形态，落实意识形态工作责任制，将意识形态工作纳入民主生活会及述职评议的重要内容。走访企业 145 户，征求意见建议 7 条，解决困难问题 18 个，参加志愿服务 138 场次，为群众办实事 144 件，党史学习教育取得了学透党史、淬炼思想、办好实事的良好成效。

【教育培训】 积极组织全局干部职工参加省、市局各类培训和“周一夜学”等地方特色学习活动，邀请各类专家、教授为全局干部作专题讲座。根据上级统一安排，在规定范围内组织岗位大练兵、业务大比武准备工作。大力培养优秀干部，共向各地方部门和重点项目输出干部 8 人次，与县委巡察组、县妇联、县经合中心驻杭办等部门积极开展了人才交流，并向省税务局、市税务局等上级部门输送了优秀干部 2 人。2021 年，云和县税务局顺利通过省级文明单位复评，获评 2020 年度县级综合考核优秀单位，被评为全市“创建清廉机关，建设模范机关”工作先进集体。“赵君山党员工作室”荣获丽水市税务系统优秀党员工作室称号。凤凰山税务分局被评为市级巾帼建功先进集体及云和县优秀基层党组织。（陈楚楚）

国有资本投资运营

国有资产管理

【概况】 为深化国有企业市场化改革，进一步强化国有企业市场化融资功能，促进国有资源资产资本化流动，实现国有资产保值增值，根据《云和县国有企业市场化改革方案》（云委办发〔2017〕51号）及《云和县国有资本运营有限公司组建方案》（云委办发〔2020〕30号）等文件精神，县国资公司于2021年6月正式组建成立，公司下设综合部、财务管理部、资产管理部、投融资管理部、党务办（人力资源部）及监督室6个部室。经过前期人员整合及人才引进，公司本部共有正式职工22名（硕士2名），派遣用工5名，其中党员13名。直属管理云和县新农村建设有限公司、云和县博远人力资源服务有限公司、云和县邦宁保安服务有限公司、云和县农业综合开发有限公司等8家子公司及与宁波北仑大港开发公司合资成立的天云公司。

【强化资产管理】 2021年，县国资公司高度重视国有资产的盘活利用，主动谋划资产盘活计划。一是全面厘清产权问题。在全县范围内对国有资产进行分批次产权过户工作，每处资产落实专人跟踪办理，全年完成80余处资产权证办理工作。二是高效盘活闲置资产。公司组织资产管理专员对现有闲置资产进行全面梳理，并完成建档立卡工作，对于条件成熟的闲置资产通过公开拍租的形式予以出租。截至年底共完成15处闲置资产拍租，增加经营性收入约100万元。三是全面排查安全隐患。根据县安委会关于安全生产会议精神，公司组织资产管理专员对现有固定资产和已出租的房屋进行安全生产大排查。全年完成15处房屋加固和修缮，全面消除国有资产安全隐患。

【注重“三池”建设】 为进一步盘活资源，县国资公司作为平台母公司统一运营“资金池”“资产池”“人才池”，实现资金、资产、人才的优化配置。“资金池”有效降低国企融资成本、满足国企资金周转需求。截至2021年年底，池内资金存量59467万元。“资产池”有利于对池内资产进行数字化、动态化的国有资产全生命周期管理，2021年公司对池内85处存在历史遗留问题、权证不齐资产进行登记确权，变问题资产为有效资产。“人才池”搭建起国企人员信息数据库，系统掌握国企人才资源总量、人才队伍层次、结构和分布情况，为人才的招聘与调配提供决策参考。五大公司共有职工515人，其中，合同工261人、派遣工254人。具有大专学历155人，其中，全日制本科学历43人、硕士研究生学历2人。具有中级职称38人，高级职称6人。

【全力推进评级发债】 为更好服务县域经济发展，承担起国有企业稳经济、保增长的重任，充分发挥平台母公司市场化融资主体作用，根据县委县政府决策部署，在公司组建后，立即启动国资公司评级发债工作，积极对接周边兄弟县市、省担保公司及相关金融机构，探索通过发行债券等方式，逐步打通直接融资渠道，从而获取更低成本的长期资金。2021年11月公司获2A评级。（詹 雪）

城市发展投资

【概况】 2021年，云和县城市建设投资集团有限公司（以下简称城投公司）在县委县政府的正确领导下，在广大干部职工的努力拼搏下，紧紧围绕打造全国山区新型城镇化县域共富样板目标任务，攻坚克难，积极推进城市发展，全年实施项目39个，完成投资额7.3亿元。

【政府投资项目】 2021年，城投公司完成了古坊路、木玩童话小镇—小镇客厅等16个续建重点项目，完成了南山路（复兴路—祥云街）、白龙山街道北侧道路延伸段（纵一路—南山路）工程2个新建重点项目以及解放街（三角店—国光弄）沥青路面改造工程、舍上村生活污水、雨水、排污管道整改工程、青少年宫健身场所工程等38个零星项目。

【民生项目建设】 2021年城投公司负责实施大坪路（祥云街—大坪段）、城东南路道路工程二期（复兴路至祥云路段）市政工程、凤凰山全民健身公园和木玩乐园提升工程4个重点民生事实项目，至2021年末4个项目均已完工并投入使用，有效改善了人民群众的出行条件及休闲娱乐环境。2021年城投公司负责园丁新村、鲤鱼山小区B区2个老旧小区改造工作，至2021年末园丁新村已完工改造，鲤鱼山小区B区已完成地下管网埋设。负责河上小区1个幸福小区改造工作，2021年末河上小区改造完成投资150万元，占总工程量的75%。

【自主经营项目】 2021年，城投公司负责实施原百货商场区块改造、农技站区块综合改造、木玩产业创新服务综合体（智创空间商务中心）和53省道安置房二期项目4个自主经营项目，原百货商场区块改造项目和53省道安置房二期项目已完工，农技站区块综合改造工程完成投资额1.6亿元，占总工程量的95%，云北木玩智创空间商务中心项目完成投资9000万元，占总工程量的50%。

【城市设施改造】 城投公司作为城市建设主力军，积极推进污水PPP项目，2021年，先后完成了新华小区、城南小区、迎宾小区等20个区块改造工作，完成投资约9000万元。积极推进城市街区改造，完成了采真理文化街区改造1平方公里，箬溪书院落成并投入使用，成为云和的网红打卡点之一。（蓝森燕）

文旅发展投资

【概况】 2021年，是"十四五"规划开局之年和中国共产党成立100周年，也是县旅投公司跨越转型、企业经营发力的一年。2021年，公司持续围绕全域5A发展路线和"云和旅游跨越提升3610工程"，以求真务实的态度，清正廉洁的作风，认真贯彻落实党的十九大精神，攻坚克难、开拓进取，高质量推动云和旅游基础配套提升，助力梯田争创5A建设，高起点布局云和湖板块，努力提高市场化经营水平，为打造全国山区县域新型城镇化共富样板而努力。2021年公司及下属子公司实际在建项目共26个，开展项目前期工作10个。累计完成年度投资12192万元，同比增长16.49%。公司在建项目26个，其中自建项目11个，代管项目15个。完成年度投资10650万元，完成年度计划133.13%。其中自建项目完成投资4400万元，完成年度计划157.14%；代建项目完成年度投资6250万元，完成年度计划143.09%。云和县瓯上旅业投资有限公司（公司本部）2021年度总营收约1458万元，同比增长22.01%，其中梯田景区租金800万元，剔除后营收约658万元，同比增长66.58%，项目代建前期费收入约168万元。十里云河环湖游线营业收入达106.00万元。县旅投公司培训业务板块营业收入达 31.93 万元。开元曼居瓯上壹号店（黄家畲精品民宿）于 7 月开始营业，营业收入为 19.24 万元。瓯上旅行社营业收入约 28.48 万元。云和县仙宫旅游开发有限公司（下属公司）2021 年营业收入为 248.02 万元。

【制度建设】 加强党建引领，坚持制度管人、事、物，规范公司“三重一大”议事规则、决策流程，做到民主与集中、程序和效率有机统一。完善修改《投资建设项目中介服务管理暂行办法》《“三重一大”事项决策实施细则》，重新印发《车辆使用管理制度》《印章管理制度》，新印发《采购管理办法》《内部审计管理暂行办法（试行）》《党支部委员会议事制度》《董事会议事制度》《总经理办公会议事制度》。

【运营管理】 完成仙宫景区提升，多点成为微改造的精品之作。完成仙宫公司股改，十里云河环湖游线开通打开了云和湖下库旅游新格局，大幅改善了村貌村容，增加了村集体经济收入的同时带动周边旅游经济发展，为下步以点串线做好铺垫。开元曼居瓯上壹号店（黄家畲精品民宿）的对外经营标志着高端酒店品牌在云和的正式引进，为云和县酒店品牌管理和经营作出表率。“遇见云和”小程序的积极推广与瓯上旅行社的对外承接相得益彰，形成完整的配套服务体系，给县旅投公司下一步产业精细化布局、全盘化发展带来服务保障。先后承接市中青二班培训、云景青干班等培训近 10 场，取得了良好经济效益的同时为各单位提供了优质的培训服务。将童话小镇客厅二楼室内外场地租赁给知北公司用于教育研学活动，为云和县教育研学基地版图又增添一处亮丽风景。

【项目建设】 云和东旅游集散服务中心（一期）项目主体工程完工验收，市政配套项目和二期工程正在开展前期工作；安溪畲族文化馆项目主体工程完成竣工验收，云和雪梨文化展示中心装修及布展工程开工建设；云和湖仙宫景区提升工程和云和湖聚仙岛步道提升工程完工，云和湖仙宫（聚仙岛）供水项目完成工程进度的 60%；云和梯田 5A 创建综合管网工程各上改下项目基本完工，进入扫尾阶段；云和童话小镇—小镇客厅室内装饰项目完成 EPC 招标程序并顺利开工；云和湖仙宫景区醉月楼项目完成主体工程的 30%；黄家畲精品民宿改建一期工程完成建设并对外经营，二期工程开工建设；栈云山庄一期工程室外工程完成招投标工作。

【安全生产】 压紧压实责任，强化制度建设，将党风廉政建设与旅游项目建设同步推进。公司根据要求推进落实安全生产责任制，明确安全生产第一责任人，严格履行安全生产法定责任，签订安全生产目标管理责任书。结合安全生产月，组织安全知识竞赛、安全宣传讲座等活动，定期不定时地对景区开展专项检查，遇隐患问题及时排除解决，加强源头防范，一年来无事故发生。（雷张斌）

水务发展投资

【概况】 云和县水务投资有限公司（以下简称县水投公司）为云和县国有资本运营有限公司的下属全资子公司，于 2018 年 6 月注册成立。该公司下设综合部、财务部、项目管理部、投资经营部、运行管理部 5 个部门，拥有云和县供排水有限公司、云和县雾溪水库水业发展有限公司、云和县水利发展有限公司、云和县信远实业有限公司、云和县强农实业有限公司 5 个全资子公司和云和县鼎晟矿产资源开发有限公司 1 个合资公司。共有在编职工 87 人，编外用工 38 人。下属 3 个党支部，在职党员 38 名。主要经营范围涉及原水、输水、制水、城镇供水、河道疏浚、水利水电工程、城乡供水设施、市政工程的代建管理及政府委托的相关业务运行管理。截至 2021 年 12 月底，实现经营性收入 2907.8 万元，与上年基本持平；完成固定资产投资 8980 余万元，较上年增长 11%；完成优质供水 840 万吨，同比增长

5%；产销差率 22.4%，管网漏损率 14.7%，呈逐年下降趋势。

【全力推进政府重点项目】 2021 年，县水投公司承接政府重点工程 11 个，年度计划投资 15100 万元，实际完成 12300 万元。一是紧水滩引调水工程。该项目批复总投资 2.3 亿元，中标合同金额 1.693 亿元，引水线路总长 14.64 公里。截至 2021 年底累计开挖引水隧洞长度 6.86 公里，占引水隧洞线路总长的 50%，累计开挖支洞长度 2.9 公里，占支洞总长度的 100%。累计完成投资量 8000 万元，占总投资 47.2%，预计 2022 年 11 月底主体工程完工，2023 年 2 月完成通水。完成后将进一步优化水资源配置，构建多水源供水安全保障系统，有效提高城区的水资源承载能力，拓宽城区水资源配置途径，提高水资源的利用效率，提升城区的水安全保障能力，综合效益突出，为云和“小县大城”“美丽县城”“童话云和”等战略实施提供水资源条件。二是浮云溪流域综合治理工程。该项目总投资约 5.4 亿元，治理河道约 27 公里。以完善浮云溪流域现状防洪体系为主，同时以生态和文化理念为引领，弘扬水文化，打造水景观，改善水生态环境。通过建设护岸、护脚等措施，保证堤防工程的安全运行，完善休闲绿道建设及生态修复工程的实施，改善河道面貌，打造云和县浮云溪流域综合治理工程（黄桥头段）的生态价值和效益，项目分为十段分批实施，已基本全线贯通。2021 年 10 月，全县“相约童话绿道•遇见云和你——2021 童话云和全民健身活动”在此举行。三是龙泉溪流域综合治理工程。该项目实施可以解决库区建设遗留问题、提升库区（河道）安全，完善水库的防洪调度能力和管理能力，减少岸坡水土流失严重、提升水库水质，同时也是深入践行“两山”理论、加快创建“大花园”的重要措施，真正实现“水旅融合”和“水利惠民”。其中溪口、局村、三潭段批复概算总投资 3343 万元，计划整治护岸 2.69 公里，已于 2021 年 7 月完工验收。青龙潭段、长汀段批复概算总投资 9324 万元，主要建设内容为整治岸坡 6.61 公里，新建管理道路 6.65 公里，建设避灾点 2 处及便民设施等配套工程。目前已完成投资 1804 万元，完成路基建设 5.5 公里，浇筑灌注桩 217 根，完成绿道 1.2 公里。

【积极拓展经营性业务】 县水投公司自组建以来，能够快速转变发展观念，不拘泥于单一的发展模式，积极拓展业务，致力于提升自身核心竞争力，创造新的利润增长点，逐步实现扭亏为盈。一是一企一品牌创建。通过发掘党领导下雾溪水库发展历史及县水投公司的前世今生，结合我党百年奋斗历程建设水之魂展厅，为中国共产党成立 100 周年送上贺礼。同时利用展厅设施结合清廉国企建设要求，赋予水之魂展厅亲清水务的廉政教育、宣传功能，并提升了一批以初心书屋、清廉长廊、大讲堂为核心的清廉阵地；围绕党建综合教育基地，新建以推进职工健身、团建培训为目的的户外体育拓展基地，以宣传水库电站知识及水源保护为目的的研学基地。通过对以上 3 个区块固定资产的盘活利用，将雾溪水库打造成一个以党建教育、水源地保护为核心，以培训、宣传为载体，以职工素质提升为目的的党建综合教育基地。二是积极助力全县消薄工作。全面完工县消薄办委托的村头、石塘坑、大徐 3 座电站提升改造工程并于 2021 年 4 月投入运营。

【资产经营取得新成效】 2021 年，县水投公司全面梳理公司资产台账，于 2021 年 8 月 31 日前完成公司所有资产的不动产权证办理；通过公开招租等模式出租房屋、茶园等 16 处，促进国有资产保值增值；做好竣工项目转固工作，进一步降低企业资产负债率。

【治污防洪供水工作】 2021 年，县水投公司立足于工作实际，切实将人民利益放在首位，从“治污水”“防洪水”“保供水”三方面履行工作职责。一是县乡污水终端监管工作。2021 年县水投公司对污水处理厂现场监督检查51次，发现问题4次，落实问题整改4次。2021年污水处理厂年度累计合格处理排放污水676.24万吨，处置污泥2817.44吨，污水处理设施运行负荷率92.63%。根据《云和县农村污水处理终端（站）代监管委托协议》要求，协助配合农村污水处理终端工程验收十余次，严格落实监管职责，对已经运维的农污终端进行例行巡查，重点检查周边环境卫生、设施设备损坏情况、巡查员到岗情况等。二是山塘水库堤防标准化运维工作。2021年，县水投公司对全县91座山塘、8个标准化水库以及22段堤防进行运维管理，深入贯彻各项规章制度，按年度完成山塘水库的年终考核，完成入汛前山塘水库安全状况及度汛准备情况的全面检查，完成信息化管理平台录入，定期开展安全检查培训，做好安全风险防范宣传工作。2021年，未发生安全生产事故。三是农村饮用水工程统管工作。2021年，县水投公司严格按照《关于进一步巩固和深化丽水市农村饮用水县级统管长效管护机制的意见》文件精神，建立健全了一系列农饮水统管制度，明确各岗位人员职责；有序组织开展安全生产隐患排查整治，定期组织业务知识和安全管理培训；开展242个单村点位每月一次9项指标的检测和镇级供水工程出厂水9项指标的日检测工作，委托第三方完成镇级水厂出厂水水质42项指标的月检测工作；全面检查单村供水站的水源情况、工程状况、水质保障及运行管理情况；积极配合水利局进行农村饮用水一体化净水设备改造，进一步提升单村供水站供水能力。2021年获省水利建设与发展专项资金1000万元，居丽水市前三名。四是城市供水管网改造及延伸工程。2021年，县水投公司为保障城镇供水安全，扩大供水范围，实施了城市供水管网改造及延伸工程，主要建设内容包括城区9个区块供水管网的提升以及15个城郊村的供水管网延伸，改造管网约44.3千米，延伸管网约68.2千米，估算投资4500万元，分3个区块实施。已完成1标段建设内容，完成2标段90%建设内容，3标段已开工建设，累计完成投资3000万元。该项目完成后将系统地改造供水设施，进一步提高供水质量，管网漏损率、产销差率得到有效控制，切实保障居民供水安全。五是雾溪制水厂提升改造工程。2021年，县水投公司实施雾溪制水厂提升改造工程，建设内容包括：新建2万立方米/吨规模的反应沉淀池、V形滤池各1座；新建6万立方米/吨规模回用水池、污泥匀质池、脱水机房、粉炭投加间、粉炭投加设施各1座；原电站升压站迁移、围墙改造、监控自控改造、化验室迁移；一期机械搅拌澄清池、四阀滤池拆除等。（王　静）

交通发展投资

【概况】 云和县交通投资有限公司是根据《云和县国有企业市场化改革方案》（云委办发〔2017〕51号）文件精神，2018年12月，由云和县国有资本运营有限公司出资成立的有限责任公司，直属县政府管理，由国资办监管，注册资本8800万元。主要负责交通基础设施建设项目的策划、投资、建设、经营和管理、房地产开发；交通建设物资的供应。根据《云和县人民政府关于印发云和县交通投资有限公司组建方案的通知》（云政办发〔2018〕163号）组建要求，县交投公司下设综合部、财务部、投资开发部、项目管理部、安全部5个部门，下辖云和顺通建设有限公司（原隶属于云和县交通运输局下属国有企业，原有一个下属子公司：云和县云和湖水上公交服务有限公司）、云和县永盛公路养护工程有限公司（原隶属于云和县公路管理局下属国有企业）、云和县公交客运有限公司（由原顺通公司下属子公司云和县云和湖水上公交服务有限公司和云和县仙宫城市公交客运有限公司合并而成）、云和县交通实业发展有限公司（由原云和县路友机动车检测有限公司更名而来）等4个全资子公司，以及占股30%的云和县鼎晟矿产资源开发有限公司。公司共有在编职工19人，编外用工132人，临时劳务人员63

人。公司设董事会，其中，董事长、总经理1名（比照副科级），其他董事成员4名（三人编制在顺通公司、1人编制在国资公司）。设中共云和县交通投资有限公司党支部，现有党员17名，支委会委员3名。

【党建引领】 2021年6月21日，适值中国共产党成立一百周年之际，县国资办党委批复中共云和县交通投资有限公司支部委员会任命，结合党史学习教育全力创建“舒畅交融•做服务先锋”党建品牌，创新建立“一轴三进五联”党建工作模式，即“一轴”是以全心全意为人民服务为轴心，“三进”是领导带头进、职能公司牵头进、党员全体进，“五联”是投资、建设、管理、养护、运输联动，推动交投公司一体化协调、多元化发展，使党建品牌创建工作成为支持企业发展坚固基石。

【项目建设】 2021年，新开工实施项目1个：赤石码头高水位泊位提升改造工程。续建交通项目7个。其中，后交线二期、石浦码头房建工程、吴坪公路等已如期完成；云龙公路二期、石塘交通中心码头工程、紧水滩库区水上服务站、赤石高水位泊位抢修工程等项目有序推进。前期推进项目3个：235国道云和段、局龙线、黄安线、322国道、G25长深高速（丽龙段）赤石互通改建工程、规划仙居至景宁省道（原328省道）云和局村至大徐段。谋划项目5个：云和县智慧物流交通汽车服务综合体、规划仙居至景宁省道（原328省道）云和朱村口至规溪亭段、322国道云和后山至麻垟段公路改建、规划仙居至景宁省道云和黄源至景宁交界段（云和梯田至景宁大均公路）、云景特色风情聚落区快速路，投资总估算达到了58.66亿元，形成了“开工一批、建成一批、谋划一批”的项目持续推进机制。

【公路养护】 2021年，公司牢牢把握云和公路事业发展目标任务，主动作为、苦干实干，承接了2020—2021年云和县国省道、县乡道公路日常管养（小修保养）工程、2021年云和县“四好农村路”安全生命防护（安全保障）工程、2021年云和县“四好农村路”路面大中修工程等11个工程项目，营业额约5147万元，突破了正常年的3000万元。公路养护秉持“建设好、管理好、养护好、运营好”的原则，切实提高农村公路整体服务水平。2021年完成桥梁水毁抢修2座；完成普通国省道公路养护大中修工程5.08公里；增设完善砼护栏1092延米；对35个平交口、穿村镇等路段进行处置；完成全县78条总里程约464公里存在破板、裂缝、露骨的农路公路路面修复。完成民生实事项目：农村公路路面大中修43.875公里；安防工程实施93条农村公路，安装钢质护栏24.04公里；农村公路改善提升工程29.35公里。

【运输服务】 2021年城市治堵工作成效显著，2月9日开通云和至景宁的9路公交线路，并投入2辆13座公交车，覆盖现有公交线路的空白区域，使公交城乡一体化迈出了实质性的第一步。根据《关于〈2021年云和县治理城市交通拥堵工作任务书〉的通知》云治堵办〔2021〕3号等文件要求，已完成更新安凯14座纯电动公交车2辆，比亚迪27座大型纯电动公交车2辆。更新客车7辆，2021年发站旅客运输27.79万人次，站售收入603.51万元。摩托车检测业务，于2021年10月14日通过整改验收，恢复营业，截至12月底共创造营收11.25万元。 （陈佩丽）

金　融

银　行

【概况】 2021年，云和全县共有银行十家，可以分为两大类，一类是政策性银行，即中国人民银行云和县支行；另一类是商业性银行，即中国工商银行云和支行、中国农业银行云和支行、中国建设银行云和支行、中国邮政储蓄银行云和支行、浙江稠州商业银行云和支行、浙江泰隆商业银行云和支行、云和农村商业银行、云和联合村镇银行、温州银行云和支行。云和全县金融运行总体呈现“量增质优”的良好态势，金融总量保障有力、信贷投放重点突出、减费让利效果显著、金融生态持续优化，创新成果不断涌现。截至2021年12月末，全县存贷款总量达269.12亿元，其中，本外币各项存款余额139.03亿元，较年初新增6.46亿元，余额同比增长4.87%；本外币各项贷款余额130.09亿元，较年初新增18.00亿元，余额同比增长16.06%。云和县人民币余额存贷比、新增存贷比分别为94.23%、284.92%，分别位列全市第四、第二，信贷资金运用较为充分，有力支持地方经济发展。实际上与云和县域存在金融关系的商业银行尚有十家，除以上九家商业银行之外，还有中国农业发展银行云和县信贷组（以下简称农发行），该行因机构改革，于2020年10月末撤并至中国农业发展银行丽水市分行。截至2021年12月末，农发行云和区域存款余额7643万元，较上年增加4920万元，同比增长180.68%；日均存款余额4465万元，较上年增加1236万元，同比增长38.28%。各项贷款余额16724万元，其中：政策指令性贷款余额2441万元，政策指导性贷款余额9000万元，自营性贷款5000万元，粮食新增财务挂账贷款283万元，贷款较上年增加10282万元，同比增长159.61%；日均贷款9114万元，较上年增加3659万元，同比增长67.08%。

【中国人民银行云和县支行】 中国人民银行云和县支行是负责云和金融政策性导向的银行，对当地银行进行监督、管理和给予指导，管理流通中的货币总量，维护支付、清算和结算系统的正常运行。2021年，一是创新推出“农家乐民宿成长贷”。牵头起草了《云和县金融支持农家乐民宿产业发展实施意见》，引导金融机构创新金融产品，在全市首创由政府出资担保、银行专项授信的“农家乐民宿成长贷”。为推动政策落地，支行多次联合金融办、财政局等部门召开研讨会，推动出台了云和县《农家乐民宿成长贷担保管理暂行办法》和《农家乐民宿成长贷项目操作细则》，有效发挥了政府性融资担保基金作用，进一步规范农家乐民宿成长贷运作，已落实发放首笔“民宿成长贷”50万元。二是创新发放“数字生态贷”。结合全省数字化改革趋势和丽水市生态产品价值实现试点的实际，指导辖内商业银行运用数字科技手段创新推出数字生态贷款，进一步拓宽农村生态产品价值实现转换通道。《中国金融》、《浙江日报》、《金融时报》、浙江电视台等多家媒体对相关创新做法进行了大篇幅报道介绍。截至2021年12月底，“数字生态贷”已发放贷款1579万元，73笔。三是发布数字工具书优化营商环境。为进一步畅通县域融资渠道，支行收集梳理辖内金融机构相关金融产品，汇编发布了数字工具书，该书基本涵盖了银行的各类业务领域，有效实现了辖内市场主体对金融产品的快速查询、比较和选择，进一步疏通了银企之间信息梗阻，充分满足了市场主体的多元化融资需求。

同时，积极贯彻执行货币政策，认真落实稳健的货币政策，坚持回归本源、服务实体的发展理念，进一步加强对制造业、民营和小微企业等领域的信贷支持。截至12月末，全县个人经营性贷款新增2.40亿元，余额同比增长6.45%；小微企业贷款新增14.93亿元，余额同比增长23.83%，高于全部贷款增速7.77个百分点；制造业企业贷款新增5.13亿元，同比增长26.98%，高于全部贷款增速10.92个百分点。

深入实施“融资畅通”工程，持续发挥央行低息资金、延期还本付息政策及信用贷款支持计划的定向引导支持作用，推动全县融资成本下行。截至12月末，一般贷款加权平均利率5.19%，同比下降4个基点；小微企业贷款加权平均利率4.85%，基本与上年特殊时期持平；运用央行普惠性再贷款资金投放的贷款，利率低于一般贷款加权平均利率46个基点，累计为实体经济减费让利超1亿元，其中减息达5000万元以上，切实降低了全县实体经济融资成本。

不良贷款实现双降，截至12月末，全县金融机构不良贷款余额7051万元，较年初下降616万元；不良率0.54%，较年初下降0.14个百分点，与全市平均水平基本持平，金融资产质量位列全市第四。其中，个人不良贷款余额5398万元，较年初下降913万元；企业不良贷款余额1888万元，较年初略有上升，企业风险相对平稳。（练玲玲）

【中国工商银行云和县支行】 2021年，中国工商银行云和支行经营绩效考核排名全市第三，县（市、区）支行评价最高排名全省第五，党建、普惠、风控等7个专业排名全市第一，获6项市分行年度特别贡献奖，被评为市分行年度先进集体和优秀班子，创历史最好成绩。至2021年年末，本外币各项存款余额169639万元，比年初减少21956万元，同比减少11%；本外币各项贷款余额189988万元，比年初增加30704万元，同比增加19%；不良贷款余额118万元，不良率0.06%。全年未发生重大风险事件，实现安全运行。

稳健发展存款业务。通过加强厅堂服务和系统支持，提升客户存款收益和资产增值；逐户走访沿街商户，服务商户收单，促进地方消费；积极配合政府、国资和社保等单位存款需求，提高存款收益；利用普惠贷款利率优惠服务小微企业，提供资金回笼服务。2021年年末，本外币各项存款日均余额18.82亿元，比年初增加1.01亿元。

全力支持实体经济。全力保障重点项目融资，发放大搬快聚项目资金3350万元，天然气项目资金3000万元；主动服务制造业客户，加大支持首贷户。年末，公司贷款额较年初增加1.81亿元，制造业贷款额比年初增加0.94亿元。提供木制玩具产业集群方案、电e贷、经营快贷等产品，对新入园企业第一时间主动服务。年末，普惠贷款新增1.8亿元，增量排名全市第一。支持客户购房融资，为“华鸿云墅”“云璟台”等楼盘实行“一对一”服务；建立负责人制，服务二手房按揭业务；利用“家装分期”及“房抵E”支持客户装修融资需求；围绕山区26县发展战略，创新推出“雪梨贷”，支持乡村振兴。年末，个人贷款余额11.65亿元，较年初增加1.28亿元；累计发放分期付款近亿元，排名全市第二。

深入开展金融宣传。定期走访招商、经贸、发改、园区等部门，及时提供各类金融产品政策咨询服务；建立服务台账，及时解决企业各种金融需求；积极开展代发工资业务、各类代扣代缴业务的宣传，提高企业效率。开展大走访大宣传工作，向规上企业、乡镇村宣传各类金融知识，了解金融需求，提供金融服务。

全面优化网点服务。增配个人客户经理、理财经理，增加网点服务能力；通过“学加练”技能大练兵活动提升网点员工服务技能；通过网点分区服务、岗位调整、客服通岗、弹性排班、优化劳动组合等措施，发挥网点整体合力，保证窗口数量，全面提升网点运营服务效能，推动网点从操作服务型向营销服务型。全年网点超时等候率控制在5%以内，客户满意度99.8%以上，有责投诉为零。

加强资产质量管理。通过夯实信贷管理基础，加强潜在风险贷款精准管理，加大逾期贷款风险化解力度和不良贷款处置力度，提高信贷人员风险防控和识别能力。信贷资产质量保持优良，公司贷款保持零不良。加强内控合规管理，认真贯彻落实云和县委县政府、金融办、人行等工作要求，加强培训与警示，持续强化员工合规管理；持续开展客户身份识别和流程管理，做好反洗钱、征信管理等各项工作；深入防控电信网络诈骗，加强网点疫情防控，实现安全经营无事故。　（胡广宇）

【中国农业银行云和县支行】 中国农业银行股份有限公司云和县支行（简称县农行）地处云和县凤凰山街道中山路162号，在职员工36人，设综合管理部、客户部和营业室共三个部室。为单点式支行，有附行式自助银行1个。县农行主要职能是办理存款、贷款、承兑、贴现、国际结算等业务。系农总行级文明单位、浙江省文明单位、浙江省巾帼文明示范岗，被上级行评为先进集体，获丽水市创建学习型组织、争做知识型职工先进单位，丽水市消费者信得过单位，丽水市工人先锋号等多个荣誉称号，2021年云和支行荣获县级年度综合考核“优秀单位”称号。在第七轮安全评估中同业排名第一。

截至2021年末，各项存款余额20.3亿元，各项贷款总量17.34亿元。营业收入、净利润、拨备前和拨备后利润均圆满完成上级行下达指标任务；实现中收748万元，同比增加15万元，计划完成率81.57%。新发生不良贷款213万元，累计处置不良贷款165万元，不良率下降0.01个百分点。全年无经济刑事案件、无重大违规事项、无重大经营风险和无重大负面舆情，连续24年实现平安经营。

2021年全行上下紧紧围绕支行党委战略部署，牢牢把握浙江“高质量发展建设共同富裕示范区”背景下丽水9县（市、区）的历史性发展机遇的工作要求，聚焦“赶超发展、有效发展、持续发展”三大主线，各项业务保持稳健、良好的发展态势。云和农行继续把服务乡村振兴、服务“三农”和普惠金融的实际行动转化为推动各项业务速度、质量、效益协调发展的内在动力，为云和实体经济发展和社会事业进步做出更大的贡献。　（张　霞）

【中国建设银行云和县支行】 至2021年12月末，中国建设银行股份有限公司云和支行存款余额11.9亿元，比年初下降1.38亿元，当年新增四行排名第二。其中，对公存款时点余额为6.54亿元，较年初减少1.87亿元，在当地四行占比排名第三；对公日均存款余额为7.01亿元，较年初新增0.67亿元，在当地四行占比排名第二；个人大口径存款时点余额5.37亿元，新增0.49亿元；核心存款日均余额4.65亿元，日均新增0.18亿元；个人金融资产7.15亿元，新增0.5亿元，四行新增排名第一。资产业务：支行贷款余额16.8亿元。对公信贷余额5.83亿元，较年初增长1.14亿元，时点新增四行排名第二（含贴现）；个人贷款余额11亿元，新增0.54亿元，其中，个人住房贷款余额6.89亿元，新增0.72亿元，余额及新增均列本县同业第一。个人消费经营类贷款余额3.67亿元，下降0.28亿元，其中普惠类个人贷款余额2.45亿元，比年初新增0.49亿元。资产质量：截至2021年12月底，不良贷款余额398.17万元，不良率0.24%，其中，对公不良贷款为37.05万元，不良率0.06%，个人不良贷款312.21万元，不良率0.3%，信用卡不良48.91万元，不良率1.14%。2021年共起诉案件22起，其中对公3起，对私19起，涉及金额562万元，其中对公76万元，对私486万元。全年共收回现金248万元。

中国建设银行股份有限公司云和支行继续加大对重点项目及优质中小企业的扶持力度，首先全面服务地方建设，对云和新农村大搬快聚项目一期投放2250万元；其次支持小微企业发展，针对小微企业融资难问题，主打"快贷"系列产品，包括抵押快贷、信用快贷、个体工商户经营快贷、云税贷等，小微企业（含个体工商户）可以根据自身经营特点择优匹配。截至年末，云和建行已累计授信小微客户150多户，贷款余额24000多万元，取得较好的市场口碑，客户反映较好。另外，2021年落地的云和县中机能源有限公司内部银团贷款，支行承贷7800万元，全额投放，继续深入推进金融科技工作。2021年，通过多次走访云和镇各街道分管领导及各村委书记，营销农村"三资"平台20户，通过银企互动，营销企业安心养老平台19户。（万　霞）

【中国邮政储蓄银行云和县支行】 至2021年末，中国邮政储蓄银行云和支行各项存款余额69285万元，比2020年减少6070万元，同比减少8.06%。其中，公司存款余额29765万元，比2020年减少10030万元，同比减少25.20%；个人储蓄余额39520万元，比2020年增加3960万元，同比增长11.14%。

2021年年末，邮政支行各项贷款余额136606万元，比2020年增加24403万元，同比增长21.74%。其中，中小企业贷款余额31956万元，比2020年增加9880万元，同比增加44.75%；零售信贷余额104650万元比2020年增加14523万元，同比增长16.1%。不良贷款余额243.48万元，不良贷款率0.17%。（何斌瑶）

【浙江稠州商业银行云和支行】 至2021年12月末，各项存款余额87187万元，较上年新增12907万元，增长率为17.38%，其中储蓄余额62607万元。各项贷款余额49405万元，比上年末增加15万元，期末存贷比56.67%。小微贷款余额40050元，较基数增加2550万元。资产质量情况截至2021年12月31日，重组贷款24笔，较上半年减少5笔，余额353.72万元，较上年减少201万元；账面逾期贷款1户，余额30万元。2021年12月底，核销贷款共15户，金额共134.14万元。经过全行的努力，90+、90-指标均控制在上级行下达的任务内。不良贷款余额为0，超额完成分行任务，其中蓝自强、浙江农品汇网络科技有限公司逾期贷款950万元及欠息全额收回。

支行大力推行"整村授信"，已准入的村居，做好户数、提款额的再营销工作。对已准入的20个村，继续加大营销力度，力争每一个村提款户数50户以上，村均余额300万元，这样方可形成让村民向村民推荐我行"乡村振兴贷"产品，从而达到集群效应。截至2021年12月底，稠州银行云和支行乡村振兴贷签约户数2107户、授信总额3.63亿元，贷款余额1.05亿元、共851户。

稠州银行云和支行重视员工能力培养，定期开展各项专题业务培训。如运营管理部专门对员工进行客户风险识别、反洗钱风险点的讲解；风险管理部专门对客户经理进行征信、核保核签、杜绝签订空白空同等风险提示培训、对全体员工进行案件警示教育、资产保全、清收诉讼法律知识、消保等专题培训。要求全体员工在日常的业务拓展中，做到遵章守纪，合规、诚信地开展金融服务。（余靖波）

【浙江泰隆商业银行云和支行】 2021年年末，浙江泰隆商业银行云和支行存款余额56742万元，日均57080万元，分别较年初增长1950万和6040万元，分别同比增长3.56%、11.83%；资产余额89353万元，日均87640万元，分别较年初增加10181万元和9999万元，分别同比增长12.8%、12.8%；随贷通卡垫款日均18258万元，较年初增加4608万元，同比增长33.76%。风险资产1572万元，风险资产率1.76%，余额较年初下降465万元，风险资产率较年初下降 0.81%；本年新发生风险贷款 377 万元，新发生率 0.43%，较上年同期下降 0.39%，不良率 1.23%，较年初下降 0.18%。全年累计发放三权抵押贷款 4460 万元，其中生态公益林补偿收益权抵押贷款 1452 万元，农房流转使用权抵押贷款 2787 万元，土地流转经营权抵押贷款 226 万元。　（钟晓菲）

【云和农村商业银行】 至 2021 年年末，云和农村商业银行各项存款余额 46.03 亿元，较年初上升 15.3 个百分点；各项贷款余额 38.73 亿元，较年初上升 14.36 个百分点；个人贷款户数 11171 户，较年初上升 42 户；企业贷款户数 221 户，较年初上升 50 户；普惠签约户数 17563 户，普惠签约率 44.29%，居全市首位。全年营业净收入 1.54 亿元，增幅 4.05%。账面利润 0.77 亿元，同比增加 0.04 亿元，净利润 0.59 亿元，同比增加 0.04 亿元。百元贷款实际收息率 5.45%，同比下降 0.22 个百分点。不良贷款拨备率 586.15%，同比减少 242.18 个百分点；贷款拨备率 5.05%，同比减少 3.22 个百分点。

不良处置取得成效，资产质量承压较强。至 2021 年年末，四级不良贷款余额 2029.36 万元，较年初下降 101.22 万元，不良率 0.52%，较年初下降 0.11 个百分点；五级不良贷款余额 3338.08 万元，较年初下降 45.25 万元，不良率 0.86%，较年初下降 0.14 个百分点；双逾期贷款（含卡）余额 3070.83 万元，占比 0.79%，较年初下降 0.06%；双逾期 60 天以上贷款（含卡）余额 2145.7 万元，占比 0.55%，较年初下降 0.2%。年内处置表内不良贷款 3342.5 万元，完成年度不良处置额 159.17%。

全年新增社保卡 1.62 万张，增幅 30.63%，列浙江农信前三、丽水农信首位；社保卡市场份额提升 11.55 个百分，列丽水农信首位；社保卡低成本活期存款余额同比上升 1.25 亿元；移动支付价值客户数 15089 户，覆盖率 13.24%，位列全市农信第二；新增收单商户1318户，新增商户核心转化率达 98.19%；商户低成本活期存款 8114.80 万元，比年初增加 2090 万元；收单手续费支出 62.06 万元，比历年最高时点支出下降了 120 多万元。

全力以赴助推共同富裕建设。一是为确保生猪稳产保供。主动对接辖内以养猪为主的家庭农场和个体农户，与养殖场清单内 6 户实现 100%对接，辖内完成 5 家生猪养殖场提供贷款 900 万元。二是持续推进绿色金融。坚决扛起乡村振兴主办银行使命担当，积极谋划金融创新，在“两山贷”的基础上又在全省首创推出“两山存”“两山货”，继续坚持发展绿色金融，全面助推乡村振兴。累计已发放“两山贷”186 笔、金额 5263 万元，累计为村民减少利息支出约 118 万元。三是不断发挥金融创新。云和农村商业银行积极响应县政府推出的政策性融资担保贷款项目，起草出台全市首个政府性民宿融资指导办法，统一规范“农家乐”民宿融资，并为云和县“农家乐”民宿成长贷授信 500 万元。同时，在县人行的指导下，创新“数字生态贷”产品，依托浙江农信丰收互联信息平台，通过数据共享、政策互通等方式，通过数字化技术，实现公益林生态价值的最大转化，有效解决了原公益林贷款手续繁杂、涉及部门广、农户办贷难度大等问题。四是大力支持大搬快聚项目建设。为全面助力乡村振兴，云和农村商业银行主动对接“万名农民下山转移工程”，承担社会治理责任，推进“普惠·农居贷”工作，对大搬快治、下山转移购建安置房及旧村改造等特定群体推出优惠信贷支持力度，成为县域大搬快聚岗头小区安置房独家合作银行。至 2021 年年末，已累计发放安置房购房贷款 147 户，贷款金额达 6057 万元。五是积极参与共同富裕示范区建设。云和农村商业银行作为共同富裕示范区建设合作的牵头金融机构，参加了县供销社流动供销致富车项目启动仪式，该项目聚焦省委、省政府关于高质量发展建设共同富裕示范区和支持山区 26 个县跨越式高质量发展的决策部署，聚力乡村共同富裕，以“一保两促、三车并驱”为主要内容，破解偏远山区群众日消品购物难、农资购买使用难、农产品销售难等难题。成立“浙丽贷”普惠金融服务队，现场为流动供销致富车服务团队授信5000万元。

云和农村商业银行先后荣获2021年全省农信劳动竞赛三等奖、2021年丽水市金融机构打击治理电信网络新型违法犯罪工作先进集体、2021年丽水银行业保险业新闻信息宣传先进单位、2021年丽水金融服务共同富裕联合创新实验室优秀创新项目——小微企业园“一园一行一顾问”金融服务机制、云和县银行业金融机构综合评价A类金融机构、2021年云和县第一届“云和慈善奖”慈善之星、2021年度县支行(网点)级“两山银行”和乡村振兴金融服务站示范点等荣誉。（陈　燕）

【云和联合村镇银行】 至2021年12月末，云和联合村镇银行各项存款余额81925.03万元，县域市场占比为5.89%。日均存款余额71682.32万元，较年初增长553.61万元，其中储蓄日均余额54668.15万元，较年初增加7355.70万元。各项贷款余额89763.08万元，县域市场占比为6.90%。日均贷款余额85509.55万元，较年初增加20382.37万元，100万元(含)以下贷款余额占比为75.99%。实现营业净收入4585.08万元，完成任务目标的96.96%；实现净利润1166.66万元，完成任务目标的102.25%；成本收入比49.30%。

云和联合村镇银行践行“党建+金融”模式，助力乡村振兴。一是创新推出“党员先锋贷”产品，为乡村振兴添砖加瓦。截至12月末，共发放“党员先锋贷”1050笔，余额2539.42万元。二是首创“生态信用农户培育池”，打通金融服务“最后一公里”。我行创新推出了“两山信农贷”信贷产品，出台了农户信用分值使用管理办法，规定了四项分值评分模型，按一定的分值比例计算出最终农户的生态分值，并把分值对应一定的授信额度，真正实现了生态产品价值转化为农户手中的金山银山。截至12月末，共发放“两山信农贷”124笔，余额1065万元。（项海慧）

【温州银行云和支行】 温州银行股份有限公司丽水云和小微企业专营支行(简称温州银行云和支行)至2021年年末，温州银行云和支行存贷比为51.94%，本外币存款余额45753万元，比年初增加6868万元，同比增加17.66%，本外币贷款余额23762万元，比年初增加1177万元，同比增加98.30%，其中小企业贷款余额14992万元，较年初增7587万元。

2021年，温州银行云和支行围绕高质量发展要求，加快调结构、防风险、提效能、谋篇布局“聚焦小微、做强资产、做活理财”实现不良资产下降，资产质量提升。不良贷款余额80万元，比年初减少324万元，不良贷款率为0.34%，比年初下降3.03个百分点。理财产品余额20360万元，移动支付笔数65865笔，公司基础客户开立68户，其中基本户55户、一般户11户、专户2户，云闪付签约622户，水电费代扣290户。总行提出战略发展小贷业务的转型思路，并在7月1日正式推出“温信贷”纯信用贷款产品，以“信用”换“信贷”提升客户接触面和覆盖率，做大财富蛋糕。温州银行云和支行“温信贷”贷款余额超10150万元，使用有效户数达783户。

2021年是竞争激烈，形势多变的一年，温州银行云和支行找准定位，不断开辟经营发展的新境界，赢得了社会各界的青睐和肯定：一是参与2021年度行政事业单位银行账户开户及公款定存项目招标，中标8435万元；二是成功中标云和县供销合作社账户资格及存款400万元；三是荣获2020年度“省级敬老文明号”称号；四是荣获2020年度“丽水市级青年文明号”称号；五是荣获2021年度“浙江省示范妇女微家”称号。（甘倍云）

保　险

【概况】 2021年，在云和县设立的保险行业企业共有以下五家，即中国人民财产保险股份有限公司云和支公司、中国人寿保险股份有限公司云和支公司、中国人寿财产保险股份有限公司云和支公司、中国太平洋财产保险股份有限公司云和支公司、中国平安财产保险股份有限公司丽水中心云和营销服务部支公司。各家公司在积极探索地方特色险种，深化保险精准扶贫，在人寿健康、工程风险、食品安全、农业开发等方面的保项均有新的突破。至2021年年末，全县全年实现保费15092万元，为地方经济建设保驾护航和民生安全的保障发挥了积极作用。

【中国人民财产保险股份有限公司云和支公司】 2021年，中国人民财产保险股份有限公司云和支公司全年实现保费收入5569万元，同比增长14.5%，占市场份额59%。在地方特色险种、地方工程项目、食品安全等事关民生领域取得新突破、新发展。一是保障公众安全保障，为23853家农户提供农村住房安全保障，为全县公益林提供政策性林木保险80余万亩，为全县农贸市场提供食品安全责任保险。二是深化保险精准扶贫，聚焦意外风险化解开展低收入农户小额意外伤害保险，惠及农户175人。三是继续深化创新农险地方特色险种，2021年，积极与县农业农村局、县财政局做好对接，切实抓好政策性农业保险这项惠民工程，完成了雪梨花期气象指数保险、政策性能繁母猪养殖保险、政策性生猪养殖保险、设施农业大棚保险、大棚蔬菜保险、政策性水稻保险、政策性林木保险、政策性农村住房保险8个保险品种的投保，投保农户27587户，保险金额9.3亿元。四是围绕实体经济和社会公众需求，深度参与社会治理。“农村公路财产保险”实现全域统筹，总保额达238.81亿元，为山区26县“四好农村路”建设提供“丽水经验”。五是继续完善“三农”服务体系，已完成了各乡镇“三农”保险服务站(点)的建立工作，对“三农”保险服务站协保员进行了承保及理赔方面的培训，提升了协保员的工作技能，实现公司产品、服务、人员“三下乡”，为金融保险支持振兴乡村建设夯实良好基础 。 (王彬吉)

【中国人寿保险股份有限公司云和支公司】 中国人寿保险股份有限公司云和支公司下设5个部门：营销发展部、收展发展部、机构业务部、客户服务中心、综合部，在职内外勤员工达103人。公司通过个人营销、团体直销、银行代理、网络销售等多种渠道，为社会大众提供生存、养老、疾病、医疗、身故、残疾等多种保险保障与服务。2021年全年实现保费收入6320.27万元，市场份额占比71.52%，稳居云和寿险市场第一，引领行业发展。公司履行社会责任，积极响应县委、县政府“一户一策一干部”结对帮扶工作，全体内勤员工与安溪畲族乡低收入农户开展结对精准帮扶。同时为提升服务质量，坚持“诚实守信、客户至上”的服务理念，开启云和理赔直付系统，强化保险服务能力，打通保险服务“最后一公里”；发挥科技赋能，打造智能化柜面，提供长险新单服务809人次、理赔服务1841次、保全服务46444人次。 (吴振升)

【中国人寿财产保险股份有限公司云和支公司】 2021年，中国人寿财产保险股份有限公司云和县支公司保费收入1168.42万元，市场份额13.25%，位居云和财险行业第三，其中车险保费收入684.53万元，非车险保费收入483.89万元，车险赔案件数1302件，赔款支出615.97万元，较上年增加13.33万元，非车险赔案件数120件，赔款支出471.66万元，较上年增加14.23万元。全险种综合赔付率92.72%，实现承保利润85.83万元。

全力支持云和县地方经济建设，积极向上级公司争取政策，开展木制玩具行业企业财产保险、高危企业安全生产责任保险、在校学生监护人责任保险、工程一切险及公众责任保险等民生保险项目。全面推进车辆保险电子化保单服务，客户可直接通过在线形式便利完成车险投保、保单查阅下载、网上理赔等车险全流程服务。 (洪海华)

【中国太平洋财产保险股份有限公司云和支公司】 中国太平洋财产保险股份有限公司云和支公司是中国太平洋保险集团旗下中国太平洋财产保险股份有限公司的分支机构。太平洋产险云和支公司自2009年成立以来，经过10余年的不断发展，具备雄厚的实力。2021年，共实现保费收入1506万元，同比增长6%，市场占比仅次于人保财险，位居第二，其中车险保费收入1108万元，非车险保费收入398万元。2021年，共支付赔款642.24万，全年全险种综合成本率83%，实现盈利经营。 （雷春燕）

【中国平安财产保险股份有限公司丽水中心支公司云和营销服务部】 2021年，中国平安财产保险股份有限公司丽水中心支公司云和营销服务部，全年实现保费收入828.25万元，其中车险保费777.22万元，占车险市场份额11.91%。在责任保险、意外险，健康险等事关民生领域取得新突破、新发展。

服务地方实体经济，助力经济持续健康发展：在丽水中心支公司的带领下，2021年发挥“数据+科技+服务”的优势，服务地方实体经济，服务小微企业：结合小微企业需求和特点，开发店家保，爱员保，疫苗安心保等多款小微专属产品，向企业、员工、市民提供风险保障。落实客户导向，打造平安服务新生态：为致力贯彻平安“以客为尊，因客而优”的服务宗旨，丽水平安以行业领先的“理赔360管家”服务模式，确保被保险人在行业化服务外，尽情体验更放心、更省心、更暖心的个性化理赔服务。 （张　健）

教育　科技

教　育

【概况】 2021年,云和县教育局深入贯彻党的教育方针,紧紧围绕县委、县政府的重大决策部署,深入实施教育提质行动,加快推进教育现代化,全面开启"十四五"教育事业发展新征程。是年,县教育局在丽水市教育提质考核中综合排名第五。相继获得市平安建设先进单位、县意识形态工作考核优秀单位、县项目建设工作考核优秀单位、县常态化疫情防控工作考核优秀单位等称号。

2021年年末,全县共有电大分校1所,普通高中1所,职业高中1所,初中3所,小学10所,九年一贯制学校1所,特殊教育学校1所,幼儿园14所,区域成人文化技术学校3所,下辖乡镇(街道)成人文化技术教学点10个,社区学校3所,与县老年电视大学合作设立老年教育教学点10个。全县在校中小学生15118名,其中,普高1507名、职高1826名、初中3856名、小学7889名、特殊教育40名。在园幼儿4345名。全县共有中小学、幼儿园在编教职工1164名,其中,普高154名、职高148名、初中279名、小学490名、幼教87名、特殊教育6名。

【教育规划】 以切实"办好人民满意的教育"为前进目标,在深入调查研究、广泛征求意见、科学分析论证的基础上,制定出台《云和县教育事业发展"十四五"规划》《云和县主城区教育资源配置方案(2021—2025年)》《云和县教育信息化"十四五"发展规划》《云和县推进学前教育发展第四轮行动计划(2021—2025年)》《云和县教育局2021年重点工作任务清单》《云和县小学"强基"工程实施意见》等规划、计划、方案、意见,提前布局谋篇,以规划为引领为导向,高起点筹划教育优先发展,为新一轮教育事业发展提供有力保障。

【项目建设】 2021年,县教育系统实施项目11个,完成固定资产投资9516万元。新改扩建新城幼儿园、童话幼儿园托幼部、幼儿户外活动场地等项目。新增幼儿学位240个、托育学位160个,公办幼儿园在园幼儿占比较上年提升5.48个百分点。实施幼儿园升等创优工程,盼盼城西幼儿园被评为一级园,金太阳幼儿园被评为二级园,优质园覆盖率达93.84%,居全市首位。义务教育,超进度完成县实验小学分校年度建设任务。古坊小学学生食堂改扩建工程竣工交付使用。有序推进云和三中宿舍及多功能教室改建、崇头镇中心小学功能教室及学生宿舍新建、江滨实验小学功能教室新建等一批学校基建工程。撤并停办乐乐幼儿园、沙溪幼儿园、朱村小学,县域教育布局进一步优化。

【教育质量】 学前教育阶段,实施"云和木玩游戏"品牌提升行动,制定《"云和木玩游戏"实践园木制玩具配备指南(试行)》,"云和木玩游戏"在全市432所、省内外33所实践园推广,研究成果《"云和木玩”游戏体系建构及实践范式》，获2021年浙江省教学成果基础教育类一等奖。义务教育阶段，实施教育提质“常规深化”行动、农村教育“振兴计划”等一揽子计划，首次探索“引智办学”托管机制，与浙江新通教育集团签订战略合作协议，将云和二中、江滨实验小学、城西小学三所学校委托管理，各学段教育质量企稳回升，学生学科素养大赛进步明显。普高教育方面，云和中学“适性教育”内涵不断升华，篮球等特色课程育人效果明显，获国家级一级运动员称号1人，获国家级二级运动员称号15人，高考C9+2高校录取4人、一流学科建设高校录取5人、省重点建设高校录取50人，本科录取率位列全市第三。职业教育方面，坚持产教融合发展，2021年毕业生就业率达99.58%，学生高考（单考单招）上线率连续三年达100%，增挂“丽水市木玩产业学校”牌子，成功申办云和县技工学校。木玩+产业链创新服务实习实训基地入选省职业院校实习实训基地。《中职校产教融合培养一专多能“木玩匠人”的探索与实践》荣获浙江省教育教学（中职教育类）成果二等奖。县职技校、石塘镇成人文化技术学校被评为2021年浙江省现代化学校。

【素质教育】 落实教育“双减”政策，对校外培训机构开展专项整治行动，完成17家学科类校外培训机构的转登，县域营利性学科类培训机构压减率、办结率达100%。加快推进“五育融合”发展，“一校一品”特色鲜明，云和中学、云和二中分别荣获省第十五届中学生篮球联赛（丽水赛区）高中组、初中组冠军；职校党建品牌“烽火乘云”入选省中职优秀党建品牌；云和三中获省健美操锦标赛一等奖、小话剧《大山的脉搏》获省中小学艺术节一等奖；梅源中学教育案例《梯田之下，劳动至上》获评省优秀德育工作案例；文元育英中学获评全国围棋特色学校；县实验小学获评全国青少年茶艺教育培训基地；江滨实验小学获评省中小学书香校园亮色工程受益学校；城西小学获评全国百强书法教育学校；古坊小学获评浙江省中小学心理健康教育示范点；文元小学获评市绿谷系列“人文•科技”素养展示活动优秀集体。

【师资队伍】 创新运用“问海借力”“引智办学”金钥匙，积极探索柔性引才方式，引进特级校长1名、特级教师1名、年轻骨干教师17名到云和任教，有效破解“引才难”问题。持续加大紧缺教师定向培养力度，选送24名品学兼优的考生委托浙师大、杭师大、丽水学院教育培养。拓宽教师录用渠道，完善人才优惠政策，引进硕士研究生2人、本科紧缺教师5人，公开招聘事业人员12人，后备教师4人，队伍结构不断优化。实施教师全员进阶计划，新评省教坛新秀2人、市教学名家3人、市教学（德育）名师14人、市学科（德育）带头人24人、市教学能手16人、市教坛（德育）新秀68人、市教坛（德育）新苗71人，队伍素养大幅提升。云和二中科学组、县实验小学英语组荣获省级先进教研组称号，云和三中、实验幼儿园获市教科研先进集体称号，教师教科研水平不断提高。

【党建工作】 扎实开展党史学习教育、庆祝建党100周年系列活动，县教育系统在开展党史学习教育过程中，被上级媒体信息录用稿件101篇，其中，国家级6篇、省级51篇。结合“我为群众办实事”等实践活动，化解系统内多年未解决的历史遗留问题13项。完成了古坊小学食堂改扩建、贫困学生营养餐省财政补助不足部分由县财政兜底保障、小学生暑期托管、师生同菜同质同价、学生中餐配送等惠民事项。深入推进中小学校党组织领导下的校长负责制改革，在原有5所学校的基础上，新确定6所学校开展试点。创成丽水市清廉学校示范校8所，获评县五星级党组织2个、四星级党组织1个。云和三中的“党员爱心妈妈”、文元育英的“小橙支部”、盼盼幼教集团的“蒲公英爱心小分队”、城西小学的“廉政故事讲坛”等党建品牌逐步凸显。

【智慧教育】 实施省“教育魔方”工程，升级优化“云和县数字化教育服务平台”，推进“云和县教育数据应用管理中心”建设。常态化开展在线课堂、同步课堂、网络教研及各类优质课例和微课资源建设与共享，收集教学视频资源2000节（条）。在“浙里办”创新开设“家校共育”场景应用平台，《落实“双减”提升品质，构建家校共育新格局》入围省教育领域数字化改革实践案例。推进省“人工智能教育示范区”建设，借助“木玩”产业优势，积极推进木玩STEAM课程，建设木玩创意课程（项目）群。是年，创建市智慧校园示范校5所、优质校3所、达标校7所，市智慧校园创建率达93.7%。云和县被认定为“浙江省区域整体推进智慧教育综合试点合格单位”，入围浙江省人工智能教育实验区和省第二批数字社会未来教育重点场景先行建设单位，教育信息化发展水平持续走在全市前列。（何沈姚）

科　技

【概况】 云和县科学技术局（以下简称县科技局），下设科室有办公室、综合科、云和县科技创新服务中心、云和县科技信息中心。2021年9月，党组书记、副局长练奕万由县政法委调入，原党组书记肖飞龙退出领导岗位。县科技局行政事业在编人员15人，在职干部、职工21人。2021年，全县拥有国家高新技术企业23家，省级企业研究院5家，省科技型中小企业97家，省高成长科技型中小企业11家，省级创新平台1个，省农业科技企业17家，省农业企业科技研发中心4家，省高企研发中心12家，省级众创空间1个，民营科研所10家。

【领导重视】 云和县木玩产业创新服务综合体创建工作，系云和县重点项目。起始于2019年，该项目建议案提交省里时曾得到省委、省政府的重视和支持，同时被市政府列入2019年工作计划，并以全市第一的成绩被推荐上报省级产业创新服务综合体名单，直接进入省级产业创新服务综合体建设名单。为此三年来省市县领导高度重视项目的推进，2021年亲临考察调研指导木玩产业创新服务综合体工作的各级领导有：8月10日丽水市政协副主席丁岳清、高波；8月18日浙江省政协副主席吴晶；9月15日云和县委副书记、县长李忠伟；9月27日丽水市科技局副局长廖旭青；10月28日丽水市政协副主席何卫宁；11月10日浙江省副省长卢山；丽水市科技局局长蔡昉；12月24日县委常委、副县长胡坚等。

【科技环境】 强化政策规划引领，夯实创新路径，浓厚科创氛围。出台《云和县科技发展“十四五”规划》《关于推进科技创新引领高质量绿色发展的若干意见》。鼓励科技创新，不断释放科技政策红利，全年66家企业享受政策补助，共计609.2万元；鼓励大众创业、万众创新，发放创新券60万元。全面深化“最多跑一次”改革，积极推进数字经济、数字社会建设；加强科技项目管理，立项21个县级科技项目，其中工业类9个，农业类6个，社会发展类6个。云和县人民医院、云和县中医院等5个项目成为市级自筹类公益性技术应用研究项目。

【科技合作】 与杭州电子科技大学签订合作协议，开展“云和县木玩电子技术研发”合作项目；与中国计量学院签订协议，开展“云和木玩创新与标准化研究”合作项目；与浙江省林科院继续开展“云和木制玩具技术服务中心建设”合作项目；与浙江工商大学继续开展“共建木玩创新工作室”合作项目；与浙江工业大学继续开展“木制玩具智能设计研发中心建设”“工业设计技术创新服务平台云和分平台建设”“木制玩具智库中心建设”等合作项目；与宁波北仑区科技局开展合作交流。

【科技人才】 落地7个高层次人才“绿谷精英”项目，其中3个创业项目，4个创新项目；邀请东华大学中科院院士朱美芳参加丽水第十届“智汇丽水”人才科技峰会；清江鳖业合作社卜伟绍在科技特派员多年扶持和培育下，获评省农业科技先进工作者；加强外国专家人才管理，开展外国专家来华工作行政检查，引导和助推云和企业创新发展能力。

【科技创新】 引导企业进入高新技术企业培育库，推动科技型中小企业成长。全年新增国家高新技术企业3家，省级企业研究院1家，高新技术企业研发中心1家，科技型中小企业23家。实现全社会研发投入快速提升，全年研发经费2.06亿元，同比增长28%，高新技术产业增加值5.91亿元，同比增长25.4%，占规模以上工业增加值比重19.8%。建成木玩产业创新服务综合体，10月，顺利通过省科技厅专家组的中期绩效评价，成立云和木玩产业创新研究院，组建木玩产业院校创新联盟，为云和县木玩企业提供“一站式”服务。

【科技特派员】 鼓励科技特派员拓宽服务领域，精准对接，发展合作企业，引进科技特派员19名，团队特派员2个，实施特派员项目16个。木玩团队首席专家庄晓伟，服务云和木玩8年，作为科技人代言“小县大城20周年”；水产团队首席专家尹文林，服务云和15年，为水产注入科技元素；浙江海洋大学派驻赤石乡特派员翟恒兴，帮助解决坡地和梯田田埂上复绿技术问题，为当地产业出谋划策；丽水职业技术学院派驻凤凰山街道特派员王英珍及团队成员，为新岭村100亩桃园的桃树花期管理及除草布覆盖等做技术指导；丽水市农林科学研究院特派员李伟荣及项目组成员，为溪口村高粱酿造提供技术指导；浙江省淡水水产研究所派驻紧水滩镇特派员叶雪平，为云和水产养殖基地提供技术指导；中国美术学院派驻安溪乡特派员徐燚及团队成员，为当地打造地域特色，挖掘文化瑰宝，宣传民族文化；浙江省农科院花卉研究开发中心派驻崇头镇特派员朱强，为打造“梅海”景观提供技术指导，增色梯田风景带。

【科技成果】 及时、准确、完整地统计科技成果，促进科技成果转化和推广应用，登记各类成果23个；积极推进网上技术市场建设，完成合作签约项目38项，发布技术难题累计40项，完成技术合同交易额1.04亿元；举办2021第五届云和木玩创意设计大赛，收到700余件作品，评选出18件获奖作品。举办“云和木玩游戏”趣味竞技大赛、清廉木玩设计大赛，汇聚创意设计资源，促进创意成果转化。

【科技宣传】 开展以“百年回望：中国共产党领导科技发展”为主题的科技服务，向群众宣传科技法律法规、创新政策和生活科普知识；开展科技干部走基层宣讲政策活动，为企业细致讲解科技政策，了解企业所需，精准服务，全年上门服务205家次，做好科技店小二的服务；抓好企业发展难题破解，为企业赋能，为企业立项185项，收集解决问题46项。

【防震减灾】 开展“5·12”防震减灾日、科技下乡等宣传活动，发放防震减灾宣传册和防震减灾宣传品，通过线上线下多角度，进行防震减灾知识宣传和逃生自救知识讲解；启动地震灾害调查与评估工作，并已完成总体工作进度的75%；开展地震行政执法监管及掌上执法即时检查和“双随机”检查；完成防震减灾“十四五”规划的编制。

【党建工作】 严格落实党风廉政建设责任制，层层签订2021年全面从严治党责任书，强化局党组主体责任和领导班子“一岗双责”落实；开展党史学习教育，加强党风廉政建设，组织开展集中学习12次，组织观看警示教育片4次，班子成员开展个人谈话提醒14人，强化监督制约，规范权力运行，制定完善2项内部管理制度；坚持“三会一课”制度，定期召开党支部会议、民主生活会和组织生活会，班子成员带头过好党内组织生活，带头讲好党课；开展体验式主题党日活动，创新主题党日活动形式，组织党员赴云和梅湾村开展主题党日活动，参观红色革命基地，接受红色教育，增强使命感、责任心。

【结对帮扶】 贯彻落实好“一户一策”精准脱贫工作，结对小顺村16户低收入农户，局班子带领全局干部走村入户，局党支部联合小顺村党支部开展结对低收入农户慰问活动，有针对性开展帮扶工作，落实结对帮扶资金3万元；在九九重阳之际，局党组为小顺村老人送上节日慰问；组织省水产养殖团队服务小顺村，持续推进云和县小顺综合渔业示范基地建设。（罗娟芬）

文化广电旅游

文化旅游

【概况】 2021年是“十四五”开局和建党百年的关键时期,云和县文化和广电旅游体育局在县委县政府的正确领导和省市文广旅体部门的关心支持下,坚持“全域5A”发展战略,以“十四五”百亿文旅项目建设为关键抓手,积极培育和壮大文旅产业新动能,文旅融合发展呈现全新局面。“双招双引”迎来“开门红”,成功引进总投资超50亿元的云和湖生态康养小镇项目,为云和湖创建国家级旅游度假区奠定坚实基础。在2021年10月公布的2020年度浙江省公共文化服务评估排名中,云和县排名大幅提升,在山区26个县中位列第14,在丽水市位列第3,在全省位列第55。创成省级全域旅游示范县,实现全省首批,全市首个全域旅游“百千万”工程全覆盖。东山头徐氏家族墓考古发掘入选2021年度浙江考古重要发现;县图书馆上榜全省首批“满意图书馆”;“云和木玩”被省文旅厅列入首批“浙江文化标识”培育项目。全年累计接待游客247.7万人次,同比增长15.3%;旅游收入26.8亿元,同比增长26.1%。

【党建工作】 全面落实新时代党的建设总要求,坚持以高质量党建引领文旅产业高质量发展,以庆祝中国共产党成立100周年活动为引领,全力抓好各项庆祝、纪念活动的筹备和举办,把建党百年系列庆祝活动与党史学习教育相结合,打造党建示范标杆。一是以党史学习教育为契机,坚定信仰增强党性修养。全系统党员干部充分认识党史学习教育的重大意义,认真学习党的十九届六中全会精神,深刻领悟“两个确立”的时代价值,把思想和行动统一到上级决策部署上来,精心谋划推进党史学习教育,掀起党史学习热潮。二是以开展红色主题文化活动为抓手,营造建党百年浓厚氛围。举办“永远跟党走”大型文艺演出、“唱支歌儿给党听”红歌赛、红色经典美文朗诵、“百年同舟、华彩丹青”书画展等庆祝建党百年“七个一”系列活动。三是以加强基层组织建设为引领,切实增强干部战斗力。切实增强抓基层党建的紧迫感、责任感,把严明政治纪律和政治规矩贯穿于日常教育管理之中,做好党建+公共文体服务、党建+提振旅游消费、党建+疫情防控管理等工作。

【发掘传统文化】 全面挖掘云和地域特色文化内涵,启动文化基因解码工程,开展文化基因库建设,探索基因转化路径,为全域5A建设增添文化底蕴和魅力。一是重点对“农耕文化”“抗战文化”“童话文化”等文化形态解码。共梳理农耕、女神、抗战等类型元素颗粒共计193项,涉及3个主类,22个亚类,67个基本类。“云和梯田”“云和木玩”“小顺铁工厂”被评为省文化基因解码工程“优秀解码项目”,木玩文化被列入全省首批100项“浙江文化标识”培育项目。二是启动“中国农耕文化活态博物馆”建设。谋划动态的、无围墙的博物馆,将“农耕文化”“银矿文化”

"畲族文化"三大文化元素通过场景还原、现场演绎、节庆活动等形式,向国内外游客展示云和梯田景区优秀的传统文化魅力。三是深度发掘云和"古瓯"脉络。根据前期已出土的石镞、石斧、石锛、陶爵、陶瓷等文物标本,结合白龙山街道马鞍山、沙溪区块、雾溪乡石板桥等多处新石器遗址田野考察,启动史前文明研究,梳理古瓯国文化脉络。谋划三江口区块"瓯"文化主题项目策划,着手打造"沉浸式"文旅体验产品。四是县域文物考古有重大发现。新考古发掘3处墓葬群,是云和历年来考古发掘成果最为丰硕的一年。其中,东晋墓葬群,距今1686年,发掘7座古墓群,出土32件精美器物,是云和考古发掘出土文物数量最多的一次,被列入浙江2021年重要考古发掘项目;西汉墓葬1处,是云和以及浙西南地区有明确纪年、有墓主人身份等信息的最早墓葬,经省、市专家初判,推断该墓葬距今2158年(前137—2021年),跨越式拉伸云和悠久历史;唐代土坑墓1处,出土珍贵文物6件,其中"唐三彩来通杯"据资料查证及省考古所专家初判,系我国南方古墓发掘以来首次发现的完整器,对研究唐代时期云和以及浙江地区的文化、经济、丝绸之路具有重要价值。

【项目建设】 坚持把重点项目建设作为落实文旅第一战略性支柱产业的主抓手,着力发挥重点项目支撑引领和示范带动作用。全年牵头在建重点项目7个,实现项目投资3.91亿元,完成年度投资计划的113%。一是聚力规划引领。完成《云和县文化、旅游和体育"十四五"发展规划》《白鹤尖旅游景区总体规划》《云和县龙门片区乡村旅游发展规划》《灵潦山4A级景区总体规划》等编制工作;优化完善《云和县三江口片区旅游开发概念性规划》《云和湖原"马尔代夫"生态景观改造方案设计》等编制;启动"科创绿谷"规划前期工作。二是聚力项目建设。梯田区块:一级游客接待中心接待大厅投入使用,主题酒店装饰装修完成60%,亲子酒店完成内部墙体砌筑;二级旅游中心、摄影基地完成土地出让指标确认,生态红线调整对接中;综合管网工程基本完工,太空舱体验项目、玻璃观景台等项目基本完工,完成梅竹网红游艺设施、滑雪场方案设计;黄家畲精品民宿一期工程投入运营。湖上区块:云缦康养度假区项目酒店样板房完成装修,一期动工建设;云和东旅游集散服务中心一期主体工程完工,开展二期前期政策处理工作;云和湖聚仙岛旅游综合体一期城堡酒店投入试运营;燕庐文化创作基地项目完成施工图审,启动与施工单位价格磋商;局村乡村酒店完成方案编制;醉月楼项目基础部分完工。县城区块:养生文化村项目养生公寓主体工程完工,室外附属工程完成50%;嘉瑞温泉度假村土方开挖中;佛儿岩景区游客中心启动装饰装修,游步道改线工程完成选线设计。三是聚力招商引资。抢抓"双招双引"发展机遇,成功签订云和湖生态康养小镇项目总投资50亿元的协议并开工建设。充分发挥山海协作、云和驻外招商局、异地商会等资源优势,积极与复兴旅文、红树林、蓝城集团等投资公司对接三江口区块整体招商;加快打造梯田标志性网红点,引进梯田滑雪场、梅九区块游艺设施项目;与河南春献旅游资源开发有限公司签约佛儿岩景区项目投资框架协议,协议总投资不低于2亿元,计划建设木栈道、小火车、空中飞船、滑索等户外产品项目不少于15个。

【文旅融合】 "微改造、精提升""数字化改革"等工作为抓手,强化文旅深度、智慧化融合,推进文旅高品质提升、高质量发展。一是以提升"家门口"公共文体设施为核心不断提升服务效能。以童话元素为核心的全省首个木玩主题童话书房正式对外免费开放,成为市民休闲打卡的新地标。新建图书分馆6家,悦读吧5个,民宿书吧3个,百姓健身房3个,多功能运动场2个,文化馆分馆2个。成功举办第十五届云和梯田开犁节、"野梨"音乐节、梯田泥泞障碍赛、首届童话云和全民健步走等系列大型文体活动。精心编排打造大型古装越剧《慈母泪》,引发社会各界热烈反响;大型情景音画诗剧《云和故事》获市政府"瓯江文化"优秀成果奖;新童话合唱团荣获全市合唱比赛金奖。二是以大数据引领"互联网+旅游"新常态。紧抓数字化改革重要引擎,在全市率先打造全域旅游大数据信令分析平台,全面采集各乡镇街道、A级景区(村)旅游数据,智能分析实时客流量、游客来源、过夜率等数据,集客流智能预警、游客多维画像、精准营销决策三大功能于一体,被列入全省首批大数据旅游统计应用试点单位,系全市唯一。三是以构建全域全要素融合为抓手释放文旅新活力。出台实施旅游业"微改造、精提升"和旅游业高质量发展五年行动方案,全方位促进全域旅游品质提升;创成省级全域旅游示范县、AAA级景区城,石塘镇、安溪乡AAAAA级景区乡镇,雾溪乡AAA级景区乡,新岭村、黄家畲等24个景区村,实现全省首批,全市首个全域旅游"百千万"工程全覆盖。充分发挥乡村资源,赤石村入选全国乡村旅游重点村。

【市场监管】 严格落实疫情防控和市场监管"两手抓、两手都要硬",强化督导检查,确保文旅市场平稳有序。一是坚持防疫与服务并重。全面部署加强文旅业疫情防控,从疫情防控、游客疏导、物资储备、生活保障等方面构建文化旅游防疫体系,重点加强苏南等主要客源市场以及中高风险地区来云游客的排查、管控、溯源工作。二是严守广播电视和网络视听安全。构建全方位、立体化安全播出保障体系,制定出台《云和县中国共产党成立100周年广播电视和网络视听安全播出保障专项工作方案》《云和县2021年非法卫星电视接收设施整治工作方案》,开展广播电视安全播出(反恐怖)演练,确保中国共产党成立100周年期间各项重大活动直播和转播顺利传输。三是营造规范有序市场环境。深入开展文化和旅游市场"未成年人权益保护""不合理低价游"等突出问题的整治行动;持续深化"扫黄打非:净网、清源、护苗、秋风、固边"等五大专项行动,全力扫除文化垃圾,筑牢基层意识形态安全和文化安全防线。全年共出动执法人员599人次,检查各类经营单位338家次。 (罗春蕾)

新闻媒体

融媒体中心

【概况】 2021年,云和县融媒体中心(以下简称县融媒体中心)紧紧围绕县委、县政府的中心工作,党建引领固本强基,扎实推进党史学习教育。坚持正确舆论导向,聚焦主责主业,积极探索传统媒体与新兴媒体深度融合发展,提质增效,巩固壮大舆论宣传阵地,弘扬主旋律,传播正能量,不断提升新闻宣传工作水平,为云和打造全国山区新型城镇化样板县域"重要窗口"提供强大的精神力量和舆论支撑。全年《今日云和》出版145期,《云和新闻》制播295期,"童话云和"微信公众号推送微文192期,开设专题专栏29个,刊发时评文章24篇,发布短视频作品584个,编播新闻7443篇(条);在国家、省、市级主流媒体刊播新闻2240篇(条),其中《人民日报》5篇、新华社5篇(含《新华每日电讯》头版头条1篇)、中央电视台7条、央视新闻客户端3条、《浙江日报》53篇、浙江卫视54条。荣获天目新闻"十佳融媒体中心"、浙报集团先进报道组、浙报集团"共享联盟·合作奖"、浙江在线新闻网站先进支站、"天目新闻"2021年度浙江省县级融媒体中心"十佳天目号"、《丽水日报》"先进记者站"、"先进基层报道单位"、丽水市电视全媒体传播协作先进单位二等奖、丽水市广播全媒体传播协作先进单位二等奖、县(市)转播台站安全播出先进单位安全播出奖等称号和荣誉。

【机构编制】 县融媒体中心是中共云和县委宣传部主管的一类事业单位,机构规格相当于正科级,挂云和县广播电视台牌子。核定全额事业编制50名,实际在岗75人(含自收自支编制8人、编外用工20人),其中正科级1人、副科级4人;内设机构有办公室、总编办、新闻采访部、编辑播出部、新媒体部、专题部、县委报道组、节目监测部、技术保障部、媒资管理部。

【平台建设】 县融媒体中心建设和运营的媒体平台有“今日云和”报纸(数字报)、云和电视台、云和广播电台(FM95.6)、云和新闻网、“童话云和”手机移动客户端、“童话云和”微信公众号、“云和新闻网”新浪微博和“童话云和”蓝媒号、天目号、抖音号、视频号,有线播出机房1个、无线发射台1座。2021年,建成高清演播室,实施电视高清播出系统改造,实施并完成电视媒资数字化改造和编目,完成牛角山发射台设备更新和数字化操控系统建设,完成元和广场电子显示屏修复并投入使用。

【新闻宣传】 (一)强化主题报道。围绕党史学习教育、打造新型城镇化样板县域“重要窗口”、新冠肺炎疫情防控、“小县大城”发展战略实施20周年、“浙西南革命精神”等全县重点和专项工作,开展政策解读、动态报道、亮点挖掘、典型宣传,开设了“奋斗百年路 启航新征程”“百年党史 云和故事”“红色记忆 回眸百年”“党史百年天天读”“脱贫攻坚”“小县大城二十周年”“我为群众办实事”“数字化在身边”“教育整顿进行时”“国卫复审迎检”“法治云和”“县域治理现代化”“新时代文明实践”等专题专栏29个,刊发重要理论时评文章24篇,累计刊播新闻7443篇(条)。结合县“两会”“党代会”宣传报道,创新推出“代表委员说党史话百年”“收官2021、谋划2022——‘一把手’访谈”系列报道。在全市率先推出“党史知识网上竞答”引发全网关注,累计参与达10万余人次。加强记者同上级主流媒体的对接,协同推进重大成就、特色经验、创新举措对外宣传,在上级主流媒体刊播2240篇(条),完成《人民日报》5篇、新华社5篇(含《新华每日电讯》头版头条1篇)、中央电视台7条、央视新闻客户端3条、《浙江日报》53篇、浙江卫视54条的外宣报道。

(二)注重融媒创新。推出“美好生活在身边”“20人20年”等融媒系列报道,采取“走读式”“解剖式”采访,整合多媒体传播手段,放大新闻宣传效应。开展“万人打卡·助力红村发展”线上线下相结合的系列活动,发起成立云和雪梨产业振兴联盟,助力红绿融合、乡村振兴。精耕“童话云和”蓝媒号、天目号、抖音号、视频号等传播平台,共制作短视频作品584个,其中3个短视频作品阅读量突破30万+、21个短视频作品阅读量突破10万+。精心摄制《唱支山歌给党听》红歌“快闪”短视频,获得了17万+的浏览量,成为现象级新媒作品。

(三)打造特色栏目。推动传统电视节目革新,精心策划《小夏探店》栏目(已播出22期),实现大小屏互动,通过媒体力量拉动民宿、餐饮经济。开设《云和聚焦》和《曝光台》栏目,协助相关部门做好建设性舆论监督,全年共播出《云和聚焦》14期。拍摄《融媒小剧场》,通过故事演绎、情景再现形式宣传疫情防控、电信诈骗、消防安全等工作。

(四)突出话题设置。策划“绿衣女孩搀扶倒地老人”“老夫妻手写情书过七夕”“中学生花式‘表白’军人”等网络话题,其中“绿衣女孩搀扶倒地老人”暖视频登上抖音社会榜热搜第二位,全网总阅读量突破1亿人次。云和新闻网发起“我在基层看百年”微博话题讨论,相关作品达280篇,话题阅读量突破1.2亿人次,单帖阅读量10万+作品达25篇,其中《老党员朱柏青:近七十个春秋的坚守》《瓯江蛟龙》等融媒作品全网累计阅读量突破500万人次。

【党建工作】 2021年,县融媒体中心在职党员30名(含3名预备党员),退休党员8名。(一)筑牢思想根基。扎实推进党史学习教育,全员征订《论中国共产党历史》《中国共产党简史》等必读书目,组织开展“学党史、忆初心、担使命”专题学习。邀请县委宣讲团专家作党史专题授课,深入开展“六个一”主题党日活动,不断增强全体党员守初心担使命的责任感和使命感。强化习近平总书记关于新闻舆论工作新思想新观点新论述等理论学习,开展“我的马克思主义新闻观”大讨论，在真学真信中坚定理想信念，在学思践悟中牢记初心使命。

（二）全面从严治党。结合县委巡察反馈的具体问题，县融媒体中心坚持以“‘当下改’+‘长久立’”，深化标本兼治效果，研究制定规范性管理制度26项，着力构建廉政风险分级管控和隐患排查治理双重预防机制。常态化对干部职工工作纪律、财务报销情况、专项资金使用情况等进行核查检查，确保中央八项规定精神落到实处。开展清廉机关建设，以“文化浸润、制度管理、作风建设”三举措，推动形成风清气正、干事创业的良好政治生态。委托专业律师事务所协助做好合同合法性审查和履约执行、重大项目谈判、法律文书起草等工作，切实增强法治化水平。

（三）着力修复短板。建立主任（总编）领衔破难机制，聚焦媒体融合发展的重点难点问题集中攻坚。推出中层岗位跟踪问效测评机制，每月召开中层干部工作例会，定期开展民主测评和廉政谈话，切实提高履职尽责的能力。梳理政治觉悟、工作状态、协调能力、履职成效、作风建设等五项测评指标，结合“互相评+班子评+集体评”三种方式，定期对中层岗位进行测评打分。实施新闻报道提质增效行动，通过强化责任分工、优化工作流程、畅通交接渠道、动态巡察纠错、严格责任追究等措施，着力提高新闻报道时效性、计划性、准确性，强化新闻产品共享度、媒体平台更新率、新闻三审到位率、新闻纪律严肃性。组建理论评论、新闻外宣、新媒创优、电视时评等小组，推进增强“四力”教育实践，提升策采编发的业务水平。

【功能服务】（一）提升“童话云和”App服务效能。集纳便民、旅游、文化、对农、健康等服务功能，开设App“入驻号”，截至2021年12月底，有10个乡镇（街道）和4个县直部门入驻。同舟山市普陀区融媒体中心建成“海约山盟”融媒合作联盟，在两地App分别开设“童话云和”“嗨普陀”栏目，实现两地资源互推共享。“童话云和”App下载达5万余次，县域人口覆盖率将近50%。

（二）拓展视频制播服务。充分发挥专题视频制作的优势，拍摄和制作县委县政府重点工作宣传片、形象片、汇报片等专题片。2021年，共生产《云和党史档案》《风清云和》《小徐征迁日记》等专题片92个、承办网络直播16场，其中，石浦“瓯江龙舟赛”单场浏览量突破110万人次。

（三）强化广电服务水平。定期开展应急广播体系、广电低保工程、广电惠农工程、乡镇广电站标准化建设等监管巡查，巩固完善我县农村广播电视公共服务体系。截至2021年12月底，广电惠农受惠农村群众13882户，广电低保受益用户1488户。

（四）探索文创产品设计开发。成立“牛云云”工作室，组建一支懂创意设计、有动漫绘画等特长的年轻人团队，围绕防范诈骗、文明宣讲、垃圾分类、亲情关爱送温暖等主题进行创作，并根据云和木玩、农耕、红色文化等本土元素，设计IP形象，开发定制帆布包、雨伞、水杯、办公用品等文创产品。

【安全播出】2021年，县融媒体中心强化各重要保障期广电维护和应急值守，加强重要设施、重要线路、重要网络安全巡查监管，定期开展安全大检查和实战演练，全年共完成元旦、春节、省“两会”、全国“两会”、护航“建党百年”等7个重要保障期的安全播出工作，全年安全播出和安全生产零错播、零事故。定期开展网站“模拟攻击”测试，完善页面镜像、防篡改等安防手段，不断提高云和新闻网站自我防护能力。

【人事工作】2021年，县融媒体中心人才引进硕士生1名，人员调动到其他单位3名，编外人员招录5名，退休1名。完成人事档案集中管理和第一批纳入集中管理的人事档案专项审核。职称评审通过中级职称2人，初级职称1人，共有高级职称6人，中级职称28人。领取国家新闻出版署签发的新闻记者证27人，有3人获得从事新闻工作三十年荣誉证书证章。2021

年，县融媒体中心成为浙江传媒学院“卓越新闻人才培养基地”和“大学生社会实践基地”。

2021年，在省市各类新闻奖评选中，县融媒体中心获得16个省新闻奖、16个市新闻奖。其中，《附带生态环境增值：全国首宗“生态地”使用权出让今天在云和签约》获浙江省新闻奖广播类作品二等奖、浙江省县市新闻奖一等奖；《万人打卡•助力红村发展活动》获全省广播电视对农活动三等奖（全省仅6个单位获奖，云和系丽水市唯一）；《打卡红色地标，和这些你喜欢的红村来张合影》获浙江在线新媒体作品融合创新二等奖。荣获天目新闻“十佳融媒体中心”、浙报集团先进报道组、浙报集团“共享联盟•合作奖”、浙江在线新闻网站先进支站、“天目新闻”2021年度浙江省县级融媒体中心“十佳天目号”、《丽水日报》“先进记者站”、“先进基层报道单位”丽水市电视全媒体传播协作先进单位二等奖、丽水市广播全媒体传播协作先进单位二等奖、县（市）转播台站安全播出先进单位安全播出奖、县级综合考核优秀单位、党风廉政建设工作考核优秀单位、意识形态工作考核优秀单位等荣誉和称号。（鲍金凤）

广播转播

【概况】 云和转播台隶属浙江广播电视集团，由浙江省中波发射管理中心主管，是公益一类事业单位。主要承担《中国之声》和《浙江之声》两套节目的转播任务。

【安全播出显成效】 云和广播转播台切实按照浙江省中波发射管理中心下发《关于开展安全播出整顿专项活动的通知》要求，开展安全播出整顿专项活动。一是做到责任落实到位、方案实施到位、监督检查到位；二是加强职工对安全播出的意识，开展安全播出警示教育；三是梳理完善安全播出的规章制度，进一步明确安全播出相关岗位的工作职责；四是落实设备维护检修计划，保障设备正常稳定的运行；五是组织实践与演练，提高专业水平，熟练掌握岗位技能；六是严格执行考勤管理以及疫情防控，进行全员考勤和人员出入登记管理。2021年，云和台保持全年转播线路畅通，转播信号平稳，转播内容安全有效，没有停播。云和台职工吴炫旻还被省中心评为优秀通讯员。

【编纂转播台发展史】 云和转播台自成立至2021年已有47年，也是云和广播转播台上划省中波发射中心直管20周年，更是中国共产党成立100周年举国欢庆之际，着手编纂《云和转播台发展史》意义深远，成为云和转播台全年工作重点任务之一。编纂时间从2021年9月10日至2021年11月1日，历时近2个月。主要内容是介绍了云和转播台的工作职能、人员以及房产情况；从历史到现在隶属及体制机制的改革及台址的变迁；技术的发展及系统的更新；文化建设及片区的一些联动工作。（吴炫旻）

华数电视

【概况】 云和县华数广电网络有限公司（以下简称云和华数）在县委县政府的正确领导下和上级公司的指导帮助下，坚持以党建引领促进业务发展，认真贯彻落实各项指标政策，围绕重点工作，充分发挥全体干部职工积极性和能动性，不断探索前进。2021年云和华数营业收入较2020年提升2.6%；数字电视在册用户29919户，比上年末增长587户。积极推行云和县低保用户减免视听费用和农村用户视听费减免30%的优惠政策，在网低保用户1505户，惠农用户13502户。利润总额及成本费用控制得到上级肯定，获评浙江华数丽水地区“最佳子公司”和“最佳大众奖”。

【党史教育】 云和华数把党史学习教育作为提高广大干部职工政治素养、锻造政治品格的重要抓手，引导学史，目的在于促进明志、明理、明责、明德。2021年，云和华数开展党史学习教育专题交流学习10次，配备党史学习资料30册，党史学习教育主题党日5次，专题宣讲5次，上报信息6篇。同时，结合中国共产党成立100周年等活动要求，联系工作实际，把党史学习教育与企业经营发展融合起来，开展“广电惠民”“适老化”服务进农村等工作，想民之所想，急民之所需，为民办实事，积极引导广大干部职工在服务中学习，在实践中提升。

【党建工作】 认真学习贯彻党的十九届六中全会精神、习近平总书记关于国企工作的讲话精神和华数集团、华数传媒党代会、浙江华数党员大会精神，结合“管理提升年”活动，开展了党史学习教育、十九届六中全会精神大宣讲、中国共产党成立100周年安播保障演练、廉政警示教育、民主生活会、党员活动日、员工技能大比拼等活动，通过学习，干部职工思想素质大有提升，积极向党组织靠拢，2021年吸收预备党员1人，3人被列为入党积极分子培养。干部职工技能也有较大提升，收到客户点名表扬5次，表扬信1封。严格党风廉政建设和意识形态责任分工，按照工作计划，签订党风廉政、意识形态、安全生产等责任书50余份，改进和完善10余个领导小组，责任到人。实行廉政承诺，按制度履行职责，开展廉政谈话，及时处理各科室的党风廉政所显露的苗头性、倾向性问题，以便及时了解状况，化解矛盾，到达从源头上预防和治理腐败的效果。根据浙江华数党建工作要求，完成云和华数支部整建制调整，纳入丽水分公司党委管理。

【疫情防控】 严格遵循省、市、县疫情防控要求，及时宣贯相关政策，落实层层上报要求，严控人员外出审批，建立人员外出档案备查，防疫物资配备充足，对外来工程技术等人员严格落实管控措施，所有干部职工均按要求接种疫苗。守好营业厅“小门”，出入人员必须佩戴口罩、亮码和测温后方可进入。2021年，云和华数疫情防控工作一切正常。

【业务经营】 大众市场：围绕2021年度各项考核指标，制定和开展辞旧迎新活动、例会经营、光改入户4K整转、“适老化”服务进农村等便民服务工作，把办理缴费开户、低保、惠农等服务切实送到市民手中，充分实现便民便利零距离，不断增强用户的信任感和体验感。截至2021年年末，数字电视在册用户29919户，比上年末增长587户。积极推行云和县低保用户减免视听费用和农村用户视听费减免30%的优惠政策，在网低保用户1505户，惠农用户13502户。2021年，云和华数大众市场业绩完成率、客服和行风建设等考核成绩均排在全市前列。集客市场：注重精细化管理，精准化服务，加强政企赋能合作，积极拓展行业空间。重培育强学习，队伍建设显成效。开源节流，降本增效，云和华数业务在行业市场占比逐年增高，多个项目在新领域实现“破冰”，签订政企战略合作协议10余份。扎实推进省公司集客工作部署，成功签约我县多个数字化改革项目，助力云和智慧化城市发展。2021年，云和华数业务收入全市排名居前列。

【网络建设】 根据省公司统一部署，开展网络光纤入户改造工作，截至年末，完成网改61个小区，覆盖用户11000余户，有效提升现网的网络质量和承载力。高清互动点播模式由IPQAM改为IP模式，释放频点资源用于其他业务的拓展。每月对核心交换机、OLT等设备进行数据监测、数据备份。对机房设备和光缆等资源进行排摸梳理，完善资料、数据，补全标识标牌，制定台账管理制度。截至年末，云和华数中心机房和所有乡镇机房均已配备UPS（不间断电源）、动环监测和视频监控等系统，机房的安全指数得到较大提升。完成云和至丽水，云和至景宁市干传输光缆第二路由新建，共铺设云和境内光缆43公里，为主信号传输提供有力保障。云和华数承建的“云和县交警大队智能交通系统监控系统（二期）”项目获浙江省广播电视局金潮奖“基层优秀科技创新类”三等奖。

【安全生产】 以全面保障建党100周年安全播出工作为契机，积极完善各项规章制度，加强安全检查力度，开展“隐患清单化管理”，以检查促整改，以整改促提升。强化日常安全督查，确保办公、行车、消防的安全。规范工程施工、承包、采购等流程，深化廉政教育，筑牢安全防线。与县融媒体中心联合组织开展广播电视安全播出（反恐怖、反邪教）演练，检验工作团队在保障安全播出过程中的联动机制和应急处置能力。提升应急能力和强化安全防范，加强网络巡查，优化网络质量，提升网络承载力，为安全播出保驾护航。中国共产党成立100周年安全保障期间，云和华数领导班子带队，值班人员、技术人员、安保人员多人多岗24小时在岗值守，全面落实“七一”视听保障，共计值班值守80余人次，出动保障车辆9辆。累计巡查光缆2600余公里，巡检中心机房、乡镇机房和重要单位机房70余次，为群众、企业等用户检修100余次。“七一”当天，总经理及技术部门负责人坐镇机房一线，靠前指挥，工程技术部门人员对重点单位收视庆祝中国共产党成立100周年大会盛况予以保障，总计保障20余人次。云和华数安全保障工作获上级肯定，1人被华数集团评为建党百年保障工作先进个人，2人被浙江华数评为建党百年保障工作先进个人。（徐刘杰）

卫生健康　医疗保障

卫生健康

【概况】 2021年，云和县设医疗卫生机构88家，其中，疾病预防控制中心、妇幼保健与计划生育服务中心、卫生监督所各1家，县级公立医院2家，乡镇卫生院（社区卫生服务中心）8家，民营医院3家，个体诊所34家，村卫生室38家。全县共有医疗床位551张，常住人口每千人拥有床位4.26张。全县卫生技术人员1093人，其中执业（助理）医师464人，注册护士435人，常住人口每千人拥有执业（助理）医师3.59人、注册护士3.37人。全县城乡居民人均期望寿命达81.34岁，重大慢性病过早死亡率为10.52%，居民健康素养水平达30.74%。通过国家卫生县城第五轮复审，创成“中国长寿之乡敬老养老服务示范城市（县）”。县疾控中心党支部荣获丽水市抗击新冠肺炎疫情先进集体、丽水市先进基层党组织称号。县卫生健康局获县委、县政府年度目标责任综合考核优秀单位称号。

【新冠疫情防控】 坚持“外防输入、内防反弹”策略，严防境外疫情输入，强化“内防反弹”措施落实，加强防控措施落实问题的排摸和整改。有力有序推进全民疫苗接种工作，建设启用云和县新冠疫苗工业园区方舱接种点、体育馆方舱接种点和8个乡镇（街道）临时接种点，提前、超额完成阶段性疫苗接种任务。高标准做好县“两会”、梯田开犁节、中高考、全国农村人居环境整治提升现场会、全国山区县域新型城镇化发展论坛等大型活动的疫情防控，云和县疫情防控始终保持良好态势。

【医疗卫生改革】 启动新一轮合作办医，由丽水市人民医院托管云和县人民医院的“山海”提升工程初显成效，创伤中心、卒中、胸痛中心等三大中心能力得到提升。宁波北仑山海协作帮扶持续推进，8月完成新一轮专家交接，进一步提升消化内科专科建设。县域医共体建设不断深化，推动资源下沉，在城南、崇头和石塘等分院开设全—专科联合门诊。县人民医院、城南社区卫生服务中心、崇头镇中心卫生院和石塘镇中心卫生院建立优保医联体专家工作站。按要求建设智慧流动医院，完成3辆流动医院车的升级改造，并接入省市平台实现实时监测。深入推进“三医联动”“六医统筹”，严格落实药品耗材集中采购，全年节省医保基金749.1万元。传承创新中医药服务，启动实施全国基层中医药先进单位创建，推进省“十三五”中医药重点专科——县中医医院肺病科建设，蔡宛如国医名师工作室完成授牌。

【公共卫生服务】 探索公共卫生常住地服务管理新模式，与景宁县卫健局共同委托第三方（云和老百姓综合门诊部）为长期在云居住的景宁籍人口开展基本公共卫生和家庭医生签约服务。创新家庭医生签约服务内涵，制定个性化签约服务礼包，将县级专家纳入签约服务医生团队，形成“全专融合”的新模式。常态化巩固国家慢性病综合防控示范区建设成果。加强托育服务规范化管理，2021年，云和县新增备案的托育机构1家。完成60岁以上男性免费前列腺癌筛查、专业应急救护人员培训120人、新增村卫生室6家、配置自动体外除颤器(AED)、70岁以上重点人群流感疫苗接种、60周岁以上老年人23价肺炎疫苗接种和重点人群结直肠癌筛查等7项民生实事。评选第三届云和“名医、名护士”39人，医坛、医护新秀20人。制订“双招双引”卫生人才攻坚方案及招引计划，新增本地高技能型人才31人，成功引才4人，其中，研究生1人、本科1人、专科2人。

【健康云和建设】 顺利通过2020年健康浙江考核，连续三年取得健康浙江考核优秀等次。指导崇头镇开展国家级卫生乡镇创建，紧水滩镇开展健康乡镇试点建设。扩大和巩固省级健康促进县建设成果。顺利通过合理膳食行动省级示范试点验收。创建无烟党政机关90家，创建健康家庭800户。健康促进学校覆盖率达100%。通过国家卫生县城第五轮复审。

【人口与家庭发展】 持续做好人口监测统计，建立健全人口监测体系和网络，完善人口监测预警工作机制，2021年，云和县出生739人，出生率6.52‰，死亡730人，自然增长率0.08‰，较2020年减少92人，同比减幅11%。全县享受奖扶871人，补助资金83.61万元；特扶124人，补助资金105.48万元。对城南社区卫生服务中心等母婴室新建工作进行指导。对原建母婴室进行提星升级，进一步统一母婴室的标志、指示牌、内置设施等。全县已建母婴室7家，其中三星级母婴室6家、四星级母婴室1家。召开计划生育协会第六次会员代表大会，完成县计生协第六届理事会换届选举工作。

【发展老龄事业】 全力打造山区特色“康养联合体”养老服务样板县域，成功创建“中国长寿之乡敬老养老服务示范城市(县)”。积极探索社区乡镇“医养结合”新模式，石塘镇医养结合照料服务中心正式揭牌并投入使用。县人民医院、中医医院、城南社区卫生服务中心、石塘镇中心卫生院顺利通过老年友善医疗机构评审，成为浙江省老年友善医疗机构。建立全市老年木玩研学教育基地，成功举办全市首届“米米智玩杯”老年木玩嘉年华暨云和县2021年“敬老月”庆祝活动。完成60岁以上阿尔茨海默病患者防走失黄手环发放、70岁以上重点人群流感疫苗接种任务。

【强化妇幼保健】 积极创建丽水市出生缺陷综合防治示范县，2021年，全县孕产妇629人，管理率达96.26%。完成婚前医学检查712人、孕前优生医学检查330对，完成产前筛查616人。免费开展新生儿疾病筛查、新生儿听力筛查、0—12月龄耳聋基因筛查项目，完成新生儿疾病筛查592人，新生儿疾病筛查率达98.7%。推进儿童健康管理，为0—6岁儿童建立儿童随访档案，完成2947名儿童早期发育筛查任务。推进农村适龄妇女“两癌”筛查项目，完成宫颈癌筛查2542例，乳腺癌筛查5104例。推进中医适宜技术，开设妇幼中医门诊。加强学科建设，增设小儿髋关节检查项目。

【疾病预防控制】 加强突发公共卫生事件处置能力建设，成立传染病和突发公共卫生事件处置应急队伍，强化监测预警，做好疫情研判。2021年，开展流行病学个案调查80余人次，派出流调、核酸检测业务骨干2人驰援宁波、绍兴疫情防控。是年，报告法定传染病12种981例，发病率为852.06/10万，无甲类传染病，艾滋病死亡病例2例，乙类传染病发病率为202.37/10万。开展传染病与突发公共卫生事件监测月报11次。突发公共卫生相关事件幼儿园诺如病毒感染聚集性疫情1起，累计发病14人。

【加强卫生监督】 全年共立案281件，结案281件，大案要案7件，罚没金额51.7万元。其中，简易109

件，一般172件（包括医疗卫生10件、职业卫生4件、学校卫生6件、饮用水卫生1件、公共场所卫生151件）。继续推进“互联网+监管”建设，使用“浙政钉掌上执法”系统，实施“全领域双随机执法”模式。创新数字卫健执法体系，打通“智能监管风险预警调度中心”与“一体化智能化公共数据平台”数据端口，对医疗服务行为、公共场所卫生、职业健康在线监测和口腔诊疗机构消毒灭菌等实现远程、24小时、全流程、全闭环的智能监管。

【重视基层党建】 立足卫健系统实际，扎实推进党史学习教育。组织开展“学党史、读经典中医”知识竞赛、“青春心向党 卫健青年说”庆祝建党百年主题演讲比赛和“学党史·医路行”线上有奖竞答等系列教育活动。结合卫健系统“哨响就到”平台，投身疫情防控、国卫复审等志愿服务活动，大力开展“百年新征程 百医连百村”送医下基层、支援口岸防疫、服务方舱接种点等“我为群众办实事”和疫情防控上门指导、职业卫生健康互助共守等“我为企业解难题”活动。推进清廉医院建设，制定出台《云和县卫生健康局2021年推进清廉医院建设任务清单》，有序推进医疗行业腐败问题专项整治工作，梳理小微权力清单90余项，主动上交礼品礼金、“红包”回扣共计5.7万余元。 （方卉子）

医疗保障

【概况】 2021年，云和县医疗保障局在县委、县政府的正确领导下，坚持以习近平新时代中国特色社会主义思想为指导，坚决贯彻落实省、市、县委的决策部署，围绕公平医保、精准医保、赋能医保、数字医保、绩效医保、法治医保、清廉医保的建设目标，通过完善医疗保障体系、稳步提升待遇水平、提高医保经办能力等一系列措施，推动医保改革全面走向深化，促进医保管理服务水平的提升和医保治理能力的现代化。

2021年，全县职工医保基金（含生育）收入11143万元；支出11260万元，较上年同期9079万元增长24.02%。基金累计结余7451万元（其中，统筹基金结余1941万元，个账结余5510万元）。全县城乡居民医保基金收入13855万元（其中缴费收入4014万元，财政补助9756万元，利息及其他收入85万元）；支出13824万元，较上年同期11897万元增长16.2%。基金累计结余4681万元。全县基本医疗保险户籍人口参保人数11.28万人，户籍人口参保率高达99.66%。

【公平医保】 （一）市级统筹稳步推进。根据丽水市医疗保障局要求，同步完成各项医疗保障政策梳理分析，积极会同县财政局开展全面做实医疗保障市级统筹后基金情况测算，为下步医疗保障市级统筹基金分担机制提供数据支撑。（二）医保参保不断扩面。紧扣“全民医保”目标，持续关注重点人群，确保符合参保条件人员应保尽保。2021年，全县基本医疗保险户籍人口参保人数11.28万人，户籍人口参保率达到99.66%。（三）医疗救助制度更趋完善。出台了新的医疗救助政策，新政策加大医疗救助力度，瞄准医疗救助对象，提高医疗救助待遇，优化医疗救助流程，确保全县困难群众实现基本医保、大病保险、医疗救助“三重保障”全覆盖，减少因病致贫、因病返贫现象。

【精准医保】 （一）提升大病保险保障待遇。一个基本医疗保险结算年度内，个人累计负担1.8万元后，大病保险报销比例从原来的60%提升至70%，额度从20万元提高至45万元；纳入特困、低保、低边的困难人员大病保险起付标准降低50%，报销比例提升至80%，无报销限额。（二）困难群众实行应保尽保。与县民政部门建立数据共享机制，查询比对困难人群参加医疗保险情况，实行定期核实、动态调整。通过核实确认，对282名特困人员、3381名低保对象、2693名低边人员，实行应保尽保，实现县域符合条件的困难群众资助参保率达

100%。同时，配合做好省社保基金专项审计及丽水市全民医保保险专项审计工作。(三)推进全民健康补充医疗保险(浙丽保)扩面提效。加大宣传力度，倡导全县群众参保。2021年，全县参保人数为10.06万人，浙丽保参保率达93.95%，全县累计赔付2万人次，赔付金额达818万元。通过大病保险、救助保险、浙丽保等举措，人民群众健康得到有效保障。

【赋能医保】 (一)深化药械采购改革。定期监测、分析医疗机构药品带量采购支付情况和执行情况，督促各医疗机构落实采购任务和按时间进度完成约定采购量。(二)深化医疗服务价格改革。调整二级及以上公立医院医疗服务价格。通过改革，进一步推进"三医联动""六医统筹"，巩固破除以药补医成果。持续深化公立医院综合改革，2021年，调整二级及以上公立医院医疗服务价格819项，同时，出台医疗服务价格考核办法。(三)深化"最多跑一次"改革。进一步简化办事流程，精简申报材料，缩减审核时限，推动医保相关"一件事"办理。2021年，通过"出生一件事"联办，共办理新生儿参保946人次，机关内部协调办公"一件事"2079件，公民"身后一件事"联办1004件。医保经办事项已全部实现"网上办""掌上办"，是年，医保类事项共经办34630件，其中通过掌上办、网上办事项7790件，网办办结率达99.33%，方便群众办事，提高医保服务效率。全面推进"互联网+"医保结算服务，推行异地就医结算，尤其是长三角地区门诊实时结算。2021年，长三角地区门诊直接结算1987人次，总医疗费45万元；省外住院直接结算170人次，总医疗费433万元。(四)深化支付方式改革。扎实推进集DRGs点数法付费、按床日付费、按人头付费等多种支付方式于一体的复合式支付方式改革。

【数字医保】 (一)积极落实医保业务贯标。认真贯彻落实国家医疗保障信息业务编码标准化建设规划，指导督促定点医药机构完成15项业务编码接口改造、目录维护、编码映射等工作。上线以来，整体运行平稳，为全省统一智慧医保平台上线奠定基础。(二)全力推广医保电子凭证。坚持线上线下宣传两手抓，营造浓厚宣传氛围。2021年，全县78家定点医药机构已全部接通医保电子凭证结算，激活医保电子凭证10.6万份(次)，激活率98.13%；结算量24万笔，结算率20.61%。(三)助推"智慧医保"平台建设。配合省、市抓好全县的业务梳理、问题采集、系统建设、账号测试等工作，主动与县人力社保等部门对接，继续做好现有医保结算系统的安全运行保障工作，助推浙江省"智慧医保"平台顺利上线实施试运行。

【绩效医保】 (一)严格执行定点机构管理办法。根据国家医保局有关文件精神，调整医保定点机构受理条件，严格执行"有进有出"管理机制。2021年，受理医保定点申请3家，通过资料审核、现场查看、部门函询等评估工作，已签订医保定点协议3家。(二)加强"两定"单位基金监管力度。制订智能审核计划，促进定点医药机构规范医保服务行为。全年通过网络智能审核数据106.3万余条，其中问题数据1.4万条，拒付医疗费用39.06万元；做好非正常疾病核查，避免医保基金(资金)损失共计225.73万余元。(三)全力规范医保行政执法行为。推进医保领域"掌上"执法工作，开展"互联网+监管"检查，"掌上"执法率达100%，"双随机"事项覆盖率和抽查任务完成率达100%，跨部门监管率5%。同时，在"双随机"抽查任务中引入信用评价，信用"双随机"率达100%。

【法治医保】 (一)宣传贯彻上级相关法律法规。以4月的基金监管集中宣传月为契机，做好《医疗机构医疗保障定点管理暂行办法》《零售药店医疗保障定点管理暂行办法》《医疗保障基金使用监督管理条例》《浙江省医疗保障条例》等法律法规的宣传贯彻工作。通过抓宣传、抓培训、抓监督、抓落实，营造优化人人知法、人人守法的医疗市场环境。(二)创新基金网上监管新模式。构建完善“一岗双责、失职追责、责任到人、全面覆盖”的网格化管理体系。通过安装统一视频监控和人脸识别设备,全面推进医保智能监控建设,将智能监管平台延伸至定点医药机构,通过智能化精准打击各类欺诈骗保行为。(三)深入开展定点医疗机构专项治理工作。以贯彻落实《医疗保障基金使用监督管理条例》《浙江省医疗保障条例》等法律法规为契机,开展“清零行动”(经飞行检查、信访举报、自查自纠发现但未查处完结的问题进行清零)、“三假行动”(假病人、假病情、假票据)等专项整治行动,深入现场巡查定点医药机构62家次,作出行政处罚2例,责令改正并处罚款2.2万元。通过专项检查、自查自纠、出具稽核意见书等措施,共追回医保资金违规金额188.87万元。其中,督促各定点医疗机构及时开展自查自纠,全县79家医保定点单位共自查上报违规事项4.5万余例次,退回涉及违规费用85.1万元;配合省、市做好专项审计工作,追回违规金额13.6万元;现场巡查定点医药机构62家次,出具稽核意见书6份,追回违规金额10.1万元;由省、市级相关部门飞行检查统筹追回违规金额80万余元。

【清廉医保】 (一)扎实推进党史学习教育。按照“规定动作做到位,自选动作要出彩”的要求,以关注解决群众急难愁盼问题为出发点,主动将党史学习教育与宣传贯彻《医疗保障基金使用监督管理条例》《浙江省医疗保障条例》相结合,与推广应用医保电子凭证相结合,与开展“三服务”活动相结合,牢记初心使命,聚焦主责主业,进一步促进“雷锋式”医保行风建设。(二)扎实推进医保干部队伍建设。以建设清廉机关为基础,以创建模范机关为目标,注重强化医保担当,促进科学施策,推动工作落实。注重在培育干部上下功夫,全力打造实干、廉洁型干部队伍。围绕医保业务开展比学赶超,帮助干部深学细研吃透政策,形成学以致用、用以促学、学用相长的有机统一、良性循环。规范工作程序,引导干部职工牢固树立依法行政、秉公执法理念,强化干部职工的规矩意识,从源头上防范惩戒腐败苗头。(三)扎实推进巡察整改工作。以县委第三巡察组巡察县医保局工作为契机,把主动开门纳谏作为寻找差距、发现问题、弥补短板、提升工作的重要手段。对巡察发现的问题、存在的不足和薄弱的环节,认真制定整改措施,开列问题清单,形成整改台账,明确整改路径和时间表,逐项对照检查,限期整改落实,切实做到即知即改、边巡边改、真改实改,按高标准、严要求推动整改,确保整改不走过场,取得实效。

(项宗辉)

社会生活

民　　政

【概况】 2021年，云和县民政局在县委、县政府的领导和上级民政部门的指导下，深入学习贯彻十九届六中全会和习近平总书记对民政工作的重要指示精神，深入把握全省民政工作会议、全县三级干部会议的基调，紧紧围绕省厅“九大先行计划”，市局决策部署和县委、县政府“八大行动”，以数字化改革为引领，积极履行最底线的民生保障、最基本的社会服务、最基础的社会治理和专项行政管理职责，在全面推进民政工作现代化建设、高质量发展方面取得新进展。全年发放困难群众低保补助、临时生活补贴、临时救助、孤困儿童补助等救助资金4073万元。实现困难群众救助“一件事”惠民联办，办理民生实事327件。完成凤凰山街道、白龙山街道、元和街道等3个社会工作站建设；建成大坪社区居民会客厅。推进养老事业发展，全县已有5家专业养老机构，4家嵌入式养老机构，13家居家养老服务中心，108家养老照料中心。是年，县民政局被省民政厅评为全省民政工作先进县，全市民政系统目标责任制考核第一名。荣获省“实施妇女儿童发展规划成绩突出集体”“市级先进基层党组织”称号。

【社会救助帮扶】 （一）圆满完成试点工作。推进省“幸福清单”标准化建设试点，提前完成第一阶段工作任务的14类数据自动归集，完成率100%。率先在全市推进社会救助“一站式”服务，实现困难群众救助“一件事”惠民联办，全年办理327件。在大数据中心建立专题数据库，完成数据迁云，收集到18个部门数据。建立“联连帮”救助服务中心，根据县委深改办《关于提升“联连帮”推进共同富裕的实施意见》精神，落实“联连帮”服务实体，通过政府购买服务方式，建立“联连帮”救助服务专员队伍，主动发现帮扶困难群众。（二）脱贫攻坚兜底到位。探索“六维”（经济状况、健康状况、教育状况、居住状况、就业状况、社会参与六个维度）分级分层和“八问”主动发现机制，建立相对贫困对象数据库，库存对象12094名，形成“一库一网一研判”和幸福清单闭环管理的工作格局。实施以“党建引领　共同富裕”为目标的社会组织、工商企业帮扶结对活动，引导联系47家社会组织、工商企业与47个行政村挂钩结对，通过定向招工、技术帮扶等“造血”模式，推动困难群众增效增收。（三）儿童、慈善事业持续发展。全年发放困难群众临时生活补贴、低保补助、临时救助、孤困儿童补助等4073万元。浮云街道中山社区等4家儿童之家建设完成。开展“中华慈善日”宣传活动，引导社会力量支持慈善事业发展。

【基层社会治理】 （一）有序推进城乡社区建设。继续开展“幸福社区”创建，白龙山街道河上小区、浮云街道云水居小区开工建设。全面完成凤凰山街道、白龙山街道、元和街道等3个社会工作站建设。完成石塘村和大源村第四批省级示范型、引领型农村社区评估。巩固“三多清理”和村(社区)减负成果，在元和社区设立村(社区)减负增效工作监测点1个。建成大坪社区居民会客厅；完成革命老区乡镇(街道)、革命老区村的调整申报工作。(二)推进社会组织管理规范化。督促涉企收费的行业协会开展自查自纠。县小水电行业协会、房地产中介协会分别主动降低会费8.2万元和1.2万元，受益企业69家。开展打击整治非法社会组织专项行动和“双随机”抽查，组建16个单位为成员的工作专班，对2家单位发放整改通知书，已如期完成整改。开展公益项目创投活动，征集并实施涉及党建、婚姻、儿童等公益性项目10个。申报省、市级品牌社会组织各1家；社会组织领军人物各2名。新成立社会组织党支部16个。(三)落实社工人才经费。提前拨付2021年度社区工作补助经费300万元，以保障社区工作正常运行。支付2020年度91名新增持证社工一次性奖励及社区持证社工人才津贴25.18万元。举办专职社区工作者和社会组织骨干人才培训班，100余名相关人员受训。

【养老事业发展】 (一)积极发展老龄事业，为老人办实事好事。扶持101户困难老年人家庭实施适老化改造，超额完成指标。建成浮云街道、白龙山街道、凤凰山街道、安溪乡4家居家养老服务中心。全面完成和平老年护理康复中心康养联合体建设试点。是年，全县已有5家专业养老机构，4家嵌入式养老机构，13家居家养老服务中心，108家照料中心。(二)推进养老人才数字化试点建设。推进省级养老数字化改革试点，县级养老护理人员培育平台“幸福云养”应用系统的移动端、民政管理端、机构管理端陆续开发，并将同步上架至“浙里办”“浙政钉”等平台。出台《云和县山区养老护理人员培育场景试点方案》，完成两期养老专业人才培训，受训300余人。《云和县关于加强山区养老护理人员培养的实施办法(试行)》已形成初稿，正在修改完善。(三)努力探索山区养老模式。拓展乡镇街道居家养老服务中心的运行渠道，发挥其特色功能，建成“长者益智幸福坊”11家。4月23日，央视新闻直播间点赞长者益智幸福坊。继续给90周岁以上老年人发放敬老餐，持续推进三助公益服务、邻里互助探访慰问等活动，新增爱心驿站(邻里互助点)1个，累计建成16家。完成179名困难老年人能力评估，并录入“浙里养”系统。

【民政事务管理】 (一)深化殡葬改革。出台《云和县免除殡葬基本服务费用实施办法》，全年减免殡葬基本服务费用40余万元，赠送价值300元的骨灰盒28个。开展漠视侵害群众利益问题专项治理和惠民殡葬提标增项扩面工作，对村级公益性公墓进行专项治理排查，开展惠民殡葬、殡仪服务满意度调查和对外开放灵堂等。完成安溪畲族乡乡级公益性公墓选址；抓好清明平安祭扫和文明治丧宣传。(二)规范地名管理。完成松云线、云景线交会点界桩联检。新命名自然村3个，更名自然村4个，销名自然村9个。完善提升乡村地名信息，完成全县2019—2020年度云岸村等村名167条、红光等农村居民点101条，中山西路等地名标志237条，采集归档照片975张。(三)推进婚姻登记补领工作。推进省级婚姻登记补领试点工作，全年补领结婚证681件，补领离婚证30件，补办结婚登记326件。

【干部队伍建设】 (一)加强党的思想建设。扎实开展党史学习教育，与民政业务相结合，开展“党史中的浙江地名——云和篇”图板展览、红色地名故事征集、摄影等宣传活动，赠送群众地名书籍500余本、行政区划图等560余张。“云和先锋”微信公众号11期连载“党史中的浙江地名——云和篇”。邀请3名50年以上党龄老党员为全局干部职工上党课，激励全体党员坚定理想信念。(二)加强机关支部建设。

严格落实“三会一课”制度，组织党员赴小顺等地参观学习。通过抓学习强素质、抓制度强管理、抓落实强作风、抓班子强队伍，有效提升机关党建工作规范化水平。(三)加强党风廉政建设。制定《2021年云和县民政局党风廉政建设工作计划》，完善《云和县民政局党风廉政建设和反腐败工作的组织领导和责任分工》，开展廉政风险排查，将党风廉政建设融入业务工作之中，与之同研究、同部署、同落实、同检查、同考核。 （吴雨馨）

移民工作

【概况】 2021年，云和县移民工作中心坚持以“绿水青山就是金山银山”的战略思想为指导，以推动移民乡村发展振兴为主线，深入贯彻水库移民后期扶持政策，全县库区和安置地移民经济取得长足发展，保持了社会和谐稳定的良好局面。2021年，安排移民生产开发创业致富项目53个，安排扶持移民资金1038.8万元。核减直补人口89人，发放直补资金642.78万元。成功争取库区移民共同富裕示范项目省级补助资金1100余万元。

【推进移民事务公开】 2021年，县移民工作中心全面梳理政务服务网权利事项库，完善规范权力清单和责任清单，及时全面公开移民领域便民服务内容，认领部门权利事项5项，统一标准制作便民服务指南，编制一次性告知单，按要求制作权力运行流程图，依法向社会公布权力清单和权力运行流程，接受社会监督。

【精准核减直补人口】 将“移民直补复核”事项纳入机关内部“一件事”平台，联合县委组织部、县人力资源和社会保障局、县法院及有关乡镇(街道)，通过线上多部门复核联审方式，实现直补人口认证快速便捷，确保资金发放更加安全、精准、有效。2021年，共核减直补人口89人，发放直补资金642.78万元。

【促进移民创业增收】 (一)积极争取省补资金。经行政村、乡镇(街道)自下而上进行申报，通过层层筛选、综合分析评价，联系云龙线、局龙线开通后沿线各村独特的地理优势，综合考虑紧水滩镇龙门村、金水坑村近几年的发展情况、移民资金投入情况、资金投入后效益发挥情况等因素，将紧水滩镇龙门村、金水坑村的项目作为浙江省水库移民共同富裕的示范项目，争取资金扶持。2021年11月，成功争取省补共同富裕资金1100余万元。(二)强化技能培训。县移民工作中心通过集中讲解理论知识、实地示范操作要领的形式，开展岗位技能培训、职业教育、就业培训、创业培训等差异化职业能力建设，2021年，安排移民技能培训经费30万元，举办移民技能培训2期，累计培训移民165人。(三)加大创业致富项目投入力度。因地制宜、因村制宜，激发移民自主创业热情，拓宽移民创业增收渠道，扶持移民发展种养产业、来料加工、“农家乐”(民宿)等，2021年，安排移民生产开发创业致富项目53个，安排扶持移民资金1038.8万元。

【落实移民扶持政策】 (一)完成后扶项目年度计划备案。县移民工作中心按三批次及时完成项目计划报备和下达工作，2021年，共计下达项目94个，拨付项目资金2196.7万元。(二)加快项目实施进度。2021年度移民资金后扶项目竣工验收率95.74%，2021年度移民资金后扶项目资金结报率83.8%。(三)建设移民红色地标。充分挖掘云和县移民村的红色资源，摸排云和红色地标8个。2021年，安排移民资金84.63万元，建设红色地标村2个，其中小顺村50.57万元、坪垟岗村34.06万元。通过地标建设，提升小顺村、坪阳岗村爱国主义教育基地品位，受益移民达872人。

【优化移民居住环境】 县移民工作中心坚持问题导向，补齐移民安置区基础设施短板和薄弱环节，坚持移民村绿化、亮化、美化“三化”建设，重点推进基础设施建设和优化居住环境，改善库区移民的生产生活条件，推动移民村美丽家园建设步伐，取得较大实效。

【开展帮扶服务活动】 持续开展“我为群众办实事、我为企业解难题、我为基层减负担”专题实践活动，认真梳理移民诉求，帮助移民化解矛盾纠纷，解决实际困难。2021年，开展“三服务”活动160人次，走访结对户297次，投入移民专项资金19.14万元。

【加强干部队伍建设】 一是扎实开展党史学习教育。围绕“学党史、悟思想、办实事、开新局”要求，结合移民工作实际，引导全体党员争当学史悟思的排头兵、增信崇德的排头兵、为民办事的排头兵、勇开新局的排头兵，扎实推进党史学习教育走细走深走实。二是增强基层党建活力。以党史学习教育为契机，以加强基层党组织建设为抓手，组织中心干部赴青田县开展“滩坑追忆行”学习教育活动，增强党组织生活的吸引力和感染力，加强党员干部的思想和作风建设。三是实施青蓝工程。围绕年轻干部成长成才目标，实施“青蓝工程”，通过开展“新老干部结对帮教行动”“干部能力素质提升行动”等“传、帮、带”举措，搭建年轻干部能力素质提升平台，使年轻干部形成“比、学、赶、超”的良好氛围，增强能干事、肯干事、干成事的本领。

（刘 薇）

住房公积金管理

【概况】 2021年度，丽水市住房公积金管理中心云和分中心（以下简称县公积金中心）以习近平新时代中国特色社会主义思想为指导，全面贯彻党的十九届六中全会精神，在县委、县政府和市公积金中心的正确领导下，抓紧抓实党史学习教育，加强住房公积金改革创新力度，在提高制度覆盖、引导合理住房消费、推进数字化改革、防范化解重大风险等方面取得较好成绩。落实既有住宅加装电梯提取政策，常态化开展扫黑除恶专项斗争，持续打击骗提、骗贷及侵害缴存职工合法权益的行为，查处骗提1起，线索移交公安机关处理。

2021年，县公积金中心被丽水市住房公积金管理中心授予住房公积金管理工作目标责任制考核“优秀单位”。

【住房公积金归集扩面】 2021年，全县475个单位9531人缴存住房公积金，月均实缴净增385人。共归集住房公积金2.72亿元，同比增长6.36%；累计归集总额22.58亿元，归集余额6.48亿元，分别同比增长13.69%和9.05%。受委托办理住房公积金缴存业务的银行5家。

【住房公积金提取】 2021年，共办理提取住房公积金5067笔2.18亿元，提取率为80.24%，其中购、建房提取0.69亿元，偿还购房贷款本息提取1亿元，退休、解除劳动关系等提取0.31亿元。

【住房公积金贷款】 2021年，共发放个人住房贷款221户共7102万元。有贷款户数1794户，贷款余额5.41亿元，累计贷款总额13.12亿元。贷款余额占公积金归集余额比率为83.53%，个贷逾期率为0。住房公积金住房消费额2.4亿元，为县域房地产市场健康发展提供有力保障。

【公积金增值收益分配】 2021年，实现增值收益1154.89万元，同比增长3.64%，增值收益率2.13%。计提上交县财政公积金中心管理费用279.12万元；为廉租住房建设提供补充资金182.84万元，为县域住房保障建设作出积极贡献。

【住房公积金政策调整】 执行市公积金管委会发布的《丽水市住房公积金管理委员会关于落实既有住宅加装电梯提取住房公积金有关政策的通知》（丽公积金管委〔2020〕4号）、《丽水市住房公积金管理委员会关于调整市场租赁自住住房提取住房公积金限额的通知》（丽公积金管委〔2020〕5号）。

【住房公积金政策宣传】 一是通过县电视台及童话云和、秀山丽水等媒体平台宣传住房公积金，同时编写《便民服务宣传册》《住房公积金宣传册》等宣传资料，精准推送住房公积金知识及相关资讯，增强大众对公积金政策的了解；二是深入企业开展帮扶，近距离服务职工群众，通过现场发放公积金宣传册、“一对一”解答、面对面宣讲等形式，为企业职工详细解读公积金缴存、贷款、提取等政策规定、业务办理流程，把公积金惠企便民政策传递到企业及广大职工，用心服务“最后一公里”，全年已累计发放宣传册1500余册。

【提升公积金办理质量】 推进住房公积金服务“跨省通办”，运用全国住房公积金监管服务平台、长三角“一网通办”、浙江政务服务等平台，通过全程网办、代收代办、两地联办等方式，推进住房公积金服务“跨省通办”和住房公积金长三角政务服务一体化工作。深化住房公积金“一件事”集成改革，持续推动机关事业单位人员职业生涯全周期管理、住房公积金提前还贷（结清）一件事、企业开户一件事应用等，提升服务效能和办事效率。

【“互联网＋住房公积金”建设】 不断加大信息化投入，大力拓展信息系统应用范围，县公积金中心依托基础信息完善、网厅普遍推广、信息数据共享、业务乡镇街道全覆盖的优势，提升公积金单位版网厅使用率，网厅开通率97%，使用率达100%，同时面向不同群体提供“预约服务”“延时服务”“容缺服务”“上门服务”等个性化服务，让群众办事少跑路，真正做到方便于民、服务于民。协助市中心完成公积金综合业务系统计算机等级保护三级备案，完成住房公积金档案存储系统升级“双活”服务部署，提高业务系统的工作效率和可靠性，为住房公积金业务正常有序开展提供了坚实的保障。

【党风廉政和队伍建设】 紧紧围绕“学史明理、学史增信、学史崇德、学史力行”要求和“学党史、悟思想、办实事、开新局”目标，开展好党史学习教育。2021年，已累计开展理论学习中心组学习10次、集中学习36次、《习近平在浙江》专题学习17次，上专题党课5次，举办党史知识竞赛1次，下基层送服务解难题12次，上微党课5人次，撰写心得体会9篇。以行促学，扎实推进“三为”活动。开展“三为”活动16次，其中深入企业基层公积金政策宣传活动5次。中心还建立了“党员服务专员”机制，为公积金与企业之间搭建了直接沟通的良好渠道，累计服务企业2次，面对面服务10余人次，线上服务17人次。2021年，中心被市妇联授予“市级巾帼文明岗”荣誉称号。中心还积极配合县重大活动，抽调干部参与“治水拆违”、“垃圾分类”、“小徐社区（未来社区）”、乡村振兴、城乡环境整治等重点工作，为打造童话云和贡献公积金力量。（谢宜谓）

乡镇　街道

浮云街道

【概况】 浮云街道古时为浮云乡域，故取名“浮云”，地处县城东北部，成立于2011年9月。街道东邻石塘镇，南沿浮云溪，西至新建路，北接紧水滩镇，素有“云和大门、童话之窗”的美誉。总面积40.53平方公里，下辖庄前、云章、溪口、局村4个行政村，中山、浮云、青阳门、东门4个社区和红光、蔬菜、象山、大徐4个股份经济合作社，现有户籍人口1.63万人，常住人口2.37万人，是省级文明街道、生态街道、人大工作规范化试点街道，市级文化强镇、无违建街道、“护航G20”二等功，获云和铁军开局大会战、重大项目百日攻坚标杆团队称号。

2021年，浮云街道以县委、县政府努力打造全国山区共同富裕样板县为总牵引，主动融入县域发展大局和发展形势，以党建“三区一带”（老云和首善党建领航区、美丽乡村红绿党建植根区、“两新”特色党建提升区，十里云河党建联动核心带）建设为引领，高质量建设“老云和”集中展示“重要窗口”和“一城一湖”跨越发展“中心连廊”，开启“十四五”建设新征程，推动县委、县政府各项决策部署在浮云落地生根。一是针对沿线菇棚人菇混居现象，为消除隐患，积极入户宣传动员菇农拆除。经深入动员发动，共拆除26户菇棚，总面积达3.15万平方米。二是为美化市容，对菜市路区域的违章搭建，经过2天集中整治攻坚，彻底拆除该区域47处1000余平方米连片违章搭建，使20多年老商业街彻底旧貌换新颜。三是立足现有发展肌理，结合省级美丽城镇创建，邀请第三方设计公司编制美丽城镇建设行动方案，浮云溪——云和湖乡村振兴发展带规划，围绕街道县域中心，以“十里云河”环湖绿道和枫树湾古道两个连接轴，串起庄前农业观光、云章丞相故里、局村户外拓展、溪口主题花海四大区块，绘好新时代美丽乡村画卷。通过街道各方面工作的创新和推进，新貌凸显，成绩斐然。

【学史赋能】 紧紧围绕“学史明理、学史增信、学史崇德、学史力行”目标要求，持续开展多种具有浮云特色的学习载体和实践活动，迅速掀起学党史、悟思想、办实事、开新局的热潮。（一）首创开展“我是8090，我为党旗添光彩”青年党史微党课宣讲比赛，用青春声音讲述百年奋斗、讲述家国情怀、讲述发展成就，讲述奋进故事，组建“8090”党史宣讲团，以年轻人的视角深入各村社开展宣讲活动；（二）首推“三学五领”大宣讲，通过红雁领思、头雁领悟、青雁领宣、归雁领讲、落雁领颂，推进干部带头学、党员同步学、实践一线学，开展宣讲50余场次，多视角推进党史学习教育宣讲“百花齐放”，延伸到群众身边、走进攻坚一线；（三）结合云和县党史事件，原创推出“一枪解放云和城”红色情景剧，该剧成功演绎反响强烈，依托本地资源不断从百年党史中汲取智慧力量，精心打造局村红绿研学基地，创新开展户外体验式拓展党课、“追寻初心、薪火传承”火炬接力等主题活动，真正做到感悟百年党史、赋能浮云发展。

【项目建设】 坚持“挂图作战、一线办公”思路，4月迅速组建235国道征收工作小组，抽调精锐力量组成2个土地征收小组、4个房屋征收小组，开展政策培训会、工作推进会、矛盾调解会，各组干部战高温斗酷暑，项目攻坚取得阶段性实效。5月中旬仅用一周时间就完成全线长度约4.8公里，红线范围内14.38万平方米的土地丈量，稳妥推进房屋征收调查摸底、安置地选址、评估公司选定等工作。10月，4个房屋征收工作小组同步发力，经过多轮深入走访发动，用时6天完成全部房屋1万余平方米测绘评估工作，成功化解10余起涉征矛盾纠纷，完成80多亩安置地土地征收等。此外，从年初开始，街道征收工作小组持续与大庆寺棚改三期最后一户业主进行对接，上门入户讲解政策，争取支持，经多方努力，终于在9月下旬完成最后一户签约，圆满完成大庆寺三期征收拔钉任务。同月，污水处理厂苗圃处置历史遗留问题完成签约、城东新云实验厂最后一栋房屋实现签约并完成拆除，遗留政策处理取得突破，全力扫除政策处理难题。

【环境整治】 以时不我待的紧迫感推进国卫复审迎检攻坚战，持续强化城乡环境卫生整治，全域开展乱堆放、乱搭建、乱倾倒“三乱”整治，街、村社党员干部全员下沉，发动在职报到党员到一线，开展背街小巷和卫生死角市容市貌集中整治，共清理整治点位2358个，不断改善城乡环境面貌，让群众在国家卫生城市中共享福利。持续抓好污水治理、秸秆焚烧、“低散乱”企业等污染问题常态化治理，促进环境质量不断改善。突出抓好土地复垦整改工作，街道涉及垦造耕地问题整改项目共9个，建立工作专班、制定工作方案，明确责任人员，抢工期、抢进度、抢种植，全方位高标准完成生态复绿、工程修复、地力培育、种植管护等整改内容，顺利完成县级验收项目整改5个、市级验收项目整改2个、省级验收项目整改2个，整改完成率100%，通过整改，新增粮食种植面积600亩。

【全民防疫】 年初，针对国内疫情零星发生的趋势，立即落实省市县防控部署要求，迅速搭建“七个一”疫情防控体系，做好返乡人员闭环管控措施，上半年累计隔离防控42人，其中境外返云人员30人，7月以来，实施中高风险地区返云人员健康监测和隔离观察298人；全方位发动辖区常住人口接种新冠疫苗，采取横幅宣传、微信群发动、党员联系户走访、人盯人定点通知等方式全力动员群众接种疫苗，完成全程疫苗接种15808人，完成加强针接种人数2700余人，通力协作完成云和县2000人规模的新冠疫情实战演练，进一步提高街道统筹协调和应急应战能力。

【平安建设】 充分利用“基层治理四平台”的支撑作用，推进社会治理方式优化、体制完善、能力提升，坚持发展新时代“枫桥经验”，建立调解专家人才库，通过“轮值进驻”“点单服务”和人大代表接访日等活动，有效化解基层矛盾纠纷，共调处化解矛盾纠纷80余件，特别是在庄前大砻湾地质滑坡亡人事件处置中，避免网络舆情发酵，经多方努力最终稳妥化解，有力维护辖区社会秩序。全力稳控重点人员，积极推进大庆寺东侧A区块棚主信访，庄前农村土地综合整治信访等调处。将街道辖区划分为28个网格，挂出建筑物分布图，确保不漏一栋建筑，全体街道干部、村社干部、部门抽调人员全部分解到各网格参与入户调查，排查建筑2666幢，排摸户数10427户，排查隐患2184处，边排查边推进整改，政府兜底为103户低收入农户免费整改，加大财物投入增配设施消除消防隐患、强化培训演练提升居民安全意识，与消防、执法等部门加强联合执法，督促业主限期完成整改，截至6月底已全部完成整改。11月启动“三合一”场所消防安全整治清零行动，通过一个月集中排查整改，完成32家“三合一”场所清零整改。

【党建引领】 2021年，街道以新时期“党建三区一带”建设为引领，立足街道发展实际和区域优势，培育出“善、享、智、融、进、兴、汇、聚”八大党建特色品牌，实现“一村一品”“一社一韵”，为街道党建发展注入红色动能。同时为绘好党建同心圆，街道联合辖区内社会组织力量共同打造7组全域党建联盟，充分发挥基层党组织战斗堡垒和桥梁纽带作用，实现区域内基层党组织资源共享、凝聚发展合力。如中山社区充分发挥党建综合体作用，将辖区内的社会组织串联成线，拓宽“党建+公益”覆盖面，延长街道红色公益服务链，让共产党员的先进性与社会组织的公益性有机结合，2021年5月，来自景宁、云和两地的60余名志愿者组建公益组织“景云爱心团”，自成立以来，先后开展环境整治、困难慰问、孤老救助、垃圾分类、爱心助学、圆梦微心愿等志愿服务120余次，向社会不断传递正能量。（宋陈洪）

元和街道

【概况】 元和街道位于县城东南方，即新建路以东，浮云溪以南，由原云坛乡全部和原云和镇部分组建而成，于2011年9月23日挂牌办公。辖区面积118.11平方公里，下辖8个行政村、3个社区、4个股份经济合作社，户籍人口13625人，常住人口2.1万；建立党的基层组织32个，其中党总支5个，党支部27个，党员755人。2021年，元和街道在县委、县政府的坚强领导下，深入贯彻党的十九大和十九届六中全会精神，以打造全国山区新型城镇化样板县域为抓手，统筹抓好疫情防控和经济社会发展，聚焦“梨花微雨、新城元和”建设，实现“十四五”良好开局。高效推进小徐未来社区项目房屋征收工作，创下100天签约率100%的“小徐速度”。全面完成安溪流域综合治理工程、235国道、龙母路、云和转播台等6个项目的征收任务。全年完成房屋征收10.9万平方米、土地征收401.6亩。截至2021年末，辖区有雪梨专业合作社及家庭农场36家，雪梨种植面积4000余亩，占全县种植面积的1/3。加强红色基地梅湾入口、广场形象提升工程建设，出台梅湾景区管理办法，将沈村、梨庄、梅湾3个村纳入云和“旅游+”产业融合基地创建五年计划，农文旅融合发展优势进一步巩固提升。街道在2021年获第四批省级特色农业强镇称号，还被丽水市农业农村局授予2021年度丽水市红色示范乡镇（街道）称号。

【高度重视疫情防控】 持之以恒做好疫情防控常态化管理，全面落实疫苗接种工作，构筑全民免疫屏障网。累计接种新冠病毒疫苗1.7万剂次，坚决守牢阵地守好属地。完善实施“六个一”工作法，制作“一图一册一本”，规范工作流程，做到严查、严防、严控，实现辖区零疑似、零确诊。健全完善疫情防控“三级组织、四级网格”管理服务体系，充分整合下沉干部、党员志愿者、片区管家、楼栋长多支队伍力量，分29个网格做实做细人员排查、核酸检测演练等工作。

【项目建设稳步推进】 2021年，项目建设成效显著。一是未来社区小徐区块工作成效明显。自项目启动以来，全县各单位抽调了130余名精兵强将参与其中，每位干部都围绕一个工作目标，精学政策，走村入户、化解矛盾，个个都成为征收的行家里手，为签约工作如期进行奠定了扎实基础。百天完成全部签约工作，创造“小徐速度”，使后续腾空、拆除工作顺利开展。二是项目征收提速攻坚。完成其他项目土地征收200余亩，房屋征收近万平方米，全面完成安溪流域综合治理工程、龙母路道路工程、云和转播台项目、235国道建设项目等6个项目的征收任务。特别是对搁置多年的童话小镇童话堡区块最后一户“钉子户”进行司法强制执行，成为云和首例司法强制征收案例，为县重点项目开工建设提供了坚强保障。三是重点项目破题起势。扎实推进睦田城中村改造、云岸大搬快聚小区等重点项目建设，截至目前，睦田城中村改造项目公寓楼主体建设已完成3—5号楼提前结顶、7—9号楼启动地下室开挖。云岸大搬快聚安置小区完成总体工程量的65%。

【着眼全域优化环境】 有序推进53省道沿线环境整治项目，完成县级交办的白垟墩、古竹、睦田、小徐等段涉及的围墙、道路硬化、墙面粉刷、环境整治等60余个点位整治及项目建设。持续抓好"三改一拆"、"五水共治"、秸秆禁烧等工作，多管齐下提升城乡面貌。

【产业振兴多措并举】 一是抱团发展，做大雪梨产业。全面实施"兴村联盟"行动，选派第一书记、农村工作指导员、科技特派员、云和师傅和种植大户等五支队伍，实现支部结亲、党员结对和人才联盟，全力打造帮富共同体，为雪梨产业发展培育本土青年人才，激活共同富裕新动能，并获《浙江日报》专题报道。2021年，梅湾、梨庄等村新增和改造优质雪梨基地200亩；通过雪梨节、山海协作等载体拓展雪梨销售渠道，实现雪梨产值1100余万元。二是串点成线，做亮雪梨强镇。对标全县"三带三园"建设工作要求，依托以雪梨为主导的绿色产业，全面推进"梨花微雨风情线"建设。以沈村为核心，向周边辐射，完成沈村梨园景观工程、梨庄村苏坑雪梨主题停车场及公厕工程；完成云和县雪梨深度融合集成创新示范项目、沈村历史文化重点村等重点项目的规划设计。三是全域提升，扮靓村庄颜值。

【党建引领凝聚合力】 一是深挖特色资源，汲取红色力量。以建党百年党史学习教育为契机，制定《梅湾村市级红色美丽村庄建设实施方案》，完成革命纪念馆、周建生故居，红色学堂等项目稳步推进；累计接待机关单位学习考察团队70余批次4000余人。二是加强源头管理，推进基层治理。聚焦共富基本单元这一基础，以契约化共建为主线，全面推进"支部建在网格上"，创新"红色片区管家"等一批党建品牌，有效激活了基础治理引擎。常态化开展疫情防控检查，全面落实疫情疫苗接种工作，构筑全民免疫屏障网。筑牢"老郑调解室"矛盾纠纷"第一道防线"，成功化解矛盾纠纷18起，重大节假日期间实现零上访。三是聚焦作风建设，凝聚发展合力。全面推行街村干部精细化管理，在村级层面，首创"2213"工作法，通过"两会两公示、一表三督查"制度构建村级工程全覆盖监督网；出台元和街道村社主职干部"履职十条"，条目式明确主职干部履职要求，有效提高村社干部履职能力。在街道层面，实施"青蓝结对、助力攻坚"专项行动，确定一名经验丰富的老干部帮带一名年轻干部，凝聚敢想、敢闯、敢拼的团队力量和干事氛围。全面深化推进"支部建在项目上、党旗插在阵地上、党员冲在火线上"项目党建工作法，建立未来社区小徐区块项目征迁指挥部临时党委1个，临时党支部5个，选派50余名党员冲锋一线，有力保障了项目进度。 （项宗生）

白龙山街道

【概况】 白龙山街道于2011年9月23日挂牌成立，地处云和县城浮云溪以南、新建路以西，辖原云和镇箬溪社区和大坪、瓦窑、程宅、黄水碓、河上、长田、隔溪寮、沙溪、新建、高胥、三门、村头等12个行政村，人口1.90万，面积35.16平方公里。2021年，街道共有干部编制44名，在编42名，劳务派遣干部9名。换届调整后，街道班子成员共17名，平均年龄为38.5周岁，其中新进班子5名，原地提任1名；"80后" 班子12名（含"90后"3名)，占比达到71%，班子结构更加优化。

2021年，在县委、县政府和街道党工委的坚强领导下，在街道人大工委的监督支持下，白龙山街道以党史学习教育为抓手，全面贯彻党的十九大和十九届六中全会精神，紧紧围绕县委县政府的各项重要决策部署，统筹做好绿色发展、生态保护、民生保障、社会治理等工作，高扬实干担当旗帜，推动“童话之窗 活力白龙”实现新发展。2021年，白龙山街道获评全市平安建设表现突出集体。

【项目建设】 一是推进项目征收进度。根据县委、县政府工作部署，2021年白龙山街道共承担20个项目，预计1541.4亩土地、47292平方米房屋征收工作。通过深入开展项目攻坚“夏季攻势”行动、“冲刺四季度 决胜全年红”行动，做好项目新征、续征工作。其中，按实际要求圆满完成浮云溪流域综合治理工程、棚改南门东区块项目、翠屏街道路改造工程、处州汽校安置区块等13个项目征收任务，累计征收土地593.4亩，房屋27933平方米。二是提升基础设施建设。2021年先后完成河上、长田2个家宴厨房建设以及大坪、黄水碓、泓新、高胥4个阳光厨房建设；投资1600余万元建设8个污水零直排项目，勤俭留地、砻铺新村等6个污水零直排项目通过验收，南门区块、三门村2号污水终端项目有序进展；金丰佳苑东侧安置地完成项目建设和资金结算，实验小学分校等8个耕作土剥离再利用项目圆满完成。完成村庄道路安全隐患整治项目、村社消防安全设施建设项目，进一步提升基础设施建设水平。

【经济发展】 一是激发产业发展潜力。在大坪股份经济合作社谋划盆景园项目，计划建设盆景园作为盆景技术交流、产品集中展示以及开展文化活动的重要场所，充分提升盆景产业效益。该项目已完成设计方案，项目建设稳步进行。加大力度扶持农业规模主体，新增农民合作社1家、家庭农场50家。深入探索精品农业，三门村小香薯、大坪盆景、泓新村大田葡萄等区域特色农产品销售额超过1000万元。二是完成集体经济消薄。做大做强强村公司，通过光伏电站经营、厂房出租、物业项目、农产品销售等渠道，产生效益80万元，各村集体获得3万元分红。深化园区标准化厂房、食用菌交易市场等“物业+”项目，代表云和县参加丽水市第二届“消薄”大赛，荣获二等奖，创造云和最好成绩。黄水碓经济合作社、河上经济合作社等3处集体活动场所在云和县农村产权网络竞价平台成功竞拍，其中黄水碓经合社家宴中心5年凭租权以79.3万元成功竞拍，溢价率高达98.25%。三是整合小微企业资源。借“三合一”场所集中整治等工作契机，对小微企业进行排摸，转移、关停安全不达标的小微企业10余家。强力推进“低散乱”企业整治，累计整治5家低散乱企业，腾出发展空间。积极培育来料加工产业，对接企业主、乡贤等群体，引导有意向从事来料加工的人群特别是残疾人、低收入群体就业，为群众增加收入。

【环境整治】 一是环境整治攻克难题。结合国卫复审、佛儿岩景区创4A等重点工作，以点位交办、成果晾晒等形式加大攻坚力度，整治赤膊墙10处，乱堆放点位40余处，卫生死角500余处，建筑垃圾70余吨，联合执法中队处理建筑垃圾、生活垃圾乱倾倒案件3起。重视群众“门前三包”、垃圾分类等良好行为习惯的培养，累计建成垃圾分类收集房（亭）4座，设置小区定时定点清运垃圾四分类桶4处，发放户分类垃圾桶300余只。二是巩固违建处置成果。将违建管控责任落实到24个网格，指定专人做好违建信息收集、上报工作，实时掌控村社违建最新情况。强化部门联动，落实即查即拆，联合执法部门累计开展拆违行动35次，拆除点位52个，各类违章建筑24441.87平方米。深入开展菇棚整治工作，不间断入户走访、宣传政策，动员户主拆除。累计拆除菇棚56个，面积共计45915.89余平方米。三是防治污染守护环境。深入开展五水共治和河长制工作，累计整治小微水体、黑臭水体点位20处。防治大气污染，按照网格化巡查模式深入田间地头，宣传秸秆禁烧政策，及时制止群众焚烧行为，开展批评教育，打好“蓝天保卫战”。充分运用网格平台强化监管，2021年，网格平台共收到网格员上报污染类线索3条，街道及时联动部门进行核实，作出妥善处理。

【民生保障】 一是筑牢疫情防控战线。每日在街道工作群、村社居民群内转发最新疫情防控政策要求及风险地图，并向居民公布外来人口登记电话，保持信息渠道畅通。完善网格化机制，划分"9个村（社区）、16个小区（片区）、42个网格、2501个楼道、5954户的"六级网格，进行地毯式、拉网式排查和梳理，做好境外返回云和人员、国内中高风险地区返回云和人员的排摸和管控。全力推进疫苗接种工作，2021年累计完成新冠疫苗第一针接种21836人，第二针接种21464人，加强针接种7156人。二是强化民生保障帮扶。深入开展低收入户结对帮扶工作，176户低收入农户实现每月走访全覆盖，并帮助78户从事养殖、种植业的低收入农户申报产业帮扶项目补助。大力宣传"浙丽保"参保工作，累计实现参保率91%、签约率86%。全力完成民生实事工作，针对60岁以上人群做好23价肺炎疫苗接种宣传，累计完成970针接种任务，完成率达102.2%。深入开展农民培训，2021年共组织开展留守农民培训15场，受惠留守农民1088人次；开展"百技培训现场观摩、百项成果展示推介"2场、农村实用人才培训3场，参加人数达200余人。三是发展文体丰富群众精神生活。建成三门村文化礼堂、灵际社区文化家园，沙溪篮球场、程宅村老年活动场所等文体设施建成并投入使用。结合党史学习教育主题举办系列文体活动，开展群众性文化活动38场，发动"活力白龙"宣讲团深入新时代文明实践站、点，多形式开展党的十九届六中全会宣讲22场，受众400余人次。

【基层治理】 一是提升基层治理水平。深入探索"党建引领 八治合和"基层治理模式，通过砻铺党支部划转打造"街乡共治2.0"版本，全面深化街乡共治试点工作。推出"平和大坪""温和箬溪""融和灵际""合和黄水碓"社区基层治理品牌，做大做强村社党建联盟，加快形成多区域、大区块的智治融合。二是维护社会安全稳定。切实做好矛盾纠纷排查化解和信访积案化解，2021年白龙山街道成功调解矛盾纠纷（包括口头纠纷）266起，共受理上级交办信访案件98件，办结97件，化解信访积案5起。坚决打击防范电信网络诈骗，深入开展"网格+警格"专项行动，开展反诈知识宣传50余次，营造了"全民反诈"的浓厚氛围。三是落实安全管理责任。落实应急管理各项制度，认真开展防汛抗旱、森林防火等应急工作，配齐防灾减灾相关物资。全面完成用电建筑消防安全排查，共计排查整改民房、出租房等场所消防安全隐患3377个；排查"三合一"加工类场所319家（包括加工类74家、商铺类215家），已完成隐患整改。定期、不定期组织人员开展各类场所安全隐患排查整治，扎实做好商铺、小区、企业等消防安全工作，为村社配置微型消防站，举办应急队伍演练、网格员消防安全业务培训，有效提升村社应急处置能力。（程可欣）

凤凰山街道

【概况】 凤凰山街道于2011年9月23日挂牌成立。街道位于浮云溪以北，新建路以西，总面积45.07平方公里。下辖新华、解放、普光、阜安门4个社区居委会，62个居民小组；勤俭、巧云2个股份经济合作社，梅垄、贵溪、后山、新岭、河坑5个行政村，54个自然村，92个村民小组。有户籍人口6877户18850人，其中农村居民3105户8470人，城镇居民3772户10380人。有流动人口4815户13279人。

凤凰山街道有耕地面积4290.87亩，粮食作物播种面积2390亩，5个村集体经济总收入183.56万元，增幅达16.61%，经营性收入114.94万元，增幅达20.74%。有小微企业166家，规上企业19家。全年完成规上企业工业157.61亿元，同比增长39.70%。辖区内有初级中学1所，教师110人，在校生1432人；小学2所，教师187人，在校生2907人。幼儿园5所，教职工256人，入园幼儿1651人。

凤凰山街道产业以木制玩具、轴承、钢铁为主，针对街道企业多的特点，鼓励企业加大转型升级力度，不断提高市场竞争力。继续实行班子成员联系企业制度，着力解决企业生产发展问题，全年完成“低散乱”企业整治10家，其中入园发展5家，停产停业5家。有小微企业166家，规上企业19家。全年完成规上企业工业157.61亿元，同比增长39.70%。重视扩大电子商务发展，形成“电商蓝海”产业带，有淘宝网店800余家，年销售额突破8亿元，带动就业5000多人。为增加农户收入，引导做大做强雪梨、油茶、食用菌等生态主导产业，发展食用菌1152万袋，新增蜜蜂150箱，完成低产茶园改造35亩，云和雪梨抚育改造50亩，累计增收800余万元。落实“一户一策一干部”结对帮扶机制，已结对155户343人，帮扶干部覆盖率达100%，开展入户走访1920余人次，帮助解决各类疑难问题253个。分两批完成搬迁农户12户43人，其中整村搬迁2户9人，零星搬迁10户34人。全街道有总耕地面积4290.87亩，粮食作物播种面积2390亩，5个村集体经济总收183.56万元，增幅达16.61%，经营性收入114.94万元，增幅达20.74%。把“农旅融合”作为产业振兴的突破口，新岭桃花盛开时节日均接待游客达1500余人次，创新推出“以票换桃”活动，为桃园经济“甜蜜加码”。同时加快劳动力培训转移，促进就业进程，先后举办培训班17期，完成农民培训1121人次。打造城西桥头区块烧烤美食城，累计增加村集体收入80余万元。

【隐患整治】 开展隐患大排查大整治、燃气排查整治专项行动，共排查企业184家，发现隐患156处，发放整改通知书76份，已整改142处。开展用电建筑隐患排查整治，共摸排沿街店铺、出租房、民房、小微企业等场所5300余个，发现隐患2094处，整改率已达100%。开展“三合一”合用场所消防安全整治清零行动，已完成加工点合用场所整改93家，进度100%；沿街商铺整改141家，进度100%。开展集中整治行动250余次，整治点位1600余个，清运垃圾210余吨，全面落实国卫复审各项指标要求。建设垃圾分类定时定点投放处4个，加快推进垃圾分类示范街创建。推进后山村、后交线景观节点提升整体设计，已完成墙体彩绘3处、赤膊墙美化23处。

【项目建设】 开展和完成了云龙公路(新殿垟至龙门段)改建清表、白水区块棚改清表和县中医医院迁建、伟玲砖瓦厂、城市心肺工程、转播台迁移、南铂湾安置小区、浮云溪流域综合治理工程（黄桥头段）等项目土地征收。接待外商3次，对辖区内梅垄、贵溪村开展实地走访洽谈，完成了1000万元招商引资任务。购买华臻木业屋顶光伏项目、劳务用工服务项目、童心印花产业园1幢304号厂房等，3个重点项目落地，实现有效投资近825万元。5个行政村均完成总收入20万元和经营性收入10万元的目标任务。完成存量违建拆除面积1.91万平方米。推进金利花苑老旧小区基础设施提升，落实围墙及小区路灯维修资金1.8万余元；加快鲤鱼山小区(B区)等老旧小区改造进度。完成后山村烧基、贵溪村后坑头、贵溪村马槽头、栢园新村4个污水零直排建设项目；推进梅垄村污水零直排建设工程、河坑村凤荷苑污水处理设施标准化改造提升工程。

【平安建设】 创新“平安六联”党建联盟工作机制，形成县、街、村三级联动，拓展延伸平安“触角”，实现“全时空守护平安、零距离服务群众”。处理信访件99件，化解率达100%，信访总量同比下降59%。常态管理有序开展，坚持外防输入、内防反弹，压紧压实责任链条，时时掌握中高风险地区到云和人员动向。动员一切力量推进疫苗接种工作，超额完成第一针、第二针接种任务，积极落实加强针接种工作，完善《疫情防控应急闭环管理操作流程》。完成了新华、解放、普光、皇安门4个社区的微型消防站建设，在原有3支应急志愿服务队的基础上，又组建了4支应急志愿服务队。逐步完善村级消防站消防设施、器材、装备配备，为各村、社配备灭火器 900 余只、水带 500 余条、消防箱 70 个。

【民生服务】 开展疫情防控、用电安全排查、森林消防等多元化志愿服务活动 110 次。完成 1375 个“一网通办”事项的认领和后台配置，做好政务服务网 2.0 基层延伸推进工作，落实村级代办员 37 人，通过代办服务，打造“移动受理窗口”。以社区“微”治理模式，打造“一社一品”志愿服务特色品牌，建立“菜单式”服务平台。“老李帮忙团”服务中心党支部荣获“全国先进基层党组织”称号，全年共组织服务活动292 次，参与志愿者 2356 人次，受益群众 2.4 万人次，为群众办实事 264 件。实施“四癌两苗”省市民生实事。后山村居家养老中心顺利投入营业。完善“枫桥式”、示范型服务站建设，对退役士兵开展困难帮扶 40 余次，为 3 名 60 周岁以上农村籍退役士兵申请老年生活补助。发放低保、救助、临时救助共 224.28 万元。新增残疾人护理补贴 10 人，生活补贴 12人，完成城乡居民基本养老保险生存认证 1268 人，企业养老保险生存认证 2391 人，成功征缴城乡养老保险 765 人，完成基本养老保险参保率 98.7%，全力推进“浙丽保”“23 价肺炎疫苗”等。

【党建引领】 开展“村社党建全域融合”村干部双任职机制，8 名村干部在普光社区开展“双任职”，认领服务岗位、结对困难群众、参与志愿服务；“党建+新业态”成功打造专属“爱心驿站”6 个，成立快递物流企业联合党支部，统一编发《基层党建工作实操手册》。实行体检督查排名制，实时更新“5 有+X”榜单；深入挖掘基层统战资源，建立街、村两级“乡贤参事团”和“刘少云乡贤调解工作室”。以“一心齐向党、奋进新征程”为主题，开展了“七一”表彰大会、“唱支山歌给党听”拉歌赛、“乡村振兴书记说”、庆祝小县大城 20 周年茶话会等特色活动；录制党史知识“快问快答”视频，点击浏览量达 3 万余人次；组织在职党员进社区开展志愿服务活动 180 余次，认领微心愿 40 余个，制作发放《党史教育实践录》600 余份，为流动党员邮寄“红色包裹”。开设流动“车间大讲台”，开展宣讲 20 余场，发放全会宣传折页 500 余份，受益群众达 1000 余人。

【换届选举】 成立换届选举工作领导小组，组建 9 个选区选举工作指导小组，制订换届选举工作方案，召开专题部署会 10 次，组织观看警示教育片《警钟长鸣》、签订换届纪律承诺书，发放严肃换届纪律手册 300 余份，张贴换届纪律宣传标语 30 幅，严格程序要求，成功选出县第十七届人民代表 17 名，街道议事员 39 名。开展正风肃纪督查 38 次，完成问题线索结案 4 人、立案审查 2 人，做好村社小微权力监督，确保基层治理小微权力规范化运行，完成村社小微权力系统录入，基层权力系统正式投入使用。制定《换届风气监督工作实施方案》，组织学习“十严禁”换届纪律要求，签订换届纪律承诺书，从严从实做好换届风气监督工作。（董柳娟）

崇头镇

【概况】 崇头镇位于云和县西南部，距县城 9.5 公里，2011 年由“四乡一镇”合并而成，下辖 18 个行政村和 1 个居民委员会，138 个自然村，269 个村民小组，共有户籍7105 户，总人口 2.15 万人，其中有 14个少数民族，人口 2137 人，是省级中心镇。2021 年崇头镇有行政编制 41 人（在编 32 人，缺编 9 人），事业编制 47 人（满编）；共有 9 个党总支，38 个党支部，共有党员 1079 名，其中农村党员 991 名。辖区内有派出所 1 家（梅源派出所），中学 1 所（梅源中学），为云和县唯一的农村初中，有教职工 53 人，学生 438 人；有小学 2 所（崇头镇小学、黄源小学），有教职工 50 人，学生 445 人；幼儿园 1 所（崇头幼儿园），有教职工 11 人，在园幼儿 66 人。有 1 所中心卫生院、4 所分院、6 家村卫生室和 2 家居家养老照料中心（沙铺、云丰）。有 1 家供电所和

3家银行(农商银行、村镇银行、邮政储蓄)。区域总面积228.2平方公里,有耕地面积4.6万亩,粮食播种面积2.5万亩。全年发展高山蔬菜6826亩,中药材种植1305亩,雪梨种植350亩,黑木耳494.8万袋,茶叶产量65.8吨。开展农产品质量安全检测300余批次,检测合格率达100%。启动建设崇头片山区小流域农业生态工程,完成40个垦造耕地项目。大力推进"互联网+农村产权交易"处置模式,全镇19个村股份经济合作社涉及的农村产权均在(淘宝)网络竞价平台挂牌竞拍、流转,有效助力农村资源盘活、农户资产变现。强化省级以上公益林优化核查,优化林地333亩。做好松材线虫病防治工作,组织专业技术人员伐除枯死松树,清理枯死松树500余株,疫木242140千克。

2021年,崇头镇党委被评为丽水市先进基层党组织和"丽水之干"模范集体,崇头镇先后获评全国乡村治理示范乡镇、全省"五水共治"工作考核优秀乡镇和丽水市"美丽丽水"建设模范集体,创成"四好农村路"市级示范乡镇,云和梯田景区被列入"诗画浙江"耀眼明珠培育对象和全省首批山地休闲度假发展试点。在2021年云和县综合考核中以乡镇(街道)第一名的成绩荣获优秀单位,党风廉政建设、乡村振兴等12项工作获评县级先进。

【换届选举】 中共云和县崇头镇第十六次代表大会于2021年10月25日在崇头镇会堂召开,共有61名党员代表参会。会议以差额选举方式,民主选举产生了中共云和县崇头镇第十六届委员会、中共云和县崇头镇纪律检查委员会,选举云和县崇头镇出席中共云和县第十五次代表大会代表,并听取代表提案工作情况的汇报。崇头镇第十八届人民代表大会第一次会议2021年12月23日在崇头镇会堂召开,共有59名镇人民代表参会。会议审议了崇头镇前五年的政府工作报告,选举产生新一届政府班子和人大班子成员,票决了2022年度5项民生实事项目。

【项目建设】 一是2021年6月29日,崇头镇举行招商项目集中签约仪式,引进梯田农耕展销综合体等一批优质项目,总投资达1.1亿元。注重招才引智,与浙江省园林植物与花卉研究所签订战略合作框架协议,建成崇头镇博士专家服务工作站,柔性引进硕博人才10名。二是顺利完成悬河餐厅扩容、后交线至梅竹村和坑根村道路提升改造等最后一批项目政策处理扫尾,完成浮云溪流域综合治理、三级游客接待中心等6个项目结算,实现56个AAAAA创建项目政策处理全面清零,累计征收土地2650亩、房屋征收143户,保障梯田创AAAAA项目的用地需求。三是后交线等5条公路全线通车,观云索道建成营业,一级游客接待中心投入使用。云和梯田景区先后通过国家AAAA级景区复评、国家湿地公园验收和国家AAAAA级景区景观质量评审,入选中国第三批重要农业文化遗产,成为"诗画浙江"耀眼明珠培育对象和全省首批山地休闲度假发展试点,荣获"中国文旅融合创新奖"。

【镇村创建】 巩固省级美丽城镇样板镇创建成果,全年累计完成投资1749万元,建成后交线镇区过境段提升工程、浮云溪南侧绿道、过境公路人行桥等基础设施项目,推进众安桥拆建、镇区路灯照明等工程建设。启动最美梯田风景带环境整治,销号整治点位212处,拆除存量违法建筑2万平方米,建成景观小品36个,加快把景区沿线村庄打造成"风景长廊"。统筹推进花园乡村、美丽宜居示范村、古村落保护等项目建设,其中坑根村在省第六批历史文化村重点村验收评价中,以全市第一的成绩获评优秀等级。

【民生保障】 严格落实"外防输入、内防反弹"防控策略和市、县疫情防控工作要求,组织做好中高风险及境外返回人员排查。推进新冠疫苗接种工作,第一针累计接种22200剂次,覆盖3周岁以上的人群疫苗接种。完成"消薄",接续推进巩固提升五年行动，带动村集体年均经营性收入增加80万元。健全社会保障体系，“浙丽保”参保人数15603人。实施各类民生实事项目，为90岁以上老人发放敬老餐1440份，开展育龄妇女免费“两癌”筛查1715人次，发放计划生育家庭奖（特）抚资金43.2万元。推进“大搬快聚富民安居”工程，超额完成任务数搬迁1050人，完成整村搬迁拆除3.28万平方米，零星搬迁拆除2.6万平方米。

【文化建设】 建成崇头镇生态产品价值转化展厅，推出大花园研学基地和研学路线，启动国家气象公园示范点建设，白鹤尖区域被评为丽水市十佳观鸟点。在全市生态产品价值转换试点乡镇评审会上，现场评分荣获第一名。先后举办庆元旦•迎新春美食大赛、谷雨茶事、开犁节、云端纳凉节等多项文化活动，吸引游客近2万人次。改造提升三垟、梅源百姓健身房，建成启用镇乡贤驿站。崇头镇综合文化站被评为一级综合文化站，王荫山村被列入省级红色美丽村庄建设村。

【经济发展】 建立“两山”理念实践现场教学基地，融合气候经济、赛事经济等新业态，推出3条红绿融合体验教学线路，累计接待团队30余批次1000余人。落地民宿经营权抵押贷、“农家乐”（民宿）成长贷等扶持政策，引进开元曼居精品民宿，累计发展“农家乐”（民宿）162家、床位2540张，户均年营业额超20万元。云和梯田景区经营状况大幅回暖，1—12月实现营收4495万元，同比增长120%。

【党建工作】 建成镇党群服务中心、党代表联络站，被确定为首批百个市级红色示范阵地。新建、修缮村级办公场所15个，打造“云和会议”旧址、下垟畲族党支部等爱国主义教育基地，党建阵地进一步加强。开展“护航建党百年”平安专项行动，建立重点信访事项一周一分析滚动研判机制，办理群众信访案件85件，办结率100%。发挥镇级矛调中心（社会矛盾纠纷调处化解中心）作用，受理调解案件56件，调解成功率100%。（钟杨慧）

石 塘 镇

【概况】 石塘镇位于云和县东北面，于2011年由原朱村乡、原石塘镇撤并而成，是童话云和东大门、秀山丽水后花园。镇政府所在地距云和县城20公里、丽水市区34公里。全镇区域面积180平方公里，下辖13个行政村，148个自然村，209个村民小组，设有党总支10个，党支部33个，党员889人，新一届村四套班子128人，户籍人口1.33万人，常住人口0.7万人。石塘镇共有行政事业编制63个，在编在岗58人，下设“三办六中心”。辖区内有小学1所（石塘小学），共有师生270人，幼儿园1所（石塘幼儿园），共有师生100余人；派出所、卫生院、供电所、信用社各1家。

石塘镇是丽水饮用水水源保护地，境内有石塘、玉溪两大人工湖。石塘镇是移民大镇，全镇共有移民2000多人，主要是石塘电站、玉溪电站后靠移民。石塘镇是茶叶之乡、板栗之乡和油茶之乡，共有茶叶3万亩、板栗1.5万亩、油茶6万亩。全镇有耕地面积1.2万亩，山林面积25万亩，其中重点生态公益林13.2万亩。

2021年，石塘镇党委、政府在县委、县政府的坚强领导下，坚持以习近平新时代中国特色社会主义思想为指导，全面落实中国共产党十九届六中全会精神，认真开展中共党史学习教育，紧紧围绕“两手硬、两战赢”总体要求，团结带领全镇党员干部群众，攻坚克难、奋勇拼搏，爬坡过坎、蓄势突破，统筹推进经济社会各项事业加快发展，先后获得新时代美丽城镇建设省级样板、浙江省AAAA级景区镇、云和县疫情防控大赛大考先进集体称号；长汀村获全国乡村振兴榜样奖、第一批浙江省“五水共治”实践窗口称号；小顺村被评为浙江省党员教育培训基地；湖滨村获浙江省“民主法治村”称号；石塘村获浙江省“引领型农村社区”称号。

【厚植发展潜力】 一是项目建设有效推进。2021年石塘镇共有新建或者续建项目30个，其中重点项目5个，一般项目25个。龙泉溪治理二期，绿道主体大部分青苗土地款完成支付，长汀—大源口段已顺利开工；云和东旅游集散中心政策处理基本完成；泉溪流域综合的117亩土地已完成丈量；石塘交通中心码头，周玉丹、周新建两户完成强制拆除社会稳定风险评估；土地垦改攻坚战顺利完成，35个垦造耕地问题整改项目已全部通过市、县级验收；规溪至莲都环湖绿道连接线、云和县龙石至长汀公路提升改造等项目顺利完工；小顺军民融合体、红色小顺展示馆、大搬快聚安置小区、丽西500千伏输变电工程建设等其他项目正有条不紊地加快推进中。235国道石塘段政策处理稳步推进，完成土地征收52.7万平方米，房屋征收工作全面启动。二是有效投资不断扩大。已完成固定资产投资3678万元，年度任务超额完成。小顺平安实训基地、湖滨村游艇俱乐部、梦里双港文旅小镇等项目积极商洽；长汀村改造提升、石塘小顺平安实训基地等山海协作项目稳步推进。三是农业产业提速增效。农文旅深度融合步伐不断加快。新增和改造茶叶300亩、油茶500亩、中蜂300箱，新增农产品转化旅游地商品2个，推进两茶一栗一蜜精品化、品牌化、电商化发展，将农产品打造成旅游地商品和旅游纪念品，使更多的“山货”走出了“山门”，建立“帆影渔歌”区域品牌，推出了畲药香囊、帆船模型等文创产品，不断拓宽农产品销售渠道，实现农产品销售额319000元。

【优化生态环境】 一是人居环境持续优化。实施美丽城乡环境整治大行动，完成点位整治400多个，清理垃圾死角1000余处。开展“整洁家庭”月评比制度，评选出最美家庭340户，最脏家庭350户。完善农村保洁和垃圾分类长效机制，修订村规民约，制定《石塘镇保洁督查方案》，累计开展农村环境卫生和垃圾分类检查40余次，共交办问题点位1000多个。深入推进“五水共治”行动，新建或提升改造公厕5座，提升污水终端2座，建成污水管网3公里，进一步落实河长制，累计完成巡河550次，镇、村级河长巡河任务完成率100%，河道清理500余人次。二是村镇建设更加有序。切实做好违建控新，对新增违建一律零容忍，即查即拆，严格执行建房审批“四到场”制度。加大违法建筑处置力度，打好存量违法建筑拆除“拔钉战”，2021年已累计拆除和整治违章搭建3600余平方米。建立镇村联动巡查体系，联合镇执法中队、自然资源所对辖区进行不间断巡查。三是生态底色不断巩固。深入推进松材线虫病疫情工作，全面完成疫木清理，共清运疫木并无害化处理2200余吨。完成长汀、竹子坪、金村等村的银杏大嫦娥虫害防治工作。持续加大绿化造林力度，共完成石塘、金山下、桑岭等村油茶抚育800多亩。小顺、长汀、石塘等村顺利创成县级花园村庄。

【改善民生福祉】 一是疫情防控紧抓不松。大力推进新冠疫苗接种工作，顺利组织镇卫生院新冠肺炎疫苗接种点专场39次，招募志愿者服务430余人次。全年累计接种新冠疫苗1万针次，加强针254针。二是社会保障日益完善。顺利开展“解忧暖心传党恩，共同富裕建新功”行动，圆满完成社保养老待遇资格认证，以及到龄人员领取待遇等工作。加快推进镇养老服务保障工作，完成失能失智老人第三方评估14人。“大搬快聚富民安居”工程加快推进，顺利完成第一批零星搬迁39户107人的拆迁安置工作，及整村搬迁4个村69户168人，安置小区项目完成“三通一平”并全面开工建房，共涉及农户43户135人。完成低保人群免费胃癌筛查40人，直肠癌筛查977人，接种流感疫苗254人，23价肺炎疫苗649人，无偿献血54人次。完成精神病人排摸和鉴定工作，以及第一批次60周岁以上老年人防走失手环发放。农民培训工作稳步推进，累计完成农业专业技能、网络实用技术、科学素质普及、文明素质教育等培训1300余人，顺利承办“云和师傅·工匠”仙宫雪豪杯卷曲形绿茶手工炒制大赛。三是文化事业持续繁荣。加强传统文化保护利用，推动文化创新，逐步形成“政府主导、村民主体、优秀社会人才共同参与”的推进机制。深挖茶文化、船帮文化、抗战文化等优质文化元素，打造石塘文化区域品牌。同时，开展了庆祝中国共产党成立100周年主题系列活动，举办“不忘初心、牢记使命”专题文艺巡演2场，婺剧文艺演出3场，举行“回望百年历史、传承红色基因”党史知识竞赛活动，以及庆祝中国共产党成立100周年文艺晚会暨表彰大会，进一步丰富了群众性文化生活。

【实施换届选举】 中共云和县石塘镇第十五次代表大会于2021年10月21日在镇大会议室召开，代表到会率98%，高票选举产生新一届党委、纪委班子。石塘镇第十七届人民代表大会于2021年12月23日在石塘镇大会议室召开，会议听取和审议石塘镇第十七届人民政府工作报告、石塘镇第十七届人民代表大会主席团工作报告，会议还选举产生石塘镇第十八届人民代表大会主席1名、副主席1名，石塘镇第十八届人民政府镇长1名、副镇长5名。 （金　雷）

紧水滩镇

【概况】 紧水滩镇地处瓯江干流龙泉溪上游，距云和县城18公里。东临石塘镇，南依浮云、凤凰山街道，西与赤石乡毗邻，北与松阳县大东坝镇接壤。于1986年5月设建制镇，1992年、2011年原龙门乡、大源乡先后并入紧水滩镇，总面积147.65平方公里。镇政府驻金水坑村，2019年行政村规模调整后，辖7个行政村，户籍总人口8000余人，是国家级卫生镇、省级美丽乡村示范乡镇、森林镇、园林镇、体育强镇、美丽城镇等。紧水滩镇情特点：一是环境生态优良。镇域内林地面积18.4万亩，占土地总面积的76%，森林覆盖率达85%。水域面积10余平方公里，受库区调节，气温冬暖夏凉。二是旅游资源丰富。境内有国家AAAA级景区——仙宫景区，还有“金石环湖绿道”“船帮古镇”“九潭十八湾”“千年古刹益经堂”“王一卿墓”“插花殿”“牛头山”等名胜古迹。山地上有油茶、茶叶、板栗、西瓜等特色农产品；水里有鱼类单体111种，其中有鲢鱼、鳙鱼、刀鱼等10余类野生鱼通过了有机鱼认证。三是区域文化多元。瓯江贯境而过，孕育了紧水滩镇丰富多彩的文化。有与海上丝绸之路紧密相关的海纳百川、包容万象的“船帮文化”；有独具特色的客家文化，至今客家人还保持着自己的生活习俗、语言、服饰，其独特的“汀州吹打”还被列入了浙江省非物质文化遗产名录。有宝贵的抗战历史文化，70多年前为保卫临时省会和全省抗战救亡中心，在方山岭设伏阻击，浴血激战，最终溃敌，鼓舞了全省军民抗日救亡的士气和信心，扭转了省会一迁再迁的被动局面。四是移民文化。全镇共有7个移民村，移民人口1096人，占总人口的13.6%。广大移民为支持国家建设，离乡弃土，搬迁到水库两岸的崇山峻岭间以吃苦耐劳的精神重建家园，开垦田地，开辟出新的天地。

2021年，紧水滩镇着力抓好项目建设、产业发展、基础环境改善、民生社会保障和政府自身建设等工作，年初既定的各项目标任务有序推进，全镇经济社会发展呈现向上向好态势。大搬快聚、宣传、统战、五水共治、人武、信访、党风廉政、疫情防控、党建工作均获优秀。获评2021年度全市平安建设表现突出集体、2021年省级美丽城镇。

【完成乡镇换届试点】 紧水滩镇作为全县乡镇党委换届试点乡镇，第一时间开展谋划部署，拟定工作方案，研究代表名额分配方案等。顺利选出新一届党代表49人。中共云和县紧水滩镇第十次代表大会于9月29日在镇大会议室召开，代表到会率100%，满票选举产生新一届党委、纪委班子。8名出席县党代会代表均满票或高票当选。票决出了“过去五年最满意的十件事”和“今后五年最期盼的十件事”，实现乡镇党委换届全程全域平稳有序、风清气正，圆满完成试点工作任务。紧水滩镇第十届人民代表大会于2021年12月26日在紧水滩镇大会议室召开，51名正式代表和33名列席代表与会。共有1名人大主席候选人，1名镇长候选人，6名副镇长候选人，选举产生1名人大主席，1名镇长，5名副镇长。

【推动镇村经济发展】 一是全力保障重点项目施工。全面完成紧水滩水冷式绿色数据中心、云龙公路（新殿垟至龙门段）改建工程和仙宫景区醉月楼项目政策处理工作，累计完成土地征收625.2亩，房屋5527平方米；龙泉溪治理二期（青龙潭段）完成233.5亩土地征收（其中林地168.5亩）；燕庐文化创作基地项目完成土地平整和综合文化站房屋拆除工作；龙门安置地基本完成平整工作，金水小镇安置地继续做好方案论证。同时，全力配合做好紧水滩混合式抽水蓄能电站、科创绿谷等重大项目前期谋划工作。二是全速推进镇村项目建设。实施重大项目攻坚行动，列入县重点项目16个，镇级项目14个，涉及资金3500余万元。道路交通方面，争取项目5个，资金770余万元，完成紧赤线路面大中修工程，开工建设菖蒲砻至外垟安全生命防护工程、石浦至下官坑农村道路（绿道）工程和青龙潭桥梁改造工程等。移民村建设方面，争取项目8个，资金270余万元，完成石浦星空泳池配套项目和路灯安装工程，牛头山村老屋基至小牛坑路基工程、大源文化礼堂外停车场等6个项目在积极建设中。水利安排资金300余万元，用于紧水滩水厂管网延伸工程，大源村、双垟村饮用水提质工程。扶贫安排专项资金160万元，用于双垟村油茶基地道路、大源村农产品冷藏保鲜库、桃子坑隐庄洋道路项目建设。田铺美丽宜居示范村（一期）项目通过县里验收。

【促进人居环境改善】 持之以恒，统筹推进城乡环境整治与美丽城镇创建、“五水共治”、“三改一拆”等工作开展，深入推进农村“垃圾、污水、厕所”三大革命，建立健全“镇级督促考评、公司运营管理、村级参与落实、保洁（清运）员区域履职”的市场化保洁模式，全方位多维度完善镇域环境保洁制度体系。2021年开展集中整治60余次，完成整改点位256个。紧水滩镇在全县上半年“两最”乡镇评比中被评为最洁净乡镇。以建促创推进美丽城镇创建。按照美丽城镇“五美”“十个一”的创建标准，整合各类资金1.3亿元，涉及建设项目18个（其中本年度美丽城镇建设专项资金800余万元），省级美丽城镇创建全力推进。金水坑村景观小品及亮化工程、龙门村景观小品工程、金石绿道提升工程等均进入设计阶段，龙门污水终端提升工程、电厂桥头边坡地质灾害处置等工程开工在即。实施微改造助力乡村振兴。因地制宜对村庄传统建筑、公共节点、配套设施、花园乡村等开展微改造，用绣花功夫实现村庄颜值和品质的大提升。争取项目资金800余万元，金水坑、石浦村花园乡村改造通过市级验收，完成石浦村泳池、龙门木屋停车场等配套项目建设。启动双垟村知青茶园进场道路、公厕及停车场工程，各村节点小品建设、村庄环境提升和公厕等项目有序推进。石浦村口文化墙项目荣获全县“山海协作”“花园乡村”微改造创意设计大赛第一名。

【拓宽文旅融合渠道】 扎实开展“双招双引”。明确将“双招双引”摆在全镇工作的核心位置，明确主攻方向，立足数字科创、农旅融合和休闲康养产业等三大领域，深入谋划石浦文创综合体、金水坑三望潭科创园、双垟村田园综合体和龙门滨水渔村综合体验区等一批项目。全年外出招商1次，接待实地考察10余批次。为夯实农业基础。完成粮食播种面积4500亩，低产茶园改造845亩，种植雪梨50亩、西瓜100亩、玉米100亩、高山蔬菜30

亩，新增蜂蜜 150 箱。全面开展耕地非农化、非粮化整治工作，完成大源、双垟、石浦等村 6 个区块 877 亩的粮食功能区种植情况调查摸底，“一点一策”制订整改方案，开展“大棚房”整治“回头看”工作，投入资金 500 余万元，完成 22 个涉林垦造耕地项目整治工作，整改面积 1358 亩。做大做强强村公司。按照“市场运作、全镇联动、公司运营”模式，推动村级集体经济持续稳定增长。镇强村公司实现营收 291 万元，利润 94 万元，其中订单农业项目销售农产品达 238.23 万元，利润 63.95 万元。强村公司累计完成销售 1800 余笔，销售额 620 余万元，实现农民增收 210 余万元，村集体增收 170 余万元。订单农业项目入选全市十大消薄案例。文旅融合亮点纷呈。成功举办第四届船帮文化节暨第二届瓯江龙舟邀请赛，该活动当日在新华网客户端直播阅读量达 110 万人次。聚仙岛蔷薇城堡酒店作为全省第一家登入纽约时代广场纳斯达克大屏的文旅酒店品牌，于 10 月投入试运营，石浦乐成长星空泳池全新升级推向市场，双垟知青文化展示馆完成室内装修工程，汀州吹打申报省级非物质遗产代表项目。

【落实民生保障措施】　一是维护和谐稳定。严守疫情防控安全关，守好镇区“小门”，发动群众疫苗接种 4532 人次。坚持发挥矛盾调解作用，2021 年成功办结工程建设、公益林补偿款等方面信访件 58 件，其中化解市级积案 3 件，国重信访 1 件，获评 2021 年度全市平安建设表现突出集体，创成龙门村、渡蛟源村市级法治民主村。二是抓好民生工程。有序推进镇级饮用水提升、污水改造等项目，率先在全县实施市场化保洁运维。大搬快聚完成 2 个自然村整村搬迁工作，涉及 29 户 98 人，零星搬迁涉及 55户 183 人，共计 84 户 281 人，获评县级优秀。三是坚定共富目标。与省交投集团结对，以企业预下订单，农民按单种植的方式拓宽农民增收渠道，镇强村公司累计完成销售 1800 余笔，金额达 620 余万元，实现农民增收 210 万元，村集体增收 170 万元。订单农业项目入选全市十大“消薄”案例，紧水滩镇在全市村集体经济巩固提升工作交流会上作典型发言。订单农业以及 33 个村联合承包水域养殖的先进做法被中央、省市多家媒体点赞报道。

【深化治理确保平安】　完善应急办公室、工作组配置，加强应急物资储备，完成全镇 8 个防汛救灾物资仓库和 4 个避灾安置场所提升工作，充实配齐防汛物资。组织全体镇村干部积极防汛防台，努力应对台风“烟花”“卢碧”，竭力维护群众生命与财产安全。完成全镇注册企业安全隐患普查。在全县率先完成变型拖拉机解体清零。抓紧抓实平安建设工作。加大矛盾化解力度，做好化解与稳控一体，成功调解矛盾纠纷 10 起，完成安置帮教走访 41 人次。创成镇级反邪教基地、矛调中心，创成龙门村、渡蛟源村市级法治民主村；深化政府自身建设。推进“最多跑一次”改革，完善“一站式”服务中心建设，2021 年共办理事项 390 余件，办结率 100%。严格落实中央八项规定，严格控制“三公”经费，强化审计监督，推进财政预决算公开，做到用制度管住权力，为人民用好权力。深入推进政务公开，自觉接受人大法律监督、纪委监委监督和社会舆论监督。　　（王艳萍）

赤 石 乡

【概况】　赤石乡位于云和县域西北。东邻紧水滩镇、凤凰山街道，南倚崇头镇，西接龙泉市安仁镇、道太乡，北连松阳县大东坝镇。域跨云和湖两岸，辖区东西最大距离 12.36 千米，南北最大距离 20.53 千米，总面积 122 平方公里，境内水域面积 1.5 万亩，耕地面积 3082 亩，林地面积 16.5 万亩，其中列入国家级和省级生态公益林 9.1 万亩。下辖 6 个行政村，92 个自然村，81 个村民小组。乡人民政府驻赤石村黄岗 41 号，距县城 12 千米，以政府驻地赤石村取名。2021 年末，全乡在册户籍人口 1837 户 5094 人，其中男性 2691 人，女性 2403 人，有阴岩 1 个少数民族村。全乡共有党支部 12

个，农村党支部10个，全乡党员总数368人。

2021年，赤石乡境内有公办完全小学1所、信用社1家、卫生院1家，乡村医疗室2个。赤石小学在校学生162人，教职工20人。义务教育普及率100%。全乡新型农村合作医疗参合率达99.74%，城乡居民养老保险新参保完成率98%，65岁以上农民健康体检参检人数626人，参检率达72.6%。

2021年，赤石乡获评全市“乡村振兴、法治同行”示范乡镇、赤石“小红花”志愿服务队获评市普法公益性组织。赤石村以全县唯一入选全国第三批乡村旅游重点村，被列入省级民族乡村共同富裕示范点。引导乡贤返乡创业，申报云栖民宿二期、“卜卜头”菜头粒等“三乡工程”示范项目2个。4月，举办赤石乡乡贤会周年庆典暨乡贤家乡行活动；12月，新成立双源村村级乡村振兴乡贤会；5月，成功举办全乡第一届玫瑰文化节，“五一”四天假期共接待游客5万多人次，同比增长25%。

【乡村环境逐步改善】 赤石乡坚定生态优先、绿色发展的核心战略，将景区理念融入村庄规划建设，着力优化浪漫赤石美丽环境。（一）强化常规工作落实。认真抓好林相改造、松材线虫病防控、秸秆禁烧、森林防火等工作，顺利通过国家应急部森林防火巡查检查。统筹推进“五水共治”“三改一拆”“无违建县”创建、垃圾革命、厕所革命、污水革命等重点工作，集中力量对公路沿线及重点区域、薄弱环节、卫生死角开展专项整治，建立市场化保洁机制，创建美丽乡村示范样板。（二）强化治理改造。明确“全域洁净”目标，坚持集中攻坚、阶段整治、长效巩固与全年治理相结合，定期开展整洁家庭和“两最”村庄评比，深化环境综合整治“麻垟模式”，创新推出全域自茬、交叉互茬、群众找茬“三茬”举措，全乡环境卫生状况大幅改善。坚持以花为媒，大力实施花园乡村微改造，设计点位12个，通过布点创意小品、立体墙绘、精品花坛改造，大大丰富婚纱摄影和网红打卡点位。

【产业发展稳步推进】 坚持把乡村旅游作为第一战略性支柱产业，巩固提升“浪漫赤石·玫瑰花乡”品牌，加快推动农文旅融合发展。以产业培育为重点，持续推动全乡茶叶、水果、养殖等传统产业健康发展。（一）生态农业融合发展。率先打响粮食安全保卫战，麻垟村集体流转闲置耕地500余亩，大力开垦抛荒土地，实行集中种植管理，建成精品生态农业示范基地，顺利通过农产品有机认证，一期180亩水稻喜获丰收。配套实施高标准农田建设项目，着力提升农耕农作基础设施。累计新增良种蜜蜂127箱、食用菌种植155万袋。高质量完成涉林垦造耕地整治，15个整改项目一次性通过省、市、县三级验收。（二）积极培育旅游业态，举办玫瑰培育基地开园仪式、玫瑰音乐节、《中国好声音》海选等活动，推出“山海协作”滨湖玫瑰园，增加滨湖村村集体经营性收入5万余元，并带动20余名村民创收致富。抢抓全域AAAAA契机，“农家乐”民宿发展迅猛，全乡现有“农家乐”民宿24家，床位200多张，餐位300多个，从业人员近百人，云栖木屋、稻田酒店、九九归一、初尘居等民宿产品叫好又叫座。“赤石鱼头”备受消费者青睐，“渔家乐”生意火爆。“五一”期间游客接待量50余万人次，旅游总收入1000余万元。坚持把发展乡村旅游作为第一战略性支柱产业，巩固提升“浪漫赤石·玫瑰花乡”品牌，推进“浪漫婚纱”美丽乡村风景线提升改造。着力培育乡域特色文旅产品系列品牌，谋划推出“赤香八味·花香五品”，做精做细特色美食文章，丰富旅游产品内涵，促进产业链延伸。

【项目建设有序推进】 紧抓云缦度假区龙头项目，加强基础设施建设。致力于增强区域发展动能。（一）做好项目建设服务工作。按下宋城区块开发“重启键”，宏地云缦度假区项目正式落地，赤石旅游展露新曙光。整合乡、村两级力量，成立政策处理工作专班，全程跟踪服务保障项目建设。围绕红线调整、房屋拆迁重点任务，切实做好历史遗留问题处理。配套污水处理厂和水厂项目均已完成工程设计和政策处理，前期审批有序推进。（二）加快推进基础设施建设。实施紧赤线（担布坑至坳门）道路提升工程，投入900余万元推进库北片农综项目建设。补齐库区交通路网短板，高质量建设“四好农村路”，先后完成建林至麻垟连接线、建林至滩头通村公路、杭汀村店子至松阳联网公路建设，开工建设杭汀村金刚山道路拓宽工程，推进赤石乡公路服务站规范化建设，谋划启动建源至建升连村道路、南山湖农村道路提升项目。

【民生福祉不断增进】 始终把解决好民生问题作为各项工作的出发点和落脚点，千方百计惠民生，着力增进民生福祉，促进社会和谐稳定。（一）全面构建乡村综合文化服务体系。新建文化礼堂1个，提升2个。（二）巩固脱贫攻坚成果。突出“两不愁三保障”，大力推进“大搬快聚富民安居”工程，实施“消薄”提质行动，全面落实强农惠农政策，以“1+3+N”模式开展低收入农户扶贫结对工作，全面推进危旧房、电气线路改造，消除安全隐患。积极破解家门口就业难题，赤石村建成来料加工中心，为20余名留守老人提供增收渠道，麻垟精品生态农业示范基地，可为村内富余劳动力提供就业岗位15个。落实农业26条政策措施，鼓励通过农业种植、劳动力转移就业等途径拓宽增收渠道。（三）细致推进疾病筛查及预防工作。完成45—70周岁低保户胃癌筛查8人次，完成50—70周岁肠癌筛查232人次，60岁以上男性前列腺癌筛查209人次，35—64周岁妇女宫颈癌筛查170人次，35—64周岁妇女乳腺癌筛查350人次，心脑血管疾病筛查100人次，60岁以上老人23价肺炎疫苗接种398人次，70岁以上流感疫苗接种90人次。（四）筑牢疫情防控防线。建立“外防输入、内防反弹”疫情防控常态化机制，强化“小门”、重点场所管控，加强督查力度。乡、村两级一盘棋，全面压实责任、织密疫情防控网络，累计排摸县外返乡人员703人次，乡干部、村干部、网格员合力攻坚，保质保量完成新冠疫苗接种指标，做到“应接尽接”，60岁以上村民累计接种803针，加强针接种累计完成574针，完成新冠疫苗（灭活）全程接种，构筑起疫情防御体系。

【基层治理不断深化】 （一）基层社会治理模式不断创新。坚持和发展新时代“枫桥经验”，实行“精耕乡治•街乡联治”，立足乡情民情，创新“五和十法”基层治理模式，受到市县关注和肯定。打造“一心一带两区”矛盾调处体系，根据全乡人口外流、居住分散实际，创新矛盾调解方式，推进治理体系和治理能力现代化。通过探索建立干部驻点“乡事城办”、乡村干部志愿代办、网格员一员通办的“三办”服务机制，在城区派驻人员定点代办服务，建立乡、村两级服务队伍和服务清单，努力实现街乡联动、精细服务、流程科学，结合数字化改革，构建全过程、全领域的治理服务体系，方便群众办事。规范提升1个乡级矛调中心，建立3个联调服务站，组建6支流动矛调服务队，进一步完善提升硬件设施、运行机制和资源力量。（二）网格员规范化建设扎实推进。配备专职网格员28人，排查村内安全隐患24项。有效组织清明节防火、梅雨季防汛等防灾救灾工作，确保人民群众生命财产安全。（三）大力发挥乡贤参治作用。开展乡贤会成立三周年活动，会聚乡贤人士，探索实践创新。常态化开展乡贤参治活动，新成立村级乡贤会2个，引领乡贤参事团助力共同富裕。组建“赤心”城乡微网格，在乡贤企业设立2个“赤心”城乡网格服务站，并聘任乡贤为“特聘网格长”，以“乡贤+微网格”的形式开展城乡协同服务，构建共建共治共享路径，实现社会治理精准化服务。“赤心”城乡微网格建立以来，服务群众80余人次，化解矛盾5起。（四）志愿服务不断深化。推出“小红花”志愿服务品牌，组建“汀大姐帮忙”志愿服务队，开展美丽乡村“三美行动”以及关爱留守老人、景区秩序引导等服务活动，形成共治共建共享治理格局。

【换届选举顺利完成】 中共云和县赤石乡第十五次代表大会于2021年10月23日在赤石乡会议室召开，全乡共有46名乡党代表参加会议。会议听取并讨论通过赤石乡第十四届党委工作报告、赤石乡纪委工作报告、党费收缴报告、党员关爱基金使用情况等四项报告。以差额选举方式，民主选举产生了中共云和县赤石乡第十五届委员会，由叶金钦、刘鑫、严伟芳、杨亨忠、宋志明、蒋浩、程阳、蓝剑梅、潘利安等9位同志组成。蒋浩为书记，刘鑫、叶金钦为副书记。以差额选举方式，民主选举产生了中共云和县赤石乡纪律检查委员会，由江影、严伟芳、林翔等3位同志组成。严伟芳为书记，林翔为副书记。以差额选举方式，选举产生了蒋浩、叶燕峰、周永文、马伟平、邱宝林等5位同志为云和县赤石乡出席县第十五次党代会代表。2021年12月22日召开了赤石乡第十八届人大第一次会议，会议共有代表49名，列席代表36名参加，会议听取并审议通过了刘鑫的政府工作报告、叶挺凡的人大主席团报告、生态环境状况报告、财政预算报告等四项报告，经过会议选举，刘鑫当选赤石乡人民政府乡长，叶挺凡当选赤石乡人大主席，江礼胜、韦荭珈、宋志明、张勤当选赤石乡人民政府副乡长。

【基层党建全面加强】 乡党委突出政治引航、党建统领，深入开展“两学一做”、党史学习教育等主题活动，利用理论学习中心组学习、党委专题学习、干部例会、“周一夜学”等载体，推动学习教育制度化常态化，增强“四个意识”、坚定“四个自信”、坚决做到“两个维护”，在思想上、政治上、行动上同以习近平同志为核心的党中央保持高度一致。乡党委自觉加强自身建设，准确把握新发展阶段、新发展理念、新发展格局，不断提高班子把方向、谋大局、定政策、促改革能力，正确处理党委与政府、人大的关系，支持政府依法行政，人大依法监督。加强阵地建设，牢牢掌握意识形态主动权、话语权，践行社会主义核心价值观，弘扬“浙西南革命”精神。心怀“国之大者”，强化现代国防理念，增强保家卫国意识，扎实推动人民武装工作与时俱进。引导基层工会、共青团、妇联组织发挥各自作用。牢固树立“从严治党是最大责任、抓好党建是最大政绩”的观念，班子带头履行“一岗双责”，推动全面从严治党向纵深发展。凸显基层组织战斗堡垒作用，全力抓好“四风”问题整改，全力配合县委巡察“回头看”等专项行动，大力推进党建“十张清单”整改落实，切实提高基层党组织的创造力、凝聚力、战斗力。全面公开财政预决算，严格执行“三公”经费预算式管理和支出预警机制。加大审计监督和违法违纪案件查处力度，反腐倡廉工作取得新成效。创新党史学习教育形式，将旅游资源推介与党史学习教育相结合，推出“我在浪漫赤石学党史”系列视频，以赤石优美生态环境为背景，由乡党政班子带头学党史，系列视频点击量突破十万人次。 （叶伟鹏）

安溪畲族乡

【概况】 安溪畲族乡地处云和县南部，东邻元和街道，南接景宁畲族自治县，西靠雾溪畲族乡，北连白龙山街道。区域总面积33.5平方公里，有耕地7596亩，山林41990亩（其中生态公益林11652亩），森林覆盖率达86%。乡政府驻地安溪村后塘自然村，距县城7.5公里，下辖安溪、黄处、下武3个行政村（27个自然村）。

安溪畲族乡坚持以习近平新时代中国特色社会主义思想为指导，认真贯彻落实新发展理念，坚持以党建引领“红+绿+畲”融合发展，先后获得国家卫生乡镇、浙江省美丽乡村示范乡镇、小城镇环境综合整治省级样板、省级卫生乡镇等荣誉。

安溪革命精神薪火相传，中国工农红军挺进师6次转战安溪，中共处属特委、云和县委、云景区委曾在安溪办公，所有村庄在新中国成立前就已建立中共秘密党支部，至今仍保存着一面1948年手工制作的老党旗。2019年以来，安溪大力弘扬践行浙西南革命精神，深入挖掘红色资源，建设“党章学堂”“党旗讲堂”“田间课堂”，精心打造“战斗黄家地·忠勇严山村”初心研学基地，先后获评浙江省第一批民族团结进步教育基地、全市百个“红色地标”、市级爱国主义教育基地、第三批市直机关主题党日活动基地。

安溪是全省18个少数民族乡镇之一，全乡共有801户2742人，其中畲族人口192户823人，占总人口的30%；3个行政村中，黄处、下武均是民族村。近年来，安溪牢牢把握铸牢中华民族共同体意识这一主线，扎实推进民族乡村振兴。黄处村先后获评第五批中国传统村落、第三批中国少数民族特色村寨、浙江省AAA级旅游景区村、丽水市特色文化村。下武村先后获评省级民主法治村、省级卫生村、丽水市扶贫开发示范村、市级红色示范村、丽水市百个红色美丽村庄。

安溪产业特色鲜明，素有“雪梨之乡”的美誉，云和雪梨种植面积占全县的四分之一。安溪旅游资源丰富，坐拥佛儿岩、叮当岩等奇峰异石，泗洲岭古道等历史遗迹和白龙山省级森林公园等自然景观。当前，安溪正以佛儿岩景区创4A、田园综合体建设为主抓手，引进落地总投资1.5亿元的后塘农旅融合项目，加快实施佛儿岩游客接待中心、云和雪梨文化展示中心、森泉鱼庄等一批重大项目，深入推进农文旅融合发展，加快打造“童话云和后花园、乡村振兴先行地”。

【推进项目建设】 一是加速推进佛儿岩景区创4A。AAAA级景区创建各项任务快速推进，完成景区游客接待中心项目主体工程、后塘至佛儿岩游步道、泗洲岭古道修复等项目建设，加快推进游客接待中心（云和雪梨文化展示中心）内部装修、梅下线提升改造等一批重点项目。二是山水田园综合体建设快速起跑。投资1.5亿元的招商引资项目——后塘农旅融合项目落地建设，1400亩土地完成流转，300亩云和雪梨完成种植，15.17亩建设用地挂牌出让，项目区内下武至隔溪的4.4公里农村道路建设完成。森泉山庄改造提升项目启动接待住宿楼和农业综合体建设。三是民生项目平稳有序推进。完成了安溪自来水厂一期、上村粮食生产功能区农耕道路、居家养老服务中心、推进安溪自来水厂二期、谋划启动安溪生态公墓项目、安溪乡邻里中心建设项目。

【增进民生福祉】 一是疫情防控筑牢防线。严格落实中央和省、市、县关于疫情防控的工作部署，建立乡、村、组三级网格化管理机制，及时开展大排查，摸清人员底数，做到管控到户、到人。根据全乡实际情况，做好疫情防控常态化和疫苗接种登记宣传工作，分阶段、分人群开展大规模人群新冠疫苗的接种工作，全乡全过程接种，加强针接种完成率，均位于各乡镇（街道）前列。二是共同富裕有效推进。2021年购置商铺、厂房等有效举措，不断增强村集体经济造血能力，高质量完成消除集体经济薄弱村任务，三个行政村集体经济收入均超过30万元。大力实施精准扶贫，全部低收入农户人均收入都超过8000元。紧紧围绕“两不愁　三保障”大力推进“大搬快治”和“大搬快聚富民安居”工程等工作，切实改善群众生活条件。三是社会事业全面进步。健全公共卫生应急管理体系，深入开展爱国卫生运动，不断完善公共卫生设施。全面推广居家养老服务，让群众“老有所养、老有所乐、老有所安”。持续完善民政、慈善救助救济体系建设，推进大搬快聚及农村危旧房改造工作。

【改善乡域风貌】 一是实施乡村环境提升行动。统筹推进环境综合整治、“三改一拆”、“五水共治”，持续深化垃圾分类“厕所革命”，及时完成县“五水共治”办不定期督查问题整改点位，协助第三方运维公司做好污水终端日常运维工作，环境综合整治工作实现从1月份“最脏乱”乡镇到先进乡镇的逆袭。二是加快基础建设。从群众需求出发加快基础设施建设，2021年实施了安溪村污水终端提升改造、东岱马蹄岗至景宁金钟后农村道路提升、“下武—木樨花—严山—黄家地”通村公路建设等一批项目，有力地改善群众生产生活条件。三是建立长效管理机制。建立“十联工作法”厕所长街弄长等长效管理机制，大力开展“花样庭院”“花样村庄”建设，常态化开展环境综合整治评比活动，健全长效保洁机制，加强垃圾分类入户宣传，乡村面貌展新颜，安溪乡创成浙江省AAAA级景区乡。

【深化社会治理】 一是深入推进社会综合治理。深化扫黑除恶、扫黄打非、防范电信诈骗等专项斗争，完成“四个平台”迭代升级，积极化解信访积案，全年共排查各类矛盾纠纷隐患苗头30余起，调处成功率100%，成功处理来信来访13次，率先在全县实现信访积案清零，全乡持续保持和谐稳定。二是持续深化“最多跑一次”改革。推出“最多跑一次”服务事项128项，实现“零次跑”15项，以各村便民服务中心为延伸，全乡3个行政村的23名代办员实行“现场办、上门办、远程办”，推动“最多跑一次”改革落实落细。三是实施护航平安清雷行动。建立“基层网格+党员责任区”模式，全面推进安全生产、食品安全、森林防灭火、防汛防台等领域隐患大排查、大整治，在全县率先完成用电建筑消防安全整治和“三合一”场所消防安全整治清零任务，确保百年大庆等重点时段社会和谐稳定，让群众更有安全感。

【提升党建工作】 一是扎实推进党史学习教育。利用党政联席班子会议、党员夜学日、主题党日、“梨乡论坛”等平台，深入学习习近平新时代中国特色社会主义思想、党史和十九届六中全会精神，创新形式开展建党百年系列活动，深入挖掘“黄家地老党旗”这面浙江省内现存最早的党旗背后的故事，启动实施《安溪畲汉群众革命口述史》课题，与县党史部门共同开展“云和南部战斗”史实求证栗裕大将最后一次负伤是在安溪乡黄家地村。成立安溪红旗宣讲团，联合浙江传媒学院、县融媒体中心拍摄《红村故事——一面老党旗的传承》微电影并在浙江展览馆展播，不断提升“老党旗”知名度和影响力。二是圆满完成基层换届选举工作。坚持平稳有序、平静安静的原则，圆满完成乡党委和人大政府班子换届选举，实现了组织意图和群众意愿的高度统一。县、乡党代表、人大代表换届选举工作平稳有序完成，基层党群基础不断夯实。三是强化干部队伍建设。坚持党管干部原则，不断严格干部选拔任用程序要求，树立凭实绩用干部的鲜明导向，提高选人用人公信度。全年共调整任免干部6人次，其中提任4人次。利用省人力社保厅结对帮扶资源，在杭州举办两期“安溪民族乡村振兴创业带头人能力提升培训班”，村“两委”、乡村企业负责人、乡贤、产业带头人和优秀村干部代表共50多人参训。四是深化党风廉政建设。强化专项督查，开展廉政风险点、公车私用、基层减负、扫黑除恶专项斗争工作等专项督查78次，党纪处分1人，通报批评1人，批评教育9人次。坚持零容忍惩治腐败，办理党员干部违纪违法案件3起，其中违规参与村级工程1起，县纪委移送案件2起。 （王璐瑶）

雾溪畲族乡

【概况】 雾溪畲族乡是浙江省十八个少数民族乡镇之一，位于县城西南部，距县城8公里，区域总面积33.3平方公里。全乡下辖2个行政村，有户籍人口2012人，畲族人口518人。截至2021年12月，实现人口转移搬迁473户1606人，人口转移率达79.8%。2021年财政总收入1899.13万元，年末耕地面积4650亩，年末有效灌溉面积2040亩，农作物总播种面积4650亩，实现粮食总产量748吨。2021年雾溪有行政编制12人(超编1人)，事业编制8人(缺编2人)；共有1个党总支，6个党支部，共有党员208名，其中农村党员178名。

境内于1959年建成的雾溪水库，库容1170万立方米，水质优良。2002年9月建成云和县自来水厂，是云和县城饮用水水源保护地，素有“生态之乡”“笋竹之乡”“药材之乡”“水电之乡”的美誉，是全国文明乡。2021年，雾溪畲族乡获全县城乡环境综合整治(含垃圾分类)工作优秀单位、2021年度新型城镇化样板县域建设工作优秀单位、丽水市“美丽丽水”建设模范集体称号。

【饮用水源治理】 为杜绝生活用水对饮用水水源的污染，完成雾溪村和坪垟岗村的农村生活污水治理提升工程、郑家湿地过滤终端项目建设；争取资金115万元，完成砻头岭脚村污水项目竣工结算工作，实施石板桥污水处理终端项目，坪垟岗村至雾溪村污水主管提升项目；争取资金25万元，实施坛门坑和大岗坑河道修复；持续推进水源涵养林建设，上半年，种植樱花500余株，实现一级水源保护区退耕还绿30亩，新增水源涵养林面积90亩，完成水源涵养林管护210亩；投入200余万元，实施农村饮用水达标提标工程，完成雾溪新村美丽水厂、坳头村饮用水工程等建设任务；完成龙井桃树湾257亩、曹家院38亩垦造耕地县督导问题整改；全乡水生态得到进一步改善。建立健全与环保、公安、综合执法、农业、水库等部门单位的联合联动机制，实施饮用水水源库区以及支流河道常态化巡查100余人次，制止网捕、野钓等破坏水源地环境行为50余人次；完成省、市、县交叉饮用水水源督查反馈交办问题整改20个；河长河道巡查130余次，发现和处理问题35件。

【农村环境整治】 加大对违章建筑巡查排查力度，拆除违建棚寮7处；进一步合理设置环卫设施，引导群众养成垃圾分类习惯；组织全乡党员、志愿者开展环境卫生综合整治行动9次，230余人次；积极在乡村日常中开展“畲娘找茬”活动，加大对村保洁队伍督促和垃圾分类督导，农村公共环境卫生得到显著提升。在2021年全县环境卫生“两最”评比中，坪垟岗村和雾溪村名列前茅。全乡共排查用电建筑188幢，需整改隐患178处，全部整改到位；完成了37户低收入户、30户普通土木结构建筑改造提升工作；完成2户合用场所火灾隐患排查整改，整改率100%。完成农村废旧拖拉机报废7辆，开展“四好农村路”建设，保障群众出行安全。全面完成农村公路钢质护栏修建，完成了水口至水竹垟破损路面和弯道拓宽，永坳线水毁、塌方清理修复11处；完成危旧房排查209幢，农村房屋安全隐患排查整治“回头看”14幢。

【生态信用建设】 进一步完善生态信用积分体系，持续推进生态信用积分体系建设，进一步把生态信用积分拓展到助农增收、志愿活动、垃圾分类、“五水共治”、疫情防控等乡村治理的方方面面。进一步加强积分应用。通过“两山兑”“两山贷”等积分应用，让群众收获更多实实在在的收益，截至2021年底，“两山兑”实现积分兑换9.8万分，折合人民币9.8万元。2021年雾溪畲族乡的信用应用案例被丽水市发改委推荐参加全省信用案例遴选。在全市民族乡工作会议上就生态信用建设作典型发言。

【做好换届工作】 通过广泛发动群众和乡村干部的一致努力，圆满完成党代表、人大代表换届选举工作，选举产生县党代表4名，乡党代表40名；县人大代表5名，乡人大代表39名。县、乡代表人选结构进一步优化，妇女代表和少数民族代表比例得到保证，组织意图贯彻到位。2021年10月24日，中国共产党云和县雾溪畲族乡第十五次代表大会在雾溪乡大会议室召开。会议听取和审议了中共雾溪畲族乡第十四届委员会工作报告和纪律检查委员会工作报告，满票选出新一届党委、纪委委员和参加县党代会代表。票决过去五年最满意的十件事和今后五年最期盼的十件事。2021年12月23日，雾溪畲族乡第十四届人民代表大会第一次会议在雾溪大会议室召开。44名县、乡人民代表参加会议。会议听取审议了蓝菲作的政府工作报告，票决出2022年民生实事项目3件，选举产生雾溪畲族乡新一届人大、政府领导班子。

【强化疫情防控】 精准落实返乡人员排摸和重点人员闭环管控工作，强化养老机构、民间信仰场所等特殊场所和重点区域防控工作，坚决守护，筑牢疫情防控阵地。及时发布疫情信息和防控提醒等到村，增强群众自我防护意识，强力推进疫苗接种，截至7月底，完成首针接种1700剂。

【开展街乡共治】 认真组织实施最后一批次雾溪水源地政策人口转移，共完成报名17户48人。整合资金90余万元，实施大坪就业服务中心提升工程，开展来料加工中心、就业培训中心、电商培训中心和青年创业之家建设；建立完善社区+支部的服务网格，开展“街乡共治”，全力做好转移人口就业、安居、入学等方面的服务，确保转移群众无后顾之忧。 （罗剑飞）

文件选编

云和县人民政府
关于全面强化和规范乡镇(街道)财政管理的实施办法

云政发〔2021〕12号

各乡(镇)人民政府、街道办事处、县政府直属各单位:

为全面强化和规范我县乡镇(街道)财政管理,根据《浙江省财政厅关于全面强化和规范乡镇财政管理的实施意见》(浙财基〔2020〕25号)文件精神,结合我县实际,提出以下实施办法。

一、指导思想

坚持以习近平新时代中国特色社会主义思想为指导,全面贯彻党的十九大和十九届二中、三中、四中、五中全会以及省委十四届历次全会精神,立足新发展阶段,贯彻新发展理念,构建新发展格局,按照"整体智治、唯实惟先"现代政府要求,坚持系统思维,树立"整体财政"理念,以数字赋能为抓手,系统重构乡镇(街道)财政管理体系。为加快推进基层治理体系和治理能力现代化,助推乡村振兴,落实"六稳""六保"任务,推动乡村经济社会高质量发展提供有力保障。

二、主要目标

通过系统性、整体性、协同性重构,全面强化和规范乡镇(街道)财政管理,建立职责明晰、职能科学、任务明确、保障有效、管理规范、运转高效、县乡整体协同的乡镇(街道)财政管理体系,切实增强乡镇(街道)发展内生动力,防范化解乡镇(街道)财政管理风险。

三、主要任务

(一)明确乡镇(街道)财政管理职责

按照"一级政府、一级财政"的基本要求,乡镇(街道)财政的主要职责是认真贯彻执行党和国家的方针政策,严格遵守财政法律、法规和各项财经制度;负责乡镇(街道)预(决)算管理,做好预算编制、公开、执行、调整,定期向乡镇人大、政府以及街道人大工委、办事处和县财政部门报告预算执行情况;负责乡镇(街道)各项收支的统筹管理;开展财政资金绩效管理;组织实施财政资金就地就近监管;加强财源建设,协助税收征管,规范乡镇(街道)非税收入管理;负责管理乡镇(街道)政府性债权债务,防范化解债务风险;负责乡镇(街道)国有和集体资产监管;负责监督管理乡镇(街道)财务会计事务;负责"乡镇公共财政服务平台+一卡通"建设管理,会同相关部门做好乡镇(街道)到人(户)的涉农补助和民生补贴财政资金的发放;承担乡镇(街道)财政管理的其他工作。

(二)建立健全与乡镇(街道)履行职能相适应的财政保障体制

县政府将乡镇(街道)的人员经费、公用经费参照县其他行政事业单位做法全额列入县财政预算。

对其他专项工作经费的取得实行“分类分档、激励补助”的乡镇(街道)财政政策。在乡镇(街道)完成上级交办主要工作任务、实现财政各账户当年收支平衡的前提下,对乡镇(街道)实行转移支付补助。

1.乡镇(街道)分类及体制形式

根据经济发展水平、税源基础等因素,全县10个乡镇(街道)划分为三个类别:经济基础一般、税收总量较少、税收组成结构不合理且税收增长较为缓慢的赤石乡、安溪乡、雾溪乡为一类乡镇(街道);经济基础一般、税收总量一般、税收组成结构较为合理但税收增长较为缓慢的崇头镇、石塘镇、紧水滩镇为二类乡镇(街道);经济基础较好、税收总量较好、税收组成结构较为合理且税收增长前景较为稳定的浮云街道、元和街道、白龙山街道、凤凰山街道为三类乡镇(街道)。

2. 财政体制税收分成收入范围、分成办法的确定

(1)乡镇(街道)财政体制税收分成收入的范围:各乡镇(街道)所属的企业、个体工商户缴纳的增值税,不包括县属各单位及所属企业、重点工程、民政福利企业及享受再生资源政策企业、房地产企业、建筑业企业等企业的税收收入。

(2)乡镇(街道)财政体制税收分成办法:以各乡镇(街道)所属的企业、个体工商户当年缴纳的增值税地方留成为基数,基数内一类乡镇(街道)按留地方的50%分成、二类乡镇(街道)按留地方的15%分成、三类乡镇(街道)按留地方的1.5%分成,不考虑超收分成。

3.均衡性转移支付的确定

县财政每年安排一定数额的资金作为均衡性转移支付资金,按各乡镇(街道)的地域面积、户籍人口、山林面积、土地面积,所管辖的行政村、社区个数及乡镇政府、街道办事处工作人员和离退休人员人数等因素综合考虑确定。

4.定期定额补助的确定

为确保各乡镇(街道)补助的均衡性,根据乡镇(街道)的实际情况,确定定额补助标准。中心镇(崇头镇)每年补助50万元;每个阳光便民服务分中心每年补助工作经费5万元;根据《浙江省人民政府办公厅关于进一步加快民族乡(镇)经济社会发展的意见》(浙政办函〔2013〕98号)文件要求,每年补助少数民族乡(安溪畲族乡、雾溪畲族乡)少数民族发展资金各200万元。

5.其他

(1)乡镇(街道)当年未完成上级交办的主要工作任务、未实现乡镇(街道)财政各账户收支平衡的,扣除每项定额补助的10%。

(2)各乡镇(街道)定期定额补助资金和均衡性转移支付资金,县财政按时间进度拨付;增值税分成资金在次年结算后,报县政府批准拨付。

(三)充分发挥乡镇(街道)财政职能的实质作用

乡镇(街道)财政是基层治理的基础和重要支柱。要切实加强乡镇党委、街道党工委对财政工作的领导,压实乡镇长、街道办事处主任管理财政的主体责任,坚持开源节流,严格支出管理,确保财政收支平衡。要统筹整合力量,加强协调配合,严肃财经纪律,强化各类资金综合监督管理职能,提高资金使用绩效,以严格制度管人管事管钱。

(四)高度重视乡镇(街道)财政机构队伍建设

规范设置乡镇(街道)财政管理机构,配足配强财政工作人员,做到“有人、有岗、有职责”,切实提高财政管理效率。乡镇(街道)财政管理机构一般应设负责人、预算总会计、财政出纳、票据管理员、档案管理员、资产监管员和涉农惠民财政补贴资金发放管理员等岗位,可一人多岗,但要严格执行不相容岗位相互分离原则。在保证财政干部队伍相对稳定的基础上,在同一乡镇(街道)同一岗位工作满5年的,原则上要进行交流,满8年的必须进行交流,交流进入的人员必须具备财政财务专业知识,不具备岗位交流条件的,必须定期进行专项审计。认真抓好财政干部的业务培训,通过自主培训、委托培训等形式开展对乡镇(街道)财政干部的培训。

(五)规范乡镇(街道)财政管理行为

1.强化乡镇(街道)财政预算刚性管理。乡镇(街道)根据县财政部门的指导意见,编制本级预算草案并按程序报批。在年度预算执行中,乡镇(街道)提出的预算调整方案,需先报县财政部门审核同意;调整数额较大的,需先请示县政府同意。每一预算年度结束后,在县财政部门的指导下,需按规定时间编制财政决算草案,按程序报批后报县政府备案。财政年度预算一经批准,应当严格执行,不得随意更改。因特殊情况,需要追加或追减预算支出的,应当严格按照规定的程序办理,实现当年财政收支平衡。

2.全面推行乡镇(街道)国库集中收付管理。严格执行"收支两条线"管理,乡镇(街道)所有收入按照规定及时、足额缴入国库或财政专户。乡镇(街道)除保留零余额账户和按规定开设的其他银行账户之外,清理撤销其他专户。

3. 加强政府性资产和债务管理。完善乡镇(街道)国有、集体资产管理制度,统一合理配置和有效使用管理各项政府性资产、资源。建立健全乡镇(街道)政府性财产物资在配置、使用、处置、收益等环节的制度规定。乡镇(街道)使用财政性资金购置资产时,应当执行资产配置的标准和要求,实行政府采购程序。加强往来款的监督和管理,建立定期对账清理制度,需要核销的,按规定程序及时进行核销,需要收回的,应及时收回,不得长期挂账。

加强乡镇(街道)政府债务管理,做好政府性债务风险管控。各乡镇(街道)要严格按照《云和县人民政府关于印发云和县政府性债务管理暂行办法的通知》(云政发〔2007〕12 号)和《云和县人民政府关于印发云和县政府投资项目融资管理暂行办法的通知》(云政发〔2009〕20 号)要求,将政府性债务管理纳入规范化、制度化的轨道,努力防范和化解乡镇政府、街道办事处负债的风险。强化监督问责,建立健全乡镇政府、街道办事处违法违规举债融资行为追责问责机制,实行债务风险防范清单化管理,做到穿透监管、终身问责。

4.建立健全乡镇(街道)财政资金内控管理制度。进一步加快内控体系建设,强化乡镇(街道)内控组织领导,落实内控制度常态化机制,全方位加强预算管理、收支管理、采购管理、合同管理、工程管理、资产管理等六大经济活动的财政资金内控管理制度建设和执行,更好地发挥内控的基础保障作用,有效管控和防范风险。坚持问题导向,紧盯内控短板,针对内部管理薄弱环节和风险隐患,突出加强对预算编制、执行等重点领域和关键岗位的防控力度。强化内部权力的制衡和监督,规范内部权力运行,严格实施不相容岗位相互分离、关键岗位轮岗、集体议事决策机制等制度,合理配置权责,明确关键控制节点和风险评估要求,堵塞管理漏洞,提高内控的针对性和有效性,防范廉政风险和业务风险。加强监督检查工作,建立内控自我评价监督机制,充分发挥内控与其他内部监督机制的相互促进作用。

5.规范乡镇(街道)财政支出管理。切实硬化乡镇(街道)财政预算约束,强化预算执行管理,规范经费支出,严格监督管理。进一步健全和完善乡镇(街道)财政财务各项支出管理和审批制度,制定各项开支标准。进一步规范财政拨款和财务报销手续,严控现金支付,限时办理费用结账,严禁"白条"入账,全面推行公务卡结算制度。严禁公款私存私放、库外设库、账外设账、坐收坐支、违规大额提现等现象。加强票据管理、印鉴管理、网络管理、定期对账、定期互审等制度的落实,保障财政资金安全。切实厉行勤俭节约,从严控制"三公"经费支出。严格执行有关文件规定和纪律要求,严禁违规发放津补贴。

6.强化村级集体经济"三资"管理。全面加强村级组织财政资金管理,严格村级财务监管。支持做好村级财务管理规范化工作,协同监督村级组织建立健全民主理财、财务公开、村级财务管理等制度。加强对以股权形式投入村集体经济组织形成的资产管理。协同农业农村、审计等部门做好村级集体经济"三资"监督管理。

7.全面开展乡镇(街道)财政

资金绩效管理。全面落实预算绩效管理的要求，将乡镇政府、街道办事处所有收支全面纳入绩效管理，建立健全财政“预算编制有目标、预算执行有监控、预算完成有评价、绩效结果有应用、结果应用有问责”的全过程预算绩效管理机制，不断提高财政资源配置效益和资金使用绩效。遵循“实事求是、客观公正、全面评价、突出重点”的原则，开展预算执行情况和项目实施效果绩效自评，并逐步开展整体绩效评价。

（六）突出数字赋能，切实加强乡镇（街道）财政资金监管

1.持续做好乡镇（街道）财政就地就近资金监管工作。认真总结经验教训，不断优化监管方式，针对存在的问题，补短板，强弱项，做到关口前移，实现资金“事前、事中、事后”全过程、全领域的监督检查。创新信息通达、公开公示和抽查巡查方式，最大限度地整合政府公共服务资源，建立乡镇（街道）财政资金监管信息数据共享机制。严格落实资金监管各项政策规定，切实发挥就地就近优势，做到把资金监管工作融入日常业务之中，实现监管工作常态化。每半年至少要对所有财政资金实施一次系统性自查，对自查中发现的问题及时整改，深刻分析问题产生的原因，举一反三，堵塞漏洞，建立健全监管长效机制。

2.切实发挥“乡镇公共财政服务平台”和“一卡通”对资金的规范管理作用。认真贯彻落实《浙江省委办公厅 浙江省政府办公厅关于建立健全城乡融合发展体制机制和政策体系的实施意见》和《浙江省财政厅关于全面推进和落实“乡镇公共财政服务平台+一卡通”建设的意见》（浙财基〔2020〕4 号）等文件精神，自 2021 年 1 月 1 日起，全县发放到人（户）的涉农补助和民生补贴财政资金，都必须纳入“乡镇公共财政服务平台”（以下简称“服务平台”）管理，全面实行“一卡通”发放，积极推进社会保障卡运用，实现真正的“一卡通”。

3.多渠道创新监管方式。要不断创新监管方式，优化监管手段，充分利用各种资源加强对资金的全方位监管。充分利用信息化手段规范扶贫资金管理，依托财政扶贫资金动态监控系统，加强对财政扶贫资金监管，对发现的违规问题及时纠正处理，防范财政扶贫资金使用风险，逐步实现对各类扶贫资金的实时动态监控。充分发挥审计部门的专业优势，突出重点，围绕扶贫资金、专项资金、重点工程建设项目和乡镇（街道）党政主要领导干部经济责任等开展审计；发挥纪检监察机关的专责监督作用，对涉及财务开支方面的举报信访等问题进行“靶向”监督检查。对涉及农民群众切身利益的事项，要利用信息化手段进行全方位、多层次、多形式公开公示，切实提高农民群众的知情权、参与权和监督权，自觉接受农民群众和社会舆论监督。对发现的问题要及时整改，严肃处理，建立长效管理机制，坚决杜绝问题再次发生。

四、其他

本办法自发文之日起实行，云政发〔2018〕2 号文件同时废止。

云和县人民政府

2021 年 8 月 31 日

中共云和县委　云和县人民政府
关于印发《云和县贯彻落实第二轮中央生态环境保护督察报告整改方案》的通知

云委发〔2021〕15号

各乡镇党委、街道党工委，各乡镇人民政府、街道办事处，县直属各单位：

现将《云和县贯彻落实第二轮中央生态环境保护督察报告整改方案》印发给你们，请结合实际认真贯彻落实。

中共云和县委　云和县人民政府

2021年10月26日

云和县贯彻落实第二轮中央生态环境保护督察报告整改方案

为全面贯彻落实党中央、国务院关于生态环境保护督察的决策部署，切实加大生态文明建设和环境保护工作力度，根据中央生态环境保护督察反馈意见，特制定本方案。

一、指导思想

以习近平新时代中国特色社会主义思想为指导，全面贯彻党的十九大和十九届二中、三中、四中、五中全会精神，深入贯彻习近平生态文明思想，紧扣忠实践行“八八战略”、奋力打造“重要窗口”主题主线，立足新发展阶段，贯彻新发展理念，构建新发展格局，推动高质量发展，把督察整改作为践行“两个维护”的实际检验，作为打造全国山区共同富裕样板县的具体行动。坚持综合治理、系统治理、源头治理，更加突出精准治污、科学治污、依法治污，全力打好生态环境巩固提升持久战，突出生态优势的保护、转化和提升，奋力推动从天生丽质向治理提质转变、从生态颜值向经济价值转变、从产品直供向模式提供转变，以铁的决心、铁的手腕、铁的意志，高标准落实督察整改，推动我县生态环境保护工作再上新台阶。

二、基本原则

（一）坚持党政同责，合力整改。对中央生态环境保护督察组（以下简称：督察组）反馈的意见问题，诚恳接受、照单全收，以最鲜明的态度、最迅速的行动、最有力的措施，严格落实整改要求，不折不扣完成各项整改任务。县各相关单位主要负责同志为本单位生态环境保护和督察整改工作的第一责任人，必须坚持管发展必须管环保、管生产必须管环保、管行业必须管环保的原则，自觉将生态环境保护和督察整改工作同本地本领域本行业发展紧密结合，加强统筹协调，落实整改责任，强化督促检查，层层传导压力，形成上下联动、条块结合、分级负责、属地为主的整改工作格局。

（二）坚持问题导向，科学整改。坚持求真务实、实事求是原则，深刻检讨反思、认真吸取教训，聚焦督察反馈的问题，把握新发展阶段我县生态环境保护工作的新形势新特点，充分遵循科学规律，统筹考虑整改目标的可达性、整改措施的可行性、整改时限的合理性，科学制定整改方案。健全闭环管理机制，每一项整改任务都实行清单化管理，按照“可操作、可检查、可考核”要求，逐一明确整改目标、措施、时间和责任，确保整改工作禁得起时间和人民的检验。

（三）坚持统筹兼顾，系统整改。坚持融入大局、服务大局，把督察整改作为“十四五”开好局、起好步的关键举措，与生态环境巩固提升、生态修复和生物多样性保护、碳达峰工作结合起来，以督察整改为契机，系统施策、综合治理，全方位推进新时代美丽云和建设。

（四）坚持举一反三，全面整改。坚持系统观念、系统方法，着眼常态长效，把“当下改”和“长久立”结合起来，健全举一反三机制，系统梳理每一项整改任务背后的一般性、规律性问题，既解决好督察反馈意见指出的问题，又注重解决其他关联性问题，注重解决深层次矛盾、结构性问题和体制机制性障碍，针对性强化制度和政策供给，防止“反复治、治反复”。将行之有效的整改措施和工作机制，巩固形成制度规范加以落实，切实提升整改工作质效。

三、工作目标

（一）督察反馈问题整改到位。根据中央生态环境保护督察反馈意见，全县个性问题整改任务2项，共性问题整改任务7项。针对整改任务，需逐一建档立案，明确目标、倒排进度、落实责任、限时销号。对能够立即整改的，立行立改、即知即改，迅速整改到位、坚决“清零”；对问题矛盾复杂、短期内难以解决的，统筹工作力量，倒排工作计划，确保按时保质完成各项任务。

（二）生态环境质量持续领跑。把督察反馈意见的整改落实转化为环境质量持续改善的实际成效，不断增强人民群众获得感。2021年，PM2.5平均浓度低于21微克/立方米，空气质量优良天数比例保持在99.4%以上，地表水Ⅰ—Ⅲ类水比例占100%，县级以上饮用水水源地水质达标率继续保持100%，细颗粒物（PM2.5）和臭氧（O_3）实现“双控双减”，受污染耕地和污染地块安全利用率达到93%以上。

（三）绿色发展动能不断增强。县域空间发展格局进一步优化，生态产品价值实现路径进一步拓宽，绿色低碳发展水平显著提升，深入推进“无废城市”、国家生态环境与健康管理试点县建设，全民生态自觉稳步提升。

（四）生态环境风险有效化解。山水林田湖草生命共同体得到系统保护修复，生态系统质量和稳定性全面提升，生物安全管理水平显著提升，生态安全得到有效维护，生态环境风险防控有力，优质生态产品供给基本满足公众需求。

（五）整体智治水平全面提升。生态环境领域数字化改革进一步深化，环境污染问题发现机制得到落实，形成全流程、闭环式、智能化问题发现查处体系，生态环境法治体系、市场化机制、环境治理责任体系持续完善，生态环境治理的系统化、科学化、智能化水平显著提升。

四、主要措施

（一）坚定不移贯彻落实习近平生态文明思想。一是坚定践行习近平生态文明思想。各相关单位要把深入学习贯彻落实习近平生态文明思想作为重要政治任务，通过党委（党组）理论学习中心组学习、党员夜学等形式深入学习，做到学懂弄通做实。牢固树立新发展理念，统筹推进经济高质量发展与生态环境高水平保护，坚定不移地走高质量绿色发展之路，确保督察反馈意见整改到位。二是压紧压实生态环境保护政治责任。严格落实党政同责、一岗双责，做到守土有责、守土尽责，分工协作、共同发力。完善绿色导向的领导责任体系，优化党委领导、政府主导、企业主体、社会组织和公众共同参与的生态环境治理责任构架。完善并落实县直部门生态环境保护责任清单，建立健全协同治理机制，走出一条符合云和山区特点和规律的生态环境治理新路。三是完善生态环境保护考核评价和问责制度。完善体现生态文明要求的目标责任考核制度，把GEP和GDP作为“融合发展共同体”一并确立为核心发展指标，凸显云和高质量绿色发展的特色追求。健全督察整改问责机制，把问题整改落实情况纳入县委、县政府重点工作督办范围，通过明察暗访适时开展“回头看”，对整改不力、推诿扯皮、敷衍塞责、弄虚作假、问题反弹的单位，依法依纪严肃追究责任。

（二）坚定不移打好生态环境巩固提升持久战。一是持续改善环境空气质量。抓好细颗粒物（PM2.5）和臭氧（O_3）浓度“双控双减”，挥发性有机物和氮氧化物协同防控。统筹固定源、移动源和面源“三源”治理，促进产业结构、能源结构、运输结构三大结构优化调整。深入开展挥发性有机物、柴油货车、扬尘、露天焚烧等重点领域治理。二是深化“五水共治”碧水行动。实施国控水质断面“一点一策”治理，推进县级以上集中式饮用水水源保护区规范化建设，推进水生态修复工程建设，统筹抓好水环境、水生态、水资源、水安全。加快完善城乡污水治理和处置设施，巩固提升工业园区、镇（街道）、生活小区“污水零直排区”建设。三是强化土壤环境风险管控。加强源头防控，严控工矿用地土壤污染，强化企业关停过程中污染防治监管。加强农业面源土壤污染防治，深化化肥农药减量控害增效工作。实施农用地分类管控。加强污染地块风险管控，合理确定土地用途，完善污染地块部门联动监管机制。四是加快“无废城市”建设。加快推进小微产废企业及实验室等固体废物集中统一收运体系建设，努力解决小微产废企业危险废物清运难题。2021年底前完成云和县垃圾分拣中心建设。聚焦产处平衡，推进对固废“产生、收集、运输、利用、处置”的全流程、无死角监管，加快形成技术先进、管理规范、能力富余、竞争充分的工业固体废物综合利用处置体系，力争2021年底创成“无废城市”。

（三）坚定不移深化生态文明体制改革。一是优化环境资源要素集约配置。融入长三角一体化、“一带三区”建设等重大决策，加强主要污染物排污权指标储备调配，引导环境资源要素向优质企业、优势产业和优势区域集中。严格落实“三线一单”生态环境分区管控体系和差异化环保管控要求，将“三线一单”作为区域资源开发、产业布局和结构调整、城乡建设、重大项目选址等重要依据。二是持续推动“区域环评+环境标准”延伸扩面。深化环评“领跑者”制度，推动环保审批事权扁平化，完善环评审批一次告知、领办代办等服务举措，简化小微企业环评管理。深化生态环境领域“证照分离”改革，拓展“网上办”“掌上办”服务功能。深化政府部门间“最多跑一次”改革，构建数字化引领、清单化定责、场景化改造、标准化倒逼“四化合一”的一站式协同办事体系。三是持续深化试点示范建设。深化国家生态环境与健康管理试点县成果，探索挥发性有机物（VOCs）等重点污染因子健康风险管控，加强环境健康风险评估，建立健全生态环境与健康管理信息化平台，持续发布环境空气质量健康指数（AQHI）并加大应用场景开发，加强康养指数、水雾指数等应用推广工作。

（四）坚定不移推进生态环境治理能力现代化。一是推进生态环境治理数字化转型。通过卫星遥感+物联网监测+基层治理“四平台”，着力形成“天眼+地眼+人眼”的立体化、数字化监测网络。强化“花园云”环境治理数字化智慧化建设和应用，建设“天眼守望”卫星遥感数字化服务平台，以云计算、大数据、AI等技术为支撑，推动区块链技术应用于环境治理领域，建立生态环境咨询服务网络体系和数字化应用辅助决策长效机制。二是深化环保领域科技创新。推进生态环境与健康管理数字化平台（二期）项目建设，通过环境质量检测数据、企业工况监测数、污染源数据和工作健康监测数据的分析应用，推动环保整体智治水平。加强清新空气、美丽河湖、“污水零直排区”建设、“无废城市”建设等过程中卡脖子生态环境问题的科技研发和技术引进。

（五）坚定不移提高生态环境风险防范水平。一是加快环境基础设施高质量建设。全面开展问题短板大排查，加快城市排水管网、工业园区管网的改造、修复和完善，推进雨污分流改造，根治污水溢流问题。推进城镇污水处理厂清洁排放技术改造。加强农村生活污水处理设施改造提升和标准化运维，提升固体废物末端处置能力，将固体废物处置设施纳入城市基础设施和公共设施范围，推进工业固废、生活垃圾、建筑垃圾、农业废弃物、医疗废物等各类固体废物处置设施建设。“十四五”期间，形成环保基础设施大建设、大投入、大提升的良好局面。二是着力提升产业、行业、企业的发展层次。大力实施“低散乱”企业整治，深入开展“绿色制造工程”，持续深化“亩均论英雄”改革，切实推进传统产业向集群化、数字化、品质化、绿色化发展和产业链协同创新迭代升级。同时，加快推进企业梯度培育，形成一批“专精特新”小巨人和制造业单项冠军企业（产品），推动一批优质企业有选择性对接多层次资本市场，构建大中小企业协同创新发展格局。同时，实施企业大培训、氛围大营造、底数大排查、问题大整改等基层基础工作，着力引导企业树立绿色发展理念，提升企业环保管理水平能力，推动形成生态文明和绿色环保的浓厚社会氛围。三是强力推进毁林垦地破坏生态问题整改。以极端清醒、极端重视、极端负责的态度，狠抓垦造耕地问题整改，确保退耕还林“应还尽还”、生态复绿“应复必复”、管护提质“应提尽提”。对垦造耕地项目建立严格的闭环管理制度，加强选址论证、立项审批、施工监管、竣工验收、后期管护等各环节监管力度，对不符合选址要求的项目予以撤销并做好复绿和生态修复工作。

（六）坚定不移打造生态文明建设新典范。一是强化生物多样性保护。全面推进生物多样性保护与可持续利用，完成全县域生物多样性资源本底调查工作，建立完善物种资源信息管理系统和信息共享平台，建立健全生物多样性监测体系，开展外来入侵物种和生物安全常态化监测预警。二是持续推进应对气候变化。研究制定《云和县二氧化碳排放达峰行动方案》，强化应对气候变化与经济结构优化、环境污染治理等协同共管，发挥减污降碳协同效应。面向乡镇、社区、工业园区和企业，探索建立“零碳”试点示范体系。积极开展“碳中和”实践，规范森林碳汇、低碳普惠等自愿减排量化核证和抵消交易机制。三是加快生态文明示范创建。深化多点多级示范创建，积极推进“国家公园+美丽城市+美丽城镇+美丽乡村+美丽田园+美丽河湖+美丽园区”建设，加强生态文明建设和“绿水青山就是金山银山”转化典型示范培育。深入推进“绿水青山就是金山银山”实践创新基地建设，积极创建国家级生态文明建设示范县。坚持共建共享，动员社会各方面力量参与生态环境保护，构建生态文明社会行动体系。

五、保障措施

（一）加强领导，建立机构。县委、县政府成立整改工作领导小组，由县委、县政府主要领导担任组长，全面负责中央生态环境保护督察反馈意见整改落实工作的组织领导、统筹协调和整体推进。领导小组下设整改协调小组及整改督导、履职监察、宣传报道三个专项工作组，负责协调督促落实具体整改工作。各乡镇（街道）、各部门要成立相应的整改工作机构，主要负责同志亲自抓、负总责，形成一级抓一级、层层抓落实的工作局面。同时参照本方案，制定具体整改实施方案。

（二）压实责任，强化考核。层层压实生态环境保护“党政同责”和“一岗双责”责任，针对督察组反馈的具体问题清单，把整改任务分解到岗、具体到人，确保各项工作任务横向到边、纵向到底，坚决防止死角盲区，做到目标任务、工作标准、责任主体、完成时限和奖惩措施“五明确”。将中央生态环境保护督察反馈意见整改落实成效列入全县综合考核“一票否优”的内容，切实发挥好考核“指挥棒”作用。

（三）形成机制，闭环管理。建立跟踪督办机制，督导单位负责对相关整改任务的督促指导。坚持质量和效率并重，对能立即解决的、需要分阶段解决的和需要久久为功解决的问题，分门别类、精准施策，坚决杜绝包装式、洒水式、一刀切式“落实”，确保整改成果经得起检验。县整改工作领导小组根据整改进展情况，结合信访交办件办理情况，组织开展“四不两直”整改情况“回头看”等，强化跟踪问效，对措施落实不到位、进度明显滞后的，予以通报、督办、约谈，压紧压实整改责任。

（四）跟踪督导，精准问责。根据督察组移交的生态环境损害责任追究问题清单及具体案卷，督促协调各部门开展案件查办和责任追究工作，按要求报送调查处理情况；对整改工作中发现的问题线索，及时介入或督促各部门进行认真调查，逐一厘清责任，按照党政领导干部生态环境损害责任追究办法及浙江省实施细则的相关要求，依规依纪依法严肃精准实施问责。

（五）强化宣传，信息公开。充分发挥主流媒体作用，多渠道、多媒体跟踪报道整改落实情况。全县整改方案和整改情况及时通过县级主要媒体向社会公开，广泛接受社会监督。同时，要做好舆情监控分析和舆论引导，及时处置突发舆情，为整改工作营造良好氛围。对整改不力、问题突出的单位，通过媒体报道等形式加大曝光力度，充分发挥公众和新闻媒体等社会力量的监督作用，形成全社会共同关注和参与的格局。

附件：云和县贯彻落实第二轮中央生态环境保护督察报告整改措施清单（略）

中共云和县委　云和县人民政府
关于印发云和加快跨越式高质量发展打造全国山区共同富裕样板县行动方案(2021—2025年)的通知

云委发〔2021〕16号

各乡镇党委、街道党工委,各乡镇人民政府、街道办事处,县直属各单位:

《云和加快跨越式高质量发展打造全国山区共同富裕样板县行动方案(2021—2025年)》已经县委、县政府同意,现印发给你们,请遵照实施。

中共云和县委　云和县人民政府

2021年10月26日

云和加快跨越式高质量发展打造全国山区共同富裕样板县行动方案(2021—2025年)

为全面贯彻《中共中央国务院关于支持浙江高质量发展建设共同富裕示范区的意见》(中发〔2021〕24号),认真落实省委十四届九次全会、市委四届十次全会决策部署,按照《浙江高质量发展建设共同富裕示范区实施方案(2021—2025年)》(浙委发〔2021〕17号)、《丽水加快跨越式高质量发展建设共同富裕示范区行动方案(2021—2025年)》(丽委发〔2021〕21号)的要求,结合云和实际,制定我县"十四五"时期行动方案。

一、目标要求

以习近平新时代中国特色社会主义思想为指导,深入贯彻党的十九大和十九届二中、三中、四中、五中全会精神及省委十四届九次全会、市委四届十次全会决策部署,以满足人民日益增长的美好生活需要为根本目的,以改革创新为动力,以解决地区差距、城乡差距、收入差距问题为主攻方向,一以贯之实施"小县大城"发展战略,找准产城融合共同富裕的着力点、突破点、关键点,更加注重破解发展不平衡不充分问题,形成山区新型城镇化发展背景下特色鲜明的共同富裕体制机制,全面提升人民群众获得感、幸福感、安全感,努力把云和打造成全国山区共同富裕样板县。到2025年,解决发展不平衡不充分问题取得明显实质性进展,具有山区特点的共同富裕体制机制基本成型,初步成为全国山区共同富裕样板县。

——打造经济发展转型跨越示范。"生态经济化"迈开大步、形成特色,"经济生态化"持续发力、跃上新阶,在质量效益明显提升基础上实现经济持续健康较快发展。其中,GDP年均增长8.5%,人均GDP达到10万元左右,一般公共预算收入年均增长15%左右。"双招双引"、科技创新等工作取得重大进展,发展活力、发展动力、发展能力系统性增强。

——打造产城深度融合发展示范。"以城聚产、以产兴城"的产城融合模式更加成熟、形成样板。转型升级取得明显突破,形成云和特色的现代化生态经济体系，生态工业主导地位更加突出，工业总产值突破400亿元，年均增长15%左右，工业增加值突破60亿元，年均增长9%左右；生态旅游第一战略支柱产业地位不断提升，旅游总收入突破70亿元，年均增长10%左右，创成国家级全域旅游示范县。以人为核心的新型城镇化深入推进，常住人口城镇化率达77%。

——打造生态环境美丽宜居示范。全面融入全省“大花园”最美核心区建设，推动美丽生态、美丽经济、美好生活“三美融合”。美丽云和建设成效更加显著，全县地表水达到或优于II类水体比例达80%以上，森林覆盖率继续保持81.5%以上，PM2.5平均浓度控制在23μg/m³以下，生态环境质量保持全国领先。实施碳排放达峰行动推动全面绿色转型取得明显成效，绿色产业发展水平、资源能源利用效率、清洁能源发展水平不断提升。着力打造生态产品价值实现机制示范样本，“绿水青山就是金山银山”转化通道进一步拓展，更加高效推进生态产品价值转化为经济价值、社会价值。

——打造城乡区域协调互促示范。推动“一城一湖一梯田”空间格局向“一核两廊”（一核：新型城镇化动力核；两廊：云和湖创意产业经济走廊和云和梯田农耕文化走廊）更高能级形态迭代升级，逐步优化“1571”（即一个中心城区、5个特色乡镇、71个行政村）城镇村布局。实现中心城区扩容升级，全面提升县城首位度。加快建设美丽城镇和美丽乡村，做优“六镇六景”，促进县城与小城镇协同发展，全面推进乡村振兴。加快补齐基础设施短板，努力构建更加安全可靠、集约高效、便捷舒适的交通、水利、能源、信息等现代化基础设施体系。更高水平推进改革开放，进一步融入长三角一体化发展、市域“一带三区”战略布局。

——打造居民收入持续增长示范。保持居民收入增长快于经济增长，居民人均可支配收入达到5.7万元，劳动报酬占GDP比重超过50%，居民人均可支配收入与人均生产总值之比持续提高。中等收入群体规模不断扩大、结构持续优化、生活品质不断提升，家庭年可支配收入10万—50万元的群体比例达到70%，城乡居民收入倍差缩小到1.95以内。低收入农户人均可支配收入年均增长12%以上，增收能力、生活品质和社会福利水平明显提升。

——打造精神文化自信富足示范。社会主义核心价值观深入人心，弘扬践行浙西南革命精神不断走深走实，新时代文化云和工程深入实施，文化自信不断增强，文化软实力全面提升，社会新风尚更加鲜明。大力培育“和文化”，农耕文化、木玩文化、抗战文化、红色文化等特色文化内涵充分挖掘，群众公民意识和公民素质显著提升，“童话云和”文化魅力高度彰显。全域高品质现代文化供给更加丰富，城乡一体的现代文化服务体系全面覆盖，“15分钟文明实践服务圈”“15分钟品质文化生活圈”全面覆盖，文化设施覆盖达标率100%。

——打造公共服务优质共享示范。更高水平推进幼有善育、学有优教、劳有厚得、病有良医、老有颐养、住有宜居、弱有众扶，基本实现人的全生命周期公共服务优质共享。婴幼儿照护服务体系更加完善，每千人口拥有婴幼儿照护设施托位达到4.5个，普惠性幼儿园在园幼儿占比达100%；高质量教育体系基本形成，高等教育毛入学率达到70%以上，儿童平均预期受教育年限达到15.5年；健康云和基本建成，优质医疗资源供给更加充分、布局更加优化，人均预期寿命超过81.5岁；社会保障和养老服务体系更加完善；城镇住房保障受益覆盖率达到20%。新时代社会救助体系全面建立，低保标准增幅不低于人均可支配收入增幅。

——打造社会治理和谐共促示范。党建统领的整体智治体系基本建成，法治云和、平安云和建设迈向更高水平，重要领域和关键环节改革取得突破性成果。风清云和建设纵深推进，全面从严治党成效进一步彰显，社会主义民主法治更加健全、公平正义充分彰显。防范化解重大风险能力、突发公共事件应急能力、防灾减灾救灾能力显著增强。生产安全事故死亡率、万人犯罪率、万人成讼率逐年下降。

二、实施产城融合示范行动

1.优化城乡空间布局。以市域“一带三区”发展新格局为指引，加强云和与丽水市区、与景宁相融，推进云和与丽水市区的“景景相连”“全面连接”，加快打造云景聚落发展区块。推动“一城一湖一梯田”空间格局向“一核两廊”迭代升级，推进“核与廊”“廊与廊”之间的交通、设施、生态和文化连接。优化“1571”城镇村三级体系，按照“美丽县城、美丽城镇、美丽乡村”三级开发方向，优化1个中心城区、5个特色乡镇、71个中心村的城镇村体系，不断提升城镇化质量，进一步集聚优化城乡空间。高质量编制国土空间总体规划，科学确定国土空间资源需求和产业发展、公共服务、基础设施等布局，推动产与城、人与城、乡与城和谐共处，加快形成宜居宜业宜游的县域发展新格局。〔县自然资源和规划局、县住建局、县发改局、县经商局、县文广旅体局、县农业农村局、县水利局，相关乡镇(街道)〕

2.推进县城能级提升行动。更加突出县城在县域政治、经济、文化、商业等方面的核心地位，统筹提升资源配置和重大基础设施建设能力，实现全域教育、医疗、文化、体育、养老福利等资源的合理配置。大力开展城市更新行动，持续推进棚户区改造，力争到2025年创成小徐未来社区、改造10个以上老旧小区，实现花园(绿色)社区全覆盖。推进城市生态提升行动，以海绵城市、韧性城市建设理念，完善城区供水供气、生活垃圾资源化处置利用、城市公厕等设施建设，到2025年城镇生活污水处理率达98%，城市内涝治理明显见效。保护修复城市绿地绿廊绿道，建成区绿地率达41.5%，创成国家园林县城。推进城市畅通行动，完善“七纵六横”道路网格局，有效串联城北老城区、城南新区、城西工业园区，形成纵横丰富的路网体系。推进建设用地多功能立体开发和复合利用，建成县实验小学、云和三中等地下停车场。推进城市治理行动，建设智慧市政管理信息系统，推进城市管理综合体系的智能融合。(县住建局、县综合执法局、县大数据中心等)

3.推进生态工业倍增。对标世界一流，加强木玩品牌建设与推广，推动“木玩+幼教”“木玩+旅游”“木玩+文化”等融合发展，加快木玩研发、生产、销售等全产业链强链补链，提升木玩产品核心竞争力，推动云和从“全球木玩生产加工基地”向“全球木玩创制中心”跨越、从“中国木制玩具城”向“国际木制玩具名城”跨越。力争到2025年，全县木玩产业产值突破160亿元。引导钢压延、轴承、阀门向高端精密制造转型升级，力争到2025年，全县钢压延产值突破180亿元，轴承、阀门产值均达到15亿元。加快发展数字经济，推广应用MER/ERP系统、智能仓库、供应链管理、工业互联网等信息化工具，积极打造“智慧园区”，争创省级数字经济创新发展示范区。打好“小升规”“雏鹰行动”“凤凰行动”“放水养鱼”等组合拳，全力培育“链主型”企业、“隐形冠军”“单项冠军”“头部企业”等，实现上市公司“零突破”。高标准谋划新兴产业平台，有序实施生态产品价值实现示范区项目(云景生态产业园)，高标准建设一批小微企业园，推进老木制玩具城区块“退二优二”“退二进三”，拓展生态工业发展新空间。(县经商局、县科技局、云和工业园区、县自然资源和规划局、县金发中心等)

4.打造全域5A大花园。以“全域5A”为统领，深化“一城一湖一梯田”建设，实现景区全域化，把生态旅游业培育成为第一战略支柱性产业。深入实施“旅游跨越发展3610工程”，创成云和梯田国家5A级旅游景区，完成云和湖国家级旅游度假区创建，以国家5A级景区标准建设木玩童话小镇，创成5A级景区城。推动佛儿岩景区、赤石景区、白鹤尖景区创成国家4A级景区，推进云缦康养度假区建设，加快建设一批优质旅游景区。大力实施“百千万”工程，实现景区城、景区乡镇、景区村庄全覆盖，打造不少于100个旅游业微改造示范点。

推动景区智慧化转型升级和山地运动、水上运动、亲子研学等新业态培育工作。〔县文广旅体局，相关乡镇(街道)〕

5.大力开展“双招双引”。大力引育创新型人才、科技创新领军人才、高技能人才和紧缺实用型人才，进一步完善柔性引才、用才机制，引进高端人才和科技领军人才50人以上、青年人才1万人以上，落地“绿谷精英”人才项目20个以上。借助山海协作工程和长三角一体化国家战略，力争在上海、北仑、吴兴、嘉兴港区建成“人才科创飞地”。全力招引重大战略项目，实施重大招商项目领办制度，每年谋划3—5个亿级重点招商项目集中攻坚，力争引进5个以上重大战略产业项目，全力争取省级支持重大产业项目政策。大力加强与央企、大型国企、500强企业和行业领军企业合作，争取5家以上央企、国企来云投资，推选10家本土优质企业与央企、国企对接合作，实现投资总额50亿元以上。深化产业细分领域研究，推进数字经济、生命健康等产业差异互补招商，协同推动全产业链发展。大胆发力未来产业，力争在大数据、新材料等领域形成产业链比较优势。(县委组织部、县经合中心等)

6.加强科技创新引领。以创新平台、创新主体、创新人才为核心，建设多元有效的科技体系。围绕主导产业，实施科技领域重点项目，创成木玩产业创新研究院、钢铁研究院、阀门研究院、轴承研究院。加快公共创新平台建设，建成木玩产业创新服务综合体，为木玩企业提供“一站式”服务。引进科技型“高、精、尖、缺”人才，围绕产业开展技术攻关和产品研发，并将成果在云和转化。支持龙头企业联合建立技术创新平台，培育更多创新型领军企业。到2025年，全县国家高新技术企业、省科技型中小企业、全社会研发经费支出占GDP比重均实现倍增，省级重点企业研究院实现“零突破”。(县科技局、县发改局、县经商局、县委组织部等)

7.营造高效创业创新环境。深化国企改革三年行动，建立健全国企市场化运行机制，探索国有企业混合所有制改革，发挥国企融资功能，引导国有企业发挥县域经济发展主力军作用，积极参与城市更新、乡村振兴、基础网络建设、公共服务提升等领域，做大做强国有企业，强化国有资本推动共同富裕战略功能，促进国有企业发展成果全民共享。开展优化营商环境五年行动，深化商事制度改革，全面实施“区域能评+区块能耗标准”“区域环评+环境标准”，探索以承诺制为核心的极简审批，提升企业全生命周期服务，打造市场化法治化国际化的一流营商环境。实行统一的市场准入负面清单制度，鼓励民营企业放心大胆发展，支持民营企业在促进共同富裕上发挥更大作用。深入实施市场主体升级工程，完善促进中小微企业和个体工商户发展的政策体系。着力构建高标准市场体系，破除阻碍要素自由游动的体制机制障碍，健全统一开放的要素市场。(县发改局、县国资办、县经商局、县市场监管局、县工商联等)

8.深入谋划发展水经济。依托云和湖紧水滩至规溪段优质山水资源和生态环境，以云和湖国家级旅游度假区建设为基础，推进文创、农创、数创等与旅游融合发展，培育经济新业态。谋划建设抽水蓄能电站，加快紧水滩、靛青山抽水蓄能电站项目前期，争取列入国家抽水蓄能发展规划，力争“十四五”期间开工建设1个。迭代升级幸福河湖建设，依托紧水滩引调水工程，优化水生态，持续改善河湖面貌。合力提升生态资源配置能力，积极谋划云和湖至千峡湖北洪南调工程。实施城市“心肺工程”，助力城市经济发展，构建以水养城、以水美城、以水润城、以水活城的水乡风貌。谋划发展涉水产业，开发饮用水、饮料、美容护肤等涉水产品。(县水利局、县发改局、县文广旅体局、县科技局等)

9. 积极扩大消费和有效投资。深入实施消费新政，培育夜间经济、节庆经济、银发经济、体验经济，促进消费扩容提质，重点打造城北山水江泰广场及“采真里”、城南高新商务区、城西产业园商业区等3大商业服务中心。不断完善现代商贸流通体系，发展冷链物流、城乡物流等，强化物流基础设施建设，补齐物流短板，推进线上线下消费协同发展。深化国家外贸转型升级基地建设，引进培育优质外贸企业，培育新增出口主体，夯实外贸出口企业基础，推动外向型经济高质量发展。加快电商发展，大力发展线上经济、直播经济，谋划实施电商产业园项目，建成云和木玩产业跨境电商集聚区，五年实现网络零售总额230亿元。以共同富裕为导向实施新一轮扩大有效投资行动，推进产业转型、交通设施、城乡统筹、生态环保、公共服务五大领域重大项目攻坚，力争实现固定资产投资年均增长15%以上。（县经商局、县文广旅体局、县发改局、县财政局、县交通运输局等）

三、实施生态富民惠民行动

10. 积极打造生态环境样本标杆。全面落实“三线一单”生态环境分区管控，严控高污染项目落地。打好蓝天保卫战，落实细颗粒物“双控双减”措施，加大扬尘、机动车尾气治理力度，环境空气优良率持续保持99%以上。深入实施碧水行动，加强玉溪水库、雾溪水库等县级以上饮用水水源地的生态保护，农村生活污水处理设施标准化运维率达到100%。扎实推进净土保卫战，落实土壤环境全过程风险防控，化肥、农药使用量年均下降5%，受污染地块安全使用率达100%。迭代升级生态环境与健康管理数字化平台，建立健全环境污染问题发现、处置及举一反三闭环管控机制，持续发布环境健康和生态康养指数。严格实行林地管理，建设“美丽林相”13万亩，完成美丽生态廊道4万亩，提高大花园景观质量。加强生态文明建设，创成“绿水青山就是金山银山”实践创新基地。（市生态环境局云和分局、县治水办、县住建局、县自然资源和规划局、县林发中心等）

11. 实施生态修复和生物多样性保护。推进“山水林田湖草沙”系统治理，实施瓯江流域一体化生态保护与修复工程。加快改善和修复生态环境，有效除治松材线虫病疫情，加强自然保护地管理，建设生态护岸长度15.34千米、河槽生态修复21万平方米。开展生物多样性本底调查，加强生物多样性保护，重点生物物种保护率达到95%以上。高质量推进乡村全域土地综合整治，联动开展抛荒耕地专项整治，推进复垦复耕复种，促进耕地数量保护和质量提升。加强云和梯田国家湿地公园生态保护和修复，完成生态修复面积1000公顷，打造人与自然和谐共生、农文旅融合可持续发展的生态保护与修复示范点。（县自然资源和规划局、县林发中心、县水利局等）

12.创建全国碳中和先行区。科学编制碳达峰碳中和行动方案，大力扶持低碳高效行业。构建稳定可靠的能源供应体系，推动能源供应不断向低碳化、清洁化发展。持续开展应对气候变化工作，组织编制辖区温室气体清单，推进碳强度削减工作，探索开展碳交易。力争到2025年，全县非化石能源占比提升到38%以上；可再生能源装机增加到55万千瓦以上，光伏装机量达15万千瓦；煤炭消费保持为零，天然气利用达到3000万立方米。争取创成1个“零碳”示范村（社区）或工厂。（县发改局、县林发中心、市生态环境局云和分局、县经商局等）

13. 推进生产生活方式绿色转型。推动能源、工业、交通、农业等重点领域绿色低碳发展，形成高效、清洁、循环、低碳的新型生产方式。引导企事业单位绿色办公，开展绿色家庭、绿色学校、绿色社区、绿色商场等创建活动，积极推广绿色建筑。扩大绿色产品服务，形成绿色低碳生活体系。加强生态文明宣教阵地建设，丰富宣讲载体，在全社会形成提倡节约、爱护生态环境的价值观念和生活方式。严格落实禁塑限塑要求，推广绿色包装材料应用。全面推进清废行动，加强工业固废管理，实现一般工业固废综合利用率和危险废物无害化处置率达100%。加快构建废旧物资循环利用体系，实现生活垃圾分类全覆盖，创成全省首批“无废城市”。（县经商局、县发改局、市生态环境局云和分局、县住建局等）

14. 打造生态产品价值实现机制示范样本。探索开展生态资源调查、价值评估、股份制改造，推动资源转化为生态资产。搭建生态产品价值实现平台，推动排污权、用能权、用水权、碳排放权市场化交易。建立生态产品市场化交易机制，完善生态产品政府采购制度，推动“两山银行”实体化运营，迭代升级“两山贷”“两山存”等绿色金融产品，深化“生态地”供应改革，到2025年，GEP的GDP实现率达25%。完善生态产品价值实现标准体系，建立GEP核算定期评价、校验和发布机制，强化GEP核算结果应用，推动调节服务类生态产品购买向市场化、多元化转变，推进GEP“进规划、进考核、进政策、进项目”。〔县发改局、县农业农村局、县财政局、县人行、县自然资源和规划局，相关乡镇(街道)〕

四、实施美丽乡村建设行动

15.深化美丽乡村建设。接续实施“千万工程”，大力推进花园乡村“微改造”，到2025年，创成美丽乡村“三带三园”，打造美丽乡村精品村47个，花园乡村精品村25个，创建省级美丽宜居示范村7个，新时代美丽乡村建设实现全覆盖。坚持串珠成链、连片成景，创成“十里云河”“最美梯田”等10条美丽乡村风景线，实现美丽乡村全域贯通，美美与共。加强历史文化(传统)村落保护发展，完成金山下村、村头村、沈村村3个省级历史文化重点村建设，创建中国传统村落6个。聚焦未来乡村建设，打造主题特色鲜明、主导产业突出、功能布局完善、共同富裕坚实的未来村庄10个，全面提升乡村发展活力和现代化水平。(县农业农村局、县住建局、县文广旅体局、县交通运输局等)

16.推进美丽城镇全域创建。围绕“十个一”标志性要求，全域创建文旅特色型“五美”城镇，加快打造“六镇六景”升级版。崇头镇重点发展生态休闲旅游业和生态农业，打造“梯田农耕乐园”。石塘镇重点发展休闲旅游、红色旅游等，建成云和旅游“东大门”，打造“帆影渔歌·茶香石塘”。紧水滩镇重点发展休闲旅游、休闲养生、数字科创等产业，打造“诗画仙宫·渔人天堂”。赤石乡重点发展生态休闲旅游业，大力发展民宿经济，打造“浪漫赤石·玫瑰花乡”。安溪畲族乡突出畲乡民族特色、山水特色和文化特色，重点发展现代农业和生态休闲旅游业，打造“梨花乡里”。雾溪畲族乡加强饮用水水源地保护，适度发展生态农业和康养产业，拓宽生态产品价值转化路径，逐步融入中心城区，打造云和县城“后花园”。2025年，建成美丽城镇省级样板4个。(县住建局、各乡镇)

17.推动农业高质量发展。聚焦数字农业、休闲农业、“非遗”农业等新业态，依托“一镇两区三园”平台，深入推进农业优势主导产业转型升级，建成云和雪梨产业集成创新示范、“云和师傅”产业园等项目，争创“云和师傅”中国驰名商标、“云和雪梨”国家地理标志证明商标，争取云和雪梨栽培系统入选中国重要农业文化遗产。实施“三品一标”提升行动，开展“对标欧盟·肥药双控”新三年行动，打造高质量乡村产业发展示范区。积极培育新型农业经营主体，引导和支持种养大户、家庭农场、农民专业合作社、农业龙头企业等发展壮大，带动小农户专业化生产，累计培育省级农业龙头企业5家、省级示范性专业合作社5家、省级示范家庭农场30家，培育高素质农民1500人。探索发展乡村研学经济、康养经济，培育乡村研学线路5条，乡村夜经济示范线路2条、示范村4个，推进黄家畲清凉无忌等“康养600”项目落地，打造康养产业集群。(县农业农村局、县文广旅体局、县市场监管局等)

18. 探索以土地为重点的乡村集成改革。落实第二轮土地承包到期后再延长30年政策，深化农村承包土地、宅基地“三权分置”改革，鼓励农村集体经济组织及其成员通过自营、出租、入股、合作等方式，盘活农村闲置宅基地和闲置农房，发展乡村产业。探索完善农民土地承包权、宅基地资格权、集体收益分配权自愿有偿退出机制，实现闲置农房县域内跨社流转。审慎稳妥推进集体经营性建设用地入市。加快推进农村金融产品和服务方式创新，强化农村产权无担保直接抵押融资、网络竞价交易体系建设，提高农村产权含金量。到2025年，农村产权要素交易取得明显成效，实现年均流通交易300宗以上，农村产权抵押融资金额年均增长5%。深化“三位一体”改革，产业农合联达到8家，农业产业组织化有效提升。（县农业农村局、县自然资源和规划局、县供销总社、县金发中心等）

五、实施收入持续增长行动

19.推动更高质量就业创业。强化就业优先政策，扩大就业容量，提升就业质量，力争城镇新增就业5000人，城镇登记失业率控制在3.5%以下。拓宽高校毕业生就业渠道，鼓励引导高校毕业生到乡镇（街道）及村（社区）工作。支持企业开发爱心岗位，加强就业困难人员培训、托底安置和帮扶，确保零就业家庭动态清零。提升创业服务能力，促进创业带动就业、多渠道灵活就业。健全统筹城乡的就业公共服务体系，健全面向劳动者的终身职业技能培训制度，大力开展职业技能培训，培养一支知识型、技能型、创新型技能人才队伍。积极落实各类就业创业政策，做好重点群体就业帮扶工作。（县人力社保局、县民政局、县教育局等）

20. 实施村集体经济收入和农民收入“双增”工程。开展村级集体经济巩固提升五年行动，强化“一村一策”，通过盘活农村资产、强村带弱村、“消薄飞地”等方式，持续增强村级集体经济“造血”功能，实现集体经济年收入20万元以上且经营性收入10万元以上的行政村全覆盖，打造15个年收入100万元以上且经营性收入50万元以上的集体经济示范村。实施农民增收提速攻坚行动，打造“八个万元”助农增收升级版，扩大农村项目“以工代赈”，切实强化支农惠农政策，确保农民收入持续增长。健全农民教育培训体系，分层分类开展农民全产业链培训，加强新时代工匠、“金蓝领”“农播”等培养，实现全县农民人均可支配收入年均增长10%左右。深入实施“大搬快聚富民安居”工程，五年累计搬迁5000人。健全“两进两回”长效机制，推动科技、资金、人才、项目等要素集聚乡村、服务乡村，形成村强民富互促共进的生动局面。（县农业农村局、县委组织部）

21. 建立健全中等收入群体倍增政策体系。健全扶持中等收入群体后备军发展的政策体系，加大人力资本投入，激发技能人才、科研人员、小微创业者、高素质农民等重点群体增收潜力，让更多普通劳动者通过自身努力进入中等收入群体。不断加大支持创业创新创造政策力度，以更大力度吸引各类人才、高校毕业生来云就业创业。规范事业单位人事管理，建立健全以岗位和绩效定薪酬的机制。实施“云和安薪”工程，推进“云和无欠薪”行动，保障劳动者合法收入权益。（县人力社保局、县农业农村局、县科技局、县市场监管局等）

22. 健全解决相对贫困的体制机制。坚持开发性与保障性措施并重，加快建立先富帮后富、推动共同富裕的体制机制和政策体系。持续拓宽低收入农户增收路径，通过加大产业扶持力度、创新金融扶持产品、提供公益岗位等方式，切实提高低收入农户就业的积极性和主动性。建立解决相对贫困的长效机制，落实落细低保、临时救助、医疗保障等综合保障措施，促进低收入农户增收减支，防止规模性返贫。适时适度调整最低工资标准，促进低收入劳动者收入较快增长。深入推进“联连帮”数字化管理系统建设，推进救助关口前移，确保精准及时救助到位。派强第一书记、农村工作指导员、科技特派员和驻村工作组，健全社会资本、公益组织开放式共同帮促的激励机制。（县农业农村局、县民政局、县医保局、县委组织部、县科技局等）

六、实施开放合作共赢行动

23. 积极融入长三角一体化发展大格局。结合长三角一体化和全省“四大”建设，深度参与跨区域产业合作、价值链分工，加快建立以政府为主导、企业为主力、项目为主体的市场化协作机制。立足生态环境和特色产业优势，吸引长三角地区的资本、人才参与产业项目建设。顺应全域旅游蓬勃发展的大势，积极谋划一批生态旅游、休闲旅游、健康养生重大项目，以“全景、全业、全民、全季”模式建设长三角家庭休闲旅游目的地。探索“飞地”互飞模式，将长三角先进地区的资金、技术、人才优势和云和的生态、资源、成本优势结合起来，加快谋划建设一批“飞地”项目，实现互惠互利、长期合作、共赢发展。（县发改局、县文广旅体局、县经商局、县农业农村局、县经合中心等）

24.努力打造山海协作升级版。启动与湖州吴兴合作，深化与上海普陀、宁波北仑、嘉兴港区等地开展结对合作工作，立足“山”“海”比较优势，加快构建陆海统筹、山海互济的发展新格局。聚焦平台共建，加快推进云和—北仑“产业飞地”建设，高标准建设云和—北仑山海协作生态旅游文化产业园，推动北仑区、嘉兴港区2个“消薄”飞地高效运行，建成“科创飞地”1个以上。聚焦产业合作，围绕木玩等特色生态工业，高效开展产需对接、产用结合和产业链上下游整合，组织开展项目对接洽谈，推动重大产业项目合作，力争每年实现产业合作到位资金8亿元以上。聚焦资源共享，充分发挥结对地资金、人才和科技等优势，实施山海协作伙伴成长计划，积极动员社会力量参与山海协作工程，深入实施消费帮扶和技能人才培训，高标准打造山海协作乡村振兴示范点2个以上，每年谋划实施重点援建项目4个以上。（县经合中心）

25.主动融入“一带三区”发展格局。加强云和与丽水市区相融，全面融入全省“大花园”核心区建设，积极对接丽水市“瓯江中上游休闲养生新区”，加快环云和湖区域开发。依托云和木玩、阀门、轴承等制造业基础，开展两地企业间的生产、技术、经营、资本合作，推动行业联动发展。探索融入市本级公共服务体系，加强医疗、教育、就业服务等合作。加快建设云景聚落发展区块，统筹谋划推进两县生态环境、产业发展、基础设施、公共服务等领域的合作与建设。推动交通融合，实施云景高速公路差异化收费政策，提升云景城际公交服务品质，积极谋划云和至景宁第二条快速通道等联通公路。推进产业联动，研究推进白鹤尖、沙铺大峡谷等项目，推动“云和雪梨”“云和黑木耳”“金奖惠明茶”等特色品牌联合共建。统筹考虑两县对优质教育、医疗、文化等方面需求，合作提升公共服务水平，研究出台公共服务共享机制。加强创业创新合作和人力资源流通，引导不同创新主体之间充分合作和创新要素有序聚集。（县发改局、县文广旅体局、县经商局、县教育局、县卫健局、县交通运输局、县农业农村局、县人力社保局等）

26. 加快建设现代化基础设施体系。统筹交通、水利、能源、信息等重大基础设施一体化布局，推动资源优化配置。构建高效便捷现代交通网，开工建设温武吉铁路，加快推进丽云宁铁路前期，积极谋划城市轻轨，加快融入全省“1小时交通圈”和长三角“2小时交通圈”；建成235国道云和段、210省道云和局村至大徐段、长深高速赤石互通改建等工程，有序推进局龙线、黄安线等县乡道改造提升，实现公路网总里程突破1000公里；高标准建设“四好农村路”，力争所有乡镇通三级及以上公路。构建安全美丽的水利设施网，完成浮云溪、安溪等流域综合治理，实施云和湖综合治理，完善全域防洪保安网；实施农村饮用水达标提标工程，加强雾溪水库等饮用水水源地保护，完成制水厂和城市供水管网改造，提升城乡供水能力和供水安全保障。构建绿色清洁的能源设施网，构建完善以220千伏为依托、110千伏为中心、35千伏为骨干、10千伏为主体的智能电网架构；有序实施整县光伏发电项目，深入推进省清洁能源示范县建设。构建现代化信息基础设施网，加快5G信息网络布局，全面推进三网融合和千兆城市建设。（县发改局、县交通运输局、县水利局、县电力公司、县经商局等）

七、实施精神文化引领行动

27. 推动弘扬践行浙西南革命精神不断走深走实走心。实施研究成果集成工程，深入挖掘浙西南革命精神丰富内涵和时代价值，全面解读研究当代云和发展和云和历史文化，推出一批有站位、有影响、有分量的研究成果。实施红色教育提升工程，建设党史学习教育基地，完善提升梅湾、小顺、尖坳、黄家地等一批党性教育、爱国主义教育、党史教育、国防教育、廉政教育基地，建成一批红色研学实践教育基地，深化中小学生红色文化教育，将浙西南革命精神纳入学校教育。实施“红色基因代代传”工程，开展“追寻红色足迹、传承红色基因”教育实践活动，开展系列主题宣传宣讲和文艺创作。（县委宣传部、县党史和地方志研究室、县委党校、县社科联、县教育局、县文广旅体局等）

28.高水平推进全域文明创建。以“和文化”为依托，传承和弘扬中华优秀传统文化、革命文化和社会主义先进文化，推动社会主义核心价值观深入人心。实现文明实践阵地三级数字联动全覆盖，健全志愿服务体系，广泛开展文明实践志愿服务。实施全域文明创建行动计划，大力推进文明城市、文明村镇、文明单位、文明校园、文明家庭等群众性精神文明创建。推进公民道德建设，实施“云和封面”品牌提升行动，建立完善礼遇关爱机制，擦亮“最美云和人”名片。弘扬诚信文化，推进文明好习惯养成。深化移风易俗行动，加强家庭家教家风建设，提升乡风文明。加强未成年人思想道德建设，培育堪当民族复兴大任的时代新人。开展以劳动创造幸福为主题的宣传教育，厚植勤劳致富、共同富裕的文化氛围。（县委宣传部、县委组织部、县委党校、县社科联、县教育局、县总工会、团县委、县妇联等）

29.传承弘扬优秀传统文化。实施“文化基因解码工程”，完成农耕文化、木玩文化、抗战文化、红色文化等优质文化元素的解码和利用，挖掘畲族文化、银矿文化、移民文化等多元文化元素内涵，形成体现云和地域特色的文化基因密码，构建云和县文化基因库。梳理云和城市书房和传统技艺、特色小吃、山都咸菜、根艺石艺等地域民俗文化，形成“一房四系列”特色产品。加强方山岭战役等抗战遗址和历史名人故居保护利用，梳理修复“抗战省城”文化记忆和历史碎片，建成“采真里”历史文化街区。办好中国木制玩具节、云和梯田开犁节等重大节庆文体活动，打造地域特色文化品牌。开展文化遗产保护行动，办好畲族三月三、梅源芒种开犁节等“非遗”活动，力争成功申报“云和讨火种习俗”国家级“非遗”名录。（县委宣传部、县文广旅体局）

30. 完善现代公共文化服务体系。优化城乡公共文化资源布局，实施文化设施补短工程，推动公共文化服务的重心下移、资源下沉，实现“县有四馆一院、乡镇（街道）有综合文化站、村有文化礼堂、社区有文化家园”。结合旅游宣传推广，创新文化走亲等文化惠民活动品牌。深化“乡村春晚”国家公共文化服务体系示范项目建设，助力“乡村春晚”走向“乡村村晚”，按市级指标完成艺术助推乡村振兴项目。加强公共文化产品和服务供给，构建公共文化场馆总分馆模式，到2025年累计完成10个文化馆分馆建设，实现文化馆乡镇（街道）全覆盖，累计完成21个图书馆分馆建设。开展云和公共文化数字化工程，统筹推进数字图书馆、公共电子阅览室、数字文化馆、文物数字化管理、智慧“非遗”等建设，不断完善公共文化服务数字化改革。打造云和文化艺术精品和品牌，创作和推出一批讲述云和故事、传播云和声音的精品力作，到2025年成功创作1—2部大型优秀文艺作品。（县委宣传部、县文广旅体局、县文联等）

31.加快文化产业高质量发展。依托云和特色鲜明的木玩产业、山水独特的生态资源和底蕴丰厚的文化积淀，着力打造“童话云和”“国际木玩名城”等品牌，推动文化产业转型升级和结构优化。推进文化与木玩、教育、科技、旅游等相关产业的深度融合，重点打造木玩童话小镇、木玩文化产业园、云和梯田数字诗路E站等文化产业重点项目和文化产业示范基地，着力构建“一核驱动、两翼齐飞”的文化产业发展空间布局。到2025年，实现文化产业总产出超100亿元，文化及相关产业增加值占GDP比重达10%以上，规上文化企业达50家以上，形成产业能级提升、特色优势明显、空间布局合理、发展能力强劲、要素保障有力的文化产业发展

新格局。(县委宣传部、县发改局、县文广旅体局、云和工业园区等)

八、实施服务优质共享行动

32.推进教育提质发展。优化主城区教育资源配置,增加优质学位供给,优质教育资源覆盖面达到80%以上。推进优质学校内培外引,实施"引智办学"托管机制;推进"名师工作室"培养工程,深化教师和校长队伍管理改革。实施第四轮学前教育三年行动计划,推动城区公办幼儿园扩容提质,公办幼儿园比例达到60%以上,省一二级幼儿园在园幼儿比例达到80%以上,创成全国学前教育普及普惠县。深化集团化办学和新时代城乡教育共同体建设,深入实施小学"强基"工程和初中"壮腰"工程,创成全国义务教育优质均衡发展县。推动普通高中多样化特色化发展,深入实施创新型人才早期培育基地建设,推进综合类、体育类、艺术类高中建设,提升综合竞争力。推动职业教育普职融通发展,深化产教融合、校企合作,推进"双高"建设,中职毕业生升入高一级学校比例达到85%以上。实施青少年身心健康教育和干预计划,完善特殊教育保障机制。落实"双减"政策,规范民办教育发展,规范校外培训机构。构建全民终身学习体系,建设学习型社会。(县教育局)

33.加快健康云和建设。深入推进健康云和专项行动,巩固提升省级健康促进县、国家卫生县城建设成果,实施"三孩"生育政策及配套支持措施,提升优生优育服务水平,全面落实"一老一小"政策,构建全方位全周期的健康体系,居民健康素养水平达35%。强化"三医联动""六医统筹",持续深化省医疗卫生"山海"提升工程和县级强院建设,深入推进医共体建设。加快卫生健康数字化转型,推进智慧医院、智慧医药、智慧康养服务示范中心建设。推进院前医疗急救标准化建设,建成独立建制的"120"指挥中心,建成4个急救站(点)。实施医疗卫生服务"网底"工程,加强乡村医生队伍建设,提升基层卫生服务能力。加强疾控机构标准化建设,加强重点疾病防控,提升突发公共卫生事件应对能力。完成县中医医院迁建,加强中医药服务机构建设,创建全国基层中医先进县。完善精神卫生和心理健康服务体系,加快家庭医生签约服务扩面提质,重点人群家庭医生签约覆盖率达到80%以上,实施高血压、糖尿病等重点慢性病干预计划,持续巩固国家慢病综合防治示范区建设。(县卫健局、县供销总社等)

34. 构建山区特色养老服务体系。探索建立养老护理员"一件事"机制,加强养老护理人员培育,促进养老护理服务与下岗再就业融合,每万老年人口拥有持证养老护理员数提高到25人以上。完善居家、社区、机构相协调的专业化长期照护服务机制,鼓励公建民营养老机构、社会组织承接养老服务。建立养老服务机构与养老护理人员供需平台,实现山区老年人生活服务供需无缝衔接。总结提升"流动供销致富车"特色做法,构建山区产、供、销"一体化"服务体系,打通山区为民服务"最后一公里"。建立云和特色的"山区助老,共享美好"服务格局,继续推行爱心驿站(邻里互助点)、邻里互助长探访、三助公益服务、长者益智幸福坊等山区老年人关爱模式。大力发展养老新业态、新模式,促进老有所乐、老有所为。(县民政局、县供销总社等)

35.健全社会保障体系。积极实施参保扩面计划,加快实现法定人员全覆盖,确保社保基金收支平衡和支付能力稳定。规范实施企业职工基本养老保险省级统筹,实现与全国统筹的平稳衔接。实施城乡居保基金省级管理,实现失业保险省级统筹。进一步提高企业年金覆盖率,规范发展第三支柱养老保险。强化基本医疗保险、大病保险与医疗救助三重保障功能,充分发挥全民补充医疗保险"浙丽保"的保障效应,提升基本医疗保险及全民健康补充医疗保险的参保率。完善医疗救助制度,实施精准资助,确保困难群众应保尽保。建立县级救助服务联合体,推进分类分层精准救助,确保老弱病残等特殊群体有基本保障、低保对象应保尽保。发挥慈善第三次收入分配作用,汇聚慈善力量,助力共同富裕。加强住房保障，完善公租房管理办法，逐步扩大保障性住房覆盖面，健全人才住房支持政策，加大租赁补贴力度。（县委组织部、县人力社保局、县医保局、县民政局、县住建局等）

36.深化公共服务社会化改革。完善社会力量办社会事业政策制度，鼓励国有企事业单位、民营企业、社会组织等投资兴办教育、医疗、养老、托育、文化、体育等事业，更好满足群众多层次多样化需求。引进优质社会资源，推进垃圾、污水处理和公共交通、供水等市场化经营。创新政府购买公共服务方式，鼓励通过公建民营、民建公助、委托代理服务等模式，提高公共服务专业化水平。加强非营利性公共服务机构监管体制建设，健全评价、激励等机制，促进公办民办机构公平竞争、规范运营、协调发展。（县发改局、县财政局等）

九、实施社会和谐共治行动

37.健全党组织领导的“四治融合”城乡基层治理体系。加强党对基层治理的统筹领导，做实街道“大工委”、社区“大党委”制，完善“一肩挑”后村社治理体系，落实村级小微权力清单制度，深化党群服务中心（村级组织活动场所）建设提升行动。推进“县乡一体、条抓块统”县域整体智治改革，迭代升级“一中心四平台一网格”，推动审批服务和执法力量下沉，提升乡镇（街道）管理社会和服务群众能力。大力推行信访代办制度，把非诉讼纠纷解决机制挺在前面，深化诉源治理。健全县级矛盾纠纷调处化解中心工作机制，完善领导干部接访下访制度，县级以下信访问题和矛盾纠纷就地化解率达到90%以上。推进社会治理共同体建设，完善基层民主协商制度，创新社区与社会组织、社会工作者、社区志愿者、社会慈善资源的联动机制。实施万村善治工程，省级善治社区（村）占比达到50%以上。（县委政法委、县委组织部、县纪委县监委、县民政局、县农业农村局、县信访局等）

38.加快建设法治云和。坚持在法治下推进改革，在改革中完善法治，积极构建促进共同富裕的政策体系，及时修改和废止不适应的行政规范性文件。构建全覆盖的政府监管体系和全闭环的行政执法体系，探索推进“一支队伍管执法”和跨部门跨领域综合执法，实施行政执法类公务员分类管理制度。深化司法体制改革，完善监察权、审判权、检察权运行和监督制约机制，探索建设智慧法院、智慧检察、智慧公安、智慧司法、智慧执行。发挥行政争议调解中心作用，推动行政争议实质性化解。加快构建规范高效司法监督体系，健全执法司法机关之间工作衔接机制，提升司法质量、效率和公信力。加快构建依法治网体系。优化公共法律服务体系，实施公民法治素养提升行动计划，推动尊法学法守法用法，建设法治社会。（县委依法治县办、县委政法委、县委组织部、县委宣传部、县司法局、县综合执法局等）

39.建设更高水平的平安云和。把保护人民生命财产安全摆在首位，完善“监测、预警、处置、反馈”风险闭环管控大平安机制，有效防范化解重大风险挑战。建立消防、道路交通、危险化学品、食品、药品、生态环境和金融等全链条精准化的行业监管体系，坚决遏制重特大安全生产事故。健全社会治安防控体系，完善常态化扫黑除恶严打机制。强化资源、能源、粮食安全保障，坚决守住不发生区域性经济金融风险的底线。加快构建“大安全、大应急、大减灾”体系，完善自然灾害防治体系，提升地质灾害风险管理与防控，完成全县97个以上避灾安置场所规范化建设，加强应急处置能力建设，推广巨灾保险。（县委政法委、县公安局、县应急管理局、县自然资源和规划局等）

十、保障措施和推进机制

40.坚持和加强党的全面领导。以党的政治建设为统领，完善“不忘初心、牢记使命”长效机制，推动全县上下学懂弄通做实习近平新时代中国特色社会主义思想，增强“四个意识”、坚定“四个自信”、做到“两个维护”，确保中央和省委、市委重大决策部署有效落实。认真贯彻执行民主集中制，健全县委议事决策机制。落实全面从严治党责任制和意识形态责任制，提高党的建设质量。全面贯彻新时代党的组织路线，深入实施“组织力提升工程”，大力建设变革型组织，把各领域基层党组织建设成为实现党的领导的坚强战斗堡垒。落实好干部标准，坚持以促进形成“两个担当”良性互动机制为总抓手，推进“五强”领导班子建设，健全干部成长选育管用全链条机制，建成综合集成、横向衔接、纵向贯通的选人用人工作闭环体系。发挥党校阵地作用，加强干部、党员特别是年轻干部教育培养，提高领导干部塑造变革能力，加强高素质专业化干部队伍建设。强化对敢担当善作为干部的激励保护，以正确的用人导向引领干事创业。（县委办、县委组织部）

41.深化风清云和建设。充分发挥全面从严治党引领保障作用，坚持和完善党统一指挥、全面覆盖、权威高效的监督体系。突出政治建设，严肃党内政治生活，深化清廉共建，落实“四责协同”机制，持续深化纪检监察体制改革，发挥“四项监督”作用，精准运用“四种形态”，打造干部清正、政府清廉、政治清明、社会清朗的风清云和。持之以恒加强作风建设，驰而不息纠治“四风”，严肃查处不作为、慢作为、乱作为等问题，促进党风政风带动社风民风。始终保持惩治腐败高压态势，坚决查处重点领域和群众身边腐败问题，一体推进不敢腐、不能腐、不想腐。认真落实“三个区分开来”，健全容错纠错、澄清正名等机制，促进“两个担当”良性互动。（县委办、县纪委县监委、县检察院等）

42.全面深化数字化改革。以数字化驱动制度重塑，在共同富裕场景下重塑政府、社会、企业和个人关系，形成与数字变革时代相适应的生产方式、生活方式、治理方式。加快构建“1+5+2”数字化改革工作体系，搭建一体化智能化公共数据平台，开发富有云和特色的多跨协同应用场景，实现综合应用功能全上线、省市县全贯通，基本建成“掌上办事之县”“掌上办公之县”“掌上治理之县”。（县深改中心、县大数据中心、县行政服务中心等）

43.建立健全工作机制。县委成立社会建设委员会，下设办公室。县委、县政府建立加快跨越式发展建设共同富裕示范区领导小组，县委主要领导任组长，领导小组办公室设在县发改局。建立清单化推进机制，制定重点任务、突破性抓手、重大改革清单，明确任务责任，实行闭环管理。各乡镇（街道）、各部门要坚决扛起使命担当，压实工作责任，完善工作机制，形成系统集成、精准施策、一抓到底的工作体系。（县委办、县府办、县发改局等）

44.强化政策制度创新。按照共同富裕导向，推动各领域各方面政策制度系统性变革。聚焦重点领域，切实加强与国家、省、市有关部门对接，积极配合上级有关部门制定出台相关领域政策文件，全力争取在重大产业布局、重大项目安排、科技、土地、能耗、资金等方面给予更多支持。积极争取国家级、省级重大改革试点，努力在新型城镇化发展、社会治理、生态产品价值实现等方面率先形成创新性、突破性制度成果。（县发改局、县深改中心、县自然资源和规划局、县财政局、县科技局等）

45.凝聚共富强大合力。坚持群众主体，旗帜鲜明鼓励勤劳致富、率先致富，鼓励先富带后富、先富帮后富，激发实现共同富裕的内生动力。充分发挥人大、政协以及各民主党派、工商联、无党派人士的积极作用，强化工会、共青团、妇联等人民团体动员联系服务群众功能，激发全体人民共同富裕的积极性主动性创造性，让人人都成为共同富裕的直接参与者、积极贡献者、共同受益者，依靠全体人民共同奋斗，奋力迈向共同富裕美好社会。（县委宣传部、县委统战部、县人大办、县政协办、团县委、县妇联、县总工会等）

附件

云和加快跨越式高质量发展打造全国山区共同富裕样板县主要目标指标（2021—2025年）

类别	序号	指标	2020年	2021年	2022年	2025年	责任单位
经济发展转型跨越	1	人均生产总值(万元)	6.76	7.3	7.81	9.35	县发改局
	2	全员劳动生产率(万元)	9.6	10.5	12.1	14.7	县发改局、经商局、农业农村局
	*3	规上工业亩均税收(万元)	42.6	42.8	43	45	县经商局
	4	工业增加值占国内生产总值比重	45	45以上			
	5	R&D经费支出与国内生产总值之比(%)	1.16	1.24	1.3	2.4	县科技局
	*6	高新技术企业、科技型中小微企业	23,74	24,84	26,94	35,124	
	7	数字经济核心产业增加值占国内生产总值比重(%)	0.71	1	3.5	5	县经商局
	*8	一般公共预算收入	26.5	年均增长14.9			县财政局
	9	生态系统生产总值(亿元)	预计356	362	370	390	县发改局
	10	旅游产业增加值占国内生产总值比重(%)	7.48	8	9.3	10	县文广旅体局
	11	“两山贷”“生态贷”余额(亿元)	—	16	18	25	县人行
	12	单位GDP建设用地使用面积(平方米/万元)	30.46	稳步下降			县自然资源和规划局
	13	技能人才占从业人员比重(%)	19.91	23.5	28	35	县人力社保局
生态环境美丽宜居	14	康养指数	—	保持一级			县发改局
	15	AQHI	一级	保持二级以上			市生态环境局云和分局
	*16	PM2.5平均浓度(微克/立方米)	20	23	23	23	
	*17	地表水达到或好于Ⅲ类水体比例(%)	100	100	100	100	
	*18	森林覆盖率(%)	81.5	81.5以上	81.5以上	81.5以上	县林发中心
	*19	生活垃圾分类	90	95	100		县住建局、县农业农村局
	20	覆盖面(%)	81.3	81.5	81.8	90	县住建局
	21	县级以上城市公园绿地服务半径覆盖率(%)	未出	根据上级目标			县发改局
	22	单位国内生产总值能耗(吨标准煤/万元)	未出	根据上级下达目标			市生态环境局云和分局
城乡区域协调发展	23	单位国内生产总值碳排放(吨/万元)	2.12	≤2.09	≤2.0	≤1.95	县人力社保局、农业农村局
	*24	城乡居民收入倍差	0.72	0.73	0.75	0.76	县人力社保局、农业农村局
	#25	居民人均可支配收入与全省平均之比基尼系数	—	维持在合理区间			—
	26	城乡公交一体化率(%)	—	20	100	100	县交通运输局
	27	城镇化发展指数	暂无	暂无	暂无	暂无	县发改局
	28	常住人口城镇化率(%)	73.1	74	75	77	县住建局、县发改局
	29	A级景区村庄数量(个)	58	71	71	71	县文广旅体局
居民收入持续增长	*30	居民人均可支配收入(元)	37586	40800	44500	57000	县发改局县、县人力社保局、县农业农村局
	31	农村居民人均可支配收入(元)	22022	24500	28600	38000	县农业农村局
	*32	低收入农户人均可支配收入	13893	16000	17500	25500	
	33	“农家乐”民宿经营收入增速(%)	-1.23	10	10	10	
	34	劳动报酬占国内生产总值比重(%)	—	—	50.7	51	县人力社保局、县发改局
	35	居民人均可支配收入与人均GDP之比	0.556	0.559	0.611	0.617	县人力社保局、县农业农村局、县发改局

续表

类别	序号	指标	2020年	2021年	2022年	2025年	责任单位
居民收入持续增长	#36	家庭可支配收入（按三口之家计算） 10万—50万元群体比例(%)	—	—	58	70	县人力社保局、县农业农村局、县发改局
		家庭可支配收入（按三口之家计算） 20万—60万元群体比例(%)	—	—	13.4	20	
	37	城镇登记失业率	1.79	3.5以内			县人力社保局
	*38	最低生活保障标准(元)	10200	10200	11400	13000	县民政局
	39	居民人均消费支出(元)	23794	25600	28000	34500	县经商局
	#40	恩格尔系数	—	稳步下降			—
精神文化自信富足	41	每万人拥有公共文化设施面积(m^2)	6236	6366	8015	9006	县文广旅体局
	42	居民综合阅读率(%)	100	100	100	100	县委宣传部
	#43	文明好习惯养成实现率(%)	—	—	84	91	
	#44	社会诚信度	—	—	95.9	97	
	45	人均文化娱乐消费支出占比(%)	—	—	9.3	15	
	*46	人均体育场地面积(m^2)	2.06	2.08	2.6	2.8	县文广旅体局
	47	国民体质合格率(%)	—	—	94.5	≥94.5	
	48	文化及相关产业增加值占国内生产总值的比重(%)	未出，10左右	10左右	10左右	10左右	县委宣传部
公共服务优质共享	*49	每千人拥有婴幼儿照护设施托位数(个)	—	2.6	3.8	4.5	县卫健局
	*50	普惠性幼儿园在园幼儿占比(%)	95	97	100	100	县教育局
	51	儿童平均预期受教育年限(年)	14.9	15	15.1	15.5	
	52	高等教育毛入学率(%)	64	64.7	65.5	≥70	
	53	人均预期寿命(岁)	81.36	81.38	81.4	81.5	县卫健局
	*54	每千人口拥有执业(助理)医师数(常住人口)(人)	3.71	3.75	3.8	4.3	
	*55	每万老年人拥有持证养老护理员数(人)	20.46	20以上	20以上	25	县民政局
	*56	城镇住房保障受益覆盖率(%)	16	17	18	20	县住建局
	57	公众食品和药品安全满意度(%)	—	保持在全省前列			县市场监管局
	#58	个人卫生支出占卫生总费用比例(%)	—	逐步下降			县卫健局、县医保局
	59	民生支出占一般公共预算支出比例(%)	三分之二以上	三分之二以上			县财政局
	60	房价与居民人均可支配收入之比	—	逐步下降			县住建局
	61	高峰时段公共汽电车平均运营时速(公里/小时)	—	20	20	22	县交通运输局
社会治理和谐共促	62	全面从严治党成效度(%)	—	97.5%	97.5%	97.5%	县纪委县监委
	63	亿元生产总值生产安全事故死亡率(人/亿元)	0.035	≤0.032	≤0.029	≤0.02	县应急管理局
	64	万人成讼率	—	≤100	≤90	≤80	县人民法院
	65	律师万人比	1.78	2	2.9	3.6	县司法局
	#66	群众获得感幸福感安全感满意率(%)	—	稳步提升			—
	#67	整体智治实现率(%)	—	稳步提升			县委改革办

注：在市里67项指标的基础上删除了地区人均国内生产总值最高最低倍差、地区人均可支配收入最高最低倍差、3个1小时交通圈覆盖率、跨境电子商务进出口额、高技术制造业增加值占规上工业比重（我县无此类企业）5项指标，将“两山贷”余额和“生态贷”余额两项合并，增加康养指数、AQHI、城镇化发展指数、一般公共预算收入、森林覆盖率、高新技术企业和科技型中小微企业家数6项指标。带*指标为袁家军书记讲话中提到的指标，带#指标暂无统计口径，标注灰底指标低于市级目标。

云和县国民经济和社会发展第十四个五年规划和二〇三五年远景目标纲要

云和县国民经济和社会发展第十四个五年规划和二〇三五年远景目标纲要，依据《中共丽水市委关于制定国民经济和社会发展第十四个五年规划和二〇三五年远景目标的建议》《中共云和县委关于制定云和县国民经济和社会发展第十四个五年规划和二〇三五年远景目标的建议》等制定，主要阐明全县经济社会发展战略意图、明确政府工作重点、引导规范市场主体行为，是政府履行经济调节、市场监管、社会管理、公共服务、生态保护等职能的重要依据，是引领云和未来发展的宏伟蓝图和行动纲领。

一、决胜全面小康、建设童话云和，开启高水平全面建设社会主义现代化新征程

（一）高水平全面建成小康社会取得决定性成就

“十三五”时期是确保与全省同步高水平全面建成小康社会的决胜期。面对大变局大变革大事件的深刻影响，全县上下高举中国特色社会主义伟大旗帜，认真贯彻落实党中央、国务院和省市党委政府各项决策部署，坚持以“八八战略”为指引，围绕“决胜全面小康、建设童话云和”奋斗目标，深化“小县大城”发展战略，全力推进“全域旅游、产业升级、改革创新、文化引领、惠民富民”五大战略重点，奋力开创“绿水青山就是金山银山”新境界，较好地完成了“十三五”规划确定的各项任务，抗击新冠肺炎疫情取得阶段性成效，与全省同步高水平全面建成小康社会。

综合实力显著增强。“十三五”末，全县生产总值达86.99亿元，全省总量排名前进1位，年均增长9.4%；一般公共预算收入年均增长13.6%，人均生产总值突破1万美元。产业转型升级有序推进，规上工业增加值年均增长17.3%；消费市场不断扩大，社会消费品零售总额年均增长11.1%；全域5A建设进一步提速，旅游总收入年均增长16.5%，云和梯田景区通过国家AAAAA级旅游景区景观质量评审。

城乡面貌明显提升。全力推进城市有机更新，滚动推进棚户区和老旧小区改造，创成省“无违建县”，城市功能更加完善，常住人口城镇化率达71%以上。纵深推进美丽乡村建设，赤石乡、安溪畲族乡创成小城镇环境综合整治省级样板，崇头镇创成新时代美丽城镇省级样板，实现省美丽乡村示范乡镇全覆盖。城乡交通进一步改善，荣获万里美丽经济交通走廊省级示范县和“四好农村路”省级示范县。

生态环境持续改善。生态环境公众满意度居全省第一，全县环境空气质量优良率和河流水质优良（I—III类）断面比例均达100%，森林覆盖率达81.5%。在中国内地首次官方发布环境空气质量健康指数（AQHI），荣获“中国天然氧吧”“浙江省清新空气示范区”等称号，连续两年夺得“大禹鼎”，完成全市首个生活垃圾分类系统建设，云和

梯田国家湿地公园顺利通过试点验收。

改革创新不断深化。新型城镇化样板县域建设扬帆起势。纵深推进“最多跑一次”改革，一般企业投资项目实现从赋码备案到竣工验收“最多80天”，新入园企业实现100%“标准地”供地。持续深化各类改革试点建设，入选全国社会救助综合改革试点、全国乡村治理体系建设试点，省重点生态功能区小城市培育试点连续六年获得考核优秀等次，生态公益林收益权质押融资“云和模式”入选浙江省绿色金融创新十大优秀案例和国家林业局《集体林业综合改革试验示范区改革实践案例集》，荣获全国脱贫攻坚组织创新奖，被认定为木制玩具国家外贸转型升级基地。成功破解汇源果汁、赤石景区等多年历史遗留问题。

民生福祉更加丰厚。积极开展稳就业促增收工程，五年新增城镇就业7800余人，城镇和农村常住居民人均可支配收入年均增速分别达8.4%和9.3%。社会事业均衡发展，新冠肺炎疫情防控取得重大战略成果，相继创成国家慢性病综合防控示范区、浙江省教育基本现代化县、省卫生应急示范县，连续15年被命名为省“平安县”、获全省首批一星“平安金鼎”，连续两年创成全国信访工作“三无县”。

党的建设全面加强。深入推进“两学一做”学习教育常态化制度化，全面落实党委“第一议题”制度，认真开展“不忘初心、牢记使命”等主题教育。加强党员领导干部政治监督，探索建立领导干部政治素质档案，不断提高落实“两个维护”的政治自觉。高标准完成省委巡视反馈意见整改、行政村规模调整和村(社)组织换届，全面从严治党开创新局面。推动政企干部“双向挂职”、专业干部“上挂锻炼”，全力打造高素质专业化的云和铁军。

“十三五”规划目标任务圆满完成，为开启高水平全面建设社会主义现代化新征程、打造全国山区新型城镇化样板县域“重要窗口”奠定了坚实基础。在取得成绩的同时，也存在不少问题和短板：产业层次有待提升。旅游业作为全县战略性支柱产业的地位尚不稳固，木玩特色产业的竞争力和影响力还需进一步增强。基础设施亟待加强。轨道交通设施建设相对滞后，尚未完全融入省内“一小时交通圈”，城乡基础设施建设欠账较多，城、湖、田还未高效串联。高水平开放力度还需加大。与上海、杭州、宁波、温州等长三角高能级城市联系度、与丽水市区的融合程度、与景宁的一体化发展水平有待进一步增强。要素制约更趋突出。常住人口总量增速趋缓，高层次、创新型人才相对缺乏，能耗、土地空间等指标日益趋紧。优质公共服务供给尚不充足。教育、医疗、养老、文体等领域公共服务供给与人民群众期盼还有一定距离。

云和县“十三五”规划纲要主要指标进度情况表

表1

序号	指标名称	单位	规划目标		完成情况					指标属性
			2020年	年均增长	2019年		2020年(部分预计)		“十三五”年均增长	
					绝对值	增速	绝对值	增速		
1	地区生产总值	亿元	80	7.5%	82.79	13.6%	86.99	5.8	9.4%	预期性
2	人均GDP	元	70000	7.5%	71957	13.4%	74400	4.2%左右	9%左右	预期性
3	工业增加值	亿元	32	7%	39.15	20.9%	39.16	4.2%	12.4%	预期性
4	固定资产投资	亿元	[280]	10%	—	13.1%	—	8.3	—	预期性
5	一般公共预算收入	亿元	6	7%	6.43	9.2%	8.1	26.4%	13.6%	预期性
6	社会消费品零售总额	亿元	33.8	8%	35.1	10.5%	37.89	8.8%	11.1%	预期性
7	旅游总收入	亿元	48	20%	52.2	25.0%	43	-18.4	16.5%	预期性

续表1

序号	指标名称	单位	规划目标		完成情况					指标属性
			2020年	年均增长	2019年		2020年(部分预计)		“十三五”年均增长	
					绝对值	增速	绝对值	增速		
8	木玩、精密制造、金属加工产业产值	亿元	130	10%	166.3	26.6%	180	8%	15%	预期性
9	服务业增加值占生产总值比重	%	45	[3.8]	41.1	—	43.8	—	—	预期性
10	高新技术产业增加值	亿元	4	10%	3.76	0.6%	4.33	-3%	7.9%	预期性
11	研究与试验发展经费支出相当于GDP比例	%	1.3	9%	1.08	8%	1.16	8%	8%	预期性
12	发明专利授权量	件	15	—	10	—	15	—	—	预期性
13	全员劳动生产率	万元/人	10	—	10.07	10.8%	10.2	—	—	预期性
14	常住人口城镇化率	%	70	—	71.3	—	72	—	—	预期性
15	单位GDP能耗降低率	%	—	[18%]	/	-11.1%	—	—	—	约束性
16	非化石能源占一次能源消费比例	%	20		22		20以上		—	预期性
17	单位GDP用水量降低率	吨/万元	—	—	45.77	—	—	—	—	预期性
18	单位GDP二氧化碳排放量降低率	%	—	[19.5]	未出	—	—	—	—	约束性
19	化学需氧量排放消减率	%	—	[5.9]	—	[40.22]	—	完成下达	—	约束性
	氨氮排放消减率	%	—	[8]	—	[41.19]	—	完成下达	—	约束性
	二氧化硫排放消减率	%	—	[3]	—	[24.5]	—	完成下达	—	约束性
	氮氧化物排放消减率	%	—	[3]	—	[3.4]	—	完成下达	—	约束性
20	生态环境状况指数(EI)		>97		88	—	未出	—	—	预期性
21	环境空气质量指数优良天数比率	%	>95	—	100	—	100	—	—	约束性
22	全县河流优良(I—III类)水质断面比例	%	98	—	100	—	100	—	—	约束性
23	耕地保有量	(万亩)	11.72	[1.03]	13.96				—	约束性
24	单位GDP用地量降低率	%	—	—	0.67	—	—	—	—	约束性
25	森林蓄积量	万立方米	560	—	569	—	590	—	—	约束性
	森林覆盖率	%	>80%	—	81.54%	—	81.54	—	—	约束性
26	城镇常住居民人均可支配收入	元	44500	7.5%	44155	9.9%	46584	5.5%	8.4%	预期性
	农村常住居民人均可支配收入	元	21700	9%	20467	10.2%	22022	7.6%	9.3%	预期性
27	新增劳动力平均受教育年限	年	13.8	[0.5]	—	—	9.8	—	—	预期性
28	新增城镇就业人数	人	[4500]	—	[5818]	—	[7818]	—	—	约束性
29	每千人口执业(助理)医生数	人	4	—	3.8	—	4	—	—	约束性
30	义务教育标准化学校创建率	%	95%	—	93.3%	—	100%	—	—	约束性
31	每千名老年人拥有养老床位数	张	50	—	45	—	47.6	—	—	约束性
32	亿元生产总值生产安全事故死亡率	人	未下达	—	0.06	—	0.01	—	—	预期性
33	城镇保障性安居工程	套	未下达	—	[481]	—	[570]	—	—	约束性
34	人均预期寿命	岁	79.9	—	81.1	—	81.1	—		预期性

注:1. [ ]为累计数; 2. 生态环境状况指数(EI)计算体系改变,无可比性。

（二）新发展阶段面临的新机遇新挑战

当前和今后一个时期，我国发展仍然处于重要战略机遇期，但机遇和挑战都有新的变化。从国际看，世界百年未有之大变局进入加速演变期，经济全球化遭遇逆流，新冠肺炎疫情影响广泛深远，不稳定不确定性明显增加。从国内看，我国进入新发展阶段，以国内大循环为主体、国内国际双循环相互促进的新发展格局加快形成，社会主要矛盾已经转化为人民日益增长的美好生活需要和不平衡不充分的发展之间的矛盾。从省内看，我省忠实践行“八八战略”、奋力打造“重要窗口”，争创社会主义现代化先行省。从全市看，丽水市高扬“丽水之干”奋斗旗帜，开启了高水平全面建设社会主义现代化的新征程。

在此时代大背景下，我县面临诸多新机遇新挑战。我县正处于大有可为而且必须大有作为的战略机遇期，高质量绿色发展态势向好，“绿水青山就是金山银山”理念在全省、全市、全县的创新实践焕发出强大的生机活力、展现出前所未有的光明前景；“大花园”建设促进云和生态资源优势加快转化为发展优势；温武吉铁路、丽云铁路等重大交通工程谋划将有力提升云和融入长三角一体化水平；以云经济、水经济为代表的新兴产业为云和新一轮发展注入活力。同时，全球经济大衰退和国内外发展格局的深刻变化增加了经济发展的不确定性风险，人口老龄化和社会加速转型对县域治理体系和治理能力提出了更高要求，重大公共卫生等突发事件带来的挑战不容忽视。

综合判断，“十四五”及今后一个时期，面临中华民族伟大复兴战略全局和世界百年未有之大变局的历史交汇，既是国家“两步走”第一阶段的战略期，也是浙江打造“重要窗口”的关键期，更是云和向高质量绿色发展转型的攻坚期。为此，必须深刻认识错综复杂的国内国际环境带来的新矛盾新挑战，深刻认识新发展阶段的新特征新要求，深刻认识危和机并存、危中有机、危可转机，牢固树立“没有实现加快发展也是一种风险，没有追求实现加快跨越式发展的意识、决心和胆略更是极端危险”和“发展阶段不可逾越、发展阶梯可以跨越”的理念，坚定发展信心、保持战略定力、增强斗争本领，持续打好高质量绿色发展组合拳，努力在危机中育先机、于变局中开新局。

（三）二〇三五年远景目标

到2035年，全县经济综合实力大幅跃升，以人为核心的新型城镇化基本实现，全体人民共同富裕取得更为明显的实质性进展，人民生活水平和幸福指数达到中等发达国家水平，全国山区新型城镇化样板县域“重要窗口”全面建成，“童话云和”基本建成，与全省同步基本实现高水平社会主义现代化。

——跨越式发展迈上新的大台阶。全县生产总值较快增长，生态价值转化效率达到较高水平，高质量绿色发展取得决定成果，形成云和特色现代化生态经济体系，综合实力大幅跃升。

——城乡全面融合走在全省前列。实现教育现代化、卫生健康现代化，文化软实力全面增强，建成现代化公共服务体系，城乡居民收入持续快速增长，共同富裕取得更为明显的实质性进展，基本实现以人为核心的新型城镇化。

——现代化县域治理体系全面形成。社会主义精神文明和物质文明全面协调发展，国民素质和社会文明程度达到新高度，安全保障体系不断健全，高水平建成法治云和、法治政府和全国最平安县，共建共治共享的社会治理格局更加完善，基本实现县域治理现代化。

——人与自然和谐共生基本实现。生态环境质量处于国内领先水平，绿色低碳生产生活方式成为全社会共识，建成天蓝、水清、地净的美丽宜居环境，绿色成为云和发展最动人的色彩。

（四）“十四五”时期经济社会发展总体要求

“十四五”时期，我县经济社会发展的指导思想是：坚持以习近平新时代中国特色社会主义思想为指导，深入贯彻党的十九大和十九届二中、三中、四中、五中全会精神，统筹推进“五位一体”总体布局，协调推进“四个全面”战略布局，坚持党的全面领导，坚持以人民为中心，坚持立足新发展阶段，坚持贯彻新发展理念，坚持深化改革开放，坚持系统观念，坚持稳中求进工作总基调，围绕忠实践行“八八战略”、奋力打造“重要窗口”主题主线，深化提升“小县大城”发展战略，坚定不移地走创新实践“绿水青山就是金山银山”理念发展道路，统筹发展和安全，加快探索构建新发展格局的有效路径，加快推进县域治理现代化，加快推动全县人民走向共同富裕，全面提升人民群众获得感、幸福感、安全感，努力打造全国山区新型城镇化样板县域“重要窗口”，奋力开启高水平全面建设社会主义现代化新征程。

“十四五”期间，我县经济社会发展的总体定位是：打造全国山区新型城镇化样板、全域AAAAA级童话大花园、国际木制玩具名城。

——全国山区新型城镇化样板。深入推进以人为核心的新型城镇化，全力构建“人与城”“产与城”“乡与城”融合互促的良好发展局面，加快推动城乡要素自由流动、生态价值充分实现、童话文化全面彰显、人民生活更加美好，为全国山区新型城镇化建设提供示范。

——全域AAAAA级童话大花园。优化“一城一湖一梯田”空间格局，以云和梯田创建国家AAAAA级景区为龙头，以云和湖国家级旅游度假区创建、木玩童话小镇建设为重点，推动美丽生态、美丽经济、美好生活“三美融合”，全面融入“大花园”最美核心区建设，创成国家级全域旅游示范县，打造长三角生态休闲旅游目的地。

——国际木制玩具名城。对标世界一流，加强木玩品牌建设与推广，推动木玩与幼教、文创、电商深度融合，加快国际化发展，提升木玩产品核心竞争力，推动云和从“全球木玩生产加工基地”向“全球木玩创制中心”跨越、从“中国木制玩具城”向“国际木制玩具名城”跨越。

（五）“十四五”时期经济社会发展主要目标

“十四五”时期云和经济社会总体目标是：到2025年，生态文明建设成效显著，现代化生态经济体系初步构建，县域治理体系不断完善，人民生活水平持续提升，基本建成全国山区新型城镇化样板县域。

具体目标为“五个高”，即

——生态环境高颜值。到2025年，全县地表水达到或优于Ⅱ类水体比例达80%以上，森林覆盖率继续保持81%以上，PM2.5平均浓度控制在23微克/立方米，单位地区生产总值能耗降低率和二氧化碳排放降低率、主要污染物排放降低率完成上级下达任务，生态环境面貌进一步改善。

——现代经济高质量。经济转型升级取得明显突破，初步建成现代化生态经济体系。到2025年，地区生产总值突破120亿元、年均增长7%，人均地区生产总值突破10万元、年均增长7%左右，GEP（生态系统生产总值）年均增长4%—5%，一般公共预算收入与经济增长同步；工业总产值突破400亿元、年均增长15%，规上工业增加值突破50亿元、年均增长15%，旅游总收入突破70亿元、年均增长10%；研发经费支出占比居山区26县前列。

——地域文化高特色。和生、和合、和善、和美的“和”文化深入人心，木玩文化、抗战文化、农耕文化、船帮文化等特色文化内涵充分挖掘，群众公民意识和公民素质显著提升，童话云和文化魅力高度彰显。

——县域治理高水平。重要领域和关键环节改革取得突破性成果，治理体系和治理能力不断完善提高。到2025年，平安建设、信息化发展和安全生产水平进一步提升，全县常住人口城市化率提升至75%左右。

——人民生活高品质。在更高水平上实现幼有善育、学有优教、劳有厚得、病有良医、老有颐养、住有宜居、弱有众扶。到2025年，城镇和农村常住居民人均可支配收入年均增长分别为7%左右和9.5%左右，人均预期寿命达81.5岁。

"十四五"时期云和经济社会发展主要指标

表1

一级指标	序号	二级指标	计量单位	2020年预计	2025年目标	五年年均增长	指标属性
生态环境高颜值	1	地表水达到或优于Ⅱ类水体比例	%	80	>80	—	约束性
	2	PM2.5平均浓度	微克/立方米	20	23	—	约束性
	3	环境空气质量健康指数	—	一级	一级	—	约束性
	4	森林覆盖率	%	81.54	81以上	—	约束性
	5	单位地区生产总值能耗降低率	%	—	上级下达	—	约束性
	6	单位地区生产总值用水量降低率	%	—	上级下达	—	
	7	单位地区生产总值二氧化碳排放降低率	%	—	上级下达	—	约束性
	8	主要污染物排放降低率	%	—	上级下达	—	约束性
现代经济高质量	9	地区生产总值	亿元	86.99	120左右	7%	预期性
	10	人均地区生产总值	万元	—	10	7%	预期性
	11	服务业增加值	亿元	38.09	54	7%左右	预期性
	12	旅游总收入	亿元	43	70	10%	预期性
	13	全社会劳动生产率	万元/人	11.2	15.7	与经济增长同步	预期性
	14	人才资源总量	万人	—	市下达	—	预期性
	15	规上工业增加值	亿元	24.51	50	15%	预期性
	16	固定资产投资	亿元	—	—	10%	预期性
	17	GEP(生态系统生产值)增速	%	—	—	4~5%	预期性
	18	GEP(生态系统生产值)转化率	%	未出	—	[6]	预期性
	19	研发经费支出占地区生产总值比重	%	1.16	居山区26个县前列	—	预期性
地域文化高特色	20	文化及特色产业增加值	亿元	9.5	11.5	[2]	预期性
	21	每万人拥有公共文体设施建筑面积	平方米	6330	8000	[1670]	预期性
	22	居民综合阅读率	%	100	100	—	预期性
	23	组织文艺活动次数	次	423	900	[477]	预期性
	24	县级及以上文明村和乡镇占比	%	75.3	>90	—	预期性
县域治理高水平	25	常住人口城市化率	%	72	75	[3]	预期性
	26	依申请政务服务办件"一网通办"率	%	88.3	90	[0.7]	约束性
	27	综合行政执法事项占比	%	—	20以上		约束性
	28	行政村公交车通达率	%	60.6	100	—	约束性
	29	农村生活垃圾分类处理建制村覆盖率	%	90	100	[10]	约束性
	30	亿元地区生产总值生产安全事故死亡率	%	0.01	上级下达	—	约束性
人民生活高品质	31	城镇常住居民人均可支配收入	元	46584	65300	7%左右	预期性
	32	农村常住居民人均可支配收入	元	22022	34600	9.5%左右	预期性
	33	城镇登记失业率	%	1.79	≤3.5	—	预期性
	34	劳动人口受教育年限	年	9.8	10.4	[0.6]	约束性
	35	每千人执业(助理)医师数	人	4.4	5	[0.6]	约束性

续表1

一级指标	序号	二级指标	计量单位	2020年预计	2025年目标	五年年均增长	指标属性
人民生活高品质	36	每千人医疗机构床位数	张	5	7	[2]	预期性
	37	基本养老保险参保率	%	98.8	稳定在97%以上	—	预期性
	38	每万名老年人拥有养老护理员数	人	20.46	上级下达	—	约束性
	39	青少年总体近视率	%	53.46	48.46	[−5]	约束性
	40	人均预期寿命	岁	81.1	81.5	[0.4]	预期性
	41	粮食综合生产能力	万吨	—	5.75	—	预期性

注：1. [ ]为累计数；

2. 2025年全县生产总值和人均生产总值、城镇和农村居民人均可支配收入均为以2020年为基准价的实际值。

二、深化提升“小县大城”发展战略，推动城乡融合发展

坚定不移走以人为核心的新型城镇化道路，全面实施乡村振兴战略，强化以工补农、以城带乡，加快构建城乡融合互促的良好发展新局面，探索一条具有云和特色和辨识度的山区新型城镇化发展道路。

（一）优化城乡空间布局

构筑“一核两廊”空间发展架构。推动“一城一湖一梯田”空间格局向“一核两廊”更高能级形态迭代升级，加快从“浮云溪时代”迈向“云和湖时代”。“一核”即新型城镇化动力核，主要为县城及雾溪畲族乡、安溪畲族乡，结合功能需要，合理布局产业发展平台和科技创新载体，推动一、二、三产联动发展，不断提升城市功能和品质，进一步增强承载产业、集聚人口和辐射带动县域经济社会发展的主体功能。“两廊”即云和湖创意产业经济走廊和云和梯田农耕文化走廊，其中云和湖创意产业经济走廊，以云和湖水系资源为依托，串联赤石乡、紧水滩镇、浮云街道和石塘镇，因地制宜推进旅游线路和旅游产品开

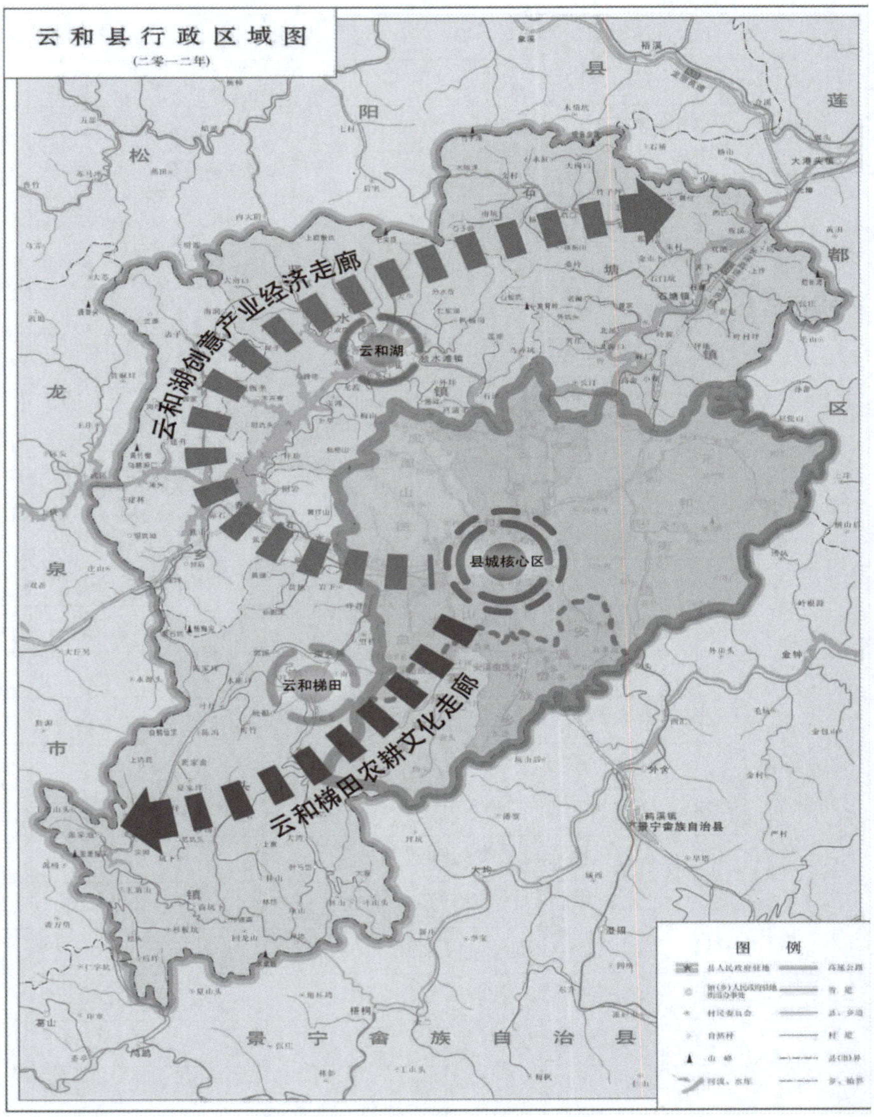

图1 云和县“一核两廊”空间发展架构

发，进一步挖掘水文化、修复水生态、提升水景观，发展水经济、滨水康养、文创、科创等新经济，协同打造红蓝绿人文纽带；云和梯田农耕文化走廊，以云和梯田为依托，串联崇头镇全域，重点发展生态旅游业、生态农业、高山避暑等，精心打造梯田农耕文化特色精品旅游路线。

优化“1571”城镇村三级体系。按照“美丽县城、美丽城镇、美丽乡村”三级开发方向，优化1个中心城区、5个特色乡镇、71个中心村的城镇村体系，加快形成“中心引领、多点支撑、城乡融合、全面振兴”的多层次、珠链式城乡发展新格局，实现“云和全域一盘棋”发展。进一步突出中心城区在县域政治、经济、文化、商业等方面的核心地位，推动生态工业和现代服务业融合发展。特色化发展崇头镇、石塘镇、紧水滩镇、赤石乡、安溪畲族乡、雾溪畲族乡等，重点建设一批中心镇、中心村和特色景区村，循序渐进撤并一批偏远村庄。

强化县域多元融合。以域内蓝网、绿网、交通网、信息网、文化网为主体构建多元支撑、互联互通的内外部空间网络。以蓝色网络勾勒“九山半水半分田”的独特空间形态，以绿色网络锚固开发边界，以立体式交通网络串联带动乡镇街道、功能区、乡村发展，以安全、高速、泛在的信息网络促进智慧高效发展，以绚丽多彩的文化网凝聚引领高质量绿色发展的精神力量。对内，注重城镇空间、乡村空间、生态空间、创新空间的复合发展和融合渗透，构建山水相依、蓝绿交织、红绿融合、全域AAAAA的文化景观风貌，推进“核与廊”“廊与廊”之间的交通连接、设施连接、生态连接和文化连接。对外，积极融入长三角一体化发展，着力对接“一带一路”和“四大”建设，以市域“一带三区”发展新格局为指引，加强云和与市区相融、与景宁相融，推进云和与丽水市区的“景景相连”“全面连接”，携手景宁联合打造云景聚落发展区块，以点上集中突破，推动形成面上更大发展带动效应。

（二）打造美丽宜居城镇

提升中心城区品质能级。以促进城市更健康、更安全、更宜居、更绿色为目标，优化县城发展空间，统筹提升资源配置和重大基础设施建设能力，深入推进城市更新行动、城市畅通行动、城市生态提升行动、城市治理行动，全面展现“童话云和”城市形象。聚焦完善生态功能、产业功能、生活功能、人文功能、安全功能，保护修复绿地绿廊、打造就业创新载体、补齐公共设施短板、积淀文化元素魅力、提升防灾减灾能力，加快人口集聚，进一步巩固县城作为全县最大经济辐射灶、最全要素集散地、最强发展动力源的核心地位。

专栏1：城市更新行动

深度谋划“四个一批”城市更新项目，即未来社区、老旧小区、老旧街区和花园（绿色）社区，谋实完善城市“五大功能”（生活功能、产业功能、生态功能、人文功能、安全功能）项目。

一是未来社区建设。结合棚户区、城中村改造，规划建设城东（小徐片区）、城南（童话小镇）未来社区。全力推进小徐等未来社区建设，布局九大场景，丰富社区内涵和功能，迭代创新生活品质。

二是老旧小区改造。整合利用存量资源，通过拆改结合、综合整治，建立五年项目库，研究相关配套政策，2025年完成2000年前建成的老旧小区改造工作，完成普光、金利等部分2005年前建成的老旧小区改造，完善市政配套设施，提升公共服务功能，建立长效治理机制。

三是老旧街区改造提升。积淀传承抗战省城、木玩童话文化，推进解放、新华老街区改造提升，融合“采真里”文化街区建设，梳理历史老街和文化记忆，重塑“三街九巷”风貌，做活夜游经济，营造创新集聚街区。

四是花园（绿色）社区创建。全面启动花园（绿色）社区创建行动，2021年、2022年达标率分别达40%、60%，2025年争取100%创建，基本实现社区人居环境整洁、舒适、安全、美丽的目标，形成崇尚绿色生活、争创花园示范的社会氛围，生态文明理念深入人心。

专栏 2：城市畅通行动

构建城市道路主骨架，纵向打通城东南路、拓宽延伸新建南路、云雾路，横向打通祥云街东西段、拓宽中山东路，健全“六纵四横”道路网格局。打通道路阻梗，建设公园路（梨园路至云杨路段）、南山路（复兴路—祥云街）、龙母路（复兴路至祥云街段）等支路，谋划建设城南片区与工业园区、温武高铁站前广场，对接城北外环快速路等城市交通路网，有效串联城北老城区、城南新区、城西工业园区，形成纵横丰富的路网体系，中心城区高峰时段行车速率达到每小时20公里以上。充分利用地上地下空间、绿地空间，推进建设用地多功能立体开发和复合利用。科学规划布局社会公共停车场，鼓励和引导社会资本参与城市公共停车场建设。建成县实验小学、三中等地下停车场，着力缓解老城区停车难、停车乱的问题。

“六纵四横”：“六纵”是指连接南北道路总长约11.5公里的云雾路、城西路、新建路、城东路、仙宫大道、狮山路；“四横”是指横贯东西道路总长约21.8公里的中山街、城南路、复兴路、祥云街。

专栏 3：城市生态提升行动

围绕海绵城市、韧性城市建设要求，融入市政公用、防汛排涝抗旱、景观绿化等项目，增强城市安全风险防控能力。推进城区供水供气设施、污水零直排、生活垃圾资源化处置利用、城市公厕等设施建设，保障城市居民用水用气，确保“十四五”末城镇生活污水处理率、城镇生活垃圾分类覆盖率分别达98%和100%，城市内涝治理明显见效。做好引湖入城文章，保护修复城市绿地绿廊绿道，提升黄溪、安溪两岸生态景观，推进凤凰山全民健身公园二期、木玩主题乐园二期等项目建设，利用现有公园绿地、闲置空地、小区绿地建设系列童话微景观公园，争创国家园林县城。

专栏 4：城市智治行动

以“城市管理应该像绣花一样精细”的理念，推动城市管理向智慧化、精细化治理转型。建设智慧市政管理信息系统，实现地上地下管网、路灯、桥梁、公共绿地等一网统管，推进城市管理综合体系的智能融合。强化竞争机制，提升物业服务水平。建立公众参与共享平台，鼓励公众积极参与城市治理、项目监督等环节，实现“人民城市人民管”。

推进新时代美丽城镇建设。聚焦高质量绿色发展、竞争力提升、现代化建设，按照“分类引导、培育特色”总体思路，进一步提升城镇规划、建设、治理水平，加快打造“六镇六景”升级版，建设具有时代特征、现代品质、云和特色的美丽城镇。崇头镇依托云和梯田景区和“山水林田湖草”资源优势，重点发展生态休闲旅游业和生态农业，打造“梯田农耕小镇”。石塘镇依托云和湖旅游资源和毗邻丽水市区的区位优势，重点发展休闲旅游、红色旅游等，建成云和旅游“东大门”，打造“帆影渔歌小镇”。紧水滩镇依托云和湖山水资源和瓯江船帮文化优势，重点发展休闲旅游与休闲养生业，做好古村落开发和保护，打造“梦幻仙宫·科创小镇”。赤石乡依托云和湖山水资源和高速出入口交通优势，重点发展生态休闲旅游业，大力发展民宿经济，打造“浪漫赤石·玫瑰小镇”。安溪畲族乡突出畲乡民族特色、山水特色和文化特色，重点发展现代农业和生态休闲旅游业，打造“梨花乡里小镇”。雾溪畲族乡依托原生态环境优势，加强饮用水水源地保护，适度发展生态农业和康养产业，拓宽生态产品价值转化路径，逐步融入中心城区，打造云和县城“后花园”。

（三）全面推进乡村振兴

赋能激活乡村特色经济。做深农文旅融合文章，加快实施小微田园综合体“115工程”，打造一批集农业观光、文化体验、休闲康养、教育研学、食宿娱乐、红色教育于一体的小微田园综合体。加快民族乡村振兴示范带建设，大力推进民族乡村产业振兴，确保民族乡村振兴走在前列、成为样板。到2025年，累计创成省级“农家乐”集聚村9个，“丽水山居”“农家乐”综合体9个，培育提升农产品旅游地商品50个。深入实施数字乡村战略，完善乡村数字信息网络，推动现代数字技术与乡村生产生活生态全面融合，大力推广农业物联网应用技术，建设“云和三农”数据仓，建立健全5G引领的智慧农业技术体系。深入推进农业“机器换人”，重点推广微型耕作机、茶产业系列设备等农业机械。到2025年，建成云和县数字乡村公共服务平台1个，数字乡村试点村3个，数字化种养基地40个。

拓宽农民增收致富路径。深入实施“八个万元”富民增收行动，持续抓好种植业、养殖业、外出务工经商“老三宝”，大力抓好“农家乐”民宿、农村电子商务、来料加工“新三宝”，切实打好“产业富农、金融支农、改革强农、政策惠农、帮扶助农”等富民增收组合拳，着力提升全县农民收入水平。大力实施“消薄”攻坚提升行动，构建解决相对贫困长效机制，落实低收入农户扶贫补助、就业帮扶、临时救助等举措，巩固脱贫攻坚成果。持续增强村级集体经济“造血”功能，鼓励村级集体建立符合市场经济要求的集体经济运行新机制。培育新型经营主体，引导和支持种养大户、家庭农场、农业合作社、龙头企业等发展壮大，大力发展农业产前、产中、产后服务业，健全联农带农有效激励机制，带动小农户专业化生产，让更多农民分享产业融合发展的增值收益。到2025年，力争全县农村居民人均可支配收入达34600元，全县低收入农户人均可支配收入达21400元。

打造新时代美丽乡村。深化“千万工程”，以乡村建设行动为抓手，推进全域土地综合整治，突出“一村一品”“一村一景”主题，加强统一规划布局和农房建设管控，更多采用微改造“绣花功夫”，着力打造一批特色精品村和花园乡村。到2025年，实现新时代美丽乡村全覆盖，美丽乡村精品村47个。推进云和浙派古韵乡村建设，实施“云和民居”改造工程，维系好、保护好乡愁记忆的物质载体和生活场景。深入推进新时代美丽乡村“三带三园”建设，持续优化乡村风貌，坚持串珠成链、连片成景，巩固提升“十里云河”“最美梯田”等7条美丽乡村风景线，谋划创建第8条美丽乡村风景线。分类推进乡村发展，统筹推动集聚提升类、城郊融合类、特色保护类、搬迁开发类四类乡村发展。持续推进农村人居环境整治提升行动，大力实施厕所革命、垃圾革命、污水革命“三大革命”，推进云和人居环境提档升级。

塑造乡村文明新风。加强农村思想道德建设，发挥基层党组织、农村文化礼堂、新时代文明实践中心作用，推动社会主义核心价值观深入人心。加强乡村文明建设，传承乡村文脉，培育文明乡风、良好家风、淳朴民风，提升乡村社会文明程度。全面推进全国乡村治理体系建设试点工作，积极推行“互联网+”治理，完善农村“小微权力”监督制度，推动政府治理、社会调节、村民自治良性互动，打造政治、自治、法治、德治、智治“五治融合”的乡村治理体系。推动数字化与乡村治理融合发展，提升乡村公共服务和农民生产生活信息化、智慧化水平。

（四）健全城乡融合体制

推动城乡人口双向流动。深化户籍制度改革，完善居住证申领条件和服务功能，全面梳理依附于户口、城乡有别的各项福利政策，促进城乡福利逐步并轨，推动农村转移人口市民化。建立城镇人才返乡服务机制，实施以“两进两回”机制为核心的农村主体提升工程，充分发挥新乡贤作用，推动乡村人才振兴。

促进城乡基本公共服务均等化。推动城乡基本公共服务普惠共享，统筹城乡公共资源供给体系，协调发展教育、医疗、公共文化、养老等公共服务，加快推进城乡道路客运一体化改革，稳步提高城乡基本公共服务均等化水平。以标准化推动基本公共服务均等化，制定县域基本公共服务清单，推进符合云和特点的基本公共服务重点标准，建立基本公共服务均等化实现度评价体系。

盘活农村集体资源资产。深化农村宅基地和农房制度改革，加快推进宅基地所有权、资格权、使用权“三权分置”，探索宅基地使用权有偿退出机制和多种形式的流转机制，盘活农村闲置宅基地。保障集体收益分配权，鼓励依法自愿有偿转让。深化农村承包地与林地经营权改革，加快探索经营权入股和利益结盟机制、承包权和经营权有偿退出机制。深化建设用地指标增减挂钩创新，健全城乡节约集约用地制度、城市土地综合开发利用机制和城乡存量建设用地盘活机制。

三、加快建设现代化生态经济体系，夯实高质量绿色发展根基

坚定不移走生态优先绿色发展之路，坚持生态经济化、经济生态化，加快构建具有云和特色的现代化生态经济体系，持续推动经济发展质量变革、效率变革、动力变革，提高经济发展质量效益与核心竞争力。

（一）做优做强生态旅游战略支柱产业

突出高等级景区引领带动。全面推进“云和旅游跨越发展3610工程”，重点推进“云和梯田AAAAA景区创成”“云和湖国家级旅游度假区启动创建”“木玩童话小镇以AAAAA景区标准建设”三个AAAAA工程，成功打造全域AAAAA大花园。以梯田AAAAA为龙头，举全县之力推进梯田AAAAA创建工作，将云和梯田景区打造成为我国第一个梯田类AAAAA级旅游景区。以云和湖创建国家级旅游度假区为支撑，全力推进云和湖旅游服务配套项目建设，努力将云和湖打造成省内引领性的旅游度假区、养生养老先行示范区。以木玩童话小镇建设为载体，构建童话实体、营造童话氛围，打造体现“木玩童话”特色的文化创意型休闲度假旅游城市。推动佛儿岩景区、赤石景区、白鹤尖景区创成国家AAAA级景区，加快建设一批优质旅游景区。大力实施“百千万”工程，启动AAAAA级景区城创建，力争实现景区乡镇、景区村庄全覆盖。

专栏5：云和旅游跨越发展3610工程

（1）3：打造云和梯田国家AAAAA景区、以AAAAA标准建设的木玩童话小镇、云和湖国家级旅游度假区等3个AAAAA或相当于AAAAA级别的景区。

（2）6：打造仙宫景区、佛儿岩景区、赤石景区、灵溹山景区、白鹤尖景区、小顺景区等6个AAAA级别的景区。

（3）10：打造石浦、坪垟岗、金水坑等10个AAA级景区。

积极推进“旅游+”融合发展。结合瓯江山水诗路文化带建设，大力实施“旅游+”工程，以更大的力度、更宽的视野推进旅游业与一、二、三产业融合发展，拓宽旅游发展空间，丰富旅游产品业态，创新旅游商业模式，培育旅游发展新动能。大力发展“旅游+民宿”，充分挖掘乡村资源禀赋、历史底蕴、人文特色和民俗风情，完善民宿及配套服务设施建设，打造“云和云居•六头民宿”品牌民宿集聚区和乡村慢生活体验区。加快发展“旅游+康养”，持续擦亮“中国长寿之乡养生健康服务示范城市”金名片，加快推进云和梯田农耕、黄家畲清凉无忌小镇等一批康养600项目落地，打造康养产业集群。积极发展“旅游+赛会”，加快建设现代化体育场馆、展览馆及户外设施，办好环云和湖国际铁人三项邀请赛、云和湖垂钓节、云和梯田跑山赛等体育赛事和云和梯田开犁节、云和雪梨节等特色节庆。培育发展“旅游+研学”，持续举办全球梯田联盟产业经济研讨会，加快推出一批具有云和特色的精品研学旅行体验产品。

全面提升旅游公共服务体系。进一步优化旅游集散服务功能，加快建设以县城客运中心、高铁站

（规划）为主点，云和东、梯田游客中心、三江口、仙宫游客中心、赤石等为次点的多层级旅游集散体系。完善旅游便捷交通服务体系，加快打造全域旅游定制专车、旅游慢行交通体系、自驾游路线和房车营地、旅游特色交通体系、汽车租赁体系。大力推动智慧旅游建设，依托互联网信息技术，加快构建智慧旅游游客服务系统、智慧旅游景区管理系统和智慧旅游行政管理系统。大力开展旅游惠民活动，不断拓宽产品线，鼓励和引导景区推出各类旅游优惠卡、制定更多针对特殊人群的优惠政策。推进县城高等级酒店招商和建设，提升游客住宿接待能力。

（二）提升木玩产业核心竞争力

提升木玩产业链现代化水平。积极主动融入"以国内大循环为主体、国内国际双循环相互促进"的新发展格局，依托国家级外贸转型升级基地建设，积极对接自由贸易试验区联动创新区政策，鼓励传统生产企业积极开拓市场、争创出口名牌，推动建设外贸强县、打造全球木玩产业高地。建成木玩产业创新服务综合体，加快木玩研发、原材料供应、生产、销售等全产业链强链补链，加快产业链与供应链协同推进，促进木玩产业向价值链"微笑曲线"两端攀升。到2025年底，力争全县木玩产业产值突破160亿元、培育上市企业1家、十亿元企业1家、亿元企业16家、规模以上企业80家，外贸出口实绩企业超过100家。

全面推动木玩多元融合发展。深入开展"木玩+"行动，打造以"木玩+幼教、+智创、+休闲、+服务、+生态"特色产业体系，推动木制玩具从传统的卖产品向卖创意、卖生活方式转变。深化"木玩+幼教"，密切与教育部教育装备研究与发展中心、省市装备中心、高校院所和幼教集团的合作，加强与各地各类幼儿园对接，开展云和学前木制教玩具APF适用标准体系推广应用研究，加快构建"云和木玩"学前教育装备规范化体系。推进校企共建木制教玩具培训实践基地建设，大力开发木玩学前教育课程，努力将木玩产品更好地转化为幼儿学习的教玩具。大力发展"木玩+文创"，积极开发动漫、游戏等衍生产品，培育具有鲜明文化特质和浓郁时尚气息的木玩文创产品。加快发展"木玩+体验"，鼓励有条件的木玩企业面对游客市场，推出创意手作、互动游戏、木玩研学等体验性活动，培育消费新热点。

强化木玩品牌与文化推广。积极申报国际木玩名城，持续举办国际木制玩具节、全民木玩竞技大赛、木制玩具展等系列品牌推广活动。推进木玩行业国际标准、国家标准、行业标准制定工作，发布云和木玩产业发展指数，争设中国云和（木制玩具）知识产权维权中心。加强木玩品牌开发与保护，努力打造具有国际竞争力的"云和木玩游戏"教育品牌，进一步提高"云和木玩""云和教玩"的知名度、影响力。

（三）推动现代制造业扩量提质

做强钢压延制造业。鼓励支持华宏等行业龙头企业向高端钢铁制造转型升级，推动企业丰富产品类型，优化产品结构，推进产业链向钢铁行业下游延伸，培育发展废旧回收、汽车拆解等配套产业。引导行业企业加大研发投入，联合科研院所组建钢铁研究院，促进产品改造升级。到2025年底，全县钢压延产业产值力争突破180亿元。

做优轴承制造业。引导轴承企业在技术、工艺、设备、产品等方面进行改革创新，加强轴承套圈、钢球进口替代产品研发创新力度，鼓励企业向航空航天等高端细分领域延伸，培育引进成套轴承、高端轴承生产企业，着力打造高品质的精密轴承生产制造基地。推进轴承生产制造向制造服务业转变，提供轴承使用过程中的智能监测、故障诊断、报废回收利用等增值服务。到2025年底，全县轴承产业产值力争突破15亿元。

做精阀门制造业。鼓励阀门制造业企业向精、深加工转型，提高产品的附加值和核心竞争力。加大阀门精密铸造环节技术升级力度，攻关重点铸造工艺环节。鼓励企业开展国内、省内首台（套）设备开发及新产品研发，向耐磨蚀、耐高温、抗高压的精密铸造新材料及其应用发展。到2025年底，全县阀门产业产值力争突破15亿元。

（四）加快生态农业绿色高效发展

保障粮食生产安全。严守耕地红线，坚决遏制耕地“非农化”，防止“非粮化”，深入推进“藏粮于地、藏粮于技”战略实施，有序推进高标准农田建设和荒芜农田复垦，坚定不移抓好粮食生产，确保全县粮食产量稳定增长。大力发展梯田生态稻，推广质量好、品相好、口感好的梯田生态稻。推动发展粮油特色产业，推广粮油绿色高产技术，组织实施粮油绿色高产攻关和示范片区创建项目，扩大新品种、新技术、新模式、新政策推广应用规模，提升粮油产能。积极引导全社会形成“节约粮食、拒绝浪费”的良好氛围。到2025年，年度种粮面积不少于6万亩。

做强优势主导农业。依托“一镇两区三园”平台建设，深入推进“一果两茶一菌一蜂一鱼”农业优势主导产业转型升级，做精云和雪梨、做大生态绿茶、做实油茶、做优食用菌、振兴蜜蜂、提升渔业，积极培育香榧、甜橘柚、中药材等产业。加快建设现代农业产业园，培育发展雪梨、生态绿茶等农业种植经济带和农产品加工业，补齐加工短板，做活市场营销，进一步彰显云和农业产业特色。到2025年，培育50个左右乡村产业专业村。大力发展生猪产业，逐年提升产能，到2025年，年出栏生猪力争达10万头以上。

专栏6：打造“一镇两区三园”生态农业发展平台

一镇：元和街道云和雪梨特色强镇；
两区：粮食功能区和省级现代农业园区；
三园：安溪、三门、田垟3个田园综合体。

发展绿色循环农业。大力推广农牧结合、粮经（水旱）轮作、耳稻轮作、药（中药材）稻轮作、稻鱼共生、林下经济等新型农（林）作制度，助推农业增效、农民增收。扩大“三品一标”农产品规模和产量，完善农业面源污染综合防控（治）体系建设，深化“肥药两制”改革，实现单位面积化肥、农药施用零增长。积极推进有机肥使用，打造绿色有机农产品县。推广应用“浙江省农产品质量安全追溯平台”，健全与市场准入相衔接的食用农产品合格证制度，创建有机产品认证县。严格执行畜禽养殖场环境准入与退出制度，推进畜禽排泄物、秸秆、尾菜和农产品加工副产物资源化利用。加强农田灌溉水质标准管理、水产养殖场尾水生态化治理和水质监测，推进农用地土壤污染防治，探索建立农用地土壤环境监测网络体系。

持续提升区域公共品牌。深化与“丽水山耕”品牌合作，做大“云云联盟”，推动“云和师傅”劳务品牌转型为农业区域公用品牌。做强“云和雪梨”“云和黑木耳”“仙宫雪毫茶”“仙宫湖有机鱼”“梯田稻米”等特色品牌，鼓励各类农业经营主体创建知名品牌。积极筹办、参加各类生态农业节庆活动、展会，强化品牌宣传，提升品牌效应。

（五）构建现代化科技创新体系和产业平台

加强创新主体培育。优化“产学研用金、才政介美云”十联动创新生态，引导各类创新要素向企业集聚，推动企业成为技术创新、研发投入、科研组织和成果转化的主体。建立创新型企业集群梯级培育机制，加快建设省级科技孵化器、双创示范基地、众创空间。实施科技型企业“倍增行动”，探索“科创贷”金融产品，全力提升企业自主创新能力。加强数字经济对传统制造业的赋能，加快推进产业数字化转型，重点实施企业智能化改造提升行动，大力提倡企业智能化咨询诊断服务和改造提升。鼓励企业开展“两化”融合建设，推广应用MER/ERP系统、智能仓库、供应链管理、工业互联网等信息化工具。

大力引育创新型人才。实施“青年云和”行动，建设党管青年人才共同体，推进“青雁”人才培育计划和“家燕归巢”行动，加大科技创新领军人才、高技能人才和紧缺实用型人才的培养与引进力度，搭建青年服务综合平台，加快打造引才聚才“强磁场”。大力倡导“不求所有、但求所用，不求所在、但求所为”的理念，进一步完善柔性引才、用才机制，大胆把善于创业、勇于创新的优秀人才放到重要岗位，确保高层次人才引得进、留得住。实施科技特派员“扎根行动”，充分发挥云和籍在外人才作用，不断巩固全县科技创新的人才基础。

创新发展新兴产业。以紧水滩水冷式绿色数据中心建设为契机，谋划建设“科创绿谷”，创新发展大数据服务，努力探索山区县数字经济发展之路。依托水资源优势，着力发展“水经济”。积极发展电商经济，深化与阿里巴巴、京东、亚马逊等平台合作，抓好木制玩具产业集群跨境电商建设，促进更多市场主体开展“9710”“9810”出口新模式。力争到2025年，全县电子商务交易额达60亿元，其中国内电商交易额达45亿元、跨境电商交易额达15亿元。顺应后疫情时代生产生活方式变化，大力支持线上教育、远程医疗、在线体验等新业态新模式数字服务企业发展，推动先进制造业和现代服务业深度融合。依托现有的电子元器件、纺织、电缆等企业基础，探索培育半导体、纤维新材料、新能源汽车、生命健康等战略性新兴产业。

全力推进平台“二次创业”。提升工业园区发展能级，完善园区生产生活服务和道路网等基础设施配套，加快推进城西工业园区“腾笼换鸟”“退二优二”“退二进三”，引导和支持园区企业通过兼并重组、“零地技改”、改造提升闲置厂房等方式提高亩产效率。集中力量打造木玩童话特色小镇，放大木玩产业创新服务综合体的支撑引领作用。积极谋划新工业平台，全力推进丽龙高速以南区块产城融合项目建设，努力打造云和县生态工业新区、高铁经济功能区及产城融合示范区，推进杨柳河、沙溪区块数字园区建设，加快建设电商产业园，培育县域经济集聚集约发展新增长极。高标准建设小微企业园，突出小微企业孵化基地作用，力争到2025年底，省级小微企业园认定8家，培育四星级以上小微园区1家。

四、聚力现代化基础设施体系建设，强化山区跨越式发展支撑

聚焦综合交通、水利、能源、市政设施和数字信息等领域，统筹存量与增量、传统与新型，进一步夯实基础，加快补齐短板，努力构建结构优化、集约高效、经济适用、智能绿色、安全可靠的现代化基础设施体系。

（一）打造互联互通的内外交通网络体系

构建畅联高效的对外综合交通网。健全对外轨道交通网络，谋划推进温武吉铁路、丽云铁路以及丽云观光轨道交通、东西向快速路（高架）等项目，全面融入全省一小时交通圈和长三角两小时交通圈。紧抓浙江交通强省建设和丽水立体交通网建设契机，全力推进235国道云和段改建工程、322国道云和后山至麻垟段改建工程和长深高速赤石互通改建等重大项目，进一步畅通与市区以及松阳、景宁、龙泉等地的联接通道。以水上航空为特色，积极谋划和推进通用机场建设，努力打造丽水市水上航空综合体。

构建便捷舒适的域内绿色交通网。织好织密县域公路网，大力推进局龙线、云龙线、后交线、黄安线等重点工程建设，着力推进赤石—南山湖等通景公路建设，进一步完善旅游集散中心和通往云和梯田景区、仙宫景区、佛儿岩景区等主要景点的旅游交通设施。加强水上交通建设，完成石塘交通中心码头、石浦东西码头等水路交通节点建设，提升优化云和湖水上旅游观光巴士线路。积极推进串联“山水

林田湖、城镇乡村景”的县域慢行交通网络建设，重点打造中国最美马拉松绿道、山城湖轴线绿道、云和梯田星空跑绿道，实现全域生态绿道互联互通。

构建通达普惠的现代农村交通网。以“修一条路，建一片景，富一方百姓”的理念，加大“四好农村路”建设力度，进一步发挥农村公路在统筹城乡、服务“三农”、保障民生等方面的基础性、先导性作用。打通农村断头路，进一步提升通村比例，全面提升通行条件，提高特色精品村、民俗文化村、景区村等重要经济节点对外通达水平。巩固农村客运“村村通”成果，创新农村客运运营模式，提升农村运输服务运营水平。健全农村物流基础设施和配送服务网络体系，助力消费品“进得去”、农产品“出得来”。

（二）完善水利能源等基础设施建设

打造安全美丽水利体系。加大浮云溪、安溪等重要河段堤防和山塘水库除险加固力度，完善以江河干流堤岸、防汛通道为主架构、以山塘水库为节点的全域防洪保安网，建成完善全域防洪保安网。积极参与浙西南大中型水库群建设，谋划紧水滩至滩坑水库北洪南调工程，加快灌区改造、渠系配套和节水设施建设，持续提升水资源综合利用率。抓好农村饮用水达标提标工作，加强雾溪水库等饮用水水源地保护，在保障县城供水能力的情况下将周边有条件的村庄最大限度并入县城管网。迭代升级幸福河湖建设，依托紧水滩引调水工程，优化水生态，持续改善河湖面貌，打造城市“心肺工程”，构建以水养城、以水美城、以水润城、以水活城的水乡风貌。

推进智能电网建设。统筹高容量高能级电力设施建设，继续推进工业园区以及城乡各级电网改造升级工程，加快构建完善以220千伏为依托、110千伏为中心、35千伏为骨干、10千伏为主体的智能电网架构。加快开展沙溪区块220千伏云中变和杨柳河区块110千伏长田变前期工作，推进大坪区块大坪变选址工作，建设云和坚强生态电网。深化供抢中心服务平台建设，健全电网防台风、高温、雨雪等极端天气工作体系，大力推广主动抢修，保障企业和居民用电安全可靠供应。加强全能型供电所建设，提升一线服务能力，大力推广办电、交费、容量变更等多样化、个性化业务在线办理，持续提升供电服务水平。

构建绿色能源网络。深入推进省清洁能源示范县建设，积极谋划各类绿色清洁能源项目，有序推进光伏发电、风电、城市天然气、小水电提升改造等项目。积极谋划抽水蓄能电站，优化能源使用结构，提高新能源和可再生能源利用比例。大力推进综合供能服务站建设，鼓励居民购买、乘坐新能源汽车，加大机关事业单位、公交集团等特定客户的电动汽车专用充电设施建设力度，积极布局新能源汽车充电桩等绿色能源基础设施。

（三）推进智慧创新的新型基础设施建设

加快建设新一代信息通信网络。加大通信基础设施整合力度，促进各类管线集约化建设，全面推进三网融合，构建安全、可靠、高效、通畅的通信网络。加快建设城市高水平全光网络，推动城市家庭百兆宽带普及，推进千兆城市建设。加快5G信息网络布局和建设步伐，实现中心城区、交通枢纽、主要景点全覆盖，并向有条件的乡镇和村庄逐步延伸。继续实施全域旅游基础信息保障工程，对全县涉旅场所和重点旅游景区、村落实现无线Wi-Fi全覆盖。

推进数据服务基础设施建设。深入推进“企业上云”行动，推动工业互联网、物联网、区块链、云数据中心、智能计算中心等数据服务基础设施建设，加快紧水滩水冷式绿色数据中心建设。全面推动交通、能源、水利、市政、文教卫体等传统基础设施数字化改造和迭代升级，提升重点领域基础设施智能化水平。

推进智慧城市建设。加快云和“城市大脑”建设，完善城市大数据和智能化处理平台，提升基础设施智能互联度、城市大数据共享利用度、服务高效便捷度及数字经济创新融合度，实现“一个大脑管城市管治理”。聚焦政务服务、城市管理、生态环境、交通物流、清洁能源、幸福民生等方向，推动新一代信息技术在多场景的智慧化融合应用，为企业和居民提供便利高效的公共服务。

五、坚持生态文明建设先行，促进人与自然和谐共生

秉持尊重自然、顺应自然、保护自然理念，加大生态保护和修复力度，进一步提高生态环境质量，加快生态产品价值转化，建设全域美丽家园。

（一）严格落实生态环境分区管控

严守生态保护红线。加强生态保护红线区域内重点饮用水水源地保护，重点加强玉溪水库、雾溪水库等县级以上饮用水水源地的生态保护，加强水质监测，确保水质状况持续优良。加强云和梯田国家湿地公园、云和湖省级森林公园、白龙山省级森林公园等生态保护红线区域的生态物种保护，提升生态系统服务功能，保障区域生态安全。严格落实生态环境准入清单，落实水污染物总量控制制度，推进资源能源总量和强度“双控”。

有序推进环境管控单元分类管理。按照优先保护、重点管控、一般管控的优先顺序，结合城镇开发边界和环境功能区划成果，以生态、大气、水等环境要素边界为主，加快建立功能明确、边界清晰的环境管控单元，统一环境管控单元编码，实施分类管理。严格落实环境管控单元分类准入清单，针对优先保护单元、重点管控单元、一般管控单元实施相应的清单标准。

专栏7：云和县环境管控单元分类情况和准入清单标准

1. 优先保护区：9个单元，面积为707.60平方公里，占全县总面积的71.51%，主要为森林公园、湿地公园、饮用水水源保护区、国家级生态公益林等重要保护地，以及生态功能较重要的地区。涉及的生态保护红线，严格按照国家和省生态保护红线管理相关规定进行管控。生态保护红线原则上按照禁止开发区域进行管理，禁止工业化和城镇化，确保生态保护红线内“生态功能不降低，面积不减少，性质不改变”。涉及的各类保护地，严格按照相应法律法规和相关规定进行管控。其他优先保护区域按照空间布局引导、污染物排放管控、环境风险防控等要求执行。

2. 重点管控区：3个单元，面积为34.86平方公里，占全县总面积的3.52%，主要为工业发展集中区域和城镇建设集中区域，其中产业集聚重点管控单元1个，城镇生活重点管控单元2个。城镇生活类和产业集聚区按照空间布局引导、污染物排放管控、环境风险防控、资源开发效率要求等执行，其中产业集聚类重点管控单元按照差异化开发导向及管控要求，严格控制三类工业项目的发展，原则上不得新建或扩建三类工业项目（列入市级及以上重大项目除外），现有生产能力在符合开发区（工业园区）的产业发展规划定位的前提下进行提升改造，不得新增用地和污染物总量，且须符合园区产业发展规划、用地控制性规划及园区规划环评。

3. 一般管控区：1个单元，面积为247.06平方公里，占全县总面积的24.97%。按照空间布局引导、污染物排放管控、环境风险防控、资源开发效率要求等执行。

加快构建全过程环境管理框架。强化“三线一单”成果在生态、水、大气、土壤等要素环境管理中的应用，探索构建以“三线一单”为环境空间管控基础，以规划环评和项目环评为环境准入关口，以执法督察为环境监管兜底的全过程环境管理框架。依托互联网、大数据和现代观测技术，借助遥感和无人机等技术力量，构建基于生态环境空间管控分区的天地一体化生态环境监测监管评估体系，开展统一建设、统一监管、统一分析评估的生态环境质量监测工作。

（二）持续提升生态环境质量

全面推进生态修复。依托良好的森林资源、大型公共绿地和湖泊湿地，以道路、水系为廊道，加快构建山水林田湖草生态安全格局，大力推进瓯江流域山水林田湖草修复工程。加强美丽河湖建设，进一

步提升浮云溪流域、安溪流域、云和湖等河湖水质，推进环湖生态缓冲带划分和生态修复，实施湖滨带地貌基底修复和景观恢复。加大森林生态修复力度，统筹推进生态公益林、珍贵彩色森林、饮用水水源涵养林建设，提升森林资源总量和质量。

持续打好升级版污染防治攻坚战。持续推进大气污染防治，加强扬尘治理，落实细颗粒物（PM2.5）和臭氧（O_3）“双控双减”措施，推进挥发性有机物和氮氧化物协同防控，加强无组织排放防控，鼓励引导木玩行业油性漆改水性漆，加大机动车和非道路移动机械尾气排放、建筑工地扬尘监管力度。深化“五水共治”，完成全域“污水零直排区”建设。加强土壤环境全过程风险防控，落实开发利用监管举措。推行垃圾分类和减量化、资源化，更加严格规范工业固废特别是危废管理，创成省级“无废城市”。

持续深化试点示范建设。深化国家环境与健康风险管理试点成果，探索挥发性有机物（VOCs）等重点污染因子健康风险管控，加强环境健康风险评估，建立健全生态环境与健康管理信息化平台，持续发布并加大环境空气质量健康指数（AQHI）应用场景开发，加强康养指数、水雾指数等应用推广工作。加强生态文明建设，努力创成国家生态文明建设示范县、“两山”实践创新基地。

（三）推进生态产品价值转化

建立市场化的生态产品价值实现机制。探索开展生态资源调查、价值评估、股份制改造，推动生态资源转化为生态资产。探索生态资产和生态产品市场定价、交易机制，推动政府、生态保护者、价值受益者共建以生态系统服务价值交换为核心的市场交易机制和体系。鼓励渠道和平台建设，有效链接生态产品生产者和消费者，推动以生态系统服务价值交换为核心的市场交易机制和体系。

探索多元化的生态产品价值实现路径。推进“两山银行”实体化运营，积极借鉴湿地银行、水基金等生态环境服务付费国际经验，探索调节服务碳汇核算体系，推动调节服务的生态价值实现从政府购买的生态补偿单一形式向市场化、多元化生态补偿发展。迭代升级“两山贷”“两山存”等绿色金融产品。鼓励发展生态产业，大力发展健康食品、养老养生、生态旅游、休闲度假等产业，吸引环保企业参与其中，推动生态产品价值增值和价值实现的有效衔接。

完善生态产品价值实现标准体系。总结生态产品价值实现机制试点经验，积极推广“生态信用+”的雾溪转化模式和“四位一体”的崇头发展模式。建立GEP（生态系统生产总值）核算定期评价、校验和发布机制，强化GEP（生态系统生产总值）核算结果应用机制，探索生态产品价值和多领域补偿挂钩机制，将GEP（生态系统生产总值）纳入领导干部自然资源资产离任审计制度内容。

（四）全面推行绿色低碳生产生活方式

推动企业生产方式生态化转型。积极推进清洁生产，落实能源“双控”政策，促进企业节能、降耗、减污、增效，依法淘汰技术落后、资源浪费、污染严重的生产工艺、设备和企业，逐步解决“结构性污染”问题。全面开展能效创新引领，建立重点行业和项目能效准入标准。完善“区域能评+产业能效技术标准”机制，严格执行高耗能行业产能和能耗等量减量替代制度，严格控制涉煤项目和新上高耗能项目，提高能源资源市场化配置水平，推动单位增加值能耗持续下降。积极探索“碳达峰”“碳中和”实施路径，强化应对气候变化与经济结构优化、环境污染治理等协同共管，发挥减污降碳协同效应。

开展绿色生活创建活动。鼓励绿色出行，提倡购买新能源汽车，引导居民更多乘坐公共交通出行、旅游。鼓励绿色消费，普及节能节水器具，减少公共场所一次性用品的供给，加强生活垃圾分类、收集、运输、处理，提高资源的回收再利用率。建设绿色政府，大力推行政府绿色采购，积极引导全社会企事业单位节约资源和能源，开展绿色办公。积极开展绿色家庭、绿色学校、绿色社区、绿色商场、绿色建筑等领域的创建活动。

加强生态文化宣传教育。积极开展生态环境保护教育活动，激励公众保护生态的积极性和自觉性，在全社会形成提倡节约、爱护生态环境的社会价值观念、生活方式和消费行为。建设特色生态文化载体，以湿地公园、森林公园等生态文化景点和“浙江生态日”“丽水生态文明日”等生态文化节庆为宣传载体，多种形式展现宣传低碳文化。支持民间环保公益行为，鼓励引导全民参与环保公益事业。

六、推动更深层次改革和更高水平开放，全面融入新发展格局

坚持以改革创新为根本动力，充分发挥市场在资源配置中的决定性作用，加快转变政府职能，加强与长三角、丽水市区以及景宁等地的全面对接与融合，以更高水平的改革开放加快融入新发展格局。

（一）加快推进重点领域经济体制改革

深入推进国资国企改革。实施国企改革三年行动，探索国有企业混合所有制改革，引导国有企业发挥县域经济发展主力军作用，积极参与城市更新、乡村振兴、基础网络建设、公共服务提升等领域，探索参与“一带一路”建设、长三角一体化发展等，不断增强国有经济竞争力、创新力、控制力、影响力和抗风险能力。积极引导国有企业对接资本市场，进一步提高国有资产证券化质量，推动国企 2A 信用评级和发行债券直接融资。完善国有资产管理体制，整合未改制国有企业资源，提升国有资产保值增值能力。推动国资监管运营体制创新，优化市场化经营机制和收入分配机制。

不断健全投融资机制。平衡好防风险与稳增长关系，在有效防范地方政府债务风险前提下，统筹安排财政资金投入、地方政府债券发行，加大对城市补短板项目的支持力度。更好地发挥政府产业基金导向作用，以政府投资资金有序引导和带动社会投资。鼓励商业性金融机构适度扩大信贷投放，引导保险资金发挥长期投资优势，支持符合条件的企业发行债券进行项目融资。推进重大项目所有权与经营权分离，鼓励引导社会组织和企业采用 PPP 等形式参与重大项目投资建设、提升改造、运营管理，促进项目提供主体和方式多元化。

着力构建高标准市场体系。着力破除阻碍要素自由游动的体制机制障碍，健全要素市场交易规则和服务体系，引导要素资源向优势产业、优势项目集中。深入推进“标准地+承诺制”改革，科学设置不同地类的规划出让条件，工业用地突出亩产税收、就业，商服用地突出亩均效益，确保每块地带着“最优标准”入市，实现土地资源效益最大化。加快公共资源交易平台建设，放开竞争性环节价格，提高土地、劳动力、能源、技术、数据等要素价格市场化程度，推动各类资源要素自由交易和市场化配置。

（二）努力营造一流营商环境

全面深化政府数字化转型。以政务服务 2.0 为抓手，以浙江政务服务网和“浙里办”App 为载体，加快推进政务服务一网通办、全域通办、就近可办，打造“整体智治”现代政府。充分利用智慧化手段和现代信息服务，向开放共享、协同合作的智慧行政方式转变。发挥大数据管理中心统筹协调作用，依托丽水市公共数据中心，打破信息孤岛，实现数据共享和业务协同。加大政府部门专业化数字人才队伍培养，建设完善基层数字化公共服务平台。

进一步优化政务服务。深入推进“最多跑一次改革”，迭代升级“一件事”集成改革，构建企业和个人全生命周期服务体系。以优化营商环境“10+N”便利化行动 2.0 版为突破口，深化商事制度改革，提供企业落地、开工、投产“一站式”服务。进一步推进流程清晰、要素固定、权责明确的标准化审批，全面实施“区域能评+区块能耗标准”“区域环评+环境标准”，探索以承诺制为核心的极简审批。推动企业降本减负，实质性降低企业税费，减轻企业用地、用电、用能、用人、

物流等刚性成本。建立银企充分对接的金融服务信用信息平台，努力解决企业融资难题，打通企业融资“最后一公里”。推进亲清政商关系规范化制度化，大力弘扬新时代浙商精神、企业家精神，搭建政企沟通协商平台，充分发挥民营企业亲清会客厅和“政企双向挂职”作用，促进非公有制经济健康发展和非公有制经济人士健康成长，加快推动民营经济实现新飞跃。

着力提升依法行政水平。优化政府组织结构，积极转变政府职能，完善权力清单、程序清单、责任清单，推进机构、职能、权限、程序、责任法定化，坚决消除权力设租寻租空间，持续提升政府效能。推进阳光政府建设，创新政务公开方式，积极推进决策公开、执行公开、管理公开、服务公开、结果公开。推进“大综合、一体化”行政执法体制改革，全面推行“综合查一次”和“一支队伍管执法”，加快构建全覆盖的整体政府监管体系和全闭环的行政执行体系。全面落实行政执法责任制和重大执法决定法制审核制度，探索建立公众参与执法监督体制，推进行政执法规范化和标准化。

推进社会信用体系建设。完善政府与社会相结合的信用监督管理体系，加快搭建覆盖企业、自然人、社会组织、事业单位、政府机构等主体的信用信息数据库，实现信用信息归集共享。建立完善信用信息披露制度，依法依规开展守信联合激励和失信联合惩戒。鼓励信用产品的开发和创新，围绕生态信用、小微企业信用等重点领域开展信用建设示范。加强信用服务市场培育和管理，支持和鼓励信用评级机构在云和依法开展市场业务，满足多层次、专业化的信用服务需求。

（三）增强有效需求牵引

积极扩大有效投资。充分发挥有效投资对推进高质量发展、构建新发展格局的关键作用，加强可行性研究、规划设计、征地拆迁、用地报批等基础性工作，紧扣投资方向和重点，聚焦提升城市功能品质、加强生态环境保护、促进产业转型升级、保障和改善民生等领域，加快推进一批强基础、惠民生、利长远的重大项目。按照“项目跟着规划走、要素跟着项目走”的原则，建立健全重大项目与资金、土地、能源、技术和人才等要素供给的联动保障机制，推动更多项目落地实施。

全面促进消费。深挖内需潜力，持续提升传统消费，做大做强批发、零售、住宿、餐饮等行业，不断扩大消费总量。大力培育发展夜间经济、节庆经济、银发经济、体验经济等各类新型消费。培育壮大特色优势产业，提升木玩产品和生态旅游服务质量，实现优质精品“走出去”和高端消费人群“引进来”。提升电网、交通、通信等基础设施覆盖面，带动家电、汽车、信息等消费。提升改造专业市场，发展冷链物流、城乡物流、快递物流等现代物流模式，促进线上线下消费融合发展。推进放心消费城市和放心消费商圈建设，强化消费者权益保护。

积极开展“双招双引”。立足云和生态优势和产业基础，创新招商模式，完善招商考核体系和服务机制，加大对资本、技术、人才引进力度，推进一批优质企业落户、优质项目落地。坚持“一把手”招商，突出强链补链招商，围绕生态旅游、木玩产业、现代制造、生态农业、文化创意，大力开展以商引商、产业链招商，招引一批关键环节的创新型企业和重点项目，不断提升云和在产业链中战略地位。聚焦商贸商业、文旅综合体、专业市场以及教育产业、养老产业等民生消费领域，开展针对性的谋划和招商，加快补齐城市功能短板。加快研究出台总部经济政策，以公开普惠政策激发全民招商活力。

（四）主动融入长三角一体化发展大格局

推动生态价值领域共创共享。立足生态环境和特色农产品资源优势，推动生态优势转化为经济社会发展的持久优势，吸引长三角地区的优质资本、专业人才参与云和生态旅游、生态农业等领域重大项目建设。顺应全域旅游蓬勃发展的大势，积极谋划一批生态旅游、休闲旅游、健康养生重大项目，以“全景、全业、全民、全季”模式建设长三角家庭休闲旅游目的地。

加强产业创新领域合作对接。结合长三角一体化和全省“四大”建设，深度参与跨区域产业合作、价值链分工，加快建立以政府为主导，企业为主力、项目为主体的市场化协作机制。探索“飞地”互飞模式，将长三角先进地区的资金、技术、人才优势和云和的生态、资源、成本优势结合起来，加快谋划建设一批“飞地”项目，实现互惠互利、长期合作、共赢发展。

努力打造山海协作升级版。扎实推进与宁波北仑和上海普陀等地的交流合作，以休闲旅游、养生养老等生态旅游业和文化产业为重点，加快实施一批带动力强、市场前景好的产业协作项目，争取成为宁波北仑、上海普陀等地优质生态农产品供应地。实质化推进云和工业园区与上海真如铁三角科技园的合作交流，支持和引导本地企业赴结对地区开展产能对接、产用结合和产业链上下游整合。推进位于北仑、嘉兴港区的“消薄飞地”产业园建设，加快谋划建设一批新的特色明、效益好的“飞地”。启动创建“生态补偿特别合作区”，与大湾区新区、省级高能级平台共建山海协作“产业飞地”。持续推进与北仑区、嘉兴港区、吴兴区合作的乡村振兴示范点建设，以点带面推进特色风景线建设。探索在结对地区建立“科创飞地”，打造云和人才、科技领域的对外窗口。

（五）加强云和与丽水市区相融

主动接轨市域发展总体战略。积极融入市域“一带三区”空间布局，加强土地、税收、金融、人才、产业、商贸等领域与丽水市区的接轨。紧抓丽水创建“国家全域旅游示范区”机遇，放大云和生态旅游优势，全面融入全省“大花园”核心区建设。积极对接丽水市“瓯江中上游休闲养生新区”发展思路，加快环云和湖区域开发。

深入对接特色产业和优质生产要素。依托云和木玩、阀门、轴承等制造业基础优势，大力开展两地企业间的生产、技术、经营、资本合作，推动行业联动发展。积极挂靠丽水市区批发市场、配送中心、大型超市、农贸市场，进一步扩大云和农副产品在丽水市区的市场份额。充分倚借丽水市区科技人才优势，加强与丽水市区科研机构的合作力度，吸引丽水市区高校、科研单位人才来云服务，不断拓宽合作发展的空间和领域。

探索融入市本级公共服务体系。努力将云和打造成丽水服务业集聚区和社会事业功能区，强化智慧医疗合作，推动健康档案、诊疗信息互通共享互认，统一规划、合理配置卫生资源，形成整体发展优势。推动社会保险关系无障碍转移，逐步扩大基本医疗保险定点医疗机构范围，探索建立社会保险参保信息共享机制。加强就业政策对接，探索建设统一的就业服务信息化管理平台，推动就业服务同城化。协同促进产教融合发展，探索打造中高职联动、产学研一体的产教融合服务平台，借力培养职业技能型人才。

（六）大力推动云景一体化发展

推动重大政策制定共治共享。强化顶层设计，围绕“多规合一”改革目标，在丽水市级规划指导下，加强两县发展规划、空间规划、专项规划的协同协调。重点探索区域国土空间协同发展机制，共同推进云景聚落发展区块建设，统筹谋划推进两县生态环境、产业发展、基础设施、公共服务等领域的合作与建设。

推动重大产业发展共促共荣。高标准谋划云景聚落发展区块生态产业园，深入探索合作园区产业协作机制。高品质打造“中国畲族风情旅游合作联盟”，推动“童话云和”“诗画畲乡”向纵深协作发展，共同打造长三角特色旅游目的地。高起点谋划“山地优质农产品供给地示范区”建设，整合两地优质农特产品，发挥农村电子商务作用，推进线上线下市场联动发展，加快促进云、景两地农民增收致富。加强创业创新合作，加强人力资源流通，引导不同创新主体之间充分合作和创新要素有序聚集。

推动重大基础设施建设共建共用。加强交通基础设施建设，合力推进温武吉铁路等对外交通项目，争取尽早开工建设。加强内部联通，探索制定云景高速公路差异化收费政策，常态化运营云和至景宁城际公交，加快谋划云和至景宁第二条快速通道，加强县城—安溪—景宁的道路连接，进一步提升县域间人员、资源流动便捷程度。加强公共基础设施建设，统筹布局公共服务基础设施、城市基础设施和5G网络、工业互联网等新型基础设施，提升云景一体化发展水平。

探索优质公共服务合作新路径。统筹考虑两县对优质教育、医疗、文化等方面需求，研究出台公共服务共享机制，合作提升公共服务水平。探索共同举办各类重大节庆活动、民俗活动以及体育赛事，重点推进两县畲族文化、云景“红色高地”革命文化的挖掘、研究、展示和利用，推进两县文化相融。推动社会治理合作，深化两县基层党组织建设、矛盾纠纷化解、便民利民服务等方面合作，加强商(协)会建设工作。

七、实施新时代文化云和工程，谱写文化繁荣新篇章

坚持社会主义核心价值观，传承弘扬浙西南革命精神和云和优秀传统文化，加快“和”文化内涵开发，在延续历史文脉中当好“薪火传人”，全面彰显文化魅力。

(一)全面提升社会文明程度

深入践行社会主义核心价值观。实施“固本培元铸忠诚”工程，打造一批有影响力的理论发声平台，建设学习传播实践基地，推动学习贯彻习近平新时代中国特色社会主义思想走深走实。深入弘扬践行红船精神、浙江精神、浙西南革命精神，深入挖掘黄家地、严山、坪垟岗、下垟等畲族红色文化，打造浙西南畲族红色高地。挖掘利用革命历史文化资源，以烽火小顺和红色梅湾两大爱国主义教育基地为重点，深化党史、国史学习教育等系列活动，将浙西南革命精神转化为推动云和高质量绿色发展的思想动力。大力弘扬云和精神，深化“云和封面”品牌建设，擦亮“最美云和人”名片，在全社会树立德者有得、好人好报的价值导向。推进经常性文明创建，深入开展文明单位、文明村镇、文明校园、文明家庭等群众性文明创建活动。

积极宣传和弘扬“和”文化。全面推动“和”文化进农村、进社区、进机关、进企业、进校园、进家庭，引导社会形成和践行和生、和合、和善、和美的向善价值观。积极探索“和”文化+发展模式，探索以人与自然的和谐共生为重点的“和”文化践行路径，为解决污染物排放、乱砍滥伐、过度使用农药化肥等问题提供新的思路；以“和”服务为重点，以政府服务态度的和气、和蔼、和善赢得老百姓认同；积极引导企业打造“和”文化为核心的企业文化以及相关产品。把“和”文化融入各类具体的社会规范中，制定出体现“和”文化这一地域文化特色的行为规范细则，推动市民形成良好的言行举止和平和、礼让、宽容的社会风尚。

(二)大力弘扬传承优秀传统文化

全力保护和传承非物质文化遗产。实施“文化基因解码工程”，深入挖掘云和民间艺术、手工技艺、民俗活动等非物质文化遗产。加大对畲族歌舞、汀州吹打、包山花鼓戏、沙铺山歌等传统项目的保护力度，加强云和梯田芒种开犁节的文化资源开发，积极打造木制玩具技艺传承基地、包山花鼓戏传承基地、畲族文化传习所等特色文化展示体验基地。加强畲族传统文化研究和传承，抓好特色文化载体建设、品牌打造和新业态培育，全面繁荣民族文化，增强经济竞争力。梳理云和城市书房和传统技艺、特色小吃、山都咸菜、根艺石艺等地域民俗文化，形成“一房四系列”特色产品。加强“非遗”文化传承保护意识，全面收集民间传说、民间俗语等口口相传的民间文化故事元素，汇编成“云和故事”读本。引导非遗传承人开展活态传承和特色经营，将“非遗”项目和传统工艺“入驻”老街，做大做强云和“非遗”品牌。

着力修缮和复现历史文化遗迹。加强历史文化遗迹和名人故居保护利用，推动“辛亥革命先驱”魏兰故居复建。加强银矿文化遗址的保护开发，保护一批古建筑，修整一批古驿道，整理一批古档案，维护畲寨等特色村寨的传统风貌。持续推进历史文化传统村落保护利

用，推进梅湾、包山、桑岭等传统村落建设和崇头官银古道、泗州岭畲汉古道、梅湾红军古道、张家地云龙古道等古道修复工程，加快提升一批重点历史文化村和一般历史文化村。

大力挖掘和弘扬云和“抗战省城”文化。加强方山岭战役等抗战遗址保护利用，梳理“老省城”文化记忆和历史碎片，建成采真里省级历史文化街区。实施“抗战省城”文化“142”工程，修建浙江省抗战纪念馆，围绕公馆系列、老街系列、保育院系列、故居故室系列等主题类别和战役遗址、铁工厂遗址等重大抗日活动发生地，全方位展示云和“抗战省城”文化和以爱国主义为核心的民族精神。积极组织举办“浙江抗战”主题研讨会和纪念活动，推动民族复兴馆、龟山白塔等抗日标志性建筑复建。

专栏 8：云和“抗战省城”文化“142”工程

一个中心：

以县城为中心，修建浙江省抗战纪念馆。

四个系列：

公馆系列：以黄绍竑公馆为中心，展示相关历史事件和场景；

老街系列：以采真里为主轴，完善特色文化街区，弘扬抗战文化，传承云和精神；

保育院系列：以保育院旧址为载体，弘扬革命精神，发扬抗战品质，弥散人间大爱；

故居故室系列：在采真里（包括叶家厅、王家祠堂）进行归整，依据抗战历史，结合人物故事修建名人事迹馆。

两个基本点：

战役遗址（方山岭）：在鸡公奇凹一带选择一处合适位置建一座规模适当的战事陈列馆；

铁工厂遗址（英士大学）：利用小顺小学旧址等空间，结合周恩来在云和活动事迹，打造红色教育研学基地。

（三）健全现代公共文化服务体系

提升公共文化设施水平。统筹城乡公共文化资源布局，改造提升综合文化馆和图书馆，加快建设木玩博物馆、梯田博物馆、“非遗”展示馆、全民健身文化中心等公共文化设施，新建一批 24 小时市民书房、民宿书吧、阅读吧等。探索公共文化设施投资建设新模式，推进重大文化设施项目所有权与经营权分离，鼓励引导社会资本参与公共文化设施投资建设、提升改造、运营管理，促进公共文化服务提供主体和方式多元化。

推进公共文化服务均衡发展。推进公共文化服务精准化供给，促进城乡社区文化服务资源整合共享，健全完善县乡村三级文化设施网络体系。继续推进文化下乡惠民工程，组织开展送戏、送书、送电影下乡等活动，加大城市对乡村的优质文化产品输出，加强区域文化联动。依托“互联网+”等新技术，推动共享课堂、网上书房、数字展厅等建设。

创新公共文化服务运行机制。完善政府购买公共文化服务机制，拓宽购买范围，建立健全公共文化服务标准化建设评价机制，完善公共文化机构绩效考评制度。完善“文化订制”精准服务及精品文化产品创作生产传播机制，鼓励社会力量参与文化公共服务体系建设。持续推进经营性文化事业单位改革，加强文化人才队伍建设，开展多种形式培训活动，提高公共文化服务能力和水平。建立健全文艺激励机制，推动文学艺术事业发展与繁荣。

（四）加快构建云和特色文化产业体系

以“木玩+文化”“旅游+文化”为重点，持续推进木玩、动漫、幼教、旅游等产业的融合发展，大力开发一批文化展示、文化体验、文化创意等文化产品。依托木玩童话小镇、采真里历史文化街区等平台，重点打造和扶持一批文化产业重点项目、文化产业实训基地和示范基地。积极培育一批有规模优势和品牌影响、竞争力强、成长性好的文化企业，推动文创产业高质量绿色发展，不断提升文化产业增加值。积极融入瓯江山水诗路文化产业带，着力构建"一核驱动、两翼齐飞"的文化产业发展空间布局，努力将云和打造成为具有鲜明特色的文化产业发展样板。

八、深化公共服务现代化建设，扎实推进共同富裕

牢固树立以人民为中心的发展思想，坚持生态惠民、绿色富民、发展为民，健全公共服务体系，提升民生保障水平，激活内需消费潜力，建立健全先富带后富、推动共同富裕的工作机制，促进人的全面发展和社会全面进步。

（一）促进城乡居民就业增收

推动高质量就业创业。实施更加积极的就业创业政策，建立公共投资和重大项目建设带动就业评估机制，同等条件下对创造就业多、岗位质量好的项目优先安排。充分挖掘新产业、新业态、新商业模式的创业空间和就业潜力，加强对灵活就业、公益性就业的支持。促进创业带动就业，扩大创业扶持范围，畅通融资渠道，加大专项资金支持力度。鼓励返乡创业，加强返乡创业重点人群、贫困村创业致富带头人、农村电商人才等培育，支持返乡创业平台建设。突出以服务云和木玩、生态旅游、医疗、教育等领域为重点，加大对云和青年就业创业创新激励措施，不断增强对青年技能型人才的吸引和培养。

健全高质量就业创业服务体系。强化就业培训和政策帮扶，围绕云和产业发展需求和乡村振兴战略，利用"云和师傅"培训学校、云和县职技校、农民田间学校等培育基地，创新发展培训项目，全面提升就业人群的职业技能。做好高校毕业生、农村转移劳动力、退役军人等重点群体就业工作，加强城镇"零就业家庭"、农村低收入户就业帮扶，完善就业援助长效机制。推进根治欠薪工作，妥善化解劳资纠纷，维护劳动者合法权益，构建和谐劳资关系。开展"互联网+就业"服务，提升公共就业服务信息化水平。

千方百计促进居民创收。落实激发重点群体活力带动城乡居民增收的政策措施，推动城乡居民收入多元化增长。健全最低工资标准、企业退休人员基本养老金和城乡居民社会养老保险待遇正常调整机制，健全完善企业职工工资正常增长机制，继续推进事业单位实施绩效工资。统筹提高农民的工资性、经营性、财产性、转移性四方面收入，探索集体资产保值增值多种实现方式，探索建立普惠性农民补贴长效机制。推进收入分配制度改革，加大对保障和改善民生的投入，扩大中等收入者比重，努力缩小城乡、区域、行业收入分配差距，逐步形成橄榄型分配格局。

（二）优先发展教育事业

加快补齐教育资源供给短板。优化教育资源配置，推进集团化办学，增加普惠性幼儿园供给，提高公办园比例。结合教育发展和人口增长需求，扩充教育资源，高质量普及学前至高中段15年教育。扩大教育开放合作，支持和规范民办教育发展。

专栏9：教育资源扩充工程

新建、改扩建幼儿园7所，建成大坪小区幼儿园、新城（和润园）幼儿园，谋划大庆寺小区配套幼儿园、中国幼教创意园、白水小区配套幼儿园、小徐小区配套幼儿园，改扩建云和县幼儿户外活动场地建设工程，新增幼儿学位1800个以上。

建成实验小学分校，谋划小学1所，新增学位2500个以上。

建成初中1所，新增学位1200个以上。

不断提升教育教学服务质量。建立健全"普惠、优质、均衡"的学前教育发展机制，推动学前教育普惠优质发展。推进小学"强基"工程、初中"壮腰"工程，确保高质量创成全国义务教育优质均衡发展县。推进普通高中教育多样化特色化发展，建设创新型后备人才早期培养基地，稳步提升高考成绩，实现办学质量达到全市重点高中中等水平。加快职业教育产教融合发展，培养和塑造"工匠精神"，推动政府、产业平台和职业学校合作共建生产性实训基地建设，针对木玩产业、数字化发展等需求定制化培养工匠人才，打造高水平技术技能人才成长基地。打通学科通道和年级通道，打造创新型人才成长基地，积极推动教育教学质量整体性提升。

深化教育领域综合改革。深化教师管理体制机制综合改革，完善教师待遇保障、职称评聘、考核激励机制，激发教师队伍积极性和创造性，加快打造与教育现代化相适应的教师队伍。实施教育教学改进工程和教育质量保障工程，优化教学管理、提升教学效益。加快现代信息技术与学校教育的深度融合，打造教育信息化2.0样板。以教育督导推进教育改革，完善教育评价机制。

(三)提升居民健康保障水平

优化卫生健康服务体系。优化县域医疗资源配置，完成县人民医院病房扩建、县中医医院迁建和城北社区卫生服务中心新建等硬件提升工程建设。健全"流动医院"运行保障机制，引导社会办医规范发展，构建体系完整、分工明确、功能互补、密切协作、运行高效的整合型医疗卫生服务体系，构建"15分钟医疗服务圈"。深化医药卫生体制改革，强化"三医联动""六医统筹"，持续推进县域医共体建设，健全现代医院管理制度、分级诊疗制度和医疗卫生行业综合监管制度。

拓宽卫生健康服务路径。加快发展健康服务，构建完善全生命周期居民健康服务体系，持续推动人口结构优化和素质提升，促进人口长期均衡发展。继续深化"双下沉、两提升"工程，开展跨区域卫生健康服务合作共享，积极引进省内外优质医疗资源。大力推进中医药传承创新发展，实施"中医治未病"行动计划。进一步加强畲医、畲药挖掘与利用，推进其与康养等产业融合发展。积极开展智慧医疗建设，推动网上门诊、远程会诊、信息查询、随访跟踪、满意度测评等功能，优化形成规范、共享、互信的诊疗流程。加快推进婴幼儿照护服务发展，建立健全婴幼儿照护服务、照护管理、照护保障体系。实施卫生人才培养"固本强基"工程，完善卫生健康人才引进、培育政策。

健全公共卫生应急体系。全面实施公共卫生防控救治体系建设三年计划，完善医防融合、平战结合的疾病预防控制体系，加强以重大疫情防控体系、救治体系、应急保障体系为主的公共卫生体系建设，提升公共卫生突发情况发现和处置能力。加强监测预警和应急反应能力建设，完善监测预警系统，健全多渠道监测预警机制。强化院前急救和医院救治收治能力建设，加快建设人民医院公共卫生应急保障楼。建立健全县、乡、村三级公共卫生应急梯队。

扎实推进全民健康。加快建设健康云和，常态化推进国家慢性病综合防控示范区、健康促进县建设，深入开展爱国卫生运动，巩固提升国家卫生县城创建成果，确保国家卫生县城第五轮、第六轮复审顺利通过。规划建设县文体综合体项目，整合游泳馆、体育馆等分散场馆，提升公共文体设施使用效率。实施"四提升四覆盖"全民健身工程，推进体育小康村、社区多功能公共体育场、全民健身活动中心、健身步道等建设，加快构建城镇社区和农村"15分钟健身圈"。提升健身指导服务水平，积极推广健身走、骑行、广场舞、太极拳等运动项目。

(四)大力发展养老服务

加快完善养老服务体系。完善以居家为基础、社区为依托、机构为补充、医养结合的养老服务体系。提升居家社区养老品质，建设分布式、多功能、专业化的社区养老服务设施，支持养老服务社会组织开展日托、全托、专业人员上门等就近就便的居家养老服务。强化养老机构服务能力，推进公办养老机构入住综合评估制度，优先满足困难家庭、失独家庭中失能失智老年人的基本养老服务需求。促进医养有机结合发展，推进县人民医院和县中医医院的老年病专科发展，依托乡镇卫生院（社区卫生服务中心）、养老机构提供医疗、康复、生活照料等一体化的健康养老服务。

加大养老设施建设力度。深化公办养老机构改革，适当扩大公办养老机构服务规模和服务能力，合理布局养老机构、老年病医院、康复疗养等机构，构建规模适宜、功能互补、安全便捷的健康养老服务设施网络。鼓励和引导社区利用闲置用房建设社区微型养老机构，推动新建住宅项目居家养老服务配套设施标准化建设，积极谋划社区老年公寓项目，建设多种形式的农村小型养老机构。

创新养老服务模式。建立公开、平等的准入制度，营造规范、开放的市场环境，引导社会力量参与，着力培育养老产业、发展银发经济，积极谋划推进“四个一批”工程。以云和生态养生文化村、赤石景区为重点，培育发展集医、养、居于一体的养老新业态。鼓励社会力量举办社区居家养老服务机构，运营形式多样的养老服务项目。大力培养养老护理人才、专业技术人才、养老管理人才等人才队伍。

专栏10：养老产业“四个一批”工程

围绕发展养老产业和产业链需求，着力打造养生文化村、赤石景区等一批养老产业基地；积极引进一批有知名度的养老服务机构；谋划实施一批养老产业相关项目；培育引进一批专业化养老服务人才。

（五）健全完善社会保障体系

推动社会保险扩面提质。实施全民参保计划，完善个体从业人员和农民工等群体参保政策。完善养老保险待遇调整机制，按规定做好被征地农民基本生活保障待遇调整工作。推进医疗保障制度改革，完善大病保险制度和补充医疗保险制度，进一步推进医保支付方式改革，合理提高基层门诊统筹保障水平和大病救助标准，加大慢性病医疗保障制度。深入推进工伤预防工作，降低工伤事故发生率，维护职工劳动权益。建立健全失业保险费率与经济社会发展联动机制，研究制定适应新就业形态的参保缴费政策。

多渠道完善住房保障体系。稳步推进老旧小区改造，高质量推进“大搬快聚富民安居”工程，逐步扩大保障性住房覆盖面。探索公共租赁住房、企业集体宿舍等多种保障性住房供应模式，提升公共租赁住房运营水平，提高农村转移人口和外来务工人员住房保障能力。健全人才住房支持政策，根据人才层次，建立租赁型人才住房、产权型人才住房以及货币补贴的多元供应体系。合理推进住房保障货币化改革，实行实物保障与货币补贴并举，增加住房保障对象的选择性。

健全社会救助机制。建立健全精准帮扶、长效帮扶的全流程救助机制，有效减少因病、因学、因灾致贫返贫现象。健全分层分类的新时代救助体系，深化“联连帮”救助平台，持续开展最低生活保障、医疗救助、残疾人救助、教育救助、临时救助等分类救助，构建高质量的民生兜底保障安全网。加快完善社会福利设施，进一步发挥残疾人托养及康复中心保障作用。大力发展妇女儿童和残疾人事业，推进儿童福利事业发展，建立健全农村留守儿童和妇女、老人关爱服务体系，推进县妇女儿童活动中心建设。推动慈善等社会公益事业健康发展，加快形成政府领导、民政牵头、部门配合、社会力量广泛参与的慈善事业促进机制和工作机制。

（六）加强和创新社会治理

不断创新社会治理体系。坚持和发展新时代“枫桥经验”，健全以党建为统领的城乡基层治理体系，构建“党建统领+化解中心+四个平台+全科网格+集成服务”的社会治理新模式。坚持共建共治共享理念，创新街乡共治，建立健全“县乡一体、条抓块统”的高效协同治理模式以及街道与乡镇、城市与农村协同治理机制，提升县域社会治理统筹协调能力。推行乡事城办（乡事城服务），加强进城农民服务与管理，为进城农民提供政务服务、法律援助、心理疏导等全方位便民服务。

加强社会矛盾纠纷调处化解。健全以人民调解为基础的大调解工作体系，探索跨区域、跨行业联调模式，及时有效防范、化解、管控各类矛盾纠纷。建立健全有机衔接、协调联动、高效便捷的矛盾纠纷多元化解机制，线上线下联动、网络实体互补，全面推进矛盾纠纷化解“只进一扇门、最多跑一地”。加强县级社会矛盾纠纷调处化解中心规范化建设，建立健全基层民主协商组织，常态化开展领导干部下访接访工作，畅通反映社情民意的“主渠道”。

加强社会组织引导和管理。更好发挥工青妇等群团组织、社会组织、企业群众主体等在社会治理中的作用，深化“街乡共治”“乡贤参治”，畅通社会组织和各类主体参与社会治理制度化渠道。建立健全社会组织培育管理和动态赋权机制，推进社会组织规范化建设，采取购买服务、以奖代补、公益创投等方式，培育和引导社会组织参与基层社会治理，提升社会组织自我监督管理、承接公共服务的能力和水平。

九、统筹发展与安全，迈向更高水平的平安云和

全面落实总体国家安全观，强化“大平安”理念，坚持底线思维，把安全发展贯穿到经济社会发展各领域和全过程，防范和化解影响现代化进程的各种风险，努力建设更高水平的平安云和。

（一）坚决捍卫政治安全

深化维护政治安全工作机制。把维护国家政治安全特别是政权安全、制度安全放在首位，严密防范和严厉打击敌对势力渗透、破坏、颠覆、分裂活动。加强意识形态领域斗争，落实意识形态工作责任制，深入推进网络社会综合治理，实施网络“瞭望哨”工程，做好宗教领域等重点阵地的稳定工作。提升动态防控水平，加快构建公开与秘密、网上与网下、人力与技术相结合的风险预警机制，全面加强信息监测、情报收集、专案侦察、重点人员核查，及时洞察政治领域、意识形态领域、社会领域等重大风险。

加强国家安全宣传教育。加强国家安全宣教阵地建设，发挥互联网优势，充分利用新媒体平台，广泛宣传总体国家安全观。以全民国家安全教育日等为契机，积极开展国家安全普法活动，涵养全民国家安全意识。深入开展保密法律法规学习，完善保密管理制度，坚决维护国家秘密安全。

推进国防和军队现代化建设。完善国防动员体系，加强现代人民防空建设，持续做好“双拥”工作，落实《退役军人保障法》，全面提升退役军人事务工作水平，让履行国防义务、支援国防建设成为全民共识，营造全社会尊崇军人的氛围。坚持从军地现实需求出发，加强应急处突、抢险安防特种专业培训和退役军人职业技能培训，强化对部队兵力输送、应急机动的过境保障，提升国防科技能力。推进军民融合，以促进军民技术双向交流、双向转换为重点推进科技输出“通融”，鼓励优势制造业军民融合发展。

（二）全面加强经济安全

防范化解区域性金融风险。严控法定限额内政府债务风险和隐性政府债务风险，合理确定政府债务限额，坚决制止违法违规融资担保行为，严禁以PPP、政府投资基金、政府购买服务等名义变相举债。树立过紧日子的思想，通过盘活各类资金资产化解存量隐性债务。加强金融统计数据监测，加强打击金融违法犯罪专门力量建设，组织开展针对非法集资、金融诈骗、传销、假币、地下钱庄、银行卡犯罪等系列专项行动，全力维护经济金融安全。

加强重要农产品的供给保障和战略储备。处理好农产品供给保障的常态与应急、政府与市场、生产者与消费者、当前与长远等关系，实现重要农产品供给保障风险治理的统一协调和机制化。加强和完善农业农村优先发展和保障国家粮食安全的制度政策，不断强化保障国家粮食安全和重要农产品有效供给的物质基础与能力体系。加强和完善重要农产品储备体系建设，把重要农产品和饲料农资纳入应急物资保障体系，完善品种结构，健全物流体系，创新配送机制，建立高效安全可控的农产品应急供给保障体系。

加强城市安全保障。坚持隐患专业排查与群防群治相结合、集中排查与日常监管相结合、全面普查与分类抽查相结合、政府督查与单位自查相结合，坚决维护水利、电力、供水、油气、交通、通信、网络、金融等重要基础设施安全。进一步健全重大基础设施维护资金保障制度，结合排查情况加大资金投入，确保重大基础设施维护所需资金，防止安全隐患酿成事故。

（三）保障人民生命安全

加快构建应急管理体系。健全人防、物防、技防、心防全方位风险防控体系，加快建立形成全天候、系统性、现代化的运行应急管理体系。加强自然灾害风险普查，健全自然灾害监测预警体系，强化风险预警分级管理。推进城乡避灾安置场所规范化建设，加强全县应急救灾储备库建设。健全应急处置和救援体系，加强应急专业队伍建设，组建综合性常备风险救援骨干力量。编制完善突发灾害应急预案及操作手册，广泛开展应急防灾宣传教育，提高公众应急防灾知识普及率。

提升安全生产监管水平。强化安全生产风险防范意识，树立底线思维。健全安全生产责任体系，明确各领域各部门防范化解重大风险的任务清单，增强风险转化能力。严格落实安全生产党委政府领导责任、属地管理责任、部门监管责任、企业主体责任。健全安全生产隐患排查治理机制，深入开展消防、道路交通、危化品等重点行业专项整治，强化安全生产源头管理，提升执法办案一体化、智能化水平。推进安全生产基层基础建设，积极应用信息化、智能化手段，提高生产安全事故防控和安全生产监管执法能力。

强化食药品安全监管。建立和完善“三品一标”认证监管和补贴奖励机制，稳步扩大“三品一标”和良好农业规范认证。积极探索食用农产品合格证管理的有效模式，引导生产经营主体规范开具和使用合格证。开展农兽药残留和非法添加物质、水产品专项整治活动，持续在高风险食品和大宗消费食品生产企业开展体系检查。加强药品零售、使用日常监督检查，加快推进“互联网+药店”建设。建立健全食药品追溯体系，形成来源可查、去向可追、责任可究的信息链条，严厉打击食药品领域违法犯罪行为。

（四）维护社会稳定和安全

全面净化社会治安环境。持续整治黄赌毒，坚决防范和打击暴力恐怖、黑恶势力和新型网络犯罪，切实解决人民群众反映强烈的治安问题。加强巡特警力量建设，健全网格巡控、空地联勤、快速响应机制，全面推广专业化处警、常态化巡防等警务机制。强化“三色”管控，持续保持严打高压态势，震慑各种违法犯罪，不断提升人民群众安全感。

建立社会矛盾综合治理机制。定期开展风险隐患“滚动式”“地毯式”排查，严密防范“民转刑”案件，推动属地落实清单式管理、销号制整改，最大限度减存量、控增量、防质变。树立“全周期管理”意识，探索“人力+现代科技”的风险预警模式，提高对新技术可能带来风险的防范应对能力。健全完善道路交通安全综合治理格局，推进交通安全隐患动态清零，确保交通安全形势持续平稳向好。

加强智慧安防体系建设。深化“云上公安、智慧警务”大数据应用，以全域智能化为方向，持续迭代升级智慧警务综合平台。巩固提升部门数据融合共享机制，进一步做大移动数据池、人脸数据池、社区数据池、企业数据池、基础警务数据池，完善视频监控、网络围栏、电子围栏三道智能防线，提升社会治安立体化、法治化、专业化、智能化防控水平。

十、加强党的全面领导，凝聚建设高水平现代化和“重要窗口”强大合力

实现“十四五”规划和二〇三五年远景目标，必须坚持党的全面领导，充分调动一切积极因素，广泛团结一切可以团结的力量，凝聚起建设高水平社会主义现代化和打造“重要窗口”的强大合力。

（一）加强党的全面领导

以党的政治建设为统领，完善“不忘初心、牢记使命”长效机制，推动全县上下学懂弄通做实习近平新时代中国特色社会主义思想，增强“四个意识”、坚定“四个自信”、做到“两个维护”，确保中央和省委、市委重大决策部署有效落实。认真贯彻执行民主集中制，健全县委议事决策机制。落实全面从严治党责任制和意识形态责任制，提高党的建设质量。全面贯彻新时代党的组织路线，深入实施“组织力提升工程”，把各领域基层党组织建设成为实现党的领导的坚强战斗堡垒。落实好干部标准，坚持以促进形成“两个担当”良性互动机制为总抓手，推进“五强”领导班子建设，健全干部成长选育管用全链条机制，建成综合集成、横向衔接、纵向贯通的选人用人工作闭环体系。发挥党校阵地作用，加强干部特别是年轻干部教育培养，加强高素质专业化干部队伍建设。强化对敢担当善作为干部的激励保护，以正确的用人导向引领干事创业。

（二）推进社会主义政治建设

坚持和完善人民代表大会制度，健全人大对“一府一委两院”的监督制度。坚持和完善中国共产党领导的多党合作和政治协商制度，充分发挥民主党派、工商联和无党派人士作用，支持人民政协深入开展政治协商、民主监督、参政议政工作。完善大统战工作格局，健全同党外知识分子、非公有制经济人士和新的社会阶层人士的沟通联络机制，加快民族、宗教、侨务、台务事业发展。加强工青妇等群团组织建设，充分发挥联系群众的桥梁纽带作用。加强基层民主建设，保障公民依法行使选举权、知情权、参与权和监督权。

（三）加强法治云和建设

推进严格执法、公正司法、全民守法，全面贯彻实施宪法，坚决维护宪法尊严和权威。全面提升执法司法规范化水平，健全公共法律服务体系，深化宪法学习宣传教育。完善党的领导方式和执政方式，构建协同高效的依法行政体制。健全科学决策、民主决策、依法决策机制，创建职能科学、权责法定、执法严明、公开公正、高效廉洁的法治政府建设示范县。加强政务公开力度，提高政府公信力。

（四）深化风清云和建设

充分发挥全面从严治党引领保障作用，坚持和完善党统一指挥、全面覆盖、权威高效的监督体系。突出政治建设，严肃党内政治生活，深化清廉共建，落实“四责协同”机制，持续深化纪检监察体制改革，发挥“四项监督”作用，精准运用“四种形态”，打造干部清正、政府清廉、政治清明、社会清朗的风清云和。持之以恒加强作风建设，驰而不息纠治“四风”，严肃查处不作为、慢作为、乱作为等问题，促进党风政风带动社风民风。始终保持惩治腐败高压态势，坚决查处重点领域和群众身边腐败问题，一体推进不敢腐、不能腐、不想腐。认真落实“三个区分开来”，健全容错纠错、澄清正名等机制，促进“两个担当”良性互动。

（五）健全规划实施机制

按照党的十九届五中全会、省委十四届八次全会、市委四届九次全会和县委十四届十三次全会部署，科学制定“十四五”规划，加快形成以“十四五”规划纲要为总领、以空间规划为基础、以专项规划为支撑，定位准确、边界清晰、功能互补、统一衔接的规划体系。围绕“十四五”规划纲要确定的发展方向和总体要求，科学分解五年规划目标任务，加强对规划实施情况的动态

管理，强化规划实施的年度监测和中期评估，确保规划目标全面如期实现。

实现“十四五”规划和二〇三五年远景目标，意义重大，任务艰巨，使命光荣。全县广大党员干部要紧密团结在以习近平同志为核心的党中央周围，同心同德、锐意进取，创新思维、奋发有为，为打造全国山区新型城镇化样板县域“重要窗口”、高水平全面建设社会主义现代化而努力奋斗！

名 词 解 释

1. 一城一湖一梯田：云和县城、云和湖、云和梯田。

2. 蓝网：河道等构成的水系网。

3. 绿网：城市绿地构成的网绿网络。

4.“四大”建设：分别是大湾区、大花园、大通道、大都市区建设，是浙江省第十四次党代会作出的重大战略部署，是现代化浙江建设的主战场和大平台。

5. 未来社区：以满足人民美好生活向往为根本目的的人民社区，是围绕社区全生活链服务需求，以人本化、生态化、数字化为价值导向，以未来邻里、教育、健康、创业、建筑、交通、能源、物业和治理等九大场景创新为引领的新型城市功能单元。

6. 小微田园综合体“115 工程”：在全县范围内创建 100 个 50 亩以上的小微田园综合体（特色农场农庄），10 个 500 亩以上的农村一二三产融合发展示范园，建成 5 个核心面积 2000 亩以上的田园综合体。

7.“八个万元”富民增收行动：丽水市委办、市府办 2018 年印发实施的《丽水市“八个万元”系列富民增收行动方案》（丽委办发〔2018〕78 号），包括全力打造绿色精品农业、彩色乡村田园、特色山居民宿、银色养生养老、蓝色河湖休闲、古色传统经济、红色文化旅游、碧色山泉净水等“八色经济”，实施“一亩山万元钱”“十箱蜂万元钱”“百斤鱼万元钱”“千斤粮万元钱”“万袋菌万元钱”“新三宝万元钱”“农合联万元钱”“活产权万元钱”等八项增收行动，强化保障提标、“慈孝存折”、万名乡贤、万名干部、百个侨团、万元示范、党建引领、强化考核等八项助农增收措施。

8. 千万工程：“千村示范、万村整治”工程。

9. 三带三园：“十里云河”“最美梯田”“梨花微雨”3 条美丽乡村风景带，安溪、三门、田垟 3 个田园综合体。

10. 两进两回：科技进乡村、资金进乡村，青年回农村、乡贤回农村。

11.“百千万”工程：浙江省提出打造“一百个景区城、一千个景区乡镇、一万个景区村庄”

12. APF：年龄维度（AGE）、活动区角维度（PLAY）、保教功能维度（FUNCTION）。

13. 三品一标：无公害农产品、绿色食品、有机农产品和农产品地理标志统称。

14. 产学研用金、才政介美云：把产业、学术界、科研、成果转化、金融、人才、政策、中介、环境、服务等十方面创新因素。

15. 9710：海关监管代码 9710 简称“跨境电商 B2B 直接出口”，适用于跨境电商 B2B 直接出口的货物。跨境电商 B2B 直接出口模式是指国内企业通过跨境电商平台开展线上商品、企业信息展示并与国外企业建立联系，在线上或线下完成沟通、下单、支付、履约流程，实现货物出口的模式。

16. 9810：海关监管代码 9810 简称“跨境电商出口海外仓”，适用于跨境电商出口海外仓的货物。跨境电商出口海外仓模式是指国内企业通过跨境物流将货物以一般贸易方式批量出口至海外仓，经跨境电商平台完成线上交易后，货物再由海外仓送至境外消费者的一种货物出口模式，即跨境电商 B2B2C 出口。

17. 三线一单：生态保护红线、环境质量底线、资源利用上线和生态环境准入清单，是推进生态环境保护精细化管理、强化国土空间环境管控、推进绿色发展高质量发展的一项重要工作。

18. 两山银行：生态资源资产开发经营的服务平台和生态产品市场化交易平台，它借鉴商业银行“分散式输入、集中式输出”的模式，对分散、零碎的生态资源进行集中收储和管理，推动生态资源变资本、变资产。

19. 两山公司：为丽水生态产品价值实现机制试点建设而创新设立的生态产品市场交易主体，一般在乡镇强村公司基础上组建而成，它是以生态保护修复为主业的市场主体，是代表某一特定区域生态产品的供给主体，有些地方也叫生态强村公司。

20. GEP：生态系统生产总值（Gross Ecosystem Product，简称 GEP）

建立一套与国内生产总值（GDP）相对应的、能够衡量生态良好的统计与核算体系。

21. 碳达峰、碳中和：碳达峰即我国承诺在2030年前，二氧化碳的排放达到峰值；碳中和即努力争取2060年前，采取植树、节能减排等各种方式将排放的二氧化碳全部抵消。

22. 优化营商环境"10+N"便利化行动2.0版：包括全面推进提升"开办企业"便利度、提升"办理建筑许可"便利度、提升"获得电力"便利度、提升"获得用水用气"便利度、提升"不动产登记"便利度、提升"获得信贷"便利度、提升"跨境贸易"便利度、提升"执行合同"便利度、提升"纳税"便利度、提升"办理破产"便利度、提升"企业注销"便利度、提升"知识产权保护"便利度、提升"证照分离"改革便利度等13项改革。

23. 双招双引：指招商引资、招才引智，是一种对外招商引资的策略。

24. 一带三区："一带"，即市域发展核心带，包括东部莲都、青田、缙云3个县（区）和丽水经济技术开发区，突出产业主导、创新驱动，推进一体化和产城融合深度发展。"三区"，即特色发展示范区，分别由龙泉庆元、遂昌松阳、云和景宁等西部6个县（市）组成，利用地域相连、人缘相亲、产业相近、文化相融的优势，突出协同合作、侧重特色，建设龙庆、遂松、云景三个聚落发展区块。

25. 三医联动：医保体制改革、卫生体制改革与药品流通体制改革联动。

26. 六医统筹：医保、医疗、医药、医院、中医、医生统筹。

27. 四责协同：将党委主体责任、纪委监督责任、党委（党组）书记第一责任和班子成员"一岗双责"的横向协同协作与纵向压力传导结合起来，建立健全"四责协同"机制。

28. 四项监督：是党和国家监督体系的重要组成部分，具体是指纪律监督、监察监督、派驻监督、巡视（巡察）监督。

29. 四种形态：党内监督必须把纪律挺在前面，运用监督执纪"四种形态"，经常开展批评和自我批评、约谈函询，让"红红脸、出出汗"成为常态；党纪轻处分、组织调整成为违纪处理的大多数；党纪重处分、重大职务调整的成为少数；严重违纪涉嫌违法立案审查的成为极少数。

30. 三个区分开来：把干部在推进改革中因缺乏经验、先行先试出现的失误和错误，同明知故犯的违纪违法行为区分开来；把上级尚无明确限制的探索性试验中的失误和错误，同上级明令禁止后依然我行我素的违纪违法行为区分开来；把为推动发展的无意过失，同为谋取私利的违纪违法行为区分开来。

2021年云和县国民经济和社会发展统计公报

云和县统计局

2022年3月8日

一、综　合

据公安部门户籍人口及其变动情况统计，年末全县户籍人口为113309人。其中，城镇人口52974人，乡村人口60335人；男性人口58169人，女性人口55140人，男女性别比为105.49（女性为100）；0—17岁、18—34岁、35—59岁、60岁及以上户籍人口分别为19727人、19667人、49430人和24485人。全年全县出生人口为758人，死亡人口为759人，人口自然增长率为-0.01‰，比上年回落0.85个千分点。据2021年全省5‰人口变动抽样调查推算，年末全县常住人口12.92万人，城镇化率为73.44%。

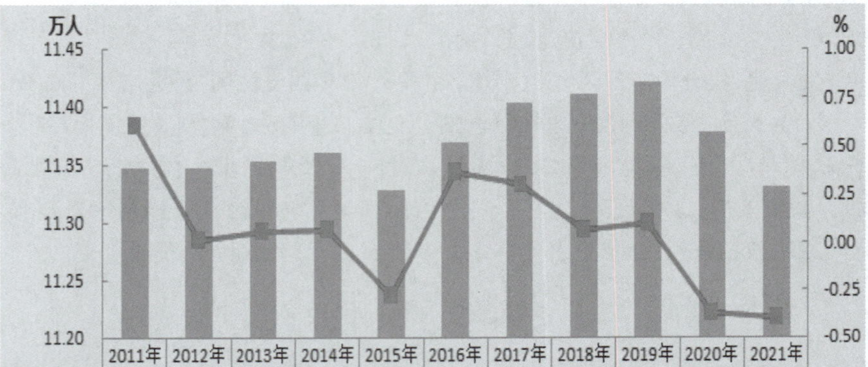

	2011年	2012年	2013年	2014年	2015年	2016年	2017年	2018年	2019年	2020年	2021年
绝对额	11.35	11.35	11.35	11.36	11.33	11.37	11.40	11.41	11.42	11.38	11.33
增速	0.6	0.0	0.1	0.1	-0.3	0.4	0.3	0.1	0.1	-0.4	-0.4

图1　2011—2021年云和县户籍总人口及增速

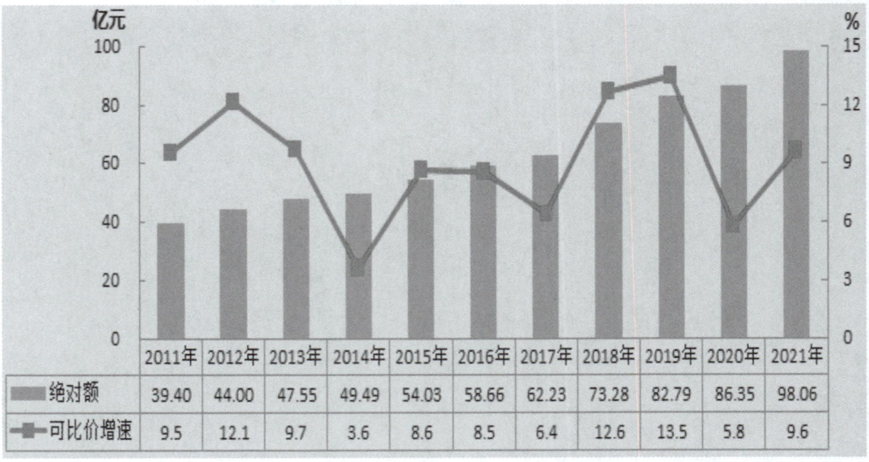

	2011年	2012年	2013年	2014年	2015年	2016年	2017年	2018年	2019年	2020年	2021年
绝对额	39.40	44.00	47.55	49.49	54.03	58.66	62.23	73.28	82.79	86.35	98.06
可比价增速	9.5	12.1	9.7	3.6	8.6	8.5	6.4	12.6	13.5	5.8	9.6

图2　2011—2021年云和县生产总值及可比价增速

初步核算，2021年，全县实现地区生产总值980620万元，按可比价格计算，比上年增长9.6%；与2019年相比，两年平均增长7.7%。其中，第一产业增加值51851万元，增长1.7%；第二产业增加值482780万元，增长9.1%；第三产业增加值445988万元，增长11.2%。三次产业对经济增长的贡献率分别为1.0%、45.7%、53.3%；三次产业增加值结构为5.3:49.2:45.5。按照我国地区生产总值统一核算和数据发布制度规定，地区生产总值核算包括初步核算和最终核实两个步骤。经最终核实，2020年，全县生产总值现价总量为863536万元，按可比价格计算，比上年增长5.8%，三次产业增加值结构为5.8:48.4:45.8。

全年城镇新增就业2035人，帮助339名城镇登记失业人员实现再就业，帮助142名困难人员实现再就业。年末城镇登记失业率为1.62%，比上年末下降0.17个百分点。

全年全县财政总收入141724万元，比上年增长6.5%，其中一般公共预算收入87900万元，增长8.0%。一般公共预算全口径支出345283万元，比上年增长4.7%。

二、农业和农村建设

年末农作物播种面积5495公顷，比上年下降2.1%。其中粮食种植面积3421公顷，比上年下降1.8%；油料种植面积105公顷，比上年增长10.5%；蔬菜种植面积1536公顷，比上年下降0.4%；果园面积1215公顷，比上年下降3.2%；茶园面积2622公顷，比上年下降0.1%。

全年粮食总产量19121吨，比上年增长5.6%。油料产量249吨，比上年增长11.7%。蔬菜产量27757吨，比上年下降2.3%。食用菌总产量5988吨，比上年增长1.8%，其中香菇2983吨，比上年下降11.4%；黑木耳2496吨，比上年增长14.2%。水果总产量8897吨，比上年增长6.3%。茶叶产量1203吨，比上年下降0.2%。

全年生猪饲养量3.19万头，比上年增长8.4%；年末生猪存栏1.36

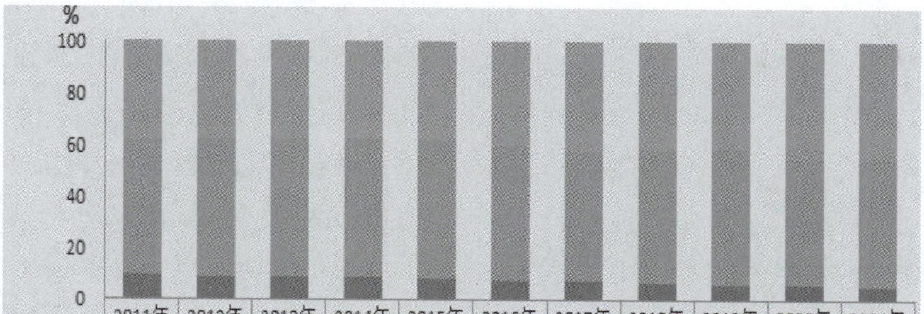

	2011年	2012年	2013年	2014年	2015年	2016年	2017年	2018年	2019年	2020年	2021年
第三产业	38.1	37.6	37.5	38.0	38.3	40.7	43.0	41.7	41.1	45.8	45.5
第二产业	52.6	53.6	54.1	53.5	53.8	51.7	49.6	51.7	53.1	48.4	49.2
第一产业	9.3	8.8	8.4	8.5	7.9	7.6	7.4	6.6	5.9	5.8	5.3

图3 2011—2021年云和县三次产业结构占比情况

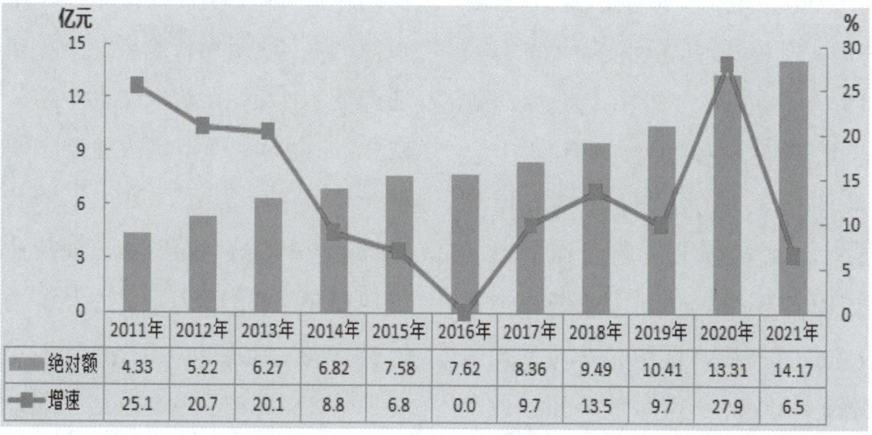

	2011年	2012年	2013年	2014年	2015年	2016年	2017年	2018年	2019年	2020年	2021年
绝对额	4.33	5.22	6.27	6.82	7.58	7.62	8.36	9.49	10.41	13.31	14.17
增速	25.1	20.7	20.1	8.8	6.8	0.0	9.7	13.5	9.7	27.9	6.5

图4 2011—2021年云和县财政总收入及增速

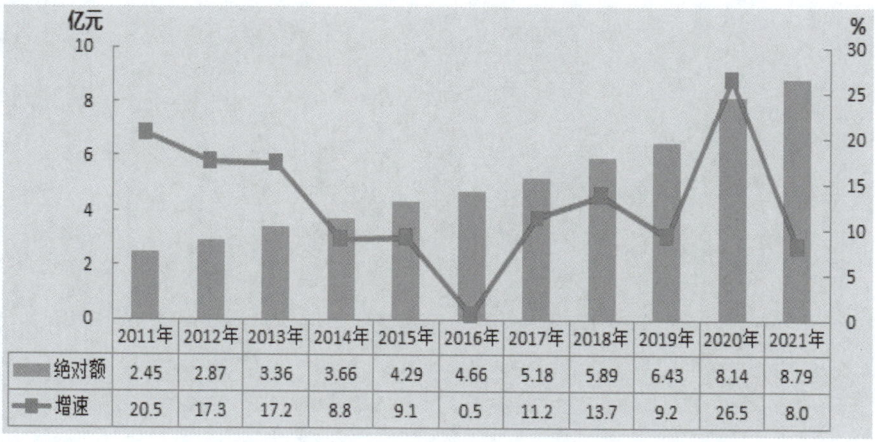

	2011年	2012年	2013年	2014年	2015年	2016年	2017年	2018年	2019年	2020年	2021年
绝对额	2.45	2.87	3.36	3.66	4.29	4.66	5.18	5.89	6.43	8.14	8.79
增速	20.5	17.3	17.2	8.8	9.1	0.5	11.2	13.7	9.2	26.5	8.0

图5 2011—2021年云和县一般公共预算收入及增速

2021 年云和县主要农产品产量及其增长速度

表1

产品名称	2021年(吨)	2020年(吨)	2021年比2020年增长(%)
粮食	19121	18107	5.6
油料	249	223	11.7
茶叶	1203	1205	−0.2
蔬菜	27757	28400	−2.3
水果	8897	8370	6.3
香菇	2983	3366	−11.4
黑木耳	2496	2185	14.2
肉类	2127	1815	17.2
禽蛋	695	735	−5.4
淡水产品	1935	1873	3.4

万头,比上年末增长 1.2%;年末牛存栏 1876 头,比上年末增长 8.6%;年末羊存栏 0.06 万只,比上年末增长 12.6%;年末家禽存栏 15.62 万羽,比上年末下降 22.8%。肉类产量 2127 吨,比上年增长 17.2%。全年淡水产品产量 1936 吨,比上年增长 3.4%。

农村人居环境持续改善,建成 3 个省特色精品村、5 个花园乡村、24 个 A 级景区村,荣获全省深化“千万工程”建设新时代美丽乡村工作优胜县。“最美梯田”风景线获评省美丽乡村风景线,石塘镇创成省美丽城镇样板,崇头镇创成全国乡村治理示范乡镇。启动农业“双强”行动,主要农作物机械化率达 58%,创新推出“农家乐民宿成长贷”“雪梨贷”,成功申报云和雪梨集成创新省级试点。深化农村产权制度改革,创新实行农村集体财务收支预决算管理,在全国首创农村产权抵(质)押融资免担保模式。

三、工业和建筑业

全年全县工业实现增加值 435560 万元,比上年可比增长 11.5%,其中规模以上工业增加值增长 15.2%。在规上工业中,制造业增加值增长 16.0%,电力、热力、燃气及水的生产和供应业增加值增长 5.8%;高新技术产业增加值增长 25.4%,节能环保制造业增加值增长 23.3%,战略性新兴产业增加值增长 28.0%,小微企业增加值增长 22.2%。

全年实现规模以上工业产值(年主营业务收入 2000 万元及以上企业,下同)1922478 万元,同口径比上年增长 38.3%。规模以上工业实现销售产值 1907608 万元,产品销售率为 99.2%;规模以上工业实现出口交货值 176332 万元,增长 21.2%;规模以上工业实现新产品产值 163747 万元,下降 3.2%。

从全县规模以上工业主要行业产值完成情况看,文教、工美、体育和娱乐用品制造业全年实现产值 327710 万元,比上年增长29.7%;黑色金属冶炼及压延加工业全年实现产值 845934 万元,比上年增长 40.4%;通用设备制造业全年实现产值 104289 万元,比上年增长 27.0%;电力生产及供应业全年实现产值 97372 万元,比上年增长 3.9%;金属废料和碎屑加工处理业实现产值 473378 万元,比上年增长 54.9%。以上五大行业全年实现产值 1848683 万元,占全县规模

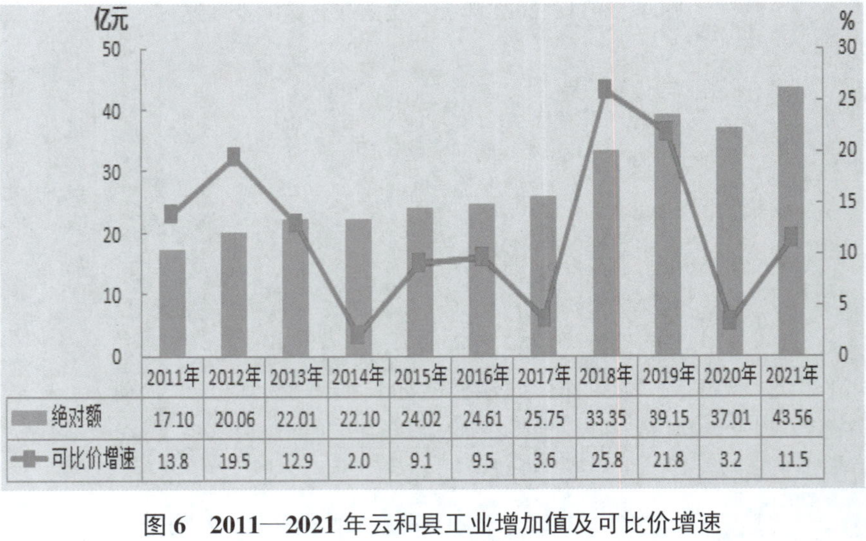

图 6　2011—2021 年云和县工业增加值及可比价增速

以上工业总产值的96.2%，与上年持平。

全年全社会建筑业实现增加值47220万元。全年建筑安装工程投资增长7.5%。全年资质以上建筑业完成总产值142185万元，比上年下降11.7%。

四、固定资产投资

全年全县固定资产投资平稳运行，比上年增长12.0%。其中，民间投资增长27.5%，交通投资下降60.6%，高新技术产业投资下降14.5%，生态环保、城市更新和水利设施项目投资增长32.7%。

分项看，全年5000万元以上项目投资增长24.5%，500—5000万元项目投资下降32.7%；基础设施投资下降9.1%；房地产开发投资增长40.4%。

五、内外贸易及招商引资

全年全县实现社会消费品零售总额458084万元，比上年增长23.7%，其中限额以上社会消费品零售总额68582万元，比上年增长26.6%。分行业看，批发业销售额增长45.3%，零售业销售额增长32.9%，住宿业营业额增长45.3%，餐饮业营业额增长42.8%。

按美元计量，全年实现外贸进出口总额29594万美元，比上年增长56.8%。按人民币计量，全年实现外贸进出口总额其中，出口总额为184966万元，比上年增长45.6%。

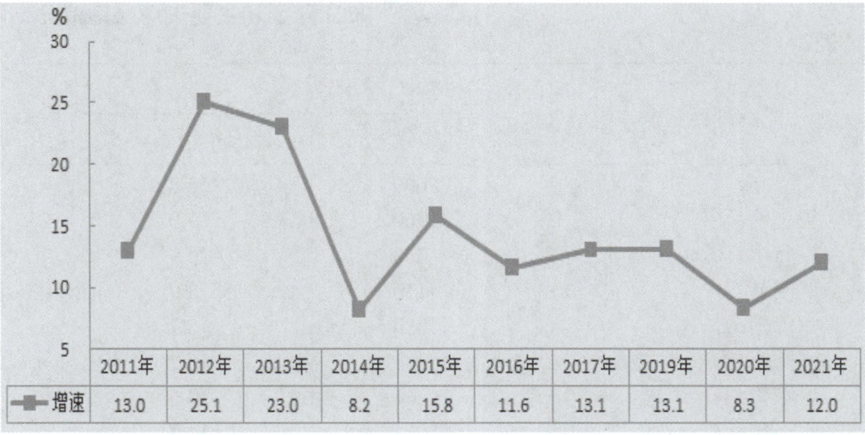

图7　2011—2021年云和县固定资产投资增速

注：因国家固定资产投资统计制度改革，2018年不出数；从2019年开始，固定资产投资增速按改革后新口径计算。

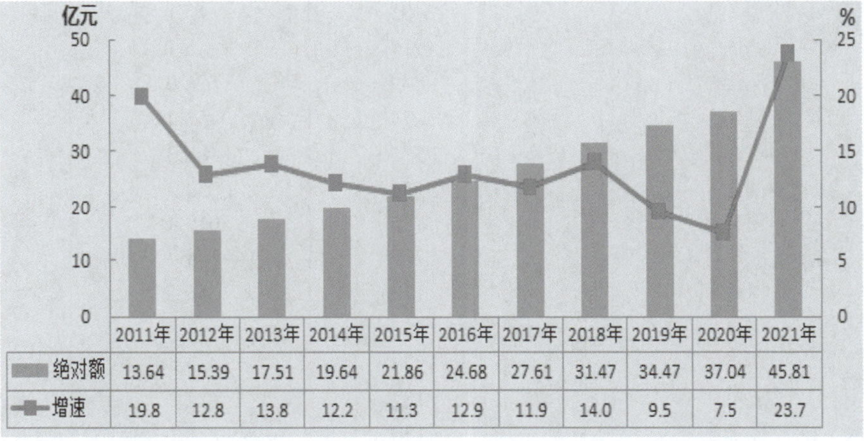

图8　2011—2021年云和县社会消费品零售总额及增速

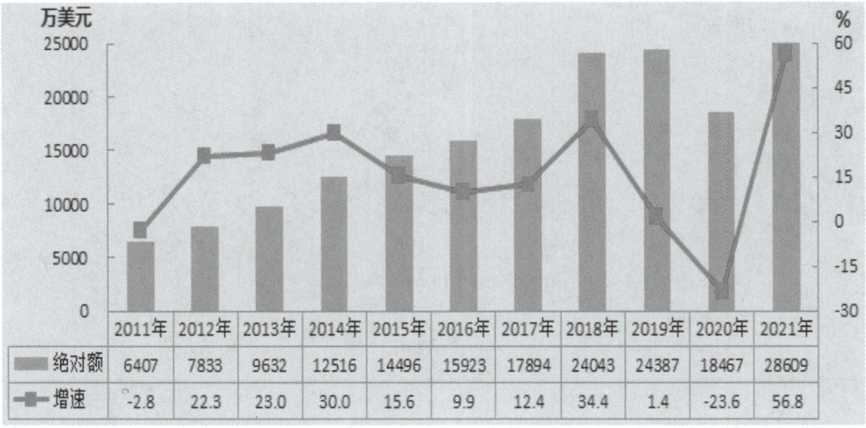

图9　2011—2021年云和县外贸出口及增速

2021 年云和主要市场出口情况

表2

国(地区)别	出口额		出口额	
	按美元计量(万美元)	比上年增长(%)	按人民币计量(万元)	比上年增长(%)
合　计	28609	56.8	184966	45.6
亚洲	1960	9.0	12669	1.4
日本	333	20.9	2155	13.6
阿曼	116	5578.9	752	5394.3
韩国	889	6.7	5746	-1.0
阿联酋	85	-36.2	547	-40.8
东盟	264	30.6	1709	22.2
印度尼西亚	64	44.0	418	34.8
马来西亚	70	126.7	454	112.7
越南	64	-2.1	415	-8.1
印度	115	21.1	736	13.1
非洲	29	-2.3	185	-7.1
欧洲	14754	44.7	95467	34.2
欧盟	12403	45.1	80275	34.5
德国	1911	5.1	12357	-2.9
法国	849	26.0	5486	16.8
爱尔兰	74	53.4	479	43.3
意大利	375	88.3	2418	76.0
荷兰	3556	32.3	23054	22.7
葡萄牙	155	5019.4	999	4643.2
西班牙	2729	104.7	17648	89.7
奥地利	170	55.2	1100	47.1
瑞典	266	48.3	1719	37.7
斯洛文尼亚	1773	73.8	11498	61.6
波兰	187	22.2	1207	14.3
保加利亚	130	8.1	839	0.4
捷克共和国	89	39.3	575	28.4
欧洲其他国家	2351	42.5	15192	32.6
瑞士	82	904.4	535	832.7
俄罗斯	579	8.5	3743	1.4
英国	1638	53.7	10584	42.7
拉丁美洲	212	158.1	1365	140.4
智利	63	78.1	403	67.3
墨西哥	92	277.8	591	247.5
北美洲	11414	90.8	73727	77.2
加拿大	198	25.6	1279	16.5
美国	11216	92.6	72448	78.8
大洋洲	240	55.1	1553	44.6
澳大利亚	230	67.2	1487	56.1

全年实现网络零售额 350338 万元,比上年增长 9.7%。

全年引进大项目 5 个、一般项目 25 个,实际利用市外内资 12.02 亿元、外资 201 万美元。实施新一轮"山海协作"工程,生态旅游文化产业园项目加快推进,云北飞创现代产业园成为全省"产业飞地"建设样板。

六、交通运输、邮电和旅游

全年交通运输、仓储和邮政业

实现增加值 26057 万元。

年末境内公路总里程 918.281 公里，其中高速公路里程 43.9 公里；民用汽车拥有量 23595 辆，比上年末增加 1109 辆。实行云景高速公路差异化收费，开通云和至景宁县际公交。

全年公路和水运等运输方式完成货运周转量 95583 万吨公里，旅客周转量完成 2174 万人公里。

全年全县规模以上快递服务企业业务量完成 2114 万件，比上年下降 6.8%；实现快递业务收入 9295 万元，比上年下降 2.5%。

年末邮政局(所)数 18 个。全年邮电业务总量 16946 万元，比上年增长 18.0%。其中邮政主营业务收入 4147 万元，电信业务收入 12799 万元。年末固定电话用户(含小灵通)11072 户，其中城市电话用户 9905 户，农村电话用户 1027 户。年末住宅电话用户 2683 户。年末移动电话用户 149776 户，其中 3G 以上移动电话用户数 133894 户。年末互联网宽带接入用户数(固定互联网宽带，为电信、移动、联通、华数四家运营商的用户)58562 户。

全域旅游加快发展，完成梯田一级游客接待中心、云和东旅游集散中心主体工程，投入运营观云索道，创成石塘、安溪 AAAA 级景区乡(镇)和黄家畲 AAA 级景区，在全省首批实现“百千万”工程全覆盖，获评省全域旅游示范县。

七、金融和保险

年末全县金融机构人民币存款余额 1380575 万元，比上年末增长 4.8%。其中，住户存款 889161 万

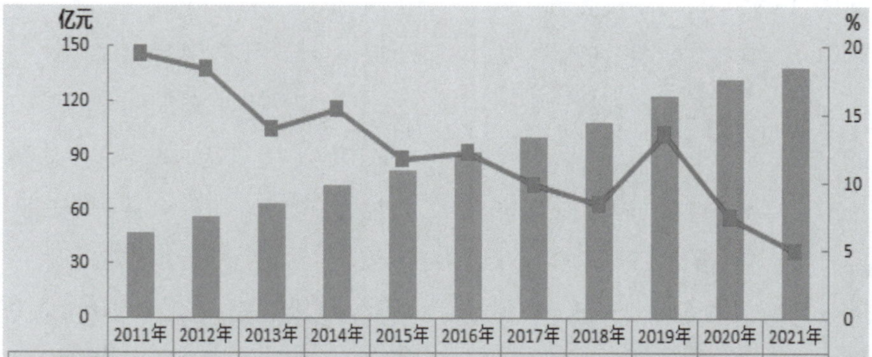

	2011年	2012年	2013年	2014年	2015年	2016年	2017年	2018年	2019年	2020年	2021年
绝对额	46.69	55.26	62.92	72.53	81.03	90.86	99.76	108.10	122.67	131.74	138.06
增速	19.4	18.2	13.9	15.3	11.7	12.1	9.8	8.4	13.5	7.4	4.8

图 10　2011—2021 年云和县金融机构人民币年末存款余额及增速

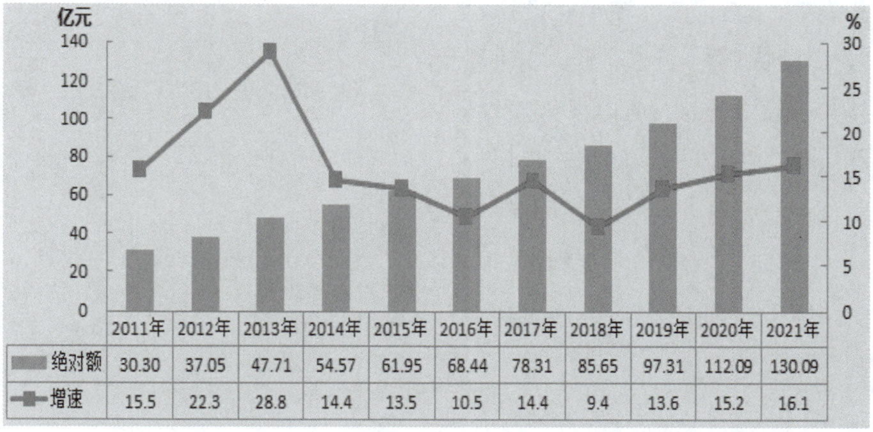

	2011年	2012年	2013年	2014年	2015年	2016年	2017年	2018年	2019年	2020年	2021年
绝对额	30.30	37.05	47.71	54.57	61.95	68.44	78.31	85.65	97.31	112.09	130.09
增速	15.5	22.3	28.8	14.4	13.5	10.5	14.4	9.4	13.6	15.2	16.1

图 11　2011—2021 年云和县金融机构人民币年末贷款余额及增速

元，比上年末增长 10.1%。年末金融机构人民币贷款余额 1300857 万元，比上年末增长 16.1%，推出“数字生态贷”惠农金融产品，发放贷款 1596 万元。

全年全县保险业实现保费收入 18140 万元，比上年下降 0.7%。其中，财产险保费收入 9136 万元，比上年增长 3.7%；人身险保费收入 9004 万元，比上年下降 4.8%。全年保险业各类赔款及给付支出 6747 万元，比上年增长 14.4%。其中，财产险赔款及给付支出 4847 万元，人身险赔款及给付支出 1900 万元。

八、教育和科学技术

2021 年，全县拥有普通中学 5 所，招生 1813 人，在校生 5363 人，毕业生 1517 人；职业中学 1 所，招生 597 人，在校生 1826 人，毕业生 479 人；小学 10 所，招生 1149 人，在校生 7889 人，毕业生 1313 人。

年末有幼儿园 14 所，入园幼儿 1329 人，在园幼儿 4345 人，离园幼儿 1175 人。年末省三级以上幼儿园覆盖率为 100%，中小学标准化学校比例为 100%；学前三年幼儿入园率为 99.07%，初中毕业升高中比例为 98.34%，高中段教育毛入学率为 98.41%；九年义务教育完成率为 100%，十五年基础教育普及率 98.47%。

全年地方财政科技投入 4986 万元，比上年增长 15.1%。年末实有国家高新技术企业 23 家，省科技型中小企业 97 家；全年新增国家高新技术企业 3 家、省科技型中小企业 23 家。全年培育省“专精特新”企业 3 家，兴昌轴承获评国家级“专精特新”小巨人企业。引进科技特派员 5 名，成功申报“绿谷精英”人才项目 6 个。知识产权保护工作平稳推进，全年新增专利授权量 1157 件，其中发明专利 11 项，实用新型专利 522 项，外观设计专利 624 项。

九、文化和卫生

年末全县共有公共图书馆 1 个，文化馆 1 个，档案馆 1 个，

全县各类档案 177 个全宗(其中馆藏 170 个)，共计 121485 卷，214868 件，其中已开放全宗 170 个，开放档案 68221 卷，开放档案 79652 件。

年末全县有广播转播电台 1 座，有线电视台 1 座，数字电视在册用户 29919 户，比上年末增加 587 户。全县电视人口综合覆盖率和广播人口综合覆盖率均达到 100%。

年末全县有医疗卫生机构 18 个(不含村卫生室、门诊部、诊所、卫生所、医务室)，其中，医院 5 个，卫生院 6 个，社区卫生服务中心 2 个，妇幼保健所 1 个，卫生监督所 1 个，其他卫生机构 3 个(含疾病预防控制中心)。年末全县医院实有床位 551 张，全社会卫生技术人员(不含村卫生室、门诊部、诊所、卫生所、医务室)888 人，其中执业医师和助理医师 464 人。

十、人民生活和社会保障

根据城乡住户一体化调查，全年全体常住居民人均可支配收入 41854 元，比上年增长 11.4%。其中，城镇常住居民人均可支配收入 51103 元，比上年增长 9.7%；农村常住居民人均可支配收入 24555 元，比上年增长 11.5%。全年城镇居民人均消费性支出 31894 元，其中食品烟酒消费支出 9441 元；农村居民人均消费性支出 19605 元，其中食品烟酒消费支出 6568 元。

全年低收入农户人均可支配收

2021 年云和县常住居民人均可支配收入及生活消费支出

表3

指标名称	2021年(元)			同比增幅(%)		
	全体	城镇	农村	全体	城镇	农村
常住居民人均可支配收入	41854	51103	24555	11.4	9.7	11.5
一、工资性收入	22767	27521	13876	11.6	9.7	13.0
二、经营净收入	6595	5001	9575	6.5	6.1	9.3
三、财产净收入(成本法)	7177	10853	301	12.0	9.0	11.9
四、转移净收入	5315	7728	803	13.0	11.4	13.7
人均生活消费支出	27613	31894	19605	16.4	14.9	17.2
其中:食品烟酒	8440	9441	6568	16.0	14.7	16.7

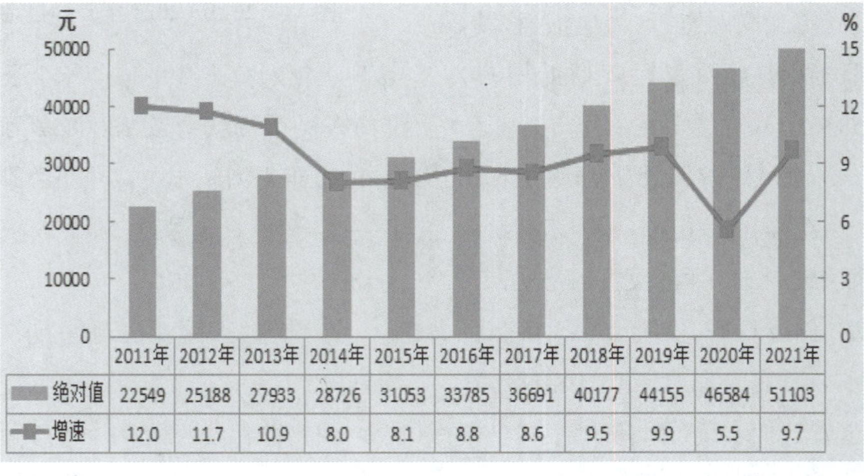

图 12　2011—2021 年云和县城镇常住居民人均可支配收入及增速

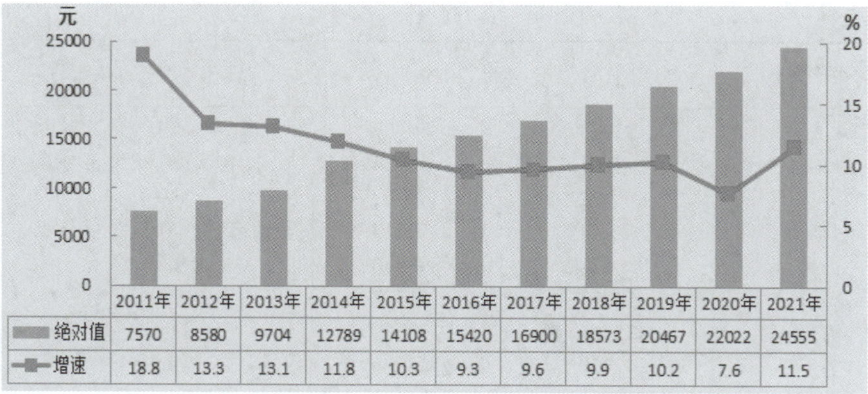

图 13　2011—2021 年云和县农村常住居民人均可支配收入及增速

入 15894 元，比上年增长 14.4%。

全年结婚登记 842 对，比上年增长 17.3%；离婚登记 183 对，比上年下降 47.7%。

年末全县城镇职工养老保险人数 52924 人，比上年末增加 1402 人（其中机关事业养老保险参保人数 7021 人，比上年末增加 51 人；企业及灵活就业人员养老保险参保人数 45903 人，比上年末增加 1351 人）；城乡居民基本养老保险人数 39399 人，比上年末减少 50 人。城镇职工医疗保险人数 25452 人，比上年末增加 877 人；城乡居民基本医疗保险人数 82734 人，比上年末减少 1010 人。参加工伤保险人数 48269 人，比上年末增加 7322 人。参加失业保险人数 15824 人，比上年末增加 685 人。全民医保、养老保险参保率分别达 99.66% 和 99.11%。“浙丽保”参保率达 92.91%。

年末全县城乡低保对象共有 1784 户 3381 人，全年共支出低保救助金 2675.32 万元。特困供养对象共有 278 户 282 人，集中供养率 39.3%（不含户院挂钩），全年共支出特困供养救助金 403.79 万元。

十一、资源、环境和安全生产

全年全县地表水资源总量 119269 万立方米，比上年增长 63.1%；年降水量 190652 万立方米，比上年增长 36.1%；年末全县 3 座大中型水库蓄水总量 79514 万立方米，比上年增长 12.9%；全年平均降水量 1938 毫米，比上年 1424 毫米的降水量增长 36.1%。年降水日数 177 天，比常年同期偏多 2.8 天；年平均气温 19.5℃，比常年偏高 1.2℃，为历年同期最高；年日照时数 1473.2 小时，比常年偏少 144.9 小时。全年空气环境质量监测有效天数为 339 天，优良天数为 338 天，优良率（AQI）为 99.7%。全年降尘量 1.6 吨/平方公里•月。全年 PM2.5 平均浓度为 20 微克/立方米，与上年持平，达到大气环境功能区二级标准。

全年建设生态公益林 53616 公顷，人工造林面积 352.6 公顷；一般森林抚育面积 1600 公顷。年末全县森林覆盖率 81.55%。

全年全社会用电量 173509 万千瓦时，比上年增长 8.9%。其中，工业用电量 149536 万千瓦时，比上年增长 9.0%；城乡居民生活用电量 13164 万千瓦时，比上年增长3.7%。全年规模以上工业企业能源消费量折合 395690 吨标准煤，比上年增长 5.1%，其中，规模以上工业企业电力消费量 131611 万千瓦时，比上年增长 4.6%；单位规模以上工业增加值能耗比上年下降 8.8%。

全年工矿领域生产安全事故 1 起，死亡 1 人；生产经营性道路交通事故 2 起，造成 2 人死亡。

2021 年云和县国民经济和社会发展主要指标表

表4

指　　标	单 位	2021年	2020年	比上年增长(%)
一、综合				
年末户籍总人口	人	113309	113777	−0.4
其中：男	人	58169	58429	−0.4
女	人	55140	55348	−0.4
其中：乡村人口	人	60335	63040	−4.3

续表4

指　　标	单 位	2020年	2019年	比上年增长(%)
城镇人口	人	52974	50737	4.4
人口自然增长率	‰	-0.01	0.84	比上年降低0.85个百分点
年末常住人口	万人	12.92	12.92	0.0
城市(镇)化率	%	73.44	73.13	比上年提升0.31个百分点
生产总值合计	万元	980620	863536	9.6
农林牧渔业	万元	53903	51778	1.9
工业	万元	435560	370069	11.5
建筑业	万元	47220	48228	-9.2
批发和零售业	万元	116320	94039	20.4
交通运输、仓储和邮政业	万元	26057	21243	20.2
住宿餐饮业	万元	17881	13944	25.0
金融业	万元	49274	45169	4.5
房地产业	万元	81161	69862	15.7
营利性服务业	万元	35296	32889	12.4
非营利性服务业	万元	117948	116316	0.1
第一产业	万元	51851	49856	1.7
第二产业	万元	482780	418297	9.1
第三产业	万元	445988	395382	11.2
三次产业结构占比	—	3:49.2:45.5	5.8:48.4:45.8	—
人均生产总值(户籍人口)	元	86366	75755	10.1
人均生产总值(常住人口)	元	75899	67149	9.1
二、农林牧渔业				
农林牧渔业总产值	万元	80823	—	—
农业总产值	万元	61418	—	—
林业总产值	万元	6556	—	—
牧业总产值	万元	6909	—	—
渔业总产值	万元	2453	—	—
农林牧渔服务业总产值	万元	3486	—	—
三、规模以上工业及资质以上建筑业				
规模以上工业产值	万元	1922478	1390375	38.3
其中:木制玩具制造业	万元	327710	252604	29.7
黑色金属冶炼及压延加工	万元	845934	602599	40.4
通用设备制造业	万元	104289	82119	27.0
阀门制造	万元	48014	43356	10.7
轴承制造	万元	54225	36715	47.7
金属废料和碎屑加工处理业	万元	473378	305691	54.9
电力生产与供应业	万元	97372	93722	3.9
资质以上建筑业企业产值	万元	142185	—	-11.7
四、固定资产投资及房地产业				
固定资产投资	万元	—	—	12.0
其中:民间投资	万元	—	—	27.5
其中:交通投资	万元	—	—	-60.6
其中:高新技术产业投资	万元	—	—	-14.5
其中:生态环保、城市更新和水利设施项目投资	万元	—	—	32.7
其中:房地产开发投资	万元	—	—	40.4
商品房销售面积	万平方米	12.62	8.01	57.6
五、内外贸易及交通	万元	458084	370430	23.7
社会消费品零售总额	万元	68582	53833	26.6

续表4

指　　标	单 位	2021年	2020年	比上年增长(%)
其中:限额以上				
批发业商品销售额	万元	—	—	45.3
零售业商品销售额	万元	—	—	32.9
住宿业营业额	万元	—	—	45.3
餐饮业营业额	万元	—	—	42.8
进出口总额	万元	191321	130224	46.9
其中:自营出口	万元	184967	127070	45.6
进出口总额	万美元	29594	18700	58.3
其中:自营出口	万美元	28609	18245	56.8
网络零售额	万元	350338	319287	9.7
实际利用外资	万美元	201	310	-35.2
规上快递服务业企业业务量	万件	2114	2267	-6.8
规上快递服务业企业业务收入	万元	9295	9531	-2.5
民用汽车拥有量	辆	23595	22486	比上年末增加1109辆
六、财政金融及保险				
财政总收入	万元	141724	133124	6.5
其中:一般公共预算收入	万元	87900	81363	8.0
其中:税收收入	万元	71258	74480	-4.3
一般公共预算支出合计	万元	345283	329890	4.7
金融机构人民币年末存款余额	万元	1380575	1317402	4.8
其中:住户存款	万元	889161	807360	10.1
金融机构人民币年末贷款余额	万元	1300857	1120866	16.1
保险业保费收入	万元	18140	18269	-0.7
其中:财产险	万元	9136	8813	3.7
人寿险	万元	9004	9456	-4.8
七、卫生教育及科技				
卫生机构床位数	张	551	555	-0.7
卫生技术人员数	人	888	927	-4.2
其中:执业及执业助理医生数	人	464	428	8.4
普通中学在校学生数	人		5092	-100.0
职业中学在校学生数	人		1734	-100.0
小学在校学生数	人		8014	-100.0
在园幼儿数	人		4056	-100.0
专利授权量	项	1157	2375	-51.3
其中:发明专利	项	11	25	-56.0
实用新型专利	项	522	1570	-66.8
外观设计专利	项	624	780	-20.0
八、人民生活和社会保障				
全体常住居民人均可支配收入	元	41854	37586	11.4
其中:城镇居民人均可支配收入	元	51103	46584	9.7
农村居民人均可支配收入	元	24555	22022	11.5
城镇居民人均生活消费支出	元	31894	27888	14.9
农村居民人均生活消费支出	元	19605	16712	17.2
低收入农户人均可支配收入	元	15894	13893	14.4
城镇登记失业率	%	1.62	1.79	比上年末减少0.17个百分点
城镇职工养老保险参保人数	人	52924	51522	比上年末增加1402人
其中:机关事业	人	7021	6970	比上年末增加51人
企业及灵活就业人员	人	45903	44552	比上年末增加1351人
城乡居民基本养老保险参保人数	人	39399	39449	比上年末减少50人

续表4

指　　标	单 位	2021年	2020年	比上年增长(%)
城镇职工医疗保险参保人数	人	25452	24575	比上年末增加877人
城乡居民基本医疗保险参保人数	人	82734	83744	比上年末减少1010人
工伤保险参保人数	人	48269	40947	比上年末增加7322人
失业保险参保人数	人	15824	15139	比上年末增加685人
全民养老保险参保率	%	99.11	98.83	比上年提高0.28个百分点
全民医疗保险参保率	%	99.66	99.56	比上年提高0.1个百分点
城乡低保对象人数	人	3381	3865	比上年末减少484人
九、邮电业务				
邮电业务总量	万元	16946	14361	18.0
其中:主营业务收入(邮政)	万元	4147	3696	12.2
电信业务收入	万元	12799	10665	20.0
固定电话年末用户数(含小灵通)	户	11072	12013	-7.8
其中:城市电话用户数	户	9905	10570	-6.3
农村电话用户数	户	1027	1131	-9.2
移动电话用户数	户	149776	143129	4.6
互联网宽带接入用户数	户	58562	54305	7.8
十、全社会用电量及节能降耗				
全社会用电量	万千瓦时	173509	159314	8.9
其中:工业用电量	万千瓦时	149536	137164	9.0
三产用电量	万千瓦时	9400	8061	16.6
居民生活用电	万千瓦时	13164	12690	3.7
规模以上工业能源消费量(等价值)	万吨标准煤	39.57	37.66	5.1
规模以上工业电力消费量	万千瓦时	131611	125806	4.6
规模以上工业增加值能耗降低率	%	8.8	3.1	—

注:(1)本公报所列2021年各项数据为初步统计数据。

(2)全县生产总值和各产业增加值绝对数按现行价格计算,增长速度按2020年可比价格计算。2021年生产总值为初步统计数,2020年生产总值为年报数据。

(3)固定资产投资数据为计划投资500万元以上项目数据。因国家投资统计制度改革,目前只公布改革修订后的同口径可比增速。

(4)2019—2020年社会消费品零售总额根据年报进行修订。

(5)卫生技术人员和卫生机构床位数均不含诊所、村卫生室;执业及执业助理医生数包含诊所、村卫生室。数据取自县卫健局。

(6)人口资料采用县公安局户籍人口口径计算。

(7)从2014年开始正式发布城乡住户一体化改革调查数据,农民人均纯收入变更为农村常住居民人均可支配收入;由于城乡住户一体化改革,城镇常住居民人均可支配收入和农村常住居民人均可支配收入绝对值及增速为新统计口径数据。

(8)医疗、养老保险参保人数及参保率按医疗保障局、人力社保局参保口径计算。

(9)规模以上工业增加值能耗降低率为负,表明上升。

资料来源:本公报中城镇新增就业、登记失业率、养老保险、工伤保险、失业保险数据来自县人力社保局,医疗保险、生育保险人数来自县医疗保障局,财政数据来自县财政局,网络零售额数据来自省商务厅,旅游数据、公共图书馆等数据来自县文化和广电旅游体育局,外贸进出口数据来自县经商局,快递业务量和业务收入来自市邮政管理局,专利数量数据来自县市场监督管理局,档案数据来自县档案局,卫生数据来自市卫生健康委,社会服务、低保数据来自县民政局,水资源、年平均降雨量数据来自县水利局,平均气温、年日照时间数据来自县气象局,空气质量数据来自市生态环境局云和分局,森林覆盖率、生态公益林数据来自县生态林业发展中心,新农村建设数据来自县农业农村局,境内公路总里程数据来自县交通运输局,民用汽车拥有量数据来自县交警大队,移动电话、固定电话、移动互联网用户等通信数据来市电信、移动公司,邮政业务总量数据来自市邮政管理局,货币金融数据来自县人民银行,保险业数据来自市保险协会,教育数据来自县教育局,有线电视用户数据来自县融媒体中心,人口数据来自县公安局,生产事故、交通事故等数据来自县应急管理局,其他数据均来自市统计局和县统计局。

附　　录

2021 年度各级各类先进名录

【全国先进集体】

云和县：

中共云和县委获全国脱贫攻坚先进集体称号

继续保持“国家卫生县城”称号

县普法办：

全国普法工作先进单位

县委组织部：

全国组织系统信息报送先进单位

崇头镇：

全国乡村治理示范乡镇

老李帮忙团服务中心党支部：

全国先进基层党组织

县实验小学：

中央电教馆在线教育创新项目学校

全国青少年茶艺教育培训基地

城西小学：

全国百强书法教育学校

文元教育集团云和育英外国语实验学校：

全国围棋特色学校

全国青少年零碳科技大展活动平面视觉类十佳作品《蓝天保卫战》

“云林紫枫”：

第十届中国花卉博览会银奖

第 14 届中国义乌国际森林产品博览会金奖（2 个）：

云和县百寿泉酒业酿造厂

云和县一清农产品专业合作社

第 14 届中国义乌国际森林产品博览会优质奖（5 个）：

云和县金喜家庭农场

云和县翠园竹木专业合作社

云和县羽林家庭农场有限公司

云和县白龙山果蔬专业合作社

云和县东成家庭农场有限公司

县联合村镇银行：

全国支农支小优秀村镇银行

全国村镇银行金融产品与服务创新奖

“梅源芒种开犁节”：

列入国家级非物质文化遗产代表性项目名录

石塘镇小顺村：

中央红色美丽村庄建设试点村

石塘镇长汀村：

全国最美村镇乡村振兴榜样奖

赤石乡赤石村：

第三批全国乡村旅游重点村

崇头镇黄家畲村：

创成国家 AAA 级旅游景区

【全省先进集体】

云和县：

2021 年度法治浙江（法治政府）建设优秀单位

2021 年度省级乡村振兴集成创新示范建设县

连续十六年被命名为省“平安县”

浙江省区域推进语言文字规范化县

浙江省水库移民工作考核优秀县

浙江省“四好农村路”省级示范县

浙江省深化“千万工程”建设新时代美丽乡村（农村人居环境提升）工作优胜县

浙江省 AAA 级景区城

省级全域旅游示范县

全省集中补领婚姻登记证试点县

数字化改革养老人才培育场景省级试点

全省共同富裕示范区建设民政重大改革创新试点县

县委党校：

省市县党校行政学院（校）办学质量

创优评估优秀等次
县法院执行局:
省级集体二等功
县民盟:
被省民盟评为社会服务工作先进集体
省五星级盟员之家 省示范基层组织
县教育局:
全省平安建设先进集体
云和中学:
浙江省文明学校
江滨实验小学:
浙江省义务教育共同体区域典型案例学校
浙江省现代化学校(4个):
县实验小学
县实验幼儿园
县中等职业技术学校
县石塘镇成人文化技术学校
浙江省教学成果奖(2个):
基础教育类一等奖《"云和木玩"游戏体系建构及实践范式》
中职教育类二等奖《中职校产创教融合培养一专多能"木玩匠人"的探索与实践》
省级中小学劳动实践基地(2个):
云和县梯田公社学农基地
云和大田劳动实践基地
县民政局:
浙江省2021年度民政工作先进县
全省核对工作信息化建设试点单位
县司法所:
省级"枫桥式"司法所
县宪法法治文化园:
浙江省我最喜爱的"十大宪法宣传阵地"提名奖
县农业农村局:
浙江省农村宅基地工作成绩突出集体
县文广旅体局:
云和东山头东晋徐氏家族墓地入围2021年度浙江考古重要发现
县图书馆:
浙江省第一批"满意图书馆"达标单位
云和文旅IP形象"稻草草和木积积":
第三批浙江省优秀非遗旅游商品名单
县卫生监督所:
浙江省巾帼文明岗
县市场监管局:
省药品安全治理、技术赋能、药品稽查执法、药品检查工作成绩突出集体
县生态林业发展中心:
"森林浙江"建设工作突出集体
县人民医院:
省级脑卒中中心
县税务局:
省文明单位
县联合村镇银行:
省绿色金融改革创新大赛最佳风采奖
浮云街道:
省农村文化礼堂建设示范乡镇(街道)
省美丽乡村示范乡镇
元和街道:
第四批省级特色农业强镇
小徐社区:
全省第三批未来社区试点
崇头镇:
全省"五水共治"工作考核优秀乡镇
省法治化综合改革试点乡镇
崇头镇梅竹村:
首批"浙江省气候康养乡村"
崇头镇崇头村:
省美丽乡村特色精品村
崇头镇黄家畲村:
浙江避暑气候胜地
崇头镇王荫山村:
省级红色美丽村庄建设村
县"最美梯田"风景线:
浙江省美丽乡村风景线
云和梯田休闲旅游精品线路:
2021年浙江省休闲农业和乡村旅游精品线路
云和(梅源)梯田:
浙江省不可移动文物保护利用优秀案例
"诗画浙江"耀眼明珠培育对象
全省首批山地休闲度假发展试点
石塘镇:
美丽城镇省级样板
石塘镇小顺村:
省级未来乡村建设试点村
小顺爱国主义教育基地:
浙江省100家党员教育培训基地
全省红色根脉打卡地
小顺抗战文化建筑群:
浙江省社会主义学院现场教学点
紧水滩镇:
2021年省级美丽城镇
赤石乡:
省民族乡村共同富裕示范点
赤石乡赤石民族村:
省级民族乡村共同富裕示范点

安溪畲族乡：
2021年度浙江省AAAA级景区镇
省级高标准农村生活垃圾分类示范村（2个）：
赤石乡赤石村
崇头镇下垟村
省级民主法治村（社区）（6个）：
浮云街道庄前村
元和街道云岸村
白龙山街道大坪社区
崇头镇梅源村
石塘镇湖滨村
雾溪畲族乡坪垟岗村
浙江省善治村（7个）：
浮云街道溪口村
元和街道山脚村
白龙山街道沙溪村
凤凰山街道河坑村
崇头镇叶垟村
石塘镇联合村
赤石乡麻垟村
浙江省善治示范村：
崇头镇沙铺村
省级低（零）碳村试点（2个）：
崇头镇坑根村
白龙山街道三门村
县清江生态龟鳖养殖专业合作社：
省级稻渔综合种养示范基地
县铠源生猪数字牧场：
浙江省第一批数字农业工厂
浙江兴昌轴承有限公司：
省级“隐形冠军”企业
浙江旭丰纺织织造军用坯布数字化车间：
2021年浙江省智能工厂（数字化车间）

【全省先进个人】
舒坚阳（县纪委县监委）
省扫黑除恶专项斗争成绩突出个人
雷海军（县委编办）
省事业单位改革成效突出个人
杨飞挺（县法院）
全省法院荣誉天平纪念章获得者
刘金英（县司法局）
省“法雨春风进万家”爱民实践活动表现突出个人
柳思彤（云和二中）
省成绩突出少先队员
钟华燕（云和三中）
省优秀共产党员
蓝新章（县中等职业技术学校）
省黄炎培职业教育杰出教师奖
初东升（县中等职业技术学校）
省“青年工匠”
卢文斌（县自然资源和规划局）
省第三次全国国土调查成绩突出个人
商伟林（县农业农村局）
省农业和渔业执法工作先进个人
胡水香（县卫生健康局）
省事业单位改革成效突出个人
徐若烟（县市场监管局 ）
省知识产权保护工作成绩突出个人
王超（县市场监管局）
省疫情防控冷链食品物防工作先进个人
温莉娜　李长海（县生态林业发展中心）
省“森林浙江”建设工作突出贡献个人
余佩伦（县生态林业发展中心）
省林业规划财务工作突出贡献个人
柳向萍（县生态林业发展中心）
省生态文化建设突出贡献个人
蓝呈荣　傅江硕（县生态林业发展中心）
省松材线虫病防控和全面禁止非法交易、滥食野生动物工作突出贡献个人
朱伟文（县科协）
省科协系统成绩突出个人
曹国勇（县税务局）
省先进老干部工作者
王素梅（县税务局）
省税务系统先进工作者
刘海英（县气象局）
省优秀气象局局长
孟晓璇（县气象局）
省综合气象业务工作先进个人
徐幸艺（崇头镇）
省巾帼建功标兵
王永春（雾溪畲族乡）
全省“五水共治”工作先进个人

【全市先进集体】
丽水市先进基层党组织（7个）
县民政局机关党支部
县委宣传部党支部
崇头镇党委
县交通运输局机关党支部
县医疗健康集团第三党支部
浮云街道青阳门社区党委
紧水滩镇渡蛟源村党总支
全市平安建设表现突出集体（9个）
县委政法委
县信访局
县教育局

县公安局城南派出所
县住建局
县市场监管局
县白龙山街道
县紧水滩镇
县赤石乡

丽水市抗击新冠肺炎疫情先进集体(8个)

县人民医院感染科
县疾病预防控制中心党支部
县白龙山街道党工委
浮云街道青阳门社区
县公安局情指联勤中心
县卫生健康局基层和公共卫生科
浙江云和工业园区机关党支部
县农业综合行政执法队

“丽水之干”模范集体(5个)

县疫情防控指挥部
县信访局
县建设局
崇头镇党委
白龙山街道大坪社区党支部

“美丽丽水”建设模范集体(7个)

县住建局
县财政局经建科
县农业农村局社会发展科
浮云街道办事处
崇头镇人民政府
雾溪畲族乡人民政府
石塘镇长汀村村委会

丽水市扫黑除恶专项斗争先进集体(3个)

县委政法委
县人民检察院
县工业园区

【全市先进个人】

市优秀共产党员(7人)

白龙山街道 刘 燕
县税务局 赵君山
石塘镇 陈小明
县疾控中心 林康丽
元和街道 周世福
县国资公司 洪永波
浙江达成玩具有限公司 练巧平

市优秀党务工作者(7人)

凤凰山街道 王旭芳
县委组织部 林 燕
县财政局 柳成东
县公安局 阙夏波
邮政云和分公司 张静雯
赤石乡 严伟芳
安溪畲族乡 洪广平

“丽水之干”先锋人物(12人)

县委 林建文
县自然资源局 曹刚毅
县文广旅体局 朱振华
元和街道 周世福
县民政局 王晓燕
石塘镇 叶金宝 陈小明
凤凰山街道 蓝 菲
县公安局 赖建平 李凌宵
县农业农村局 毛必田
县发改局 袁杨芳

全市平安建设表现突出个人(16人)

县委 徐志雄
县委宣传部 叶小平
县委统战部 徐宇波
县委政法委 梅明明
县信访局 蓝海冬
县公安局 阙夏波
县司法局 钟顺林
县人力社保局 姚夏军
县交通运输局 蓝 芳
县法院 朱晨咏
县检察院 蓝 洁
浮云街道 项万华
元和街道 吴 涛
凤凰山街道 雷 婷
崇头镇 廖达成
石塘镇 卢 春

丽水市抗击新冠肺炎疫情先进个人(17人)

县人民医院 蓝丽芳 陈巧燕
县中医医院 陈 菲
崇头镇中心卫生院 陈光海
县疾病预防控制中心 周美娟
崇头镇 彭 珍
石塘镇 江 成
凤凰山街道 季伟华
元和街道古竹股份经济合作社 廖士伟
县卫生健康局 郑 剑
县医疗保障局 王长荣
县退役军人事务局 周乐飞
县财政局 浦中原
县委政法委 梅明明
县经济商务局 毛昌财
县市场监督管理局 潘东海
县融媒体中心 俞海友

“美丽丽水”建设先进个人(11人)

县府办 蒋璟武
县发改局 李晓晓
县财政局 蓝波成
县住建局 陈美芳
市生态环境局云和分局 廖海英

陈家元
白龙山街道　叶文伟
元和街道　彭何军
凤凰山街道　汤文言
赤石乡　何　俊
紧水滩镇　严　沁

丽水市扫黑除恶专项斗争先进个人

一、个人三等功(2 名)
县法院　胡旭芬
县公安局　周仁礼
二、个人嘉奖(9 名)
县委政法委　练奕万
县公安局　王　琳　周丽荣
县检察院　叶苏晴
县市场监管局　柳国平
县法院　王　靖
县纪委县监委　朱　潇
县司法局　夏　宁
县税务局　吴宇斐

【县级先进集体和个人】

2021 年度优秀共产党员、优秀党务工作者、先进基层党组织名单

表彰单位:中共云和县委(云委发〔2021〕12 号)

一、优秀共产党员(100 名)

许峥嵘(浮云街道经济商务服务中心干部)
项万华(浮云街道社会治理办公室主任)
宋陈洪(浮云街道党政综合办公室副主任)
金建忠(浮云街道庄前村党支部书记、村委会主任)
周传荣(浮云街道大徐股份经济合作社党支部书记)
王碧红(浮云街道中山社区党委书记、居委会主任)
张　倩(元和街道纪工委副书记、监察办副主任)
郭凯翔(元和街道农业农村指导中心干部)
叶国梅(元和街道公共财政服务中心副主任)
魏晓玲(元和街道社会治理办公室副主任)
吴　婕(元和街道小徐社区党委副书记、居监会主任)
陈雄茂(元和街道陈前村党总支委员、村委会副主任)
王海锋(元和街道睦田股份经济合作社党支部书记)
梅显平(白龙山街道大坪股份经济合作社党支部书记)
周加华(白龙山街道沙溪村党支部书记、村委会主任)
陈美庆(白龙山街道黄水碓股份经济合作社党总支书记)
严卫荣(白龙山街道河上股份经济合作社党支部书记)
吴林飞(白龙山街道团工委副书记)
周慧仙(凤凰山街道新华社区党委书记、居委会主任)
杨李荣(凤凰山街道后山村党支部书记、村委会主任)
阙伟胜(凤凰山街道勤俭股份经济合作社党总支书记)
张永青(凤凰山街道河坑村党总支书记、村委会主任)
张伟杰(凤凰山街道党工委委员、三级主任科员)
宋欣怡(凤凰山街道团工委副书记、纪工委委员)
张　霞(崇头镇党委副书记、三级主任科员)
吴鑫慧(崇头镇组织干事)
陈元伟(崇头镇南山村党支部书记、村委会主任)
蓝忠华(崇头镇岩下村党支部书记、村委会主任)
雷建英(崇头镇下垟村党支部委员)
刘家永(崇头镇梅竹村党支部书记、村委会主任)
叶继宝(崇头镇大垟村党总支书记、村委会主任)
罗庆锋(崇头镇张家地村党总支书记、村委会主任)
沈庭有(崇头镇王荫山村党总支书记、村委会主任)
朱国林(崇头镇沙浦村党总支书记、村委会主任)
叶挺利(崇头镇大湾村党总支书记、村委会主任)
李小霞(石塘镇村镇建设服务中心干部)
留唯荐(石塘镇经济商务服务中心干部)
徐一春(石塘镇乡村振兴服务中心干部)
蓝克明(石塘镇长汀村党总支书记、村委会主任)
林小伟(石塘镇金村村党总支书记、村委会主任)
叶春冬(石塘镇朱村村党总支书记、村委会主任)

谢伟林（石塘镇桑岭村党总支书记、村委会主任）
王　哲（石塘镇湖滨村党支部书记、村委会主任）
李柏青（石塘镇双港村党总支书记、村委会主任）
王晓为（紧水滩镇党委委员）
曾国海（紧水滩镇村镇服务中心副主任）
季时伟（紧水滩镇经济商务服务中心主任）
李乾平（紧水滩镇大源村党总支书记、村委会主任）
叶雄峰（紧水滩镇双垟村党总支书记、村委会主任）
江　影（赤石乡党政办副主任）
叶燕峰（赤石乡妇联主席）
张兆伟（赤石乡双林村党支部书记、村委会主任）
周永文（赤石乡赤石村党总支书记、村委会主任）
滕　霄（安溪畲族乡党政办主任、人武部副部长）
王璐瑶（安溪畲族乡卫健专干）
雷龙斌（雾溪畲族乡社会治理办公室主任）
宋建金（雾溪畲族乡雾溪村第三党支部党员）
叶　瑜（县友协中心主任）
王俊俊（县人大办综合科科长）
董益涛（县政协办综合科科长）
魏方平（县纪委县监委派驻第六纪检监察组副组长、四级主任科员）
徐展鹏（县党员教育中心副主任）
叶彬彬（县委政法委政治处主任）
刘晓惠（县委编办监督检查科一级科员）
吴晓明（县人民法院审判委员会委员、行政审判庭<综合审判庭>庭长）
卢进斌（县发展和改革局党组成员、副局长、三级主任科员）
袁杨芳（县发展和改革局党组成员、县项目建设服务中心主任）
郭丽莉（县经济商务局党组成员、副局长、三级主任科员）
何沈瑶（县教育局办公室干部）
高　峰（县职技校办公室副主任）
卜广友（县江滨实验小学党总支书记）
蓝陶凌云（县城西小学副校长）
蓝晓仙（县古坊小学教师）
宋有华（县公安局交通警察大队办公室主任、四级高级警长）
高晓凤（县公安局机关党委副书记、政治处副主任、二级警长）
阙伟春（县财政局机关第二党支部书记、企业科科长、三级主任科员）
潘月平（县自然资源和规划局党委委员、副局长）
周传良（县自然资源和规划局自然资源行政执法队副队长、二级主任科员）
王荣启（县住房和城乡建设局党组成员、副局长、三级主任科员）
林　伟（县交通运输局交通运输综合行政执法队副队长）
廖晶晶（县水利局机关党委副书记）
陈　晟（县农业农村局社会发展科科长）
蔺武超（县文化和广电旅游体育局规划科副科长）
周伟梅（县医疗健康集团第四党支部副书记）
石伟娟（县卫生健康局妇计中心党支部书记、主任）
吴炜烽（县退役军人事务局服务中心主任）
徐见月（县审计局法规和审理科副科长〈主持工作〉）
季岩水（县市场监督管理局行政许可科科长、一级主任科员）
刘　巍（市生态环境局云和分局党组成员、总工程师、二级主任科员）
吴巧媛（浙江云和工业园区管委会党委副书记、管委会副主任、三级主任科员）
徐丽霞（浙江云和工业园区管委会综合办公室干部）
刘　宁（县供销总社机关支部书记、办公室一级科员）
林应凯（国家税务总局云和县税务局一级行政执法员）
潘深村（县老干部服务中心离退休党支部党员）
李光亮（老李帮忙团服务中心党支部书记、团长）
黄伟琴（浙江坚韧机械有限公司党支部书记、副总经理）
刘海华（云和县绿林幼教装备股份有限公司行政副总、党务干事）
吴利平（浙江诚创轴承有限公司党支部书记、副总经理）
吴莉莉（县水务投资有限公司财务部经理）
叶奇峰（县城市建设投资集团有限

公司技术办主任）

二、优秀党务工作者（50 名）

孔祥丰（浮云街道党工委副书记、办事处主任）

林丽芳（浮云街道党政办主任）

陈胜文（元和街道党工委副书记、政法委员、三级主任科员）

梅丽萍（元和街道元和社区党委书记、居委会主任）

季王冰（白龙山街道党建办副主任）

雷海香（白龙山街道灵际社区党委书记、居委会主任）

杨丽萍（凤凰山街道党建办副主任、团工委书记）

陈俏俏（凤凰山街道机关党支部委员、城乡建设服务中心副主任）

马晓玲（崇头镇党委委员）

徐海平（崇头镇纪委副书记、监察办副主任）

练良贤（崇头镇叶垟村党总支书记、村委会主任）

蓝张蔚（石塘镇党委委员、三级主任科员）

雷　燕（石塘镇乡村振兴乡贤会〈优秀外出青年〉党支部书记、社会治理办公室副主任）

蓝　钦（石塘镇宣传干事）

蓝伟林（紧水滩镇牛头山村党支部书记、村委会主任）

吴士和（紧水滩镇石浦村第三党支部书记）

马婷婷（赤石乡党建办副主任）

叶海艳（赤石乡党政办主任）

安　蔚（安溪畲族乡党委委员）

蓝陈高（安溪畲族乡下武村党支部书记、村委会主任）

曹海平（雾溪畲族乡党委委员、三级主任科员）

蓝小湖（雾溪畲族乡雾溪村党总支委员、雾溪村第四党支部书记）

李玲玲（县府办第一党支部副书记、政务服务中心主任）

李德荣（县委宣传部党支部委员、办公室副主任）

宋治平（县信访局机关党支部委员、统一政务投诉举报中心副主任）

叶　敏（县人民法院机关综合后勤党支部书记、后勤服务中心副主任）

邹玲莉（云和中学党务工作者）

胡坐景（县第二中学党务工作者）

陈丽芳（县实验小学第三党支部委员、教科室副主任）

张小慧（县公安局第十三党支部委员、城南派出所教导员、一级警长）

严珊珊（县民政局机关党支部书记、婚姻登记处主任）

汤玉和（县医疗健康集团党委副书记）

刘婷婷（县卫生健康局机关党支部委员、计生协一级科员）

潘晓萱（县统计局党总支委员、信息中心副主任）

叶　景（县医疗保障局党支部委员、办公室主任、四级主任科员）

卓炳良（县综合指挥和大数据中心党支部委员、综合指挥科副科长）

应梦婕（县行政服务中心党支部委员、行政审批业务科干部）

王益鸣（县土地和房屋征收工作指导中心党支部书记）

张根伟（县生态林业发展中心党支部委员、绿化种苗科副科长）

王一兰（县旅游发展中心党务工作者）

李　俐（县总工会党组成员、副主席、三级主任科员）

季柳贵（团县委机关党支部委员、青少年宫副主任）

季　璐（县科协党支部书记、办公室副主任）

郑　华（县公安局退休干部党支部书记）

林　森（云和县半球实业有限公司党支部书记、总经理）

柳世平（云和县和一实业有限公司党支部书记、董事长）

廖明林（云和师傅协会党总支书记、副会长）

崔　兵（浙江丹妮婴童用品有限公司党支部书记、董事长）

李嘉琪（县国有资本运营有限公司党务工作者）

陈　伟（县交通投资有限公司党支部委员，云和顺通建设有限公司副总经理）

三、先进基层党组织（50 个）

浮云街道东门社区党委

浮云街道局村村党支部

元和街道白垟墩股份经济合作社党总支

元和街道梅湾村党总支

白龙山街道黄水碓社区党委

白龙山街道大坪社区党委

凤凰山街道新岭村党支部

凤凰山街道阜安门社区党委

崇头镇崇头村党支部
崇头镇三垟村党支部
崇头镇黄家畲村党支部
崇头镇坑根村党支部
石塘镇小顺村党支部
石塘镇长汀村党总支
石塘镇金村村党总支
紧水滩镇龙门村党总支
紧水滩镇大源村党总支
赤石乡机关党支部
赤石乡麻垟村党支部
安溪畲族乡下武村党支部
雾溪畲族乡坪垟岗村党支部
县纪委县监委机关第三党支部
县人民法院机关党委
县经商局机关第一党支部
县第三中学党总支
县梅源中学党支部
县实验幼儿园党支部
县公安局第十二党支部
县司法局机关党支部
县财政局机关第一党支部
县自然资源和规划局第一党支部
县住房和城乡建设局机关党支部
县水利局机关党支部
县农业农村局机关第一党支部
县文化和广电旅游体育局机关党支部
县卫生健康局卫生监督所党支部
县市场监督管理局第一党支部
县老干部服务中心机关党支部
县供销总社机关党支部
国家税务总局云和县税务局凤凰山税务分局党支部
县气象局党支部
中国电信股份有限公司云和分公司政企网运党支部
中国邮政集团有限公司浙江省云和县分公司行政党支部
县人民法院机关退休党支部
云和师傅协会党总支
浙江云和工业园区第六联合党支部
盼盼幼教集团党支部
浙江和信玩具集团有限公司党支部
浙江汉威阀门制造有限公司党支部
县水务投资有限公司党总支

2021 年度县人大代表建议、政协委员提案办理工作先进单位和先进个人

表彰单位：县委办 县人大办 县府办 县政协办（云委办发〔2022〕2 号）

一、建议提案办理工作先进单位名单（6 个）

县发改局
县住建局
县交通运输局
县农业农村局
县卫健局
县市场监管局

二、建议提案办理工作先进个人名单（10 名）

胡康雨（县人大办）
李玲玲（县府办）
吴　浩（县府办）
刘洪澈（县政协办）
许华芳（县发改局）
练智泉（县住建局）
叶　玲（县交通运输局）
周　芬（县农业农村局）
方子华（县卫健局）
饶　馨（县市场监管局）

2021 年度乡镇（街道）综合考核、县级单项工作考核先进集体名单

表彰单位：县委 县政府
（云委发〔2022〕2 号）

一、乡镇（街道）综合考核优秀单位（3 个）

崇头镇
元和街道
紧水滩镇

二、乡镇（街道）综合考核优胜单位（1 个）

白龙山街道

三、县级单项工作考核优秀单位（96 个）

1.党风廉政建设工作考核优秀单位（6 个）

崇头镇
凤凰山街道
紧水滩镇
县财政局
县人力社保局
县融媒体中心

2.党建工作考核优秀单位（6 个）

白龙山街道
紧水滩镇
元和街道
县财政局
县市场监管局
云和工业园区

3.意识形态工作考核优秀单位（6个）

赤石乡
紧水滩镇
崇头镇

县文广旅体局
县教育局
县融媒体中心

4.统战工作考核优秀单位(5个)
凤凰山街道
崇头镇
紧水滩镇
县交通运输局
县卫健局

5.平安综治维稳工作考核优秀单位(6个)
元和街道
崇头镇
安溪畲族乡
县司法局
县卫健局
云和工业园区

6.信访工作考核优秀单位(6个)
白龙山街道
凤凰山街道
石塘镇
县住建局
县人力社保局
市生态环境局云和分局

7.党管武装工作考核优秀单位(3个)
紧水滩镇
崇头镇
浮云街道

8.项目建设工作考核优秀单位(9个)
元和街道
崇头镇
云和工业园区
县教育局
县农业农村局
县文广旅体局
县财政局
县征收中心
县自然资源和规划局

9.征收工作考核优秀单位(3个)
浮云街道
白龙山街道
石塘镇

10.法治云和(法治政府)建设工作考核优秀单位(6个)
崇头镇
浮云街道
凤凰山街道
县市场监管局
县交通运输局
县文广旅体局

11.乡村振兴工作考核优秀单位(6个)
白龙山街道
石塘镇
崇头镇
县发改局
县文广旅体局
县水利局

12.三改一拆("无违建"争先创优)工作考核优秀单位(5个)
崇头镇
石塘镇
白龙山街道
县综合执法局
县自然资源和规划局

13."五水共治"工作考核优秀单位(6个)
崇头镇
紧水滩镇
凤凰山街道
市生态环境局云和分局
县水利局
县市场监管局

14.数字化改革工作考核优秀单位(3个)
县发改局
县民政局
县大数据中心

15.常态化疫情防控工作考核优秀单位(6个)
凤凰山街道
白龙山街道
紧水滩镇
县财政局
县市场监管局
县教育局

16."大搬快聚富民安居"工程工作考核优秀单位(6个)
崇头镇
紧水滩镇
元和街道
县发改局
县住建局
县文广旅体局

17.城乡环境综合整治(含垃圾分类)工作考核优秀单位(3个)
浮云街道
崇头镇
雾溪乡

18.新型城镇化样板县域建设工作考核优秀单位(5个)
白龙山街道
雾溪畲族乡
县自然资源和规划局
县农业农村局
县住建局

2021年度部门综合考核先进集体名单

表彰单位：县委 县政府

（云委发〔2022〕5号）

一、综合考核优秀单位（16个）

县文广旅体局（含旅发中心）

县发改局

云和工业园区

县财政局

县市场监管局

县司法局

县卫健局

县人力社保局

县信访局

县委党校

县融媒体中心

县税务局

县电力局

县农行

县联通公司

县国资公司

二、综合考核优胜单位（1个）

县供销联社

县"五水共治"全域"污水零直排区"创建39个集体（个人）行政奖励名单

表彰单位：县政府

（云政发〔2022〕3号）

一、集体嘉奖单位（共10个）

浮云街道

白龙山街道

崇头镇

石塘镇

紧水滩镇

县住建局

县水利局

市生态环境局云和分局

县市场监管局

云和工业园区管委会

二、个人嘉奖（共29名）

（一）乡镇（街道）

刘伟清（浮云街道城乡建设服务中心工作人员）

彭何军（元和街道农业农村服务中心副主任）

高　幸（白龙山街道林业员）

夏达潮（凤凰山街道农业农村服务中心副主任）

张　霞（崇头镇党委副书记、镇长）

钟杨慧（崇头镇生态旅游服务中心副主任、县治水办宣传科科长）

雷良云（石塘镇农业农村服务中心副主任）

卢春芳（紧水滩镇党委委员、县治水办专职副主任）

王　婧（紧水滩镇副镇长）

周　翔（赤石乡 林业员）

赵乐群（安溪畲族乡 村镇建设员）

黄立君（雾溪畲族乡 党委书记）

（二）县直部门

陈　乐（县委办信息科科长）

陈建云（县住建局市政科副科长）

蓝文静（县住建局城市建设项目 服务中心工作人员）

王陆军（市生态环境局云和分局综合管理科科员）

叶海平（县水利局河湖库塘管理中心主任）

何苗苗（县水利局农村水利管理服务中心工作人员、县治水办综合科科长）

梁　斌（县综合执法局凤凰山执法中队副中队长）

王　伟（县市场监管局综合行政执法队专职副队长）

刘　舒（县市场监管局综合行政执法队综合协调科副科长）

杨环锋（县农业农村局副局长）

项朝淼（县财政局经建科副科长）

叶国华（县卫健局医政科三级主任科员）

阙献励（县教育局校舍建设中心科员）

周培友（县交通运输局工作人员）

徐　斌（云和工业园区管委会总工程师）

王明友（县经商局副局长）

邱珍富（县融媒体中心办公室工作人员）

健康云和建设工作先进集体和个人名单

表彰单位：县政府

（云政发〔2022〕6号）

一、先进集体（共10个）

县发改局

县教育局

县公安局

县水利局

县农业农村局

县文广旅体局

县卫健局

县市场监管局

县医保局

市生态环境局云和分局

二、先进个人（共 50 人）

（一）健康云和建设领导小组成员单位（40 个）

毛剑锋（县委办）

吴梦陶（县委宣传部）

潘陈飞（县融媒体中心）

杨　芬（县发改局）

吴珊珊（县经商局）

徐　松（县教育局）

罗娟芬（县科技局）

李依朵（县公安局）

胡　灵（县民政局）

赵　爽（县司法局）

王　莹（县财政局）

蓝泳丽（县住建局）

廖晶晶（县水利局）

刘谦周（县农业农村局）

王晶晶（县文广旅体局）

钟华琮（县应急管理局）

饶　馨（县市场监管局）

梅育源（县统计局）

项宗辉（县医保局）

毛青青（市生态环境局云和分局）

陈　莉（县林发中心）

刘　莹（团县委）

蓝　虹（县妇联）

周建霞（县残联）

季海燕（县红十字会）

刘春炜（县卫健局）

方子华（县卫健局）

叶佳佳（县疾控中心）

林康丽（县疾控中心）

潘华妹（县卫生监督所）

周　峰（县妇计中心）

季美娟（县健康办）

张雪韵（县健康办）

叶　君（县健康办）

涂昌华（县国卫复审办）

曾庆榆（县国卫复审办）

施佳莉（县国卫复审办）

王文婷（县医疗健康集团）

雷文雅（县医疗健康集团）

李　萍（县医疗健康集团）

（二）各乡镇（街道）（共 10 个）

钱依萌（浮云街道）

张雪莲（元和街道）

项海香（白龙山街道）

张　婷（凤凰山街道）

毛青丽（崇头镇）

王　璐（石塘镇）

季秀飞（紧水滩镇）

叶燕峰（赤石乡）

王　依（安溪畲族乡）

罗剑飞（雾溪畲族乡）

2021 年度县长特别奖

表彰单位：县人民政府

（云政发〔2022〕8 号）

丽水华宏钢铁制品有限公司

浙江新云木业集团有限公司

云和县金成木业有限公司

云和县协诚混凝土有限公司

2021 年云和县主要组织机构及负责人名录

【中国共产党云和县委员会】

书　记：叶伯军（11 月止）

　　　　李忠伟（11 月起）

副书记：上官国明（4 月止）

　　　　李忠伟（4 月起，11 月止）

　　　　周鸿飞（11 月起）

　　　　蒋璟璟（9 月止）

　　　　陈　卿（11 月起）

常　委：杨伟业（11 月止）

　　　　饶钦英（11 月止）

　　　　徐志雄（12 月止）

　　　　林建文（12 月止）

　　　　李　巍（11 月止）

　　　　叶建辉（11 月止）

　　　　胡　坚

　　　　周　坚（12 月起）

　　　　黄伟杰

　　　　孙开用

　　　　傅雅涛（11 月起）

　　　　许文金（11 月起）

　　　　赖小文（11 月起）

　　　　梅　华（11 月起）

　　　　舒坚阳（11 月起）

【云和县人民代表大会常务委员会】

主　任：叶晓勇

副主任：黄文伟　柳春华　谢云生

　　　　彭招平　叶晓伟　魏启勤

党组书记：叶晓勇

党组副书记：林建文（12 月起）

人大常委会办公室

主　任：雷长育

副主任：王伊健

机关党组书记：雷长育

机关党组副书记：邱伟荣

人大财政经济委员会

主任委员：黄文伟

副主任委员：任乐群
梁必武
邢春苗
刘伟峰

人大法制（内务司法）委员会
主任委员：谢云生
副主任委员：王思罢
叶毅夫
李建宁

人大社会建设委员会
主任委员：彭招平
副主任委员：张慧丽

人大常委会法制和监察司法工作委员会
主　任：王思罢
副主任：高文胜

人大常委会代表与选举任免工作委员会
主　任：韦望荣
副主任：王维健

人大常委会教育科技文化卫生工作委员会
主　任：邱伟荣

人大常委会财政经济工作委员会
主　任：任乐群
副主任：戴建英

人大常委会农业与农村工作委员会
主　任：李林平
副主任：贺　凌

人大常委会城乡建设与环境资源工作委员会
主　任：李水平
副主任：王伟荣

人大常委会社会建设工作委员会
主　任：王永春
副主任：齐荣军（9月起）

【云和县人民政府】
县　长：上官国明（4月止）
李忠伟（4月起，11月止）
代理县长：周鸿飞（11月起）
副县长：周鸿飞（11月起）
饶钦英（12月止）
傅雅涛（12月起）
孙开用　周　坚
叶时扬（12月止）
陈伟忠（12月止）
吴新志（12月止）
胡　坚（12月起）
颜　韬（9月起）
江　静（12月起）
蓝利明（12月起）
潘吉文（5月起，12月止）
缪磊磊
党组书记：上官国明（4月止）
李忠伟（4月起，11月止）
周鸿飞（11月起）
党组副书记：饶钦英（11月止）
傅雅涛（11月起）

【中国人民政治协商会议云和县委员会】
主　席：王新荣
副主席：王沿伟　陈　岑　叶长火
刘伟玲
党组书记：王新荣（12月止）
章作飞（12月起）
党组副书记：王新荣（12月起）
杨伟业（12月止）
赖小文（12月起）
徐志雄（12月起）
秘书长：蓝永平
副秘书长：谢　勇　周　誉
机关党组书记：蓝永平
机关党组副书记：谢　勇

政协办公室
主　任：蓝永平
副主任：谢　勇

政协提案委员会
主　任：包群伟
副主任：

政协委员工作委员会
主　任：董士林
副主任：周　朵

政协经济委员会
主　任：陈吉望
副主任：项文伟（9月起）

政协农业和农村委员会
主　任：刘伟华
副主任：胡承兄　周春波

政协人口资源环境委员会
主　任：柳　源
副主任：雷汉雄

政协教育科技卫生体育委员会
主　任：叶　俊
副主任：

政协社会法制和民宗港澳台侨委员会
主　任：蓝丽芳
副主任：叶明霞（9月起）

政协文化文史和学习委员会
主　任：邱长书

【其他县处级领导】
保留正县级待遇：雷一坤

保留副县级待遇：彭平生
林李平
余高进

【中国共产党云和县纪律检查委员会云和县监察委员会】

纪律检查委员会

书　记：胡　坚（11月止）
舒坚阳（11月起）
副书记：唐　欣（12月止）
叶金宝（12月起）
叶志明
常　委：吴丰元　余建林
刘海波（12月起）
徐　会（12月起）

监察委员会

主　任：胡　坚（12月止）
副主任：舒坚阳（12月起）
唐　欣　叶志明
委　员：叶铭亮（1月止）
吴丰元　叶汝健　林上泉

办公室

主　任：林　海

干部室

主　任：叶金钦（9月止）

宣传教育室

主　任：黄海丽（1月止）
徐　会（1月起）

党风政风监督室

主　任：彭飞（8月起）

信访室

主　任：徐　会（1月止）
林海波（9月起）
机关专职副书记：褚夏斌

第一纪检监察室

主　任：沈昺丞

第二纪检监察室

主　任：（缺）

第三纪检监察室

主　任：（缺）

第四纪检监察室

主　任：吴建飞

案件审理室

主　任：练和云

案件监督管理室

主　任：刘小春

派驻纪检监察组

派驻第一纪检监察组

组　长：林伟兵（8月止）
王雪梅（8月起）
副组长：雷光斌
叶发水（4月起，9月止）
王晓为（9月起）

派驻第二纪检监察组

组　长：张成通（8月止）
吴爱红（8月起）
副组长：柳益平　刘　君

派驻第三纪检监察组

组　长：张成通（8月起）
副组长：吴爱红（8月止）
柳　敏

派驻第四纪检监察组

组　长：方有德
副组长：张菲菲

派驻第五纪检监察组

组　长：官玉和

派驻第六纪检监察组

组　长：杨进寿

派驻县委组织部纪检监察组（县委直属机关纪检监察工委）

组　长（书记）：雷永东

派驻县公安局纪检监察组

组　长：王雪梅（8月止）
叶亚飞（8月起）

派驻县人民法院纪检监察组

组　长：洪广斌（1月止）
叶铭亮（1月起）

派驻县人民检察院纪检监察组

组　长：钱松伟（8月止）
林伟兵（8月起）

【云和县人民法院】

院　长：叶爱英（3月止）
郭　俊（4月起）
常务副院长：黄绍林
副院长：杨剑琼　李益红
政治部主任：黄为民
执行局局长：蔡　勇
审判委员会专职委员：于伟东
刘　婵
党组书记：叶爱英（1月止）
郭　俊（1月起）
党组副书记：黄绍林

【云和县人民检察院】

检察长：吴剑锋（11月止）
代理检察长：陈　乐（11月起）
常务副检察长：
副检察长：余良伟　李佳妮
政治部主任：蔡平平
检察委员会专职委员：刘金树
雷丽梅
党组书记：吴剑锋（11月止）
陈　乐（11月起）
党组副书记：

【县委工作部门】

县委办公室(台湾工作办公室〈县政府台湾事务办公室〉)

县委办公室

主　任:潘吉文(8 月止)

副主任:谢岩伟(8 月起,主持工作)

邱德锋　江佳杰

余　媛(8 月止)

吴巧媛(8 月起)

张　毅(兼,8 月止)

张平仙(兼,8 月起)

台湾工作办公室(县政府台湾事务办公室)

主　任:潘吉文(8 月止)

副主任:张小丽

保留副科级干部:陈善军

组织部

部　长:黄伟杰

常务副部长:林志龙

副部长:叶府平

徐伟俊(8 月止)

孔祥丰(8 月起)

叶亚飞(兼,8 月止)

项宗荣(兼)

陈　俊(兼)

县委人才工作领导小组办公室

专职副主任:杜梅斌

县委新经济与新社会组织工作委员会

书　记:叶府平

副书记:梁伟华(兼)

余　芳(兼)

吴巧媛(兼,9 月止)

郭丽莉(兼,9 月起)

专职副书记:雷海峰(1 月起)

直属机关工作委员会

书　记:黄伟杰

常务副书记:叶府平

专职副书记:林　燕

宣传部

部　长:林建文(12 月止)

梅　华(12 月起)

常务副部长:陈婧伊

副部长:项丽芳(8 月止)

廖海英(8 月起)

叶小平

社会科学界联合会

主　席:项丽芳(8 月止)

廖海英(8 月起)

副主席:彭慧慧

统一战线工作部

部　长:杨伟业(12 月止)

赖小文(12 月起)

常务副部长:梁超炜

副部长:梁伟华(兼)

张彦良(9 月止)

徐金玲(9 月起)　徐宇波

民族宗教事务局

局　长:张彦良(9 月止)

徐宇波(9 月起)

县政府侨务办公室

主　任:梁超炜

归国华侨联合会

主　席:梁超炜

专职副主席:吴　汛

政法委员会

书　记:蒋璟璟(9 月止)

陈　卿(12 月起)

常务副书记:张小伟

副书记:饶钦英(兼,12 月止)

吴新志(兼,12 月止)

李爱勇(兼,12 月起)

练奕万(8 月止)　柳奕红

徐伟俊(8 月起)

政治处主任:叶彬彬(9 月止)

董春虹(9 月起)

巡察工作领导小组办公室

主　任:叶志明

副主任:陈晓波

县委巡察组

组　长:张盼星(8 月止)　王少艳

朱林宝　徐松荣(8 月起)

副组长:叶　敏　饶　威(9 月止)

张平仙(8 月止)　叶洪伟

蓝志方　雷华兴(9 月起)

陈　烽(9 月起)

副科级巡察专员:阙祖飞

彭　飞(8 月止)

黄法金　李丽红

黄小琴(8 月起)

县委机构编制委员会办公室

主　任:陈　俊

副主任:吴巧红　黄小琴(8 月止)

县委、县政府信访局

局　长:张　毅(8 月止)

张平仙(8 月起)

副局长:姜　轸(9 月止)

吴永贵(9 月起)　刘　蓉

信访督查专员:刘海鑫

关心下一代工作委员会办公室

主　任:王阶才

【县政府工作部门】

政府办公室

主　任:徐建明

副主任：杨恒斌（1月止）
叶金宝（8月起）
郑云良（8月起）　赵志军
项大伟　王建平　徐雪飞
俞伟良（9月止）　李云伟
叶臻阳（9月止）
卢　飞（9月起）
党组书记：徐建明

发展和改革局

局　长：任军伟
副局长：张盛武　卢进斌（9月止）
雷魏芳
吴锗珊（挂职，11月起）
总工程师：阙祖元
党组书记：任军伟

经济商务局

局　长：季伟忠（9月止）
蓝雪飞（9月起）
副局长：王明友　郭丽莉（9月止）
吴小军（挂职，11月止）
总经济师：练　飞
党组书记：季伟忠（8月止）
蓝雪飞（8月起）

教育局

局　长：刘定华
副局长：吴林辉　杨恒勇　邹永文
詹惠淇（挂职，9月止）
教育督导员：叶永信（9月止）
柳林静（9月起）
党组书记：刘定华

科技局

局　长：官军军
副局长：咸德征
党组书记：肖飞龙（8月止）
练奕万（8月起）

公安局

局长、督察长：吴新志（11月止）
李爱勇（11月起）
政　委：饶小平（9月止）
邱发强（9月起）
副局长：周仁礼　赖建平　俞海波
副政委：陈小平
党委书记：吴新志（11月止）
李爱勇（11月起）
党委副书记：饶小平（9月止）
邱发强（9月起）
政治处主任：邱寒冰
交警大队大队长：黄叶银
交警大队教导员：项　明
看守所（拘留所）所长：王　骏
国保大队大队长：
治安大队大队长：徐晓军
刑侦大队大队长：周丽荣
禁毒大队大队长：林德法
保留副科级干部：毛作其

民政局

局　长：王晓燕
副局长：余　芳　高　诚
党组书记：王晓燕（12月止）

司法局

局　长：颜元祖
副局长：刘海波　卢永波
政治处主任：王　芳
党组书记：颜元祖

财政局

局　长：柳成东
副局长：黄育金　吴林娟
总会计师：蓝波成（2月起）
党组书记：柳成东
党组副书记：黄育金
党组专职副书记：黄金娟（8月止）
王丽华（8月起）
财政监督局局长：舒　瑾

国有资产管理委员会办公室党委

书　记：柳成东
副书记：黄金娟（8月止）

人力资源和社会保障局

局　长：项宗荣
副局长：蔡　礼　邱荣宴（9月止）
姜　轸（9月起）
党组书记：项宗荣

自然资源和规划局

党组书记：周华伟
局　长：曹刚毅
副局长：魏伟明　潘月平
总规划师：马健强

森林公安局（森林警察大队）

局长（大队长）：宋有芝
保留副科级干部：陈伟军

住房和城乡建设局

局　长：王燕梅（1月止）
吕　明（3月起）
副局长：叶世秋　王荣启
易健敏（1月止）
王继东（10月起）
刘文文（12月起）
总工程师：范曾琛
党组书记：王燕梅（1月止）
杨恒斌（1月起）

交通运输局

局　长：邱发强（9月止）
毛华锋（9月起）
副局长：杨伟兵（9月止）
叶文伟（9月起）　叶永平
张定谷

总工程师:江林峰

党组书记:邱发强(9 月止)

　　　　毛华锋(9 月起)

交通运输综合行政执法队

队　长:邱发强(9 月止)

　　　毛华锋(9 月起)

专职副队长:王庆敏(5 月始)

水利局

局　长:汤建飞

副局长:李向军　毛连清

党组书记:汤建飞

总工程师:官剑锋

农业农村局

局　长:王兰夏(9 月止)

　　　叶晓彬(9 月起)

副局长:彭石伟　杨环锋　赵丽萍

总农艺师:余伟丽

　　　　凌益春(9 月起)

党组书记:王兰夏(8 月止)

　　　　叶晓彬(8 月起)

农业综合行政执法队

队　长:王兰夏(9 月止)

　　　叶晓彬(9 月起)

专职副队长:董益禄(9 月止)

　　　　　高启龙(9 月起)

文化和广电旅游体育局

局　长:朱振华

副局长:季绍斌　张启水

　　　项洪飞(挂职)

　　　方柔嘉(挂职,11 月起)

总工程师:胡凌凌

党组书记:朱振华

文化市场综合行政执法队

队　长:朱振华

专职副队长:陈励耕

卫生健康局

局　长:刘伟彪

副局长:徐金玲(9 月止)　郑　剑

　　　蓝张蔚(9 月起)

党委书记:刘伟彪

专职副书记:张晓东

计划生育协会副会长:梅伟琴(9 月起)

退役军人事务局

局　长:武　燚

副局长:林建明　阙陈通

党组书记:武　燚

应急管理局

局　长:叶通海

副局长:徐志强　董盛强　秦　志

党委书记:叶通海

党委副书记:徐志强

审计局

局　长:颜柏林

副局长:魏唐华　易火伟

总审计师:郑成文

党组书记:颜柏林

市场监督管理局

局　长:吴广丰

副局长:肖建伟　吴王焕　叶雪芳

总工程师:叶明霞(9 月止)

　　　　章首林(9 月起)

党组书记:吴广丰

党组副书记:

市场监管综合行政执法队

队　长:吴广丰

专职副队长:王　伟

城西市场监管所

所　长:彭金生

统计局

局　长:蓝雪飞(9 月止)

　　　余　媛(9 月起)

副局长:季　剑

总统计师:颜　青

党组书记:蓝雪飞(8 月止)

　　　　余　媛(8 月起)

医疗保障局

局　长:王长荣

副局长:董春虹(9 月止)　杨建飞

　　　肖　静(9 月起)

党组书记:王长荣

综合行政执法局

局　长:毛华锋(9 月止)

　　　邱荣宴(9 月起)

副局长:吴　东　柳伟方

　　　林友平(9 月止)

　　　夏　阳(9 月起)

党组书记:毛华锋(9 月止)

　　　　邱荣宴(9 月起)

丽水市生态环境局云和分局

党组书记:廖海英(8 月止)

　　　　李禄伟(8 月起)

局　长:吕　明(3 月止)

　　　李禄伟(8 月起)

副局长:项文平　刘　巍(8 月起)

总工程师:刘　巍(8 月止)

生态环境保护综合行政执法队

队　长:吕　明(3 月止)

　　　李禄伟(8 月起)

【事业单位】

浙江云和工业园区管理委员会

主　任:魏　斌

副主任:吴巧媛(8 月止)

　　　郭丽莉(9 月起)　蔡志林

　　　李朝阳　易健敏(1 月起)

总工程师:徐　斌

党委书记:魏　斌

党委副书记:吴巧媛(8月止)

郭丽莉(9月起)

党　校

校　长:黄伟杰

常务副校长:黄克汥

副校长:王丽琴　叶跃平

教育长:骆递宾

校务委员会主任:黄克汥

行政学校

校　长:饶钦英(12月止)

傅雅涛(12月起)

常务副校长:黄克汥

社会主义学校

校　长:杨伟业(12月止)

赖小文(12月起)

常务副校长:黄克汥

全面深化改革服务中心

副主任:朱玉杰　张钦炜

柳盼盼(10月止)

叶彬彬(9月起)

档案馆

馆　长:洪广美(8月止)

张盼星(8月起)

副馆长:魏世荣　宋世明

老干部服务中心

主　任:叶亚飞(8月止)

项丽芳(8月起)

副主任:李成东

党组书记:叶亚飞(8月止)

项丽芳(8月起)

离退休干部工作委员会

书　记:叶亚飞(8月止)

项丽芳(8月起)

专职副书记:李彩凤

融媒体中心

主　任:朱登峰

总　编:

副主任:阮宏波

副总编:严晶晶　徐松青

党组书记:朱登峰

总工程师:兰根成(9月起)

综合指挥和大数据中心

主　任:占大鲸

副主任:董伟平　吴伟勇

总工程师:洪跃根

党组书记:占大鲸

行政服务中心

党组书记:邱向明

主　任:潘　峥

副主任:林久旺(9月止)　魏利伟

林友平(9月起)

机关事务保障中心

主　任:林珊珊(2月起)

副主任:田　颖　陈伟飞

党组书记:林珊珊(1月起)

经济合作交流中心

党组书记:王燕萍

主　任:王燕萍

副主任:钱　瑾　张丽华

张凌云(挂职)

沈　建(挂职,12月起)

土地和房屋征收工作指导中心

主　任:周华伟(9月止)

卢进斌(9月起)

副主任:雷兰军(9月止)　周　琳

吴小峰(9月起)

党组书记:周华伟(8月止)

卢进斌(8月起)

生态林业发展中心

主　任:徐向前

副主任:曾秋敏　蓝振荣

总工程师:吴丽萍

党组书记:徐向前

旅游发展中心

主　任:穆晓通

副主任:毛根伟　徐见化　吴奔细

项光朝

党组书记:穆晓通

移民工作中心

主　任:项文伟(9月止)

张文军(9月起)

供销合作总社

主　任:蓝利华

副主任:钟　骅

党组书记:李叶平

丽水市住房公积金管理中心云和分中心

主　任:张　莹

副主任:

【民主党派】

中国民主同盟云和县基层委员会

主　委:陈　岑

副主委:叶　峰　贺　凌

【部分群众团体】

总工会

主　席:桑旭婷

副主席:李　俐　周新余

党组书记:桑旭婷

团县委

书　记:季国林

副书记:张金华(9月止)　叶佳卉

妇女联合会

主　席：练晓锋

副主席：梅伟琴（9 月止）

　　　　黄　娅

　　　　张媛媛（9 月起）

　　　　任文彦（3 月起）

党组书记：练晓锋

科学技术协会

主　席：朱伟文

副主席：

党组书记：李建康

工商业联合会

主　席：王伟友

副主席：

党组书记：梁伟华

文学艺术界联合会

主　席：钟晓松（8 月止）

　　　　钱松伟（8 月起）

副主席：练云伟（9 月止）

　　　　张彦良（9 月起）

党组书记：钟晓松（8 月止）

　　　　　钱松伟（8 月起）

残疾人联合会

理事长：邱伟生

副理事长：徐剑琴　练　涛

党组书记：邱伟生

红十字会

会　长：李　巍（12 月止）

专职副会长：宋韶峰

【中央、省和县双重管理部门】

国家税务总局云和县税务局

局　长：刘伟君（12 月止）

　　　　曹国勇（12 月起）

副局长：徐　军（4 月止）

　　　　周淋伟（4 月止）

　　　　王海伟（4 月起）

　　　　王素梅（5 月起）

　　　　尤小兵（9 月起）

　　　　梅丽伟（9 月起）

纪检组长：李小光（11 月止）

　　　　　吴宇斐（11 月起）

党委书记：刘伟君（12 月止）

　　　　　曹国勇（12 月起）

凤凰山税务分局

局　长：王素梅（5 月止）

国网云和县供电公司

执行董事：黄祖金（8 月止）

　　　　　钱　波（8 月起）

总经理：

纪委书记：赵利挺

副经理：陈俊仕（3 月止）

　　　　刘海俊　吴林洋（3 月起）

党委书记：黄祖金（8 月止）

　　　　　金华芳（8 月起）

党委副书记：金华芳（8 月止）

　　　　　　钱　波（8 月起）

气象局

局　长：刘海英

副局长：罗骏华

　　　　刘银峰

党组书记：刘海英

烟草专卖局（分公司）

局长（经理）：章建军

副局长：杜　桦（11 月止）

　　　　蓝　峰（11 月起）

纪检组长：杜　桦（11 月止）

　　　　　蓝　峰（11 月起）

副经理：梅振中

党组书记：章建军

中国邮政集团公司浙江省云和县分公司

总经理：廖铁铮（6 月止）

　　　　叶黎华（6 月起）

副总经理：杜巧森

纪委书记：杜巧森

党委书记：廖铁铮（6 月止）

　　　　　叶黎华（6 月起）

中国人民银行云和县支行

行　长：王培林（3 月止）

　　　　叶银龙（3 月起）

副行长：黄文云　李勇敏

纪检组长：黄文云

党组书记：王培林（3 月止）

　　　　　叶银龙（3 月起）

中国工商银行云和县支行

行　长：葛建华

副行长：刘春霞　陈娟英

中国建设银行云和县支行

行　长：江　舟

副行长：齐爱民

中国农业银行云和县支行

行　长：陈　晟

副行长：张庆伟

纪委书记：吴俊晖

党委书记：陈　晟

中国农业发展银行云和信贷组

主　任：朱志鹏

浙江云和农村商业银行股份有限公司

董事长：郑旭勇

行　长：季晓伟

副行长：刘李锋　李中铝

监事长：毛益平

纪委书记：毛益平

党委书记：郑旭勇

邮政储蓄银行云和县支行

行　长：徐　健

副行长：潘小明

中国电信云和分公司

总经理：

副总经理：唐　亮　林祖伟

吴瑾瑜（6 月起）

党委书记：

党委副书记：唐　亮（主持工作）

中国移动云和分公司

总经理：周绍友

副总经理：吴雪琴

中国联通云和分公司

总经理：李　彦（1 月起）

副总经理：李　彦（1 月止）

胡治滨

中国人保财险公司云和县支公司

经　理：蔡伟荣

中国人寿保险公司云和县支公司

经　理：吴云涛

云和广播转播台

台　长：邹启明

【部分事业企业单位】

金融发展中心

主　任：凌益菲

支部委员会书记：凌益菲

新闻网络中心

主　任：倪　操（12 月起）

社会保险事业服务中心

主　任：蓝国华

支部委员会书记：蓝国华

交通运输发展中心

主　任：徐建平

支部委员会书记：徐建平

乡村振兴指导服务中心

主　任：徐仙娥

支部委员会书记：徐仙娥（8 月起）

云和中学

校　长：陈春伟

副校长：张伟琴　张成友

党总支书记：陈春伟

党总支副书记：柳伟忠

第二中学

校　长：王伟锋（9 月止）

费建中（9 月起）

党总支书记：练蓓蓓

第三中学

校　长：徐立民

党总支书记：林伟琴

中等职业技术学校

校　长：陈伟华

副校长：张华燕　吴根荣　王柳娟

党总支书记：陈伟华

党总支副书记：陈剑和

浙江广播电视大学云和分校

校　长：刘智育

党支部书记：苏立群

医疗健康集团

院　长：陈　岑

党委书记：毛晓伟

副院长：潘晓峰　洪广秋　官兴荣

蓝文广

党委副书记：汤玉和

人民医院

院　长：陈　岑

党总支书记：毛晓伟

执行院长：周崇斌（挂职）

副院长：潘晓峰　官兴荣　蓝文广

中医院

院　长：陈　岑

副院长：潘晓峰　洪广秋　官兴荣

蓝文广

党支部书记：汤玉和

国有资本运营有限公司

董事长、总经理：洪永波（2 月起）

副总经理：赫英涛

城市建设投资集团有限公司

董事长、总经理：吴孔平

副总经理：叶　萌（9 月起）

石余福　蒋晓付

瓯上旅业投资有限公司

董事长、总经理：杨伟华

副总经理：季时芬（9 月起）

比照副科管理：蓝彦青

水务投资有限公司

董事长、总经理：洪永波（9 月止）

陈德明（9 月起）

副总经理：刘根明

刘祖斌（9 月起）

交通投资有限公司

董事长、总经理：刘　海

总工程师：叶时伟（9 月起）

【乡镇、街道】

浮云街道

党工委书记：王燕梅（1 月起）

党工委副书记：孔祥丰（8 月止）

张　悦（8 月止）

钟鼎春（9 月起）

柳盼盼（10 月起）

刘少伟（9 月起）

吴小军（挂职，11 月起）

党工委委员：林上泉（8 月止）

季时长（9月起）
高启龙（9月止）
叶　俊　蓝　敏
吴永贵（9月止）
徐雨欣
董益涛（9月起）
陈　平（9月起）
办事处主任：孔祥丰（8月止）
钟鼎春（9月起）
办事处副主任：高启龙（9月止）
季时长（9月止）
叶海龙（9月止）
叶　俊（9月起）
徐正忠（9月起）
杨恒贵（9月起）
刘　伟（9月起）
纪工委书记：林上泉（8月止）
季时长（9月起）
人大工委主任：徐松荣（8月止）
蓝建军（9月起）
人大工委副主任：吴知醒（9月止）
余火亮（9月起）

元和街道

党工委书记：周世福
党工委副书记：黄俊毅（8月止）
叶臻阳（9月起）
陈胜文
马芳芳（9月起）
徐　晨（挂职，11月起）
党工委委员：李旭波
张媛媛（9月止）
肖珂珂　杨菲菲
续晓峰
蓝伟忠（9月起）
胡旭芬（9月起）
办事处主任：黄俊毅（8月止）
叶臻阳（9月起）
办事处副主任：马芳芳（9月止）
蓝伟忠（9月起）
吴小峰（9月止）
罗俊青　王华军
黄伟堂（9月起）
纪工委书记：李旭波
人大工委主任：袁石忠
人大工委副主任：项仁来

白龙山街道

党工委书记：叶晓彬（8月止）
高时圣（8月起）
党工委副书记：高时圣（8月止）
张　悦（8月起）
毛作跃
刘　卿（9月起）
许爱玮（挂职，3月止）
范成成（挂职，8月止）
林科吉（挂职，11月起）
党工委委员：雷华兴（9月止）
项德华（9月起）
李　丹（9月起）
严海虹（9月止）
蓝　涛（1月止）
李宏杰　许少王
林海飞（1月起）
吴　卉（9月起）
梅海波（兼）
办事处主任：高时圣（8月止）
张　悦（8月起）
办事处副主任：刘　卿（9月止）
叶文伟（9月止）
李　丹　王思雄
刘海斌（9月起）
杜学锋（9月起）
纪工委书记：雷华兴（9月止）
项德华（9月起）
人大工委主任：黄亚飞
人大工委副主任：蓝卫国

凤凰山街道

党工委书记：李禄伟（8月止）
黄俊毅（8月起）
党工委副书记：雷春华
陈晓华（9月止）
张伟杰（9月起）
叶建军（9月起）
李　榕（挂职，6月止）
蔡仕辉（挂职，12月起）
党工委委员：林　政（9月止）
官新荣（9月起）
黄伟堂（9月止）
林敏春（9月起）
严海虹（9月起）
叶海龙（9月起）
童　欣（9月起）
蓝　菲（8月止）
章首林（9月止）
张伟杰（9月止）
刘晓东
阙夏波（兼）
办事处主任：雷春华
办事处副主任：官新荣
蓝　菲（8月止）
陈　捷（9月止）
陈　炜（9月起）
夏　宁（9月起）
董祥健（9月起）
纪工委书记：黄伟堂（9月止）
林敏春（9月起）

人大工委主任：张文军（9 月止）
陈晓华（9 月起）
人大工委副主任：魏刘仙（9 月止）
吴知醒（9 月起）

崇头镇

党委书记：谢岩伟（8 月止）
刘　锋（8 月起）
党委副书记：刘　锋（8 月止）
卢　飞（9 月止）
张　霞
马晓玲（9 月起）
戚伟伟（挂职，8 月止）
练琼苗（挂职，8 月止）
陈桂江（挂职，11 月起）
党委委员：林海波（9 月止）
李　锋（9 月起）
王继东（9 月止）
马晓玲（9 月止）
张金华（9 月起）
陈雅璐（9 月起）
袁雅玲（9 月起）
李凌霄（9 月起）
傅绍康（9 月起）
董存富（9 月起）
肖　静（9 月止）
陈　平（9 月止）
陈玉荣（兼）
镇　长：刘　锋（12 月止）
张　霞（12 月起）
副镇长：王继东（8 月止）
陈　炜（9 月止）　董存富
林永红（12 月起）
张红燕（12 月起）
王仁利（12 月起）
朱国林（12 月起）
纪委书记：林海波（9 月止）
李　锋（9 月起）
人大主席：林华勋
人大副主席：徐正忠（9 月止）
蓝少荣
阳光便民服务分中心（黄源）主任：
刘海斌（9 月止）
阳光便民服务分中心（沙铺）主任：
林永红（9 月止）

石塘镇

党委书记：叶金宝（8 月止）
张　毅（8 月起）
党委副书记：马叶俊　廖景涛
卢　春（9 月起）
党委委员：陈庆和（9 月起）
卢　春（9 月止）
胡柳燕（9 月起）
陈　捷（9 月起）
叶　萌（9 月止）
凌益春（9 月止）
蓝张蔚（9 月止）
郑琳健　蓝夏薇（9 月起）
叶海丰　梅　灵（兼）
镇　长：马叶俊
副镇长：叶　萌（9 月止）
傅绍康（9 月止）　陈庆和
蓝夏薇（9 月止）
袁杨芳（12 月起）
柳　晔（12 月起）
江佳才（12 月起）
叶伟林（12 月起）
纪委书记：卢　春（9 月止）
胡柳燕（9 月起）
人大主席：齐荣军（9 月止）
俞伟良（12 月起）
人大副主席：陈　烽（9 月止）
楼海东（12 月起）

紧水滩镇

党委书记：郑云良（8 月止）
李海芳（8 月起）
党委副书记：李海芳（8 月止）
王　峰（8 月起）
林珊珊（1 月止）
何　俊（9 月起）
丁　毅（挂职）
党委委员：陈德明（9 月止）
徐海平（9 月起）
李奕均（9 月止）
金叶剑　卢春芳
王晓为（9 月止）
华　栋（兼）　严　沁
郑成平（9 月起）
雷龙斌（9 月起）
镇　长：李海芳（12 月止）
王　峰（12 月起）
副镇长：李奕均（12 月止）
金叶剑（12 月起）　赵劲松
夏　阳（12 月止）
吕　毅（3 月起）
王　婧（12 月起）
纪委书记：陈德明（9 月止）
徐海平（9 月起）
人大主席：李　伟
人大副主席：杨恒贵（12 月止）

赤石乡

党委书记：蒋　浩
党委副书记：邢决功（1 月止）
刘　鑫
蓝　涛（1 月起，9 月止）
叶金钦（9 月起）

党委委员：何　俊（9月止）
项德华（9月止）
杨亨忠（9月起）
宋志明　潘利安　严伟芳
程　阳（1月起）
蓝剑梅（9月起）
乡　长：邢决功（1月止）
刘　鑫（2月起）
副乡长：何　俊（9月止）
梅　浩（9月止）　江礼胜
张　勤　韦荡珈（12月起）
纪委书记：项德华（9月止）
严伟芳（9月起）
人大主席：叶挺凡
人大副主席：余火亮（9月止）

安溪畲族乡

党委书记：邢决功（1月起，3月止）
张　悦（3月起）
党委副书记：钟鼎春（9月止）
蓝　涛（8月起）
夏俊燕
王运峰（8月止）
季建荣
李　甬（挂职，11月起）
党委委员：夏俊燕　林　煊
杨亨忠（9月止）
温伟斌（9月起）
安　蔚
柳林静（9月止）
张全敬　蓝阳丰（9月起）
乡　长：钟鼎春（9月止）
蓝　涛（8月起）
副乡长：张全敬（12月起）
赵雪华　柳林静（9月止）
梅　浩（9月起）
纪委书记：林　煊
人大主席：叶晓波
人大副主席：楼海东（9月止）

雾溪畲族乡

党委书记：黄立君
党委副书记：蓝建军（9月止）
蓝　菲（8月起）
叶建军（9月止）
李奕均（9月起）
党委委员：林敏春（9月止）
柳　亘（9月起）
蓝伟忠（9月止）
曹海平　艾月娥
叶　盛
乡　长：蓝建军（9月止）
蓝　菲（8月起）
副乡长：蓝伟忠（9月止）
刘　伟（9月止）
马婷婷（9月起）
纪委书记：林敏春（9月止）
柳　亘（9月起）
人大主席：王永春
人大副主席：温伟斌（9月止）

（县委组织部提供）

社区两委主要负责人名录

街道、社区名称	党委书记、居委会主任
浮云街道	
中山社区	王碧红
浮云社区	朱锡煌
青阳门社区	余伟红
东门社区	雷建梅
元和街道	
小徐社区	彭伟红
狮山社区	王　欢
元和社区	梅丽萍
白龙山街道	
大坪社区	刘　燕
黄水碓社区	刘伟忠
灵际社区	雷海香
箬溪社区	蓝陈华
凤凰山街道	
新华社区	周慧仙
解放社区	林霞慧
普光社区	王旭芳
阜安门社区	季伟华

行政村两委主要负责人名录

浮云街道

村　名	党组织书记、村委会主任
庄前村	金建忠
云章村	叶克敏
局村村	陈伟明
溪口村	项宗华

元和街道

村　名	党组织书记、村委会主任
山脚村	雷余田
霞晓桥村	杨克标
沈村村	雷岩聪
云岸村	蓝伟军
陈前村	王善宗
梅湾村	潘叶伟
竹里村	蓝堂昌
梨庄村	叶长法

白龙山街道

村　名	党组织书记、村委会主任
三门村	吴元西
程宅村	程良邱

沙溪村　周加华
泓新村　邵建全
高胥村　林乐文

凤凰山街道

村　名	党组织书记、村委会主任
梅垄村	雷剑锋
贵溪村	严建友
后山村	杨李荣
新岭村	徐美阳
河坑村	张永青

崇头镇

村　名	党组织书记、村委会主任
崇头村	项宗平
梅源村	杨恒平
南山村	陈元伟
三垟村	朱胜华
岩下村	蓝忠华
栗溪村	钟刘玲
下垟村	陈方伟
坑根村	叶家云
梅竹村	刘家永
叶垟村	练良贤
陈坞村	钟海涛
黄家畲村	叶志袁
大垟村	叶继宝
张家地村	罗庆锋
王荫山村	沈庭有
后垟村	毛伟明
沙铺村	朱国林
大湾村	叶挺利

石塘镇

村　名	党组织书记、村委会主任
小顺村	陈小明
联合村	雷丽军
湖滨村	王　哲
金村村	林小伟
长汀村	蓝克明
朱村村	叶春冬
竹子坪村	叶　盛
桑岭村	谢伟林
双港村	李柏青
龙河村	陈　锦　兰军波
规溪村	金界伟
石塘村	余良兴
叶高坪村	蓝加龙

紧水滩镇

村　名	党组织书记、村委会主任
金水坑村	叶端伟
牛头山村	蓝伟林
双垟村	叶雄峰
渡蛟源村	孙克宝
大源村	李乾平
龙门村	林宗平
石浦村	彭永生

赤石乡

村　名	党组织书记、村委会主任
滨湖村	周培兄
赤石村	周永文
麻垟村	沈根明
双林村	张兆伟
双源村	马伟平
杭汀村	马珊花

安溪畲族乡

村　名	党组织书记、村委会主任
安溪村	洪广平
下武村	蓝陈高
黄处村	王伟强(8 月始)

雾溪畲族乡

村　名	党组织书记、村委会主任
坪垟岗村	蓝忠华
雾溪村	郑伟明

表1

云和县县情综合

指标名称	单位	1978年	1985年	1990年	1995年	2000年	2005年	2010年
土地面积	平方公里	978	978	978	978	978	978	978
年末总人口(户籍)	人	103101	111513	109121	108444	109251	110376	112785
其中:男	人	55488	60244	57932	57357	57825	57988	58578
女	人	47613	51269	51189	51087	51426	52388	54207
其中:乡村人口(农业人口)	人	91058	91455	92972	93389	91384	90876	91962
城镇人口(非农业人口)	人	12043	20058	16149	15055	17867	19500	20823
其中:0–17岁	人	—	—	—	—	—	20691	20334
18–34岁	人	—	—	—	—	—	30018	26162
35–59岁	人	—	—	—	—	—	43476	48419
60岁及以上	人	—	—	—	—	—	16191	17870
人口出生率	‰	17.15	14.42	9.97	10.6	10.96	10.92	9.09
人口死亡率	‰	5.3	5.95	5.58	5.83	5.77	7.10	8.38
人口自然增长率	‰	11.85	8.47	4.39	4.77	5.19	3.82	0.71
年末常住人口	万人	10.31	11.15	11.15	10.65	10.33	10.71	11.16
年末从业人员	人	35200	47701	62500	64100	70500	78500	76900
第一产业	人	24500	34074	39542	38600	39400	23000	—
第二产业	人	6659	8151	15786	12400	11500	23900	—
第三产业	人	4041	5476	7172	13100	19600	31600	—
职工人数(不含私营)	人	7700	9321	10783	9832	7655	9498	9384
国有经济单位	人	5400	6276	8231	8372	5970	5770	6072
城镇集体经济单位	人	2300	3045	2552	1460	680	151	130
其他经济单位	人	—	—	—	—	1005	3577	3182
城镇个体私营从业人员	人	—	—	2613	3371	9750	15435	20393
在岗职工工资总额(不含私营)	万元	383	990	2344	5291	7934	25061	43659
在岗职工平均工资(不含私营)	元	494	1088	2185	5371	10524	26463	46525
农村劳动力	人	27500	38380	48634	53900	55200	50752	59163
生产总值(当年价格)	万元	2761	7116	18777	59359.24	80061.89	165413	336446.94
第一产业	万元	1180	2640	5170	16660	19690	23625	32385
第二产业	万元	1024	2679	8461	28841.52	33513.83	77645	175443.70
第三产业	万元	557	1797	5146	13857.73	26858.05	64143	128618.24
生产总值指数(1978年=100)	%	100	217.53	342.32	609.21	803.98	1456.33	2534.98
户籍人均生产总值(当年价格)	元	268	638	1717	5431	7322	15036	29853
常住人均生产总值(当年价格)	元	268	638	1699	5504	7717	15495	30270
折合美元常住人均生产总值(当年平均汇率)	美元	170	217	360	659	932	1892	4471

注:(1)1978年至1990年,紧水滩、石塘两大电站先后建成发电,库区移民外迁,使部分年份总人口下降;1995年年底,新华机械厂搬迁至德口分为乡村人口和城镇人口,以前年份为农业人口与非农业人口。(3)2008年后,职工人数调整为在岗职工平均人数。(4)2008年后职工工始紧水滩电厂归省电力公司统计。(5)从2014年开始,在岗职工平均工资包含劳务派遣。(6)生产总值(包括第一、二、三产业)和人均生产业划分规定》(国统字〔2012〕108号)。(8)2016年起R&D经费支出折算成增加值计入地区生产总值,后表同。(9)2004—2017年数据根

情况统计表

2011 年	2012 年	2013 年	2014 年	2015 年	2016 年	2017 年	2018 年	2019 年	2020 年	2021 年
978	978	978	978	978	978	984	990	990	990	990
113460	113469	113530	113597	113271	113680	114025	114093	114203	113777	113309
58842	58759	58782	58753	58543	58658	58750	58706	58691	58429	58169
54618	54710	54748	54844	54728	55022	55275	55387	55512	55348	55140
92854	93180	93266	92626	66974	67038	66850	66446	63219	63040	60335
20606	20289	20264	20971	46297	46642	47175	47647	50984	50737	52974
20561	20727	19845	20138	19939	20003	20304	20335	20351	19972	19727
25371	24841	24971	23480	23190	22755	22137	21588	20971	20483	19667
49153	49097	49091	49232	48626	48666	48644	48743	49157	49137	49430
18375	18804	19623	20747	21516	22256	22940	23427	23724	24185	24485
12.86	10.53	9.32	11.51	8.36	9.56	13.29	10.74	9.75	8.21	6.69
6.55	6.68	6.70	6.87	7.14	6.18	9.52	7.63	6.90	7.37	6.70
6.31	3.85	2.62	4.64	1.22	3.38	3.77	3.11	2.85	0.84	−0.01
11.49	11.56	11.7	11.89	12.14	12.41	12.55	12.71	12.80	12.92	12.92
78700	79100	79200	78900	79300	80600	80400	80200	81800	83500	—
—	—	—	—	—	—	—	—	—	—	—
—	—	—	—	—	—	—	—	—	—	—
—	—	—	—	—	—	—	—	—	—	—
8928	10075	11430	11060	11720	11808	10141	9799	9580	—	—
5863	5635	6571	6630	6637	6582	6740	6452	6131	—	—
208	603	706	501	655	665	812	346	138	—	—
2857	3837	4153	3929	4428	4561	2589	3001	3311	—	—
20754	23528	28102	32304	32958	37248	39849	—	—	—	—
45625	48156	52318	53368	65491	71863	74895	86376	88491	—	—
51104	47797	51082	53109	62556	71123	79254	89551	100677	—	—
61982	62301	56698	56557	55538	54485	56319	55503	54006	—	—
393964.35	440018.07	475528.52	494914	540252.20	586584.74	622286.18	732768.43	827868.94	869947.07	980620.03
36586	38864	40041	41992	42765	44861	46169	48246	48471	49084	51851
207168.43	235748.22	257151.16	264907.28	290513.33	302978.06	308363.10	378711.45	439189.94	439949	482780
150209.92	165405.85	178336.36	188014.72	206973.87	238745.68	267754.08	305810.98	340208	380914	445988
2776.41	3112.61	3413.04	3536.22	3841.44	4169.87	4438.78	5000.21	5675.98	6002.99	6581.32
34826	38780	41897	43580	47627	51693	54657	64245	72526	76318	86366
34787	38179	40888	41960	44965	47787	49863	58018	64905	67648	75899
5386	6048	6602	6831	7219	7194	7385	8768	9409	9808	11765

清县武康镇，1995 年全县各有关数据除人口当年迁出外，其他均包括新华机械厂。⑵根据城乡户籍制度改革，从 2015 年开始，全县户籍人
资总额名称变更为在岗职工工资总额，职工平均货币工资名称变更为在岗职工平均工资，口径均指不含私营单位；根据法人原则，从 2012 年开
产总值，从 1993 年开始根据经济普查已作调整。⑺从 2013 年开始，GDP 分产业数据执行《国民经济行业分类》(GB/T4754-2011) 和《三次
据第四次经济普查数据修订。

续表 1

指标名称	单位	1978 年	1985 年	1990 年	1995 年	2000 年	2005 年	2010 年
固定资产投资	万元	294	13302	5658	8861	27963	112972	204477
其中:国有及国有控股企业投资(全民所有制)	万元	292	12891	4731	3791	22615	73108	114851
非国有投资(集体所有制+城乡私人建房)	万元	2	411	927	2655	1562	34104	76619
财政总收入	万元	501	479	740	2452	6466	19250	34583
一般公共预算收入	万元				1474	4259	11391	20312
一般公共预算支出	万元	653	916	2383	5539	11536	28447	82262
金融机构人民币年末存款余额	万元	1392	3365	10791	41570	79722	169617	391077
城乡居民储蓄存款余额	万元	132	1923	5639	22293	42715	81977	209739
金融机构人民币年末贷款余额	万元	1446	4753	9857	29584	47959	111472	262467.52
保险业务收入	万元			182	790	730	2269	7310
邮电业务收入	万元	22	57	185	799	2791	5308	9381
耕地面积	公顷	5673	5083	4875	4800	4315	4176	8283
农林牧渔业总产值(当年价格)	万元	1911	3498	6871	24880	31030	37476	50780
其中:农业(种植业)	万元		1646	2730	8412	7739	27488	39757
林业	万元		665	1489	12116	17786	3914	3204
牧业	万元		690	1638	3013	3349	2856	4283
渔业	万元		44	117	220	467	1661	1816
农林牧渔服务业	万元		453	897	1119	1689	1557	1720
主要农产品产量								
粮　食	吨	32839	34242	36024	38998	33124	25371	25754
油　料	吨	160.1	201	315	302	268	339	379
茶　叶	吨	88	87	100	135	123	217	691
蔬　菜	吨			13667		29811	40763	31118
水　果	吨	36	173	1167	2560	4218	8300	9628
香　菇	吨		15	46	2632	5148	3292	3638
黑木耳	吨		32.5	33	148		1023	1798
水产品	吨	11	111	196	304	624	2520	3500
猪牛羊等肉	吨	766	2204	2811	3186	2513	2029	2111

注:⑴从 2011 年开始固定资产投资仅指限额以上固定资产投资,2011 年以前固定资产投资指全社会固定资产投资,包括限额以上、限额以算内收入和预算内支出,其中 1978—1983 年为云和、景宁分县前的合计数;1989—1993 年为财政决算收入与决算支出;1994 年开始实行分税制财地方财政支出更名为一般公共预算支出。⑷1978—1983 年金融机构人民币年末存、贷款余额为云和、景宁分县前的合计数;⑸保险业保费电计费业务总量,1992 年开始为邮电业务总量,2012 年起邮电业务总量为邮电业务收入,从 2014 年开始邮电业务收入中的邮政业务收入包含快管部门。⑻从 1995 年开始,农村用电量包括紧水滩和双港,在此之前属地区电力部门管辖统计。⑼农林牧渔业统计范围 2001 年及以前2000 年及以前计入林业产值,2001 年及以后调整计入农业产值,其中 2001 年计入种植业产值;1996 年农林牧渔业分行业数据暂缺;2007—2015

2011 年	2012 年	2013 年	2014 年	2015 年	2016 年	2017 年	2018 年	2019 年	2020 年	2021 年
216280	270526	332878	360282	417238	465712	498065	—	—	—	—
109035	147367	163252	208843	242142	311772	294684	—	—	—	—
107245	123159	169626	151439	175096	153940	203381	—	—	—	—
43256	52209	62713	68232	75806	76213	83607	94882	104053	133124	141724
24471	28696	33630	36598	42899	46640	51800	58890	64330	81363	87900
95880	104122	124583	132922	161741	207528	234295	250234.64	303991	329890	345283
466875	552634	629203	725336	810287	908598	997621	1080991	1226678	1317402	1380575
244804	295558	336154	379931	431016	496255	540303	605115	695940	807360	889161
303022	370543	477144	545653	619450	684367	783057	856532	973085	1120866	1300857
8397	9483	11656	11573	14142	18760	17502	18128	16868	18269	18140
9917	9634	10293	12556	9842	10852	11872	12232	13416	14361	16946
8399	8443	8505	8536	8907	9057	9252	9292	9292	—	—
55975	59998	63537	66598	67920	71414	73914	77021	78214	79559	80823
44091	46623	49491	52815	53635	55621	57768	59143	58149	58149	61418
3864	4618	4750	5068	5380	5814	6225	6391	6702	7308	6556
5092	6212	6687	5965	5997	6954	6650	7097	8583	8830	6909
1178	775	810	809	877	844	937	1829	1872	2074	2453
1750	1770	1799	1941	2031	2181	2334	2561	2908	3198	3486
24604	23658	24115	23494	21871	20747	15300	16038	17541	18107	19121
384	341	310	309	353	366	132	147	264	223	249
803	873	870	826	860	907	1135	1196	1190	1205	1203
29164	29545	30108	30299	27360	26862	29384	28622	29194	28400	27757
8844	8709	8268	8859	8597	7999	8119	7538	8134	8370	8897
4431	3555	2524	4815	5017	4841	4226	3800	3525	3366	2983
1590	2342	2464	1244	1200	1230	1523	1885	1870	2185	2496
1850	1303	1335	1395	1604	1617	1206	1459	1828	1873	1935
2028	2452	3017	3416	3128	3135	2582	2613	2341	1815	2127

下固定资产投资以及农户投资。2018 年因投资统计制度改革，不出数。(2)从 1995 年开始统计财政总收入。(3)1978—1988 年为地方财政预政体制改革，为财政总收入(分为上划中央收入和地方财政收入)和地方财政支出；从 2012 年开始，地方财政收入更名为一般公共预算收入，收入 2003 年及以前数据来自云和县人民保险公司《业务统计年报表》；2004 年开始，数据来自市保险协会全口径统计。(6)1992 年以前为邮递业务收入；1990 年以前用 1980 年不变价，2000 年以前用 1990 年不变价，从 2001 年开始用当年价格。(7)2008 年后耕地面积资料来源于土年分为种植业、林业、牧业、渔业及副业，2002 年及以后调整为农业、林业、牧业、渔业及农林牧渔服务业；食用菌产业(香菇、木耳)产值年农林牧渔业产值及其中分项数据根据 2016 年三农普普查结果进行相应修订，但主要农产品产量不进行相应修订。

续表 1

指标名称	单位	1978 年	1980 年	1985 年	1990 年	1995 年	2000 年	2005 年
年末生猪存栏数	头	35000	34500	38925	49149	50293	29932	25421
年末牛存栏数	头	6000	6100	7996	8494	7616	3971	3438
工业总产值(当年价格)	万元	2104	1975	3437	14338	103567	87251	215791
其中:规模以上工业总产值(当年价格)							48260	154029
公路线路长度	公里				194	245	245	270
客运量	万人	109	149	247	138	213	188	289
客运周转量	万人公里	3245	4227	8624.86	4272	10274	7405	12451
货运量	万吨	6.53	5.23	22.08	35	183	123	250
货物周转量	万吨公里	920	907	3772.79	3184	15952	8961	
社会消费品零售总额	万元	1155	1711	3333	5438	20166.86	33774.44	59722.56
自营出口	万美元	70	140	125	1117	822	1545	3021
幼儿园幼儿数	人			1300	1541	1279	2090	3327
小学在校学生数	人	15966	15643	12327	9096	8521	7131	7911
普通中学在校学生数	人	4983	5018	5350	5683	5200	5747	4872
学龄儿童入学率	%			97.22	99.68	99.8	99.98	100
小学专任教师数	人			536	398	400	492	447
普通中学专任教师数	人			261	315	308	337	344
医院数	个	17	18	20	20	22	20	20
医院床位数	张	171	212	199	218	216	241	224
医生数	人	121	139	144	167	162	173	172
全社会用电量	万千瓦时		1285	1588	4463	5684	7921	18910
工业用电量	万千瓦时		895	1177	3601	3919	5984	13713
居民生活用电量	万千瓦时		107		600	1404	1449	2792
城镇常住居民人均可支配收入	元							11860
农村常住居民人均可支配收入	元	95	105	300	465	695	1989	3360
城镇常住居民人均生活消费支出	元							8559
农村常住居民人均生活消费支出	元							2854

注:(1)1971 年以来,全部工业总产值含浙南制药厂,1987 年开始又增加紧水滩电厂和新华机械厂;从 2011 年开始,规模以上工业总产值统
局不发布工业总产值数据,采用经商局年度统计数据;由于国家统计制度改革,对 2017 年规上工业总产值进行修订,修订后结果与往年数据难
运周转量统计口径:1987 年开始为全社会;2008 年开始为交通部专项调查数据口径;2009 年开始采用营业性统计口径。(4)社会消费品零售
位为万元;1995 年开始为自营出口总额,计量单位为万美元。(6)医生数根据市统计局数据将 1998—2005 年数据作调整;2009 年开始医生
县农业局《农村经济收益分配和效益统计表》年报资料;从 2002 年开始为农村居民人均纯收入,数据来自县统计局城乡住户抽样调查结果。(9)
数据按照新口径发布。

2010年	2011年	2012年	2013年	2014年	2015年	2016年	2017年	2018年	2019年	2020年
21184	18934	22374	22100	19100	17600	18300	17700	16700	7864	13400
2229	1754	1806	2000	2185	2065	2017	1040	1710	1775	1527
541876	737527	922796	1080438	1130017	1031000	1114200	933500	1415000	1813000	1987000
419283	484706	595477	731630	707639	636606	742765.4	510059.3	938393.8	1196143.6	1375412
332	858	866.077	870.6	886.3	886.3	887.81	891.345	891.75	905.35	929.043
250	236	238	238	191	190	188	152	143	171	78
7882	7115	7153	7255	6439	6344	6267	5153	6390	6965	2173
195	145	163	167	183	187	192	198	292	336	607
15278	13329	15810	15917	16413	16814	17246	18156	47737	51917	93995
113845.97	136375.53	153883.32	175087.54	196442.26	218613.23	246806.51	276062.03	314745.54	344708.92	370430.09
6588	6407	7833	9632	12516	14496	15923	17894	24043	24387	18467
4546	4464	4607	4584	4621	4606	4556	4522	4193	4120	4056
7486	7572	7584	7773	7882	8157	8033	8053	8183	8011	8014
5448	5229	4920	4778	4684	4566	4488	4601	4778	4893	5092
100	100	100	100	100	100	100	100	100	100	100
446	448	471	468	474	480	500	500	526	517	531
378	384	369	377	377	379	369	398	381	386	385
20	20	12	12	10	11	11	11	10	10	10
255	320	348	430	400	480	545	593	549	553	555
234	278	284	310	309	324	364	406	437	458	428
33079	50154	67580	78870	74603	88235	112430.24	62090	118372.8	158414.85	159313.97
24407	40034	56550	67073	62129	74471	96715	45650	99721	136972	137172
5275	5888	6530	7016	7188	7582	8826	9303	10870	12065	12688
20131	22549	25188	27933	28726	31053	33785	36691	40177	44155	46584
6370	7570	8580	9704	12789	14108	15420	16900	18573	20467	22022
12629	13847	15252	16775	18746	20190	21644	23256	25126	27488	27888
4322	5143	5744	6684	10874	11806	12836	13963	15139	16440	16712

计范围调整为年主营业务收入 2000 万元及以上工业企业；2012 年开始紧水滩电厂产值不纳入统计，归省电力公司统计；从 2015 年开始，统计以衔接。(2)2011 年公路管理局统计口径调整，公路线路长度中包括村道线路长度，2011 年以前不包括村道线路长度。(3)旅客周转量和货总额从 1993 年开始根据经济普查已作调整；从 2010 年开始采用法人所在地原则口径统计。(5)1978—1994 年为全社会外贸收购总额，计量单数为全社会口径。(7)从 2003 年开始我市才开展城镇居民人均可支配收入抽样调查。(8)1978—2001 年为农村居民人均所得收入，数据来自根据城乡住户一体化调查改革，从 2014 年开始，农村常住居民人均纯收入更名为农村常住居民人均可支配收入，城乡常住居民人均可支配收入